AF662962

आर. गुप्ता® कृत

पॉपुलर मास्टर गाइड

CUET-PG

COMMON UNIVERSITY ENTRANCE TEST FOR POST GRADUATE PROGRAMMES

बी.एड. विज्ञान

Test Paper Code—COQP06

प्रवेश परीक्षा

CONDUCTED BY

National Testing Agency (NTA)

RPH संपादक मंडल
द्वारा संपादित

2027
EDITION

रमेश पब्लिशिंग हाउस, नई दिल्ली

USEFUL BOOKS FOR CUET-PG EXAM

B.Ed. प्रवेश परीक्षा

Book Code: R-2430 • Price : ₹ 460 • ISBN : 978-93-5477-408-9

B.Ed. मानविकी एवं सामाजिक विज्ञान प्रवेश परीक्षा

Book Code : R-2499 • Price : ₹ 280 • ISBN : 978-93-5477-549-9

B.Ed. भाषा प्रवेश परीक्षा

Book Code : R-2502 • Price : ₹ 210 • ISBN : 978-93-5477-542-0

प्रकाशक

ओ॰पी॰ गुप्ता, **रमेश पब्लिशिंग हाउस**

प्रशासनिक कार्यालय

12-H, न्यू दरियागंज रोड, ऑफिसर्स मेस के सामने,
नई दिल्ली-110002 ✆ 23275224, 23245124

E-mail: info@rameshpublishinghouse.com
For Online Shopping: www.rameshpublishinghouse.com

विक्रय केन्द्र

• बालाजी मार्किट, नई सड़क, दिल्ली-110006 ✆ 23282525 📱 9354373464
• 4457, नई सड़क, दिल्ली-110006

Book Code: R-2504

ISBN: 978-93-5477-547-5

मूल्यः ₹ 280

मुद्रकः दीपक ऑफसैट, दिल्ली

अनुक्रमणिका

बी.एड. विज्ञान

पिछले प्रश्न-पत्र

Common University Entrance Test for PG Programmes

CUET–B.Ed—विज्ञान, प्रवेश परीक्षा, 2026

(Exam held on 24-03-2026)

1. एक विलयन में 8.3 प्रति डेसीमीटर^3 (per dm^3) यूरिया है (मोलर द्रव्यमान = 60 g mol^{-1}) जो कि 5% विलयन के साथ समपरासरी है जिसमें अवाष्पशील कार्बनिक विलेय A है। A का लगभग मोलर द्रव्यमान होगा–

1. 348.8 ग्राम/मोल$^{-1}$
2. 361.5 ग्राम/मोल$^{-1}$
3. 36.1 ग्राम/मोल$^{-1}$
4. 34.9 ग्राम/मोल$^{-1}$

2. आर्थो व पैरा हाइड्रोजन के बारे में निम्न में से सही कथन चुनिए।

A. आर्थो हाइड्रोजन का कुल चक्रण शून्य है।
B. पैरा हाइड्रोजन का कुल चक्रण शून्य है।
C. दोनों रूपों के भौतिक गुण अलग हैं।
D. दोनों रूपों के रासायनिक गुण अलग हैं।
E. उच्च तापमान पर आर्थो रूप अधिक स्थायी है।

नीचे दिए गए विकल्पों में से **सही** उत्तर चुनें:

1. केवल A, C, E
2. केवल B, D, E
3. केवल B, C, E
4. केवल A, D, E

3. एक गैस का (RMS) मूल माध्य वर्ग वेग इस सूत्र द्वारा दिया जाता है–

1. $\sqrt{\frac{3RT}{M}}$
2. $\sqrt{\frac{8RT}{\pi M}}$
3. $\sqrt{\frac{2RT}{M}}$
4. $\sqrt{\frac{8RT}{M}}$

4. नीचे दो कथन दिए गए हैं : एक अभिकथन (Assertion A) के रूप में लिखित है तो दूसरा उसके कारण (Reason R) के रूप में:

अभिकथन (A): द्रव्यमान आयतन विस्तारात्मक/मात्रात्मक गुणधर्म है।

कारण (R): द्रव्यमान से आयतन का अनुपात भी एक विस्तारात्मक गुणधर्म है।

उपरोक्त कथन के आलोक में, नीचे दिए गए विकल्पों में से उपयुक्त उत्तर का चयन कीजिए:

1. (A) और (R) दोनों सही हैं और (R), (A) की सही व्याख्या है
2. (A) और (R) दोनों सही हैं, लेकिन (R), (A) की सही व्याख्या नहीं है
3. (A) सही है लेकिन (R) सही नहीं है
4. (A) सही नहीं है लेकिन (R) सही है

5. षट्कोणीय क्रिस्टल समूह में इकाई सेल के प्राचल (पैरामीटर) है–

1. $a = b \neq c$ और $\alpha = \beta = \gamma = 90°$
2. $a = b \neq c$ और $\alpha = \beta = 90°, \gamma = 120°$
3. $a \neq b \neq c$ और $\alpha = \beta = \gamma = 90°$
4. $a = b = c$ और $\alpha = \gamma = \beta \neq 90°$

6. जुगनू द्वारा शीतल/ठंडा प्रकाश उत्सर्जन एक उदाहरण है–

1. रसायनदीप्ति
2. स्फुरदीप्ति
3. प्रतिदीप्ति
4. शमन

7. Cu परमाणु में 3*d* और 4*s* इलेक्ट्रॉन के लिए क्रमशः जेफ (Z_{eff}) मान होगा–

1. 7.85 प्रत्येक
2. 3.70 प्रत्येक
3. 7.85 और 3.70
4. 3.70 और 7.85

8. अनंत तनुता पर NH_4Cl, NH_4NO_3 और $AgNO_3$ की मोलर चालकता क्रमशः x, y और z Sm^2 mol^{-1} हैं। अनंत तनुता पर AgCl की मोलर चालकता है–

1. $x + y - z$
2. $x + z - y$
3. $y + z - x$
4. $z + y + x$

9. निम्नलिखित में से अधिकतम चक्रण केवल चुंबकीय आघूर्ण किस स्पीशीज का है–

1. Cr^{2+}
2. Mn^{2+}
3. Fe^{2+}
4. Ni^{2+}

10. सूची-I के साथ सूची-II का मिलान कीजिए:

सूची-I	सूची-II
A. क्षारीय मृदा तत्व	I. *s*-ब्लॉक
B. संक्रमण तत्व	II. *p*-ब्लॉक
C. परायूरेनिक तत्व	III. *d*-ब्लॉक
D. उपधातु	IV. *f*-ब्लॉक

नीचे दिए गए विकल्पों में से **सही** उत्तर का चयन कीजिए:

1. A-I, B-II, C-III, D-IV
2. A-I, B-III, C-IV, D-II
3. A-I, B-III, C-II, D-IV
4. A-II, B-III, C-I, D-IV

1. 2 **2.** 3 **3.** 1 **4.** 3 **5.** 2 **6.** 1 **7.** 3 **8.** 2 **9.** 2 **10.** 2

11. निम्न में से कौन-सी स्पीशीज समइलेक्ट्रॉनी है–

A. S^{2-} B. C^{4-}

C. Mg^{2+} D. O^{-}

E. Al^{3+}

नीचे दिए गए विकल्पों में से **सही** उत्तर चुनें:

1. केवल A, B, C 2. केवल B, C, D
3. केवल B, C, E 4. केवल C, D, E

12. सूची-I के साथ सूची-II का मिलान कीजिए:

सूची-I (जटिल)	सूची-II (धातु)
A. हीमोग्लोबिन	I. Co
B. क्लोरोफिल	II. Fe
C. विटामिन B_{12}	III. Pt
D. सिस प्लैटिन	IV. Mg

नीचे दिए गए विकल्पों में से **सही** उत्तर का चयन कीजिए:

1. A-I, B-IV, C-II, D-III
2. A-II, B-I, C-III, D-IV
3. A-IV, B-II, C-I, D-III
4. A-II, B-IV, C-I, D-III

13. KCl का अरसमीकरणमितीय (स्टोइकोमेट्रिक) नीला लाइलैक वर्ण दिखाता है क्योंकि–

1. अंतराकाशी स्थान पर धनायन की अधिकता की उपस्थिति
2. अंतराकाशी स्थान पर ऋणायन की अनुपस्थिति
3. जालक स्थान पर ऋणायन की अनुपस्थिति
4. जालक स्थान पर धनायन की अनुपस्थिति

14. सूची-I के साथ सूची-II का मिलान कीजिए:

सूची-I (लिगण्ड)	सूची-II (दंतुरता)
A. पिरीडीन	I. 3
B. डी.एम.जी. (DMG)	II. 6
C. ई.डी.टी.ए. (EDTA)	III. 2
D. डाई-इन (dien)	IV. 1

नीचे दिए गए विकल्पों में से **सही** उत्तर का चयन कीजिए:

1. A-IV, B-III, C-I, D-II
2. A-I, B-III, C-II, D-IV
3. A-IV, B-III, C-II, D-I
4. A-III, B-IV, C-II, D-I

15. क्षारीय धातुओं को जब द्रव अमोनिया में घोला जाता है तो विलयन का रंग _____ के कारण नीला हो जाता है।

1. अमोनियाकृत इलेक्ट्रॉन 2. अमोनियाकृत धनायन
3. दोनों 4. क्षारीय धातु केवल

16. निम्न में से क्या प्रकाश रासायनिक धूम-कोहरा (स्मॉग) का कारण है।

1. सी.एफ.सी. (CFC)
2. पी.ए.एन. (PAN)
3. गलित बेंजीन रिंग यौगिक
4. भारी धातु

17. पर्यावरणविद निम्नलिखित में से किस यौगिक का उपयोग विरंजन कारक के रूप में करते हैं:

1. टेट्राक्लोरोएथेन 2. एसीटेनिलाइड
3. हाइड्रोजन पेरोक्साइड 4. एसीटोन

18. बेंजीन रिंग (चक्र) से जुड़ा कौन-सा समूह मेटा निर्देशित समूह है:

1. –R 2. $-\ddot{N}H_2$
3. $-\ddot{X}:$ 4. $-\overset{\oplus}{N}R_3$

19. *n*-ब्यूटेन का सबसे अधिक स्थायी संरूपण है–

1. एंटी (विपरीत) रूप 2. गौशे (विषमतलीय) रूप
3. स्क्यू रूप 4. पूर्ण ग्रसित रूप

20. निम्नलिखित में से कौन-सी अभिक्रिया माध्य sp^2 संकरण नहीं प्रदर्शित कर सकती।

1. कार्बोधनायन 2. कार्बोऋणायन
3. सिंगलट कार्बीन 4. कार्बन मुक्त मूलक

21. नीचे दो कथन दिए गए हैं: एक अभिकथन (Assertion A) के रूप में लिखित है तो दूसरा उसके कारण (Reason R) के रूप में:

अभिकथन (A): अंतःशुक्राणु हॉस्टोरिया की विशेषता यह है कि वे केवल कोशिकीय अंतःशुक्राणु से ही विकसित होते है।

कारण (R): अंतःशुक्राणु हॉस्टोरिया सूक्ष्मपिण्डाकार या चलाजल सिरे पर या दोनों सिरों पर बनते हैं और पोषण अवशोषित करने के लिए नाभिकीय ऊतक में प्रवेश करते हैं।

उपरोक्त कथन के आलोक में, नीचे दिए गए विकल्पों में से उपयुक्त उत्तर का चयन कीजिए:

1. (A) और (R) दोनों सही हैं और (R), (A) की सही व्याख्या है
2. (A) और (R) दोनों सही हैं, लेकिन (R), (A) की सही व्याख्या नहीं है
3. (A) सही है लेकिन (R) सही नहीं है
4. (A) सही नहीं है लेकिन (R) सही है

22. विदलन बहुभ्रूणता सामान्यतः किसमें पाई जाती है–

1. सिट्रस 2. ऑर्किड
3. कुकरबिट 4. स्ट्रॉबेरी

11. 3	**12.** 4	**13.** 3	**14.** 3	**15.** 1	**16.** 2
17. 3	**18.** 4	**19.** 1	**20.** 2	**21.** 4	**22.** 2

23. निम्नलिखित में से कौन-सी किसी संरक्षित क्षेत्र को जीवमंडल आरक्षित क्षेत्र (बायोस्फियर रिजर्व) माने जाने के लिए अनिवार्य विशेषता नहीं है—

1. इसमें प्रचुर आनुवंशिक विविधता होनी चाहिए।
2. यह संकटापन्न जातियों का प्राकृतिक आवास होता है।
3. यहाँ अनुसंधान के लिए पर्याप्त अवसर होने चाहिए।
4. ये मानव रूपांतरित और क्षतिग्रस्त पारस्थितिक तंत्र नहीं हैं।

24. ताराकार हरितलवक किसमें पाया जाता है?

1. *वाउचेरिया* 2. *यूलोथ्रिक्स*
3. *क्लैडोफोरा* 4. *जिग्नीमा*

25. सूची-I के साथ सूची-II का मिलान कीजिए:

सूची-I	सूची-II
A. एंगलर एवं प्रांटल	I. द फाइलोजेनेटिक टैक्सोनोमी ऑफ फ्लावरिंग प्लांट्स
B. जॉन हचिन्सन	II. *डाइ नेचुरलाइकेन फ्लेनजेन फेमिलियन*
C. चार्ल्स एडविन बेसी	III. *फिलोसोफिया बोटेनिका*
D. कैरोलस लिनेयस	IV. द फेमिलीज ऑफ फ्लावरिंग प्लांट्स

नीचे दिए गए विकल्पों में से **सही** उत्तर का चयन कीजिए:

1. A-II, B-IV, C-I, D-III
2. A-IV, B-III, C-I, D-II
3. A-II, B-I, C-IV, D-III
4. A-III, B-IV, C-I, D-II

26. नीचे दो कथन दिए गए हैं: एक अभिकथन (Assertion A) के रूप में लिखित है तो दूसरा उसके कारण (Reason R) के रूप में:

अभिकथन (A): क्लैडोग्राम ऐसे आरेख हैं जो वर्गकों (टैक्सा) के विभिन्न समूहों के बीच संबंधों को प्रदर्शित करते हैं।

कारण (R): क्लैडिस्टिक्स में वंशागतीय गुणों के आंकड़ों/डाटा के संग्रह का विश्लेषण किया जाता है।

उपरोक्त कथन के आलोक में, नीचे दिए गए विकल्पों में से उपयुक्त उत्तर का चयन कीजिए:

1. (A) और (R) दोनों सही हैं और (R), (A) की सही व्याख्या है
2. (A) और (R) दोनों सही हैं, लेकिन (R), (A) की सही व्याख्या नहीं है
3. (A) सही है लेकिन (R) सही नहीं है
4. (A) सही नहीं है लेकिन (R) सही है

27. लैंगिक प्रजनन का एक ऐसी विधि में प्रतिस्थापन जिसमें अर्धसूत्री विभाजन और युग्मक संलयन (सिंगैमी) नहीं होता, कहलाती है—

1. अनिषेकबीजता 2. अनिषेकफलन
3. असंगजनन 4. अनिषेकजनन

28. विभोजियों (फाज) के बारे में सही कथन चुनिए—

A. विभोजी प्रदूषित जल में से जीवाणुओं को निकाल देते हैं।
B. विभोजियों का उपयोग कुछ संक्रमणों के निदान में किया जाता है।
C. टी-समविभोजी (T-even phages) आनुवंशिक रूप से निकट संबंधित होते हैं।
D. कैप्सिड द्वारा स्रावित एंजाइम जीवाणुवीय कोशिका भित्ति के कथन में सहायक होते हैं।
E. विभोजियों में केवल द्विरज्जुक डीएनए होता है।

नीचे दिए गए विकल्पों में से **सही** उत्तर चुनें:

1. केवल A, B, D 2. केवल B, D, E
3. केवल C, D, E 4. केवल A, B, C

29. क्लैडोड/पर्णाभ पर्व इसमें पाया जाता है—

1. *बरबेरिस* 2. *रस्कस*
3. *आर्जीमोन* 4. *फीनिक्स*

30. जिमरमान के टीलोम सिद्धांत के अनुसार संवहनी क्रिप्टोगेम्स से उच्चतर संवहनी पादपों के विकास की सही आरंभिक प्रक्रियाओं को ज्ञात कीजिए—

A. अतिव्यापन B. समतलन
C. सहजनन D. उत्पादन
E. वक्रन

नीचे दिए गए विकल्पों में से **सही** उत्तर चुनें:

1. केवल A, D, E 2. केवल B, D, E
3. केवल A, C, D 4. केवल B, C, E

31. सूची-I के साथ सूची-II का मिलान कीजिए:

सूची-I	सूची-II
A. लीशमैनियासिस	I. रेडमाइट
B. स्क्रब टाइफस	II. मूवक बरूथी
C. ट्रेन्च (खाई) ज्वर	III. बालू मक्षिका
D. रिकैट्सियल पाक्स	IV. देह के जूँ

नीचे दिए गए विकल्पों में से **सही** उत्तर का चयन कीजिए:

1. A-III, B-I, C-IV, D-II
2. A-IV, B-III, C-II, D-I
3. A-II, B-I, C-III, D-IV
4. A-III, B-II, C-I, D-IV

32. एक अनुल्ली (एनामनियोट) जंतु का उदाहरण कौन-सा है?

1. *रेटस*
2. *लेबिओ*
3. *क्रोकोडाइलस*
4. *कोलंबा*

23. 4	**24.** 4	**25.** 1	**26.** 1	**27.** 3	**28.** 4	**29.** 2	**30.** 4	**31.** 1	**32.** 2

33. निम्नलिखित किन विशेषताओं में सिफेलोकॉर्डेट कॉर्डेटों के साथ बंधुता प्रदर्शित करने के कारण विशिष्ट हैं?

A. दीर्घीकृत, पतली काया

B. सुविकसित सीलोम

C. मुख अंडाकार छत्रक से घिरा रहता है

D. द्वि पार्श्व सममिती

E. फेरिंक्स में अधोग्रसनी खांच (एन्डोस्टाइल) और क्लोम छिद्र होते हैं।

नीचे दिए गए विकल्पों में से **सही** उत्तर चुनें:

1. केवल B, D, E
2. केवल A, C, E
3. केवल A, B, D
4. केवल C, D, E

34. लसीकाणुओं (लिम्फोसाइट) के विषय में निम्नलिखित में से सही कथनों को चुनें–

A. लसीकाणु तरल और कोशिकीय प्रतिरक्षा दोनों के लिए उत्तरदायी मूल कोशिका है।

B. जो लसीकाणु थाइमस में प्रवेश कर जाते अथवा उसके द्वारा प्रसंस्कृत हो जाते हैं, वे बी-कोशिका कहलाते हैं।

C. लसीकाणु लसीका पर्वों और स्प्लीन में अधिक मात्रा में पाए जाते हैं।

D. ये अस्थिमज्जा (बोनमेरो) और थाइमस में कम मात्रा/सांद्रता में पाए जाते हैं।

E. रक्तोत्पादक स्टेम कोशिकाओं से लसीकाणुओं की उत्पत्ति होती है।

नीचे दिए गए विकल्पों में से **सही** उत्तर चुनें:

1. केवल A, B, C
2. केवल B, C, D
3. केवल C, D, E
4. केवल A, C, E

35. विशल्कन क्या है?

1. रोग उत्पन्न करने की क्षमता का निर्धारण करने के लिए किसी सूक्ष्मजीव की ज्ञात जाति के रोगाणुमुक्त जंतु का संरोप।
2. प्रतिजैविकों (एंटीबायोटिक्स) के उपयोग द्वारा सामान्य वनस्पतिजात का संदमन
3. सूक्ष्मजीवी संबद्धता के कारण शरीर की सतहों से परपोषी कोशिकाओं को अलग करना
4. अन्य सूक्ष्मजीवों को संदमित करने के लिए सूक्ष्मजीव द्वारा उपापचयी उत्पादों के उत्पादन की प्रक्रिया

36. नीचे दो कथन दिए गए हैं: एक अभिकथन (Assertion A) के रूप में लिखित है तो दूसरा उसके कारण (Reason R) के रूप में:

अभिकथन (A): सिफेलोकॉर्डेट साइक्लोस्टोमो तथा अन्य कशेरूकियों से अपनी अधिकांश आद्य विशेषताओं में भिन्न हैं और इसलिए उनकी बंधुता पर आपत्ति है।

कारण (R): ब्रैन्कियोस्टोमा में कॉर्डेट के सभी महत्वपूर्ण गुण पाए जाते हैं।

उपरोक्त कथन के आलोक में, नीचे दिए गए विकल्पों में से उपयुक्त उत्तर का चयन कीजिए:

1. (A) और (R) दोनों सही हैं और (R), (A) की सही व्याख्या है
2. (A) और (R) दोनों सही हैं, लेकिन (R), (A) की सही व्याख्या नहीं है
3. (A) सही है लेकिन (R) सही नहीं है
4. (A) सही नहीं है लेकिन (R) सही है

37. सूची-I के साथ सूची-II का मिलान कीजिए:

सूची-I	**सूची-II**
A. मुख	I. पेप्सिन
B. आमाशय	II. लाइपेस
C. ग्रहणी	III. पेप्टीडेस
D. क्षुद्रांत्र	IV. एमाइलेस

नीचे दिए गए विकल्पों में से **सही** उत्तर चुनें:

1. A-IV, B-II, C-I, D-III
2. A-III, B-I, C-IV, D-II
3. A-IV, B-I, C-II, D-III
4. A-II, B-III, C-IV, D-I

38. सूची-I के साथ सूची-II का मिलान कीजिए:

सूची-I	**सूची-II**
A. तंतुरूप पैपिला	I. जठरग्रंथि
B. ग्लाइसन कैप्सूल	II. जीभ
C. वारटन वाहिका	III. अवचिबुकीय (सबमैंडीबुलर) ग्रंथि
D. हाइड्रोक्लोरिक अम्ल	IV. यकृत

नीचे दिए गए विकल्पों में से **सही** उत्तर चुनें:

1. A-II, B-IV, C-III, D-I
2. A-III, B-IV, C-II, D-I
3. A-IV, B-I, C-II, D-III
4. A-I, B-III, C-IV, D-II

39. उन गुणों को पहचानिए जो कॉर्डेट्स/रज्जुकी जीवों को अ-रज्जुकी जीवा से अलग करते हैं–

A. स्पष्ट ध्रुवीय अक्ष

B. द्विपार्श्व सममिति

C. वास्तविक सीलोम

D. प्रमुखतः अलैंगिक जनन

E. ठोस तंत्रिका तंत्र

नीचे दिए गए विकल्पों में से **सही** उत्तर चुनें:

1. केवल A, C, D
2. केवल A, B, C
3. केवल B, D, E
4. केवल C, D, E

33. 2	**34.** 4	**35.** 3	**36.** 2	**37.** 3	**38.** 1	**39.** 2

40. जीन की अन्योन्यक्रिया के संबंध में सही कथन चुनें:

A. एपीस्टेसिस एक अ-एलोली/अ-युग्मविकल्पी अन्योन्यक्रिया है।

B. संपूरक (कॉम्पलिमेंटरी) जीन अन्योन्यक्रिया में दोनों जीन किसी विशेष लक्षणप्ररूप (जीनोटाइप) को उत्पन्न करने के लिए आवश्यक होते हैं।

C. द्वि/दोहरी जीन अन्योन्यक्रिया में लक्षण उत्पन्न करने के लिए एक प्रभावी जीन ही पर्याप्त होता है।

D. संपूरक जीन अन्योन्यक्रिया में पुष्प के रंग को उत्पन्न करने लिए प्रभावी जीनों में से किसी एक का होना अनिवार्य है।

E. बहुप्रभावी जीन कुछ मामलों में एक ही गुण को नियंत्रित करते हैं।

नीचे दिए गए विकल्पों में से **सही** उत्तर चुनें:

1. A, B, C
2. B, C, D
3. C, D, E
4. A, B, D

41. $\vec{a}$ तथा $\vec{b}$ दो सदिश हैं, $\vec{a} \cdot \vec{b} = ?$

1. $ab \sin \theta$
2. $ab \cos \theta$
3. $ab \sin \theta . \hat{n}$
4. $ab \cos \theta . \hat{n}$

42. सूची-I के साथ सूची-II का मिलान कीजिए:

सूची-I	सूची-II
A. पॉइसन समीकरण	I. $\oint E \cdot da = \frac{Q_{enc}}{\epsilon_0}$
B. लाप्लास समीकरण	II. $\nabla \cdot E = \frac{\rho}{\epsilon_0}$
C. गॉस के नियम का अवकल समीकरण	III. $\nabla^2 V = -\frac{\rho}{\epsilon_0}$
D. गॉस के नियम का समाकल समीकरण	IV. $\nabla^2 V = 0$

नीचे दिए गए विकल्पों में से **सही** उत्तर चुनें:

1. A-I, B-II, C-III, D-IV
2. A-II, B-III, C-IV, D-I
3. A-IV, B-I, C-III, D-II
4. A-III, B-IV, C-II, D-I

43. सूची-I के साथ सूची-II का मिलान कीजिए:

सूची-I (पदार्थ)	सूची-II (गलनांक (K))
A. हाइड्रोजन	I. 1356
B. पारा	II. 601
C. शीशा	III. 234
D. ताँबा	IV. 14

नीचे दिए गए विकल्पों में से **सही** उत्तर चुनें:

1. A-I, B-II, C-III, D-IV
2. A-II, B-IV, C-I, D-III
3. A-III, B-I, C-IV, D-II
4. A-IV, B-III, C-II, D-I

44. सूची-I के साथ सूची-II का मिलान कीजिए:

सूची-I (पदार्थ)	सूची-II (बैंड अंतराल)
A. कुचालक	I. 0 eV
B. चालक	II. 7 eV
C. सिलिकान	III. 0.67 eV
D. जर्मेनियम	IV. 1.12 eV

नीचे दिए गए विकल्पों में से **सही** उत्तर चुनें:

1. A-II, B-I, C-IV, D-III
2. A-I, B-II, C-III, D-IV
3. A-III, B-IV, C-I, D-II
4. A-IV, B-III, C-II, D-I

45. चारो जालक (ब्रेविस) संरचनाओं में से प्रत्येक पर अधि संकुलित गोलों के एक समुच्चय का घनत्व "संकुलन अनुपात" है, निम्नलिखित को संकुलन अनुपात के बढ़ते क्रम में व्यवस्थित कीजिए:

A. हीरा

B. फलक-केन्द्रित घनीय

C. सतह (पृष्ठ-आधार) केन्द्रित घनीय

D. सरल घनीय

नीचे दिए गए विकल्पों में से **सही** उत्तर चुनें:

1. A, D, C, B
2. D, C, B, A
3. B, C, D, A
4. C, D, A, B

46. निम्न पदार्थों को उनके रेखीय ऊष्मीय प्रसार के आरोही क्रम में सूचीबद्ध कीजिये:

A. बर्फ

B. स्टील (इस्पात)

C. हीरा

D. एल्युमिनियम

E. फ्यूज क्वार्ट्ज

नीचे दिए गए विकल्पों में से **सही** उत्तर चुनें:

1. A, B, C, D, E
2. B, C, D, E, A
3. C, D, E, A, B
4. E, C, B, D, A

47. निम्न पदार्थों को उनमें ध्वनि की चाल के बढ़ते क्रम में व्यवस्थित कीजिये:

A. समुद्री जल

B. ग्रेनाइट

C. जल

D. हाइड्रोजन

E. वायु

नीचे दिए गए विकल्पों में से **सही** उत्तर चुनें:

1. E, D, C, A, B
2. D, C, A, E, B
3. C, A, D, E, B
4. A, B, C, D, E

40. 1 **41.** 2 **42.** 4 **43.** 4 **44.** 1 **45.** 3 **46.** 4 **47.** 1

48. निम्न में से सही कथनों का चुनाव कीजिए:

A. पॉजिट्रॉन तथा इलेक्ट्रॉन का कुल द्रव्यमान 1.02 MeV के समतुल्य है।

B. युग्म विनाश के लिए नाभिक अथवा पदार्थ की आवश्यकता नहीं है।

C. युग्म उत्पादन के लिए, अधिकतम फोटॉन तरंगदैर्ध्य 1.2 pm है।

D. युग्म उत्पादन मुक्त आकाश में घटित हो सकता है।

E. युग्म उत्पादन के लिए नाभिक अथवा पदार्थ की आवश्यकता नहीं है।

नीचे दिए गए विकल्पों में से **सही** उत्तर चुनें:

1. केवल A, B, C
2. केवल B, C, D
3. केवल C, D, E
4. केवल D, E, A

49. निम्न में से सही कथनों को चुनिए:

A. सभी मंदक वोल्टेज के लिये, फोटो इलेक्ट्रॉन धारा प्रकाश की तीव्रता के व्युत्क्रमानुपाती होती हैं।

B. निरोधी विभव, अधिकतम फोटो इलेक्ट्रॉन ऊर्जा के तदनुरूप नहीं होता।

C. समान आवृत्ति की सभी प्रकाश तीव्रताओं के लिए निरोधी विभव समान नहीं होता।

D. देहली आवृत्ति के ऊपर, फोटो इलेक्ट्रॉनों की ऊर्जा शून्य से अधिकतम मान के बीच में हो सकती है।

E. सभी मंदक वोल्टेज के लिए फोटो इलेक्ट्रॉन धारा प्रकाश की तीव्रता के समानुपाती होती है।

नीचे दिए गए विकल्पों में से **सही** उत्तर चुनें:

1. केवल A, B, C
2. केवल B, C, D
3. केवल C, D, E
4. केवल D, E

50. निम्न में से सही कथनों को चुनिए:

A. एक तरंग समूह का वेग तरंगों के वेग के समान नहीं होता है।

B. एक कण की डी-ब्रोगली तरंग का आयाम किसी समय या स्थान पर कण के पाये जाने की प्रायिकता को बताती है।

C. यदि प्रावस्था वेग तरंगदैर्ध्य के साथ बदलता है तथा प्रत्येक तरंग एक साथ (कला) आगे बढ़ती है तो इसको (परिक्षेपण) अथवा प्रकीर्णन कहते हैं।

D. V_p (प्रावस्था वेग) = w (कोणीय वेग)/k (तरंग संख्या)

E. $Vg = \dfrac{\Delta k}{\Delta w}$ = समूह वेग

नीचे दिए गए विकल्पों में से **सही** उत्तर चुनें:

1. केवल A, B, C
2. केवल C, D, E
3. केवल A, B, D
4. केवल B, D, E

51.

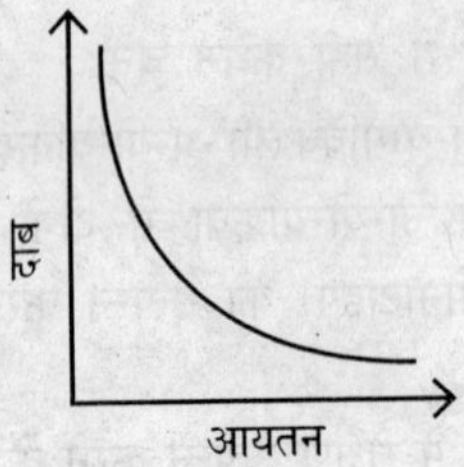

एक नियत द्रव्यमान की गैस के लिये एक वक्र दिया गया है। यह वक्र निरुपित करता है:

1. समआयतनिक रेखा
2. समदाब रेखा
3. समताप रेखा
4. समस्थानिक

52. आक्सीजन गैस (O_2) के एक अणु के लिये स्वतंत्रता की कोटि की संख्या है:

1. 9
2. 7
3. 3
4. 5

53. एकल स्लिट विवर्तन में अदीप्त फ्रिंज के लिए शर्त है:

$$\sin\theta = \frac{m\lambda}{a}$$

यदि, सम्पूर्ण स्लिट से प्रकाश एक अवलोकन बिन्दु पर एक ही कला से आती है तो, दीप्त बैंड के लिये $\sin\theta$ का मान है:

1. $\pm\dfrac{2\lambda}{a}$
2. 1
3. 0
4. $\pm\dfrac{3\lambda}{a}$

54. यदि कोणीय आवृत्ति 'ω' तथा वेग संख्या 'k' से निरूपित संवेग 'P' तथा ऊर्जा 'E' का एक फोटॉन $E_y(x, t) = A\sin(kx - \omega t)$ तरंग फलन के द्वारा प्रदर्शित किया जाता है। निम्न में से कौन-सा संबंध सत्य है:

1. $E = kP$
2. $P = \omega E$
3. $P = \dfrac{\omega}{k}E$
4. $E = \dfrac{\omega}{k}P$

55. $\vec{B}$ समान है, घन में कोई धारा नहीं, घन '$\vec{v}$' वेग से गतिमान है। इस घन में इलेक्ट्रॉन पर विद्युत बल की दिशा है:

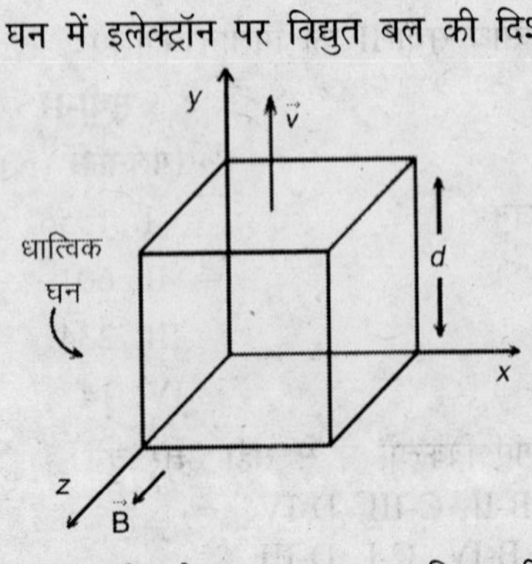

1. $+x$ दिशा की ओर
2. $-x$ दिशा की ओर
3. $+y$ दिशा की ओर
4. $-y$ दिशा की ओर

48. 1	**49.** 4	**50.** 3	**51.** 3	**52.** 4	**53.** 3	**54.** 4	**55.** 1

56. प्रोटान किसके द्वारा खोजा गया :

1. बोहर
2. चैडविक
3. थामसन
4. रदरफोर्ड

57. इलैक्ट्रान किसके द्वारा खोजा गयाः

1. रदरफोर्ड
2. चैडविक
3. थामसन
4. बोहर

58. नीचे दो कथन दिए गए हैंः एक अभिकथन (Assertion A) के रूप में लिखित है तो दूसरा उसके कारण (Reason R) के रूप मेंः

अभिकथन (A): विद्युत क्षेत्र का कर्ल शून्य होता है।

कारण (R): एक बद्ध पथ के परितः विद्युत क्षेत्र का रेखीय समाकलन शून्य होता है।

उपरोक्त कथन के आलोक में, नीचे दिए गए विकल्पों में से उपयुक्त उत्तर का चयन कीजिएः

1. (A) और (R) दोनों सही हैं और (R), (A) की सही व्याख्या है
2. (A) और (R) दोनों सही हैं, लेकिन (R), (A) की सही व्याख्या नहीं है
3. (A) सही है लेकिन (R) सही नहीं है
4. (A) सही नहीं है लेकिन (R) सही है

59. नीचे दो कथन दिए गए हैंः एक अभिकथन (Assertion A) के रूप में लिखित है तो दूसरा उसके कारण (Reason R) के रूप मेंः

अभिकथन (A): $\vec{J} = \sigma\vec{E}$ तथा $V = IR$ दोनों ओम के नियम को निरूपित करते हैं।

कारण (R): किसी पदार्थ का प्रतिरोध, उस पदार्थ की आकृति तथा माप पर निर्भर नहीं करता है।

उपरोक्त कथन के आलोक में, नीचे दिए गए विकल्पों में से उपयुक्त उत्तर का चयन कीजिएः

1. (A) और (R) दोनों सही हैं और (R), (A) की सही व्याख्या है
2. (A) और (R) दोनों सही हैं, लेकिन (R), (A) की सही व्याख्या नहीं है
3. (A) सही है लेकिन (R) सही नहीं है
4. (A) सही नहीं है लेकिन (R) सही है

60. नीचे दो कथन दिए गए हैंः एक अभिकथन (Assertion A) के रूप में लिखित है तो दूसरा उसके कारण (Reason R) के रूप मेंः

अभिकथन (A): एक चालक एक समविभव होता है।

कारण (R): $\nabla \cdot \vec{B} = 0$, $\vec{B}$ चुम्बकीय क्षेत्र है।

उपरोक्त कथन के आलोक में, नीचे दिए गए विकल्पों में से उपयुक्त उत्तर का चयन कीजिएः

1. (A) और (R) दोनों सही हैं और (R), (A) की सही व्याख्या है
2. (A) और (R) दोनों सही हैं, लेकिन (R), (A) की सही व्याख्या नहीं है
3. (A) सही है लेकिन (R) सही नहीं है
4. (A) सही नहीं है लेकिन (R) सही है

61. ______ रंजक (डाइस) सल्फोनिक अम्ल या कार्बोक्सिलिक अम्लों के लवण होते हैं। ये क्षारीय समूह वाले रेशे जैसे ऊन, सिल्क और पॉलीएमाइड आदि को रंगने के लिए प्रयुक्त होते हैं।

1. अम्ल
2. मेथिलीन ब्लू (नीला)
3. क्षारीय
4. क्रिस्टल वायलेट (बैंगनी)

62. नीचे दो कथन दिए गए हैंः एक अभिकथन (Assertion A) के रूप में लिखित है तो दूसरा उसके कारण (Reason R) के रूप मेंः

अभिकथन (A): समान उम्र के स्वस्थ, पूर्ण पोषित बच्चों की तुलना में अपेक्षित ऊंचाई या लंबाई प्राप्त करने में असफलता वृद्धिरोध (स्तंभन) का लक्षण है।

कारण (R): वृद्धिरोध (स्तंभन) एक ऐसी अभिनव विफलता है जिसमें पर्याप्त पोषण नहीं मिलता जैसे की गंभीर डायरिया के दौरान।

उपरोक्त कथन के आलोक में, नीचे दिए गए विकल्पों में से उपयुक्त उत्तर का चयन कीजिएः

1. (A) और (R) दोनों सही हैं और (R), (A) की सही व्याख्या है
2. (A) और (R) दोनों सही हैं, लेकिन (R), (A) की सही व्याख्या नहीं है
3. (A) सही है लेकिन (R) सही नहीं है
4. (A) सही नहीं है लेकिन (R) सही है

63. भारत सरकार के निम्नलिखित कार्यक्रमों की सूची को कालाक्रमानुसार व्यवस्थित कीजिए (उनके कार्यान्वयन वर्ष के अनुसार)ः

A. प्रधानमंत्री आयुष्मान भारत इन्फ्रास्ट्रक्चर मिशन
B. चाइल्ड सर्वाइकल एवम सेफ मदरहुड प्रोग्राम
C. नेशनल रूरल हेल्थ मिशन
D. आयुष्मान भारत प्रोग्राम
E. मिडवाइफरी इनीसिएटिव

नीचे दिए गए विकल्पों में से **सही** उत्तर चुनेंः

1. B, C, D, E, A
2. A, B, C, D, E
3. B, A, D, C, E
4. A, D, B, C, E

64. भारत में निम्नलिखित में से कौन-सी मच्छर-जनित बीमारियाँ है?

A. मलेरिया
B. विषाणुजनित गठिया/एरिथ्राइटिस (एपीडेमिक/पॉलीएरिथ्राइटिस)
C. वेस्ट नॉइल फीवर (बुखार)
D. डेंगू
E. बैबेसियोसिस

नीचे दिए गए विकल्पों में से **सही** उत्तर चुनेंः

1. केवल A, B, D, E
2. केवल B, C, D, E
3. केवल A, C, B, E
4. केवल A, B, C, D

56. 4	**57.** 3	**58.** 2	**59.** 3	**60.** 2	**61.** 1	**62.** 3	**63.** *	**64.** 4

65. सूची-I के साथ सूची-II का मिलान कीजिए:

सूची-I	सूची-II
A. विटामिन D	I. क्रेटीनता
B. विटामिन B_{12}	II. परनीसियस एनीमिया (प्रणाशी रक्ताल्पता)
C. आयोडीन	III. मेगालोब्लास्टिक एनीमिया (महालोहितीय रक्ताल्पता)
D. फोलेट	IV. रिकेटी रोसरी (रिकेटी गुटिकामाला)

नीचे दिए गए विकल्पों में से **सही** उत्तर चुनें:

1. A-I, B-III, C-II, D-IV
2. A-III, B-II, C-IV, D-I
3. A-IV, B-II, C-I, D-III
4. A-IV, B-I, C-III, D-II

66. निम्नलिखित में से कौन-सी सामान्य नेटवर्किंग टोपोलॉजी (जाल विन्यास) नहीं है?

1. स्टार
2. साइकल
3. ट्री
4. बस

67. द्विआधारी संख्या $(11010)_2$ का दशमलव समतुल्य है:

1. $(30)_{10}$
2. $(26)_{10}$
3. $(24)_{10}$
4. $(48)_{10}$

68. आधुनिक प्रचालन तंत्र के साथ अर्न्तक्रिया के माध्यम के प्रति CLI और GUI का अर्थ है।

1. कंट्रोल लेंग्वेज इंटरएक्शन, ग्राफ अपडेटेड इंटरएक्शन (नियंत्रित भाषा अर्न्तक्रिया, ग्राफ अद्यतन अर्न्तक्रिया)
2. कमांड लेंग्वेज इंटरएक्शन, ग्लोबल यूजर इंटरएक्शन (आदेश भाषा अर्न्तक्रिया, वैश्विक उपयोगकर्ता अर्न्तक्रिया)
3. कमांड लिस्ट इंटरफेस, ग्राफ यूनिवर्सल इंटरफेस (आदेश सूची अंतरापृष्ठ, ग्राफ सामान्य इंटरफेस)
4. कमांड लाइन इंटरफेस, ग्राफिकल यूजर इंटरफेस (आदेश रेखा अंतरापृष्ठ, ग्राफीय उपयोगकर्ता अंतरापृष्ठ)

69. एक संचार तंत्र जहां डिवाइस (युक्ति) A और डिवाइस B इस प्रकार संप्रेषण करती हैं कि एक बार में केवल डिवाइस (युक्ति) A संचारित करें या डिवाइस B संचारित करें, इसे कहते हैं।

1. यूनीप्लेक्स
2. मोनोप्लेक्स
3. सिमप्लेक्स
4. हॉफ डुप्लेक्स

70. निम्नलिखित में से कौन-सा वर्जन (संस्करण) माइक्रोसॉफ्ट ऑफिस का नहीं है–

1. एम.एस ऑफिस 95
2. एम.एस ऑफिस 97
3. एम.एस ऑफिस 2005
4. एम.एस ऑफिस XP

71. नीचे दो कथन दिए गए हैं: एक अभिकथन (Assertion A) के रूप में लिखित है तो दूसरा उसके कारण (Reason R) के रूप में:

अभिकथन (A): शब्द का प्रकार माइक्रोप्रोसेसर (सूक्ष्मप्रक्रियक) की प्रक्रमण सामर्थ्य के सीधा समानुपाती होता है।

कारण (R): क्लॉक (निर्देशकालद) जितनी तीव्र होती है, माइक्रो प्रोसेसर (सूक्ष्मप्रक्रियक) उतने ही अधिक निर्देशों का निष्पादन करता है।

उपरोक्त कथन के आलोक में, नीचे दिए गए विकल्पों में से उपयुक्त उत्तर का चयन कीजिए:

1. (A) और (R) दोनों सही हैं और (R), (A) की सही व्याख्या है
2. (A) और (R) दोनों सही हैं, लेकिन (R), (A) की सही व्याख्या नहीं है
3. (A) सही है लेकिन (R) सही नहीं है
4. (A) सही नहीं है लेकिन (R) सही है

72. नीचे दो कथन दिए गए हैं: एक अभिकथन (Assertion A) के रूप में लिखित है तो दूसरा उसके कारण (Reason R) के रूप में:

अभिकथन (A): हब्स किसी भी तरह के ट्रैफिक (संकेत प्रवाह) को समायोजित/प्रबंधित नहीं करते जो उनमें से होकर गुजरते हैं।

कारण (R): हब्स (केन्द्रक) एक प्रकार के परिष्कृत मार्ग निर्धारक इकाई/युक्तियां होते हैं।

उपरोक्त कथन के आलोक में, नीचे दिए गए विकल्पों में से उपयुक्त उत्तर का चयन कीजिए:

1. (A) और (R) दोनों सही हैं और (R), (A) की सही व्याख्या है
2. (A) और (R) दोनों सही हैं, लेकिन (R), (A) की सही व्याख्या नहीं है
3. (A) सही है लेकिन (R) सही नहीं है
4. (A) सही नहीं है लेकिन (R) सही है

73. निम्नलिखित कम्प्यूटर मेमोरी युक्तियों पर विचार कीजिए और इन्हें सबसे कम समय ग्रहण करने वाले से सबसे अधिक समय ग्रहण करने वाली युक्ति के अनुसार व्यवस्थित कीजिए?

A. मुख्य मेमोरी
B. द्वितीयक मेमोरी
C. रजिस्टर (संग्रह पूंजी)
D. L2 कैश (स्तर पृष्ठ-II संग्रह)
E. L1 कैश (स्तर-I पृष्ठ संग्रह)

नीचे दिए गए विकल्पों में से **सही** उत्तर चुनें:

1. $A \to B \to E \to C \to D$
2. $B \to A \to E \to D \to C$
3. $B \to A \to D \to E \to C$
4. $C \to E \to D \to A \to B$

65. 3	**66.** 2	**67.** 2	**68.** 4	**69.** 4	**70.** 3	**71.** 2	**72.** 3	**73.** 3

74. निम्नलिखित वाक्यों पर विचार कीजिए और सही कथन की पहचान कीजिए।

A. संकलन एक अनुवाद कार्यक्रम है जो उच्च स्तरीय कूट को निम्न स्तरीय या सरल कूट में बदल देता है।

B. व्याख्याकार एक-एक लाइन वाला अनुवादक है जो अधिगम और दोष निराकरण में सहायक होता है।

C. आत्मनिरीक्षण शक्ति (पॉवर ऑन सेल्फ टेस्ट, पोस्ट) कार्यक्रम और प्रारंभिक भारक/लोडर (बूट स्ट्रेप लोडर) अनुप्रयोग कार्यक्रम (सॉफ्टवेयर) के उदाहरण हैं।

D. ओपन ऑफिस और एम.एस. ऑफिस सूइट्स खुला स्त्रोत (ओपन सोर्स) सॉफ्टवेयर के उदाहरण हैं।

नीचे दिए गए विकल्पों में से **सही** उत्तर चुनें:

1. केवल A और B
2. केवल A, B और C
3. केवल B और D
4. केवल A, C और D

75. सूची-I के साथ सूची-II का मिलान कीजिए:

सूची-I	सूची-II
A. 100 बाइट्स	I. 2^{20} बाइट्स
B. 01 MB	II. 1024 जीबी
C. 01 TB	III. 2^{50} बाइट्स
D. 01 पेटाबाइट	IV. 200 निबल्स

नीचे दिए गए विकल्पों में से **सही** उत्तर चुनें:

1. A-IV, B-I, C-III, D-II
2. A-II, B-IV, C-I, D-III
3. A-IV, B-III, C-I, D-II
4. A-IV, B-I, C-II, D-III

व्याख्यात्मक उत्तर

1. यूरिया घोल की मोलरता $= \frac{8.3}{60} = \frac{83}{600}$

$= 0.1383 \text{ mol dm}^{-3}$

गैर-इलेक्ट्रोलाइट्स के आइसोटोनिक घोलों के लिए, परासरण दाब बराबर होता है, इसलिए मोलर सांद्रता बराबर होती है।

A का 5% घोल = 100 mL में 5 g = 1000 mL में 50 g

$\frac{50}{M_A} = 0.1383, M_A = \frac{50}{0.1383} = 361.5 \text{ g mol}^{-1}$

इसलिए, विलेय A का अनुमानित मोलर द्रव्यमान 361.5 g mol^{-1} है, इसलिए विकल्प 2 आइसोटोनिक स्थिति के साथ बिल्कुल फिट बैठता है।

2. B. पैरा हाइड्रोजन का कुल चक्रण शून्य है : पैरा-हाइड्रोजन में दो हाइड्रोजन नाभिकों के एंटीपैरेलल परमाणु चक्रण होते हैं, इसलिए परिणामी परमाणु चक्रण शून्य होता है। अतः कथन B सही है।

C. दो रूपों के भौतिक गुण अलग-अलग हैं : ऑर्थो-हाइड्रोजन और पैरा-हाइड्रोजन परमाणु चक्रण व्यवस्था और घूर्णी ऊर्जा स्थितियों में भिन्न होते हैं, इसलिए उनके भौतिक गुण जैसे विशिष्ट गर्मी, थर्मल चालकता और चुंबकीय व्यवहार अंतर दिखाते हैं। अतः कथन C सही है।

E. उच्च तापमान पर ऑर्थो अधिक स्थिर होता है : उच्च तापमान पर, ऑर्थो-हाइड्रोजन प्रमुख रूप होता है और संतुलन मिश्रण में लगभग 75% ऑर्थो-हाइड्रोजन और 25% पैरा-हाइड्रोजन होता है। इस परीक्षण के संदर्भ में, इस कथन को सही माना जाता है क्योंकि ऑर्थो-हाइड्रोजन को उच्च तापमान पर पसंद किया जाता है।

A. ऑर्थो हाइड्रोजन का कुल चक्रण शून्य है : ऑर्थो-हाइड्रोजन में समानांतर परमाणु चक्रण होता है, इसलिए इसका कुल परमाणु चक्रण शून्य नहीं होता है। इसलिए कथन A गलत है।

D. दो रूपों के रासायनिक गुण अलग-अलग हैं : दोनों रूपों की इलेक्ट्रॉनिक संरचना और आणविक सूत्र समान हैं, इसलिए उनके रासायनिक गुण व्यावहारिक रूप से समान हैं। इसलिए कथन D गलत है।

3. गैस अणु का मूल माध्य वर्ग वेग $v_{rms} = \sqrt{\frac{3RT}{M}}$, द्वारा दिया जाता है, जहां R सार्वभौमिक गैस स्थिरांक है, T केल्विन में निरपेक्ष तापमान है और M, kg mol^{-1} में गैस का मोलर द्रव्यमान है।

सूत्र $\sqrt{\frac{8RT}{\pi M}}$ गैस अणुओं के औसत वेग को दर्शाता है, न कि मूल माध्य वर्ग वेग को।

सूत्र $\sqrt{\frac{2RT}{M}}$ सबसे संभावित वेग का प्रतिनिधित्व करता है, RMS वेग का नहीं। इसलिए, दिए गए विकल्पों में से केवल विकल्प 1 ही गैस के मूल माध्य वर्ग वेग को सही ढंग से दर्शाता है।

4. द्रव्यमान और आयतन विस्तारात्मक गुण हैं क्योंकि उनका मान सिस्टम में मौजूद पदार्थ की मात्रा या मात्रा पर निर्भर करता है। यदि पदार्थ की मात्रा दोगुनी कर दी जाती है, तो समान परिस्थितियों में द्रव्यमान और आयतन दोनों भी दोगुना हो जाते हैं, इसलिए वे विस्तारात्मक होते हैं। हालाँकि, द्रव्यमान और आयतन का अनुपात घनत्व है, और घनत्व लिए गए पदार्थ की मात्रा पर निर्भर नहीं करता है। इसलिए, घनत्व एक गहन गुण है, विस्तारात्मक गुण नहीं, इसलिए कथन सही है लेकिन कारण गलत है।

74. 1 **75.** 4

5. एक षट्कोणीय क्रिस्टल प्रणाली में, इकाई सेल के बेसल तल में दो समान क्रिस्टलोग्राफिक अक्ष होते हैं और अलग-अलग लंबाई की एक तीसरी धुरी होती है, इसलिए $a = b \neq c$. ऊर्ध्वाधर अक्ष और दो बेसल अक्षों के बीच का कोण समकोण है, इसलिए $\alpha = \beta = 90°$ है, जबकि दो बेसल अक्षों के बीच का कोण 120° है, इसलिए $\gamma = 120°$ है। यह हेक्सागोनल प्रणाली को टेट्रागोनल, क्यूबिक और ऑर्थोरोम्बिक सिस्टम से अलग बनाता है। इसलिए, विकल्प 2 हेक्सागोनल क्रिस्टल सिस्टम के लिए सही यूनिट-सेल पैरामीटर देता है।

6. ग्लो वर्म (जुगनू) द्वारा ठंडी रोशनी का उत्सर्जन केमिलुमिनसेंस का एक उदाहरण है क्योंकि प्रकाश पर्याप्त गर्मी पैदा किए बिना रासायनिक प्रतिक्रिया के कारण उत्पन्न होता है। चमक वाले कृमियों में, प्रकाश उत्सर्जित करने की प्रक्रिया को बायोल्यूमिनसेंस भी कहा जाता है, जो जीवित जीवों में होने वाली एक विशेष प्रकार की केमिल्यूमिनसेंस है। प्रकाश को 'ठंडा प्रकाश' कहा जाता है क्योंकि अधिकांश ऊर्जा ऊष्मा के बजाय प्रकाश के रूप में उत्सर्जित होती है। स्फुरदीप्ति और प्रतिदीप्ति प्रकाश-उत्तेजित घटनाएँ हैं, जबकि शमन का अर्थ उत्सर्जन में कमी है, इसलिए विकल्प 1 सही है।

7. तांबे के लिए, Z = 29 और इलेक्ट्रॉनिक विन्यास [Ar] $3d^{10}$ $4s^1$ है। एक 3*d* इलेक्ट्रॉन के लिए, अन्य नौ 3*d* इलेक्ट्रॉनों द्वारा परिरक्षण $9 \times 0.35 = 3.15$ है, और आंतरिक अठारह इलेक्ट्रॉनों द्वारा परिरक्षण 18 है, इसलिए S = 21.15 और $Z_{eff} = 29 - 21.15 = 7.85$. 4*s* इलेक्ट्रॉन के लिए, इस प्रश्न के लिए सामान्य स्लेटर-नियम उपचार का उपयोग करते हुए, परिरक्षण $18 \times 0.85 + 10 = 15.30 + 10 = 25.30$ है, इसलिए $Z_{eff} = 29 - 25.30 = 3.70$. इसलिए, 3*d* और 4*s* इलेक्ट्रॉनों के लिए प्रभावी परमाणु आवेश मान क्रमशः 7.85 और 3.70 हैं।

8. कोलराउश (Kohlrausch) के आयनों के स्वतंत्र प्रवास के नियम के अनुसार, अनंत तनुकरण पर मोलर चालन आयनिक चालन का योग है।

$$\Lambda_m^\circ (NH_4Cl) = \lambda^\circ_{NH_4^+} + \lambda^\circ_{Cl^-} = x$$

$$\Lambda_m^\circ (NH_4NO_3) = \lambda^\circ_{NH_4^+} + \lambda^\circ_{NO_3^-} = y$$

$$\Lambda_m^\circ (AgNO_3) = \lambda^\circ_{Ag^+} + \lambda^\circ_{NO_3^-} = z$$

$$\Lambda_m^\circ (AgCl) = \lambda^\circ_{Ag^+} + \lambda^\circ_{Cl^-} = z + x - y$$

इसलिए, अनंत तनुकरण पर AgCl का मोलर चालन $x + z - y$ है।

9. स्पिन-ओनली चुंबकीय आघूर्ण अयुग्मित इलेक्ट्रॉनों की संख्या पर निर्भर करता है और इसकी गणना की जाती है

$\mu = \sqrt{n(n+2)}$B.M., जहाँ *n* अयुग्मित इलेक्ट्रॉनों की संख्या है।

Cr^{2+} में 4 अयुग्मित इलेक्ट्रॉनों के साथ $3d^4$ विन्यास है, Mn^{2+} में 5 अयुग्मित इलेक्ट्रॉनों के साथ $3d^5$ विन्यास है, Fe^{2+} में 4 अयुग्मित इलेक्ट्रॉनों के साथ $3d^6$ विन्यास है और Ni^{2+} में 2 अयुग्मित इलेक्ट्रॉनों के साथ $3d^8$ विन्यास है। चूँकि Mn^{2+} में अयुग्मित इलेक्ट्रॉनों की संख्या अधिकतम है, इसलिए इसमें दिए गए आयनों के बीच स्पिन-ओनली चुंबकीय आघूर्ण सबसे अधिक है।

10. A. क्षारीय मृदा तत्व - I. *s*-ब्लॉक : क्षारीय मृदा तत्व आवर्त सारणी के समूह 2 से संबंधित हैं और उनके संयोजी इलेक्ट्रॉन *s*-उपकोश में हैं। इसलिए, उन्हें *s*-ब्लॉक तत्वों के रूप में वर्गीकृत किया गया है।

B. संक्रमण तत्व - III. *d*-ब्लॉक : संक्रमण तत्वों को परमाणुओं या सामान्य ऑक्सीकरण अवस्थाओं में आंशिक रूप से भरे हुए *d*-उपकोशों की विशेषता होती है। इसलिए, वे आवर्त सारणी के *d*-ब्लॉक से संबंधित हैं।

C. परायूरेनिक तत्व - IV. *f*-ब्लॉक : परायूरेनिक तत्व यूरेनियम से परे तत्व हैं और अधिकतर एक्टिनाइड्स हैं। एक्टिनाइड्स में 5*f*-उपकोश भरना शामिल है, इसलिए उन्हें *f*-ब्लॉक में रखा जाता है।

D. उपधातु - II. *p*-ब्लॉक : बोरॉन, सिलिकॉन, जर्मेनियम, आर्सेनिक, एंटीमनी और टेल्यूरियम जैसे उपधातु मुख्य रूप से *p*-ब्लॉक में स्थित होते हैं। वे धातुओं और अधातुओं के बीच मध्यवर्ती गुण दर्शाते हैं।

11. B. C^{4-}: कार्बन की परमाणु संख्या 6 है, इसलिए उदासीन कार्बन में 6 इलेक्ट्रॉन हैं। C^{4-} में 4 अतिरिक्त इलेक्ट्रॉन हैं, इसलिए कुल इलेक्ट्रॉन = 6 + 4 = 10.

C. Mg^{2+}: मैग्नीशियम की परमाणु संख्या 12 है, इसलिए उदासीन मैग्नीशियम में 12 इलेक्ट्रॉन हैं। Mg^{2+} ने 2 इलेक्ट्रॉन खो दिए हैं, इसलिए कुल इलेक्ट्रॉन = 12 − 2 = 10।

E. Al^{3+}: एल्युमीनियम की परमाणु संख्या 13 है, इसलिए उदासीन एल्युमीनियम में 13 इलेक्ट्रॉन हैं। Al^{3+} ने 3 इलेक्ट्रॉन खो दिए हैं, इसलिए कुल इलेक्ट्रॉन = 13 − 3 = 10।

A. S^{2-} : सल्फर की परमाणु संख्या 16 है, इसलिए S^{2-} में 16 + 2 = 18 इलेक्ट्रॉन हैं। इसलिए, यह C^{4-}, Mg^{2+} और Al^{3+} के साथ आइसोइलेक्ट्रॉनिक नहीं है।

D. O^-: ऑक्सीजन का परमाणु क्रमांक 8 है, इसलिए O^- का इलेक्ट्रॉन 8 + 1 = 9 है। इसलिए, यह ऊपर सूचीबद्ध 10-इलेक्ट्रॉन प्रजातियों के साथ आइसोइलेक्ट्रॉनिक नहीं है।

12. A. हीमोग्लोबिन - II. Fe: हीमोग्लोबिन एक आयरन युक्त मेटालोप्रोटीन है जो लाल रक्त कोशिकाओं में मौजूद होता है। इसके हीम समूह में Fe^{2+} होता है, जो रक्त में परिवहन के दौरान ऑक्सीजन को विपरीत रूप से बांधता है।

B. क्लोरोफिल - IV. Mg: क्लोरोफिल पौधों में पाया जाने वाला हरा प्रकाश संश्लेषक वर्णक है। इसके पोर्फिरिन रिंग के केंद्र में मैग्नीशियम होता है, इसलिए संबंधित धातु Mg है।

C. विटामिन B_{12} - I. Co: विटामिन B_{12}, जिसे कोबालामिन भी कहा जाता है, में केंद्रीय धातु आयन के रूप में कोबाल्ट

होता है। 'कोबालामिन' नाम ही कोबाल्ट की उपस्थिति को इंगित करता है।

D. Cis प्लैटिन - III. Pt : Cis प्लैटिन एक प्लैटिनम-आधारित समन्वय यौगिक है जिसका उपयोग कैंसर रोधी दवा के रूप में किया जाता है। इसका केंद्रीय धातु परमाणु प्लैटिनम है, इसलिए इसका मिलान Pt से किया जाता है।

13. नॉन-स्टोइकोमेट्रिक KCl का नीला-लाइलैक रंग क्रिस्टल जाली में आयनों की रिक्तियों के कारण होता है। जब KCl को पोटेशियम वाष्प में गर्म किया जाता है, तो कुछ Cl^- आयन अपने सामान्य जाली स्थलों से गायब हो जाते हैं और इलेक्ट्रॉन इन खाली आयन स्थलों पर कब्जा कर लेते हैं। ऐसे इलेक्ट्रॉन से भरे आयन रिक्तियों को F-केंद्र या रंग केंद्र कहा जाता है। ये फंसे हुए इलेक्ट्रॉन दृश्य प्रकाश को अवशोषित करते हैं और क्रिस्टल को उसका विशिष्ट नीला-लाइलैक रंग देते हैं, इसलिए इसका सही कारण जाली स्थान में आयनों की अनुपस्थिति है।

14. A. पाइरीडीन - IV. 1: पाइरीडीन अपने नाइट्रोजन परमाणु पर मौजूद एकाकी जोड़े के माध्यम से समन्वय करता है। चूँकि यह केवल एक दाता परमाणु के माध्यम से दान करता है, यह एक मोनोडेंटेट लिगेंड है।

B. DMG - III. 2: DMG, डाइमिथाइलग्लॉक्सिम, निकेल डाइमिथाइलग्लाइऑक्सीमेट जैसे धातु परिसरों में बिडेंटेट लिगेंड के रूप में कार्य करता है। यह दो दाता साइटों के माध्यम से समन्वय करता है।

C. EDTA - II. 6: EDTA एक हेक्साडेंटेट लिगेंड है क्योंकि यह दो नाइट्रोजन परमाणुओं और चार ऑक्सीजन परमाणुओं के माध्यम से समन्वय कर सकता है। इस प्रकार, यह बहुत स्थिर केलेट कॉम्प्लेक्स बनाता है।

D. Dien & I. 3: Dien का अर्थ है डायइथिलीनट्राइएमीन और इसमें तीन नाइट्रोजन दाता परमाणु होते हैं। इसलिए, यह डेंटिसिटी 3 के साथ ट्राइडेंटेट लिगेंड के रूप में कार्य करता है।

15. जब क्षारीय धातुएं तरल अमोनिया में घुल जाती हैं, तो वे अमोनियाकृत या घुलनशील इलेक्ट्रॉनों की उपस्थिति के कारण गहरे नीले रंग का घोल बनाती हैं। ये इलेक्ट्रॉन क्षार धातु परमाणुओं द्वारा छोड़े जाते हैं और अमोनिया अणुओं से घिरे होते हैं। सॉल्वेटेड इलेक्ट्रॉन दृश्य क्षेत्र में ऊर्जा को अवशोषित करते हैं और घोल को विशिष्ट नीला रंग प्रदान करते हैं। अमोनीकृत धनायन भी बनता है, लेकिन नीला रंग विशेष रूप से अमोनीकृत इलेक्ट्रॉनों के कारण होता है।

16. जब नाइट्रोजन ऑक्साइड और हाइड्रोकार्बन सूर्य के प्रकाश की उपस्थिति में प्रतिक्रिया करते हैं तो फोटोकैमिकल स्मॉग बनता है। PAN, यानी पेरोक्सीएसिटाइल नाइट्रेट, फोटोकैमिकल स्मॉग में मौजूद महत्वपूर्ण माध्यमिक प्रदूषकों में से एक है। यह आंखों में जलन, पौधों को नुकसान और सांस लेने में परेशानी का कारण बनता है, जो फोटोकैमिकल स्मॉग के विशिष्ट प्रभाव हैं। CFCs मुख्य रूप से ओजोन परत की कमी से जुड़े हैं, और भारी धातुएं फोटोकैमिकल स्मॉग का प्रत्यक्ष कारण नहीं हैं; इसलिए दिए गए विकल्पों में से PAN सही विकल्प है।

17. हाइड्रोजन पेरोक्साइड का उपयोग पर्यावरण की दृष्टि से पसंदीदा ब्लीचिंग एजेंट के रूप में किया जाता है क्योंकि इसके अपघटन से पानी और ऑक्सीजन मिलता है। इसका उपयोग पेपर पल्प, कपड़ा, बाल और अन्य सामग्रियों को ब्लीच करने में किया जाता है जहां एक क्लीनर ऑक्सीकरण एजेंट की आवश्यकता होती है। कई क्लोरीन-आधारित ब्लीचिंग एजेंटों के विपरीत, यह आम तौर पर हानिकारक क्लोरीनयुक्त कार्बनिक अवशेष उत्पन्न नहीं करता है। इसलिए, पर्यावरणविद् ब्लीचिंग एजेंट के रूप में हाइड्रोजन पेरोक्साइड को प्राथमिकता देते हैं।

18. समूह $-N + R_3$, जो कि चतुष्क अमोनियम समूह है, बेंजीन से जुड़े होने पर मेटा-निर्देशक समूह के रूप में कार्य करता है। यह एक दृढ़ता से इलेक्ट्रॉन-निकासी समूह है क्योंकि धनात्मक रूप से चार्ज किया गया नाइट्रोजन आगमनात्मक प्रभाव के माध्यम से बेंजीन रिंग से इलेक्ट्रॉन घनत्व को वापस ले लेता है। ऐसे इलेक्ट्रॉन-निकासी समूह रिंग को इलेक्ट्रोफिलिक प्रतिस्थापन की ओर निष्क्रिय कर देते हैं और मेटा स्थिति को ऑर्थो और पैरा स्थितियों की तुलना में अपेक्षाकृत अधिक अनुकूल बनाते हैं। इसके विपरीत, –R, $-NH_2$ और हैलोजन (–X) समूह ऑर्थो-पैरा निर्देशन समूह हैं, इसलिए केवल विकल्प 4 सही है।

19. *n*-ब्यूटेन की सबसे स्थिर संरचना एंटी फॉर्म है। एंटी-स्टैगर्ड संरचना में, दो मिथाइल समूहों को एक दूसरे से 180° की दूरी पर रखा जाता है, इसलिए भारी $-CH_3$ समूहों के बीच प्रतिकर्षण न्यूनतम होता है। गौचे फॉर्म भी कंपित है लेकिन मिथाइल समूह केवल 60° से अलग है, इसलिए इसमें एंटी फॉर्म की तुलना में अधिक स्थैतिक प्रतिकर्षण है। पूर्णतः ग्रहण किए गए रूप में अधिकतम टार्सन तनाव और मिथाइल-मिथाइल ग्रहण अंतःक्रिया होती है, इसलिए यह सबसे कम स्थिर होता है; इसलिए एंटी फॉर्म *n*-ब्यूटेन की सबसे स्थिर संरचना है।

20. कार्बोकेशन आमतौर पर sp^2-संकरित और समतल होते हैं क्योंकि धनात्मक रूप से चार्ज किए गए कार्बन में तीन सिग्मा बांड और एक खाली *p*-ऑर्बिटल होता है। कार्बन मुक्त रेडिकल भी आम तौर पर sp^2-संकरित होते हैं क्योंकि विषम इलेक्ट्रॉन एक *p*-ऑर्बिटल पर रहता है और रेडिकल केंद्र लगभग समतल होता है। सिंगलेट कार्बाइन sp^2-संकरण दिखा सकता है क्योंकि इसमें दो बंधन जोड़े, एक अकेला जोड़ा और एक खाली *p*-ऑर्बिटल है। एक साधारण कार्बोनियन आम तौर पर पिरामिडनुमा और sp^3-संकरित होता है क्योंकि ऋणात्मक रूप से चार्ज किए गए कार्बन में तीन बंधन जोड़े और एक अकेला जोड़ा होता है; इसलिए, दिए गए मध्यवर्ती में से, कार्बोनियन वह है जिसे सामान्यतः sp^2-संकरित के रूप में नहीं लिया जाता है।

21. **अभिकथन (A):** एंडोस्पर्म हास्टोरिया की विशेषता यह है कि वे केवल सेलुलर एंडोस्पर्म से विकसित होते हैं। यह कथन सही नहीं है क्योंकि भ्रूणपोष हास्टोरिया केवल कोशिकीय भ्रूणपोष तक ही सीमित नहीं है। हॉस्टोरियल संरचनाएं विभिन्न प्रकार के भ्रूणपोष विकास से जुड़ी हो सकती हैं और इसलिए 'केवल' शब्द कथन को गलत बनाता है।

कारण (R): एंडोस्पर्म हॉस्टोरिया माइक्रोपाइलर या चलाजल या दोनों सिरों पर बनते हैं और पोषण को अवशोषित करने के लिए बीजांडकाय ऊतक में प्रवेश करते हैं। यह कथन सही है क्योंकि भ्रूणपोष हास्टोरिया पोषक तत्वों को अवशोषित करने वाली संरचनाएं हैं। वे माइक्रोपाइलर सिरे, चालाजल सिरे या दोनों सिरों की ओर विकसित हो सकते हैं और आसपास के न्युसेलर या मातृ ऊतकों से भोजन को अवशोषित करने में मदद करते हैं।

22. विदलन बहुभ्रूणता का अर्थ है युग्मनज या युवा प्राक्भ्रूण के विभाजन या विदलन द्वारा एक से अधिक भ्रूण का निर्माण। दिए गए विकल्पों में से ऑर्किड में इस प्रकार की बहुभ्रूणता काफी आम है। साइट्रस को बीजांडकायिका या एडवेंटिव पॉलीएम्ब्रायनी के लिए बेहतर जाना जाता है, जहां भ्रूण युग्मनज भ्रूण के दरार के बजाय बीजांडकोशिका कोशिकाओं से उत्पन्न होते हैं। इसलिए, ऑर्किड क्लीवेज पॉलीएम्ब्रायोनी के लिए दिए गए प्रश्न को अधिक सही ढंग से फिट करते हैं।

23. जैव विविधता के संरक्षण, अनुसंधान, निगरानी, शिक्षा और सतत उपयोग के लिए एक बायोस्फीयर रिजर्व का चयन किया जाता है। इसमें आम तौर पर समृद्ध आनुवंशिक विविधता, लुप्तप्राय प्रजातियों सहित महत्वपूर्ण प्रजातियाँ और वैज्ञानिक अनुसंधान के अवसर शामिल होने चाहिए। हालाँकि, एक बायोस्फीयर रिजर्व को मानव प्रभाव से पूरी तरह मुक्त होने की आवश्यकता नहीं है, क्योंकि इसमें कोर, बफर और संक्रमण क्षेत्र शामिल हो सकते हैं, और संक्रमण क्षेत्र में मानव-संशोधित पारिस्थितिकी तंत्र शामिल हो सकते हैं। इसलिए, 'यह मानव-संशोधित और निम्नीकृत पारिस्थितिकी तंत्र नहीं है' किसी संरक्षित क्षेत्र को बायोस्फीयर रिजर्व के रूप में मानने के लिए एक आवश्यक विशेषता नहीं है।

24. तारकीय क्लोरोप्लास्ट तारे के आकार के क्लोरोप्लास्ट होते हैं, और वे विशिष्ट रूप से हरे शैवाल जिग्नेमा में पाए जाते हैं। जिग्नेमा की प्रत्येक कोशिका में आम तौर पर दो तारे के आकार के क्लोरोप्लास्ट होते हैं, प्रत्येक में एक केंद्रीय पाइरेनॉइड होता है। उलोथ्रिक्स में कमरबंद के आकार का या बैंड के आकार का क्लोरोप्लास्ट होता है, जबकि क्लैडोफोरा में जालीदार क्लोरोप्लास्ट होता है और वाउचेरिया में कई डिस्कोइड क्लोरोप्लास्ट होते हैं। इसलिए, स्टेलेट क्लोरोप्लास्ट जिग्नेमा के साथ सही ढंग से जुड़ा हुआ है।

25. A. **एंगलर और प्रांटल - II. डाई नेचुरलाइकेन फ्लेनजेन फैमिलियन :** एंगलर और प्रांटल, डाई नेचुरलाइकेन फ्लेनजेन-फैमिलियन से जुड़े हैं, जो पादप परिवारों पर एक प्रमुख कार्य है। उनकी वर्गीकरण प्रणाली ने पौधों को सरल से अधिक जटिल रूपों में व्यवस्थित किया।

B. **जॉन हचिंसन - IV. फूलों वाले पौधों के परिवार :** जॉन हचिंसन को फूलों वाले पौधों के परिवारों के लिए जाना जाता है। उनकी प्रणाली ने फाइलोजेनेटिक संबंधों को महत्व दिया और विकास की जड़ी-बूटियों और लकड़ी की रेखाओं को अलग किया।

C. **चार्ल्स एडविन बेसी - I. फूलों के पौधों की फाइलोजेनेटिक वर्गीकरण :** चार्ल्स एडविन बेसी फूलों के पौधों के फाइलोजेनेटिक उपचार से जुड़े हैं। उनके विचारों को 'बेस्सी कैक्टस' के माध्यम से भी याद किया जाता है, जो एंजियोस्पर्म के बीच विकासवादी संबंधों का प्रतिनिधित्व करता है।

D. **कैरोलस लिनिअस - III. फिलोसोफिया बोटैनिका :** कैरोलस लिनिअस ने फिलोसोफिया बोटैनिका लिखी, जो वनस्पति नामकरण और वर्गीकरण में एक महत्वपूर्ण कार्य है। उन्हें वर्गीकरण विज्ञान में द्विपद नामकरण को लोकप्रिय बनाने के लिए भी जाना जाता है।

26. **अभिकथन (A):** क्लैडोग्राम ऐसे आरेख हैं जो टैक्सा के विभिन्न समूहों के बीच संबंधों को दर्शाते हैं। यह कथन सही है क्योंकि क्लैडोग्राम साझा व्युत्पन्न वर्णों के आधार पर टैक्सा के बीच शाखा संबंधों का प्रतिनिधित्व करता है। यह संभावित विकासवादी संबंध को दर्शाता है, लेकिन जरूरी नहीं कि विकासवादी परिवर्तन के सटीक समय पैमाने या मात्रा को दर्शाता हो।

कारण (R): क्लैडिस्टिक्स वंशानुगत चरित्र डेटा के संग्रह का विश्लेषण करता है। यह कथन इसलिए भी सही है क्योंकि क्लैडिस्टिक्स जीवों को समूहों में समूहित करने के लिए आनुवंशिक लक्षणों, विशेष रूप से साझा व्युत्पन्न लक्षणों का उपयोग करता है। चूँकि क्लैडोग्राम ऐसे चरित्र विश्लेषण से तैयार किए जाते हैं, कारण दावे को सही ढंग से समझाता है।

27. असंगजनन सामान्य यौन प्रजनन का प्रजनन विधि द्वारा प्रतिस्थापन है जिसमें अर्धसूत्रीविभाजन और सिनगैमी अनुपस्थित होते हैं। इस प्रक्रिया में, बीज या भ्रूण बिना निषेचन के बन सकते हैं, इसलिए यह बीज उत्पादन में यौन प्रजनन जैसा दिखता है लेकिन आवश्यक यौन घटनाओं को दरकिनार कर देता है। अनिषेकबीजता का उपयोग आमतौर पर निषेचन के बिना बीज निर्माण के लिए किया जाता है, लेकिन यौन प्रजनन के प्रतिस्थापन के लिए व्यापक और अधिक उपयुक्त शब्द असंगजनन है। अनिषेकफलन बिना निषेचन के फल का निर्माण है, और अनिषेकजनन एक अनिषेचित अंडे से विकास है, इसलिए विकल्प 3 सही है।

28. A. **विभोजी प्रदूषित पानी में बैक्टीरिया को साफ करते हैं :** यह कथन सही है क्योंकि बैक्टीरियोफेज विशिष्ट बैक्टीरिया को संक्रमित और नष्ट कर देते हैं। उनकी जीवाणु-लिसिस गतिविधि दूषित या प्रदूषित पानी में जीवाणु भार को कम कर सकती है।

B. **विभोजी का उपयोग कुछ संक्रमणों के निदान में भी किया जाता है :** यह कथन सही है क्योंकि विभोजियों का उपयोग बैक्टीरिया के उपभेदों की पहचान और विभेदन के लिए किया जाता है। इस प्रकार के विभोजियों का कुछ जीवाणु संक्रमणों में नैदानिक और महामारी विज्ञान संबंधी महत्व होता है।

C. टी-समविभोजी आनुवंशिक रूप से निकट से संबंधित हैं : यह कथन सही है क्योंकि टी-समविभोजी जैसे T2, T4 और T6 निकट से संबंधित बैक्टीरियोफेज हैं। वे बड़े, जटिल, डबल-स्ट्रैंडेड DNA फेज हैं जो *E.coli* जैसे बैक्टीरिया को संक्रमित करते हैं।

D. कैप्सिड द्वारा स्रावित एंजाइम जीवाणु कोशिका भित्ति के विश्लेषण में सहायक होते हैं : यह कथन जैसा लिखा गया है सही नहीं है क्योंकि कैप्सिड मुख्य रूप से आनुवंशिक सामग्री को घेरने वाला प्रोटीन कोट है। प्रवेश या लसीका में शामिल एंजाइम फेज संरचनाओं जैसे पूंछ क्षेत्र से जुड़े होते हैं या संक्रमण के दौरान उत्पन्न होते हैं, न कि केवल 'कैप्सिड द्वारा स्रावित'।

E. विभोजियों में केवल डबल स्ट्रैंडेड DNA होता है : यह कथन गलत है क्योंकि बैक्टीरियोफेज में डबल-स्ट्रैंडेड DNA, सिंगल-स्ट्रैंडेड DNA, RNA या अन्य जीनोम प्रकार हो सकते हैं। इसलिए, सभी चरणों को केवल डबल-स्ट्रैंडेड DNA वाले के रूप में वर्णित नहीं किया जा सकता है।

29. क्लैडोड *रस्कस* में पाया जाता है। *क्लैडोड* एक संशोधित तना है जो चपटा, हरा और प्रकाश संश्लेषक हो जाता है, दिखने और कार्य में एक पत्ती जैसा दिखता है। *रस्कस* में, पत्ती जैसी संरचनाएं वास्तव में तने का संशोधन हैं, जबकि असली पत्तियां कम हो जाती हैं। *बर्बेरिस* की पत्तियां कांटों में बदल गई हैं, *फीनिक्स* एक ताड़ है, और *आर्गेमोन* क्लैडोड के मानक उदाहरण का प्रतिनिधित्व नहीं करता है; इसलिए विकल्प 2 सही है।

30. B. समतलन/वृक्षारोपण : इसे टेलोम सिद्धांत में वृक्षारोपण के संदर्भ में पढ़ा जाना चाहिए। प्लैनेशन का अर्थ है टेलोम्स को एक तल में व्यवस्थित करना, जिससे चपटे पौधों के अंगों के विकास में मदद मिलती है।

C. सहजनन (सिन्जेनेसिस) : सिन्जेनेसिस का अर्थ है टेलोम्स या मेसोम्स का संलयन या मिलन। इसने सरल टेलोमिक शाखाओं से अधिक जटिल संवहनी पौधों की संरचनाओं के निर्माण में मदद की।

E. वक्रन : वक्रन, जिसे आमतौर पर टेलोम सिद्धांत में वक्रता के रूप में माना जाता है, का अर्थ है टेलोम्स का झुकना या अंदर की ओर झुकना। यह उच्च संवहनी पौधों के अंगों के विकास को समझाने के लिए उपयोग की जाने वाली प्राथमिक प्रक्रियाओं में से एक है।

A. अतिव्यापन (ओवरलैपिंग) : यह जिम्मरमैन के टेलोम सिद्धांत की मानक प्रारंभिक प्रक्रिया नहीं है जैसा कि आमतौर पर सूचीबद्ध किया जाता है। मानक शब्द ओवरटॉपिंग है, ओवरलैपिंग नहीं।

D. उत्पादन : उत्पादन टेलोम सिद्धांत की मानक प्रारंभिक प्रक्रियाओं में से एक नहीं है। मान्यता प्राप्त प्रक्रिया ओवरटॉपिंग, प्लैनेशन, सिन्जेनेसिस और इनकर्वेशन के साथ-साथ कटौती है।

31. A. लीशमैनियासिस - III. रेत मक्खियाँ : लीशमैनियासिस रेत मक्खियों द्वारा फैलता है। परजीवी *लीशमैनिया* संक्रमित रेत मक्खियों के काटने से संक्रमित मेजबानों से मनुष्यों में फैलता है।

B. स्क्रब टाइफस - I. लाल कण : स्क्रब टाइफस लार्वा कण द्वारा फैलता है, जिसे आमतौर पर चिगर्स या लाल कण कहा जाता है। यह माइट वैक्टर से जुड़ी एक रिकेट्सियल बीमारी है।

C. ट्रेंच बुखार - IV. शरीर की जूं : ट्रेंच बुखार मानव शरीर की जूं से फैलता है। भीड़भाड़ और अस्वच्छ परिस्थितियों में रहने वाले सैनिकों के बीच यह ऐतिहासिक रूप से महत्वपूर्ण था।

D. रिकेट्सियल पॉक्स - II. माउस माइट : रिकेट्सियल पॉक्स वेक्टर के रूप में माउस माइट से जुड़ा हुआ है। यह रोग रिकेट्सियल जीव के कारण होता है और घुन के काटने से फैलता है।

32. एनामनियोट प्राणी वह है जिसके भ्रूण में एमनियोट नहीं होता है। मछलियाँ और उभयचर एमनियोट हैं, जबकि सरीसृप, पक्षी और स्तनधारी एमनियोट हैं क्योंकि उनके भ्रूण में एमनियोट होता है। *लेबियो* एक मछली है, इसलिए यह एनामनियोट है। *रैटस* एक स्तनपायी है, *क्रोकोडिलस* एक सरीसृप है और *कोलंबा* एक पक्षी है; इसलिए, तीनों एमनियोट्स हैं, जो विकल्प 2 को सही बनाता है।

33. A. लम्बा, पतला शरीर : एम्फियोक्सस जैसे सेफलोकॉर्डेट्स का शरीर लम्बा, पतला और मछली जैसा होता है। यह शारीरिक रूप आदिम कॉर्डेट योजना से जुड़ा है और कॉर्डेट्स से उनकी निकटता को दर्शाता है।

C. मुंह मौखिक हुड से घिरा हुआ है : सेफलोकॉर्डेट्स का मुंह मौखिक सिर्री वाले मौखिक हुड से घिरा हुआ है। यह एक विशिष्ट सेफलोकॉर्डेट विशेषता है और उनके विशेष फिल्टर-फीडिंग संगठन से जुड़ी है।

E. ग्रसनी में एंडोस्टाइल और गिल स्लिट होते हैं : ग्रसनी में कई गिल स्लिट और एंडोस्टाइल होते हैं, जो महत्वपूर्ण कॉर्डेट लक्षण होते हैं। एंडोस्टाइल को उच्च कॉर्डेट्स की थायरॉयड ग्रंथि के साथ समरूप माना जाता है, इसलिए यह सुविधा कॉर्डेट संबंध का दृढ़ता से समर्थन करती है।

B. अच्छी तरह से विकसित कोइलोम : एक अच्छी तरह से विकसित कोइलोम एक अद्वितीय कॉर्डेट-एफिनिटी गुण नहीं है क्योंकि यह कई गैर-कॉर्डेट समूहों जैसे कि एनेलिड्स, मोलस्क और इचिनोडर्म में भी मौजूद है। इसलिए यह कथन सही नहीं है।

D. द्विपक्षीय समरूपता : द्विपक्षीय समरूपता द्विपक्षीय जानवरों की एक सामान्य विशेषता है और कई गैर-कॉर्डेट फाइला में भी पाई जाती है। इसलिए यह विशेष रूप से कॉर्डेट्स के साथ सेफलोकॉर्डेट्स की अद्वितीय समानता को नहीं दर्शाता है।

34. A. लिम्फोसाइट मूल कोशिका है जो ह्यूमरल और सेलुलर प्रतिरक्षा दोनों के लिए जिम्मेदार है : यह कथन सही है क्योंकि बी लिम्फोसाइट्स मुख्य रूप से ह्यूमरल प्रतिरक्षा के लिए जिम्मेदार हैं और टी लिम्फोसाइट्स मुख्य रूप से सेलुलर प्रतिरक्षा के लिए जिम्मेदार हैं। इस प्रकार, लिम्फोसाइट्स अनुकूली प्रतिरक्षा की केंद्रीय कोशिकाएं हैं।

C. लिम्फोसाइट्स लिम्फ नोड्स और प्लीहा में उच्च सांद्रता में पाए जाते हैं : यह कथन सही है क्योंकि लिम्फ नोड्स और प्लीहा लिम्फोइड अंग हैं जो लिम्फोसाइटों से समृद्ध हैं। ये अंग एंटीजन पहचान और प्रतिरक्षा प्रतिक्रिया के लिए स्थान प्रदान करते हैं।

E. हेमटोपोइएटिक स्टेम कोशिकाएं लिम्फोसाइटों की अंतिम उत्पत्ति हैं : यह कथन सही है क्योंकि लिम्फोसाइट्स हेमेटोपोएटिक स्टेम कोशिकाओं से उत्पन्न होते हैं। ये स्टेम कोशिकाएं लिम्फोइड पूर्वजों को जन्म देती हैं, जो आगे चलकर बी कोशिकाओं, टी कोशिकाओं और संबंधित प्रतिरक्षा कोशिकाओं में विभेदित होती हैं।

B. लिम्फोसाइट्स जो थाइमस में प्रवेश करते हैं या संसाधित होते हैं उन्हें बी कोशिकाएं कहा जाता है : यह कथन गलत है क्योंकि थाइमस में संसाधित लिम्फोसाइट्स को टी कोशिकाएं कहा जाता है। बी कोशिकाएं मुख्य रूप से स्तनधारियों में अस्थि मज्जा की उत्पत्ति और परिपक्वता से जुड़ी होती हैं।

D. वे अस्थि मज्जा और थाइमस में कम सांद्रता में पाए जाते हैं : यह कथन गलत है क्योंकि अस्थि मज्जा और थाइमस प्राथमिक लिम्फोइड अंग हैं। वे लिम्फोसाइट उत्पत्ति, परिपक्वता और विभेदन के महत्वपूर्ण स्थल हैं।

35. डिसक्वेमेशन का अर्थ है शरीर की सतहों से सतही उपकला कोशिकाओं का झड़ना या अलग होना। सूक्ष्म जीव विज्ञान में, माइक्रोबियल पालन और गतिविधि के कारण म्यूकोसल या उपकला सतहों से मेजबान कोशिकाएं अलग हो सकती हैं। यह रोगाणु-मुक्त जानवरों के टीकाकरण, एंटीबायोटिक दवाओं द्वारा सामान्य वनस्पतियों के दमन, या निरोधात्मक चयापचय पदार्थों के माइक्रोबियल उत्पादन से अलग है। इसलिए, विकल्प 3 दिए गए विवरण में डिसक्वेमेशन को सही ढंग से परिभाषित करता है।

36. अभिकथन (A): सेफलोकॉर्डेट्स अपनी अधिकांश आदिम विशेषताओं में साइक्लोस्टोम और अन्य कशेरुकियों से भिन्न होते हैं और वही उनकी आत्मीयता के लिए आपत्ति उठाते हैं। यह कथन सही है क्योंकि *ब्रैंकियोस्टोमा* जैसे सेफलोकलोर्डेट्स बहुत ही आदिम कॉर्डेट हैं और कई उन्नत कशेरुकी लक्षणों में साइक्लोस्टोम और कशेरुकियों से भिन्न होते हैं। उनके पास कपाल, कशेरुक स्तंभ, युग्मित उपांग, विशिष्ट मस्तिष्क और सच्चे हृदय का अभाव है, इसलिए इन आदिम मतभेदों के आधार पर कशेरुकियों के साथ उनके घनिष्ठ संबंध पर सवाल उठाया गया है।

कारण (R): ब्रैंकियोस्टोमा में सभी महत्वपूर्ण कॉर्डेट लक्षण होते हैं। यह कथन इसलिए भी सही है क्योंकि *ब्रैंकियोस्टोमा* में नोटोकॉर्ड, पृष्ठीय खोखली तंत्रिका कॉर्ड, ग्रसनी गिल स्लिट और पोस्ट-गुदा पूंछ जैसी महत्वपूर्ण कॉर्डेट विशेषताएं होती हैं। हालाँकि, यह कथन इसकी कॉर्डेट प्रकृति का समर्थन करता है और यह नहीं बताता है कि साइक्लोस्टोम्स और अन्य कशेरुकियों के साथ इसकी आत्मीयता के संबंध में आपत्तियाँ क्यों उठाई गई हैं।

37. A. मुँह - IV. एमाइलेज : मुंह में लार ग्रंथियां होती हैं जो लारयुक्त एमाइलेज युक्त लार का स्राव करती हैं। यह एंजाइम मौखिक गुहा में स्टार्च का पाचन शुरू करता है।

B. पेट - I. पेप्सिन : पेट पेप्सिन युक्त गैस्ट्रिक जूस स्रावित करता है। पेप्सिन प्रोटीन पर कार्य करता है और उन्हें अम्लीय माध्यम में छोटे पेप्टाइड में परिवर्तित करता है।

C. डुओडेनम - II. लाइपेज : ग्रहणी को अग्नाशयी रस प्राप्त होता है, जिसमें लाइपेज होता है। लाइपेज वसा को फैटी एसिड और ग्लिसरॉल में पचाने में मदद करता है।

D. इलियम - III. पेप्टिडेज : इलियम में पेप्टिडेज सहित आंतों के एंजाइम होते हैं। पेप्टिडेज पेप्टाइड्स को अमीनो एसिड में परिवर्तित करके प्रोटीन पाचन को पूरा करता है।

38. A. फिलिफॉर्म पैपिला - II. जीभ : फिलीफॉर्म पैपिला जीभ पर मौजूद छोटे, धागे जैसे पैपिला होते हैं। वे जीभ को खुरदरापन प्रदान करते हैं और भोजन को संभालने में मदद करते हैं।

B. ग्लाइसन कैप्सूल - IV. लिवर : ग्लाइसन कैप्सूल लिवर को ढकने और सहारा देने वाला संयोजी ऊतक है। यह रक्त वाहिकाओं और पित्त नलिकाओं के साथ-साथ यकृत में भी फैलता है।

C. व्हार्टन वाहिनी - III. सब-मैंडिबुलर ग्रंथि : व्हार्टन की वाहिनी सबमैंडिबुलर लार ग्रंथि की वाहिनी है। यह ग्रंथि से लार को मौखिक गुहा में ले जाता है।

D. हाइड्रोक्लोरिक एसिड - I. गैस्ट्रिक ग्रंथियां : हाइड्रोक्लोरिक एसिड गैस्ट्रिक ग्रंथियों की पार्श्विका कोशिकाओं द्वारा स्रावित होता है। यह पेप्सिन गतिविधि के लिए अम्लीय माध्यम प्रदान करता है और भोजन के साथ प्रवेश करने वाले रोगाणुओं को मारने में मदद करता है।

39. A. विशिष्ट ध्रुवीय अक्ष : कॉर्डेट्स इस अक्ष के साथ शरीर के अंगों के स्पष्ट संगठन के साथ एक अच्छी तरह से परिभाषित पूर्ववर्ती-पश्च शरीर अक्ष दिखाते हैं। इसे कॉर्डेट बॉडी संगठन का वर्णन करने में उपयोग की जाने वाली सामान्य संरचनात्मक विशेषताओं में से एक माना जाता है।

B. द्विपक्षीय समरूपता : कॉर्डेट द्विपक्षीय रूप से सममित जानवर हैं। उनके शरीर को एक ही मध्य तल के माध्यम से समान दाएं और बाएं हिस्सों में विभाजित किया जा सकता है।

C. वास्तविक सीलोम : कॉर्डेट्स में वास्तविक सीलोम होता है, जो मेसोडर्म द्वारा पंक्तिबद्ध एक शरीर गुहा है। यह सीलोमिक संगठन कॉर्डेट्स में उन्नत अंग-प्रणाली विकास का समर्थन करता है।

D. प्रमुख अलैंगिक प्रजनन : यह एक कॉर्डेट विशेषता नहीं है क्योंकि कॉर्डेट मुख्य रूप से यौन प्रजनन करते हैं। अलैंगिक प्रजनन आमतौर पर कई निचले गैर-कॉर्डेट समूहों से जुड़ा होता है।

E. ठोस तंत्रिका तंत्र : यह एक कॉर्डेट विशेषता नहीं है क्योंकि कॉर्डेट्स में पृष्ठीय, खोखली तंत्रिका कॉर्ड होती है। एक ठोस तंत्रिका रज्जु कई गैर-कॉर्डेट्स की विशेषता होती है, इसलिए इसे यहां नहीं चुना गया है।

40. A. एपिस्टासिस एक गैर-एलील अन्योन्यक्रिया है : यह कथन सही है क्योंकि एपिस्टासिस में विभिन्न लोकी पर स्थित जीनों के बीच अन्योन्यक्रिया शामिल है। एक जीन दूसरे गैर-एलील जीन की अभिव्यक्ति को छुपा या संशोधित कर सकता है।

B. पूरक जीन अंतःक्रिया में विशेष फेनोटाइप के उत्पादन के लिए दोनों जीन आवश्यक हैं : यह कथन सही है क्योंकि पूरक जीन एक विशेष फेनोटाइप का उत्पादन करने के लिए एक साथ कार्य करते हैं। यदि कोई भी प्रमुख जीन अनुपस्थित है, तो चरित्र व्यक्त नहीं किया जा सकता है।

C. एकल प्रमुख जीन डुप्लिकेट जीन अन्योन्यक्रिया में एक लक्षण उत्पन्न करने के लिए पर्याप्त है : यह कथन सही है क्योंकि डुप्लिकेट जीन इंटरैक्शन में, दो प्रमुख जीनों में से कोई भी एक ही फेनोटाइप उत्पन्न कर सकता है। इसलिए, एक प्रमुख जीन की उपस्थिति पर्याप्त है।

D. पूरक जीन अंतःक्रिया में फूल के रंग के उत्पादन के लिए प्रमुख जीनों में से कोई एक आवश्यक है : यह कथन गलत है क्योंकि पूरक जीन अंतःक्रिया के लिए लक्षण की अभिव्यक्ति के लिए दोनों प्रमुख जीनों की एक साथ आवश्यकता होती है। कोई भी एक प्रमुख जीन अकेला पर्याप्त नहीं है।

E. प्लियोट्रोपिक जीन कुछ मामलों में एकल वर्णों को नियंत्रित करते हैं : यह कथन मानक अर्थ में गलत है क्योंकि प्लियोट्रोपिक जीन कई वर्णों को प्रभावित करते हैं। केवल एक ही लक्षण को प्रभावित करने वाले जीन को प्लियोट्रोपिक के रूप में वर्णित नहीं किया गया है।

41. दो वैक्टर $\vec{a}$ और $\vec{b}$ के डॉट उत्पाद या अदिश उत्पाद को $\vec{a} \cdot \vec{b} = |\vec{a}||\vec{b}| \cos\theta$ के रूप में परिभाषित किया गया है। $\cos\theta$, जहां θ दो सदिशों के बीच का कोण है। यदि सदिशों का परिमाण a और b है, तो उनका बिंदु गुणनफल $ab \cos\theta$ हो जाता है। डॉट उत्पाद का परिणाम एक अदिश राशि है, सदिश राशि नहीं, इसलिए $\hat{n}$ वाला कोई भी विकल्प $\vec{a} \cdot \vec{b}$ के लिए सही नहीं है। अभिव्यक्ति $ab \sin\theta$ सदिश गुणनफल के परिमाण से संबद्ध है, अदिश गुणनफल से नहीं; इसलिए विकल्प 2 सही है।

42. A. पॉइसन का समीकरण - III. $\nabla^2 V = -\frac{\rho}{\varepsilon_0}$: पॉइसन का समीकरण विद्युत क्षमता V को चार्ज घनत्व ρ से जोड़ता है। इसका उपयोग इलेक्ट्रोस्टैटिक्स में तब किया जाता है जब क्षेत्र में चार्ज घनत्व मौजूद होता है।

B. लाप्लास का समीकरण - IV. $\nabla^2 V = 0$: लाप्लास का समीकरण चार्ज-मुक्त क्षेत्र के लिए पॉइसन के समीकरण का एक विशेष मामला है। जब $\rho = 0$, पॉइसन का समीकरण घटकर $\nabla^2 V = 0$ हो जाता है।

C. गॉस के नियम का अवकल समीकरण - II. $\nabla \cdot E = \frac{\rho}{\varepsilon_0}$:

गॉस नियम के अवकल समीकरण में कहा गया है कि एक बिंदु पर विद्युत क्षेत्र का विचलन मुक्त स्थान की परमिटिटिविटी से विभाजित चार्ज घनत्व के बराबर है। यह गॉस नियम का स्थानीय रूप देता है।

D. गॉस के नियम का समाकल समीकरण - I. $\oint E \cdot da = \frac{Q_{enc}}{\varepsilon_0}$:

गॉस नियम का समाकल समीकरण बताता है कि एक बंद सतह के माध्यम से कुल विद्युत प्रवाह ε_0 द्वारा विभाजित संलग्न चार्ज के बराबर है। यह गोलाकार, बेलनाकार और समतल आवेश वितरण जैसी उच्च समरूपता वाली समस्याओं में विशेष रूप से उपयोगी है।

43. A. हाइड्रोजन - IV. 14: हाइड्रोजन का गलनांक बहुत कम होता है क्योंकि यह बहुत कमजोर अंतर-आण्विक बलों वाला एक हल्का आणविक पदार्थ है। इसका गलनांक लगभग 14K है।

B. बुध - III. 234: पारा एक धातु है जो सामान्य कमरे के तापमान पर तरल रहता है। इसका गलनांक लगभग 234K है, जो अधिकांश सामान्य धातुओं की तुलना में बहुत कम है।

C. लीड - II. 601: सीसे का गलनांक लगभग 601K होता है। भारी धातुओं के बीच यह तुलनात्मक रूप से कम पिघलने बिंदु इसे मिश्र धातु, सोल्डरिंग और संबंधित अनुप्रयोगों में उपयोगी बनाता है।

D. तांबा - I. 1356: मजबूत धात्विक बंधन के कारण तांबे का गलनांक सीसा और पारे की तुलना में बहुत अधिक होता है। इसका गलनांक लगभग 1356K है, इसलिए यह I से मेल खाता है।

44. A. कुचालक - II. 7 eV: कुचालक में एक बड़ा ऊर्जा बैंड गैप होता है, आमतौर पर कई इलेक्ट्रॉन वोल्ट लगभग 7 eV का बैंड गैप एक कुचालक सामग्री का प्रतिनिधित्व करता है।

B. चालक - I. 0 eV: चालकों में, वैलेंस बैंड और कंडक्शन बैंड ओवरलैप होते हैं या ऊर्जा अंतर व्यावहारिक रूप से शून्य होता है। इसलिए, चालक का मिलान 0 eV से किया जाता है।

C. सिलिकॉन - IV. 1.12 eV: सिलिकॉन एक अर्धचालक है जिसका बैंड गैप कमरे के तापमान पर लगभग 1.12 eV है। यह मध्यम बैंड गैप इसे अर्धचालक उपकरणों में बहुत महत्वपूर्ण बनाता है।

D. जर्मेनियम - III. 0.67 eV: जर्मेनियम भी एक अर्धचालक है, लेकिन इसका बैंड गैप सिलिकॉन की तुलना में छोटा है। इसका बैंड गैप लगभग 0.67 eV है, इसलिए यह III से मेल खाता है।

45. बढ़ते क्रम में चार जाली (ब्राविस) संरचनाओं में से प्रत्येक पर क्लोज-पैक किए गए गोले के एक सेट का पैकिंग अंश यानी घनत्व A, D, C, B है।

A. हीरा : हीरे की संरचना का पैकिंग अंश लगभग 0.34 है। इसकी चतुष्फलकीय व्यवस्था अधिक खाली स्थान छोड़ती है, इसलिए दी गई संरचनाओं में इसकी पैकिंग अंश सबसे कम है।

D. सरल घन : सरल घन संरचना में पैकिंग अंश $\frac{\pi}{6} \approx 0.52$ होता है इस संरचना में, परमाणु घन किनारे के साथ एक दूसरे को छूते हैं, जो हीरे की तुलना में अधिक पैकिंग देता है।

C. सतह-केंद्रित घन : सतह-केंद्रित घन संरचना में पैकिंग अंश $\frac{\sqrt{3}\pi}{8} \approx 0.68$ होता है क्योंकि कोने के परमाणुओं के अलावा एक परमाणु शरीर केंद्र में मौजूद होता है, पैकिंग साधारण घन की तुलना में अधिक कुशल हो जाती है।

B. फलक-केंद्रित क्यूबिक : फलक-केंद्रित क्यूबिक संरचना में पैकिंग अंश $\frac{\pi}{3\sqrt{2}} \approx 0.74$ होता है। यह दिए गए विकल्पों में से सबसे कुशलता से पैक की गई संरचना है, इसलिए यह बढ़ते क्रम में अंतिम स्थान पर आती है।

46. E. फ्यूज्ड क्वार्टज : फ्यूज्ड क्वार्टज में रैखिक तापीय विस्तार का गुणांक बहुत छोटा होता है, लगभग $0.5 \times 10^{-6}\ K^{-1}$। अतः यह आरोही क्रम में पहले स्थान पर आता है।

C. हीरा : हीरे में भी रैखिक तापीय विस्तार का गुणांक बहुत कम होता है, लेकिन यह आम तौर पर जुड़े हुए क्वार्ट्ज से अधिक होता है। इसका मजबूत सहसंयोजक बंधन विस्तार को बहुत छोटा रखता है।

B. स्टील : स्टील में रैखिक तापीय विस्तार का मध्यम गुणांक होता है, लगभग $11\text{-}13 \times 10^{-6}\ K^{-1}$। यह हीरे और जुड़े हुए क्वार्ट्ज से अधिक लेकिन एल्युमीनियम से कम फैलता है।

D. एल्युमीनियम : एल्युमीनियम में रैखिक विस्तार का गुणांक लगभग $23 \times 10^{-6}\ K^{-1}$ अधिक होता है। अतः बढ़ते क्रम में यह स्टील के बाद आता है।

A. बर्फ : दी गई सूची में बर्फ का तापीय विस्तार गुणांक तुलनात्मक रूप से उच्च है। इसलिए, यह रैखिक तापीय विस्तार के आरोही क्रम में अंतिम स्थान पर आता है।

47. E. वायु : सामान्य तापमान पर वायु में ध्वनि की गति लगभग $343\ m\ s^{-1}$ होती है। यह दी गई सामग्रियों में सबसे कम है।

D. हाइड्रोजन : हाइड्रोजन में ध्वनि की गति हवा की तुलना में बहुत अधिक होती है क्योंकि हाइड्रोजन का घनत्व बहुत कम होता है। यह लगभग $1280\ m\ s^{-1}$ है, इसलिए यह वायु के बाद आता है।

C. जल : शुद्ध जल में ध्वनि की गति लगभग $1480\ m\ s^{-1}$ होती है। यह हाइड्रोजन की तुलना में अधिक है लेकिन समुद्री जल की तुलना में थोड़ा कम है।

A. समुद्री जल : समुद्री जल में ध्वनि की गति लवणता, तापमान और दबाव के आधार पर लगभग $1530\ m\ s^{-1}$ होती है। यह ताजे पानी की तुलना में थोड़ा अधिक है।

B. ग्रेनाइट : ग्रेनाइट एक ठोस है, और ध्वनि तरल पदार्थ और गैसों की तुलना में ठोस पदार्थों में बहुत तेजी से यात्रा करती है। इसकी गति लगभग $5000 - 6000\ m\ s^{-1}$ हो सकती है, इसलिए यह बढ़ते क्रम में अंतिम स्थान पर आती है।

48. A. पॉजिट्रॉन और इलेक्ट्रॉन का कुल द्रव्यमान 1.02 MeV के बराबर है : यह कथन सही है क्योंकि एक इलेक्ट्रॉन की बाकी द्रव्यमान ऊर्जा 0.511 MeV है। इसलिए इलेक्ट्रॉन और पॉजिट्रॉन की विश्राम द्रव्यमान ऊर्जा $2 \times 0.511 = 1.022$ MeV, लगभग 1.02 MeV है।

B. युग्म विनाश के लिए नाभिक या सामग्री की आवश्यकता नहीं है : यह कथन सही है क्योंकि युग्म विनाश तब होता है जब एक इलेक्ट्रॉन और पॉजिट्रॉन परस्पर क्रिया करते हैं और फोटॉन में परिवर्तित हो जाते हैं। इस विनाश प्रक्रिया के लिए पास का केंद्रक आवश्यक नहीं है।

C. युग्म उत्पादन के लिए अधिकतम फोटॉन तरंगदैर्ध्य 1.2 pm है : यह कथन सही है क्योंकि युग्म उत्पादन के लिए आवश्यक न्यूनतम फोटॉन ऊर्जा 1.022 MeV है।

$$\lambda = \frac{hc}{E} = \frac{1240\ eV\ nm}{1.022 \times 10^6 eV} \approx 0.00121\ nm = 1.21\ \text{pm}$$

इस प्रकार अधिकतम तरंगदैर्ध्य लगभग है दोपहर 1.2 बजे।

D. युग्म उत्पादन खाली स्थान में हो सकता है : यह कथन गलत है क्योंकि एकल फोटॉन द्वारा युग्म उत्पादन के लिए गति को संरक्षित करने के लिए पास के नाभिक या भौतिक क्षेत्र की आवश्यकता होती है। इसलिए यह सामान्यतः खाली स्थान में नहीं हो सकता।

E. युग्म उत्पादन के लिए नाभिक या सामग्री की आवश्यकता नहीं है : यह कथन गलत है क्योंकि गति के संरक्षण के लिए सामान्य युग्म उत्पादन में नाभिक या सामग्री क्षेत्र की आवश्यकता होती है। इसलिए, E का चयन नहीं किया गया है।

49. D. थ्रेशोल्ड आवृत्ति से ऊपर, ऊर्जा रूप में फोटो-इलेक्ट्रॉन रेंज 0 से अधिकतम मान तक : यह कथन सही है क्योंकि उत्सर्जित फोटोइलेक्ट्रॉनों में सभी की गतिज ऊर्जा समान नहीं होती है। उनकी ऊर्जाएँ लगभग शून्य से लेकर $K_{max} = hv - \phi$ द्वारा दिए गए अधिकतम मान तक होती हैं।

E. फोटो-इलेक्ट्रॉन धारा सभी मंदक वोल्टेज के लिए प्रकाश की तीव्रता के समानुपाती होती है : यह कथन सामान्य फोटोइलेक्ट्रिक-प्रभाव व्याख्या में सही है क्योंकि प्रकाश की तीव्रता बढ़ने से उत्सर्जित फोटोइलेक्ट्रॉनों की संख्या बढ़ जाती है। इसलिए, पूर्ण विराम से पहले एक निश्चित लागू मंदक वोल्टेज पर, फोटोइलेक्ट्रिक धारा तीव्रता के अनुपात में बढ़ जाती है।

A. फोटो-इलेक्ट्रॉन धारा सभी मंदक वोल्टेज के लिए प्रकाश की तीव्रता के व्युत्क्रमानुपाती होती है : यह कथन गलत है क्योंकि फोटोइलेक्ट्रिक धारा तीव्रता के साथ बढ़ती है, व्युत्क्रमानुपाती नहीं। अधिक तीव्रता का अर्थ है अधिक फोटॉन और इसलिए अधिक उत्सर्जित इलेक्ट्रॉन।

B. रुकने की क्षमता अधिकतम फोटो-इलेक्ट्रॉन ऊर्जा के अनुरूप नहीं है : यह कथन गलत है क्योंकि क्षमता को रोकना सीधे फोटोइलेक्ट्रॉनों की अधिकतम गतिज ऊर्जा को मापता है। संबंध है $eV_0 = K_{max}$.

C. समान आवृत्ति के प्रकाश की सभी तीव्रताओं के लिए रुकने की क्षमता समान नहीं होती है : यह कथन गलत है क्योंकि रोकने की क्षमता आपतित प्रकाश की आवृत्ति और धातु के कार्य कार्य पर निर्भर करती है, तीव्रता पर नहीं। समान आवृत्ति के लिए, तीव्रता बदलने से धारा में परिवर्तन होता है लेकिन रुकने की क्षमता में नहीं।

50. A. तरंगों के एक समूह का वेग स्वयं तरंगों के समान होना आवश्यक नहीं है : यह कथन सही है क्योंकि तरंग पैकेट या समूह के वेग को समूह वेग कहा जाता है, जबकि व्यक्तिगत तरंग शिखरों के वेग को प्रावस्था वेग कहा जाता है। फैलाव वाली स्थितियों में, समूह वेग और प्रावस्था वेग भिन्न हो सकते हैं, इसलिए तरंगों के समूह को व्यक्तिगत तरंगों के समान वेग से चलने की आवश्यकता नहीं है।

B. किसी कण की डी-ब्रॉगली तरंग का आयाम इस संभावना को दर्शाता है कि यह किसी विशेष समय पर किसी विशेष स्थान पर पाया जाएगा : यह कथन स्वीकृत क्वांटम-मैकेनिकल अर्थ में सही है क्योंकि डी-ब्रॉगली तरंग संभाव्यता व्याख्या से जुड़ी है। कड़ाई से, तरंग आयाम का वर्ग प्रो देता है

D. V_p (प्रावस्था वेग) $= \dfrac{\omega}{k}$: यह कथन सही है क्योंकि प्रावस्था वेग को तरंग संख्या से विभाजित कोणीय आवृत्ति के रूप में परिभाषित किया गया है। यहाँ ω कोणीय वेग या कोणीय आवृत्ति है और k तरंग संख्या है, इसलिए $V_p = \dfrac{\omega}{k}$.

C. 'यदि प्रावस्था वेग तरंगदैर्ध्य के साथ भिन्न होता है तो अलग-अलग तरंगें एक साथ आगे बढ़ती हैं' जिसे फैलाव कहा जाता है : यह कथन सही नहीं है क्योंकि शब्द फैलाव के लिए सही नहीं है। फैलाव में, विभिन्न तरंगदैर्ध्य घटक अलग-अलग वेगों के साथ यात्रा करते हैं, न कि समान कार्यवाही-एक साथ गति के रूप में।

E. $V_g = \dfrac{\Delta k}{\Delta\omega}$ = **समूह वेग :** यह कथन गलत है क्योंकि

समूह वेग $V_g = \dfrac{\Delta w}{\Delta k}$ या $V_g = \dfrac{dw}{dk}$ है, अभिव्यक्ति पारस्परिक रूप है और इसलिए समूह वेग का प्रतिनिधित्व नहीं करती है।

51. गैस के दिए गए द्रव्यमान के लिए दबाव और आयतन के बीच ग्राफ खींचा जाता है, और वक्र दर्शाता है कि आयतन बढ़ने पर दबाव कम हो जाता है। दबाव और आयतन के बीच यह व्युत्क्रम संबंध बॉयल के नियम, PV = 'स्थिरांक' द्वारा दर्शाया जाता है, जब तापमान स्थिर रहता है। स्थिर तापमान पर दबाव-आयतन वक्र को इजोटेर्म कहा जाता है। इसलिए, दिया गया वक्र एक आइसोथर्म (समताप रेखा) का प्रतिनिधित्व करता है, न कि आइसोबार, आइसोकोर या आइसोटोप का।

52. ऑक्सीजन गैस (O_2) एक द्विपरमाणुक गैस अणु है। सामान्य तापमान पर एक द्विपरमाणुक अणु में स्वतंत्रता की 3 अनुवादात्मक डिग्री और स्वतंत्रता की 2 घूर्णी कोटि होती है। कंपन मोड को आम तौर पर सामान्य तापमान पर नहीं गिना जाता है क्योंकि यह सराहनीय रूप से उत्तेजित नहीं होता है। इसलिए, ऑक्सीजन अणु की स्वतंत्रता की कोटि की कुल संख्या है 3 + 2 = 5, इसलिए विकल्प 4 सही है।

53. एकल स्लिट विवर्तन के लिए, डार्क फ्रिंज स्थिति है

$$a \sin\theta = m\lambda$$

एक उज्ज्वल केंद्रीय बैंड के लिए, संपूर्ण स्लिट से प्रकाश चरण में अवलोकन बिंदु तक पहुंचता है।

यह केंद्रीय स्थिति पर होता है जहां पथ अंतर शून्य होता है।

$$\therefore \quad \sin\theta = 0$$

इस प्रकार, एकल-स्लिट विवर्तन में केंद्रीय उज्ज्वल बैंड के लिए, $\sin\theta$ का सही मान 0 है।

54. एक फोटॉन के लिए ऊर्जा दी जाती है

$$E = \hbar\omega$$

और आघूर्ण दी जाती है

$$P = \hbar k$$

इन दोनों संबंधों को विभाजित करने पर,

$$\frac{E}{P} = \frac{\hbar\omega}{\hbar k} = \frac{\omega}{k}$$

$$\therefore \quad E = \frac{\omega}{k}P$$

अतः फोटॉन ऊर्जा और संवेग के बीच सही संबंध है $E = \frac{\omega}{k}P$.

55. धात्विक घन $\vec{v}$ वेग से $+y$ दिशा में घूम रहा है तथा चुंबकीय क्षेत्र $\vec{B}$ $+z$ दिशा में है।

धनात्मक आवेश के लिए चुंबकीय बल की दिशा होती है

$$\vec{F}_m = q(\vec{v} \times \vec{B})$$

$$\vec{v} \times \vec{B} = +y \times +z = +x$$

एक इलेक्ट्रॉन के लिए, चुंबकीय बल विपरीत होता है, अर्थात $-x$ दिशा की ओर। चूँकि घन में कोई धारा नहीं है, प्रेरित विद्युत बल को इस चुंबकीय बल को संतुलित करना होगा; इसलिए, इलेक्ट्रॉन पर विद्युत बल वक्र दिशा की ओर है।

56. प्रोटोन की खोज अर्नेस्ट रदरफोर्ड ने की थी। रदरफोर्ड ने हाइड्रोजन नाभिक को एक धनावेशित मूलभूत कण के रूप में पहचाना और इसे प्रोटॉन नाम दिया। यह खोज उनके परमाणु मॉडल कार्य के बाद आई, जिसमें उन्होंने पहले ही दिखाया था कि परमाणु का अधिकांश द्रव्यमान और धनात्मक आवेश नाभिक में केंद्रित होता है। बोह्र परमाणु मॉडल से जुड़ा है, चैडविक न्यूट्रॉन से, और थॉमसन इलेक्ट्रॉन से जुड़ा है, इसलिए रदरफोर्ड सही उत्तर है।

57. इलेक्ट्रॉन की खोज जे. जे. थॉमसन ने कैथोड किरण प्रयोगों के माध्यम से की थी। उन्होंने दिखाया कि कैथोड किरणों में परमाणुओं की तुलना में बहुत छोटे ऋणात्मक आवेशित कण होते हैं। इन कणों को बाद में इलेक्ट्रॉन कहा गया और ये खोजे जाने वाले पहले उपपरमाण्विक कण बन गए। रदरफोर्ड नाभिक और प्रोटॉन से जुड़ा है, चैडविक न्यूट्रॉन से, और बोह्र परमाणु संरचना से जुड़ा है, इसलिए विकल्प 3 सही है।

58. **अभिकथन (A):** विद्युत क्षेत्र का वक्रता शून्य है। इलेक्ट्रोस्टैटिक्स में, विद्युत क्षेत्र रूढ़िवादी होता है, इसलिए इसका कर्ल शून्य होता है। गणितीय रूप से, इसे $\nabla \times \vec{E} = 0$ के रूप में लिखा जाता है, जिसका अर्थ है कि इलेक्ट्रोस्टैटिक क्षेत्र का कोई घूर्णी परिसंचरण मौजूद नहीं है।

कारण (R): एक बंद पथ के चारों ओर विद्युत क्षेत्र का रैखिक अभिन्न अंग स्पष्ट रूप से शून्य है। इलेक्ट्रोस्टैटिक क्षेत्र के लिए, किसी भी बंद पथ के चारों ओर अभिन्न रेखा शून्य है, यानी $\oint \vec{E} \cdot d\vec{l} = 0$. स्टोक्स प्रमेय के अनुसार, $\oint \vec{E} \cdot d\vec{l} = \int \left(\nabla \times \vec{E}\right) \cdot d\vec{S}$, इसलिए शून्य बंद-रेखा अभिन्न सीधे बताता है कि विद्युत क्षेत्र का कर्ल शून्य क्यों है।

59. **अभिकथन (A):** $\vec{J} = \sigma\vec{E}$ और $V = IR$ दोनों ओम के नियम का प्रतिनिधित्व करते हैं। यह कथन सही है क्योंकि यह ओम के नियम का सूक्ष्म रूप है। संबंध $V = IR$ ओम के नियम का स्थूल या सर्किट रूप है।

कारण (R): किसी पदार्थ का प्रतिरोध उस पदार्थ के आकार और आकार पर निर्भर नहीं करता है। यह कथन सही नहीं है क्योंकि प्रतिरोध अनुप्रस्थ काट की लंबाई और क्षेत्रफल पर निर्भर करता है। गणितीय रूप से,

$$R = \rho\frac{L}{A}$$

इसलिए प्रतिरोध चालक के आकार और आकार पर निर्भर करता है।

60. **अभिकथन (A):** एक चालक एक समविभव होता है। यह कथन इलेक्ट्रोस्टैटिक संतुलन में एक चालक के लिए सही है। ऐसे चालक के अंदर और सतह पर, धारा प्रवाह के कारण कोई संभावित अंतर नहीं होता है, इसलिए कंडक्टर समविभव रहता है।

कारण (R): $\nabla \cdot \vec{B} = 0$, $\vec{B}$ चुंबकीय क्षेत्र है। यह कथन सही भी है क्योंकि चुंबकत्व $\nabla \cdot \vec{B} = 0$ के लिए गॉस के नियम का प्रतिनिधित्व करता है। इसका मतलब है कि कोई पृथक चुंबकीय मोनोपोल नहीं हैं, लेकिन यह स्पष्ट नहीं करता है कि एक इलेक्ट्रोस्टैटिक कंडक्टर समविभव क्यों है।

61. अम्ल रंजक सामान्यतः सल्फोनिक अम्ल या कार्बोक्सिलिक अम्ल के सोडियम लवण होते हैं। वे आयनिक रंग हैं और विशेष रूप से ऊन, रेशम और पॉलीएमाइड जैसे बुनियादी समूहों वाले फाइबर के लिए उपयुक्त हैं। ये रंग अम्लीय परिस्थितियों में ऐसे रेशों में मौजूद धनावेशित समूहों के साथ आयनिक बंधन बनाते हैं। मेथिलीन ब्लू और क्रिस्टल वायलेट मूल रंग हैं, इसलिए विकल्प 1 सही उत्तर है।

62. **अभिकथन (A):** समान उम्र के स्वस्थ, सुपोषित बच्चों की तुलना में अपेक्षित ऊंचाई/लंबाई प्राप्त करने में विफलता बौनेपन का संकेत है। यह कथन सही है क्योंकि स्टंटिंग का मतलब उम्र के हिसाब से कम ऊंचाई या उम्र के हिसाब से कम लंबाई है। यह विकास के दीर्घकालिक प्रतिबंध को दर्शाता है और आमतौर पर दीर्घकालिक अल्पपोषण और बार-बार होने वाले संक्रमण से जुड़ा होता है।

कारण (R): स्टंटिंग हाल ही में तीव्र दस्त के कारण पर्याप्त पोषण प्राप्त करने में विफलता का प्रतिनिधित्व करती है। यह कथन सही नहीं है क्योंकि हाल ही में या तीव्र पोषण संबंधी विफलता विशेष रूप से बर्बादी से जुड़ी है, ना कि बौनेपन से। बौनापन मुख्य रूप से एक पुरानी स्थिति है, जबकि तीव्र दस्त और अल्पकालिक भोजन की कमी आम तौर पर ऊंचाई के अनुसार वजन को अधिक तेजी से प्रभावित करती है।

63. **B. बाल जीवन रक्षा और सुरक्षित मातृत्व कार्यक्रम :** बाल जीवन रक्षा और सुरक्षित मातृत्व कार्यक्रम 1990 के दशक की शुरुआत में लागू किया गया था। इसमें बाल अस्तित्व, मातृ देखभाल, टीकाकरण और सुरक्षित मातृत्व सेवाओं पर ध्यान केंद्रित किया गया।

C. राष्ट्रीय ग्रामीण स्वास्थ्य मिशन : राष्ट्रीय ग्रामीण स्वास्थ्य मिशन 2005 में शुरू किया गया था। इसका उद्देश्य ग्रामीण स्वास्थ्य सेवा वितरण में सुधार करना था, विशेष रूप से मातृ एवं शिशु स्वास्थ्य और प्राथमिक स्वास्थ्य सेवाओं के लिए।

D. आयुष्मान भारत कार्यक्रम : आयुष्मान भारत कार्यक्रम 2018 में शुरू किया गया था। इसमें स्वास्थ्य कवरेज और प्राथमिक स्वास्थ्य देखभाल को मजबूत करने के लिए स्वास्थ्य और कल्याण केंद्र और प्रधान मंत्री जन आरोग्य योजना शामिल है।

E. मिडवाइफरी पहल : मिडवाइफरी पहल 2018 में आयुष्मान भारत के बाद शुरू की गई थी। इसका उद्देश्य नर्स-प्रैक्टिशनर दाइयों का निर्माण करना और सम्मानजनक, गुणवत्तापूर्ण मातृत्व देखभाल में सुधार करना था।

A. प्रधानमंत्री आयुष्मान भारत इन्फ्रास्ट्रक्चर मिशन : प्रधानमंत्री आयुष्मान भारत स्वास्थ्य इन्फ्रास्ट्रक्चर मिशन 2021 में लॉन्च किया गया था। यह सार्वजनिक स्वास्थ्य बुनियादी ढांचे, महत्वपूर्ण देखभाल सुविधाओं और रोग निगरानी प्रणालियों को मजबूत करने पर केंद्रित है।

64. A. मलेरिया : मलेरिया एक मच्छर जनित रोग है जो मादा *एनोफिलीज* मच्छरों द्वारा फैलता है। यह *प्लाज्मोडियम* प्रजाति के कारण होता है और भारत में एक महत्वपूर्ण वेक्टर जनित रोग है।

B. वायरल गठिया (महामारी/पॉलीआर्थराइटिस) : महामारी वायरल गठिया आमतौर पर चिकनगुनिया संक्रमण से जुड़ा होता है। चिकनगुनिया *एडीज* मच्छरों द्वारा फैलता है और इसमें गंभीर जोड़ों के दर्द के साथ बुखार होता है।

C. वेस्ट नाइल बुखार : वेस्ट नाइल बुखार भी एक मच्छर जनित वायरल बीमारी है। यह मुख्य रूप से *क्यूलेक्स* मच्छरों द्वारा फैलता है और बुखार, सिरदर्द और कभी-कभी तंत्रिका संबंधी जटिलताओं का कारण बन सकता है।

D. डेंगू : डेंगू *एडीज एजिप्टी* और संबंधित मच्छरों द्वारा फैलता है। यह भारत में मच्छर जनित एक प्रमुख वायरल बीमारी है और इससे डेंगू बुखार या गंभीर डेंगू हो सकता है।

E. बेबेसियोसिस : बेबेसियोसिस मच्छर जनित बीमारी नहीं है। यह मुख्य रूप से टिक-जनित प्रोटोजोआ संक्रमण है, इसलिए इसे सही सेट में शामिल नहीं किया गया है।

65. A. विटामिन D - IV. सूखा रोग : विटामिन D की कमी से बच्चों में सूखा रोग होता है। रिकीटी रोजरी पसलियों के कॉस्टोकोंड्रल जंक्शनों पर मनके जैसा विस्तार है, जो रिकेट्स में देखा जाता है।

B. विटामिन B_{12} - II. घातक रक्ताल्पता : विटामिन B_{12} की कमी शास्त्रीय रूप से घातक रक्ताल्पता से जुड़ी हुई है। यह मेगालोब्लास्टिक परिवर्तन भी उत्पन्न कर सकता है, लेकिन घातक एनीमिया यहां विशिष्ट मिलान शब्द है।

C. आयोडीन - I. क्रेटेनिज्म : गर्भावस्था या प्रारंभिक जीवन में आयोडीन की कमी से क्रेटिनिज्म हो सकता है। यह बच्चों में गंभीर हाइपोथायरायडिज्म, बिगड़ा हुआ विकास और मानसिक मंदता से जुड़ा है।

D. फोलेट - III. मेगालोब्लास्टिक एनीमिया : फोलेट की कमी से रक्त कोशिकाओं के विकास में दोषपूर्ण DNA संश्लेषण होता है। इसके परिणामस्वरूप बड़े अपरिपक्व लाल कोशिका अग्रदूतों के साथ मेगालोब्लास्टिक एनीमिया होता है।

66. CYCLE को आमतौर पर मानक कंप्यूटर नेटवर्किंग टोपोलॉजी के रूप में सूचीबद्ध नहीं किया जाता है। सामान्य नेटवर्क टोपोलॉजी में स्टार, बस, रिंग, मेश, ट्री और हाइब्रिड टोपोलॉजी शामिल हैं। एक रिंग टोपोलॉजी एक वृत्ताकार पथ बना सकती है, लेकिन नेटवर्किंग में प्रयुक्त मानक शब्द 'ring' है, 'cycle' नहीं। इसलिए, दिए गए विकल्पों में से, CYCLE एक सामान्य नेटवर्किंग टोपोलॉजी नहीं है।

67. $$(11010)_2 = 1 \times 2^4 + 1 \times 2^3 + 0 \times 2^2 + 1 \times 2^1 + 0 \times 2^0$$
$$= 16 + 8 + 0 + 2 + 0 = 26$$

इसलिए, $(11010)_2$ का दशमलव समतुल्य $(26)_{10}$ है।

68. CLI का मतलब कमांड लाइन इंटरफेस है, जिसमें उपयोगकर्ता कमांड टाइप करके ऑपरेटिंग सिस्टम के साथ इंटरैक्ट करता है। GUI का मतलब ग्राफिकल यूजर इंटरफेस है, जिसमें उपयोगकर्ता आइकन, विंडो, मेनू और पॉइंटर-आधारित नियंत्रणों के माध्यम से इंटरैक्ट करता है। आधुनिक ऑपरेटिंग सिस्टम आमतौर पर जीयूआई प्रदान करते हैं, जबकि CLI का उपयोग अभी भी सटीक कमांड-आधारित संचालन के लिए किया जाता है। इसलिए, विकल्प 4 CLI और GUI दोनों का सही ढंग से विस्तार करता है।

69. हाफ डुप्लेक्स संचार का मतलब है कि दोनों डिवाइस डेटा संचारित और प्राप्त कर सकते हैं, लेकिन एक ही समय में नहीं। एक समय में, या तो डिवाइस A ट्रांसमिट कर सकता है या डिवाइस B ट्रांसमिट कर सकता है। यह मोड सिम्प्लेक्स से अलग है, जहां संचार केवल एकतरफा होता है। यह फुल डुप्लेक्स से भी अलग है, जहां दोनों डिवाइस एक साथ ट्रांसमिट कर सकते हैं। इसलिए, प्रश्न में वर्णित संचार प्रणाली हाफ डुप्लेक्स है।

70. एमएस ऑफिस 2005 माइक्रोसॉफ्ट ऑफिस का ज्ञात आधिकारिक संस्करण नहीं है। आधिकारिक संस्करणों में Microsoft Office 95, Microsoft Office 97 और Microsoft Office XP शामिल हैं। Microsoft Office XP को Office 2000 के बाद और Office 2003 से पहले रिलीज किया गया था। चूंकि 'MS Office 2005' को मानक आधिकारिक Office संस्करण के रूप में रिलीज नहीं किया गया था, विकल्प 3 सही है।

71. **अभिकथन (A): शब्द का आकार माइक्रोप्रोसेसर की प्रसंस्करण शक्ति के सीधे आनुपातिक है।** यह कथन सामान्य रूप से सही है क्योंकि बड़ा शब्द आकार माइक्रोप्रोसेसर को एक समय में डेटा के अधिक बिट्स को संसाधित करने की अनुमति देता है। उदाहरण के लिए, एक 64-बिट प्रोसेसर उपयुक्त आर्किटेक्चर के तहत कम शब्द-आकार वाले प्रोसेसर की तुलना में बड़ी डेटा इकाइयों और मेमोरी पतों को अधिक कुशलता से संभाल सकता है।

कारण (R): घड़ी जितनी तेज होगी, माइक्रोप्रोसेसर उतने ही अधिक निर्देश निष्पादित कर सकता है। यह कथन इसलिए भी सही है क्योंकि उच्च क्लॉक स्पीड आम तौर पर प्रति सेकंड प्रोसेसर चक्रों की संख्या बढ़ाती है। हालाँकि, घड़ी की गति निर्देश निष्पादन की गति बताती है, शब्द आकार का प्रभाव नहीं; इसलिए कारण, अभिकथन की सही व्याख्या नहीं है।

72. **अभिकथन (A): हब उनके माध्यम से आने वाले किसी भी ट्रैफिक का प्रबंधन नहीं करते हैं।** यह कथन सही है क्योंकि एक हब आने वाले डेटा को सभी कनेक्टेड पोर्ट पर प्रसारित करता है। यह गंतव्य पते की जांच नहीं करता है और स्विच की तरह समझदारी से फ्रेम को अग्रेषित नहीं करता है।

कारण (R): हब परिष्कृत रूटिंग डिवाइस हैं। यह कथन सही नहीं है क्योंकि हब सरल भौतिक-परत उपकरण हैं। रूटिंग राउटर्स द्वारा की जाती है, जबकि हब केवल सिग्नल दोहराते हैं और रूटिंग या ट्रैफिक-प्रबंधन निर्णय नहीं लेते हैं।

73. **B. सेकेंडरी मेमोरी :** दिए गए डिवाइसों में सेकेंडरी मेमोरी का एक्सेस समय सबसे धीमा है। उदाहरणों में हार्ड डिस्क, एसएसडी और बाहरी स्टोरेज शामिल हैं, जो मुख्य मेमोरी और कैश की तुलना में धीमे हैं।

A. मुख्य मेमोरी : मुख्य मेमोरी या रैम सेकेंडरी मेमोरी से तेज होती है। यह सीधे प्रोसेसर को डेटा और निर्देश प्रदान करता है लेकिन कैश मेमोरी की तुलना में धीमा है।

D. L2 कैश : L2 कैश मुख्य मेमोरी से तेज है लेकिन आम तौर पर L1 कैश से धीमा है। यह मेमोरी-एक्सेस विलंब को कम करने के लिए अक्सर उपयोग किए जाने वाले डेटा और निर्देशों को संग्रहीत करता है।

E. L1 कैश : L1 कैश प्रोसेसर कोर के बहुत करीब है और L2 कैश की तुलना में इसकी तेज पहुंच है। यह आकार में छोटा है लेकिन अक्सर आवश्यक डेटा तक बहुत त्वरित पहुंच प्रदान करता है।

C. रजिस्टर : रजिस्टर सीपीयू के अंदर सबसे तेज भंडारण स्थान हैं। वे तत्काल प्रोसेसिंग के दौरान ऑपरेंड, निर्देश और मध्यवर्ती परिणाम रखते हैं।

74. **A. कंपाइलर एक अनुवाद प्रोग्राम है जो उच्च स्तरीय कोड को निम्न स्तरीय कोड में परिवर्तित करता है :** यह कथन सत्य है क्योंकि एक कंपाइलर उच्च स्तरीय प्रोग्रामिंग भाषा कोड को मशीन-स्तर या निम्न-स्तरीय कोड में अनुवाद करता है। यह आमतौर पर निष्पादन से पहले पूरे प्रोग्राम का अनुवाद करता है।

B. इंटरप्रेटर एक लाइन दर लाइन अनुवादक है जो सीखने और डिबगिंग में सहायक है : यह कथन सत्य है क्योंकि एक दुभाषिया लाइन दर लाइन कोड का अनुवाद और निष्पादन करता है। यह इसे डिबगिंग, परीक्षण और प्रोग्रामिंग अवधारणाओं को सीखने के लिए उपयोगी बनाता है।

C. पावर ऑन सेल्फ टेस्ट (POST) प्रोग्राम और बूट स्ट्रैप लोडर एप्लिकेशन सॉफ्टवेयर के उदाहरण हैं : यह कथन गलत है क्योंकि POST और बूटस्ट्रैप लोडर सिस्टम स्टार्ट-अप से संबंधित हैं। वे वर्ड प्रोसेसर, ब्राउजर या स्प्रेडशीट जैसे एप्लिकेशन सॉफ्टवेयर नहीं हैं।

D. ओपन ऑफिस और एमएस ऑफिस सुइट्स ओपन सोर्स सॉफ्टवेयर के उदाहरण हैं : यह कथन गलत है क्योंकि ओपनऑफिस ओपन-सोर्स है, लेकिन एमएस ऑफिस मालिकाना सॉफ्टवेयर है। इसलिए, दोनों को एक साथ ओपन-सोर्स सॉफ्टवेयर के रूप में वर्गीकृत नहीं किया जा सकता है।

75. **A. 100 बाइट्स - IV. 200 निबल्स :** एक बाइट दो निबल्स के बराबर है।

इसलिए, 100 बाइट्स $= 100 \times 2 = 200$ निबल्स।

B. 01 MB - I. 2^{20} बाइट्स : बाइनरी-आधारित मेमोरी माप में एक मेगाबाइट 1024×1024 बाइट्स के बराबर है। इस प्रकार, 1 MB $= 2^{20}$ बाइट्स।

C. 01 TB - II. 1024 GB: बाइनरी-आधारित कंप्यूटर मेमोरी माप में एक टेराबाइट 1024 गीगाबाइट के बराबर है। इसलिए, 1 TB = 1024 GB।

D. 01 पेटाबाइट - III. 2^{50} बाइट्स : एक पेटाबाइट 1024 टेराबाइट्स के बराबर है। बाइट्स में, 1 PB $= 2^{50}$ बाइट्स।

पिछले प्रश्न-पत्र

Common University Entrance Test for PG Programmes

CUET–B.Ed—विज्ञान

प्रवेश परीक्षा, 2025

(Exam held on 22-03-2025)

1. निम्नलिखित में से कौन-सा तापमान पर निर्भर है?

1. मोललता 2. मोलरता
3. मोल अंश 4. भार प्रतिशत

2. निम्नलिखित में से कौन-से कथन सत्य हैं?

A. जल में सभी विलायकों का विघटन ऊष्माक्षेपी होता है।

B. परासरण को विपरीत दिशा में किया जा सकता है यदि परासरण दाब से बड़ा दाब विलयन की ओर लगाया जाता है।

C. आदर्श विलयन के निर्माण के दौरान कोई ऊष्मा अवशोषित या उत्सर्जित नहीं होती है।

D. एक लगभग संतृप्त विलयन में, यदि विघटन प्रक्रिया ऊष्माशोषी है, तो तापमान में वृद्धि के साथ विलेयता बढ़ जाती है।

नीचे दिए गए विकल्पों में से **सही** उत्तर चुनें:

1. केवल A, B और D 2. केवल A, B और C
3. केवल B, C और D 4. केवल A, C और D

3. वैद्युत अपघटनी विलयन को तनु करने पर विशिष्ट चालकता और मोलर चालकता में क्या परिवर्तन देखे जाते हैं?

1. दोनों बढ़ जाते हैं।
2. दोनों घटते हैं।
3. विशिष्ट चालकता कम हो जाती है और मोलर चालकता बढ़ जाती है।
4. विशिष्ट चालकता बढ़ती है और मोलर चालकता कम होती है।

4. सूची-I का सूची-II के साथ मिलान करें :

सूची-I	सूची-II
A. लेड स्टोरेज बैटरी	I. अधिकतम दक्षता
B. पारा सेल	II. गैल्वनीकरण द्वारा रोका गया
C. ईंधन सेल	III. स्थिर विभव देता है
D. रस्टिंग	IV. Pb एनोड है, PbO_2 कैथोड है

नीचे दिए गए विकल्पों में से **सही** उत्तर चुनें:

1. A-IV, B-III, C-I, D-II
2. A-III, B-IV, C-I, D-II
3. A-III, B-IV, C-II, D-I
4. A-IV, B-III, C-II, D-I

5. एक प्रथम कोटि अभिक्रिया में वेग स्थिरांक $k = 5.5 \times 10^{-14}\ s^{-1}$ पाया जाता है। अभिक्रिया की अर्धायु ज्ञात कीजिए।

1. 1.26×10^{14} s 2. 1.26×10^{15} s
3. 1.26×10^{12} s 4. 1.26×10^{13} s

6. निम्नलिखित को द्वितीय आयनन एन्थैल्पी के सही अवरोही क्रम में व्यवस्थित करें।

A. Ti (22) B. V (23)
C. Cr (24) D. Mn (25)

नीचे दिए गए विकल्पों में से **सही** उत्तर चुनें:

1. C, D, A, B 2. D, C, A, B
3. D, C, B, A 4. C, D, B, A

7. संकुल $K_3[Fe(CN)_6]$ का आईयूपीएसी नाम है:

1. पोटेशियम हेक्सासायनोफेरेट (II)
2. पोटेशियम हेक्सासायनोडोफेरेट (III)
3. पोटेशियम हेक्सासायनो आयरन (II)
4. ट्राइपोटेशियम हेक्सासायनो आयरन (II)

8. S_N2 अभिक्रियाओं की ओर घटती प्रवृत्ति के क्रम में निम्नलिखित को व्यवस्थित करें।

A. $CH_3CH_2CH_2CH_2Cl$
B. $CH_3CH_2CHClCH_3$
C. $(CH_3)_2CHCH_2Cl$
D. $(CH_3)_3C\text{-}Cl$

नीचे दिए गए विकल्पों में से **सही** उत्तर चुनें:

1. A, C, B, D 2. A, C, D, B
3. C, A, D, B 4. C, A, B, D

1. 2 **2.** 3 **3.** 3 **4.** 1 **5.** 4 **6.** 4 **7.** 2 **8.** 1

9. प्रतिबिम्बावयवी केवल निम्नलिखित में भिन्न होते हैं:

1. क्वथनांक
2. समतल ध्रुवीकृत प्रकाश का घूर्णन
3. गलनांक
4. घुलनशीलता

10. सूची-I का सूची-II के साथ मिलान करें:

सूची-I (विभेदन)	सूची-II (उपयोग में लाना)
A. मेथनॉल और एथेनॉल	I. लुकास अभिकर्मक
B. फीनॉल और साइक्लोहेक्सेनॉल	II. सोडियम धातु
C. *n*-ब्यूटिल ऐल्कोहॉल और तृतीयक ब्यूटिल ऐल्कोहॉल	III. आयोडोफॉर्म परीक्षण
D. मेथनॉल और डाइइथाइल ईथर	IV. फेरिक क्लोराइड

नीचे दिए गए विकल्पों में से **सही** उत्तर चुनें:

1. A-IV, B-III, C-I, D-II
2. A-IV, B-III, C-II, D-I
3. A-III, B-IV, C-I, D-II
4. A-III, B-IV, C-II, D-I

11. निम्नलिखित में से द्वितीयक ऐल्कोहॉल की पहचान करें:

A. $CH_3CH_2CH(OH)CH_3$
B. $(C_2H_5)_3C(OH)$
C. C_6H_5OH
D. $C_6H_5CH(OH)CH_3$

नीचे दिए गए विकल्पों में से **सही** उत्तर चुनें:

1. केवल A और D
2. केवल A, B और D
3. केवल A, B और C
4. केवल A और C

12. निम्नलिखित में से किसे विलियमसन के संश्लेषण का उपयोग करके नहीं बनाया जा सकता है?

1. मेथॉक्सीबेंजीन
2. बेंजाइल-p-नाइट्रोफेनिल ईथर
3. मेथिल तृतीयक-ब्यूटिल ईथर
4. डाई-तृतीयक-ब्यूटिल ईथर

13. सूची-I का सूची-II के साथ मिलान करें।

सूची-I (अम्ल के सामान्य नाम)	सूची-II (अम्ल के आईयूपीएसी नाम)
A. थैलिक अम्ल	I. हेक्सेन-1,6-डायोइक अम्ल
B. ऑक्जेलिक अम्ल	II. बेंजीन-1,2-डाइकार्बोक्सिलिक अम्ल
C. सक्सीनिक अम्ल	III. ईथेन-1,2-डायोइक अम्ल
D. एडिपिक अम्ल	IV. ब्यूटेन-1,4-डायोइक अम्ल

नीचे दिए गए विकल्पों में से **सही** उत्तर चुनें:

1. A-III, B-II, C-IV, D-I
2. A-III, B-II, C-I, D-IV
3. A-II, B-III, C-I, D-IV
4. A-II, B-III, C-IV, D-I

14. मेथिल कीटोन की विशेषताएँ इसके माध्यम से बताई जाती हैं :

1. टोलेन अभिकर्मक
2. आयोडोफॉर्म परीक्षण
3. शिफ अभिकर्मक
4. फेहलिंग अभिकर्मक

15. बेंजाल्डिहाइड और फॉर्मेल्डिहाइड के मिश्रण को जलीय KOH विलयन के साथ गर्म करने पर बनते हैं :

1. बेंजाइल ऐल्कोहॉल और पोटेशियम फॉर्मेट
2. पोटेशियम बेंजोएट और मेथिल ऐल्कोहॉल
3. पोटेशियम बेंजोएट और मेथिल फॉर्मेट
4. बेंजाइल ऐल्कोहॉल और मेथिल ऐल्कोहॉल

16. सूची-I का सूची-II के साथ मिलान करें:

सूची-I (विटामिन)	सूची-II (बीमारियाँ)
A. विटामिन A	I. बेरी बेरी
B. विटामिन B_1	II. मांसपेशियों की दुर्बलता
C. विटामिन E	III. रक्त के थक्का जमने के समय में वृद्धि
D. विटामिन K	IV. रात्रिअंधता (रतौंधी)

नीचे दिए गए विकल्पों में से **सही** उत्तर चुनें:

1. A-IV, B-I, C-III, D-II
2. A-I, B-IV, C-III, D-II
3. A-IV, B-I, C-II, D-III
4. A-I, B-IV, C-II, D-III

17. एक न्यूक्लियोटाइड होता है :

1. क्षारक + शर्करा
2. क्षारक + फॉस्फेट
3. शर्करा + फॉस्फेट
4. क्षारक + शर्करा + फॉस्फेट

18. दूध में उपस्थित डाइसैकराइड है :

1. सुक्रोज
2. माल्टोज
3. लैक्टोज
4. सेल्युलोज

19. निम्नलिखित में से कौन-सा यौगिक सबसे कम क्षारीय है?

1. NH_3
2. CH_3NH_2
3. $C_6H_5NH_2$
4. $C_2H_5NH_2$

20. निम्नलिखित में से कौन-सा बेंजीनडायजोनियम क्लोराइड के साथ युग्मन प्रतिक्रिया नहीं दिखाएगा?

1. एनिलीन
2. फीनॉल
3. 2-नेफ्थोल
4. बेंजाइल ऐल्कोहॉल

9. 2	**10.** 3	**11.** 1	**12.** 4	**13.** 4	**14.** 2	**15.** 1	**16.** 3	**17.** 4	**18.** 3	**19.** 3	**20.** 4

21. यदि r एक स्थिति सदिश है, तो कर्ल r है।

1. 0
2. 3
3. r^{-2}
4. $r^{3/2}$

22. किसी आवेशित खोखले गोलाकार चालक के अंदर एक बिंदु पर विद्युत क्षेत्र है :

1. शून्य
2. नियत लेकिन शून्य नहीं
3. केंद्र से दूरी पर निर्भर करता है
4. चालक के आवेश पर निर्भर करता है

23. निम्नलिखित कथनों पर विचार कीजिए:

A. दो समानांतर धाराएँ परस्पर आकर्षित करती हैं
B. दो प्रति-समानांतर धाराएँ परस्पर आकर्षित करती हैं
C. दो समानांतर धाराएँ परस्पर प्रतिकर्षित करती हैं
D. समानांतर धाराओं के बीच कोई बल नहीं होता है

उन कथनों के लिए नीचे दिए गए विकल्पों में से **सही** उत्तर चुनें जो सही नहीं हैं:

1. केवल A, B और D
2. केवल A, B और C
3. A, B, C और D
4. केवल B, C और D

24. एक आवेश वाहक की गतिशीलता निम्नलिखित के द्वारा दी जाती है

(जहाँ v_d अपवाह वेग है और E विद्युत क्षेत्र है)

1. $\frac{v_d}{E}$
2. $\frac{E}{v_d}$
3. $E \times v_d$
4. $\frac{E^2}{v_d}$

25. चुंबकीय बल रेखाओं के बारे में निम्नलिखित कथनों पर विचार करें:

A. वे एक-दूसरे को अंतभाजित करती हैं।
B. वे खिंचे हुए तारों की तरह लंबाई में सिकुड़ने की प्रवृत्ति रखती हैं।
C. वे अपनी लंबाई के लंबवत दिशा में एक-दूसरे से अलग होने की प्रवृत्ति रखती हैं।
D. चुंबक के बाहर उनकी दिशा उत्तरी ध्रुव से दक्षिणी ध्रुव की ओर होती है।

उन कथनों के बारे में नीचे दिए गए विकल्पों में से **सही** उत्तर चुनें जो सही हैं:

1. केवल A, B और D
2. केवल A, B और C
3. A, B, C और D
4. केवल B, C और D

26. जब किसी चालक से संबद्ध फ्लक्स परिवर्तित होता है तो चालक में प्रेरित कुल आवेश निर्भर करता है :

1. प्रारंभिक चुंबकीय फ्लक्स
2. अंतिम चुंबकीय फ्लक्स
3. चुंबकीय फ्लक्स में परिवर्तन
4. चुंबकीय फ्लक्स के परिवर्तन की दर

27. एक प्रतिचुम्बकीय पदार्थ की चुंबकीय प्रवृत्ति है:

1. सूक्ष्म और ऋणात्मक
2. सूक्ष्म और धनात्मक
3. अधिक और धनात्मक
4. अधिक और ऋणात्मक

28. लेंज का नियम निम्नलिखित के संरक्षण का एक परिणाम है:

1. आवेश
2. ऊर्जा
3. संवेग
4. द्रव्यमान

29. केवल प्रेरकत्व और धारिता वाले परिपथ में आवेश के दोलन का आवर्तकाल है।

1. $\frac{1}{2\pi\sqrt{LC}}$
2. $\frac{2\pi}{\sqrt{LC}}$
3. $\frac{\pi}{\sqrt{LC}}$
4. $2\pi\sqrt{LC}$

30. निम्नलिखित विद्युत चुम्बकीय तरंगों को उनकी ऊर्जा के बढ़ते क्रम में व्यवस्थित करें:

A. एक्स-किरणें
B. पराबैंगनी
C. सूक्ष्म तरंगें
D. अवरक्त

नीचे दिए गए विकल्पों में से **सही** उत्तर चुनें:

1. A, B, C, D
2. C, D, B, A
3. B, A, D, C
4. C, D, A, B

31. कोई विद्युत चुम्बकीय तरंग किसी माध्यम में 2.0×10^8 मी/से. की चाल से गति करती है। माध्यम की सापेक्ष पारगम्यता (μ_r) 1.0 है। उसकी सापेक्ष विद्युतशीलता (ε_r) होगी:

1. 1.24
2. 1.52
3. 2.25
4. 3.12

32. यंग के द्विझिर्री प्रयोग में, झिर्रीयों के बीच की दूरी को आधा कर दिया जाता है और झिर्री और पर्दे के बीच की दूरी को दोगुना कर दिया जाता है। फ्रिज की चौड़ाई होगी:

1. अपरिवर्तित
2. आधी
3. दोगुनी
4. चौगुनी

33. दूरदर्शी की विभेदन क्षमता बढ़ाने के लिए आवश्यक है :

1. अभिदृश्यक का व्यास बढ़ाना
2. नेत्रिका का व्यास कम करना
3. नेत्रिका का व्यास बढ़ाना
4. अभिदृश्यक का व्यास कम करना

21. 1	**22.** 1	**23.** 4	**24.** 1	**25.** 4	**26.** 3	**27.** 1
28. 2	**29.** 4	**30.** 2	**31.** 3	**32.** 4	**33.** 1	

34. सूची-I का सूची-II के साथ मिलान करें।

सूची-I (संबंधित पद)	सूची-II (परिघटना)
A. तरंगों का अध्यारोपण	I. प्रकाश-विद्युत प्रभाव
B. फोटॉन की कण प्रकृति	II. ध्रुवण
C. तरंगों की अनुप्रस्थ प्रकृति	III. व्यतिकरण
D. ऑप्टिकल फाइबर	IV. सम्पूर्ण आंतरिक परावर्तन

नीचे दिए गए विकल्पों में से **सही** उत्तर चुनें:

1. A-I, B-II, C-III, D-IV
2. A-III, B-I, C-II, D-IV
3. A-III, B-I, C-IV, D-II
4. A-III, B-IV, C-I, D-II

35. निम्नलिखित धातुओं को उनके कार्य फलन के घटते क्रम में व्यवस्थित करें।

A. Cs B. K
C. Na D. Ca

नीचे दिए गए विकल्पों में से **सही** उत्तर चुनें:

1. A, B, C, D
2. D, C, B, A
3. B, A, D, C
4. D, C, A, B

36. 100 वोल्ट के विभवांतर द्वारा त्वरित एक इलेक्ट्रॉन से सम्बद्ध डी-ब्रॉगली तरंग दैर्ध्य क्या है?

1. 12.3 nm
2. 1.23 nm
3. 0.246 nm
4. 0.123 nm

37. रदरफोर्ड के प्रकीर्णन प्रयोग में α-कणों को सोने के नाभिक के निकटतम पहुँचने पर कौन-सी राशि शून्य है?

1. त्वरण
2. गतिज ऊर्जा
3. विद्युत स्थितिज ऊर्जा
4. सम्पूर्ण ऊर्जा

38. एक नाभिकीय रिएक्टर में, किसी नाभिक के विखंडन को निम्नलिखित में से किसकी बमबारी करके प्राप्त किया जाता है?

1. इलेक्ट्रानों
2. प्रोटॉनों
3. न्यूट्रॉनों
4. एक्स-किरणों

39. एक निज अर्धचालक में, फर्मी स्तर रहता है :

1. चालन बैण्ड के पास
2. संयोजी बैण्ड के पास
3. चालन बैण्ड और संयोजी बैण्ड के बीच में
4. चालन बैण्ड और संयोजी बैण्ड के बीच के अंतराल के बाहर

40. प्रकाश वोल्टीय उपकरण:

1. विद्युत ऊर्जा को प्रकाश में परिवर्तित करता है।
2. तापीय ऊर्जा को प्रकाश में परिवर्तित करता है।
3. प्रकाश ऊर्जा को विद्युत में परिवर्तित करता है।
4. प्रकाश को तापीय ऊर्जा में परिवर्तित करता है।

41. वैद्युत सामानों को निम्नलिखित में से कौन-सा मानक चिह्न दिया जाता है?

1. एफपीओ (FPO)
2. आईएसआई (ISI)
3. एगमार्क (AGMARK)
4. हालमार्क (Hallmark)

42. राष्ट्रीय पाठ्यचर्या फ्रेमवर्क के अनुसार प्रारंभिक बाल देखभाल और शिक्षा के मार्गदर्शक सिद्धांत निम्नलिखित में से कौन-से हैं?

A. अधिगम के आधार के रूप में खेल
B. बच्चों का स्वास्थ्य कल्याण और स्वस्थ आदतें
C. विशेषज्ञता के बजाय अनुभव की प्रधानता
D. स्थानीय सामग्री, कला और ज्ञान का उपयोग

नीचे दिए गए विकल्पों में से **सही** उत्तर चुनें:

1. केवल A, B और D
2. केवल A, B और C
3. A, B, C और D
4. केवल B, C और D

43. सूची-I का सूची-II के साथ मिलान करें।

सूची-I (कमी से रोग)	सूची-II (लक्षण)
A. विटामिन A की कमी	I. रात्रिअंधता (रतौंधी)
B. प्रोटीन ऊर्जा कुपोषण	II. आँखों, नाखूनों और जीभ की श्लेष्मा का पीलापन
C. आयरन की कमी से होने वाली रक्ताल्पता	III. रुद्ध विकास
D. आयोडीन की कमी से विकार	IV. भ्रूण की जन्मजात अपसामान्यताएँ

नीचे दिए गए विकल्पों में से **सही** उत्तर चुनें:

1. A-I, B-II, C-III, D-IV
2. A-I, B-III, C-II, D-IV
3. A-I, B-II, C-IV, D-III
4. A-III, B-IV, C-I, D-II

44. बीमारी के दौरान पोषण संबंधी देखभाल के चरणों को सही क्रम में लगाएं:

A. पोषण संबंधी समस्याओं का निदान
B. पोषण संबंधी स्थिति का आकलन
C. पोषण संबंधी देखभाल के परिणामों की निगरानी और आकलन और उसमें बदलाव करना, यदि आवश्यक हो।
D. पोषण संबंधी आवश्यकताओं को पूरा करने के लिए पोषण बाधाओं का नियोजन और प्राथमिकता।

नीचे दिए गए विकल्पों में से **सही** उत्तर चुनें:

1. A, B, C, D
2. A, C, B, D
3. B, A, D, C
4. C, B, D, A

34. 2 **35.** 2 **36.** 4 **37.** 2 **38.** 3 **39.** 3 **40.** 3 **41.** 2 **42.** 3 **43.** 2 **44.** 3

45. सूची-I का सूची-II के साथ मिलान करें:

सूची-I (खाद्य प्रसंस्करण का प्रकार और विस्तार)	सूची-II (उदाहरण)
A. औषधीय आहार	I. गन्ने से बनायी चीनी
B. पुष्ट खाद्य पदार्थ	II. केक, बिस्किट्स
C. खाद्य व्युत्पन्न	III. लैक्टोज मुक्त दूध
D. तैयार किए गए खाद्य पदार्थ	IV. आयोडीनयुक्त नमक

नीचे दिए गए विकल्पों में से **सही** उत्तर चुनें:

1. A-I, B-II, C-III, D-IV
2. A-I, B-III, C-II, D-IV
3. A-I, B-II, C-IV, D-III
4. A-III, B-IV, C-I, D-II

46. यह किसने प्रस्तावित किया कि डीएनए में एडेनिन : थाइमिन और गुआनिन : साइटोसिन के बीच का अनुपात स्थिर रहता है और एक के बराबर है?

1. मौरिस विल्किंस 2. रोजालिंड फ्रैंकलिन
3. इरविन चारगाफ 4. फ्रांसिस क्रिक

47. अनावृत परागकोश और वर्तिकाग्र वाले पुष्पों को क्या कहा जाता है?

1. अनुन्मील्य परागणी पुष्प (Cleistogamous flowers)
2. सपादपी इतर परागणी पुष्प (Geitonogamous flowers)
3. उन्मील परागणी पुष्प (Chasmogamous flowers)
4. परपरागणी पुष्प (Xenogamous flowers)

48. युक्का और ______ को अपने जीवन चक्रों को पूरा करने के लिए एक-दूसरे की आवश्यकता होती है।

1. ततैया की एक प्रजाति 2. पतंगे की एक प्रजाति
3. पक्षियों की एक प्रजाति 4. सरीसृप की एक प्रजाति

49. निम्नलिखित में से कौन-से कथन टीआरएनए के विषय में सही है?

A. इसे एडाप्टर अणु के रूप में भी जाना जाता है।
B. इसे आवेशित कहा जाता है जब यह अपने संबंधित अमीनो एसिड से जुड़ जाता है।
C. अनुवादन की शुरुआत के लिए एक विशिष्ट टीआरएनए होता है।
D. स्टॉप कोडन के लिए तीन अलग-अलग टीआरएनए होते हैं।

नीचे दिए गए विकल्पों में से **सही** उत्तर चुनें:

1. A, B, C और D 2. केवल A, B और C
3. केवल A, B और D 4. केवल B, C और D

50. मवेशी अपने भोजन में उपस्थित सेल्युलोज को किस प्रकार पचाते हैं?

1. वे सेलूलोज को तोड़ने के लिए आवश्यक एंजाइम सेल्यूलेज को संश्लेषित कर सकते हैं।
2. वे ऐसे पौधों को खाते हैं जो एंजाइम सेल्यूलेज से भरपूर होते हैं।
3. उनके रूमेन (प्रथम आमाशय) में जीवाणु होते हैं जो सेलूलोज के अपघटन में मदद करते हैं।
4. सेलूलोज ज्यादातर उन पौधों में उपस्थित होता है जिन्हें मवेशी खाते हैं।

51. एंडोन्यूक्लिएज क्या हैं?

A. वे न्यूक्लिएज हैं जो डीएनए के भीतर विशिष्ट स्थलों पर कर्तन करते हैं।
B. वे न्यूक्लिएज हैं जो डीएनए का अन्त्यों से कर्तन करते हैं।
C. वे डीएनए में पैविलोमपदी न्यूक्लियोटाइड अनुक्रम को पहचानते हैं।
D. मूल रूप से जीवाण्विक हैं।

नीचे दिए गए विकल्पों में से **सही** उत्तर चुनें:

1. A, B, C और D 2. केवल A, C और D
3. केवल A और D 4. केवल A

52. निम्नलिखित में से कौन-सा एक खरपतवार नहीं है?

A. *पार्थेनियम* B. *लैंटाना*
C. *आइकॉर्निया* D. *राउवोल्फिया*

नीचे दिए गए विकल्पों में से **सही** उत्तर चुनें:

1. केवल A 2. केवल B
3. केवल C 4. केवल D

53. पारिस्थितिक पिरामिडों में:

A. पिरामिड के आधार पर उत्पादक होते हैं।
B. कुछ जातियाँ ऐसी होती हैं जो एक ही समय में एक ही पारिस्थितिकी तंत्र में एक से अधिक पोषण स्तर पर हो सकती हैं।
C. निचले पोषी स्तर पर उच्च ऊर्जा होती है।
D. समुद्र में बायोमास का पिरामिड आम तौर पर सीधा होता है।

नीचे दिए गए विकल्पों में से **सही** उत्तर चुनें:

1. केवल A, B और D 2. केवल A, B और C
3. A, B, C और D 4. केवल B, C और D

54. प्रोकैरियोट्स में क्या होते हैं?

A. न्यूक्लिओइड, जहाँ डीएनए कुछ धनावेशित प्रोटीनों के साथ जुड़ा होता है।
B. बहुसिस्ट्रोनी जीन्स
C. इंट्रोंस युक्त जीन्स
D. इंट्रोंस रहित जीन्स

नीचे दिए गए विकल्पों में से **सही** उत्तर चुनें:

1. केवल A, B और D 2. केवल A, B और C
3. A, B, C और D 4. केवल B, C और D

45. 4	**46.** 3	**47.** 3	**48.** 2	**49.** 2	**50.** 3	**51.** 2	**52.** 4	**53.** 2	**54.** 1

55. हिस्टोंस क्या हैं?

A. धनावेशित प्रोटीन हैं

B. हिस्टोन अष्टलक में व्यवस्थित होते हैं

C. डीएनए की पैकेजिंग में सहायक होते हैं

D. अमीनों अम्लों ल्यूसीन और एलानीन से समृद्ध होते हैं

नीचे दिए गए विकल्पों में से **सही** उत्तर चुनें:

1. केवल A, B और D 2. केवल A, B और C
3. A, B, C और D 4. केवल B, C और D

56. अपरदकारी जीव किस श्रेणी में आते हैं?

1. उत्पादक 2. प्राथमिक उपभोक्ता
3. द्वितीयक उपभोक्ता 4. अपघटक

57. आनुवंशिक अपवाह तब होता है जब किसी जाति के कुछ व्यष्टि किसी द्वीप पर जाकर बस जाते हैं। इस विशेष परिघटना को किस रूप में जाना जाता है?

1. फाउंडर (संस्थापक) प्रभाव 2. यादृच्छिक समागम
3. समवरणात्मक समागम 4. बॉटलनेक (गतिरोध) प्रभाव

58. ऑटोमोबाइल निष्कासन का सबसे खतरनाक धातु प्रदूषक कौन-सा है?

1. तांबा 2. सीसा
3. कैडमियम 4. पारा

59. सूची-I का सूची-II के साथ मिलान करें:

सूची-I (अंगों के प्रकार)	सूची-II (उदाहरण)
A. वृषणकोश	I. अंतर्गर्भाशयकला के रखरखाव के लिए आवश्यक प्रोजेस्टेरोन का स्राव करता है
B. स्टेम सेल (मूल कोशिका)	II. शुक्राणुजनन के लिए आवश्यक उपयुक्त तापमान बनाए रखता है।
C. कोरियोनिक विली (जरायु अंकुर)	III. आंतरिक कोशिका समूह (भ्रूण) की कुछ कोशिकाओं में सभी ऊतकों और अंगों को जन्म देने की क्षमता होती है।
D. पिंड पीत (कॉर्पस ल्यूटियम)	IV. भ्रूण और गर्भ-नाल के विकास के बीच गर्भाशयी ऊतकों के साथ संरचनात्मक और कार्यात्मक इकाई बनाता है।

नीचे दिए गए विकल्पों में से **सही** उत्तर चुनें:

1. A-II, B-III, C-I, D-IV
2. A-II, B-IV, C-I, D-III
3. A-II, B-III, C-IV, D-I
4. A-III, B-IV, C-I, D-II

60. निम्नलिखित में से कौन-सा, जीन विनियमन से सीधे संबंधित नहीं है?

1. हिस्टोन का एसिटिलेशन
2. स्प्लाइसिंग (समबंधन)
3. अंतःप्रद्रव्यी जालिका में ग्लाइकोसिलेशन
4. साइलेंसर (शामक)

61. डार्विन और उनके विकास के सिद्धांत के विषय में निम्नलिखित में से कौन-सा कथन गलत है?

1. डार्विन प्राकृतिक चयन के सिद्धांत के मूल और एकमात्र विकासकर्ता थे।
2. डार्विन ने प्रस्ताव दिया कि जातियाँ समय के साथ अनुकूलन करती हैं।
3. डार्विन ने प्रस्तावित किया कि प्राकृतिक चयन समय के साथ परिवर्तन उत्पन्न करता है।
4. डार्विन ने देखा कि दक्षिण अमेरिका में पक्षियों की जातियां यूरोपीय पक्षियों की जातियों की तुलना में अन्य समशीतोष्ण क्षेत्रों में पाई जाने वाली जातियों से अधिक मिलती-जुलती हैं।

62. सूची-I का सूची-II के साथ मिलान करें।

सूची-I (समूह I)	सूची-II (समूह II)
A. असहभोजिता	I. एक जाति लाभान्वित होती है, लेकिन दूसरी प्रभावित नहीं होती है।
B. सहभोजिता	II. दो अलग-अलग जातियाँ निकट संबंध में एक साथ रहती हैं।
C. सहजीविता	III. एक जाति लाभान्वित होती है और दूसरी हानिग्रस्त होती है।
D. परभक्षण	IV. एक जाति को हानि होती है, लेकिन दूसरी प्रभावित नहीं होती है।

नीचे दिए गए विकल्पों में से **सही** उत्तर चुनें:

1. A-IV, B-I, C-II, D-III
2. A-IV, B-III, C-II, D-I
3. A-IV, B-III, C-I, D-II
4. A-III, B-IV, C-I, D-II

63. निम्नलिखित में से *एंटअमीबा हिस्टोलिटिका* के लिए कौन-से कथन सही हैं?

A. यह एक परजीवी प्रोटोजोआ है।

B. यह मनुष्यों की बड़ी आंत में पाया जाता है।

C. यह मनुष्यों के निचले अंगों में से एक में सूजन दिखाता है।

D. यह अमीबायसिस का कारण बनता है।

नीचे दिए गए विकल्पों में से **सही** उत्तर चुनें:

1. A, B, C, D 2. केवल A और D
3. केवल A, B और C 4. केवल A, B और D

55. 2 **56.** 4 **57.** 1 **58.** 2 **59.** 3 **60.** 3 **61.** 1 **62.** 1 **63.** 4

64. चेचक के विरुद्ध टीकाकरण निम्नलिखित में से किसके द्वारा विकसित किया गया था?

1. रॉबर्ट कोच 2. एडवर्ड जेनर
3. अलेक्जेंडर फ्लेमिंग 4. लुई पाश्चर

65. सूची-I का सूची-II के साथ मिलान करें।

सूची-I (हार्मोन)	सूची-II (ग्रंथियाँ)
A. ऑक्सीटोसिन	I. वृषण
B. एस्ट्रोजन	II. अग्न्याशय
C. टेस्टोस्टेरोन	III. अंडाशय
D. इंसुलिन	IV. पीयूष

नीचे दिए गए विकल्पों में से **सही** उत्तर चुनें:

1. A-IV, B-III, C-I, D-II
2. A-I, B-III, C-II, D-IV
3. A-I, B-II, C-IV, D-III
4. A-III, B-IV, C-I, D-II

66. निम्नलिखित में से कौन-सा ब्राउजिंग सॉफ्टवेयर का एक उदाहरण है?

1. माइक्रोसॉफ्ट वर्ड 2. माइक्रोसॉफ्ट एज
3. माइक्रोसॉफ्ट पावरप्वाइंट 4. माइक्रोसॉफ्ट एक्सेस

67. निम्नलिखित में से किस कंप्यूटर मेमोरी में सबसे तेज अनुक्रिया समय है?

1. Cache 2. CD
3. DVD 4. HDD

68. _____ एमएस वर्ड एप्लीकेशन में डॉक्यूमेंट फाइलों के नाम का डिफॉल्ट विस्तार (एक्सटेंशन) है।

1. .pdf 2. .xlsx
3. .doc/.docx 4. .mp3

69. निम्नलिखित में से किस नेटवर्क टोपोलॉजी को इम्प्लीमेंट (लागू) करने में न्यूनतम लागत आती है?

1. बस टोपोलॉजी 2. स्टार टोपोलॉजी
3. मेश टोपोलॉजी 4. ट्री टोपोलॉजी

70. _____ माइक्रोसॉफ्ट वर्ड में पेज ब्रेक के लिए शॉर्टकट कुंजी संयोजन है।

1. SHIFT+F7 2. CTRL+F7
3. SHIFT+ENTER 4. CTRL+ENTER

71. कम्प्यूटर पीढ़ियों के संदर्भ में निम्नलिखित में से कौन-सा/से कथन सही है/हैं?

A. वैक्यूम टयूबों का उपयोग पहली पीढ़ी के दौरान किया गया था।
B. माइक्रोप्रोसेसरों का उपयोग दूसरी पीढ़ी के दौरान किया गया था।
C. तीसरी पीढ़ी के दौरान एकीकृत परिपथों (इंटीग्रेटेड सर्किट्स) उपयोग किया गया था।
D. ट्रांजिस्टरों का उपयोग चौथी पीढ़ी के दौरान किया गया था।

नीचे दिए गए विकल्पों में से **सही** उत्तर चुनें:

1. केवल A और B 2. केवल A और C
3. केवल A, B और C 4. केवल B और D

72. निम्नलिखित में से कौन-सा/से कथन सही है/हैं?

A. HTTPS, HTTP से अधिक सुरक्षित है।
B. इंटरनेट पर, प्रत्येक वेबसाइट का एक अनन्य पता होता है।
C. FTP का अर्थ है फाइल ट्रांसमिशन प्रोटोकॉल।
D. HTML एक टैग रहित लैंग्वेज है।

नीचे दिए गए विकल्पों में से **सही** उत्तर चुनें:

1. केवल A, B और D 2. केवल A, B और C
3. A, B, C और D 4. केवल A और B

73. यह जांचने के लिए कि कोई संख्या सम है या नहीं, एक एल्गोरिथ्म लिखने के कार्य पर विचार करें और यदि संख्या सम है, तो उस विशेष संख्या की तालिका को डिस्प्ले करें। अन्यथा, यह संदेश प्रदर्शित करें कि संख्या विषम है। उपरोक्त कार्य को करने के लिए निम्नलिखित कथनों को क्रमबद्ध करें।

A. अन्यथा "The number is ODD" संदेश को प्रिंट करें।
B. यदि हां, तो उस विशेष संख्या की तालिका का प्रिंट लें।
C. जाँच करें कि संख्या पूरी तरह से 2 से विभाज्य है या नहीं।
D. उपयोगकर्ता से इनपुट के रूप में एक संख्या लें।

नीचे दिए गए विकल्पों में से **सही** उत्तर चुनें:

1. D, C, A, B 2. C, D, B, A
3. D, C, B, A 4. C, B, D, A

74. एक रिलेशनल डेटाबेस में, एक रिकॉर्ड को _____ भी कहा जाता है।

1. टपल 2. टेबल
3. डाटाबेस 4. फील्ड

75. सूची-I के साथ सूची-II का मिलान कीजिए:

सूची-I (नेटवर्किंग में उपयोग किए जाने वाले एड्रेस)	सूची-II (उन एड्रेस में उपयोग होने वाले बिट्स की संख्या)
A. IPv4 एड्रेस	I. 16 बिट्स
B. IPv6 एड्रेस	II. 32 बिट्स
C. मैक एड्रेस	III. 48 बिट्स
D. पोर्ट एड्रेस	IV. 128 बिट्स

नीचे दिए गए विकल्पों में से **सही** उत्तर चुनें:

1. A-II, B-III, C-I, D-IV
2. A-III, B-II, C-I, D-IV
3. A-II, B-IV, C-III, D-I
4. A-III, B-IV, C-I, D-II

64. 2 **65.** 1 **66.** 2 **67.** 1 **68.** 3 **69.** 1 **70.** 4 **71.** 2 **72.** 4 **73.** 3 **74.** 1 **75.** 3

व्याख्यात्मक उत्तर

1. मोललता (molality) द्रवक के द्रव्यमान पर आधारित होती है, इसलिए तापमान से स्वतंत्र।

मोलरता (molarity) आयतन पर आधारित होती है, और आयतन तापमान से बदलता है, इसलिए मोलरता तापमान पर निर्भर।

मोल अंश तापमान पर निर्भर नहीं।

भार प्रतिशत भी तापमान पर निर्भर नहीं।

2. A. 'जल में सभी विलायकों का विघटन ऊष्माक्षेपी होता है।'

यह गलत है–कुछ विलायकों का विघटन ऊष्माशोषी भी होता है।

B. 'परासरण को विपरीत दिशा में किया जा सकता है यदि परासरण दाब से बड़ा दाब विलयन की ओर लगाया जाए।'

यह सही है–इसे प्रतिपरासरण (reverse osmosis) कहते हैं।

C. 'आदर्श विलयन के निर्माण में न तो ऊष्मा अवशोषित होती है और न उत्सर्जित।'

यह सही है–आदर्श विलयनों में $\Delta H_{mix} = 0$

D. 'यदि विघटन ऊष्माशोषी है तो तापमान बढ़ाने से विलेयता बढ़ जाती है।'

यह सही है–Le Chatelier के अनुसार ऊष्मा प्रदान करने से ऊष्माशोषी प्रक्रिया आगे बढ़ती है।

सही कथन : B, C और D.

3. तनु करने पर :

- विशिष्ट चालकता (κ) घटती है क्योंकि प्रति इकाई आयतन आयनों की संख्या कम हो जाती है।
- मोलर चालकता (Λ_m) बढ़ती है क्योंकि आयनों की गतिशीलता और स्वतंत्रता बढ़ जाती है।

4. A. लेड स्टोरेज बैटरी : इस बैटरी में Pb (सीसा) एनोड और PbO_2 (लेड डाइऑक्साइड) कैथोड होता है। इसलिए इसका सही मिलान → IV

B. पारा सेल (Mercury Cell): यह प्राथमिक सेल बहुत स्थिर और स्थायी विभव (constant voltage) देता है।

इसलिए इसका सही मिलान → III

C. ईंधन सेल (Fuel Cell): ईंधन और ऑक्सीडाइजर की निरंतर आपूर्ति होने से यह बहुत अधिक दक्षता देता है।

इसलिए इसका सही मिलान → I

D. रस्टिंग (जंग लगना) : लोहे पर जस्ते की परत चढ़ाने (galvanization) से जंग लगने से बचाया जाता है।

इसलिए सही मिलान → II

सभी को जोड़कर : A-IV, B-III, C-I, D-II.

5. प्रथम कोटि अभिक्रिया में अर्धायु (Half-life) का सूत्र होता है :

$$t_{1/2} = \frac{0.693}{k}$$

दिया है, $k = 5.5 \times 10^{-14}\ s^{-1}$

अब गणना करें :

$$t_{1/2} = \frac{0.693}{5.5 \times 10^{-14}}$$

$$t_{1/2} \approx 1.26 \times 10^{14}$$

$$t_{1/2} = 1.26 \times 10^{13}\ s.$$

6. द्वितीय आयनन एन्थैल्पी (2nd IE) निकालते समय हम पहले इलेक्ट्रॉन निकलने के बाद बने आयन की स्थिरता देखते हैं।

इलेक्ट्रॉनिक विन्यास (संक्षेप में) :

- Ti (22): [Ar] $3d^2\ 4s^2 \rightarrow Ti^+$: [Ar] $3d^2\ 4s^1$
- V (23): [Ar] $3d^3\ 4s^2 \rightarrow V^+$: [Ar] $3d^3\ 4s^1$
- Cr (24): [Ar] $3d^5\ 4s^1 \rightarrow Cr^+$: [Ar] $3d^5$ (बहुत स्थिर, half-filled d^5)
- Mn (25): [Ar] $3d^5\ 4s^2 \rightarrow Mn^+$: [Ar] $3d^5\ 4s^1$

अब दूसरा इलेक्ट्रॉन हटाते हैं :

- Cr^+ से दूसरा इलेक्ट्रॉन निकालने पर स्थिर half-filled d^5 विन्यास टूट जाता है ⇒ द्वितीय IE सबसे अधिक।
- Mn^+ से दूसरा इलेक्ट्रॉन $4s^1$ से निकलकर Mn^{2+} : [Ar] $3d^5$ (बहुत स्थिर) बनता है ⇒ IE_2 ऊँची, पर Cr से कम।
- शेष में V की स्थिति Ti से आगे रहती है, इसलिए क्रम : Cr > Mn > V > Ti ⇒ C, D, B, A.

इसका मिलान विकल्पों में : C, D, B, A.

7. संकुल है : $K_3[Fe(CN)_6]$

- पहले लोहे की ऑक्सीकरण अवस्था निकालते हैं :

  मान लें Fe की O.S. $= x + 6(-1) = -3$

  $\Rightarrow x - 6 = -3 \Rightarrow x = +3$

  अतः यह Fe(III) वाला संकुल है।
- आयन $[Fe(CN)_6]^{3-}$ एक ऋणायन संकुल है, इसलिए लोहे के लिए नाम ferrate प्रयोग होता है, न कि iron।
- IUPAC नाम होगा : Potassium hexacyanidoferrate

  पोटेशियम हेक्सासायनोडोफरेट (III)

8. S_N2 अभिक्रिया में :

- न्यूक्लियोफाइल एक ही चरण में पीछे से आक्रमण करता है।
- कम अवरोध (कम स्टेरिक हिण्ड्रेंस) वाला कार्बन S_N2 के लिए अधिक उपयुक्त होता है।

अब प्रत्येक यौगिक को देखें :

A. $CH_3CH_2CH_2CH_2Cl$ → n-butyl chloride, प्राइमरी (1°) और सीधा ⇒ S_N2 के लिए सबसे उपयुक्त।

B. $CH_3CH_2CHClCH_3$ → सेक-ब्यूटिल क्लोराइड, सेकंडरी (2°) ⇒ S_N2 कम।

C. $(CH_3)_2CHCH_2Cl$ → iso-butyl chloride, प्राइमरी (1°) पर Cl, लेकिन पास में branching है ⇒ A से थोड़ा कम उपयुक्त।

D. $(CH_3)_3C-Cl \rightarrow$ tert-butyl chloride, टर्शियरी (3°) $\Rightarrow S_N2$ लगभग नहीं के बराबर, सबसे कम प्रवृत्ति।

S_N2 की घटती प्रवृत्ति (most $\rightarrow$ least) :

$A > C > B > D$

जो विकल्प 1 के क्रम से मेल खाता है : A, C, B, D.

9. प्रतिबिम्बावयवी (Enantiomers) वे समावयवी हैं जो एक-दूसरे के दर्पण प्रतिबिम्ब होते हैं और SUPERIMPOSABLE होते हैं।

इनकी

- क्वथनांक,
- गलनांक,
- घुलनशीलता

जैसी भौतिक विशेषताएँ सामान्य (अकिरल) माध्यम में लगभग समान रहती हैं।

ये केवल समतल ध्रुवीकृत प्रकाश के घूर्णन की दिशा में भिन्न होते हैं—एक दाएँ (d/+), दूसरा बाएँ (l/–) घुमाता है।

10. A. मेथनॉल और एथनॉल : एथनॉल आयोडोफॉर्म परीक्षण देता है, मेथनॉल नहीं $\rightarrow$ III (आयोडोफॉर्म परीक्षण)

B. फीनॉल और साइक्लोहेक्सेनॉल : फीनॉल $FeCl_3$ (फेरिक क्लोराइड) से बैंगनी/नीला रंग देता है, साइक्लोहेक्सेनॉल नहीं $\rightarrow$ IV (फेरिक क्लोराइड)

C. *n*-ब्यूटिल एल्कोहॉल और tert-ब्यूटिल एल्कोहॉल : इन्हें लुकास अभिकर्मक ($ZnCl_2$ + HCl) से अलग किया जाता है; तृतीयक एल्कोहॉल तुरंत मटमैला (turbid) हो जाता है $\rightarrow$ I (लुकास अभिकर्मक)

D. मेथनॉल और डायइथाइल ईथर : सोडियम धातु से मेथनॉल H_2 गैस बनाकर तेजी से अभिक्रिया करता है, ईथर बहुत कम $\rightarrow$ II (सोडियम धातु)

मिलान : A-III, B-IV, C-I, D-II.

11. द्वितीयक (2°) ऐल्कोहॉल वह होता है जिसमें –OH वाला कार्बन दो अन्य कार्बन परमाणुओं से जुड़ा हो।

A. $CH_3CH_2CH(OH)CH_3 \rightarrow$ –OH वाला कार्बन दो एथिल/मीथिल कार्बन से जुड़ा है $\Rightarrow$ द्वितीयक ऐल्कोहॉल

B. $(C_2H_5)_3C-OH \rightarrow$ –OH वाला कार्बन तीन अल्किल समूहों से जुड़ा $\Rightarrow$ तृतीयक (3°) ऐल्कोहॉल

C. $C_6H_5OH \rightarrow$ यह फीनॉल है, ऐल्कोहॉल की श्रेणी में नहीं आता $\Rightarrow$ द्वितीयक नहीं

D. $C_6H_5CH(OH)CH_3 \rightarrow$ –OH वाला कार्बन एक फिनाइल और एक मीथिल से जुड़ा (दो कार्बन) $\Rightarrow$ द्वितीयक (2°) ऐल्कोहॉल

द्वितीयक ऐल्कोहॉल : केवल A और D.

12. विलियमसन संश्लेषण S_N2 अभिक्रिया पर आधारित है :

$R-O^- + R'-X \rightarrow R-O-R'$

यह विधि प्राथमिक (1°) हैलाइड के साथ अच्छी चलती है। तृतीयक (3°) हैलाइड के साथ S_N2 नहीं हो पाती, E2 (उन्मूलन) हावी हो जाती है।

अब विकल्प देखें :

1. मेथॉक्सीबेंजीन (anisole, $C_6H_5OCH_3$):

$NaO^- C_6H_5 + CH_3X$ (Primary) से बन सकता है $\Rightarrow$ संभव

2. बेंजाइल-p-नाइट्रोफेनिल ईथर :

बेंजाइल हैलाइड (CH_2Ph-X, primary) का प्रयोग कर सकते हैं $\Rightarrow$ संभव

3. मेथिल तृतीय-ब्यूटिल ईथर ($CH_3-O-C(CH_3)_3$)

$t\text{-}BuO- + CH_3X$ (primary) से बन सकता है $\Rightarrow$ संभव

4. डाई-तृतीयक ब्यूटिल ईथर (t-Bu–O–t-Bu)

इसके लिए $t\text{-}BuO^-$ + *t*-Bux (tertiary halide) चाहिए, लेकिन *t*-BuX S_N2 नहीं, E2 देता है, इसलिए यह विलियमसन से नहीं बन सकता।

13. यह प्रश्न कार्बोक्सिलिक अम्लों के सामान्य नाम तथा उनके IUPAC नाम के मिलान पर आधारित है।

A. थैलिक अम्ल : यह एक aromatic dicarboxylic acid है जिसमें बेंजीन रिंग पर 1 और 2 स्थानों पर –COOH होता है।

IUPAC नाम $\rightarrow$ बेंजीन-1,2-डाइकार्बोक्सिलिक अम्ल (II)

B. ऑक्जेलिक अम्ल : इसमें दो कार्बन होते हैं और दोनों पर –COOH $\rightarrow$ IUPAC नाम $\rightarrow$ ईथेन-1,2-डायोइक अम्ल (III)

C. सक्सीनिक अम्ल : इसमें चार कार्बन होते हैं और सिरों पर –COOH $\rightarrow$ IUPAC नाम $\rightarrow$ ब्यूटेन-1,4-डायोइक अम्ल (IV)

D. एडिपिक अम्ल : इसमें छह कार्बन वाली सीधी शृंखला और सिरों पर –COOH $\rightarrow$ IUPAC नाम $\rightarrow$ हेक्सेन-1,6-डायोइक अम्ल (I)

अतः सही मिलान है : A-II, B-III, C-IV, D-I.

14. मेथिल कीटोन ($R-CO-CH_3$) की पहचान विशेष आयोडोफॉर्म परीक्षण से की जाती है।

- इसमें यौगिक को I_2 + NaOH के साथ अभिक्रिया कराई जाती है।
- यदि यौगिक मेथिल कीटोन या उससे संबंधित संरचना रखता है, तो पीला ठोस CHI_3 (आयोडोफॉर्म) बनता है।
- यह इस समूह की विशिष्ट पहचान है।

अन्य अभिकर्मक (Tollen's, Fehling's, Schiff's) aldehydes की पहचान में उपयोग होते हैं, न कि मेथिल कीटोन के लिए।

15. बेंजाल्डिहाइड (Ar–CHO) और फॉर्मेल्डिहाइड (H–CHO) के मिश्रण को जलीय KOH के साथ गर्म करने पर क्रॉस-कैनिजारो अभिक्रिया होती है।

- फॉर्मेल्डिहाइड (सबसे अधिक ऑक्सीकरण योग्य) $\rightarrow$ ऑक्सीकरण होकर पोटेशियम फॉर्मेट (HCOOK) बनाता है।
- बेंजाल्डिहाइड $\rightarrow$ अपचयन होकर बेंजाइल अल्कोहॉल ($C_6H_5CH_2OH$) बनाता है।

अतः उत्पाद हैं : बेंजाइल ऐल्कोहॉल + पोटेशियम फॉर्मेट।

16. विटामिन और उनसे जुड़ी बीमारियों का सही मिलान :

A. विटामिन A $\rightarrow$ कमी से रात्रि अंधता (रतौंधी) $\rightarrow$ IV

B. विटामिन B_1 (थायमिन) $\rightarrow$ कमी से बेरी-बेरी $\rightarrow$ I

C. विटामिन E $\rightarrow$ कमी से मांसपेशियों की दुर्बलता $\rightarrow$ II

D. विटामिन K $\rightarrow$ कमी से रक्त के थक्का जमने में समय बढ़ जाता है $\rightarrow$ III

अतः मिलान : A-IV, B-I, C-II, D-III.

17. न्यूक्लियोटाइड, DNA और RNA दोनों के मूल निर्माण खंड होते हैं। एक न्यूक्लियोटाइड में तीन आवश्यक घटक होते हैं :

1. **क्षारक** (Nitrogenous base) – Adenine, Guanine, Cytosine, Thymine/Uracil
2. **शर्करा** (Pentose sugar) – DNA में डिऑक्सीराइबोज, RNA में राइबोज
3. **फॉस्फेट समूह** (Phosphate group) – जो न्यूक्लियोटाइड्स को आपस में जोड़कर संरचना बनाता है।

इस प्रकार एक पूर्ण न्यूक्लियोटाइड इन तीनों का योग है।

18. दूध में पाया जाने वाला प्रमुख डाइसेकेराइड लैक्टोज है।

- यह ग्लूकोज + गैलेक्टोज से मिलकर बना होता है।
- लैक्टोज को 'milk sugar' कहा जाता है क्योंकि प्राकृतिक रूप से यह मुख्यतः दूध में ही पाया जाता है।
- सुक्रोज (गन्ना शर्करा) और माल्टोज (जौ शर्करा) दूध में नहीं होते।
- सेल्युलोज तो एक पॉलीसैकराइड है, डाइसेकेराइड नहीं।

19. क्षारीयता (Basicity) इस बात पर निर्भर करती है कि नाइट्रोजन पर उपस्थित अकेले इलेक्ट्रॉन युग्म (lone pair) कितनी आसानी से प्रोटॉन को स्वीकार कर सकता है।

- CH_3NH_2 और $C_2H_5NH_2$ में +I प्रभाव होता है, जो lone pair की उपलब्धता बढ़ाकर इन्हें अधिक क्षारीय बनाता है।
- NH_3 की क्षारीयता इससे कम होती है क्योंकि उसमें +I प्रभाव नहीं होता।
- $C_6H_5NH_2$ (एनिलीन) में lone pair बेंजीन रिंग के साथ अनुनाद (resonance) में भाग ले लेता है, जिससे क्षारीयता बहुत कम हो जाती है।

इसलिए सबसे कम क्षारीय यौगिक एनिलीन ($C_6H_5NH_2$) है।

20. बेंजीनडायजोनियम क्लोराइड के साथ युग्मन अभिक्रिया (Coupling reaction) केवल वे यौगिक दिखाते हैं जिनमें :

- बेंजीन रिंग,
- सक्रिय समूह जैसे – NH_2 या -OH

उपस्थित हो।

युग्मन करने वाले यौगिक :

- एनिलीन ($-NH_2$) $\rightarrow$ हाँ
- फिनॉल (-OH) $\rightarrow$ हाँ
- 2-नेफ्थॉल (-OH) $\rightarrow$ हाँ

बेंजाइल अल्कोहॉल में केवल $-CH_2OH$ समूह होता है, जो युग्मन अभिक्रिया नहीं कर सकता।

इसलिए यह युग्मन अभिक्रिया नहीं दिखाएगा।

21. स्थिति सदिश, $\vec{r} = x\hat{i} + y\hat{j} + z\hat{k}$

कर्ल निकालने पर :

$$\nabla \times \vec{r} = \begin{vmatrix} \hat{i} & \hat{j} & \hat{k} \\ \frac{\partial}{\partial x} & \frac{\partial}{\partial y} & \frac{\partial}{\partial z} \\ x & y & z \end{vmatrix}$$

यह मान हमेशा 0 आता है, क्योंकि x, y, z सभी के मिश्रित आंशिक अवकलज समान होते हैं।

अतः, $\nabla \times \vec{r} = 0.$

22. एक आवेशित खोखले गोलाकार चालक के अंदर विद्युत क्षेत्र :

- चालक के अंदर आवेश सतह पर आकर वितरित हो जाता है।
- गॉस के नियम के अनुसार अंदर लिए गए किसी भी बिंदु पर कुल आवेश = 0 होता है।
- इसलिए अंदर विद्युत क्षेत्र हमेशा शून्य होता है।

23. सही बातें याद रखें :

- दो समान दिशा (parallel) में बहने वाली धाराएँ $\rightarrow$ आकर्षित (attract)
- दो विपरीत दिशा (anti-parallel) में बहने वाली धाराएँ $\rightarrow$ प्रतिकर्षित (repel)

अब कथनों की जाँच :

A. दो समानांतर धाराएँ परस्पर आकर्षित करती हैं $\rightarrow$ सही

B. दो प्रति-समानांतर धाराएँ परस्पर आकर्षित करती हैं $\rightarrow$ गलत (वे attract नहीं, repel करती हैं)

C. दो समानांतर धाराएँ परस्पर प्रतिकर्षित करती हैं $\rightarrow$ गलत (वे attract करती हैं)

D. समानांतर धाराओं के बीच कोई बल नहीं होता है $\rightarrow$ गलत (बल होता है)

गलत कथन = B, C, D.

24. किसी आवेश वाहक की गतिशीलता (Mobility, μ) की परिभाषा है :

$$\mu = \frac{v_d}{E}$$

जहाँ,

- v_d = अपवाह वेग (drift velocity)
- E = विद्युत क्षेत्र

अतः गतिशीलता = अपवाह वेग/विद्युत क्षेत्र।

25. चुंबकीय बल रेखाओं के बारे में सही तथ्य :

A. वे एक-दूसरे का अंतर्भेदन करती हैं। $\rightarrow$ गलत

चुंबकीय रेखाएँ कभी एक-दूसरे को काटती नहीं।

B. वे खिंचे हुए तारों की तरह लंबाई में सिकुड़ने की प्रवृत्ति रखती हैं। → सही

यह चुंबक को स्थिर बनाने की प्रवृत्ति है।

C. वे अपनी लंबाई के लंबवत दिशा में एक-दूसरे से अलग होने की प्रवृत्ति रखती हैं। → सही

समान ध्रुवों के बीच प्रतिकर्षण के कारण।

D. चुंबक के बाहर दिशा N ध्रुव से S ध्रुव की ओर होती है। → सही

सही कथन = B, C, D.

26. फैराडे के विद्युत चुंबकीय प्रेरण नियम के अनुसार, चालक में उत्पन्न कुल प्रेरित आवेश निर्भर करता है :

$$Q = \frac{\Delta\phi}{R}$$

यह स्पष्ट करता है कि कुल आवेश केवल चुंबकीय फ्लक्स में कुल परिवर्तन पर निर्भर करता है, न कि परिवर्तन की दर पर। इसलिए सही विकल्प है : चुंबकीय फ्लक्स में परिवर्तन।

27. प्रतिचुम्बकीय (Diamagnetic) पदार्थों में :

- चुंबकीय प्रवृत्ति (magnetic susceptibility, χ) बहुत छोटी (सूक्ष्म) होती है।
- तथा ऋणात्मक होती है क्योंकि ये चुंबकीय क्षेत्र को थोड़ा-सा प्रतिकर्षित करते हैं।

इसलिए सही विकल्प है : सूक्ष्म और ऋणात्मक।

28. लेन्ज का नियम (Lenz's law) कहता है कि :

प्रेरित धारा हमेशा उसी परिवर्तन का विरोध करती है जिसने उसे उत्पन्न किया।

यह विद्युत चुंबकीय प्रेरण में ऊर्जा संरक्षण (Conservation of Energy) का प्रत्यक्ष परिणाम है।

यदि यह नियम न हो, तो प्रेरित धारा द्वारा काम बिना ऊर्जा खर्च किए किया जा सकता है, जो असंभव है।

29. एक LC परिपथ में दोलन का आवर्तकाल (Time period) होता है :

$$T = 2\pi\sqrt{LC}$$

यह मूल LC ऑसिलेटर सूत्र है।

30. विद्युतचुम्बकीय तरंगों की ऊर्जा तरंगदैर्ध्य के व्युत्क्रम अनुपाती होती है।

- **सूक्ष्म तरंगें (Microwaves)** → इनकी तरंगदैर्ध्य सबसे बड़ी होती है, इसलिए इनकी ऊर्जा सबसे कम होती है।
- **अवरक्त (Infrared)** → माइक्रोवेव से छोटी तरंगदैर्ध्य, इसलिए ऊर्जा उनसे थोड़ी अधिक।
- **पराबैंगनी (UV)** → तरंगदैर्ध्य और छोटी, ऊर्जा अधिक।
- **एक्स-किरणें (X-rays)** → अत्यधिक उच्च आवृत्ति और सबसे ज्यादा ऊर्जा।

इसलिए ऊर्जा का बढ़ते क्रम में सही अनुक्रम :

C (Microwaves) < D (Infrared) < B (UV) < A (X-rays).

अर्थात् C, D, B, A.

31. विद्युतचुम्बकीय तरंग की चाल माध्यम में :

$$v = \frac{c}{\sqrt{\mu_r \varepsilon_r}}$$

दिया है,
$$v = 2.0 \times 10^8 \text{ m/s}$$
$$c = 3.0 \times 10^8 \text{ m/s}$$
$$\mu_r = 1$$
$$\frac{c}{v} = \sqrt{\varepsilon_r}$$
$$\frac{3\times10^8}{2\times10^8} = \sqrt{\varepsilon_r}$$
$$\sqrt{\varepsilon_r} = \frac{3}{2} = 1.5$$
$$\varepsilon_r = (1.5)^2 = 2.25.$$

32. यंग के द्वि-झिर्री प्रयोग में फ्रिंज चौड़ाई (β) का सूत्र है :

$$\beta = \frac{\lambda D}{d}$$

जहाँ,

- D = झिर्री और पर्दे के बीच की दूरी
- d = झिर्रियों के बीच की दूरी

अब परिवर्तन देखें :

- झिर्रियों की दूरी आधी कर दी गई $\Rightarrow d \to \frac{d}{2}$
- पर्दे की दूरी दोगुनी कर दी गई $\Rightarrow D \to 2D$

नई फ्रिंज चौड़ाई :

$$\beta' = \frac{\lambda(2D)}{\left(\frac{d}{2}\right)}$$

$$\beta' = \frac{2\lambda D}{d/2} = \frac{2\lambda D \times 2}{d} = 4\beta$$

अर्थात् फ्रिंज की चौड़ाई चार गुनी हो जाएगी।

33. दूरदर्शी की विभेदन क्षमता (Resolving Power) मुख्यतः अभिदृश्यक (Objective) पर निर्भर करती है। विभेदन क्षमता का सूत्र :

$$\text{Resolving Power} \propto \frac{1}{\text{Angular Limit}} \propto D$$

जहाँ D = अभिदृश्यक का व्यास।

इसलिए विभेदन क्षमता बढ़ाने के लिए अभिदृश्यक का व्यास बढ़ाना आवश्यक है।

34. सूची-I को सूची-II से मिलाते हैं :

A. तरंगों का अध्यारोपण → यह व्यतिकरण (Interference) को जन्म देता है।

संबंधित परिघटना = III

B. फोटॉन की कण प्रकृति → यह प्रकाश-विद्युत प्रभाव (Photoelectric Effect) को समझाती है।

संबंधित परिघटना = I

C. तरंगों की अनुप्रस्थ प्रकृति → इससे ध्रुवण (Polarization) संभव होता है।

संबंधित परिघटना = II

D. ऑप्टिकल फाइबर → इसका कार्य पूर्ण आंतरिक परावर्तन पर आधारित होता है।

संबंधित परिघटना = IV

इस प्रकार सही संयोजन–A-III, B-I, C-II, D-IV.

35. कार्य फलन (Work Function) किसी धातु से इलेक्ट्रॉन निकालने के लिए आवश्यक न्यूनतम ऊर्जा है।

अल्कली धातुओं में (Cs, K, Na) कार्य फलन बहुत कम होता है, जबकि क्षारीय पृथ्वी धातु Ca का कार्य फलन इनसे अधिक होता है।

सामान्यतः कार्य फलन का क्रम (अधिक → कम) :

Ca > Na > K > Cs

अर्थात् घटते क्रम में (Highest to Lowest) :

D (Ca), C (Na), B (K), A (Cs).

36. डी-ब्रॉगली तरंगदैर्ध्य (λ) का सूत्र जब इलेक्ट्रॉन V वोल्ट से त्वरित हो :

$$\lambda = \frac{12.3}{\sqrt{V}} \text{Å}$$

यहाँ, V = 100 वोल्ट

$$\lambda = \frac{12.3}{\sqrt{100}} = \frac{12.3}{10}$$

$$= 1.23 \text{ Å}.$$

37. रदरफोर्ड के प्रकीर्णन प्रयोग में α-कण धनावेशित नाभिक की ओर बढ़ते समय कूलॉम्ब प्रतिकर्षण के कारण उसकी गति लगातार कम होती जाती है।

जब α-कण निकटतम दूरी (distance of closest approach) पर पहुँचता है :

- उसकी संपूर्ण गतिज ऊर्जा नाभिक के साथ प्रतिकर्षण के कारण विद्युत स्थितिज ऊर्जा में बदल जाती है
- इस बिंदु पर कण एक क्षण के लिए रुक जाता है
- इसलिए उस क्षण गतिज ऊर्जा शून्य होती है
- स्थितिज ऊर्जा अधिकतम होती है
- कुल ऊर्जा (K.E. + P.E.) स्थिर रहती है क्योंकि यह केवल वैद्युत स्थैतिक बल से प्रभावित होता है

इसलिए निकटतम दूरी पर शून्य होने वाली राशि = गतिज ऊर्जा।

38. नाभिकीय रिएक्टर में विखंडन (Fission) कराने के लिए नाभिक को तोड़ने हेतु सबसे उपयुक्त कण धीमे (thermal) न्यूट्रॉन होते हैं क्योंकि :

- न्यूट्रॉन पर कोई आवेश नहीं होने से उन पर कूलॉम्ब प्रतिकर्षण नहीं लगता।
- वे आसानी से भारी नाभिक (जैसे U-235 या Pu-239) में प्रवेश कर लेते हैं
- धीमे न्यूट्रॉन नाभिक द्वारा अधिक आसानी से अवशोषित किए जाते हैं
- अवशोषण के बाद नाभिक अस्थिर होकर विखंडित हो जाता है

इसलिए विखंडन न्यूट्रॉन की बमबारी से प्राप्त किया जाता है।

39. निज (Intrinsic) अर्धचालक वह होता है जिसमें :

- कोई अशुद्धि (Impurity) नहीं होती
- इलेक्ट्रॉन और होल की संख्या बराबर होती है
- बैण्ड गैप छोटा होता है

ऐसे अर्धचालक में फर्मी स्तर (Fermi level) :

- चालन बैण्ड (Conduction band) और
- संयोजी बैण्ड (Valence band) के ठीक बीच में स्थित होता है क्योंकि इलेक्ट्रॉन तथा होल की ऊर्जा स्थितियाँ समान रूप से उपलब्ध होती हैं।

इसलिए फर्मी स्तर मध्य में होता है।

40. प्रकाश-वोल्टीय (Photo-voltaic) उपकरण ऐसे यंत्र होते हैं जो सौर ऊर्जा या प्रकाश ऊर्जा को सीधे विद्युत ऊर्जा में बदलते हैं।

यह सौर कोशिकाओं (solar cells) का मूल सिद्धांत है।

इसलिए सही विकल्प है : प्रकाश ऊर्जा को विद्युत में परिवर्तित करता है।

41. विद्युत उपकरणों की गुणवत्ता और सुरक्षा सुनिश्चित करने के लिए भारत में आईएसआई (ISI) मार्क दिया जाता है।

यह मार्क भारतीय मानक ब्यूरो (BIS) द्वारा प्रमाणित होता है और बताता है कि उपकरण मानक नियमों के अनुसार सुरक्षित और विश्वसनीय है।

42. राष्ट्रीय पाठ्यचर्या फ्रेमवर्क (NCF) के अनुसार प्रारंभिक बाल देखभाल और शिक्षा (ECCE) के प्रमुख मार्गदर्शक सिद्धांत निम्न हैं :

A. अधिगम के आधार के रूप में खेल → खेल आधारित अधिगम NCF का मुख्य सिद्धांत है।

B. बच्चों का स्वास्थ्य, कल्याण और स्वस्थ आदतें → ECCE में पोषण, स्वास्थ्य और स्वच्छ आदतों पर विशेष जोर।

C. विशेषज्ञता के बजाय अनुभव की प्रधानता → छोटे बच्चों के लिए प्रत्यक्ष अनुभव अधिक महत्त्वपूर्ण।

D. स्थानीय सामग्री, कला और ज्ञान का उपयोग → सीखने को स्थानीय परिवेश से जोड़ना महत्वपूर्ण है।

अर्थात् सभी विकल्प NCF के सिद्धांत हैं।

43. सूची-I का सूची-II से मिलान :

A. विटामिन A की कमी → इससे दृष्टि प्रभावित होती है और कम रोशनी में देखने की क्षमता घट जाती है।

उदाहरण/लक्षण : रात्रि-अंधता (I)

B. प्रोटीन ऊर्जा कुपोषण (PEM) → शरीर के विकास पर गंभीर प्रभाव डालता है।

उदाहरण/लक्षण : रुद्ध विकास (III)

C. आयरन की कमी से होने वाली रक्ताल्पता → खून में हीमोग्लोबिन की कमी, जिससे शरीर पीला दिखने लगता है।

उदाहरण/लक्षण : आँखों, नाखूनों, जीभ की श्लेष्मा का पीलापन (II)

D. आयोडीन की कमी → गर्भावस्था के दौरान बच्चे में विकास संबंधी अपसामान्यताएँ हो सकती हैं।

उदाहरण/लक्षण : भ्रूण की जन्मजात अपसामान्यताएँ (IV).

44. बीमारी के दौरान पोषण संबंधी देखभाल एक क्रमबद्ध प्रक्रिया है, जिसे Nutrition Care Process कहा जाता है। इसका सही क्रम इस प्रकार है :

B. पोषण संबंधी स्थिति का आकलन (Assessment): सबसे पहले रोगी की पोषण स्थिति, वजन, आहार पैटर्न, लैब रिपोर्ट आदि का मूल्यांकन किया जाता है।

A. पोषण संबंधी समस्याओं का निदान (Diagnosis): आकलन के बाद यह निर्धारित किया जाता है कि पोषण से संबंधित समस्या क्या है।

D. पोषण संबंधी आवश्यकताओं को पूरा करने हेतु नियोजन और प्राथमिकता (Intervention): समस्या के अनुसार उचित आहार, पोषक तत्व पूर्ति और खानपान की योजना बनाई जाती है।

C. परिणामों की निगरानी और आकलन (Monitoring & Evaluation): अंत में यह देखा जाता है कि योजना प्रभावी है या नहीं, और आवश्यकता होने पर बदलाव किए जाते हैं।

इस प्रकार सही क्रम है : B, A, D, C.

45. सूची-I का सूची-II से मिलान :

A. औषधीय आहार → ऐसे खाद्य जिनमें बीमारी या शारीरिक स्थिति के अनुसार संशोधन किया जाता है।

उदाहरण : लैक्टोज मुक्त दूध (III)

B. पुष्ट खाद्य पदार्थ → जिनमें पोषक तत्व मिलाकर उन्हें अधिक पौष्टिक बनाया जाता है।

उदाहरण : आयोडीनयुक्त नमक (IV)

C. खाद्य व्युत्पन्न → प्राकृतिक स्रोत से प्राप्त किए गए खाद्य पदार्थ।

उदाहरण : गन्ने से बनी चीनी (I)

D. तैयार खाद्य पदार्थ → जिन्हें सीधे खाया जा सकता है।

उदाहरण : केक, बिस्किट (II).

46. डीएनए की संरचना में एडेनिन (A) हमेशा थाइमिन (T) के साथ तथा गुआनिन (G) हमेशा साइटोसिन (C) के साथ जुड़ता है।

इसी आधार पर A : T और G : C का अनुपात हमेशा 1 : 1 पाया जाता है।

यह महत्वपूर्ण तथ्य सबसे पहले इरविन चारगाफ (Erwin Chargaff) ने अपने नियम (Chargaff's Rules) में प्रस्तुत किया था।

उनके अनुसार :

- प्यूरिन = पिरीमिडीन
- A = T
- $G \equiv C$

इसलिए A/T = 1 और G/C = 1 होता है।

47. जिन पुष्पों में परागकोश और वर्तिकाग्र खुले (अनावृत) होते हैं, वे आसानी से हवा, कीट, जल आदि द्वारा परागित हो सकते हैं।

ऐसे फूलों में :

- पंखुड़ियाँ खुली रहती हैं
- परागकण आसानी से बाहर निकलते हैं
- परागण का अवसर अधिक होता है

ऐसे खुले, अनावृत पुष्पों को उन्मील परागणी पुष्प (Chasmogamous flowers) कहा जाता है।

48. युक्का पौधा अपने जीवन चक्र को पूरा करने के लिए पतंगे की एक विशेष प्रजाति (Yucca Moth) पर निर्भर करता है, और यह पतंगा भी युक्का पौधे पर निर्भर रहता है।

यह संबंध परस्पर लाभकारी सहजीवन (Mutualism) का उदाहरण है :

- पतंगा युक्का के फूलों में अंडे देता है, जहाँ उसके लार्वा बीजों को खाकर विकसित होते हैं।
- बदले में वही पतंगा युक्का के फूलों का एकमात्र परागणकर्ता है और सक्रिय रूप से पराग को एक फूल से दूसरे फूल तक पहुँचाकर पौधे के प्रजनन में मदद करता है।

49. tRNA के विषय में कथन देखें :

A. इसे एडाप्टर अणु कहा जाता है–यह सही है क्योंकि tRNA mRNA और अमीनो अम्ल के बीच 'एडाप्टर' की तरह काम करता है।

B. जब tRNA अपने अमीनो अम्ल से जुड़ता है तो इसे चार्ज्ड (charged) कहा जाता है–यह सही है।

C. अनुवादन (translation) की शुरुआत के लिए एक विशिष्ट tRNA होता है–सही, यह 'initiator tRNA' कहलाता है।

D. स्टॉप कोडन के लिए तीन tRNA होते हैं–यह गलत है। स्टॉप कोडन के लिए कोई tRNA नहीं होता, बल्कि 'release factors' कार्य करते हैं।

इसलिए सही कथन A, B और C हैं।

50. मवेशी अपने भोजन में मौजूद सेलूलोज को स्वयं पचा नहीं सकते क्योंकि उनके शरीर में सेल्यूलेज (cellulase) एंजाइम नहीं बनता। लेकिन उनके रूमेन (पहले आमाशय) में विशेष जीवाणु (bacteria) रहते हैं जो सेलूलोज को तोड़कर सरल शर्करा में बदल देते हैं।

इसलिए मवेशियों में सेलूलोज पाचन सूक्ष्मजीवों की सहायता से होता है—न कि उनके अपने एंजाइमों से।

उनके रूमेन में जीवाणु होते हैं जो सेलूलोज के अपघटन में मदद करते हैं।

51. एंडोन्यूक्लिएज के बारे में कथनों का विश्लेषण :

A. वे न्यूक्लिएज हैं जो डीएनए के भीतर विशिष्ट स्थलों पर कर्तन करते हैं। यह सही है—एंडोन्यूक्लिएज डीएनए के अंदर कट लगाते हैं।

B. वे डीएनए का छोरों से कर्तन करते हैं। यह एक्सोन्यूक्लीज का कार्य है, एंडोन्यूक्लिएज का नहीं।

C. वे डीएनए में पैलिंड्रोमिक न्यूक्लियोटाइड अनुक्रम को पहचानते हैं। सही—प्रतिबंध एंडोन्यूक्लिएज (restriction endonucleases) ऐसे पैलिंड्रोमिक सीक्वेंस पहचानते हैं।

D. मूल रूप से जीवाण्विक हैं। सही–अधिकांश एंडोन्यूक्लिएज जीवाणुओं (bacteria) में पाए जाते हैं।

इस प्रकार सही कथन : A, C और D.

52. *पार्थेनियम, लैंटाना* और *आइकॉनिया* (जलकुंभी) सभी अति हानिकारक खरपतवार हैं जबकि *राउवोल्फिया* एक औषधीय पौधा है, खरपतवार नहीं।

53. कथनों का विश्लेषण :

A. पिरामिड के आधार पर उत्पादक होते हैं।

सही–सभी पारिस्थितिक पिरामिडों का आधार. उत्पादक (producers) बनाते हैं।

B. कुछ जातियाँ एक ही समय में एक से अधिक पोषण स्तर पर हो सकती हैं।

सही–जैसे सर्वाहारी जीव (omnivores) एक से अधिक ट्रॉफिक स्तर पर होते हैं।

C. निचले पोषी स्तर पर उच्च ऊर्जा होती है।

सही–ऊर्जा सबसे अधिक उत्पादकों (bottom level) में होती है और ऊपर की ओर घटती है।

D. समुद्र में बायोमास का पिरामिड आम तौर पर सीधा होता है।

गलत–समुद्री पारिस्थितिकी तंत्र में बायोमास का पिरामिड उल्टा (inverted) होता है, क्योंकि फाइटोप्लांकटन का बायोमास कम और मछलियों का अधिक होता है।

इसलिए सही कथन A, B, C हैं।

54. प्रोकैरियोट्स (जैसे बैक्टीरिया) की विशेषताएँ देखें :

A. न्यूक्लिऑइड, जहाँ डीएनए कुछ धनावेशित प्रोटीन्स के साथ जुड़ा होता है।

सही–प्रोकैरियोट्स में सच्चा नाभिक नहीं होता, डीएनए न्यूक्लिऑइड क्षेत्र में होता है।

B. बहुसिस्ट्रोनिक जीन्स (Polycistronic genes)

सही–प्रोकैरियोट्स में ऑपेरॉन पाए जाते हैं जिनमें एक ही mRNA कई प्रोटीन्स को कोड करता है।

C. इंट्रोंस युक्त जीन्स

गलत–प्रोकैरियोट्स में इंट्रोंस नहीं होते (बहुत ही दुर्लभ अपवाद छोड़कर)।

D. इंट्रोंस रहित जीन्स

सही–इनके जीन्स सामान्यतः इंट्रोंस-रहित होते हैं।

इस प्रकार सही विकल्प : A, B और D.

55. हिस्टोन प्रोटीनों के बारे में कथन :

A. धनावेशित प्रोटीन हैं

सही–इनमें लाइसिन और आर्जिनिन अमीनो अम्ल अधिक होते हैं जो धनात्मक आवेश देते हैं।

B. हिस्टोन अष्टलक में व्यवस्थित होते हैं

सही–8 हिस्टोन प्रोटीन मिलकर 'octamer' बनाते हैं।

C. डीएनए की पैकेजिंग में सहायक होते हैं

सही–डीएनए इनके चारों ओर लिपटकर न्यूक्लियोसोम बनाता है।

D. अमीनो अम्ल ल्यूसीन और एलानीन से समृद्ध होते हैं

गलत–हिस्टोन लाइसिन और आर्जिनिन से समृद्ध होते हैं।

सही विकल्प : A, B और C.

56. अपरदकारी जीव (Detritivores) मृत जैव पदार्थ, गिरे पत्ते, मृत जानवरों आदि को खाते हैं। ये पारिस्थितिकी तंत्र में अपघटन प्रक्रिया का भाग होते हैं। इसलिए वे अपघट्क श्रेणी में आते हैं।

57. जब किसी जाति (species) के कुछ व्यक्तियों का छोटा समूह किसी नए स्थान (जैसे द्वीप) पर जाकर बस जाता है, तो उस छोटे समूह की आनुवंशिक संरचना ही वहाँ की नई आबादी का आधार बनती है। इससे आनुवंशिक अपवाह (Genetic drift) होता है।

इस परिघटना को कहा जाता है : फाउंडर इफेक्ट (Founder Effect) क्योंकि नई जनसंख्या 'संस्थापक' व्यक्तियों के जीन पर आधारित होती है।

58. आटोमोबाइल के धुएँ (exhaust) में कई धातु प्रदूषक पाए जाते हैं, लेकिन इनमें सबसे खतरनाक और विषैला धातु प्रदूषक 'सीसा (Lead)' है। सीसा तंत्रिका तंत्र, रक्त और मानसिक विकास पर गंभीर दुष्प्रभाव डालता है, विशेषकर बच्चों पर।

59. सूची-I का सूची-II से मिलान :

A. **वृषणकोश (Scrotum):** यह वृषणों का तापमान नियंत्रित करता है और उन्हें शरीर के तापमान से कम तापमान पर रखता है, जो शुक्राणुजनन के लिए आवश्यक है।

B. **स्टेम सेल (मूल कोशिका)** : आंतरिक कोशिका समूह (ICM) की कुछ कोशिकाएँ प्लूरीपोटेंट होती हैं और शरीर के सभी ऊतकों व अंगों को उत्पन्न कर सकती हैं।

C. **कोरियोनिक विली (जरायु अंकुर)** : यह भ्रूण और गर्भनाल के विकास के दौरान गर्भाशयी ऊतकों के साथ संरचनात्मक और कार्यात्मक इकाई बनाता है।

D. **पिंड पीत (Corpus Luteum)** : यह प्रोजेस्टेरोन स्रावित करता है, जो गर्भाशय की गर्भाशयकला (endometrium) को बनाए रखने के लिए आवश्यक है।

इस प्रकार सही क्रम : A-II, B-III, C-IV, D-I.

60. जीन विनियमन (Gene Regulation) से सीधे संबंधित प्रक्रियाएँ वे हैं जो जीन की अभिव्यक्ति को प्रभावित करती हैं–जैसे हिस्टोन का मॉडिफिकेशन, स्प्लाइसिंग, साइलेंसर का कार्य आदि।

अब विकल्प देखें :

1. **हिस्टोन का एसिटिलेशन** : यह क्रोमैटिन को ढीला कर transcription बढ़ाता है → जीन विनियमन से संबंधित।
2. **स्प्लाइसिंग (समबंधन)** : mRNA प्रोसेसिंग का महत्वपूर्ण हिस्सा है → सीधे जीन अभिव्यक्ति को प्रभावित करता है।
3. **अंतःप्रद्रव्यी जालिका (ER) में ग्लाइकोसिलेशन** : यह प्रोटीन का ट्रान्सलेशन-बाद संशोधन (post-translational modification) है, जीन विनियमन से प्रत्यक्ष रूप से संबंधित नहीं।
4. **साइलेंसर (शामक)** : ये डीएनए अनुक्रम हैं जो जीन की अभिव्यक्ति को कम करते हैं → सीधे जीन विनियमन से संबंधित।

इसलिए जीन विनियमन से असंबंधित विकल्प है : अंतःप्रद्रव्यी जालिका में ग्लाइकोसिलेशन।

61. नीचे दिए कथनों में से गलत कथन है :

1. **डार्विन प्राकृतिक चयन सिद्धांत के 'एकमात्र' विकासकर्ता थे।**
   गलत–क्योंकि अल्फ्रेड रसेल वॉलेस ने भी स्वतंत्र रूप से प्राकृतिक चयन का सिद्धांत प्रस्तावित किया था।
   डार्विन और वॉलेस दोनों ने मिलकर इसे वैज्ञानिक समुदाय के सामने प्रस्तुत किया।
2. **जातियाँ समय के साथ अनुकूलन करती हैं।**
   सही–यह डार्विन के सिद्धांत का मूल है।
3. **प्राकृतिक चयन समय के साथ परिवर्तन उत्पन्न करता है।**
   सही–डार्विन ने यही प्रस्तावित किया।
4. **दक्षिण अमेरिका के पक्षी यूरोप की बजाय अन्य समशीतोष्ण क्षेत्रों से अधिक समान थे।**
   सही–डार्विन ने यह निरीक्षण यात्रा के दौरान किया।

इसलिए गलत कथन है : डार्विन प्राकृतिक चयन के सिद्धांत के 'केवल' विकासकर्ता थे।

62. सूची-I का सूची-II से मिलान :

A. **असहभोजिता (Amensalism):** इसमें एक जाति को हानि होती है जबकि दूसरी जाति पर कोई प्रभाव नहीं पड़ता।

B. **सहभोजिता (Commensalism):** इसमें एक जाति लाभ पाती है, जबकि दूसरी जाति अप्रभावित रहती है।

C. **सहजीविता (Symbiosis):** इसमें दो अलग-अलग जातियाँ निकट संबंध में साथ रहती हैं और दोनों लाभान्वित होती हैं।

D. **परभक्षण (Predation):** इसमें एक जाति (शिकारी) लाभान्वित होती है, जबकि दूसरी (शिकार) हानिग्रस्त होती है।

सही मिलान है : A-IV, B-I, C-II, D-III.

63. प्रत्येक कथन का विश्लेषण :

A. **यह एक परजीवी प्रोटोजोआ है।**
सही–*Entamoeba histolytica* एक परजीवी अमीबा है।

B. **यह मनुष्यों की बड़ी आंत में पाया जाता है।**
सही–यह मुख्यतः बड़ी आंत (large intestine) में रहता है।

C. **यह मनुष्यों के निचले अंगों में से एक में सूजन दिखाता है।**
गलत–यह आंतों में अल्सर और दस्त पैदा करता है, न कि निचले अंगों (legs आदि) में सूजन।

D. **यह अमीबायसिस (Amoebiasis) का कारण बनता है।**
सही--यही रोगजनक अमीबिक पेचिश का कारण है।

इसलिए सही कथन A, B और D हैं।

64. चेचक (Smallpox) मानव इतिहास की सबसे घातक बीमारियों में से एक थी। इसका पहला सफल टीका एडवर्ड जेनर (Edward Jenner) ने 1796 में विकसित किया। उन्होंने देखा कि जिन दुग्ध कर्मियों को गोजातीय चेचक (cowpox) होता है, वे घातक smallpox से सुरक्षित रहते हैं।

इसी आधार पर जेनर ने एक लड़के को cowpox का संक्रमण दिया, और बाद में smallpox के संपर्क में लाने पर वह बीमार नहीं हुआ। यही दुनिया का पहला वैज्ञानिक टीकाकरण (vaccination) माना जाता है। इसीलिए जेनर को 'टीकाकरण का जनक' कहा जाता है।

65. सूची-I का सूची-II से मिलान :

A. **ऑक्सीटोसिन :** यह हार्मोन पीयूष ग्रंथि (Pituitary gland) द्वारा स्रावित होता है और प्रसव तथा दुग्ध निष्कासन में महत्वपूर्ण है।

B. **एस्ट्रोजन :** यह मुख्य स्त्री लैंगिक हार्मोन अंडाशय (Ovary) द्वारा स्रावित होता है।

C. **टेस्टोस्टेरोन :** यह पुरुष लैंगिक हार्मोन वृषण (Testes) द्वारा उत्पन्न होता है।

D. **इंसुलिन :** यह रक्त में ग्लूकोज नियंत्रित करने वाला हार्मोन अग्न्याशय (Pancreas) द्वारा स्रावित होता है।

इस प्रकार सही मिलान है : A-IV, B-III, C-I, D-II.

66. ब्राउजिंग सॉफ्टवेयर वह होता है जिसका उपयोग इंटरनेट पर वेबसाइट खोलने और उपयोग करने के लिए किया जाता है।

- Microsoft Edge एक वेब ब्राउजर है।
- बाकी (Word, PowerPoint, Access) Office प्रोग्राम हैं, ब्राउजर नहीं।

67. कंप्यूटर मेमोरी में सबसे तेज प्रतिक्रिया (access time) वाली मेमोरी Cache Memory होती है। यह CPU के बहुत करीब होती है और सबसे तेजी से डेटा उपलब्ध कराती है।

CD, DVD और HDD धीमी स्टोरेज डिवाइस हैं।

68. MS Word में बनाया गया कोई भी दस्तावेज डिफॉल्ट रूप से .docx एक्सटेंशन के साथ सेव होता है।

- पुराने वर्जन (Word 2003 और पहले) में फाइलें .doc एक्सटेंशन में सेव होती थीं।
- नए वर्जन (Word 2007 और बाद के) में डिफॉल्ट एक्सटेंशन .docx होता है, जो XML आधारित और अधिक सुरक्षित है।

इसलिए MS Word डॉक्यूमेंट का डिफॉल्ट फाइल एक्सटेंशन : .doc / .docx.

69. विभिन्न टोपोलॉजी में लागत की तुलना :

- बस टोपोलॉजी (Bus Topology) में केवल एक मुख्य केबल (backbone) की आवश्यकता होती है।
- इसमें अतिरिक्त स्विच/राउटर या अधिक वायरिंग की जरूरत नहीं होती।
- इसलिए यह सबसे कम लागत वाली टोपोलॉजी है।

70. MS Word में Page Break लगाने से पाठ (text) अगले पेज से शुरू होता है।

इसे तुरंत जोड़ने के लिए शॉर्टकट कुंजी है :

CTRL + ENTER

जब आप CTRL + ENTER दबाते हैं, तो Word तुरंत एक नया पेज बनाता है, चाहे पिछला पेज भरा हुआ हो या नहीं।

यह लंबी फाइलें या अध्याय बनाते समय बहुत उपयोगी होता है।

71. कंप्यूटर की विभिन्न पीढ़ियों में उपयोग की गई प्रमुख तकनीकों को समझते हैं :

A. वैक्यूम ट्यूबों का उपयोग पहली पीढ़ी में किया गया था।

सही–First Generation (1940-1956) में वैक्यूम ट्यूबें इस्तेमाल हुई।

B. माइक्रोप्रोसेसरों का उपयोग दूसरी पीढ़ी में किया गया था।

गलत–Microprocessors चौथी पीढ़ी (1971-वर्तमान) में उपयोग हुए।

C. तीसरी पीढ़ी में Integrated Circuits (ICs) का उपयोग किया गया था।

सही–Third Generation (1965-1971) की मुख्य तकनीक ICs थी।

D. ट्रांजिस्टरों का उपयोग चौथी पीढ़ी में किया गया था।

गलत–ट्रांजिस्टर दूसरी पीढ़ी (1956-1963) की मुख्य तकनीक थे।

इसलिए सही कथन केवल A और C हैं।

72. कथनों का पुनः सही विश्लेषण :

A. HTTPS, HTTP से अधिक सुरक्षित है।

सही–क्योंकि HTTPS में डेटा एन्क्रिप्शन होता है।

B. इंटरनेट पर प्रत्येक वेबसाइट का एक अनन्य पता (URL) होता है।

सही–सभी वेबसाइटों का अपना unique address होता है।

C. FTP का अर्थ File Transmission Protocol है।

गलत–FTP का सही अर्थ File Transfer Protocol है।

D. HTML एक टैग रहित भाषा है।

गलत–HTML एक टैग-आधारित (tag-based) भाषा है।

इसलिए सही कथन केवल A और B हैं।

73. एल्गोरिथ्म को सही क्रम में लगाने के लिए पहले उपयोगकर्ता से संख्या लेनी होगी, फिर जाँचना होगा कि वह 2 से विभाज्य है या नहीं। यदि संख्या सम है तो उसकी तालिका छापनी है, और यदि सम नहीं है तो 'The number is ODD' दिखाना है।

इसलिए सही क्रम :

D. उपयोगकर्ता से संख्या इनपुट लें।

C. जाँच करें कि संख्या 2 से पूरी तरह विभाज्य है या नहीं।

B. यदि हाँ, तो संख्या की तालिका प्रिंट करें।

A. अन्यथा 'The number is ODD' प्रिंट करें।

74. रिलेशनल डाटाबेस में एक रिकॉर्ड को टपल (Tuple) कहा जाता है।

- टेबल = संपूर्ण तालिका
- फील्ड = कॉलम
- टपल = एक पंक्ति (रिकॉर्ड)

75. सूची-I का सूची-II से मिलान :

A. IPv4 Address : इसमें 32 बिट्स का उपयोग होता है।

B. IPv6 Address : यह 128 बिट्स का होता है।

C. MAC Address : इसमें 48 बिट्स का उपयोग होता है।

D. Port Address : पोर्ट नंबर 16 बिट्स का होता है।

इस प्रकार सही क्रम : A-II, B-IV, C-III, D-I.

पिछले प्रश्न-पत्र

Common University Entrance Test for PG Programmes

CUET-B.Ed—विज्ञान

प्रवेश परीक्षा, 2024

(Exam held on 27-03-2024)

1. लेसिथिन किस प्रकार के जैव अणु का एक उदाहरण है?
A. न्यूक्लियोटाइड B. फॉस्फोलिपिड
C. प्रोटीन D. पॉलीसेकेराइड

2. निम्नलिखित में से कौन-सा अग्र मस्तिष्क का भाग नहीं है?
A. प्रमस्तिष्क B. हाइपोथैलेमस
C. अनुमस्तिष्क D. थैलेमस

3. सूची-I और सूची-II को सुमेलित करें।

सूची-I (कोशिका/ऊतक/अंग)	सूची-II (तंत्र)
(*a*) मेसोरकियम (वृषणधर)	I. जनन तंत्र
(*b*) मूत्रवाही नलिकाएँ	II. संवहनी तंत्र
(*c*) अंतःस्रावी ग्रंथियाँ	III. रासायनिक समन्वय
(*d*) साइनस वेनोसस (शिरा कोटर)	IV. उत्सर्जन तंत्र

नीचे दिए गए विकल्पों में से सही उत्तर चुनें :

	(*a*)	(*b*)	(*c*)	(*d*)
A.	I	IV	III	II
B.	III	II	I	IV
C.	III	I	II	IV
D.	III	IV	I	II

4. कपाल तानिकाओं (क्रेनियल मेनेन्जिस) में सम्मिलित हैं :
(*a*) ड्यूरा मैटर (*b*) एरेकनौयड
(*c*) न्यूरोट्रांसमीटर (*d*) पाइया मैटर

नीचे दिए गए विकल्पों में से सही उत्तर चुनें :
A. केवल (*a*), (*b*) और (*d*) B. केवल (*a*) और (*d*)
C. (*a*), (*b*), (*c*) और (*d*) D. केवल (*a*), (*c*) और (*d*)

5. कपाल से शुरू होने वाले मेरुदंड के भागों का अनुक्रम है :
(*a*) वक्षीय (*b*) ग्रैव
(*c*) त्रिक/सेक्रमी (*d*) कटि

नीचे दिए गए विकल्पों में से सही उत्तर चुनें :
A. (*a*), (*b*), (*c*), (*d*) B. (*b*), (*a*), (*d*), (*c*)
C. (*b*), (*a*), (*c*), (*d*) D. (*c*), (*b*), (*d*), (*a*)

6. कोलोस्ट्रम ________ का एक उदाहरण है।
A. सक्रिय प्रतिरक्षा B. प्रतिजन
C. निष्क्रिय प्रतिरक्षा D. कैंसर

7. प्रजनन तंत्र में सर्टोली कोशिकाओं की क्या भूमिका है?
A. एंड्रोजन का संश्लेषण
B. एंड्रोजन का स्राव
C. जनन कोशिकाओं को पोषण प्रदान करना
D. प्रतिरक्षियों (एंटीबॉडी) को निर्मुक्त करना

8. सूची-I और सूची-II को सुमेलित करें।

सूची-I (संरचना)	सूची-II (संबंधित अंग)
(*a*) झालर/फिम्ब्रिआई	I. शुक्राणु
(*b*) शुक्रवाही नलिकाएँ	II. वृषण
(*c*) अग्रपिंडक	III. अंडाशय
(*d*) ग्रेफियन फोलिकल	IV. अंडवाहिनी

नीचे दिए गए विकल्पों में से सही उत्तर चुनें :

	(*a*)	(*b*)	(*c*)	(*d*)
A.	IV	II	I	III
B.	IV	III	II	I
C.	I	II	III	IV
D.	III	IV	I	II

9. ईएसटी (EST) का अर्थ है :
A. अतिरिक्त अनुक्रम टैग
B. बाहरी अनुक्रम टैग
C. अभिव्यक्त अनुक्रम प्रतिलेख
D. अभिव्यक्त अनुक्रम टैग

1. B **2.** C **3.** A **4.** A **5.** B **6.** C **7.** C **8.** A **9.** D

10. पुनर्योगज डीएनए प्रौद्योगिकी की प्रक्रिया में चरणों का सही क्रम इस प्रकार है :

(*a*) प्रतिबंध एंजाइम द्वारा पाचन

(*b*) रूपांतरण

(*c*) लाईगेशन

(*d*) डीएनए का पृथक्करण

A. (*d*), (*c*), (*b*), (*a*) B. (*a*), (*c*), (*b*), (*d*)
C. (*d*), (*a*), (*c*), (*b*) D. (*a*), (*d*), (*c*), (*b*)

11. 'स्विस चीज' में बड़े छिद्र किस बैक्टीरिया द्वारा बड़ी मात्रा में कार्बन डाइऑक्साइड गैस के उत्पादन के कारण होते हैं?

A. *लैक्टोबैसिलस बल्गेरिकस*

B. *प्रोपियोनिबैक्टीरियम शरमानाई*

C. *स्टेफाइलोकोकस ऑरियस*

D. *बाइफिडोबैक्टीरियम जेजुनी*

12. निम्न में से कौन-सा यौन संचारित संक्रमण (एसटीआई) नहीं है?

A. लीशमैनियासिस B. सिफिलिस (उपदंश)
C. क्लैमाइडिएसिस D. गोनोरिया

13. कैरोलस लिनियस को किसके लिए श्रेय दिया जाता है?

A. उपचयित फॉस्फोरीलिकरण B. द्विपद नामकरण पद्धति
C. दीप्तिकालिता D. निम्नताप परिरक्षण

14. निम्नलिखित में से कौन-से भूरे शैवाल के उदाहरण नहीं हैं?

(*a*) लैमिनेरिया (*b*) एक्टोकार्पस
(*c*) वोल्वोक्स (*d*) पोरफाइरा

नीचे दिए गए विकल्पों में से सही उत्तर चुनें :

A. केवल (*c*) और (*d*)

B. केवल (*a*)

C. केवल (*b*), (*c*) और (*d*)

D. केवल (*b*) और (*c*)

15. निम्नलिखित में से कौन-सा स्पोरोजोअन प्रोटोजोआ का एक उदाहरण है?

A. एंटअमीबा B. ट्रिपैनोसोमा
C. पैरामीशियम D. प्लाज्मोडियम

16. अवरोही क्रम में वर्गिकीय श्रेणियों के सही क्रम को चुनिए :

(*a*) वंश (*b*) गण
(*c*) संघ फाईलम (*d*) वर्ग

नीचे दिए गए विकल्पों में से सही उत्तर चुनें :

A. (*a*), (*c*), (*b*), (*d*) B. (*c*), (*b*), (*d*), (*a*)
C. (*b*), (*d*), (*c*), (*a*) D. (*c*), (*d*), (*b*), (*a*)

17. गैर-भ्रूणपोषी बीजों की पहचान करें।

(*a*) अरण्डी (*b*) मटर
(*c*) चना (*d*) फली

नीचे दिए गए विकल्पों में से सही उत्तर चुनें :

A. केवल (*a*), (*b*) और (*d*)

B. केवल (*a*), (*b*) और (*c*)

C. केवल (*b*), (*c*) और (*d*)

D. (*a*), (*b*), (*c*) और (*d*)

18. संयुक्त, वर्धी संवहनी बंडल _______ में पाए जाते हैं।

A. एकबीजपत्री तना B. द्विबीजपत्री तना
C. एकबीजपत्री जड़ D. द्विबीजपत्री जड़

19. किस प्रकार के गुणसूत्र में, सेन्ट्रोमियर मध्य भाग से थोड़ा दूर स्थित होता है?

A. मध्यकेन्द्री गुणसूत्र B. उप-मध्यकेन्द्री गुणसूत्र
C. अग्रबिन्दु गुणसूत्र D. अंतकेंद्री गुणसूत्र

20. पौधों द्वारा ग्रहण किए जाने वाले प्रकाश संश्लेषित सक्रिय विकिरण (PAR) का प्रतिशत क्या होता है?

A. 100% B. 70-80%
C. 40-50% D. 2-10%

21. निम्नलिखित में से कौन-सी एक प्रकार की एक्स-सीटू (स्थान बाह्य) संरक्षण विधि नहीं है?

A. निम्नताप परिरक्षण B. वानस्पतिक उद्यान
C. पात्रे निषेचन D. राष्ट्रीय उद्यान

22. 2002 में सतत विकास पर विश्व शिखर सम्मेलन का आयोजन कहाँ किया गया था?

A. रियो डी जनेरियो B. जोहान्सबर्ग
C. मॉन्ट्रियल D. लॉस एंजिल्स

23. सूची-I और सूची-II को सुमेलित करें।

सूची-I (पादप वृद्धि नियंत्रक)	सूची-II (कार्य)
(*a*) ऑक्सिन	I. तनाव हार्मोन
(*b*) जिबरेलिन	II. टमाटर में अनिषेकफलन
(*c*) साइटोकाइनिन	III. एक रोजेट पौधे में 'उत्स्फुटन'
(*d*) एब्सिसिक एसिड	IV. विलंबित पर्ण जीर्णता

नीचे दिए गए विकल्पों में से सही उत्तर चुनें :

	(*a*)	(*b*)	(*c*)	(*d*)
A.	II	I	III	IV
B.	II	III	IV	I
C.	I	III	IV	II
D.	IV	III	I	II

10. C **11.** B **12.** A **13.** B **14.** A **15.** D **16.** D **17.** C **18.** B **19.** B
20. D **21.** D **22.** B **23.** B

24. इलेक्ट्रॉनों के स्थानांतरण के पथ में Z योजना में निम्नलिखित क्रम शामिल हैं :

(*a*) PS-I (*b*) PS-II
(*c*) ETS (*d*) $NADP^+$

नीचे दिए गए विकल्पों में से सही उत्तर चुनें :

A. (*a*), (*b*), (*c*), (*d*) B. (*a*), (*c*), (*b*), (*d*)
C. (*b*), (*c*), (*a*), (*d*) D. (*b*), (*a*), (*d*), (*c*)

25. हेनरी बैकेरल ने इस परिघटना की खोज की :

A. रेडियोधर्मिता B. प्रतिदीप्ति
C. प्रकाश वैद्युत प्रभाव D. स्पेक्ट्रमिकी

26. निम्नलिखित को उनके बढ़ते साइज/आमाप के अनुसार व्यवस्थित करें।

(*a*) Mg (*b*) Al
(*c*) Mg^{2+} (*d*) Al^{3+}

नीचे दिए गए विकल्पों में से सही उत्तर चुनें :

A. (*d*), (*b*), (*c*), (*a*) B. (*a*), (*c*), (*b*), (*d*)
C. (*d*), (*b*), (*a*), (*c*) D. (*d*), (*c*), (*b*), (*a*)

27. वी.एस.ई.पी.आर. (VSEPR) सिद्धांत से यह आशय है :

A. वेकेंट शेल इलेक्ट्रॉन पेअर रिपल्शन सिद्धांत
B. वैलेंस शेल इलेक्ट्रॉन पेअर रिटेंशन सिद्धांत
C. वैलेंस शेल इलेक्ट्रॉन पेअर रिपल्शन सिद्धांत
D. वेकेंट शेल इलेक्ट्रॉन पेअर रेजोनेंस सिद्धांत

28. निम्नलिखित में से डाइसैकराइड्स अणु का चयन करें।

A. राइबोस B. फ्रक्टोज
C. लैक्टोज D. गैलेक्टोज

29. वह तत्व जो एक्टिनोइड्स से संबंधित नहीं है :

(*a*) Mg (*b*) Th
(*c*) U (*d*) Ba

नीचे दिए गए विकल्पों में से सही उत्तर चुनें :

A. केवल (*a*), (*b*) और (*d*) B. केवल (*a*), (*c*) और (*d*)
C. केवल (*a*) और (*d*) D. केवल (*b*) और (*c*)

30. सूची-I और सूची-II को सुमेलित करें।

सूची-I	सूची-II
(*a*) हैलोजन	I. Ne
(*b*) नोबल गैसें	II. Ce
(*c*) कैल्कोजेन्स	III. S
(*d*) लैंथेनोइड्स	IV. Br

नीचे दिए गए विकल्पों में से सही उत्तर चुनें :

	(*a*)	(*b*)	(*c*)	(*d*)
A.	IV	III	II	I
B.	IV	I	III	II
C.	IV	I	II	III
D.	II	IV	III	I

31. निम्नलिखित में से कौन एक गहन गुण हैं?

A. आयतन B. द्रव्यमान
C. एन्थैल्पी D. मोलर आयतन

32. OF_2 में O की ऑक्सीकरण संख्या क्या है?

A. +2 B. +1
C. –2 D. –1

33. प्रोटियम, ड्यूटेरियम और ट्रिटियम हैं :

A. समभार B. समस्थानिक
C. समावयव D. प्रतिबिम्ब रूपी समावयव

34. सूची-I और सूची-II को सुमेलित करें।

सूची-I	सूची-II
(*a*) सोल्वे प्रक्रिया	I. हैलोजन
(*b*) जेल्डाल विधि	II. नाइट्रोजन
(*c*) कास्टनर-केलर प्रक्रिया	III. सोडियम कार्बोनेट
(*d*) कैरियस विधि	IV. सोडियम हाइड्रॉक्साइड

नीचे दिए गए विकल्पों में से सही उत्तर चुनें :

	(*a*)	(*b*)	(*c*)	(*d*)
A.	I	II	III	IV
B.	III	I	II	IV
C.	III	II	IV	I
D.	III	II	I	IV

35. कास्टिक सोडा है :

A. सोडियम कार्बोनेट B. सोडियम हाइड्रॉक्साइड
C. सोडियम क्लोराइड D. सोडियम हाइड्रोजन कार्बोनेट

36. निम्नलिखित को परमाणु संख्या में वृद्धि के अनुसार व्यवस्थित करें।

(*a*) कार्बन (*b*) टिन
(*c*) लेड (*d*) सिलिकॉन

नीचे दिए गए विकल्पों में से सही उत्तर चुनें :

A. (*a*), (*b*), (*c*), (*d*) B. (*a*), (*d*), (*c*), (*b*)
C. (*a*), (*d*), (*b*), (*c*) D. (*c*), (*b*), (*a*), (*d*)

37. सूची-I और सूची-II को सुमेलित करें।

सूची-I	सूची-II
(*a*) रेनीटिडाइन	I. प्रतिजैविक
(*b*) नोरेथिन्ड्रोन	II. पीड़ाहारी
(*c*) एस्पिरिन	III. प्रतिअम्ल
(*d*) ओफ्लोक्सासिन	IV. प्रति जननक्षम

नीचे दिए गए विकल्पों में से सही उत्तर चुनें :

	(*a*)	(*b*)	(*c*)	(*d*)
A.	III	IV	II	I
B.	III	I	II	IV
C.	I	II	IV	III
D.	III	IV	I	II

24. C **25.** A **26.** D **27.** C **28.** C **29.** C **30.** B **31.** D **32.** A **33.** B **34.** C **35.** B **36.** C **37.** A

38. एच.टी.टी.पी. (HTTP) का पूरा नाम है :

A. हाई टेक्स्ट ट्रांसफर प्रॉब्लम

B. हाइपर टेक्नोलॉजी ट्रान्सफर प्रोसेस

C. हाइपर टेक्स्ट ट्रांसफर प्रोटोकॉल

D. हाइपर टेक्नोलॉजी ट्रांसफर प्रोटोकॉल

39. निम्नलिखित में से कौन-सा/से कथन डेटाबेस के लिए सही है/हैं?

(*a*) डेटाबेस तार्किक रूप से संबंधित डेटा का एक संग्रह है।

(*b*) डी.बी.एम.एस. एक विशेष सॉफ्टवेयर है जो डेटाबेस के निर्माण, रखरखाव और उपयोग के लिए जिम्मेदार है।

(*c*) आर.डी.बी.एम.एस. डेटा को केंद्रीय रूप से टेबलों के संग्रह के रूप में संग्रहीत करता है, जिसे रिलेशन के रूप में जाना जाता है।

(*d*) एस.क्यू.एल. एक डेटाबेस है, जो डेटा को सारणीबद्ध रूप में संग्रहीत करता है।

नीचे दिए गए विकल्पों में से सही उत्तर चुनें :

A. केवल (*a*), (*b*) और (*d*)

B. केवल (*a*), (*b*) और (*c*)

C. (*a*), (*b*), (*c*) और (*d*)

D. केवल (*b*), (*c*) और (*d*)

40. निम्नलिखित में से कौन-सा एप्लीकेशन सॉफ्टवेयर का एक उदाहरण है?

A. एंड्रॉयड B. यूनिक्स

C. डिस्क डीफ्रेगमेंटर D. एमएस-ऑफिस

41. MS-Word में, पोर्ट्रेट और लैंडस्केप ________ हैं।

A. पेज ओरिएंटेशन B. पेज स्केल

C. पेपर साइज D. पेज मार्जिन

42. सी प्रोग्रामिंग भाषा किसके द्वारा विकसित की गई थी?

A. मार्सियन 'टेड' हॉक

B. डग्लस एंगेलबार्ट

C. डैनिस रिची

D. चार्ल्स बैबेज

43. ________ वे शब्द हैं जिन्हें एक प्रोग्रामिंग भाषा ने अपने उपयोग के लिए अलग रखा है और इसका एक विशेष अर्थ है।

A. कंट्रोल वर्ड्स

B. सेवड वर्ड्स

C. इम्पोर्टेन्ट वर्ड्स

D. रिजर्व्ड वर्ड्स

44. सूची-I और सूची-II को सुमेलित करें।

सूची-I (शर्तें)	**सूची-II (प्रकार)**
(*a*) एफ.टी.पी.	I. मैलवेयर
(*b*) हब	II. नेटवर्क प्रोटोकॉल
(*c*) क्यूवर्टी	III. नेटवर्किंग उपकरण
(*d*) ट्रोजन	IV. कीबोर्ड लेआउट

नीचे दिए गए विकल्पों में से सही उत्तर चुनें :

	(*a*)	(*b*)	(*c*)	(*d*)
A.	II	III	IV	I
B.	III	II	IV	I
C.	III	I	IV	II
D.	II	I	III	IV

45. निम्नलिखित में से कौन-सा एक प्रकार का हैकर नहीं है?

A. ब्लैक हैट हैकर्स B. ऑरेंज हैट हैकर्स

C. ग्रे हैट हैकर्स D. व्हाइट हैट हैकर्स

46. निम्नलिखित में से कौन-सा मैलवेयर नहीं है?

A. वायरस B. स्पाइवेयर

C. वार्म D. कुकीज

47. निम्नलिखित बाइनरी संख्याओं को बढ़ते क्रम में व्यवस्थित करें :

(*a*) 0111 (*b*) 1110

(*c*) 1010 (*d*) 0010

निम्नलिखित में से सही उत्तर चुनें :

A. (*a*) < (*b*) < (*c*) < (*d*)

B. (*a*) < (*d*) < (*c*) < (*b*)

C. (*d*) < (*a*) < (*c*) < (*b*)

D. (*d*) < (*b*) < (*a*) < (*c*)

48. बैंडविड्थ को ________ में मापा जाता है।

A. हर्ट्ज B. बिट्स

C. केबीपीएस D. मीटर

49. निम्नलिखित में से किस कुंजी (की) का उपयोग एक रिलेशनल डेटाबेस में तालिकाओं (टेबलों) के बीच संबंध का प्रतिनिधित्व करने के लिए किया जाता है?

A. प्राइमरी की B. फॉरेन की

C. कैंडिडेट की D. अल्टरनेट की

50. प्रकाश की कण प्रकृति को समझाया जा सकता है :

A. डॉप्लर प्रभाव

B. प्रकाशविद्युत प्रभाव

C. यंग की दोहरी झिल्ली का प्रयोग

D. पीजो प्रभाव

38. C **39.** B **40.** D **41.** A **42.** C **43.** D **44.** A **45.** B **46.** D **47.** C **48.** A **49.** B **50.** B

51. सूची-I और सूची-II को सुमेलित करें।

सूची-I	**सूची-II**
(*a*) नैज अर्धचालक	I. CdS
(*b*) एन-प्रकार (*n*-टाइप) अर्धचालक	II. Si को B के साथ अपमिश्रित किया गया
(*c*) पी-प्रकार (*p*-टाइप) अर्धचालक	III. Si को As के साथ अपमिश्रित किया गया
(*d*) यौगिक अकार्बनिक अर्धचालक	IV. Si

नीचे दिए गए विकल्पों में से सही उत्तर चुनें :

	(*a*)	(*b*)	(*c*)	(*d*)
A.	IV	III	II	I
B.	IV	III	I	II
C.	I	II	III	IV
D.	III	IV	I	II

52. दो संधारित्र C_1 और C_2 समानांतर रूप से जुड़े हुए हैं। यदि आवेश Q संयोजन को दिया जाता है तो C_1 पर आवेश और C_2 पर आवेश का अनुपात होगा :

A. C_1/C_2 B. C_1C_2

C. 1 D. C_2/C_1

53. निम्नलिखित में से शून्य द्विध्रुव आघूर्ण वाले अणुओं का चयन करें।

(*a*) CH_4 (*b*) CO_2

(*c*) H_2O (*d*) NaCl

नीचे दिए गए विकल्पों में से सही उत्तर चुनें :

A. केवल (*a*), (*b*) और (*d*) B. केवल (*a*) और (*c*)

C. केवल (*a*) और (*d*) D. केवल (*a*) और (*b*)

54. उन पदार्थों की पहचान करें जो तापमान के साथ प्रतिरोधकता की कमजोर निर्भरता प्रदर्शित करते हैं :

(*a*) तांबा (*b*) नायक्रोम

(*c*) कॉन्स्टेंटन (*d*) मैंगनिन

नीचे दिए गए विकल्पों में से सही उत्तर चुनें :

A. केवल (*a*), (*b*) और (*d*) B. केवल (*a*), (*b*) और (*c*)

C. (*a*), (*b*), (*c*) और (*d*) D. केवल (*b*), (*c*) और (*d*)

55. निम्नलिखित में से कौन-सा कथन बोर मॉडल की सीमाओं से संबंधित है?

(*a*) यह हीलियम जैसे दो इलेक्ट्रॉनों वाले परमाणुओं पर लागू होता है।

(*b*) यह हाइड्रोजेनिक परमाणुओं पर लागू होता है।

(*c*) यह तीव्रता में परिवर्तन के लिए जिम्मेदार है।

(*d*) यह तीव्रता में परिवर्तन के लिए जिम्मेदार नहीं है।

नीचे दिए गए विकल्पों में से सही उत्तर चुनें :

A. केवल (*a*) और (*b*) B. केवल (*c*) और (*b*)

C. केवल (*b*) और (*d*) D. केवल (*a*) और (*d*)

56. एक पराचुम्बकीय सामग्री की चुंबकीय संवेदनशीलता है :

A. कम और सकारात्मक B. कम और नकारात्मक

C. ज्यादा और नकारात्मक D. ज्यादा और सकारात्मक

57. सूची-I और सूची-II को सुमेलित करें।

सूची-I (भौतिक मात्रा)	**सूची-II (इकाइयाँ)**
(*a*) विद्युत प्रवाह	I. टेस्ला
(*b*) चुंबकीय संवेग	II. वोल्ट मीटर
(*c*) चुंबकीय क्षेत्र	III. वेबर
(*d*) चुंबकीय प्रवाह	IV. एम्पीयर मीटर^2

नीचे दिए गए विकल्पों में से सही उत्तर चुनें :

	(*a*)	(*b*)	(*c*)	(*d*)
A.	IV	III	II	I
B.	II	III	I	IV
C.	II	I	IV	III
D.	II	IV	I	III

58. परमाणु संलयन प्रतिक्रिया में द्रव्यमान क्षति 0.1% है। 1 kg संलयन प्रतिक्रिया में मुक्त ऊर्जा की मात्रा होती है :

A. 9×10^{16} जूल B. 9×10^{15} जूल

C. 9×10^{13} जूल D. 9×10^{19} जूल

59. लेन्ज का नियम इसके साथ जुड़ा हुआ है :

A. द्रव्यमान का संरक्षण B. ऊर्जा का संरक्षण

C. धारा का संरक्षण D. गति का संरक्षण

60. निम्नलिखित विद्युत चुम्बकीय तरंगों को बढ़ती तरंगदैर्ध्य के क्रम में व्यवस्थित करें :

(*a*) गामा किरणें (*b*) रेडियो तरंगें

(*c*) माइक्रोवेव्स (*d*) पराबैंगनी किरणें

A. (*b*), (*d*), (*c*), (*a*) B. (*a*), (*b*), (*d*), (*c*)

C. (*a*), (*d*), (*c*), (*b*) D. (*b*), (*c*), (*d*), (*a*)

61. प्रकाश के किस परिघटना का उपयोग प्रकाशिक तंतु (ऑप्टिकल फाइबर) में किया जाता है?

A. अपवर्तन

B. विवर्तन

C. परावर्तन

D. कुल आंतरिक परावर्तन (टोटल इंटरनल रिफ्लेक्शन)

62. ट्रिपैनोसोमा प्रोटोजोआ के किस समूह से संबंधित है?

A. अमीबॉयड B. फ्लैजिलेटेड

C. सिलिएटेड D. स्पोरोजोअन

51. A **52.** A **53.** D **54.** D **55.** C **56.** A **57.** D **58.** C **59.** B **60.** C **61.** D **62.** B

63. निम्नलिखित में से कौन-सा एक जैविक खतरा है?

A. अकार्बनिक धूल　　B. एंथ्रेक्स

C. मद्यपान की लत　　D. ध्वनि

64. अवतल लेन्स का आवर्धन हमेशा होता है :

A. = +1　　B. = –1

C. > +1　　D. < +1

65. कस्तूरबा गांधी बालिका विद्यालय (केजीबीवी) में प्रवेश स्तर है :

A. कक्षा I　　B. कक्षा VI

C. कक्षा IX　　D. नर्सरी

66. निम्नलिखित में से कौन-सा संचारी रोग है?

A. उच्च रक्तचाप　　B. हेपेटाइटिस

C. मधुमेह　　D. कैंसर

67. 'प्रच्छन्न भूख' शब्द ______ से जुड़ा हुआ है।

A. प्रोटीन की कमी　　B. सूक्ष्म पोषक तत्वों की कमी

C. वसा की कमी　　D. ऊर्जा की कमी

68. फ्रंट ऑफिस मैनेजर के कर्तव्यों की पहचान करें :

(*a*) कार्यालय के अग्रभाग, लॉबी, परिवहन गतिविधियों के प्रबंधन के लिए जिम्मेदार

(*b*) सभी एकसमान सेवाओं का आयोजन, पर्यवेक्षण और नियंत्रण करता है

(*c*) जानकारी प्रदान करने और अतिथि गृह में रहने वाले मेहमानों और आगंतुकों के साथ संवाद करने के लिए जिम्मेदार

(*d*) शिफ्ट में कार्य करने वाले कर्मचारियों की शिफ्ट/स्टाफ रोटेशन और कर्तव्यों की अनुसूची बनाता है।

नीचे दिए गए विकल्पों में से सही उत्तर चुनें :

A. केवल (*a*) और (*d*)　　B. केवल (*a*), (*b*) और (*d*)

C. (*a*), (*b*), (*c*) और (*d*)　　D. केवल (*a*) और (*b*)

69. एच.ए.सी.सी.पी. (HACCP) का तात्पर्य क्या है :

A. हेजार्ड एनालिसिस क्रिटिकल कंट्रोल पॉइंट

B. हाईली एनालीटिकल क्रिटिकल कंट्रोल प्रोसेस

C. हेजार्डस एक्टिविटी चेक कंट्रोल पैरामीटर्स

D. हेजार्ड एनालिसिस चेक कंट्रोल प्रोसेस

70. मीडिया नियोजन प्रक्रिया के चरणों को सही क्रम में व्यवस्थित करें।

(*a*) मीडिया रणनीतियों का निर्धारण और विकास करना

(*b*) कार्य योजना के निष्पादन के लिए एक मीडिया अनुसूची विकसित करना

(*c*) समूह मीडिया लक्ष्य की पहचान करना

(*d*) मीडिया उद्देश्यों को निर्धारित करना और परिभाषित करना

नीचे दिए गए विकल्पों में से सही उत्तर चुनें :

A. (*d*), (*a*), (*c*), (*b*)　　B. (*c*), (*d*), (*a*), (*b*)

C. (*b*), (*a*), (*d*), (*c*)　　D. (*c*), (*b*), (*d*), (*a*)

71. एक हाउसकीपिंग विभाग के संगठनात्मक पदानुक्रम चार्ट को कार्यकारी हाउसकीपर की श्रेणी के नीचे के स्तरों को व्यवस्थित करें।

(*a*) हाउसमेन　　(*b*) कक्ष परिचारक

(*c*) फ्लोर पर्यवेक्षक　　(*d*) सहायक हाउसकीपर

नीचे दिए गए विकल्पों में से सही उत्तर चुनें :

A. (*c*), (*a*), (*d*), (*b*)　　B. (*a*), (*b*), (*d*), (*c*)

C. (*d*), (*a*), (*c*), (*b*)　　D. (*d*), (*c*), (*b*), (*a*)

72. कपड़े के निरीक्षण और परीक्षण से संबंधित इकाई/शब्दों की पहचान करें।

(*a*) सूत्र गणना　　(*b*) पार्ट्स प्रति मिलियन

(*c*) ग्राम प्रतिवर्ग मीटर　　(*d*) पिक्स प्रति इंच

नीचे दिए गए विकल्पों में से सही उत्तर चुनें :

A. केवल (*a*), (*c*) और (*d*)　　B. केवल (*a*), (*b*) और (*d*)

C. (*a*), (*b*), (*c*) और (*d*)　　D. केवल (*b*), (*c*) और (*d*)

73. सूची-I और सूची-II को सुमेलित करें।

सूची-I (प्रसंस्कृत खाद्य पदार्थ)	सूची-II (उदाहरण)
(*a*) निर्मित खाद्य पदार्थ	I. प्रोजैविक
(*b*) खाद्य व्युत्पन्न	II. तेल को वनस्पति में बदलना
(*c*) प्रकार्यात्मक खाद्य पदार्थ	III. अचार, जैम, मुरब्बा, स्क्वैश
(*d*) चिकित्सीय खाद्य पदार्थ	IV. कम सोडियम वाला नमक

नीचे दिए गए विकल्पों में से सही उत्तर चुनें :

	(*a*)	(*b*)	(*c*)	(*d*)
A.	II	IV	III	I
B.	III	I	II	IV
C.	I	II	III	IV
D.	III	II	I	IV

74. वस्त्र उद्योग में 'शून्य दोष' उत्पाद प्राप्त करने के उद्देश्य से समस्या समाधान की प्रक्रिया का नाम बताइए।

A. गुणवत्ता आश्वासन　　B. गुणवत्ता नियंत्रण

C. गुणवत्ता प्रबंधन　　D. गुणवत्ता विनिर्देश

75. रेड रिबन एक्सप्रेस (RRE) ________ के विषय में जागरूकता पैदा करने के लिए एक राष्ट्रव्यापी अभियान है।

A. मलेरिया　　B. स्तन कैंसर

C. एड्स　　D. मधुमेह

63. B　**64.** D　**65.** B　**66.** B　**67.** B　**68.** A　**69.** A　**70.** B　**71.** D　**72.** A　**73.** D　**74.** B　**75.** C

व्याख्यात्मक उत्तर

1. (B): लेसिथिन एक फॉस्फोलिपिड का उदाहरण है। फॉस्फोलिपिड कोशिका झिल्ली का एक महत्वपूर्ण घटक होता है और यह एक फॉस्फेट समूह और दो फैटी एसिड शृंखलाओं से मिलकर बनता है। इसका फॉस्फेट सिरा जल में घुलनशील होता है जबकि फैटी एसिड शृंखलाएं जलरोधी होती हैं। लेसिथिन का सामान्य संरचनात्मक सूत्र $C_{42}H_{84}NO_8P$ है, जिसमें फॉस्फोरस की मात्रा 3.58% होती है।

2. (C): अनुमस्तिष्क अग्र मस्तिष्क का भाग नहीं है; यह पश्च मस्तिष्क का हिस्सा होता है। अग्र मस्तिष्क में मुख्य रूप से प्रमस्तिष्क, हाइपोथैलेमस और थैलेमस शामिल हैं, जो मानव मस्तिष्क के उच्चतम कार्यकलापों जैसे संज्ञानात्मक कार्य, भावनात्मक प्रतिक्रिया और हार्मोनल नियमन में महत्वपूर्ण भूमिका निभाते हैं।

3. (A): सूची-I और सूची-II का सुमेलन करने पर, सही उत्तर होगा :

(*a*) मेसोरकियम (वृषणधर) - जनन तंत्र

(*b*) मूत्रवाही नलिकाएँ - उत्सर्जन तंत्र

(*c*) अंतःस्रावी ग्रंथियाँ - रासायनिक समन्वय

(*d*) साइनस वेनोसस (शिरा कोटर) - संवहनी तंत्र

4. (A): कपाल तानिकाओं में तीन प्रमुख परतें शामिल हैं : ड्यूरा मैटर, एरेकनौयड, और पाइया मैटर। ये सभी मेरुरज्जु और मस्तिष्क को सुरक्षित रखने में सहायक होते हैं। न्यूरोट्रांसमीटर इस सूची का हिस्सा नहीं हैं क्योंकि ये रसायन होते हैं जो न्यूरॉन्स के बीच संकेत प्रेषित करते हैं।

5. (B): कपाल से शुरू होकर मेरुदंड के भागों का सही अनुक्रम होता है : ग्रैव (*b*), वक्षीय (*a*), कटि (*d*), त्रिक/सेक्रमी (*c*)। यह अनुक्रम मस्तिष्क के निचले हिस्से से शुरू होकर निचले मेरुदंड तक फैला हुआ है, जो संवेदी और मोटर नियंत्रण के वितरण में महत्वपूर्ण भूमिका निभाता है।

6. (C): कोलोस्ट्रम निष्क्रिय प्रतिरक्षा का एक उदाहरण है क्योंकि यह नवजात शिशु को माँ से प्राप्त तैयार एंटीबॉडीज प्रदान करता है, जिससे शिशु को तत्काल प्रतिरक्षा मिलती है। यह विशेष रूप से महत्वपूर्ण होता है क्योंकि ये एंटीबॉडीज शिशु के प्रतिरक्षा तंत्र के पूर्ण विकसित होने से पहले संक्रमण से बचाव करते हैं। कोलोस्ट्रम में एंटीबॉडीज की सांद्रता लगभग 5 से 10 गुना अधिक होती है जितनी कि सामान्य दूध में होती है।

7. (C): सर्टोली कोशिकाएं प्रजनन तंत्र में जनन कोशिकाओं को पोषण प्रदान करने की भूमिका निभाती हैं। ये कोशिकाएं वृषणों में पाई जाती हैं और वे शुक्राणुओं के विकास और परिपक्वता में आवश्यक न्यूट्रिएंट्स और हार्मोनल संकेत प्रदान करती हैं। इन कोशिकाओं के माध्यम से, शुक्राणु उत्पादन दर को प्रभावित किया जाता है और वृषण के स्वास्थ्य की रक्षा होती है।

8. (A): सही सूची-I और सूची-II का सुमेलन है :

(*a*) झालर/फिम्ब्रिआई - अंडवाहिनी

(*b*) शुक्रवाही नलिकाएँ - वृषण

(*c*) अग्रपिंडक - शुक्राणु

(*d*) ग्रेफियन फोलिकल - अंडाशय

इस सुमेलन में, झालर/फिम्ब्रिआई की भूमिका अंडवाहिनी में अंडे को पकड़ने की होती है, शुक्रवाही नलिकाएँ वृषण से संबंधित होती हैं, अग्रपिंडक शुक्राणुओं को संग्रहित करता है, और ग्रेफियन फोलिकल अंडाशय में पाया जाता है जहाँ यह अंडे का विकास करता है।

9. (D): ईएसटी का अर्थ है 'अभिव्यक्त अनुक्रम टैग।' यह जीव विज्ञान में एक तकनीक है जिसका उपयोग जीनों की पहचान के लिए किया जाता है जो कोशिका में सक्रिय रूप से अभिव्यक्त होते हैं। ईएसटी डीएनए के छोटे खंड होते हैं जो किसी जीन के प्रोटीन-कोडिंग क्षेत्र के एक हिस्से का प्रतिनिधित्व करते हैं, जिससे यह जीन अभिव्यक्ति की जांच में महत्वपूर्ण होते हैं।

10. (C): पुनर्योगज डीएनए प्रौद्योगिकी की प्रक्रिया में सही चरणों का क्रम है : (*d*) डीएनए का पृथक्करण, (*a*) प्रतिबंध एंजाइम द्वारा पाचन, (*c*) लाईगेशन, और (*b*) रूपांतरण। यह प्रक्रिया डीएनए को एक जीव से अलग करने से शुरू होती है, उसके बाद इसे विशिष्ट स्थलों पर काटा जाता है, फिर एक वेक्टर में सम्मिलित किया जाता है, और अंत में यह एक मेजबान कोशिका में स्थापित किया जाता है।

11. (B): 'स्विस चीज' में बड़े छिद्र प्रोपियोनिबैक्टीरियम शरमानाई बैक्टीरिया द्वारा बड़ी मात्रा में कार्बन डाइऑक्साइड गैस के उत्पादन के कारण होते हैं। यह बैक्टीरिया चीज में मौजूद लैक्टेट को प्रोपियोनेट, एसीटेट और CO_2 में परिवर्तित करता है। CO_2 गैस बुलबुले के रूप में फंस जाती है, जिससे छिद्र बनते हैं। इस प्रक्रिया में लगभग 20-30% लैक्टेट का उपयोग होता है।

12. (A): लीशमैनियासिस एक यौन संचारित संक्रमण (एसटीआई) नहीं है। यह रोग संक्रमित सैंडफ्लाई के काटने से फैलता है, जो लीशमैनिया परजीवी को व्यक्ति के रक्त में स्थानांतरित करती है। यह त्वचा या आंतरिक अंगों में गंभीर संक्रमण का कारण बन सकता है, लेकिन यह यौन संपर्क के माध्यम से नहीं फैलता।

13. (B): कैरोलस लिनियस को द्विपद नामकरण पद्धति के विकास के लिए श्रेय दिया जाता है। इस पद्धति में प्रत्येक प्रजाति को दो

लैटिन शब्दों के नाम से पहचाना जाता है : एक जाति (जीनस) और दूसरा विशेषण (स्पीशीज)। इस पद्धति ने जैविक वर्गीकरण में एकरूपता और सटीकता प्रदान की।

14. (A): लैमिनेरिया और एक्टोकार्पस दोनों भूरे शैवाल के उदाहरण हैं, जबकि वोल्वोक्स और पोरफाइरा नहीं हैं। वोल्वोक्स हरे शैवाल का उदाहरण है और पोरफाइरा लाल शैवाल का। इस प्रकार, केवल (*c*) और (*d*) भूरे शैवाल के उदाहरण नहीं हैं।

15. (D): प्लाज्मोडियम स्पोरोजोअन प्रोटोजोआ का एक उदाहरण है जो मलेरिया का कारण बनता है। इस जीनस के प्रोटोजोआ मादा एनोफेलीज मच्छर के काटने से मनुष्यों में प्रवेश करते हैं और लाल रक्त कोशिकाओं और जिगर कोशिकाओं में प्रजनन करते हैं।

16. (D): वर्गीकीय श्रेणियों का सही अवरोही क्रम होता है : संघ फाइलम (*c*), वर्ग (*d*), गण (*b*), वंश (*a*)। यह क्रम सबसे व्यापक श्रेणी से लेकर सबसे विशिष्ट श्रेणी तक होता है, जिसमें संघ फाइलम सबसे बड़ा समूह होता है और वंश सबसे छोटा।

17. (C): गैर-भ्रूणपोषी बीज (non-endospermic seeds) वे होते हैं जिनमें भ्रूणपोष भ्रूण के विकास के दौरान उपयोग हो जाता है। मटर (*b*), चना (*c*), और फली (*d*) सभी लेग्यूमिनस पौधे हैं जो गैर-भ्रूणपोषी बीज बनाते हैं, जबकि अरंडी (*a*) में भ्रूणपोषी बीज होते हैं।

18. (B): संयुक्त, वर्धी संवहनी बंडल द्विबीजपत्री (dicot) तनों में पाए जाते हैं। ये बंडल वर्धी रूप में होते हैं, जहां जाइलम और फ्लोएम एक दूसरे के पास व्यवस्थित होते हैं, आमतौर पर एक वृत्ताकार पैटर्न में। यह विशेषता द्विबीजपत्री पौधों की संरचनात्मक विशेषता है।

19. (B): उप-मध्यकेन्द्री गुणसूत्र में सेन्ट्रोमियर मध्य भाग से थोड़ा दूर स्थित होता है। इस प्रकार के गुणसूत्र में एक छोटा और एक बड़ा सिरा होता है, जो कोशिका विभाजन के दौरान गुणसूत्रों की व्यवस्था और विभाजन में सहायक होता है।

20. (D): पौधों द्वारा ग्रहण किए जाने वाले प्रकाश संश्लेषित सक्रिय विकिरण (PAR) का प्रतिशत लगभग 2-10% होता है। PAR सूर्य के प्रकाश का वह हिस्सा होता है जिसका उपयोग पौधे प्रकाश संश्लेषण के लिए करते हैं, जो मुख्य रूप से 400 से 700 नैनोमीटर की तरंगदैर्ध्य में होता है।

21. (D): राष्ट्रीय उद्यान एक्स-सीटू संरक्षण का उदाहरण नहीं है। एक्स-सीटू संरक्षण वह होता है जब प्रजातियों को उनके प्राकृतिक आवास से बाहर संरक्षित किया जाता है, जैसे कि वानस्पतिक उद्यान या जैविक पार्क। राष्ट्रीय उद्यान प्रजातियों को उनके स्वाभाविक आवास में संरक्षित करते हैं, जिसे इन-सीटू संरक्षण कहा जाता है।

22. (B): 2002 में सतत विकास पर विश्व शिखर सम्मेलन जोहान्सबर्ग, दक्षिण अफ्रीका में आयोजित किया गया था। इस सम्मेलन में दुनिया भर के नेताओं ने सतत् व स्थायी विकास के लिए रणनीतियाँ और नीतियाँ विकसित करने पर चर्चा की थी।

23. (B): सूची-I और सूची-II का सही सुमेलित क्रम है :

(*a*) ऑक्सिन - टमाटर में अनिषेकफलन

(*b*) जिबरेलिन - एक रोजेट पौधे में 'उत्स्फुटन'

(*c*) साइटोकाइनिन - विलंबित पर्ण जीर्णता

(*d*) एब्सिसिक एसिड - तनाव हार्मोन

यह मिलान पौधों में विभिन्न हार्मोनों के महत्वपूर्ण कार्यों को दर्शाता है।

24. (C): इलेक्ट्रॉनों के स्थानांतरण के पथ में Z योजना में सही क्रम है : (*b*) PS-II, (*c*) ETS, (*a*) PS-I, (*d*) $NADP^+$। यह क्रम प्रकाश संश्लेषण के दौरान इलेक्ट्रॉनों के स्थानांतरण का वर्णन करता है, जहां इलेक्ट्रॉन PS-II से शुरू होकर ETS के माध्यम से PS-I में जाते हैं और अंततः $NADP^+$ को रिड्यूस करते हैं।

25. (A): हेनरी बैकेरल ने रेडियोधर्मिता की खोज की थी। उन्होंने यूरेनियम लवणों के संपर्क में आने पर फोटोग्राफिक प्लेटों के अनायास एक्सपोज होने की खोज की, जिससे पता चला कि यूरेनियम अदृश्य किरणें उत्सर्जित करता है।

26. (D): आयनों और तत्वों का सही आकार व्यवस्थापन है :

(*d*) Al^{3+} सबसे छोटा होता है क्योंकि इसमें सबसे अधिक धनात्मक आवेश होता है जो इलेक्ट्रॉन क्लाउड को और अधिक खिंचता है,

(*c*) Mg^{2+} का आकार Al^{3+} से बड़ा होता है क्योंकि इसमें कम धनात्मक आवेश है,

(*b*) Al उससे भी बड़ा होता है क्योंकि यह एक तत्व है और उसके इलेक्ट्रॉन क्लाउड को सिकोड़ने के लिए कोई अतिरिक्त आवेश नहीं होता, और

(*a*) Mg सबसे बड़ा होता है क्योंकि इसमें तीनों में सबसे कम आवेश प्रभाव होता है।

27. (C): वी.एस.ई.पी.आर. (VSEPR) का पूर्ण रूप है वैलेंस शेल इलेक्ट्रॉन पेअर रिपल्शन सिद्धांत। यह सिद्धांत बताता है कि एक अणु में इलेक्ट्रॉन जोड़े एक-दूसरे से यथासंभव दूरी बनाए रखने का प्रयास करते हैं, जिससे अणु का आकार और ज्यामिति निर्धारित होती है।

28. (C): लैक्टोज एक डाइसैकराइड है जो ग्लूकोज और गैलेक्टोज के अणुओं से मिलकर बनता है। यह दूध में पाया जाने वाला मुख्य शर्करा है और इसकी अणु संरचना $C_{12}H_{22}O_{11}$ होती है। अन्य विकल्प, राइबोस, फ्रक्टोज, और गैलेक्टोज मोनोसैकराइड्स हैं।

29. (C): जो तत्व एक्टिनोइड्स से संबंधित नहीं हैं इनमें से केवल (*a*) Mg और (*d*) Ba हैं। Mg एक धातु है जो s-ब्लॉक में आता है और Ba भी s-ब्लॉक का हिस्सा है। Th (थोरियम) और U (यूरेनियम) दोनों एक्टिनोइड्स का हिस्सा हैं, जो f-ब्लॉक तत्वों में आते हैं।

30. (B): सूची-I और सूची-II का सही सुमेलन है :

(*a*) हैलोजन - Br

(*b*) नोबल गैसें - Ne

(*c*) कैल्कोजेन्स - S

d) लैंथेनोइड्स - Ce

यह मिलान तत्वों के सही वर्गीकरण को दर्शाता है।

31. (D): मोलर आयतन एक गहन गुण है, जो कि पदार्थ की मात्रा से स्वतंत्र रहता है। यह एक मोल पदार्थ के आयतन को मापता है और इसका मान पदार्थ की मात्रा के परिवर्तन पर निर्भर नहीं करता। इसके विपरीत, आयतन और द्रव्यमान जैसे गुण परिमाणी (extensive) होते हैं जो सामग्री की मात्रा पर निर्भर करते हैं।

32. (A): OF_2 में ऑक्सीजन की ऑक्सीकरण संख्या +2 होती है। फ्लोरीन की अत्यधिक इलेक्ट्रोनिगेटिविटी के कारण, वह ऑक्सीजन से दो इलेक्ट्रॉन लेता है, जिससे ऑक्सीजन का ऑक्सीकरण स्थिति +2 हो जाती है।

33. (B): प्रोटियम, ड्यूटेरियम, और ट्रिटियम हाइड्रोजन के समस्थानिक हैं, क्योंकि ये सभी हाइड्रोजन के रूप हैं जिनमें प्रोटॉन की संख्या समान है लेकिन न्यूट्रॉन की संख्या में अंतर है। इससे इनके भौतिक गुणों में अंतर आता है, लेकिन रासायनिक गुण समान रहते हैं।

34. (C): सूची-I और सूची-II का सही सुमेलन है :

(*a*) सोल्वे प्रक्रिया - सोडियम कार्बोनेट

(*b*) जेल्डाल विधि - नाइट्रोजन

(*c*) कास्टनर-केलर प्रक्रिया - सोडियम हाइड्रॉक्साइड

(*d*) कैरियस विधि - हैलोजन।

ये सुमेलन प्रक्रियाओं और उनके द्वारा उत्पन्न या विश्लेषित किए जाने वाले तत्वों को सही ढंग से दर्शाते हैं।

35. (B): कास्टिक सोडा का रासायनिक नाम सोडियम हाइड्रॉक्साइड (NaOH) है। यह एक मजबूत क्षारक है जो व्यापक रूप से औद्योगिक प्रक्रियाओं में उपयोग होता है। NaOH का उपयोग साबुन और पेपर उत्पादन में, और अन्य रसायनों के संश्लेषण में किया जाता है।

36. (C): तत्वों को उनकी परमाणु संख्या के अनुसार व्यवस्थित करने पर सही क्रम होता है : कार्बन (C, परमाणु संख्या 6), सिलिकॉन (Si, परमाणु संख्या 14), टिन (Sn, परमाणु संख्या 50), लेड (Pb, परमाणु संख्या 82)। यह क्रम तत्वों के परमाणु संख्या के बढ़ते हुए क्रम को दर्शाता है।

37. (A): सूची-I और सूची-II का सही सुमेलन है :

- रेनीटिडाइन (प्रतिअम्ल) एसिड की अधिकता को कम करने के लिए प्रयोग होता है।
- नोरेथिन्ड्रोन (प्रति जननक्षम) एक हार्मोनल गर्भनिरोधक है।
- एस्पिरिन (पीड़ाहारी) दर्द निवारक और ज्वरनाशक के रूप में काम करती है।
- ओफ्लोक्सासिन (प्रतिजैविक) एक एंटीबायोटिक है।

38. (C): HTTP का पूरा नाम हाइपर टेक्स्ट ट्रांसफर प्रोटोकॉल है। यह इंटरनेट पर दस्तावेजों के हस्तांतरण के लिए एक प्रोटोकॉल है, जिसे वेब पेजों को ब्राउजर में लोड करने के लिए उपयोग किया जाता है।

39. (B): केवल (*a*), (*b*) और (*c*) कथन डेटाबेस के लिए सही हैं। (*a*) डेटाबेस तार्किक रूप से संबंधित डेटा का संग्रह है, (*b*) DBMS एक विशेष सॉफ्टवेयर है जो डेटाबेस के निर्माण, रखरखाव और उपयोग के लिए जिम्मेदार है, और (*c*) RDBMS डेटा को केंद्रीय रूप से टेबलों के संग्रह के रूप में संग्रहीत करता है। (*d*) गलत है क्योंकि SQL एक डेटाबेस भाषा है, न कि एक डेटाबेस।

40. (D): एमएस-ऑफिस एप्लिकेशन सॉफ्टवेयर का एक उदाहरण है। यह माइक्रोसॉफ्ट द्वारा विकसित किया गया एक सूट है जो वर्ड प्रोसेसिंग, स्प्रेडशीट्स, प्रेजेंटेशन्स, और अन्य कार्यालय संबंधित कार्यों के लिए टूल्स प्रदान करता है।

41. (A): पोर्ट्रेट और लैंडस्केप पेज ओरिएंटेशन के प्रकार हैं। पोर्ट्रेट में पेज लंबवत होता है (8.5 × 11 इंच), जबकि लैंडस्केप में पेज क्षैतिज होता है (11 × 8.5 इंच)। पेज ओरिएंटेशन सेटिंग्स से डॉक्यूमेंट का प्रेजेंटेशन प्रभावित होता है, खासकर ग्राफिक्स और टेबल्स के लिए।

42. (C): C प्रोग्रामिंग भाषा डैनिस रिची द्वारा विकसित की गई थी। इसे 1972 में यू.एस.ए. के AT&T के बेल लैब में विकसित किया गया था। इसका मुख्य उद्देश्य यूनिक्स ऑपरेटिंग सिस्टम को विकसित करना था। C भाषा की विशेषताएँ इसे सिस्टम प्रोग्रामिंग और एंबेडेड सिस्टम्स के लिए उपयुक्त बनाती हैं।

43. (D): रिजर्व्ड वर्ड्स वे शब्द होते हैं जिन्हें प्रोग्रामिंग भाषा ने अपने उपयोग के लिए आरक्षित किया है। इनका विशेष अर्थ होता है और इन्हें वेरिएबल नेम्स के रूप में उपयोग नहीं किया जा सकता। उदाहरण के लिए, C में 'int', 'return', 'if' आदि रिजर्व्ड वर्ड्स हैं।

44. (A):

(*a*) एफ.टी.पी. - नेटवर्क प्रोटोकॉल : FTP (File Transfer Protocol) एक नेटवर्क प्रोटोकॉल है जिसका उपयोग फाइल्स ट्रांसफर करने के लिए किया जाता है।

(*b*) हब - नेटवर्किंग उपकरण : हब एक नेटवर्किंग डिवाइस है जो डेटा पैकेट्स को कई डिवाइसेस में फॉरवर्ड करता है।

(*c*) क्यूवर्टी - कीबोर्ड लेआउट : QWERTY एक कीबोर्ड लेआउट है।

(*d*) ट्रोजन - मैलवेयर : ट्रोजन एक प्रकार का मैलवेयर है जो वैध सॉफ्टवेयर के रूप में छिपा रहता है।

45. (B): ऑरेंज हैट हैकर्स एक प्रकार का हैकर नहीं होता। सामान्यतः हैकर्स को तीन श्रेणियों में बाँटा जाता है : ब्लैक हैट, व्हाइट हैट, और ग्रे हैट हैकर्स। ब्लैक हैट हैकर्स अवैध गतिविधियों में संलग्न होते हैं, व्हाइट हैट हैकर्स सुरक्षा सुधारने में मदद करते हैं, और ग्रे हैट हैकर्स दोनों के बीच के होते हैं।

46. (D): कुकीज मैलवेयर नहीं हैं। कुकीज छोटे डेटा फाइल्स होते हैं जो वेबसाइट्स द्वारा यूजर के ब्राउजर में सेव किए जाते हैं। इन्हें यूजर की ब्राउजिंग गतिविधियों को ट्रैक करने और व्यक्तिगत अनुभव देने के लिए उपयोग किया जाता है। वायरस, स्पाइवेयर, और वार्म्स सभी मैलवेयर के प्रकार हैं, जो कंप्यूटर सिस्टम को हानि पहुंचा सकते हैं।

47. (C): बाइनरी संख्याओं को बढ़ते क्रम में व्यवस्थित करने के लिए :

- 0010 = 2
- 0111 = 7
- 1010 = 10
- 1110 = 14

इसलिए सही क्रम है : 0010 (*d*) < 0111 (*a*) < 1010 (*c*) < 1110 (*b*).

48. (A): बैंडविड्थ को हर्ट्ज में मापा जाता है। हर्ट्ज (Hz) आवृत्ति की इकाई है, जो प्रति सेकंड चक्रों की संख्या को दर्शाती है। बैंडविड्थ नेटवर्क में डेटा ट्रांसफर की गति को मापता है जिसे आमतौर पर हर्ट्ज में मापा जाता है, विशेष रूप से एनालॉग सिग्नल्स के लिए।

49. (B): 'फॉरेन की' का उपयोग एक रिलेशनल डेटाबेस में तालिकाओं के बीच संबंध का प्रतिनिधित्व करने के लिए किया जाता है। फॉरेन की एक तालिका में एक स्तंभ होता है जो दूसरी तालिका की 'प्राइमरी की' से मेल खाता है, जिससे तालिकाओं के बीच एक संबंध स्थापित होता है।

50. (B): प्रकाश की कण प्रकृति को प्रकाशविद्युत प्रभाव से समझाया जा सकता है। प्रकाशविद्युत प्रभाव में, जब प्रकाश किसी धातु की सतह पर गिरता है, तो इलेक्ट्रॉन्स का उत्सर्जन होता है। इस प्रभाव को अल्बर्ट आइंस्टीन ने 1905 में समझाया था, जिससे उन्होंने यह साबित किया कि प्रकाश कणों (फोटॉन्स) के रूप में भी व्यवहार करता है।

51. (A):

(*a*) नैज अर्धचालक - Si: नैज अर्धचालक शुद्ध सिलिकॉन (Si) है।

(*b*) *n*-प्रकार (*n*-टाइप) अर्धचालक : Si को As के साथ अपमिश्रित किया गया। *n*-टाइप अर्धचालक में सिलिकॉन को आर्सेनिक (As) के साथ डोप किया जाता है।

(*c*) *p*-प्रकार (*p*-टाइप) अर्धचालक : Si को B के साथ अपमिश्रित किया गया। *p*-टाइप अर्धचालक में सिलिकॉन को बोरॉन (B) के साथ डोप किया जाता है।

(*d*) यौगिक अकार्बनिक अर्धचालक - CdS: कैडमियम सल्फाइड (CdS) एक यौगिक अर्धचालक है।

52. (A): यदि दो संधारित्र C_1 और C_2 समानांतर में जुड़े हैं, तो संयोजन की कुल धारिता $C_1 = C_1 + C_2$ होगी। अगर आवेश Q कुल संयोजन को दिया जाता है, तो C_1 पर आवेश $Q_1 = Q.C_1 + C_2C_1$ और C_2 पर आवेश $Q_2 = Q.C_1 + C_2C_2$ होगा। इसलिए, $Q_1/Q_2 = C_1/C_2$ होगा।

53. (D): शून्य द्विध्रुव आघूर्ण वाले अणुओं में (*a*) CH_4 और (*b*) CO_2 शामिल हैं। CH_4 (मीथेन) और CO_2 (कार्बन डाइऑक्साइड) दोनों में शून्य द्विध्रुव आघूर्ण होता है क्योंकि उनके अणुओं में द्विध्रुवीय आवेश एक-दूसरे को रद्द कर देते हैं।

54. (D): नायक्रोम, कॉन्स्टेंटन, और मैंगनिन ऐसे पदार्थ हैं जिनकी प्रतिरोधकता तापमान के साथ बहुत कम निर्भरता प्रदर्शित करती है। ये धातु मिश्र धातुएं होती हैं और उच्च स्थायित्व के साथ एक स्थिर प्रतिरोध प्रदान करती हैं।

55. (C): बोर मॉडल हाइड्रोजेनिक परमाणुओं (एक इलेक्ट्रॉन वाले परमाणु) पर लागू होता है। यह तीव्रता में परिवर्तन के लिए जिम्मेदार नहीं है। बोर मॉडल की सीमाएँ यह हैं कि यह दो इलेक्ट्रॉन वाले परमाणुओं पर लागू नहीं होता और तीव्रता में परिवर्तन की व्याख्या नहीं कर सकता।

56. (A): पराचुम्बकीय सामग्री की चुंबकीय संवेदनशीलता कम और सकारात्मक होती है। चुंबकीय संवेदनशीलता (χ) पराचुम्बकीय पदार्थों के लिए 0 से थोड़ी अधिक होती है। यह दर्शाता है कि ऐसी सामग्री में चुंबकीय क्षेत्र की उपस्थिति में थोड़ा चुंबकीयकरण होता है, लेकिन यह चुंबकीयकरण सकारात्मक होता है, यानी चुंबकीय क्षेत्र की दिशा में ही होता है।

57. (D):

(*a*) विद्युत प्रवाह - वोल्ट मीटर : विद्युत प्रवाह की इकाई वोल्ट मीटर (Vm) होती है।

(*b*) चुंबकीय संवेग - एम्पीयर मीटर^2 : चुंबकीय संवेग की इकाई एम्पीयर मीटर^2 (Am^2) होती है।

(*c*) चुंबकीय क्षेत्र - टेस्ला : चुंबकीय क्षेत्र की इकाई टेस्ला (T) होती है।

(*d*) चुंबकीय प्रवाह - वेबर : चुंबकीय प्रवाह की इकाई वेबर (Wb) होती है।

58. (C): परमाणु संलयन प्रतिक्रिया में 1 किलोग्राम द्रव्यमान में 0.1% द्रव्यमान क्षति होती है।

- क्षतिग्रस्त द्रव्यमान
  = 0.1% * 1 किलोग्राम = 0.001 किलोग्राम
- ऊर्जा = mc^2 = 0.001 किलोग्राम * (3 × 10^8 मीटर/सेकंड)^2 = 9 × 10^{13} जूल।

इसलिए, मुक्त ऊर्जा की मात्रा 9 × 10^{13} जूल होगी।

59. (B): लेन्ज का नियम ऊर्जा के संरक्षण से जुड़ा हुआ है। लेन्ज का नियम कहता है कि प्रेरित धारा की दिशा हमेशा ऐसे होगी कि वह उस परिवर्तन का विरोध करेगा जिससे वह उत्पन्न हुआ है। यह ऊर्जा के संरक्षण के सिद्धांत का एक सीधा परिणाम है, क्योंकि ऊर्जा का न तो सृजन हो सकता है और न ही विनाश।

60. (C): विद्युत चुम्बकीय तरंगों को बढ़ती तरंगदैर्ध्य के क्रम में व्यवस्थित करने पर :

- गामा किरणें : तरंगदैर्ध्य < 10^{-12} मीटर
- पराबैंगनी किरणें : तरंगदैर्ध्य ~ 10^{-8} मीटर
- माइक्रोवेव्स : तरंगदैर्ध्य ~ 10^{-3} मीटर
- रेडियो तरंगें : तरंगदैर्ध्य > 10^0 मीटर

इसलिए सही क्रम है : (*a*) गामा किरणें, (*d*) पराबैंगनी किरणें, (*c*) माइक्रोवेव्स, (*b*) रेडियो तरंगें।

61. (D): प्रकाशिक तंतु (ऑप्टिकल फाइबर) में कुल आंतरिक परावर्तन (टोटल इंटरनल रिफ्लेक्शन) का उपयोग किया जाता है। यह परिघटना तब होती है जब प्रकाश किरण उच्च घनत्व वाले माध्यम से कम घनत्व वाले माध्यम में प्रवेश करने की कोशिश करती है और सभी प्रकाश वापस उसी माध्यम में परावर्तित हो जाती है। ऑप्टिकल फाइबर में, यह परावर्तन 100% होता है, जिससे डेटा बिना किसी नुकसान के लंबी दूरी तक ट्रांसमिट हो सकता है।

62. (B): ट्रिपैनोसोमा प्रोटोजोआ फ्लैजिलेटेड समूह से संबंधित है। यह एक एककोशीय जीव है जो अपनी उपांग, फ्लैजेला, की सहायता से गतिमान होता है। ट्रिपैनोसोमा स्लीपिंग सिकलनेस और चागास रोग जैसी बीमारियों का कारण बनता है। फ्लैजिलेटेड प्रोटोजोआ में एक या अधिक फ्लैजेला होते हैं जो उन्हें तैरने में सहायता करते हैं।

63. (B): एंथ्रेक्स एक जैविक खतरा है। एंथ्रेक्स बैक्टीरिया Bacillus anthracis के कारण होता है और इसे बायोलॉजिकल वेपन के रूप में भी इस्तेमाल किया जा सकता है। इसके विपरीत, अकार्बनिक धूल, मद्यपान की लत, और ध्वनि गैर-जैविक खतरे हैं। जैविक खतरे वे होते हैं जो जीवित जीवों या उनके उत्पादों से उत्पन्न होते हैं और मानव स्वास्थ्य के लिए हानिकारक हो सकते हैं।

64. (D): अवतल लेन्स का आवर्धन हमेशा < +1 होता है। अवतल लेंस, जिसे डायवर्जिंग लेंस भी कहा जाता है, हमेशा आभासी, सीधा, और छोटी छवि बनाता है। आवर्धन (M) = छवि की ऊँचाई / वस्तु की ऊँचाई = v/u होता है। चूंकि छवि की ऊँचाई वस्तु की ऊँचाई से हमेशा छोटी होती है, इसलिए m < +1 होता है।

65. (B): कस्तूरबा गांधी बालिका विद्यालय (केजीबीवी) में प्रवेश स्तर कक्षा VI है। केजीबीवी योजना का उद्देश्य ग्रामीण क्षेत्रों में स्थित शैक्षिक रूप से पिछड़े ब्लॉकों में अनुसूचित जाति, अनुसूचित जनजाति, अन्य पिछड़ा वर्ग और अल्पसंख्यक समुदायों की बालिकाओं को आवासीय विद्यालयों के माध्यम से गुणवत्ता युक्त प्राथमिक शिक्षा प्रदान करना है। प्रवेश स्तर कक्षा VI से शुरू होता है।

66. (B): हेपेटाइटिस एक संचारी रोग है। यह विभिन्न प्रकार के वायरस के कारण होता है, जैसे हेपेटाइटिस A, B, C, D, और E। यह रोग संक्रमित रक्त, शरीर के तरल पदार्थों या दूषित भोजन और पानी के माध्यम से फैल सकता है। अन्य विकल्प, जैसे उच्च रक्तचाप, मधुमेह, और कैंसर गैर-संचारी रोग हैं और व्यक्ति से व्यक्ति में नहीं फैलते।

67. (B): 'प्रच्छन्न भूख' शब्द सूक्ष्म पोषक तत्वों की कमी से जुड़ा हुआ है। यह ऐसी स्थिति है जिसमें शरीर को आवश्यक विटामिन और खनिज पर्याप्त मात्रा में नहीं मिलते, जिससे अल्पकालिक और दीर्घकालिक स्वास्थ्य समस्याएं हो सकती हैं। उदाहरण के लिए, आयरन, आयोडीन, विटामिन A और जिंक की कमी प्रच्छन्न भूख का कारण बन सकते हैं।

68. (A): फ्रंट ऑफिस मैनेजर के कर्तव्यों में शामिल हैं :

(*a*) कार्यालय के अग्रभाग, लॉबी, परिवहन गतिविधियों के प्रबंधन के लिए जिम्मेदार होना।

(*d*) शिफ्ट में कार्य करने वाले कर्मचारियों की शिफ्ट/स्टाफ रोटेशन और कर्तव्यों की अनुसूची बनाना। यह कर्तव्य फ्रंट ऑफिस मैनेजर के महत्वपूर्ण कर्तव्यों का हिस्सा होते हैं, जबकि (*b*) और (*c*) सामान्यतः हाउसकीपिंग या अतिथि सेवाओं से संबंधित होते हैं।

अतः सही उत्तर केवल (*a*) और (*d*) है।

69. (A): HACCP का तात्पर्य है हेजार्ड एनालिसिस क्रिटिकल कंट्रोल पॉइंट। यह खाद्य सुरक्षा प्रबंधन प्रणाली है जो जैविक, रासायनिक, और भौतिक खतरों का विश्लेषण करती है और उनकी रोकथाम, समाप्ति, या कम करने के लिए नियंत्रण बिंदुओं की पहचान करती है। इसका उद्देश्य खाद्य उत्पादन में सुरक्षा सुनिश्चित करना है।

70. (B): मीडिया नियोजन प्रक्रिया के चरण हैं :

(*c*) समूह मीडिया लक्ष्य की पहचान करना,

(*d*) मीडिया उद्देश्यों को निर्धारित करना और परिभाषित करना,

(*a*) मीडिया रणनीतियों का निर्धारण और विकास करना,

(*b*) कार्य योजना के निष्पादन के लिए एक मीडिया अनुसूची विकसित करना।

इस क्रम में, योजना प्रभावी ढंग से विकसित और कार्यान्वित की जा सकती है।

71. (D): हाउसकीपिंग विभाग के संगठनात्मक पदानुक्रम में कार्यकारी हाउसकीपर के नीचे के स्तर इस प्रकार हैं :

(*d*) सहायक हाउसकीपर

(*c*) फ्लोर पर्यवेक्षक

(*b*) कक्ष परिचारक

(*a*) हाउसमेन

यह क्रम विभाग के संगठनात्मक संरचना को दर्शाता है जहां सहायक हाउसकीपर कार्यकारी हाउसकीपर की सहायता करता है, फ्लोर पर्यवेक्षक विशेष क्षेत्रों की देखरेख करते हैं, कक्ष परिचारक कमरे की सफाई करते हैं, और हाउसमेन सामान्य हाउसकीपिंग कार्य करते हैं।

72. (A): कपड़े के निरीक्षण और परीक्षण से संबंधित इकाइयाँ हैं :

(*a*) सूत्र गणना : कपड़े के घनत्व को मापने के लिए।

(*c*) ग्राम प्रतिवर्ग मीटर : कपड़े के वजन को मापने के लिए।

(*d*) पिक्स प्रति इंच : कपड़े की बुनाई की गुणवत्ता को मापने के लिए।

(*b*) पार्ट्स प्रति मिलियन : यह सामान्यतः प्रदूषण मापन में उपयोग होता है, कपड़े के निरीक्षण में नहीं।

73. (D):

(*a*) निर्मित खाद्य पदार्थ - अचार, जैम, मुरब्बा, स्क्वैश।

(*b*) खाद्य व्युत्पन्न - तेल को वनस्पति में बदलना।

(*c*) प्रकार्यात्मक खाद्य पदार्थ - प्रोजैविक।

(*d*) चिकित्सीय खाद्य पदार्थ - कम सोडियम वाला नमक।

इस प्रकार विभिन्न प्रकार के प्रसंस्कृत खाद्य पदार्थों का सही मेल सूची-II के उदाहरणों से है।

74. (B): वस्त्र उद्योग में 'शून्य दोष' उत्पाद प्राप्त करने के उद्देश्य से समस्या समाधान की प्रक्रिया को गुणवत्ता नियंत्रण कहते हैं। गुणवत्ता नियंत्रण (QC) प्रक्रियाओं का उद्देश्य उत्पादन के प्रत्येक चरण में गुणवत्ता मानकों को बनाए रखना और उत्पादों में संभावित दोषों का पता लगाना और उन्हें सुधारना है। QC में परीक्षण, निरीक्षण और प्रक्रियाओं को शामिल किया जाता है ताकि सुनिश्चित हो सके कि उत्पाद उच्चतम गुणवत्ता मानकों को पूरा करते हैं।

75. (C): रेड रिबन एक्सप्रेस (RRE) एड्स के विषय में जागरूकता पैदा करने के लिए एक राष्ट्रव्यापी अभियान है। इस अभियान का उद्देश्य एचआईवी/एड्स के बारे में जानकारी फैलाना और जागरूकता बढ़ाना है। यह अभियान विशेष रूप से उन क्षेत्रों को लक्षित करता है जहां स्वास्थ्य सेवाएं और जागरूकता कम होती हैं।

पिछले प्रश्न-पत्र (हल सहित)

CUET–B.Ed—विज्ञान

प्रवेश परीक्षा, 2022

(Online exam held on 10 September, 2022)

Test Paper Code : COQP06

1. निम्न में से कौन-सा वर्ण व्यंजन नहीं है?

A. ग B. थ

C. ए D. भ

2. नीचे दो कथन दिए गए हैं :

कथन-I : वाक्य भाषा की ऐसी इकाई है जो किसी भाव या विचार को व्यक्त करता है।

कथन-II : वाक्य के भेद तीन आधारों पर किए जाते हैं—रचना के आधार पर, शब्द के आधार पर तथा अर्थ के आधार पर।

उपरोक्त कथन के आलोक में, नीचे दिए गए विकल्पों में से सबसे उपयुक्त उत्तर का चयन कीजिए :

A. कथन I और II दोनों सही हैं

B. कथन I और II दोनों गलत हैं

C. कथन I सही है, लेकिन कथन II गलत है

D. कथन I गलत है, लेकिन कथन II सही है

3. इहलोक का विलोम बताइए।

A. परलोक B. स्वर्ग

C. नरक D. इन्द्रलोक

4. निम्नलिखित में से कौन-सा शब्द वर्तनी की दृष्टि से शुद्ध है?

A. ज्योत्सना B. ज्योत्स्ना

C. ज्योतसना D. ज्योत्सिना

5. 'कुल' का समानार्थी कौन-सा शब्द है?

A. किनारा B. वंश

C. तट D. पुत्र

6. 'जो आँखों के सामने हो' का एक शब्द कौन-सा है?

A. अप्रत्यक्ष B. परोक्ष

C. प्रत्यक्ष D. सर्वज्ञ

7. 'उँगलियों पर नचाना' मुहावरे का सही अर्थ कौन-सा है?

A. परेशान करना B. इशारा करना

C. वश में करना D. शोषण करना

8. निम्नलिखित में से शुद्ध वाक्य का चयन कीजिए।

A. बच्चों से क्रोध मत करो।

B. बच्चों पर क्रोध मत करो।

C. बच्चों से ही क्रोध करो।

D. बच्चों से क्रोध नहीं करो।

9. निम्नलिखित में से तत्सम शब्द नहीं है :

A. कांस्य B. बंदूक

C. खँडहर D. निर्झर

10. निम्नलिखित में से कौन-सा कथन सही नहीं है?

A. हिंदी में सभी विशेषणों का प्रयोग संज्ञाओं के समान होता है।

B. विशेषणों में परोक्ष रूप से लिंग, वचन और कारक होते हैं।

C. विशेषणों के मुख्य चार भेद किए गए हैं।

D. सार्वनामिक विशेषणों के दो भेद हैं—मूल और यौगिक।

11. इनमें से कौन भारत सरकार के नए मुख्य आर्थिक सलाहकार (सीईए) के रूप में नियुक्त हुए हैं?

A. वी. अनंत नागेश्वरन B. अरुण कुमार सिंह

C. विजय शर्मा D. कार्तिक सेनगुप्ता

12. निम्नलिखित में से कौन-सी कंपनियों ने हाल ही में 7 नयी सार्वजनिक रक्षा उपक्रम कंपनियाँ स्थापित की है जिसे आयुध निर्माण बोर्ड की पुनर्सरचना करने के माध्यम से स्थापित किया गया था?

(*a*) वेपंस इंडिया लिमिटेड

(*b*) म्यूनिशंस इंडिया लिमिटेड

(*c*) यंत्र इंडिया लिमिटेड

(*d*) ग्लाइडर्स इंडिया लिमिटेड

नीचे दिए गए विकल्पों में से सबसे उपयुक्त उत्तर का चयन कीजिए :

A. केवल (*a*), (*b*) और (*d*)

B. केवल (*c*) और (*d*)

C. केवल (*a*), (*c*) और (*d*)

D. केवल (*b*), (*c*) और (*d*)

13. कमला दास की आत्मकथा का नाम है :

A. माई स्टोरी

B. लिसेन आई टेल यु

C. विंग्स ऑफ फायर

D. ऑटोबायोग्राफी ऑफ एन अननोन इंडियन

14. मस्तिष्क के आधार में स्थित एक लघु अंग इस प्रकार के पदार्थ को उत्पन्न करता है जो हमारी वृद्धि और लैंगिक विकास (हार्मोन) को प्रभावित करता है, वह क्या कहलाता है :

(*a*) पिट्यूटरी ग्रंथि

(*b*) हायपोथैलमस

(*c*) पीनियल ग्रंथि

(*d*) एड्रीनल

नीचे दिए गए विकल्पों में से सबसे उपयुक्त उत्तर का चयन कीजिए :

A. केवल (*a*), (*b*) और (*d*) B. केवल (*a*) और (*c*)

C. केवल (*a*), (*b*) और (*d*) D. केवल (*a*) और (*d*)

15. निम्नलिखित में से दो नोबेल पुरस्कार प्राप्त करने वाली प्रथम महिला कौन है?

A. मैरी क्यूरी B. एण्ड्रिया घेज

C. डोन्ना स्ट्रिक लैंड D. मारिया गोएप्पर्ट मेयर

16. एक विशेष कूट भाषा में,

"uo ja ka hu" का अर्थ है 'we great Indian country'.

"oi ka la ju" का अर्थ है 'we score good highest'.

"la fu ja ju" का अर्थ है "India score the highest"

और "ju uo na fu" का अर्थ है "highest of the country".

तो इस कूट भाषा में "great" का कूट क्या है?

A. uo B. ka

C. ja D. hu

17. यदि "A @ B" का अर्थ है कि A, B की माँ है,

"A # B" का अर्थ है कि A, B का पिता है,

"A ₹ B" का अर्थ है कि A, B का पुत्र है

तो नीचे दिए गए समीकरण के आधार पर X का Z से क्या संबंध है?

X ₹ Y ₹ Z

A. X, Z का पोता है। B. Z, X का पोता है।

C. Z, X का पिता है। D. Z, X की माता है।

18. निम्नलिखित में से किस संगठन द्वारा वैश्विक भुखमरी सूचकांक जारी किया जाता है?

A. विश्व स्वास्थ्य संगठन

B. कन्सर्न वर्ल्डवाइड एंड वेल्थहंगर लाइफ

C. खाद्य एवं कृषि संगठन

D. विश्व खाद्य कार्यक्रम

19. निर्देश : नृत्य के सात छात्रों—T, U, V, W, X, Y और Z—को एक नृत्य-प्रस्तुति देनी है और निर्णायकों को यह निर्णय करना है कि छात्र किस क्रम में प्रस्तुति देंगे। हर छात्र को ठीक एक प्रस्तुति देनी है—एक एकल बैले के रूप में। प्रस्तुति का क्रम निर्धारित करते समय निर्देशक को निम्न प्रतिबन्धों का पालन करना अनिवार्य है :

1. X पहले या दूसरे क्रम पर प्रस्तुति नहीं दे सकता।
2. X के प्रस्तुति देने से पहले W प्रस्तुति नहीं दे सकता।
3. न तो T और न ही Y सातवें क्रम पर प्रस्तुति दे सकते हैं।
4. W के तुरन्त बाद Y या Z को प्रस्तुति देनी होगी।
5. U के तुरन्त पहले या तुरन्त बाद में V को प्रस्तुति देनी चाहिए।

यदि U तीसरे क्रम पर प्रस्तुति देता है तो Y शीघ्रतम कब प्रस्तुति दे सकता है?

A. पाँचवें B. छठवें

C. सातवें D. चौथे

20. एक देश में सात प्रमुख शहर हैं—A, B, C, D, E, F और G. निम्नलिखित नियमों का पालन करते हुए इन शहरों को आपस में जोड़ने के लिए तीन हवाई उड़ानें X, Y और Z उपलब्ध हैं :

उड़ान X, A और C को जोड़ती है और केवल B से होकर गुजरती है।

उड़ान Y के सिरे B और C पर हैं और यह केवल D से होकर गुजरती है।

उड़ान Z के सिरे E और G पर हैं और यह केवल F से होकर गुजरती है।

उन शहरों को सीधे जुड़ा हुआ शहर माना जा रहा है जिनके बीच में उड़ान को उतरने के लिए कोई और शहर नहीं है।

निम्नलिखित में से कौन-सा शहर अधिक दूसरे शहरों से सीधे तौर पर जुड़ा है?

A. A B. C

C. B D. D

21. AUCTION शब्द के वर्णों को कितनी प्रकार से व्यवस्थित किया जा सकता है, जिसमें कि स्वर सदैव एक साथ आएँ?

A. 676 B. 476

C. 578 D. 576

22. एक घन का पृष्ठीय क्षेत्रफल 1734 वर्ग सेमी. है, तो घन का आयतन कितना होगा?

A. 289 cm^3 B. 4913 cm^3

C. 4931 cm^3 D. 4319 cm^3

23. यदि $\frac{x}{y} = \frac{1}{3}$, तो $\frac{x^2 + y^2}{x^2 - y^2}$ कितना होगा?

A. $-\frac{5}{4}$ B. $-\frac{4}{5}$

C. $\frac{5}{4}$ D. $\frac{4}{5}$

24. ₹ 450 की धनराशि के लिए 4.5% प्रतिवर्ष साधारण ब्याज की दर से ब्याज के रूप में ₹ 81 प्राप्त करने में कितना समय लगेगा?

A. 4 वर्ष
B. 5 वर्ष
C. 3 वर्ष
D. 6 वर्ष

25. 7 क्रमागत संख्याओं का औसत 20 है तो सबसे छोटी एवं सबसे बड़ी संख्या का योग कितना होगा?

A. 23
B. 17
C. 40
D. 30

26. ठोस जीवाश्म ईंधन कोयला किसके जलने से बना है?

A. टेरीडोफाइटा
B. शैवाल
C. फफूंद
D. बैक्टीरिया

27. नीचे दो कथन दिए गए हैं : एक अभिकथन (A) के रूप में लिखित है तो दूसरा उसके कारण (R) के रूप में।

अभिकथन (A) : केल्प एक हर्बल दवा है जिसे ब्राउन शैवाल से प्राप्त किया जाता है।

कारण (R) : केल्प के प्रयोग से घेंघा रोग हो जाता है।

उपरोक्त कथन के आलोक में, नीचे दिए गए विकल्पों में से सबसे उपयुक्त उत्तर का चयन कीजिए।

A. (A) और (R) दोनों सही हैं और (R), (A) की सही व्याख्या है।
B. (A) और (R) दोनों सही हैं और (R), (A) की सही व्याख्या नहीं है।
C. (A) सही है, लेकिन (R) सही नहीं है।
D. (A) सही नहीं है, लेकिन (R) सही है।

28. निम्न में से कौन-सी अकेन्द्रकीय (इन्यूक्लिएटेड) कोशिका है?

A. तन्त्रिका कोशिका
B. लाल रक्त कोशिका
C. गाल की कोशिका
D. श्वेत रक्त कोशिका

29. नीचे दो कथन दिए गए हैं :

कथन-I : अपरा (प्लैसेंटल) स्तनधारी को सत्य स्तनधारी कहते हैं।

कथन-II : केवल अपरा (प्लैसेंटल) स्तनधारी अपने बच्चों को माँ का दूध पिलाते हैं।

उपरोक्त कथन के आलोक में, नीचे दिए गए विकल्पों में से सही उत्तर का चयन कीजिए।

A. कथन-I और कथन-II दोनों सत्य है।
B. कथन-I और कथन-II दोनों असत्य है।
C. कथन-I सत्य है, लेकिन कथन-II असत्य है।
D. कथन-I असत्य है, लेकिन कथन-II सत्य है।

30. इनमें से किसे माइक्रोन्यूट्रिएट की श्रेणी में रखा जाता है?

A. पोटैशियम
B. लोहा
C. नाइट्रोजन
D. कैल्शियम

31. एलर्जी के दौरान किस प्रकार की रक्त कोशिकाएँ बढ़ जाती हैं?

A. मोनोसाइट
B. इयोसिनोफिल
C. न्यूट्रोफिल
D. प्लेटलेट्स

32. मॉस का पौधा किस श्रेणी में रखा जाता है?

A. थैलोफाइटा
B. ब्रायोफाइटा
C. टेरीडोफाइटा
D. जिम्नोस्पर्म

33. नीचे दो कथन दिए गए हैं : एक अभिकथन (A) के रूप में लिखित है तो दूसरा उसके कारण (R) के रूप में।

अभिकथन (A) : कैक्टस के तनों में एक मोम की मोटी परत पाई जाती है।

कारण (R) : कैक्टस सामान्यतः रेगिस्तानी इलाकों में पाया जाता है।

उपरोक्त कथन के आलोक में, नीचे दिए गए विकल्पों में से सबसे उपयुक्त उत्तर का चयन कीजिए।

A. (A) और (R) दोनों सत्य हैं और (R), (A) की सही व्याख्या है।
B. (A) और (R) दोनों सही हैं और (R), (A) की सही व्याख्या नहीं है।
C. (A) सत्य है, लेकिन (R) असत्य है।
D. (A) असत्य है, लेकिन (R) सत्य है।

34. नीचे दो कथन दिए गए हैं : एक अभिकथन (A) के रूप में लिखित है तो दूसरा उसके कारण (R) के रूप में।

अभिकथन (A) : कुकुरमुत्ते को पौधों की श्रेणी में नहीं रखते हैं।

कारण (R) : इनकी कोशिकाओं में कोशिका भित्ति नहीं पाई जाती है।

उपरोक्त कथन के आलोक में, नीचे दिए गए विकल्पों में से सबसे उपयुक्त उत्तर का चयन कीजिए।

A. (A) और (R) दोनों सही हैं और (R), (A) की सही व्याख्या है।
B. (A) और (R) दोनों सही हैं और (R), (A) की सही व्याख्या नहीं है।
C. (A) सही है, लेकिन (R) सही नहीं है।
D. (A) सही नहीं है, लेकिन (R) सही है।

35. नीचे दो कथन दिए गए हैं : एक अभिकथन (A) के रूप में लिखित है तो दूसरा उसके कारण (R) के रूप में।

अभिकथन (A) : डेयरी पशुओं की क्रॉस ब्रीडिंग से उनकी दूध देने की क्षमता बढ़ जाती है।

कारण (R) : डेयरी पशुओं के दूध देने की समयावधि पार प्रजनन से बढ़ाई जा सकती है।

उपरोक्त कथन के आलोक में, नीचे दिए गए विकल्पों में से सबसे उपयुक्त उत्तर का चयन कीजिए।

A. (A) और (R) दोनों सत्य हैं और (R), (A) की सही व्याख्या है।

B. (A) और (R) दोनों सत्य हैं और (R), (A) की सही व्याख्या नहीं है।

C. (A) सत्य है, लेकिन (R) सही नहीं है।

D. (A) असत्य है, लेकिन (R) सही है।

36. नीचे दो कथन दिए गए हैं : एक अभिकथन (A) के रूप में लिखित है तो दूसरा उसके कारण (R) के रूप में।

अभिकथन (A) : छिपकली अपनी टूटी पूंछ फिर से उगा सकती है।

कारण (R) : छिपकली के हाथ पैर होते हैं।

उपरोक्त कथन के आलोक में, नीचे दिए गए विकल्पों में से सबसे उपयुक्त उत्तर का चयन कीजिए।

A. (A) और (R) दोनों सही हैं और (R), (A) की सही व्याख्या है।

B. (A) और (R) दोनों सही हैं और (R), (A) की सही व्याख्या नहीं है।

C. (A) सही है, लेकिन (R) सही नहीं है।

D. (A) सही नहीं है, लेकिन (R) सही है।

37. नीचे दो कथन दिए गए हैं : एक अभिकथन (A) के रूप में लिखित है तो दूसरा उसके कारण (R) के रूप में।

अभिकथन (A) : जटिल ऊतकों में एक से अधिक प्रकार की कोशिकाएँ पाई जाती हैं।

कारण (R) : पौधों में संवाही ऊतक जटिल ऊतकों का एक प्रकार है।

उपरोक्त कथन के आलोक में, नीचे दिए गए विकल्पों में से सबसे उपयुक्त उत्तर का चयन कीजिए।

A. (A) और (R) दोनों सत्य हैं और (R), (A) की सही व्याख्या है।

B. (A) और (R) दोनों सत्य हैं और (R), (A) की सही व्याख्या नहीं है।

C. (A) सत्य है, लेकिन (R) असत्य है।

D. (A) असत्य है, लेकिन (R) सत्य है।

38. यहाँ कुछ विशेषताओं की सूची दी गई है। वह विशेषताएँ चुनिए जो मेरुदण्डीय प्राणी समुदाय द्वारा प्रदर्शित की जाती है।

(*a*) वेंट्रल हृदय

(*b*) पश्च गुदा पुच्छ अनुपस्थित

(*c*) पृष्ठरज्जु अनुपस्थित

(*d*) केन्द्रीय तन्त्रिका तन्त्र पृष्ठवाही होता है

(*e*) गिल छिद्र अनुपस्थित

नीचे दिए गए विकल्पों में से सही उत्तर का चयन कीजिए :

A. (*a*), (*b*)
B. (*b*), (*c*)
C. (*a*), (*d*)
D. (*d*), (*e*)

39. परिवेशनुरुपतापिक जीव वे होते हैं जिनमें शरीर का तापमान वातावरण के तापमान के अनुसार बदलता रहता है। इनमें से परिवषानुरुपतापिक जीव को पहचानो।

(*a*) हाथी

(*b*) शार्क

(*c*) व्हेल

(*d*) मेंढ़क

(*e*) खरगोश

नीचे दिए गए विकल्पों में से सही उत्तर का चयन कीजिए :

A. (*a*), (*e*) B. (*a*), (*b*), (*c*)
C. (*b*), (*d*) D. (*b*), (*c*), (*d*)

40. नीचे दो कथन दिए गए हैं :

कथन-I : बायोम के अलग-अलग हिस्सों में एक जैसे जैविक समूह पाए जाते हैं।

कथन-II : एक बायोम में उस भौगोलिक क्षेत्र के सभी परितंत्र पाए जाते हैं।

उपरोक्त कथन के आलोक में, नीचे दिए गए विकल्पों में से सही उत्तर का चयन कीजिए।

A. कथन-I और कथन-II दोनों सही हैं।

B. कथन-I और कथन-II दोनों गलत हैं।

C. कथन-I सही है, लेकिन कथन-II गलत है।

D. कथन-I गलत है, लेकिन कथन-II सही है।

41. नीचे दो कथन दिए गए हैं :

कथन-I : त्वचा शरीर को आन्तरिक प्रतिरक्षा प्रदान करती है।

कथन-II : त्वचा में श्लेष्मी झिल्ली पाई जाती है जो परजीवों को शरीर में अन्दर आने नहीं देती।

उपरोक्त कथन के आलोक में, नीचे दिए गए विकल्पों में से सही उत्तर का चयन कीजिए।

A. कथन-I और कथन-II दोनों सत्य हैं।

B. कथन-I और कथन-II दोनों असत्य हैं।

C. कथन-I सत्य है, लेकिन कथन-II असत्य है।

D. कथन-I असत्य है, लेकिन कथन-II सत्य है।

42. वायुमंडल बना होता है :

(*a*) ट्रोपोस्फीयर, आयनोस्फीयर

(*b*) ट्रोपोस्फीयर, लिथोस्फीयर

(*c*) लिथोस्फीयर, स्ट्रैटोस्फीयर, आयनोस्फीयर

(*d*) ट्रोपोस्फीयर, स्ट्रैटोस्फीयर, आयनोस्फीयर

(*e*) स्ट्रैटोस्फीयर, आयनोस्फीयर

नीचे दिए गए विकल्पों में से सही उत्तर का चयन कीजिए :

A. केवल (*a*)

B. केवल (*d*)

C. केवल (*c*)

D. केवल (*e*)

43. इनमें से किसमें मुकुलन की विशेषता पाई जाती है?

(*a*) पैरामिशियम (*b*) अमीबा

(*c*) हाइड्रा (*d*) स्पाइरोगाइरा

(*e*) नास्टॉक

नीचे दिए गए विकल्पों में से सही उत्तर का चयन कीजिए :

A. केवल (*a*) और (*b*)

B. केवल (*b*), (*c*) और (*e*)

C. केवल (*c*)

D. केवल (*d*)

44. ध्वनि प्रदूषण के प्रमुख कारण हैं :

(*a*) औद्योगिक कारखाने

(*b*) वाहन

(*c*) वर्षा

(*d*) म्यूजिक सिस्टम

(*e*) रासायनिक पदार्थ

नीचे दिए गए विकल्पों में से सबसे उपयुक्त उत्तर का चयन कीजिए :

A. केवल (*c*) B. केवल (*a*), (*b*) और (*d*)

C. केवल (*c*) और (*d*) D. केवल (*d*)

45. सूची-I के साथ सूची-II का मिलान कीजिए।

सूची-I	सूची-II
(*a*) सिड्रस	I. सजावटी
(*b*) टैक्सस	II. सूखी मेवा
(*c*) साइकस	III. दवा
(*d*) पाइनस	IV. निर्माण योग्य लकड़ी

नीचे दिए गए विकल्पों में से सही उत्तर का चयन कीजिए :

	(*a*)	(*b*)	(*c*)	(*d*)
A.	I	II	III	IV
B.	II	III	IV	I
C.	IV	II	III	I
D.	IV	III	I	II

46. सूची-I के साथ सूची-II का मिलान कीजिए।

सूची-I	सूची-II
(*a*) फसल उत्पादन नियोजन	I. हाइब्रिडाइजेशन
(*b*) फसल के प्रकारों का सुधार	II. फसल चक्रीकरण
(*c*) फसल सुरक्षा नियोजन	III. इन्टरक्रॉपिंग
(*d*) फसलों को उगाने का पैटर्न	IV. खरपतवार और कीटों आदि से बचाव

नीचे दिए गए विकल्पों में से सही उत्तर का चयन कीजिए :

	(*a*)	(*b*)	(*c*)	(*d*)
A.	II	I	III	IV
B.	II	I	IV	III
C.	I	II	IV	III
D.	I	II	III	IV

47. सूची-I के साथ सूची-II का मिलान कीजिए।

सूची-I	सूची-II
(*a*) कालरा	I. फफूंद द्वारा
(*b*) मलेरिया	II. बैक्टीरिया द्वारा
(*c*) फाइलेरिया	III. हेल्मिंथ द्वारा
(*d*) एथलीट फूट	IV. प्रोटोजोआ द्वारा

नीचे दिए गए विकल्पों में से सही उत्तर का चयन कीजिए :

	(*a*)	(*b*)	(*c*)	(*d*)
A.	I	II	III	IV
B.	I	III	II	IV
C.	II	IV	III	I
D.	IV	I	III	II

48. अंडे में इनमें से केवल एक को छोड़कर सभी तत्व पाए जाते हैं?

A. एवीडिन

B. राइबोफ्लेविन

C. कार्बोहाइड्रेट

D. बायोटिन

49. निम्न में से कौन-सा भाग रक्त से संबंधित नहीं है?

A. प्लाज्मा B. प्लेट्लेट्स

C. स्टेम कोशिका D. इरिथ्रोसाइट्स

50. नवजात शिशु की तंत्रिका नली में खराबी किस पोषक तत्व की कमी के कारण होती है?

A. फोलिक एसिड B. कैल्शियम

C. विटामिन-A D. लौह

51. निम्न में से कौन-सा संतृप्त वसा अम्ल का उदाहरण है?

A. वनस्पति तेल B. जैतून तेल

C. मक्खन D. सरसों का तेल

52. प्राचीन काल में भारतीय महिलाओं द्वारा शरीर के ऊपरी भाग को ढंकने के लिए एक लंबा स्कार्फ था :

A. अंतरीय B. उत्तरीय

C. कायबंध D. उष्णिस

53. दो अथवा दो से अधिक अवयव के संभागी मिश्रण को कहा जाता है :

A. सॉल B. निलंबन

C. विलयन D. कोलॉइड

54. नीचे दो कथन दिए गए हैं : एक अभिकथन (A) के रूप में लिखित है तो दूसरा उसके कारण (R) के रूप में।

अभिकथन (A) : श्रेणी में बढ़ते हुए परमाणु क्रमांक के साथ समान आवेश वाले आयनों की त्रिज्याओं में उत्तरोत्तर ह्रास होता है।

कारण (R) : जब भी नाभिकीय आवेश में वृद्धि होती है, अतिरिक्त इलेक्ट्रॉन हर बार एक *d* ओर्बिटल में प्रवेश करता है।

उपरोक्त कथन के आलोक में, नीचे दिए गए विकल्पों में से सबसे उपयुक्त उत्तर का चयन कीजिए।

A. (A) और (R) दोनों सही हैं और (R), (A) की सही व्याख्या है।

B. (A) और (R) दोनों सही हैं और (R), (A) की सही व्याख्या नहीं है।

C. (A) सही है, लेकिन (R) सही नहीं है।

D. (A) सही नहीं है, लेकिन (R) सही है।

55. नीचे दो कथन दिए गए हैं : एक अभिकथन (A) के रूप में लिखित है तो दूसरा उसके कारण (R) के रूप में।

अभिकथन (A) : p-ब्लॉक के सभी तत्वों के गुणधर्म समान होते हैं।

कारण (R) : छोटे आकार तथा उच्च विद्युतऋणात्मक के प्रभाव के कारण H_2O में प्रबल हाइड्रोजन बंध की उपस्थिति है जो कि H_2S में नहीं पाया जाता है।

उपरोक्त कथन के आलोक में, नीचे दिए गए विकल्पों में से सबसे उपयुक्त उत्तर का चयन कीजिए।

A. (A) और (R) दोनों सत्य हैं और (R), (A) की सही व्याख्या है।

B. (A) और (R) दोनों सत्य हैं और (R), (A) की सही व्याख्या नहीं है।

C. (A) सत्य है, लेकिन (R) असत्य है।

D. (A) असत्य है, लेकिन (R) सत्य है।

56. विलयन में उपस्थित आयनों के कारण विद्युत चालकता निर्भर करती है।

(*a*) को आयोनिक चालकत्व कहते हैं

(*b*) मिलाए गए वैद्युत अपघट्य की प्रकृति

(*c*) उत्पन्न आयनों का आकार

(*d*) आयनों का विलयन

(*e*) विलायक की प्रकृति

नीचे दिए गए विकल्पों में से सही उत्तर का चयन कीजिए :

A. (*a*), (*b*), (*c*) B. (*b*), (*a*), (*d*)

C. (*b*), (*c*), (*d*) D. (*a*), (*b*), (*c*), (*d*)

57. नीचे दो कथन दिए गए हैं :

कथन-I : अनादर्श विलयन का वाष्प दाब राउल्ट के नियम द्वारा प्रागुक्त (predict) किए गए वाष्प दाब से या तो अधिक होता है या कम।

कथन-II : आदर्श विलयन में मिश्रण बनाने के लिए शुद्ध अवयवों को मिश्रित करने पर मिश्रण बनाने का ऐंथैल्पी परिवर्तन तथा आयतन परिवर्तन शून्य होता है।

उपरोक्त कथन के आलोक में, नीचे दिए गए विकल्पों में से सही उत्तर का चयन कीजिए।

A. कथन-I और कथन-II दोनों सही हैं।

B. कथन-I और कथन-II दोनों गलत हैं।

C. कथन-I सही है, लेकिन कथन-II गलत है।

D. कथन-I गलत है, लेकिन कथन-II सही है।

58. अभिक्रिया की कोटि में :

(*a*) आण्विकता शून्य नहीं हो सकती।

(*b*) जटिल प्रकार की अभिक्रियाओं पर लागू हो सकती है।

(*c*) आण्विकता सम्पूर्ण अभिक्रिया की कोटि के समान नहीं होती।

(*d*) केवल जटिल अभिक्रियाओं के लिए लागू होता है।

(*e*) जटिल अभिक्रिया तीव्र गति होती है।

नीचे दिए गए विकल्पों में से सबसे उपयुक्त उत्तर का चयन कीजिए :

A. केवल (*a*)

B. केवल (*c*)

C. केवल (*d*) और (*b*)

D. केवल (*e*)

59. नीचे दो कथन दिए गए हैं :

कथन-I : संक्रमण तत्वों द्वारा यौगिकों में कई ऑक्सीकरण अवस्थाएँ दशाई जाती हैं।

कथन-II : अत्यधिक संख्या में ऑक्सीकरण अवस्थाएँ दर्शाने वाले तत्व संक्रमण श्रेणी के मध्य में या इसके निकट स्थित हैं।

उपरोक्त कथन के आलोक में, नीचे दिए गए विकल्पों में से सही उत्तर का चयन कीजिए।

A. कथन-I और कथन-II दोनों सत्य हैं।

B. कथन-I और कथन-II दोनों असत्य हैं।

C. कथन-I सत्य है, लेकिन कथन-II असत्य है।

D. कथन-I असत्य है, लेकिन कथन-II सत्य है।

60. नीचे दो कथन दिए गए हैं :

कथन-I : कार्बनहैलोजन यौगिकों के क्वथनांक संगत हाइड्रोकार्बनों की तुलना में अधिक होते हैं।

कथन-II : कार्बनहैलोजन जल में अल्प विलेय परन्तु कार्बनिक विलायकों में पूर्ण विलेय होते हैं।

उपरोक्त कथन के आलोक में, नीचे दिए गए विकल्पों में से सही उत्तर का चयन कीजिए।

A. कथन-I और कथन-II दोनों सत्य हैं।

B. कथन-I और कथन-II दोनों असत्य हैं।

C. कथन-I सत्य है, लेकिन कथन-II असत्य है।

D. कथन-I असत्य है, लेकिन कथन-II सत्य है।

61. एल्कोहॉल एवं फीनाल की रासायनिक क्रियाओं की विशेषताएँ हैं :

(*a*) सक्रिय धातुओं के साथ अभिक्रियाएँ करके संगत एल्कॉक्साइड एवं हाइड्रोजन देते हैं।

(*b*) किसी प्रबल क्षार के लिए प्रोटॉन रखता है।

(*c*) क्षारीय गुण द्विध्रुवीय O-H आबंध के कारण होता है।

(*d*) जल से कमजोर क्षारीय गुण होते हैं।

(*e*) जल से बेहतर प्रोटॉन प्रदान कर सकती हैं।

नीचे दिए गए विकल्पों में से सही उत्तर का चयन कीजिए :

A. केवल (*a*)
B. केवल (*b*)
C. केवल (*c*)
D. केवल (*e*) और (*d*)

62. सूची-I के साथ सूची-II का मिलान कीजिए :

सूची-I	**सूची-II**
(*a*) अध्रुवी आण्विक ठोस	I. कठोर परन्तु आघातवध्य और तन्य
(*b*) हाइड्रोजन आबंधित ठोस	II. मुलायम
(*c*) आयनिक ठोस	III. कठोर
(*d*) धात्विक ठोस	IV. कठोर परन्तु भंगुर

नीचे दिए गए विकल्पों में से सही उत्तर का चयन कीजिए :

	(*a*)	(*b*)	(*c*)	(*d*)
A.	IV	II	I	III
B.	III	II	I	IV
C.	II	III	IV	I
D.	I	IV	III	II

63. आइसोप्रोपाइल ईथर का IUPAC नाम है :

A. 3-मिथाइल ब्यूटाक्सीबेन्जीन
B. 1-फीनॉक्सी हेप्टेन
C. 2-मेथॉक्सीप्रोपेन
D. इथोक्सीईथेन

64. संगणक के दो महत्वपूर्ण अंग होते हैं :

A. नियंत्रण इकाई + ए.एल.यू.
B. ए.एल.यू. + बी.यू.एस.
C. नियंत्रण इकाई + रेजिस्टर
D. रेजिस्टर + रोम

65. HTTP का पूरा रूप क्या है?

A. हाइपर ट्रांसफर टेक्स्ट प्रोटोकॉल
B. हाइपर टेक्स्ट ट्रांसफर प्रोटोकॉल
C. हाइपर ट्रांसफर टेक्स्ट प्रोग्राम
D. हाइपर टेक्स्ट ट्रांसफर प्रोग्राम

66. संगणक की भाषा निम्न पर आधारित होती है :

A. प्रतीक प्रणाली पर
B. अंक प्रणाली पर
C. शृंखला प्रणाली पर
D. उपरोक्त सभी पर

67. नीचे दो कथन दिए गए हैं : एक अभिकथन (A) के रूप में लिखित है तो दूसरा उसके कारण (R) के रूप में।

अभिकथन (A) : सी.पी.यू. को संगणक का मस्तिष्क कहा जाता है।

कारण (R) : सी.पी.यू. संगणक के सभी कार्यों का संचालन एवं नियंत्रण करता है।

उपरोक्त कथन के आलोक में, नीचे दिए गए विकल्पों में से **सबसे** उपयुक्त उत्तर का चयन कीजिए।

A. (A) और (R) दोनों सत्य हैं और (R), (A) की सही व्याख्या है।
B. (A) और (R) दोनों सत्य हैं और (R), (A) की सही व्याख्या नहीं है।
C. (A) सत्य है, लेकिन (R) असत्य है।
D. (A) असत्य है, लेकिन (R) सत्य है।

68. नीचे दो कथन दिए गए हैं :

कथन-I : संगणक में लिखित संप्रेषण विधि में एलगोरिथम उसका एक अंक है।

कथन-II : निर्णय लेना संगणक के लिखित संप्रेषण विधि का एक अंग है।

उपरोक्त कथन के आलोक में, नीचे दिए गए विकल्पों में से सही उत्तर का चयन कीजिए।

A. कथन-I और कथन-II दोनों सही हैं।
B. कथन-I और कथन-II दोनों गलत हैं।
C. कथन-I सही है, लेकिन कथन-II गलत है।
D. कथन-I गलत है, लेकिन कथन-II सही है।

69. नीचे दो कथन दिए गए हैं :

कथन-I : .jpg एक ग्राफिक फाइल है।

कथन-II : .ttf एक वर्ड-टेक्स्ट फाइल है।

उपरोक्त कथन के आलोक में, नीचे दिए गए विकल्पों में से सही उत्तर का चयन कीजिए।

A. कथन-I और कथन-II दोनों सत्य हैं।
B. कथन-I और कथन-II दोनों असत्य हैं।
C. कथन-I सत्य है, लेकिन कथन-II असत्य है।
D. कथन-I असत्य है, लेकिन कथन-II सत्य है।

70. नीचे दो कथन दिए गए हैं :

कथन-I : लाइबर ऑफिस एक वर्ड प्रोसेसर नहीं है।

कथन-II : लाइबर ऑफिस के माध्यम से टेक्स्ट का संपादन किया जा सकता है।

उपरोक्त कथन के आलोक में, नीचे दिए गए विकल्पों में से सही उत्तर का चयन कीजिए।

A. कथन-I और कथन-II दोनों सत्य हैं।
B. कथन-I और कथन-II दोनों असत्य हैं।
C. कथन-I सत्य है, लेकिन कथन-II असत्य है।
D. कथन-I असत्य है, लेकिन कथन-II सत्य है।

71. (*a*) बारकोड में 13 अंक होते हैं।

(*b*) बारकोड के 05 भाग होते हैं।

(*c*) बारकोड के निर्माता भाग के 05 अंक होते हैं।

(*d*) बारकोड के 04 भाग हैं।

(*e*) बारकोड के देश वाले भाग में 02 अंक है।

नीचे दिए गए विकल्पों में से सही उत्तर का चयन कीजिए :

A. केवल (*a*), (*b*), (*c*) और (*d*)
B. केवल (*a*), (*b*), (*d*) और (*e*)
C. केवल (*a*), (*c*), (*d*) और (*e*)
D. केवल (*a*), (*b*), (*c*) और (*e*)

72. नीचे दो कथन दिए गए हैं :

कथन-I : ग्रैफीन सिलिकॉन का एक नया विकल्प है।

कथन-II : ग्रैफीन की प्रोसेसिंग कार्बन नैनो-ट्यूब्स से कम है।

उपरोक्त कथन के आलोक में, नीचे दिए गए विकल्पों में से सही उत्तर का चयन कीजिए।

A. कथन-I और कथन-II दोनों सही हैं।
B. कथन-I और कथन-II दोनों गलत हैं।
C. कथन-I सही है, लेकिन कथन-II गलत है।
D. कथन-I गलत है, लेकिन कथन-II सही है।

73. निम्न में से कौन-से कथन कम्प्यूटर के प्रयोग के लिए सही हैं?

(*a*) सी.पी.यू. डेटा को सबसे तेज गति से रजिस्टर के माध्यम से प्राप्त करता है।
(*b*) ओएमआर का अर्थ है ऑप्टिको-मैग्नेटिक रीडर
(*c*) सिस्टम सॉफ्टवेयर रोम में भण्डारित होता है
(*d*) ओसीआर का अर्थ है ऑनलाइन करेक्टर रीडर
(*e*) रैम डेटा को अस्थायी तौर पर रखता है

नीचे दिए गए विकल्पों में से सही उत्तर का चयन कीजिए :

A. केवल (*a*), (*b*) और (*c*)
B. केवल (*a*), (*c*) और (*d*)
C. केवल (*b*), (*c*) और (*d*)
D. केवल (*a*), (*c*) और (*e*)

74. सूची-I के साथ सूची-II का मिलान कीजिए :

सूची-I	**सूची-II**
(*a*) बृहस्पति-II	I. सोफिया
(*b*) रजिस्टर	II. अधिगम प्रबंधन प्रणाली
(*c*) इमरर्सिव अनुमत	III. भण्डारण
(*d*) रोबोटिक्स	IV. संवर्धि-यथार्थ

नीचे दिए गए विकल्पों में से सही उत्तर का चयन कीजिए :

	(*a*)	(*b*)	(*c*)	(*d*)
A.	IV	II	III	I
B.	I	II	IV	III
C.	II	III	IV	I
D.	I	IV	II	III

75. A और B के मध्य विभव अंतर होगा :

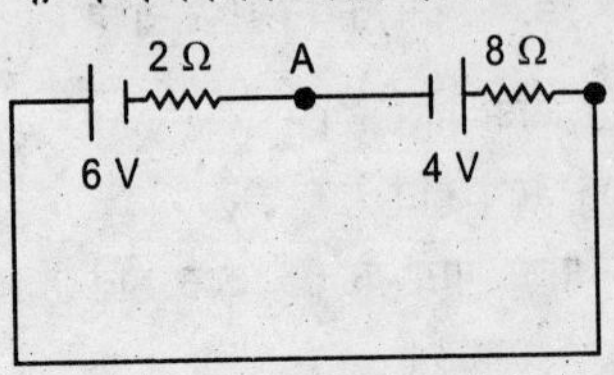

A. 4
B. 5.6
C. 2.8
D. 6.0

76. हाइड्रोजन परमाणु को एक प्रोटान तथा एक इलेक्ट्रॉन में पृथक करने के लिए 13.6 eV ऊर्जा की आवश्यकता है। हाइड्रोजन परमाणु में इलेक्ट्रॉन का वेग क्या होगा?

A. 2.2×10^8 m/s
B. 2.1×10^6 m/s
C. 2.2×10^6 m/s
D. 2.1×10^8 m/s

77. नीचे दो कथन दिए गए हैं : एक अभिकथन (A) के रूप में लिखित है तो दूसरा उसके कारण (R) के रूप में।

अभिकथन (A) : एक α-कण, एक प्रोटॉन और एक इलेक्ट्रॉन जिनकी गतिज ऊर्जा समान है, में α-कण का सबसे बड़ा डि-ब्राग्ली तरंग-दैर्ध्य अधिकतम होगा।

कारण (R) : α-कण इन सभी कणों में सबसे भारी है।

उपरोक्त कथन के आलोक में, नीचे दिए गए विकल्पों में से सबसे उपयुक्त उत्तर का चयन कीजिए।

A. (A) और (R) दोनों सत्य हैं और (R), (A) की सही व्याख्या है।
B. (A) और (R) दोनों सत्य हैं और (R), (A) की सही व्याख्या नहीं है।
C. (A) सत्य है, लेकिन (R) असत्य है।
D. (A) असत्य है, लेकिन (R) सत्य है।

78. नीचे दो कथन दिए गए हैं : एक अभिकथन (A) के रूप में लिखित है तो दूसरा उसके कारण (R) के रूप में।

अभिकथन (A) : किसी संधारित्र जिसके दो पट्टिकाओं के बीच निर्वात होता है, उसकी धारिता उस संधारित से कम होता है, जिनके पट्टिकाओं के मध्य परावैद्युत भरा होता है।

कारण (R) : आवेशित पट्टिकाओं के विद्युत क्षेत्र के कारण परावैद्युत में निवल द्विध्रुव आघूर्ण प्रेरित हो जाता है।

उपरोक्त कथन के आलोक में, नीचे दिए गए विकल्पों में से सबसे उपयुक्त उत्तर का चयन कीजिए।

A. (A) और (R) दोनों सत्य हैं और (R), (A) की सही व्याख्या है।
B. (A) और (R) दोनों सत्य हैं और (R), (A) की सही व्याख्या नहीं है।
C. (A) सत्य है, लेकिन (R) असत्य है।
D. (A) असत्य है, लेकिन (R) सत्य है।

79. चालकता के संदर्भ में कुछ कथन दिए गए हैं। सही कथन बताइए।

(*a*) पूर्णतया भरे हुए चालन बैण्ड के कारण धातुओं की चालकता अधिक होती है।
(*b*) आंशिक भरे हुए चालन बैण्ड उच्च चालकता का सूचक होता है।
(*c*) चालन बैण्ड एवं संयोजकता बैण्ड का अतिव्यापन चालकता को कम कर देता है।
(*d*) पूर्णतया रिक्त संयोजन बैण्ड चालकता को कम करता है।
(*e*) आंशिक भरा हुआ संयोजन बैण्ड चालकता को बढ़ाता है।

नीचे दिए गए विकल्पों में से सही उत्तर का चयन कीजिए :

A. (*a*), (*b*) और (*c*)　B. (*b*), (*c*) और (*d*)

C. (*a*), (*b*) और (*e*)　D. (*b*), (*d*) और (*e*)

80. x के बढ़ते क्रम में, निम्न शृंखला को व्यवस्थित करें।

(*a*) ब्रैकेट शृंखला = $R_C\left(\frac{1}{x^2}-\frac{1}{x^2}\right)$

(*b*) फण्ड शृंखला = $R_C\left(\frac{1}{x^2}-\frac{1}{x^2}\right)$

(*c*) लाइमैन शृंखला = $R_C\left(\frac{1}{x^2}-\frac{1}{x^2}\right)$

(*d*) बाल्मर शृंखला = $R_C\left(\frac{1}{x^2}-\frac{1}{x^2}\right)$

(*e*) पास्चेन शृंखला = $R_C\left(\frac{1}{x^2}-\frac{1}{x^2}\right)$

नीचे दिए गए विकल्पों में से सही उत्तर का चयन कीजिए :

A. पास्चेन, फण्ड, बाल्मर, ब्रैकेट, लाइमैन

B. लाइमैन, पास्चेन, ब्रैकेट, बाल्मर, फण्ड

C. लाइमैन, बाल्मर, पास्चेन, ब्रैकेट, फण्ड

D. फण्ड, लाइमैन, पास्चेन, बाल्मर, ब्रैकेट

81. नीचे दो कथन दिए गए हैं :

कथन-I : न्यूटन के कार्पस्क्रलर सिद्धांत के अनुसार प्रकाश की गति विरल माध्यम में सघन माध्यम की तुलना में अधिक होती है।

कथन-II : न्यूटन के कार्पस्क्रलर सिद्धांत के अनुसार प्रकाश की गति पानी की तुलना में ग्लास में अधिक है।

उपरोक्त कथन के आलोक में, नीचे दिए गए विकल्पों में से सही उत्तर का चयन कीजिए।

A. कथन-I और कथन-II दोनों सत्य है।

B. कथन-I और कथन-II दोनों असत्य है।

C. कथन-I सत्य है, लेकिन कथन-II असत्य है।

D. कथन-I असत्य है, लेकिन कथन-II सत्य है।

82. नीचे दो कथन दिए गए हैं :

कथन-I : जूपिटर एवं पृथ्वी ग्रह का द्रव्यमान क्रमशः 2×10^{27} और 6×10^{24} किलोग्राम है। उनकी त्रिज्या क्रमशः 7×10^7 और 6×10^6 मीटर है। जूपिटर पर पलायन वेग का अनुपात पृथ्वी से लगभग पाँच गुना होगा।

कथन-II : पलायन वेग का मान प्रोजेक्टाइल को छोड़ने की दिशा पर निर्भर करता है।

उपरोक्त कथन के आलोक में, नीचे दिए गए विकल्पों में से सही उत्तर का चयन कीजिए।

A. कथन-I और कथन-II दोनों सत्य है।

B. कथन-I और कथन-II दोनों असत्य है।

C. कथन-I सत्य है, लेकिन कथन-II असत्य है।

D. कथन-I असत्य है, लेकिन कथन-II सत्य है।

83. एक वस्तु को अवतल दर्पण से 15 सेमी. की दूरी पर रखा गया। दर्पण की वक्रता त्रिज्या 40 सेमी. है। प्रतिबिंब के संदर्भ में निम्न कथन दिए गए हैं :

(*a*) प्रतिबिंब बिंब की दिशा में बनेगा।

(*b*) प्रतिबिंब दर्पण से 30 सेमी. की दूरी पर बनेगा।

(*c*) आवर्धन $m = -4$ होगा।

(*d*) प्रतिबिंब वास्तविक होगा।

(*e*) प्रतिबिंब की दूरी 45 सेमी. होगी।

नीचे दिए गए विकल्पों में से सही उत्तर का चयन कीजिए :

A. केवल (*a*), (*c*) और (*e*)

B. केवल (*a*), (*c*) और (*d*)

C. केवल (*a*), (*b*) और (*e*)

D. केवल (*b*), (*c*) और (*d*)

84. नीचे दो कथन दिए गए हैं :

कथन-I : स्थिर रखे 12 किग्रा. का एक बॉम्ब 4 किग्रा. और 8 किग्रा. के दो टुकड़ों में फटेगा। 4 किग्रा. टुकड़े का वेग 5 ms^{-1} है। तब 8 किग्रा. वाले टुकड़े का वेग होगा $-5/4\ ms^{-1}$.

कथन-II : 8 किग्रा. वाले टुकड़े की गतिज ऊर्जा 25 J होगी।

उपरोक्त कथन के आलोक में, नीचे दिए गए विकल्पों में से सही उत्तर का चयन कीजिए।

A. कथन-I और कथन-II दोनों सत्य है।

B. कथन-I और कथन-II दोनों असत्य है।

C. कथन-I सत्य है, लेकिन कथन-II असत्य है।

D. कथन-I असत्य है, लेकिन कथन-II सत्य है।

85. नीचे दो कथन दिए गए हैं : एक अभिकथन (A) के रूप में लिखित है तो दूसरा उसके कारण (R) के रूप में।

अभिकथन (A) : प्रेशर कुकर में खाना शीघ्र बनता है।

कारण (R) : अधिक दाब पर पानी अधिक तापमान पर उबलता है।

उपरोक्त कथन के आलोक में, नीचे दिए गए विकल्पों में से सबसे उपयुक्त उत्तर का चयन कीजिए।

A. (A) और (R) दोनों सही हैं और (R), (A) की सही व्याख्या है।

B. (A) और (R) दोनों सही हैं और (R), (A) की सही व्याख्या नहीं है।

C. (A) सही है, लेकिन (R) सही नहीं है।

D. (A) सही नहीं है, लेकिन (R) सही है।

86. बुनियादी शिक्षा योजना का मूल उद्देश्य क्या है?

A. प्राथमिक शिक्षा का सार्वभौमीकरण

B. शिक्षा को व्यावसायपरक बनाना
C. शिक्षा द्वारा लोगों की बेसिक आवश्यकताओं को पूरा करना
D. शिक्षा को सभी के लिए अनिवार्य बनाना

87. अगर एक छात्र शिक्षक को शिक्षक दिवस के दिन बधाई देता है तो शिक्षक को क्या करना चाहिए?
A. ध्यान नहीं देना चाहिए
B. उत्तर में उसे भी बधाई देनी चाहिए
C. छात्र को समय नष्ट न करने को कहना चाहिए
D. छात्र को टेस्ट में अच्छे नम्बर देना चाहिए

88. विज्ञान की कक्षा में, वह छात्र जो प्रश्न पूछते हैं, उन्हें :
A. क्लास के बाद मिलने को कहें।
B. पूरी कक्षा को उस प्रश्न पर विचार-विमर्श करने को कहें।
C. प्रश्न करने के लिए उत्साहित करें।
D. प्रश्न पूछने के लिए उसे डांट देना चाहिए।

89. पर्यावरण शिक्षा विज्ञान शिक्षण का भाग होना चाहिए क्योंकि :
A. यह पर्यावरण प्रदूषण पर प्रभाव डालेगा।
B. यह प्रकृति को भविष्य की पीढ़ियों के लिए बचाकर रखेगा।
C. यह शिक्षकों को नौकरी देगा।
D. हम पर्यावरण से बच नहीं सकते।

90. नीचे दो कथन दिए गए हैं :
कथन-I : NIEPA का सम्बन्ध मुख्य रूप से शैक्षणिक नियोजन से है।
कथन-II : NCTE अध्यापक शिक्षा में मानक तय करने वाली नियंत्रक संस्था है।

उपरोक्त कथन के आलोक में, नीचे दिए गए विकल्पों में से सही उत्तर का चयन कीजिए।
A. कथन-I और कथन-II दोनों सत्य है।
B. कथन-I और कथन-II दोनों असत्य है।
C. कथन-I सत्य है, लेकिन कथन-II असत्य है।
D. कथन-I असत्य है, लेकिन कथन-II सत्य है।

91. सूची-I के साथ सूची-II का मिलान कीजिए :

सूची-I	**सूची-II**
(*a*) यशपाल कमेटी रिपोर्ट	I. 1965
(*b*) UNESCO द्वारा सेटेलाइट से निर्देशित टी.वी. कार्यक्रम	II. 1986
(*c*) माइक्रो-शिक्षण तंत्र	III. 1993
(*d*) राष्ट्रीय शिक्षा नीति	IV. 1961

नीचे दिए गए विकल्पों में से सही उत्तर का चयन कीजिए :

	(*a*)	(*b*)	(*c*)	(*d*)
A.	I	IV	III	II
B.	II	III	I	IV
C.	IV	II	I	III
D.	III	I	IV	II

92. जब एक शिक्षक कक्षा में जाता है और विद्यार्थियों को शोर मचाते देखता है। शिक्षक को क्या करना चाहिए?
(*a*) विद्यार्थियों को सजा देनी चाहिए।
(*b*) विद्यार्थियों को शिक्षण अधिगम प्रक्रिया में वार्तालाप में व्यस्त करना चाहिए।
(*c*) उन्हें सम्भाषण द्वारा पढ़ाना शुरू कर देना चाहिए।
(*d*) विद्यार्थियों को पाठ्य वस्तु की उपयोगिता बताकर, उनका ध्यान शिक्षण में आकर्षित करना चाहिए।
(*e*) शिक्षण को उदाहरणों, कहानियों एवं शिक्षण सामग्री द्वारा रुचिकर बनाना चाहिए।

नीचे दिए गए विकल्पों में से सही उत्तर का चयन कीजिए :
A. (*a*), (*b*), (*c*) B. (*b*), (*c*), (*d*)
C. (*b*), (*d*), (*e*) D. (*a*), (*c*), (*e*)

93. नीचे दो कथन दिए गए हैं : एक अभिकथन (A) के रूप में लिखित है तो दूसरा उसके कारण (R) के रूप में।
अभिकथन (A) : शिक्षक का सबसे महत्वपूर्ण कार्य है शिक्षण का आयोजन करना।
कारण (R) : शिक्षक का काम छात्रों का ध्यान रखना है।

उपरोक्त कथन के आलोक में, नीचे दिए गए विकल्पों में से सबसे उपयुक्त उत्तर का चयन कीजिए।
A. (A) और (R) दोनों सही हैं और (R), (A) की सही व्याख्या है।
B. (A) और (R) दोनों सही हैं और (R), (A) की सही व्याख्या नहीं है।
C. (A) सही है, लेकिन (R) सही नहीं है।
D. (A) सही नहीं है, लेकिन (R) सही है।

94. प्रभावशाली शिक्षण के लिए, एक शिक्षक को यह आवश्यक नहीं है :
A. विषय वस्तु की विस्तृत जानकारी रखना
B. श्रव्य-दृश्य सामग्री की समझ रखना
C. अच्छा व्यक्तित्व होना
D. अच्छे सम्प्रेषण कौशल रखना

95. नीचे दो कथन दिए गए हैं : एक अभिकथन (A) के रूप में लिखित है तो दूसरा उसके कारण (R) के रूप में।
अभिकथन (A) : भाई-बहन, माता-पिता और शिक्षक बच्चों के लिए महत्वपूर्ण प्रेरणा स्रोत हैं।
कारण (R) : शिक्षा की अच्छी समझ हमें अपने बारे में बेहतर सोचने के लिए सक्षम बनाती है।

उपरोक्त कथन के आलोक में, नीचे दिए गए विकल्पों में से सबसे उपयुक्त उत्तर का चयन कीजिए।
A. (A) और (R) दोनों सही हैं और (R), (A) की सही व्याख्या है।
B. (A) और (R) दोनों सही हैं और (R), (A) की सही व्याख्या नहीं है।
C. (A) सही है, लेकिन (R) सही नहीं है।
D. (A) सही नहीं है, लेकिन (R) सही है।

96. छात्र के अवांछनीय व्यवहार को अवांछनीय व्यवहार में बदलने का बेहतर तरीका क्या है?

A. छात्र को सजा देना
B. माता-पिता के संज्ञान में लाना
C. अवांछनीय व्यवहार का कारण जानना एवं विद्यार्थी से बात करना
D. ध्यान न देना

97. विज्ञान शिक्षण हो सकता है :

(*a*) एक व्यवस्थित प्रस्तुतिकरण द्वारा
(*b*) स्वयं अनुभव करके
(*c*) सूत्रों तथा संकल्पनाओं को याद करके
(*d*) बिना वातावरण से उदाहरण दिए
(*e*) केवल प्रयोगशाला में

नीचे दिए गए विकल्पों में से सही उत्तर का चयन कीजिए :

A. केवल (*a*) और (*b*)
B. केवल (*b*) और (*c*)
C. केवल (*c*) और (*d*)
D. केवल (*d*) और (*e*)

98. राष्ट्रीय साक्षरता मिशन कब प्रारंभ हुआ?

A. 1996 B. 1988
C. 1999 D. 2000

99. नीचे दो कथन दिए गए हैं :

कथन-I : पाठ्यक्रम और पाठ्यचर्या एक समान हैं।
कथन-II : पाठ्यक्रम और पाठ्यचर्या दोनों में ही विषय का ज्ञान सम्मिलित होता है।

उपरोक्त कथन के आलोक में, नीचे दिए गए विकल्पों में से सही उत्तर का चयन कीजिए।

A. कथन-I और कथन-II दोनों सत्य है।
B. कथन-I और कथन-II दोनों असत्य है।
C. कथन-I सत्य है, लेकिन कथन-II असत्य है।
D. कथन-I असत्य है, लेकिन कथन-II सत्य है।

100. नवोदय विद्यालयों को स्थापित करने का उद्देश्य है :

A. गाँवों में 'सर्व शिक्षा अभियान' को पूरा करना
B. गाँवों में अच्छी शिक्षा प्रदान करना
C. गाँवों में शिक्षा को व[illegible]ने से बचाना
D. गाँवों में स्कूलों की संख्या को बढ़ाना

उत्तरमाला

1	2	3	4	5	6	7	8	9	10
C	C	A	B	B	C	C	B	C	C
11	**12**	**13**	**14**	**15**	**16**	**17**	**18**	**19**	**20**
A	D	A	*	A	D	A	B	B	C
21	**22**	**23**	**24**	**25**	**26**	**27**	**28**	**29**	**30**
D	B	A	*	C	A	C	B	C	B
31	**32**	**33**	**34**	**35**	**36**	**37**	**38**	**39**	**40**
B	B	A	C	A	B	A	C	C	D
41	**42**	**43**	**44**	**45**	**46**	**47**	**48**	**49**	**50**
C	B	C	B	D	B	C	C	C	A
51	**52**	**53**	**54**	**55**	**56**	**57**	**58**	**59**	**60**
C	D	C	A	D	D	A	A	A	D
61	**62**	**63**	**64**	**65**	**66**	**67**	**68**	**69**	**70**
A	C	C	A	B	B	A	A	C	D
71	**72**	**73**	**74**	**75**	**76**	**77**	**78**	**79**	**80**
C	C	D	C	B	C	D	A	C	C
81	**82**	**83**	**84**	**85**	**86**	**87**	**88**	**89**	**90**
D	C	B	D	A	C	B	C	B	A
91	**92**	**93**	**94**	**95**	**96**	**97**	**98**	**99**	**100**
D	C	B	C	B	C	A	B	D	B

विज्ञान

भौतिक विज्ञान

- भौतिक विज्ञान में द्रव्य तथा ऊर्जा और उसकी परस्पर क्रियाओं का अध्ययन होता है।
- भौतिक राशियाँ दो प्रकार की होती हैं–
  (*i*) **अदिश राशिः** ऐसी भौतिक राशियाँ जिनमें केवल परिमाण होता है दिशा नहीं, उन्हें अदिश राशि कहा जाता है, जैसे–दाब, द्रव्यमान, दूरी, चाल, आयतन, समय, कार्य, ऊर्जा, विद्युत धारा, ताप आदि।
  (*ii*) **सदिश राशिः** ऐसी भौतिक राशियाँ, जिनमें परिमाण के साथ-साथ दिशा भी रहती है, सदिश राशि कहलाती हैं, जैसे–बल, वेग, विस्थापन, त्वरण, संवेग एवं बल-आघूर्ण इत्यादि।

राशि एवं उनके मात्रक

राशि	मात्रक (SI)	राशि	मात्रक (SI)
• लम्बाई	मीटर	• कार्य, ऊर्जा	जूल
• द्रव्यमान	किलोग्राम	• कोण	रेडियन
• समय	सेकण्ड	• त्वरण	मी/सेकण्ड^2
• ताप	केल्विन	• बल	न्यूटन
• विद्युत धारा	ऐम्पियर	• शक्ति	वाट
• ज्योति तीव्रता	कैण्डेला	• दाब	पास्कल
• आयतन	घनमीटर	• चाल	मी/सेकण्ड
• कोणीय वेग	रेडियन/से.	• आवृत्ति	हट्‌र्ज
• संवेग	किग्रा.मी./से.	• आवेग	न्यूटन/सेकण्ड
• पृष्ठ तनाव	न्यूटन/मीटर	• विद्युत प्रतिरोध	ओम
• विभवान्तर	वोल्ट	• विद्युत धारिता	फैराडे

- **गतिः** यदि किसी वस्तु की स्थिति, किसी स्थिर वस्तु के सापेक्ष एकसमान रूप से बदल रही हो तो वह वस्तु गति में कही जाती है।
- **दूरीः** वस्तु द्वारा किसी समय अन्तराल में तय किए गए मार्ग की सम्पूर्ण लम्बाई दूरी कहलाती है। यह एक अदिश राशि है।
- **विस्थापनः** वस्तु की अन्तिम तथा प्रारंभिक स्थिति के बीच की न्यूनतम दूरी को विस्थापन कहते हैं। यह एक सदिश राशि है।
- **चालः** किसी वस्तु द्वारा प्रति सेकण्ड तय की गई दूरी को चाल कहते हैं।
- **वेगः** कोई वस्तु इकाई समय में किसी निश्चित दिशा में जितनी दूरी तय करती है, अर्थात् जितना विस्थापित होती है, उसे उस वस्तु का वेग कहते हैं। यह एक सदिश राशि है।
- **त्वरणः** किसी वस्तु के वेग परिवर्तन की दर को उस वस्तु का त्वरण कहते हैं।

$$\text{त्वरण} = \frac{\text{वेग में परिवर्तन}}{\text{समयान्तराल}}$$

- **वृत्तीय गति (Circular Motion):** जब कोई वस्तु वृत्तीय पथ पर गति करती है, तो उसकी गति वृत्तीय गति कहलाती है।
- **अभिकेन्द्र बलः** जब कोई वस्तु किसी वृत्ताकार मार्ग पर चलती है, तो उस पर एक बल वृत्त के केन्द्र की ओर कार्य करता है इसे अभिकेन्द्र बल कहते हैं।
- **अपकेन्द्रीय बलः** यह अभिकेन्द्री बल के विपरीत दिशा में लगता है।
- सूर्य के चारों ओर ग्रहों की गति तथा ग्रहों के चारों ओर उपग्रह की गति के लिए गुरुत्वाकर्षण बल आवश्यक अभिकेन्द्र बल प्रदान करता है।
- अभिकेन्द्र बल प्राप्त करने के लिए साइकिल सवार मोड़ पर अन्दर की ओर झुक जाता है।
- कपड़ा सुखाने की मशीन तथा दूध से मक्खन निकालने की मशीन अपकेन्द्रीय बल के सिद्धान्त पर कार्य करती है।
- आवश्यक अभिकेन्द्र बल प्रदान करने के लिए घुमावदार रेलवे ट्रैक एवं घुमावदार सड़कें एक तरफ को झुकी हुई या उठी हुई होती हैं।

न्यूटन के गति के नियम

- **प्रथम नियमः** यदि कोई वस्तु विराम की अवस्था में है, तो वह विराम की अवस्था में ही रहेगी और यदि वह एकसमान गति से किसी दिशा में चल रही है, तो वह वैसे ही चलती रहेगी, जब तक कि उस पर कोई बाहरी बल लगाकर उसकी अवस्था में परिवर्तन न किया जाए।
  वस्तुओं की प्रारंभिक अवस्था (विराम या गति की अवस्था) में स्वतः परिवर्तन नहीं होने की प्रवृत्ति को जड़त्व कहते हैं। इसीलिए न्यूटन के प्रथम नियम को 'जड़त्व का नियम' भी कहा जाता है।
  बल एक बाह्य कारक है, जिसके द्वारा किसी वस्तु की विराम अथवा गति की अवस्था में परिवर्तन किया जाता है। अतः प्रथम नियम से हमें बल की परिभाषा प्राप्त होती है।
- **द्वितीय नियमः** वस्तु के संवेग में परिवर्तन की दर उस पर आरोपित बल के अनुक्रमानुपाती होती है तथा संवेग परिवर्तन आरोपित बल की दिशा में ही होता है।
- **तृतीय नियमः** प्रत्येक क्रिया के बराबर, परन्तु विपरीत दिशा में प्रतिक्रिया होती है। इस नियम को क्रिया-प्रतिक्रिया का नियम भी कहते हैं।

न्यूटन के गति नियम के कुछ अनुप्रयोग

प्रथम नियम के अनुप्रयोग

- रुकी हुई गाड़ी के अचानक चल पड़ने पर उसमें बैठे यात्री पीछे की ओर झुक जाते हैं एवं चलती हुई गाड़ी के अचानक रुकने पर उसमें बैठे यात्री आगे की ओर झुक जाते हैं।
- गोली मारने से काँच में गोल छेद हो जाता है, परन्तु पत्थर मारने पर वह काँच टुकड़े-टुकड़े हो जाता है।

द्वितीय नियम के अनुप्रयोग

- क्रिकेट खिलाड़ी गेंद को कैच करते समय अपने हाथों को थोड़ा पीछे कर लेता है।
- गाड़ियों में स्प्रिंग और शॉक एब्जार्बर लगाए जाते हैं।
- गद्दे या मिट्टी के फर्श पर गिरने पर सीमेण्ट से बने फर्श पर गिरने की तुलना में कम चोट लगती है।

तृतीय नियम के अनुप्रयोग

- बंदूक से गोली छोड़ते समय पीछे की ओर झटका लगना।
- नाव के किनारे पर से जमीन पर कूदने पर नाव का पीछे हटना।
- ऊँचाई से कूदने पर चोट लगना।
- रॉकेट का आगे बढ़ना।

- **संवेगः** किसी गतिमान वस्तु के द्रव्यमान तथा वेग के गुणनफल को उस वस्तु का 'संवेग' कहते हैं। यह एक सदिश राशि है।
- **आवेगः** यदि कोई बल किसी वस्तु पर कम समय तक कार्यरत रहे तो बल और समय-अन्तराल के गुणनफल को उस वस्तु का 'आवेग' कहते हैं।

  आवेग = बल × समय – अन्तराल
- **संवेग-संरक्षण का नियमः** इस नियम के अनुसार एक या एक से अधिक वस्तुओं के निकाय पर कोई बाहरी बल नहीं लग रहा हो, तो उस निकाय का कुल संवेग नियत रहता है, अर्थात् संरक्षित रहता है।
- **घर्षण (Friction):** सम्पर्क में रखी दो वस्तुओं के मध्य एक प्रकार का बल कार्य करता है, जो गति करने में वस्तु का विरोध करता है, यह बल ही घर्षण बल कहलाता है। इसकी दिशा सदैव वस्तु की गति की दिशा के विपरीत होती है। गाड़ियों के ब्रेक घर्षण बल के कारण ही कार्य करते हैं। घर्षण बल के कारण ही मनुष्य सीधा खड़ा रह पाता है तथा चल पाता है।
- स्नेहक जैसे तेल एवं ग्रीस आदि का प्रयोग करके घर्षण को कम किया जाता है। बॉल-बियरिंग का प्रयोग भी घर्षण कम करने के लिए किया जाता है।
- **बल-आघूर्णः** बल द्वारा एक पिण्ड को एक अक्ष के परितः घुमाने की प्रवृति को बल-आघूर्ण कहते हैं। किसी अक्ष के परितः एक बल का बल-आघूर्ण उस बल के परिमाण तथा अक्ष से बल की क्रिया-रेखा के बीच की लम्बवत् दूरी के गुणनफल के बराबर होता है। यह एक सदिश राशि है। इस सिद्धांत के आधार पर घरों में गेहूं पीसने की चक्की का हत्था कील से दूर लगाया जाता है ताकि चक्की को घुमाने के लिए कम जोर लगाना पड़े।
- **उत्तोलक (Liver):** उत्तोलक एक सीधी या टेढ़ी दृढ़ छड़ होती है, जो किसी निश्चित बिन्दु के चारों ओर स्वतंत्रतापूर्वक घूम सकती है, जैसे–चिमटा, सरौता, कैंची आदि।
- **कार्य (Work):** कार्य की माप लगाए गए बल तथा बल की दिशा में वस्तु के विस्थापन के गुणनफल के बराबर होती है। यह एक अदिश राशि है।

  कार्य = बल × बल की दिशा में विस्थापन।
- **ऊर्जा (Energy):** किसी वस्तु की कार्य करने की क्षमता को उस वस्तु की ऊर्जा कहते हैं। ऊर्जा एक अदिश राशि है, इसका मात्रक जूल है। ऊर्जा दो प्रकार की होती है–गतिज ऊर्जा एवं स्थितिज ऊर्जा।
  - *(i)* **गतिज ऊर्जा (Kinetic Energy):** किसी वस्तु में उसकी गति के कारण कार्य करने की जो क्षमता आ जाती है, उसे उस वस्तु की गतिज ऊर्जा कहते हैं। वायु की गतिज ऊर्जा पवन चक्की को चलाने के काम आती है।
  - *(ii)* **स्थितिज ऊर्जा (Potential Energy):** जब किसी वस्तु में उसकी अवस्था या स्थिति के कारण कार्य करने की क्षमता आ जाती है, तो उसे स्थितिज ऊर्जा कहते हैं, जैसे–घड़ी की चाबी से संचित ऊर्जा, तनी हुई स्प्रिंग या कमानी की ऊर्जा।
- **ऊर्जा संरक्षण का सिद्धांतः** ऊर्जा को न तो उत्पन्न किया जा सकता है और न ही नष्ट किया जा सकता है केवल एक रूप से दूसरे रूप में परिवर्तित किया जा सकता है, इसे ऊर्जा संरक्षण का सिद्धांत कहते हैं।

ऊर्जा का रूपान्तरण

उपकरण	ऊर्जा का रूपान्तरण
• माइक्रोफोन	विद्युत ऊर्जा को ध्वनि ऊर्जा में
• सौर सेल	प्रकाश ऊर्जा को विद्युत ऊर्जा में
• डायनेमो	यांत्रिक ऊर्जा को विद्युत ऊर्जा में
• मोमबत्ती का जलना	रासायनिक ऊर्जा को प्रकाश एवं ऊष्मा ऊर्जा में
• विद्युत मोटर	विद्युत ऊर्जा को यांत्रिक ऊर्जा में
• बल्ब/ट्यूब-लाइट/ हीटर का जलना	विद्युत ऊर्जा को प्रकाश एवं ऊष्मा ऊर्जा में

- **गुरुत्वाकर्षण (Gravitation):** न्यूटन के अनुसार किन्हीं पिंडों के बीच कार्य करने वाला आकर्षण बल पिण्डों के द्रव्यमान के गुणनफल के अनुक्रमानुपाती तथा उनके बीच की दूरी के वर्ग के व्युत्क्रमानुपाती होता है।
- **गुरुत्व (Gravity):** न्यूटन के गुरुत्वाकर्षण नियम के अनुसार दो पिंडों के बीच एक आकर्षण बल कार्य करता है। गुरुत्व वह आकर्षण बल है, जिससे पृथ्वी किसी वस्तु को अपने केन्द्र की ओर खींचती है। इस बल के कारण जो त्वरण उत्पन्न होता है, उसे गुरुत्व जनित त्वरण (g) कहते हैं जिसका मान 9.8 m/s^2 होता है। यह वस्तु के रूप, आकार, द्रव्यमान आदि पर निर्भर नहीं करता है।
- g के मान में परिवर्तन–
  - (*a*) पृथ्वी तल से नीचे या ऊपर जाने पर g का मान घटता है।
  - (*b*) पृथ्वी के केन्द्र पर g का मान शून्य होता है।
  - (*c*) g का मान पृथ्वी के ध्रुव पर महत्तम तथा विषुवत् रेखा पर न्यूनतम होता है।
  - (*d*) पृथ्वी की घूर्णन गति बढ़ने पर g का मान कम हो जाता है तथा पृथ्वी की घूर्णन गति घटने पर g का मान बढ़ जाता है।

- पृथ्वी के गुरुत्व के कारण ही पृथ्वी पर वायुमण्डल उपस्थित है।
- पहाड़ पर चढ़ते समय यात्री सदैव आगे की ओर को झुकते हैं। ऐसा करने से यात्री का गुरुत्व केन्द्र उनके पैरों के बीच से होकर गुजरता है तथा उन्हें अधिक संतुलन व स्थायित्व प्राप्त होता है।
- जब लकड़ी तथा लोहे की गेंद को निर्वात में एक साथ नीचे गिराया जाता है, तो दोनों गेंद एक साथ पृथ्वी पर पहुँचती हैं क्योंकि पृथ्वी द्वारा लगाया गया गुरुत्वाकर्षण बल सभी वस्तुओं पर एकसमान होता है।
- चन्द्रमा पर गुरुत्वीय त्वरण (g) का मान, पृथ्वी के गुरुत्वीय त्वरण के मान का 1/6 होता है।
- **पलायन वेगः** पलायन वेग वह न्यूनतम वेग है जिसमें किसी पिण्ड को पृथ्वी की सतह से ऊपर की ओर फेंके जाने पर वह गुरुत्वीय क्षेत्र को पार कर सकता है और कभी वापस नहीं आता। इसका मान पृथ्वी तल पर 11.2 किमी/से. होता है।
- **भू-स्थायी उपग्रह (Geo-Stationary Satellite):** ऐसा उपग्रह जो पृथ्वी के अक्ष के लम्बवत् तल में पश्चिम से पूर्व की ओर पृथ्वी की परिक्रमा करता है तथा जिसका परिक्रमण काल पृथ्वी के परिक्रमण काल (24 घंटे) के बराबर होता है। यह उपग्रह पृथ्वी तल से लगभग 36,000 किमी की ऊँचाई पर रहकर पृथ्वी का परिक्रमण करता है।
- **तरंग (Wave):** तरंग के द्वारा ऊर्जा का एक स्थान से दूसरे स्थान तक स्थानान्तरण होता है। तरंगों को मुख्यतः दो भागों में बाँटा जा सकता है–यांत्रिक तरंग व विद्युत-चुम्बकीय तरंग।
  - (*i*) **यांत्रिक तरंगः** ऐसी तरंगें जो किसी पदार्थिक माध्यम (ठोस, द्रव अथवा गैस) में संचारित होती है, यांत्रिक तरंगें कहलाती हैं। यांत्रिक तरंगों को मुख्यतः दो भागों में बाँटा गया है–

    (*a*) अनुदैर्ध्य तरंग एवं (*b*) अनुप्रस्थ तरंग
  - (*ii*) **विद्युत-चुम्बकीय तरंगः** ऐसी तरंगें जिनके संचरण के लिए किसी माध्यम की आवश्यकता नहीं होती। प्रकाश एवं ऊष्मा विद्युत-चुम्बकीय तरंगों के उदाहरण हैं।
- **ध्वनि तरंग (Sound Wave):** ध्वनि एक स्थान से दूसरे स्थान तक तरंगों के रूप में गमन करती है। ध्वनि तरंगें अनुदैर्ध्य यांत्रिक तरंगें होती हैं।
- **श्रव्य तरंगें (Audible Waves):** 20 Hz से 20000 Hz के बीच की आवृत्ति वाली तरंगों को 'श्रव्य तरंग' कहते हैं। इन तरंगों को अपने कानों के द्वारा सुना जा सकता है।
- **अवश्रव्य तरंगें (Infrasonic Waves):** 20 Hz से नीचे की आवृत्ति वाली ध्वनि तरंगों को 'अवश्रव्य तरंगें' कहते हैं। इन्हें हमारे कान नहीं सुन सकते हैं।
- **पराश्रव्य तरंगें (Ultrasonic Waves):** 20,000 Hz से ऊपर की तरंगों को पराश्रव्य तरंगें कहा जाता है। मनुष्य के कान इसे नहीं सुन सकते हैं परन्तु कुछ जानवर, जैसे–कुत्ता, बिल्ली, चमगादड़ आदि इसे सुन सकते हैं।
- **सोनार (Sonar) :** एक ऐसी विधि है, जिसके द्वारा समुद्र में डूबी हुई वस्तुओं का पता लगाया जाता है। इसके लिए पराश्रव्य तरंगों का प्रयोग किया जाता है।
- विभिन्न माध्यमों में ध्वनि की चाल भिन्न-भिन्न होती है। यह मुख्यतः माध्यम की प्रत्यस्थता तथा घनत्व पर निर्भर करती है। ताप बढ़ने पर ध्वनि की चाल बढ़ती है।
- हवा की आर्द्रता बढ़ने पर ध्वनि की चाल बढ़ जाती है।
- **अनुनाद (Resonance) :** जब किसी वस्तु के कम्पनों की स्वाभाविक आवृत्ति किसी चालक बल के कम्पनों की आवृत्ति के बराबर होती है, तो वह वस्तु बहुत अधिक आयाम से कम्पन करने लगती है। इस घटना को अनुनाद कहते हैं।
- **डाप्लर प्रभाव (Doppler's Effect) :** जब किसी ध्वनि स्रोत एवं श्रोता के बीच आपेक्षिक गति होती है, तो श्रोता को ध्वनि की आवृत्ति उसकी वास्तविक आवृत्ति से अलग सुनाई पड़ती है, इसे ही डॉप्लर प्रभाव कहते हैं।
- **दाब (Pressure) :** किसी सतह के एकांक क्षेत्रफल पर लगने वाले बल को दाब कहते हैं। यह सदिश राशि है।

  दाब = बल/क्षेत्रफल
- वायुमण्डलीय दाब बैरोमीटर से मापा जाता है।
- पास्कल के नियम पर आधारित कुछ यंत्र हैं: हाइड्रोलिक लिफ्ट, हाइड्रोलिक प्रेस, हाइड्रोलिक ब्रेक इत्यादि।
- दाब बढ़ने पर पदार्थ का गलनांक बढ़ जाता है।
- सभी द्रवों का क्वथनांक दाब घटाने पर बढ़ जाता है।
- पृथ्वी की सतह से ऊपर जाने पर वायुमण्डलीय दाब कम हो जाता है जिसके फलस्वरूप–
  - व्यक्ति की नाक से खून निकलने लगता है।
  - पहाड़ों पर खाना बनाने में कठिनाई होती है।
  - वायुयान में बैठे यात्री के फाउण्टेनपेन से स्याही रिस जाती है।
  - नमक मिले पानी का क्वथनांक कम होने के कारण इसमें भोजन जल्दी पक जाता है।
  - जल 100°C से कम ताप पर उबलने लगता है।
  - अधिक ऊँचाई पर कम दाब के कारण वायु की मात्रा कम होती है, अतः साँस लेने में कठिनाई होती है।
- **प्लवन के नियम** (Law of Floatation)–
  - (*i*) संतुलित अवस्था में तैरने पर वस्तु अपने भार के बराबर द्रव विस्थापित करती है।
  - (*ii*) ठोस का गुरुत्व-केन्द्र तथा हटाए गए द्रव का गुरुत्व केन्द्र दोनों एक ही उर्ध्वाधर रेखा में होने चाहिए।
- **गुरुत्व केन्द्रः** किसी वस्तु का वह बिन्दु जहाँ उसका समस्त भार कार्य करता है, गुरुत्व केन्द्र कहलाता है।
- **आर्किमिडीज का सिद्धांतः** जब कोई वस्तु किसी द्रव में पूरी अथवा आंशिक रूप से डुबोई जाती है, तो उसके भार में कमी का आभास होता है। भार में यह आभासी कमी वस्तु द्वारा हटाए गए द्रव के भार के बराबर होती है।
- **घनत्व (Density):** द्रव्यमान प्रति एकांक आयतन घनत्व कहलाता है।
  - (*i*) आपेक्षिक घनत्व एक अनुपात है। इसे हाइड्रोमीटर से मापा जाता है।
  - (*ii*) सामान्य जल की अपेक्षा समुद्री जल का घनत्व अधिक होता है, इसलिए उसमें तैरना आसान होता है।
- जब बर्फ पानी में तैरती है, तो उसके आयतन का 1/10 भाग पानी के ऊपर रहता है।

- किसी बर्तन में पानी भरा है और उस पर बर्फ तैर रही है, जब बर्फ पूरी तरह पिघल जाएगी तो पात्र में पानी का तल बढ़ता नहीं है, पहले के समान ही रहता है।
- **पृष्ठ तनाव (Surface Tension):** द्रव का स्वतंत्र पृष्ठ सदैव तनाव में रहता है तथा उसमें कम-से-कम क्षेत्रफल प्राप्त करने की प्रवृत्ति होती है। द्रव के पृष्ठ का यह तनाव ही पृष्ठ तनाव कहलाता है, जैसे–
  (*i*) पतली सुई पृष्ठ तनाव के कारण ही पानी पर तैरती है।
  (*ii*) साबुन के घोल के बुलबुले बड़े इसीलिए बनते हैं कि जल में साबुन घोलने पर उसका पृष्ठ तनाव कम हो जाता है।
  (*iii*) समुद्र की लहरों को शांत करने के लिए उन पर तेल डाल दिया जाता है।
- एक ही पदार्थ के अणुओं के मध्य लगने वाले आकर्षण बल को ससंजक बल कहते हैं जबकि विभिन्न पदार्थों के अणुओं के बीच के आकर्षण बल को आसंजक बल कहते हैं।
- आसंजक बल के फलस्वरूप ही जल किसी वस्तु को भिगोता है, पारा काँच से नहीं चिपकता आदि।
- **केशिकत्व (Capillarity):** केशनली में द्रव के ऊपर चढ़ने या नीचे दबने की घटना को केशिकत्व कहते हैं। केशिकत्व के कारण ही–
  – लालटेन या लैम्प की बत्ती में तेल ऊपर चढ़ता है।
  – ब्लॉटिंग पेपर स्याही को शीघ्र सोख लेता है।
  – पेड़ पौधों की शाखाओं, तने एवं पत्तियों तक जल और आवश्यक लवण केशिकत्व की क्रिया के द्वारा ही पहुँचते हैं।
- **श्यानता (Viscocity):** तरल का वह गुण जिसके कारण तरल की विभिन्न परतों के मध्य आपेक्षिक गति का विरोध होता है, श्यानता कहलाता है। द्रवों में श्यानता, अणुओं के मध्य लगने वाले ससंजक बलों के कारण होती है एवं गैसों में श्यानता इसकी एक परत से दूसरी परत में अणुओं के स्थानान्तरण के कारण होती है।
- ताप बढ़ने पर द्रवों की श्यानता घट जाती है, परन्तु गैसों की बढ़ जाती है।
- **ऊष्मा (Heat):** ऊष्मा एक प्रकार की ऊर्जा है, जो दो वस्तुओं के बीच उनके तापान्तर के कारण एक वस्तु से दूसरी वस्तु में स्थानांतरित होती है। स्थानांतरण के समय ही ऊर्जा ऊष्मा कहलाती है। वस्तु का ताप, वस्तु में ऊष्मा की मात्रा तथा वस्तु के पदार्थ की प्रकृति पर निर्भर करता है, जबकि किसी वस्तु में निहित ऊष्मा उस वस्तु के द्रव्यमान व ताप पर निर्भर करती है।
- **ताप (Temperature):** वस्तु की ऊष्णता और शीतलता की माप को ताप कहते हैं। ऊष्मीय ऊर्जा सदैव उच्च ताप की वस्तु से निम्न ताप की वस्तु में जाती है।

विभिन्न पैमानों पर कुछ तापमान

तापमान	सेल्सियस (0°)	फारेनहाइट (°F)	केल्विन (K)
• जल का जमना	0	32	273
• कमरे का सामान्य ताप	27	80.6	300
• मानव शरीर का सामान्य ताप	37	98.6	310
• जल का उबलना	100	212	373

- **परम शून्य (Absolute Zero):** सिद्धांत रूप में अधिकतम ताप की कोई सीमा नहीं है, परन्तु निम्नतम ताप की सीमा है। किसी भी वस्तु का ताप –273.15°C से कम नहीं हो सकता है। इसे परम शून्य ताप कहते हैं और केल्विन पैमाने पर 0K लिखते हैं।
  0K = –273.15°C एवं 273.15 K = 0°C
- **विशिष्ट ऊष्मा (Specific Heat):** किसी पदार्थ की विशिष्ट ऊष्मा, ऊष्मा की वह मात्रा है, जो उस पदार्थ के एकांक द्रव्यमान में एकांक ताप वृद्धि उत्पन्न करती है। जल की विशिष्ट ऊष्मा (1 कैलोरी/ग्राम °C) का मान अन्य पदार्थों की तुलना में सबसे अधिक है।
- ऊष्मा दिये जाने पर या ऊष्मा निकाले जाने पर जल का प्रसार 0° से 4°C के बीच असाधारण-सा होता है। 0°C से 4°C तक गर्म करने पर जल का आयतन घटता है तथा 4°C के बाद आयतन बढ़ता है। जल का घनत्व 4°C पर सबसे अधिक होता है।
- **गुप्त ऊष्मा (Latent Heat):** नियत ताप पर पदार्थ की अवस्था परिवर्तन के लिए ऊष्मा की आवश्यकता होती है, इसे ही पदार्थ की गुप्त ऊष्मा कहते हैं। इसे जूल/किलोग्राम या कैलोरी/ग्राम में मापा जाता है।
- उबलते जल की अपेक्षा भाप से जलने पर अधिक कष्ट होता है, क्योंकि जल की अपेक्षा भाप की गुप्त ऊष्मा अधिक होती है।
- **ऊष्मीय संचरण:** ऊष्मा का एक स्थान से दूसरे स्थान पर जाने को ऊष्मा का संचरण कहते हैं। इसकी तीन विधियाँ हैं–
  (*a*) चालन (*b*) संवहन तथा (*c*) विकिरण।
- ठोस पदार्थ में ऊष्मा का संचरण संवहन द्वारा होता है।
- गैस तथा द्रव में ऊष्मा का संचरण संवहन द्वारा होता है तथा वायुमंडल संवहन विधि के द्वारा ही गरम होता है।
- सूर्य से ऊष्मा पृथ्वी पर संवहन विधि द्वारा पहुँचती है।
- **गलनांक:** निश्चित ताप पर ठोस का द्रव में बदलना गलन कहलाता है तथा इस निश्चित ताप को ठोस का गलनांक कहते हैं।
- **त्रिक बिन्दु:** वह बिन्दु जिस पर तीनों अवस्थाएँ ठोस, तरल एवं गैस तीनों एक साथ पाई जाती हैं।
- **हिमांक:** निश्चित ताप पर द्रव का ठोस में बदलना हिमीकरण कहलाता है तथा इस निश्चित ताप को द्रव्य का हिमांक कहते हैं।
- **क्वथनांक:** निश्चित ताप पर वाष्प का द्रव में बदलना संघनन कहलाता है। इस निश्चित ताप को क्वथनांक कहते हैं।
- **संघनन बिन्दु:** निश्चित ताप पर वाष्प का द्रव में बदलना संघनन कहलाता है तथा इस निश्चित ताप को संघनन बिन्दु कहते हैं।
- **न्यूटन का शीतलन नियम:** समान अवस्था रहने पर विकिरण द्वारा किसी वस्तु के ठण्डे होने की दर वस्तु तथा उसके चारों ओर के माध्यम के तापान्तर के अनुक्रमानुपाती होती है। अतः वस्तु जैसे-जैसे ठण्डी होती जाएगी उसके ठण्डे होने की दर कम होती जाएगी।
- **किरचौफ का नियम:** इसके अनुसार अच्छे अवशोषक ही अच्छे उत्सर्जक होते हैं। अंधेरे कमरे में यदि एक काली और एक सफेद वस्तु को समान ताप पर गरम करके रखा जाए तो काली वस्तु अधिक विकिरण उत्सर्जित करेगी। अतः काली वस्तु अंधेरे में अधिक चमकेगी।

प्रकाश (Light)

- प्रकाश एक प्रकार की ऊर्जा है, जो विद्युत चुम्बकीय तरंगों के रूप में संचरित होती है। वायु तथा निर्वात में प्रकाश की गति सबसे अधिक (3×10 मी/से) होती है।
- **प्रकाश का फोटॉन सिद्धांतः** प्रकाश विद्युत प्रभाव एवं कॉम्पटन सिद्धांत की व्याख्या आइनस्टीन द्वारा प्रतिपादित प्रकाश के फोटॉन सिद्धांत द्वारा की जाती है। इस सिद्धांत के अनुसार, प्रकाश ऊर्जा के छोटे-छोटे बण्डलों या पैकेटों के रूप में चलता है जिन्हें फोटॉन कहते हैं।
- प्रकाश को सूर्य से पृथ्वी तक आने में 8 मिनट 19 सेकण्ड का समय लगता है।
- **प्रकाश का विवर्तनः** प्रकाश को अवरोध के किनारों पर थोड़ा मुड़कर उसकी छाया में प्रवेश करने की घटना को विवर्तन कहते हैं।
- **प्रकाश का प्रकीर्णनः** जब प्रकाश किसी ऐसे माध्यम से गुजरता है, जिसमें धूल तथा अन्य पदार्थों के अत्यन्त सूक्ष्म कण होते हैं, तो इनके द्वारा प्रकाश सभी दिशाओं में प्रसारित हो जाता है, इस घटना को प्रकाश का प्रकीर्णन कहा जाता है। बैंगनी रंग के प्रकाश का प्रकीर्णन सबसे अधिक तथा लाल रंग के प्रकाश का प्रकीर्णन सबसे कम होता है।
- आकाश का नीला रंग प्रकीर्णन के कारण होता है।
- **प्रकाश का परावर्तनः** प्रकाश के चिकने पृष्ठ से टकराकर वापस लौटने की घटना को प्रकाश का परावर्तन कहते हैं। परावर्तन के दो नियम हैं–
  - (*i*) आपतित किरण, आपतित बिन्दु पर अभिलंब व परावर्तित किरण एक ही तल में होते हैं।
  - (*ii*) आपतन कोण परावर्तन कोण के बराबर होता है।
- समतल दर्पण में किसी वस्तु का प्रतिबिम्ब दर्पण के पीछे उतनी ही दूरी पर बनता है, जितनी दूरी पर वस्तु दर्पण के आगे रखी होती है। यह प्रतिबिम्ब काल्पनिक, वस्तु के बराबर एवं पार्श्व उल्टा बनता है।
- गोलीय दर्पण दो प्रकार के होते हैं–

  (*i*) अवतल दर्पण (*ii*) उत्तल दर्पण।

  (***i***) **अवतल दर्पणः** जिस गोलीय दर्पण का परावर्तक तल धंसा रहता है, उसे अवतल दर्पण कहते हैं। अवतल दर्पण को अपसारी दर्पण भी कहा जाता है क्योंकि यह अनंत से आने वाली किरणों को फैलाता है। अवतल दर्पण के उपयोग–
  - बड़ी फोकस दूरी वाला अवतल दर्पण दाढ़ी बनाने में काम आता है।
  - आँख, कान एवं नाक के डॉक्टर के द्वारा उपयोग में लाया जाने वाला दर्पण।
  - गाड़ी के हेडलाइट एवं सर्चलाइट में।
  - सोलर कुकर में।

  (*ii*) **उत्तल दर्पणः** जिस गोलीय दर्पण की परावर्तक सतह उभरी रहती है, उसे उत्तल दर्पण कहा जाता है। उत्तल दर्पण को अभिसारी दर्पण भी कहा जाता है क्योंकि यह अनंत से आने वाली किरणों को सिकोड़ता है।
  - मोटरवाहन में चालक के बगल में पृष्ठ दृश्य दर्पण लगाया जाता है।
  - सड़क पर लगे परावर्तक लैम्पों में उत्तल दर्पण का प्रयोग किया जाता है, विस्तार क्षेत्र अधिक होने के कारण ये प्रकाश को अधिक क्षेत्र में फैलाते हैं।
- **प्रकाश का अपवर्तनः** जब प्रकाश की किरणें एक पारदर्शी माध्यम से दूसरे पारदर्शी माध्यम में प्रवेश करती हैं, तो दोनों माध्यमों को अलग करने वाले तल पर अभिलम्बवत् आपाती होने पर बिना मुड़े सीधे निकल जाती है, परन्तु तिरछी आपाती होने पर वे अपनी मूल दिशा से विचलित हो जाती है। इस घटना को प्रकाश का अपवर्तन कहते हैं। उदाहरणस्वरूप–रात्रि के समय तारों का टिमटिमाना, पानी से भरे किसी बर्तन की तली में पड़ा हुआ सिक्का ऊपर उठा हुआ दिखाई पड़ना एवं द्रव में अंशतः डूबी हुई सीधी छड़ का टेढ़ा दिखाई पड़ना।
- **प्रकाश का पूर्ण आन्तरिक परावर्तनः** जब कोई प्रकाश की किरण किसी सघन माध्यम से विरल माध्यम में प्रवेश करती है, तो अपवर्तन के कारण अपवर्तित किरणं अभिलंब से दूर हटती जाती है। जैसे-जैसे हम आपतन कोण का मान बढ़ाते जाते हैं, विरल माध्यम में अपवर्तित किरण अभिलंब से दूर हटती जाती है, अर्थात् अपवर्तन कोण का मान बढ़ता जाता है। जब एक निश्चित आपतन कोण के लिए अपवर्तन कोण का मान 90° हो जाता है, तो इस आपतन कोण को क्रांतिक कोण कहते हैं। यदि आपतन कोण को और बढ़ायें, तो किरणों का अपवर्तन नहीं हो सकेगा, क्योंकि अपवर्तन कोण का मान 90° से अधिक नहीं हो सकता। ऐसी स्थिति में आपतित किरणें परावर्तन के नियमानुसार सघन माध्यम में परावर्तित हो जाती है। यह घटना पूर्ण आन्तरिक परावर्तन कहलाती है।
- पूर्ण आंतरिक परावर्तन के उदाहरण–
  - (*i*) हीरा अत्यधिक चमकता है।
  - (*ii*) रेगिस्तान में मरीचिका तथा ठण्डे देशों में मरीचिका दिखाई देती है।
  - (*iii*) काँच का चटका हुआ भाग चमकीला दिखाई देता है।
  - (*iv*) प्रकाशिक तन्तु (Optical Fibres) पूर्ण आंतरिक परावर्तन के सिद्धांत पर काम करते हैं।
- लाल, हरे और नीले रंग को प्राथमिक रंग या मूल रंग कहते हैं।
- मैजेंटा, मोरनी रंग व पीला द्वितीयक रंग कहलाते हैं।
- रंगीन टेलीविजन में प्राथमिक रंग लाल, हरा एवं नीला का उपयोग किया जाता है।
- **निकट दृष्टि दोष (Myopia):** इस रोग से ग्रसित व्यक्ति नजदीक की वस्तु को देख लेता है, परन्तु दूर स्थित वस्तु को नहीं देख पाता है। इसमें वस्तु का प्रतिबिम्ब रेटिना पर न बनकर रेटिना के आगे बन जाता है। निकट दृष्टि दोष के निवारण के लिए अवतल लेंस का प्रयोग किया जाता है।
- **दूर दृष्टि दोष (Hypermetropia):** इस रोग से ग्रसित व्यक्ति को दूर की वस्तु दिखलाई पड़ती है, निकट की वस्तु दिखलाई नहीं पड़ती है। इस रोग में निकट की वस्तु का प्रतिबिम्ब रेटिना के पीछे बनता है। दूर दृष्टि दोष के निवारण के लिए उत्तल लेंस का प्रयोग किया जाता है।

विद्युत धारा

- किसी चालक में विद्युत आवेश के प्रवाह की दर को विद्युत धारा कहते हैं। विद्युत धारा की दिशा धन आवेश की गति की दिशा की ओर मानी जाती है। इसका S.I. मात्रक एम्पीयर है। यह एक अदिश राशि है।

- **ओम का नियमः** यदि चालक की भौतिक अवस्था जैसे–ताप आदि में कोई परिवर्तन न हो तो चालक के सिरों पर लगाया गया विभवान्तर उसमें प्रवाहित धारा के अनुक्रमानुपाती होता है।
- धातुओं का ताप बढ़ाने पर उनका प्रतिरोध बढ़ता जाता है।
- अर्द्धचालकों का ताप बढ़ाने पर उनका प्रतिरोध घटता जाता है।
- **अमीटर (Ammeter):** विद्युत धारा को एम्पीयर में मापने के लिए आमीटर नामक यंत्र का प्रयोग किया जाता है। एक आदर्श अमीटर का प्रतिरोध शून्य होता है।
- **वोल्टमीटर (Voltameter):** वोल्टमीटर का प्रयोग परिपथ के किन्हीं दो बिन्दुओं के बीच विभवान्तर मापने में किया जाता है।
- **विद्युत फ्यूजः** विद्युत फ्यूज का प्रयोग परिपथ में लगे उपकरणों की सुरक्षा के लिए किया जाता है, यह टिन (63%) और सीसा (37%) की मिश्रधातु का बना होता है। इसका गलनांक कम होता है।
- प्राकृतिक चुम्बक लोहे का ऑक्साइड (Fe_3O_4) है।
- **अतिचालकता (Super Conductivity):** अत्यन्त निम्न ताप पर कुछ पदार्थों का विद्युत प्रतिरोध शून्य हो जाता है, इन्हें ही अतिचालक कहते हैं और इस गुण को अतिचालकता कहते हैं।
- **अर्द्धचालक (Semi Conductor):** ऐसे पदार्थ जिनमें इलेक्ट्रॉनिक संरचना इस प्रकार की होती है कि कहीं इलेक्ट्रॉन मुक्त हो जाता है और कहीं रिक्त बन जाता है, अर्द्धचालक कहलाते हैं। इनकी विद्युत चालकता सामान्य ताप पर चालक व विद्युत रोधी पदार्थों की चालकताओं के मध्य होती है। जर्मेनियम और सिलिकन ऐसे मुख्य पदार्थ हैं।
- **रेडियो सक्रियताः** जिन नाभिकों में प्रोटॉन की संख्या 83 या उससे अधिक होती है, वे अस्थायी होते हैं। स्थायित्व प्राप्त करने के लिए ये नाभिक स्वतः ही अल्फा (α), बीटा (β), गामा (γ) किरणें उत्सर्जित करने लगती हैं। ऐसे नाभिक जिन तत्वों के परमाणुओं में होते हैं, उन्हें रेडियोएक्टिव कहते हैं तथा किरणों की उत्सर्जन की घटना को रेडियो सक्रियता कहते हैं।
- सबसे अधिक वेधन क्षमता γ–किरण (गामा किरण) की होती है।
- सबसे अधिक आयनन क्षमता α–किरण (अल्फा किरण) की होती है।
- **द्रव्यमान ऊर्जा सम्बन्धः** इसके अनुसार द्रव्यमान एवं ऊर्जा एक-दूसरे से स्वतंत्र नहीं है, बल्कि दोनों एक-दूसरे से संबंधित हैं तथा प्रत्येक पदार्थ में उसके द्रव्यमान के कारण ऊर्जा भी होती है। इस सिद्धान्त का प्रतिपादन आइन्सटीन ने किया था जिसे सापेक्षिकता का सिद्धान्त कहा जाता है। अतः किसी वस्तु का द्रव्यमान m एवं प्रकाश का वेग c है, तो इस द्रव्यमान से सम्बद्ध ऊर्जा, $E = mc^2$ होती है।
- **नाभिकीय विखंडन (Nuclear Fission):** वह नाभिकीय प्रतिक्रिया जिसमें कोई एक भारी नाभिक दो भागों में टूटता है, नाभिकीय विखण्डन कहलाता है। इस प्रतिक्रिया के दौरान उत्पन्न ऊर्जा को नाभिकीय ऊर्जा कहते हैं।
- **शृंखला अभिक्रियाः** जब यूरेनियम पर न्यूट्रॉनों की बमबारी की जाती है, तो एक यूरेनियम नाभिक के विखंडन पर बहुत अधिक ऊर्जा व तीन नए न्यूट्रॉन उत्सर्जित होते हैं। ये उत्सर्जित न्यूट्रॉन यूरेनियम नाभिकों के विखंडन की एक शृंखला बन जाती है। इसे ही शृंखला अभिक्रिया कहते हैं।
- नाभिकीय रिएक्टर से सम्बन्धित कुछ महत्वपूर्ण तथ्य–
  (*i*) रिएक्टर में ईंधन के रूप में यूरेनियम-235 या प्लूटोनियम-239 का प्रयोग किया जाता है।
  (*ii*) रिएक्टर में मंदक के रूप में भारी जल या ग्रेफाइट का प्रयोग किया जाता है। मंदक रिएक्टर में न्यूट्रॉन की गति को धीमा करता है।
  (*iii*) रिएक्टर में नियंत्रक छड़ के रूप में कैडमियम या बोरॉन छड़ का उपयोग किया जाता है। इसकी सहायता से नाभिक के विखंडन के दौरान निकलने वाले तीन नए न्यूट्रॉन में से दो को अवशोषित कर लिया जाता है।
- **नाभिकीय संलयन (Nuclear Fusion):** इस प्रक्रिया में दो या दो से अधिक हल्के नाभिक संयुक्त होकर एक भारी नाभिक बनाते हैं तथा अत्यधिक ऊर्जा विमुक्त करते हैं। सूर्य एवं तारों से प्राप्त ऊर्जा एवं प्रकाश का स्रोत नाभिकीय संलयन ही है।

वैज्ञानिक यंत्र व उपकरण

यंत्र/उपकरण	उपयोग
• अमीटर	विद्युत धारा को एम्पियर में मापने हेतु प्रयुक्त यंत्र
• अल्टीमीटर	विमानों की ऊँचाई मापने हेतु प्रयुक्त यंत्र
• ऑडियोमीटर	ध्वनि की तीव्रता मापने हेतु प्रयुक्त यंत्र
• एनिमोमीटर	वायु की शक्ति और गति मापने का यंत्र
• एवोमीटर	रेडियो में उत्पन्न दोष का पता लगाने का यंत्र
• एयरोमीटर	वायु तथा गैसों के भार तथा घनत्व मापने का यंत्र
• एक्युमुलेटर	विद्युत ऊर्जा को संचित करने का यंत्र
• एपिकायस्कोप	अपारदर्शी चित्रों को पर्दे पर दिखाने का काम करने वाला उपकरण
• एवन्टिओमीटर	सूर्य किरणों की तीव्रता का निर्धारण करने वाला यंत्र
• ओडोमीटर	वाहनों के पहियों द्वारा तय की गई दूरी को मापने वाला यंत्र
• बैरोमीटर	वायुमंडलीय दाब मापने वाला यंत्र
• बोलोमीटर	ऊष्मीय विकिरण मापने का यंत्र
• क्रेस्कोग्राफ	पौधों की वृद्धि को दर्शाने वाला यंत्र
• कैलोरीमीटर	ऊष्मा को मापने वाला यंत्र
• कार्डियोग्राम	मनुष्य की हृदयगति को मापने वाला यंत्र
• क्रोनोमीटर	पानी के जहाजों में सही समय ज्ञात करने में प्रयुक्त उपकरण
• फेदोमीटर	समुद्र की गहराई मापने वाला यंत्र

यंत्र/उपकरण	उपयोग
• लैक्टोमीटर	दूध की शुद्धता मापने वाला यंत्र
• मैनोमीटर	गैसों का दाब मापने का यंत्र
• पाइरोमीटर	उच्च ताप मापने वाला यंत्र
• फोनोमीटर	प्रकाश की चमक शक्ति ज्ञात करने वाला यंत्र
• पोलीग्राफ	झूठ का पता लगाने वाला यंत्र
• रेनगॉज	वर्षा की मात्रा ज्ञात करने वाला यंत्र
• राडार	दूर से आने वाले वायुयान की गति और दिशा ज्ञात करने वाला यंत्र
• रेडियो माइक्रोमीटर	ऊष्मीय विकिरण को मापने का यंत्र
• टैकोमीटर	वायुयान की गति मापने का यंत्र
• यूडोमीटर	वर्षामापक यंत्र

यंत्र संबंधी आविष्कार

यंत्र	आविष्कारक
• रेल इंजन	जॉर्ज स्टीफेंसन
• थर्मस फ्लास्क	डीवार
• तड़ित चालक	फ्रैंकलिन
• लेंस कैमरा	जींस
• टायर	डनलप
• टेलीविजन	जे.एल. बेयर्ड
• टेलीफोन	ग्राहम बैल
• मोटरकार	ऑस्टिन
• वायुयान	राइट बंधु
• ग्रामोफोन	एडिसन
• ट्रांसफार्मर	फैराडे
• फाउन्टेन पेन	वाटरमैन
• भाप इंजन	जेम्स वाट
• क्रेस्कोग्राफ	जे.सी. बोस
• रेडियो	मार्कोनी
• डीजल इंजन	रूडोल्फ डीजल
• टाइप मशीन	शोल्ज
• थर्मामीटर	फॉरेनहाइट
• जेट-इंजन	फ्रैंक व्हीटल
• रेफ्रिजरेटर	हैरीसन एवं कैटलीन
• पावरलूम	कार्ल राइट
• आर्क लैम्प	डेवी
• परमाणु भट्टी	एनरिको फर्मी
• दूरबीन	गैलीलियो
• डायलीसीस मशीन	कोल्फ

यंत्र	आविष्कारक
• कैलकुलेटर	पास्कल
• होलोग्राफी	डॉ. डेनिश गबोर
• टेलीग्राफ	मोर्स
• बेतार टेलीग्राफी	मार्कोनी
• विद्युत बल्ब	एडीसन
• स्पेक्ट्रमदर्शी	बुन्सेन
• राडार	आर.डब्ल्यू. वाटस
• पनडुब्बी	बुशवेल
• साइकिल	मैकमिलन
• पैराशूट	ए.जी. गार्नरिन
• मुद्रण कला	गुटेनबर्ग
• माइक्रोस्कोप	जेनसन एण्ड जेनसन
• सिस्मोमीटर	रॉबर्ट मैलेट
• ई-मेल	रे टॉमलिंसन

प्रसिद्ध भौतिक विज्ञानी एवं उनके आविष्कार

वैज्ञानिक	आविष्कार
• न्यूटन	गति के नियम, सार्वत्रिक गुरुत्वाकर्षण का नियम, परावर्तक दूरदर्शी, अवकलण गणित का आविष्कार, द्विपद प्रमेय का नियम
• गैलीलियो	जड़त्व का नियम, गति के समीकरण एवं दूरदर्शी का निर्माण
• फैराडे	विद्युत चुम्बकीय प्रेरण के नियम, विद्युत अपघट्य के नियम एवं डायनेमो का आविष्कार
• आइन्स्टीन	सापेक्षिकता का विशिष्ट एवं व्यापक सिद्धांत, प्रकाश-विद्युत प्रभाव की व्याख्या, द्रव्यमान और ऊर्जा की तुल्यता ($E = mc^2$), फोटॉन की खोज, द्रव्यमान क्षति का पता
• जी. मार्कोनी	बेतार संदेश, रेडियो तथा बेतार टेलीग्राफी
• जॉन डॉल्टन	परमाणु सिद्धांत का प्रतिपादन
• डॉ. डेनिश गबोर	त्रिविमीय फोटोग्राफी की खोज
• रॉन्टजन	X-किरणों का आविष्कार
• हाइजेनबर्ग	अनिश्चितता का सिद्धांत एवं क्वाण्टम यांत्रिकी का निर्माण
• ऑटो हॉन	परमाणु बम का निर्माण
• एडीसन	फोनोग्राफ, विद्युत बल्ब, चलचित्र टेलीग्राफ
• हेनरी बेक्वेरल	रेडियो सक्रियता की खोज
• जॉन वारडीन	अतिचालकता का सिद्धांत
• एडवर्ड टेलर	हाइड्रोजन बम का निर्माण

रसायन विज्ञान

विज्ञान की इस शाखा के अन्तर्गत पदार्थों के गुण, संघटन, संरचना तथा उनमें होने वाले परिवर्तनों का अध्ययन किया जाता है। **लेवायसिये** को रसायन विज्ञान का जनक कहा जाता है।

- **पदार्थ (Matter):** दुनिया की कोई भी वस्तु जो स्थान घेरती हो, जिसका द्रव्यमान होता हो और जो अपनी संरचना में परिवर्तन का विरोध करती हो, पदार्थ कहलाती हैं; जैसे–वायु, जल, दूध, लोहा आदि।
- **ठोस (Solid):** ठोस पदार्थ की वह अवस्था है, जिसमें उसके आकार एवं आयतन निश्चित होते हैं, जैसे–ईंट, पत्थर, लोहा, सोना इत्यादि। ठोस पदार्थ के अणुओं में परस्पर आकर्षण बल सबल होता है।
- **द्रव (Liquid):** द्रव पदार्थ की वह अवस्था है, जिसमें उसका आयतन निश्चित होता है, परन्तु आकार अनिश्चित होता है, जैसे–जल, तेल, दूध आदि। द्रव पदार्थ के अणुओं में परस्पर आकर्षण बल ठोस अवस्था की अपेक्षा कमजोर होता है। द्रव पदार्थ का घनत्व गैस से अधिक किन्तु ठोस से कम होता है।
- **गैस (Gas):** गैस पदार्थ की वह अवस्था है, जिसमें उसके आकार और आयतन दोनों अनिश्चित होते हैं, जैसे–वायु, ऑक्सीजन, नाइट्रोजन, हाइड्रोजन आदि। गैस का कोई पृष्ठ तल नहीं होता। गैस के अणुओं में परस्पर आकर्षण बल ठोस एवं द्रव दोनों की अपेक्षा कमजोर होता है। गैसीय पदार्थ का न तो कोई निश्चित आकार होता है और न ही निश्चित आयतन।
- **तत्व (Element):** तत्व वह मौलिक पदार्थ है, जिसे किसी भी भौतिक या रासायनिक विधि द्वारा न तो दो या दो से अधिक सर्वथा भिन्न गुणों वाले पदार्थों में विभाजित किया जा सकता है और न ही दो या दो से अधिक पदार्थों के बीच संयोग कराकर संश्लेषित किया जा सकता है; जैसे–सोना, चाँदी, ऑक्सीजन आदि।

  तत्व दो प्रकार के होते हैं–धातु और अधातु।
  - (*i*) धातु विद्युत और ऊष्मा के सुचालक होते हैं तथा ये ठोस अवस्था में आघातवर्द्धनीय और तन्य होते हैं। तांबा, लोहा, एल्युमिनियम, सोना, चाँदी आदि धातु है।
  - (*ii*) अधातु विद्युत और ऊष्मा के कुचालक होते हैं। अधातु भुरभुरे होते हैं। फॉस्फोरस, गंधक, ऑक्सीजन, ब्रोमीन इत्यादि अधातु हैं।
  - (*iii*) अधिकांश तत्व ठोस रूप में ही पाये जाते हैं। कुछ तत्व द्रव के रूप में भी पाये जाते हैं जैसे–पारा, ब्रोमीन आदि जबकि कुछ तत्व गैसीय अवस्था में पाये जाते हैं; जैसे–हाइड्रोजन, ऑक्सीजन, नाइट्रोजन एवं क्लोरीन आदि।
- **यौगिक (Compound):** यौगिक वह शुद्ध पदार्थ है, जो दो या दो से अधिक तत्वों के निश्चित अनुपात में रासायनिक संयोग से बनता है और जिसे उचित रासायनिक विधियों द्वारा दो या दो से अधिक सर्वथा भिन्न गुणों वाले अवयवों में विभक्त किया जा सकता है। उदाहरण के लिए, जल एक यौगिक है। जल का प्रत्येक अणु हाइड्रोजन के दो परमाणुओं तथा ऑक्सीजन के एक परमाणु से मिलकर बना होता है।
- **मिश्रण (Mixture):** मिश्रण वह अशुद्ध पदार्थ है, जो दो या दो से अधिक शुद्ध पदार्थों (तत्वों या यौगिकों या दोनों) के किसी भी अनुपात में बिना रासायनिक संयोग के मिलने से बनता है तथा जिसके अवयवी पदार्थों को सरल, यांत्रिक या भौतिक विधियों द्वारा पृथक् किया जा सकता है। उदाहरणस्वरूप वायु अनेक गैसों एवं धूलकणों का मिश्रण है, समुद्री जल कई लवणों का जल में मिश्रण है, जिसमें सोडियम क्लोराइड प्रमुख लवण है।
- मिश्रण को दो मुख्य वर्गों में विभक्त किया गया है–
  - (*i*) **समांग मिश्रणः** वह मिश्रण जिसके प्रत्येक भाग में उसके अवयवी पदार्थों का संघटन एवं गुण समान होते हैं, समांग मिश्रण कहलाता है; जैसे– चीनी का जल में विलयन, नमक का जल में विलयन एवं गंधक का कार्बन डाइसल्फाइड में विलयन।
  - (*ii*) **असमांग मिश्रणः** वह मिश्रण जिसके विभिन्न भागों में उसके अवयवी पदार्थों का संघटन एवं गुण एक-से नहीं होते हैं, असमांग मिश्रण कहलाता है। लोहा एवं गंधक का मिश्रण, बालू एवं नमक का मिश्रण एवं खड़िया का जल में मिश्रण असमांग मिश्रण के उदाहरण हैं।

परमाणु संरचना

- **परमाणु (Atom):** किसी पदार्थ का वह सूक्ष्मतम कण जो स्वतंत्र अवस्था में नहीं रह सकता है, परन्तु रासायनिक अभिक्रियाओं में भाग लेता है तथा जिसमें उस पदार्थ के सभी गुण विद्यमान रहते हैं, परमाणु कहलाता है।
- **परमाणु द्रव्यमान (Atomic Mass):** किसी तत्व का परमाणु द्रव्यमान एक संख्या है, जो यह बतलाती है कि उस तत्व के एक परमाणु का द्रव्यमान कार्बन (परमाणु द्रव्यमान = 12) के एक परमाणु के द्रव्यमान के 12वें भाग से कितने गुणा भारी है।
- **मोल (Mole):** मोल किसी पदार्थ के परमाणु, अणु अथवा आयन की निश्चित संख्या को व्यक्त करता है। यह संख्या 6.022×10^{23} है। संख्या 6.022×10^{23} जो मोल को प्रकट करती है, को एवोगाड्रो संख्या भी कहते हैं।
- परमाणु के मौलिक कण–
  - (*i*) **इलेक्ट्रॉन (Electron):** इलेक्ट्रॉन एक ऐसा कण है, जिसका द्रव्यमान लगभग शून्य होता है तथा जिस पर इकाई ऋण आवेश रहता है। इसकी खोज का श्रेय जे.जे. थॉमसन को है।
  - (*ii*) **प्रोटॉन (Proton):** परमाणु के अन्दर प्रोटॉन एक ऐसा सूक्ष्म कण है, जिसका सापेक्ष द्रव्यमान हाइड्रोजन परमाणु के द्रव्यमान के लगभग बराबर होता है और इस पर इकाई धन आवेश रहता है। इसकी खोज का श्रेय गोल्डस्टीन को है।

- **न्यूट्रॉन (Neutron):** न्यूट्रॉन एक द्रव्यमान प्रोटॉन के द्रव्यमान के लगभग बराबर होता है, लेकिन इस पर कोई आवेश नहीं होता। अर्थात् न्यूट्रॉन एक उदासीन कण है। न्यूट्रॉन की खोज जेम्स चैडविक ने की थी।
- **परमाणु संख्या (Atomic Number):** किसी तत्व के परमाणु के नाभिक में उपस्थित इकाई धन आवेशों की कुल संख्या या उस तत्व के नाभिक में उपस्थित प्रोटॉनों की कुल संख्या को उस तत्व की परमाणु संख्या कहते हैं।
- **द्रव्यमान संख्या (Mass Number):** किसी तत्व के परमाणु के नाभिक में उपस्थित प्रोटॉन और न्यूट्रॉन की संख्याओं के योगफल को उस परमाणु की द्रव्यमान संख्या कहते हैं। नाभिक में प्रोटॉनों और न्यूट्रॉनों के योगफल को न्यूक्लिऑन कहा जाता है।
- **क्वांटम संख्याएँ (Quantum Numbers):** क्वांटम संख्याएँ वे संख्याएँ हैं, जो किसी इलेक्ट्रॉन की स्थिति तथा उसकी ऊर्जा की जानकारी देता है।
- **समस्थानिक (Isotopes):** एक ही तत्व के वे परमाणु जिनकी परमाणु संख्याएँ समान, किन्तु द्रव्यमान संख्याएँ भिन्न-भिन्न होती हैं, समस्थानिक कहलाते हैं। किसी तत्व के विभिन्न समस्थानिकों की परमाणु संख्या समान होने का कारण यह है कि उनके नाभिक में प्रोटॉनों की संख्या समान होती है, किन्तु उनके नाभिक में न्यूट्रॉनों की संख्या भिन्न-भिन्न होने के कारण उनकी द्रव्यमान संख्याएँ भिन्न-भिन्न होती हैं।
- **समभारिक (Isobars):** वे तत्व जिनकी द्रव्यमान संख्याएँ एक ही किन्तु परमाणु संख्याएँ भिन्न-भिन्न होती हैं, समभारिक कहलाते हैं। समभारिकों की परमाणु संख्या में भिन्नता का कारण है, उन तत्वों के नाभिकों में प्रोटॉनों की संख्या का भिन्न-भिन्न होना।
- **रेडियो सक्रियता (Radioactivity):** रेडियो सक्रिय तत्व स्वतः विखंडित होकर कुछ अदृश्य किरणों का उत्सर्जन करते रहते हैं, तथा यह घटना रेडियो सक्रियता कहलाती है।

समस्थानिक एवं समभारिक में अन्तर

समस्थानिक	समभारिक
• किसी तत्व के सभी समस्थानिकों के भौतिक गुण प्रायः भिन्न-भिन्न होते हैं। • किसी तत्व के सभी समस्थानिकों के रासायनिक गुण एक जैसे होते हैं। • किसी तत्व के सभी समस्थानिक आवर्त सारणी में एक ही स्थान ग्रहण करते हैं। • किसी तत्व के सभी समस्थानिकों के परमाणुओं में इलेक्ट्रॉनों की संख्या समान होती है।	• समभारिकों के अधिकांश भौतिक गुण एक-दूसरे से भिन्न होते हैं। • समभारिकों के रासायनिक गुण एक-दूसरे से सर्वथा भिन्न होते हैं। • समभारिकों के वे भौतिक गुण एक समान होते हैं, जो परमाणु द्रव्यमान पर निर्भर करते हैं।

- रेडियो सक्रिय पदार्थों से निकलने वाली अदृश्य किरणों को रेडियो सक्रिय किरणें कहते हैं। रदरफोर्ड ने इन किरणों को क्रमशः अल्फा-किरण (α), बीटा-किरण (β) तथा गामा-किरण (γ) कहा।
- **बॉयल का नियमः** स्थिर ताप पर गैस की नियत मात्रा का आयतन उसके दाब का व्युत्क्रमानुपाती होता है।
- **चार्ल्स का नियमः** स्थिर दाब पर किसी गैस की नियत मात्रा का आयतन उसके परमताप का सीधा अनुपाती होता है।
- **आवोगाद्रो का नियमः** सामान्य ताप एवं दाब पर सभी गैसों के समान आयतन में अणुओं की संख्या समान होती है।
- **विसरणः** घनत्व में अन्तर रहते हुए पृथ्वी के गुरुत्वाकर्षण के विरुद्ध गैसों के आपस में मिलने-जुलने की स्वाभाविक प्रक्रिया विसरण कहलाती है।
- **संयोजकता (Valency):** अपने निकटस्थ अक्रिय गैस की तरह इलेक्ट्रॉनिक व्यवस्था प्राप्त करने में किसी परमाणु द्वारा व्यक्त या ग्रहित इलेक्ट्रॉनों की कुल संख्या को उस परमाणु की संयोजकता कहते हैं।
- **ऑक्सीकरण (Oxidation):** विद्युत ऋणात्मक परमाणु या मूलक का अनुपात बढ़ना या धन आवेश का बढ़ना या इलेक्ट्रॉन का त्याग ऑक्सीकरण कहलाता है।
- **अवकरण (Reduction):** विद्युत धनात्मक परमाणु या मूलकों के अनुपात का बढ़ जाना या धन आवेश का घट जाना या इलेक्ट्रॉन को ग्रहण करना अवकरण कहलाता है।
- **अम्ल (Acid):** अम्ल वे यौगिक पदार्थ हैं, जिनमें एक या एक से अधिक विस्थापनशील हाइड्रोजन परमाणु विद्यमान हो तथा जिन्हें अंशतः या पूर्णतः धातुओं या धातुओं के सदृश आचरण करने वाले मूलकों द्वारा विस्थापित करने पर लवण का निर्माण होता हो, जो क्षारक या क्षार से अभिक्रिया कर लवण एवं जल बनाते हों, जिनके जलीय घोल नीले लिटमस को लाल करते हों तथा जो स्वाद में खट्टे हों। अम्ल विद्युत के सुचालक होते हैं।
- अम्लों के उपयोग–
  - (*i*) खाने के काम में: खट्टे दूध (लैक्टिक अम्ल), सिरका एवं अचार (एसीटिक अम्ल), सोडा वाटर एवं अन्य पेय (कार्बोनिक अम्ल), अंगूर (टार्टरिक अम्ल), सेब (मैलिक अम्ल), नींबू एवं नारंगी (साइट्रिक अम्ल)।
  - (*ii*) खाना पचाने में HCl अम्ल का उपयोग होता है।
  - (*iii*) नाइट्रिक अम्ल का प्रयोग सोना एवं चाँदी के शुद्धिकरण में किया जाता है।

- **अम्लराज (Aqua Regia):** यह 3 : 1 के अनुपात में सान्द्र हाइड्रोक्लोरिक अम्ल एवं सान्द्र नाइट्रिक अम्ल का ताजा मिश्रण होता है।
- यह सोना एवं प्लैटिनम को गलाने में समर्थ होता है।
- **क्षार (Base):** ऐसा यौगिक जो अम्ल से प्रतिक्रिया कर लवण एवं जल देता है, क्षार कहलाता है।

  कुछ प्रमुख क्षारों के उपयोग–

  1. **कैल्शियम हाइड्रोक्साइड** ($Ca(OH_2)$)–

     (*i*) घरों में चूना पोतने में,

     (*ii*) गारा एवं प्लास्टर बनाने में,

     (*iii*) ब्लीचिंग पाउडर बनाने में,

     (*iv*) चमड़े के ऊपर के बाल साफ करने में,

     (*v*) जल को मृदु बनाने में,

  2. **कास्टिक सोडा या सोडियम हाइड्रॉक्साइड** (NaOH)–

     (*i*) साबुन बनाने में,

     (*ii*) पेट्रोलियम साफ करने में,

     (*iii*) कपड़ा एवं कागज बनाने में,

     (*iv*) दवा बनाने में,

     (*v*) कारखानों को साफ करने में,
- मिल्क ऑफ मैग्नेशिया या मैग्नेशियम हाइड्रॉक्साइड [$Mg(OH_2)$] पेट की अम्लीयता को दूर करने में।
- **लवण (Salt):** अम्ल एवं क्षार की प्रतिक्रिया के फलस्वरूप लवण एवं जल का निर्माण होता है।
- कुल प्रमुख लवणों के उपयोग–

  (*i*) साधारण नमक या सोडियम क्लोराइड (NaCl) का प्रयोग खाने के रूप में एवं अचार के परिरक्षण में होता है।

  (*ii*) कास्टिक सोडा या सोडियम हाइड्रॉक्साइड (NaOH) का उपयोग अपमार्जक के चूर्ण बनाने में किया जाता है।

  (*iii*) खाने का सोडा या सोडियम बाइकार्बोनेट ($NaHCO_3$) का प्रयोग पेट की अम्लीयता को दूर करने एवं अग्निशमन यंत्रों में होता है।

  (*iv*) धोवन सोडा या सोडियम कार्बोनेट ($Na_2CO_3IH_2O$) का प्रयोग कपड़ा धोने में होता है।

  (*v*) पोटैशियम नाइट्रेट (KNO_3) का प्रयोग बारूद बनाने में किया जाता है।
- pH स्केल का प्रयोग किसी विलयन की अम्लीयता या क्षारीयता को व्यक्त करने के लिए किया जाता है।
- वर्षा के जल का pH मान जब 5.6 से कम हो जाता है तो वह अम्लीय वर्षा कहलाती है।
- **कार्बन (Carbon):** यह एक अधातु है। इसकी परमाणु संख्या 6 है।
- कार्बन के दो मुख्य अपरूप हैं–

  (*i*) हीरा, (*ii*) ग्रेफाइट।
- हीरा के प्रमुख गुण निम्नलिखित हैं–

  (*i*) यह दुनिया का सबसे कठोर पदार्थ है, यह किसी भी द्रव में नहीं घुलता। इस पर अम्ल, क्षार आदि का कोई प्रभाव नहीं पड़ता।

  (*ii*) यह ताप एवं विद्युत का कुचालक होता है।

  (*iii*) इसके रवे घनाकार होते हैं।

  (*iv*) इसका अपवर्तनांक 2.417 होता है, अतः पूर्ण आंतरिक परावर्तन के कारण यह बहुत चमकता है।

  (*v*) शुद्ध हीरा पारदर्शक एवं रंगहीन होता है।
- ग्रेफाइट के प्रमुख गुण निम्नलिखित हैं–

  (*i*) इसका आपेक्षिक घनत्व 2.2 होता है।

  (*ii*) यह विद्युत का सुचालक होता है।

  (*iii*) ग्रेफाइट का उपयोग पेंसिल बनाने में, परमाणु भट्टी में, इलेक्ट्रोड के रूप में एवं कार्बन आर्क बनाने में किया जाता है।
- **हाइड्रोकार्बन (Hydrocarbon):** कार्बन एवं हाइड्रोजन के यौगिक को हाइड्रोकार्बन कहते हैं। हाइड्रोकार्बन का एक प्राकृतिक स्रोत पेट्रोलियम है।
- **बहुलकीकरण (Polymerisation):** जब एक ही यौगिक के दो अथवा अधिक अणु आपस में संयोग करके एक बड़ा अणु बनाते हैं, तो उसे बहुलकीकरण कहते हैं।
- प्राकृतिक बहुलक के उदाहरण हैं–स्टार्च एवं सेल्यूलोज।
- पॉलीथीन, एथिलीन (C_2H_4) के उच्च ताप एवं उच्च दाब पर बहुलकीकरण के फलस्वरूप प्राप्त होता है। इसका उपयोग तार के ऊपर का आवरण, पैकिंग थैलियाँ बनाने में होता है।
- **बैकेलाइटः** यह फिनॉल तथा फार्मेल्डिहाइड को सोडियम हाइड्रॉक्साइड की उपस्थिति में गरम करके प्राप्त किया जाता है। इसका उपयोग रेडियो, टेलीविजन आदि के केस, बाल्टी आदि बनाने में किया जाता है।
- **प्राकृतिक गैसः** यह पेट्रोलियम के कुओं से निकलती है। इसमें 95% हाइड्रोकार्बन होता है जिसमें 80% मीथेन रहता है।
- घरों में प्रयुक्त होने वाली द्रवित प्राकृतिक गैस को एल.पी.जी. कहते हैं। यह ब्यूटेन एवं प्रोपेन का मिश्रण होता है।

महत्वपूर्ण कार्बनिक-यौगिक और उनके उपयोग

- एथिलीन – कच्चे फलों को पकाने एवं उसके संरक्षण में मस्टर्ड गैस बनाने में, निश्चेतक के रूप में।
- मीथेन – छापाखाने की स्याही बनाने में, प्रकाश तथा ऊर्जा उत्पादन में।
- एसीटिलीन – निओप्रीन नामक कृत्रिम रबर बनाने में, कच्चे फलों को कृत्रिम रूप से पकाने में।
- पोलीथीन – तारों और केबिलों के विद्युत रोधन में, पाइप, बाल्टी, ग्लास आदि बनाने में।
- एथिल ब्रोमाइड – स्थानीय निश्चेतक के रूप में।
- क्लोरोफार्म – निश्चेतक के रूप में, जीवाणुनाशक होने के कारण जन्तुओं और वनस्पतियों से पदार्थों के संरक्षण में।
- मिथाइल ऐल्कोहल – मेथिलेटेड स्पिरिट बनाने में, कृत्रिम रंग बनाने में, पेट्रोल के साथ मिलाकर इंजनों में ईंधन के रूप में।
- इथाइल ऐल्कोहल – दवाओं के काम आने वाले टिंचर बनाने में, वार्निश तथा पॉलिश बनाने में, शराब तथा अन्य ऐल्कोहलीय पेय बनाने में, कीटाणुनाशक, इत्र तथा सुंगध बनाने में आदि।
- फार्मेल्डिहाइड – फोटोग्राफी की प्लेटों पर जिलेटिन फिल्म को स्थिर रखने में, जीवाणुनाशक के रूप में, अंडे की सफेदी से वाटरप्रूफ कपड़ा बनाने में।

- ग्लिसरॉल – मुहरों की स्याही, जल के रंग, जूतों की पॉलिश तथा शृंगार सामग्री बनाने में, पारदर्शक साबुन बनाने में, सूजन आदि में ठंडक पहुँचाने वाले पदार्थ बनाने में आदि।
- एसेटल्डिहाइड – प्लास्टिक बनाने, रंग तथा दवा बनाने, मेटा एसेटल्डिहाइड नामक नींद की दवा बनाने में।
- एसीटोन – कृत्रिम रेशम तथा संश्लेषित रबर बनाने में।
- एसीटिक अम्ल – प्रयोगशाला में अभिकर्मक के रूप में, सिरके के रूप में, अचार, चटनी आदि बनाने में।
- ग्लूकोस – विभिन्न प्रकार की शराब बनाने में, ग्लूकोस के रूप में।
- बेंजीन – विलायक के रूप में, शुष्क धुलाई में, पेट्रोल के साथ मिश्रित कर इंजनों के ईंधन के रूप में आदि।
- टॉयलीन – शुष्क धुलाई में, विलायक के रूप में, विस्फोटक बनाने में।
- क्लोरोबेंजीन – एनीलिन एवं फिनॉल के औद्योगिक निर्माण में।
- ईथर – निश्चेतक के रूप में, विलायक के रूप में, ठंडक पैदा करने में, ऐल्कोहॉल बनाने में।
- कार्बन टेट्राक्लोराइड – अग्निशामक के रूप में।
- गेमेक्सीन – कीटाणुनाशक के रूप में।

कार्बनिक अम्लों के प्राकृतिक स्रोत

अम्ल	प्राकृतिक स्रोत
• साइट्रिक अम्ल	खट्टे फलों में
• लेक्टिक अम्ल	दूध में
• एसीटिक अम्ल	फलों के रसों में
• बेन्जोइक अम्ल	घास, पत्ते एवं मूत्र में
• फार्मिक अम्ल	लाल चीटियों में
• ऑक्जेलिक अम्ल	सारेल का वृक्ष
• टारटेरिक अम्ल	इमली में

- **संपीडित प्राकृतिक गैस (CNG):** इसमें 80 से 90% मात्रा मीथेन गैस की होती है। इसका उपयोग ईंधन के रूप में होता है।
- **गैसोहोल (Gasohol):** पेट्रोल तथा ऐल्कोहॉल के मिश्रण को गैसोहोल कहा जाता है। यह गन्ने के रस से प्राप्त ऐल्कोहल को पेट्रोल में मिलाकर प्राप्त किया जाता है, इसमें पेट्रोल और ऐल्कोहल की मात्रा क्रमशः 10% और 90% होती है।
- **आर.डी.एक्स. (R.D.X.):** आर.डी.एक्स. का पूरा नाम रिसर्च एण्ड डेवलप्ड एक्सप्लोसिव है। इसका रासायनिक नाम साइक्लो ट्राइ मिथाइलीन ट्राईनाइट्रामाइन है। इसमें प्लास्टिक पदार्थ जैसे, पॉली ब्यूटाइन एक्रिलिक अम्ल या पॉलियूरेथेन को मिलाकर प्लास्टिक बान्डेड एक्सप्लोसिव बनाया जाता है।
- **टी॰एन॰टी॰ (T.N.T.):** इसका पूरा नाम ट्राइनाइट्रो टॉलुइन है, जो कि सर्वाधिक प्रयोग में आने वाला विस्फोटक है। यह टॉलुइन ($C_6H_5CH_3$) के साथ सान्द्र सल्फ्यूरिक अम्ल व सान्द्र नाइट्रिक अम्ल की क्रिया से बनाया जाता है।
- **डायनामाइट (Dynamite):** डायनामाइट एक प्रकार का विस्फोटक है जिसका आविष्कार अल्फ्रेड नोबेल ने किया था। यह नाइट्रोग्लिसरीन या सोडियम नाइट्रेट का प्रयोग करके बनाया जाता है।

रसायन विज्ञान से संबंधित महत्वपूर्ण खोज

खोज	आविष्कारकर्ता
• प्रोटॉन	गोल्डस्टीन
• इलेक्ट्रॉन	थामसन
• न्यूट्रॉन	जेम्स चैडविक
• नाभिक	रदरफोर्ड
• परमाणु क्रमांक	मोसले
• आवर्त सारणी	मैण्डलीफ
• आधुनिक आवर्त सारणी	मोसले
• पॉजिट्रॉन	कार्ल एण्डरसन
• त्रिक नियम	डोबरी नियर
• अपवर्जन सिद्धांत	पाउली
• क्वांटम सिद्धांत	मैक्स प्लान्क
• तरंग यांत्रिकी सिद्धांत	डी. ब्रोग्ली
• क्रमिक रचना नियम	अफबाऊ
• रेडियो सक्रियता	हेनरी बेक्वेरेल
• अनिश्चितता नियम	हाइजेनबर्ग
• वर्ग विस्थापन नियम	सॉडी व फेजेन्स
• द्रव्यमान संरक्षण का नियम	लैवोजियर
• सापेक्षिकता का सिद्धांत	आइन्सटीन
• अष्टक नियम	न्यूलैण्डस
• परमाणु सिद्धांत	जॉन डॉल्टन
• बोर सिद्धांत	नील्स बोर
• समस्थानिक	सॉडी
• भारी जल	यूरे
• प्रकाश विद्युत प्रभाव	आइन्सटीन
• गैसों का विसरण नियम	ग्राहम
• द्रव्यमान ऊर्जा समीकरण	आइन्सटीन
• विद्युत अपघटन का नियम	फैराडे
• सह संयोजकता	लुईस
• pH मापक्रम	लारेन्सन
• हीलियम	लोकेयर
• ऑक्सीजन	शीले एवं प्रीस्टले
• सोडियम/पोटैशियम	डेवी
• रेडियम	क्यूरी दम्पत्ति
• थोरियम	बर्जीलियस
• यूरेनियम	क्लैप्रोथ
• क्लोरीन	शीले
• आर्गन	रैमजे और रैले
• नाइट्रोजन	रदरफोर्ड
• हाइड्रोजन	कैवेण्डिश
• परासरण दाब का नियम	वर्कले

रासायनिक पदार्थों के रासायनिक नाम व सूत्र

रासायनिक पदार्थ	रासायनिक नाम	रासायनिक सूत्र
• विरंजक चूर्ण	ब्लीचिंग पाउडर	$Ca(OCl).Cl$
• चूने का पानी	कैल्सियम हाइड्रॉक्साइड	$Ca(OH)_2$
• जिप्सम	कैल्शियम सल्फेट	$CaSO_4.2H_2O$
• प्लास्टर ऑफ पेरिस	कैल्शियम सल्फेट हेमीहाइड्रेट	$CaSO_4.\frac{1}{2}H_2O$
• साधारण नमक	सोडियम क्लोराइड	$NaCl$
• बेकिंग सोडा	सोडियम बाइकार्बोनेट	$NaHCO_3$
• कास्टिक सोडा	सोडियम हाइड्रॉक्साइड	$NaOH$
• चिली साल्टपीटर	सोडियम नाइट्रेट	$NaNO_3$
• सुहागा	बोरेक्स	$Na_2B_4O_7.10H_2O$
• फिटकरी	पोटैशियम एल्युमिनियम सल्फेट	$K_2SO_4.Al_2(SO_4)_3.24H_2O$
• शोरा	पोटैशियम नाइट्रेट	KNO_3
• चूने का पत्थर/संगमरमर	कैल्शियम कार्बोनेट	$CaCO_3$
• नौसादर	अमोनियम क्लोराइड	NH_4Cl
• लाफिंग गैस	नाइट्रस ऑक्साइड	N_2O
• लाल सिन्दूर	लेड परऑक्साइड	Pb_3O_4
• म्यूरेटिक अम्ल	हाइड्रोक्लोरिक अम्ल	HCl
• ऑयल ऑफ विट्रियॉल	सान्द्र सल्फ्यूरिक अम्ल	H_2SO_4
• अम्लराज	सान्द्र नाइट्रिक अम्ल और सान्द्र हाइड्रोक्लोरिक अम्ल का मिश्रण	$HNO_3 + HCl$
• जल गैस	कार्बन मोनोक्साइड और हाइड्रोजन गैस का मिश्रण	$CO + H_2$
• शुष्क बर्फ	ठोस कार्बन डाइऑक्साइड	CO_2
• हरा कसीस	फेरस सल्फेट	$FeSO_4.7H_2O$
• भारी जल	ड्यूटेरियम ऑक्साइड	D_2O
• लूनर कॉस्टिक	सिल्वर नाइट्रेट	$AgNO_3$
• सिलिका	सिलिकन डाइऑक्साइड	SiO_2
• सफेद कसीस	जिंक सल्फेट	$ZnSO_4.7H_2O$
• क्विक सिल्वर	मरकरी	Hg
• नीला कसीस	कॉपर सल्फेट	$CuSO_4.5H_2O$
• प्रोड्यूशर गैस	कार्बन मोनोक्साइड और नाइट्रोजन गैस का मिश्रण	$CO + N_2$
• मार्श गैस	मीथेन	CH_4
• फ्रीऑन	डाइक्लोरोडाइफ्लोरो कार्बन	CF_2Cl
• यूरिया	कार्बामाइड	NH_2CONH_2
• क्लोरोफार्म	ट्राइक्लोरो मिथेन	$CHCl_3$
• फिनॉल	हाइड्रोक्सीबेंजीन	C_6H_5OH
• ऐल्कोहॉल	इथाइल ऐल्कोहॉल	C_2H_5OH

कुछ प्रमुख धातुओं, अधातुओं एवं यौगिकों का उपयोग

- **ब्रोमीन (Br):**
  (*i*) टिंचर गैस बनाने में
  (*ii*) रंग उद्योग में
  (*iii*) औषधि बनाने में
  (*iv*) प्रतिकारक के रूप में।
- **आयोडीन:**
  (*i*) कीटाणुनाशक के रूप में
  (*ii*) औषधियों के उत्पादन में
  (*iii*) रंग उद्योग में
  (*iv*) टिंचर आयोडीन बनाने में
- **हाइड्रोक्लोरिक अम्ल (HCl):**
  (*i*) क्लोरीन बनाने में
  (*ii*) क्लोराइड लवण के निर्माण में
  (*iii*) अम्लराज के निर्माण में
- **फेरस ऑक्साइड:**
  (*i*) फेरस लवणों के निर्माण में
  (*ii*) हरा काँच बनाने में
- **फेरस सल्फेट ($FeSO_4 7H_2O$):**
  (*i*) स्याही बनाने में
  (*ii*) रंग उद्योग में
- **फेरिक यौगिक (Fe_3O_4):**
  (*i*) जेवरात पॉलिश करने में
  (*ii*) फेरिक लवणों के निर्माण में
- **क्लोरीन (Cl):**
  (*i*) ब्लीचिंग पाउडर बनाने में
  (*ii*) हाइड्रोक्लोरिक अम्ल HCl के निर्माण में
  (*iii*) मस्टर्ड गैस बनाने में
  (*iv*) कपड़े एवं कागज को विरंजित करने में
- **सल्फ्यूरिक अम्ल (H_2SO_4):**
  (*i*) पेट्रोलियम के शुद्धिकरण में
  (*ii*) स्टोरेज बैटरी में
  (*iii*) प्रयोगशाला में प्रतिकारक के रूप में
- **सल्फर डाइऑक्साइड (SO_2):**
  (*i*) विरंजक के रूप में
  (*ii*) ऑक्सीकारक के रूप में
  (*iii*) अवकारक के रूप में
- **सल्फर (S):**
  (*i*) औषधि के रूप में
  (*ii*) कीटाणुनाशक के रूप में
  (*iii*) रबर वल्केनाइज करने में
  (*iv*) बारूद बनाने में
- **अमोनिया (NH_3):**
  (*i*) आइस फैक्ट्री में
  (*ii*) रेयॉन बनाने में
  (*iii*) प्रतिकारक के रूप में
- **हाइड्रोजन सल्फाइड (H_2S):**
  (*i*) लवणों के भास्मिक मूलकों के गुणात्मक विश्लेषण में
  (*ii*) सल्फाइड के निर्माण में
- **नाइट्रस ऑक्साइड (N_2O):**
  (*i*) शल्य चिकित्सा में
- **फॉस्फोरस (P):**
  (*i*) चूहे मारने की दवा बनाने में
  (*ii*) दियासलाई बनाने में
  (*iii*) फॉस्फोरस ब्रांज बनाने में
- **प्रोड्यूसर गैस ($CO + N_2$):**
  (*i*) धातु निष्कर्षण में
  (*ii*) भट्टी गर्म करने में
  (*iii*) सस्ते ईंधन के रूप में
- **वाटर गैस ($CO + H_2$):**
  (*i*) ईंधन के रूप में
  (*ii*) वेल्डिंग के कार्य में
- **ग्रेफाइट:**
  (*i*) लोहे के बने पदार्थ पर पॉलिश करने में
  (*ii*) इलेक्ट्रोड बनाने में
  (*iii*) स्टोव की रंगाई में
- **कोल गैस:**
  (*i*) निष्क्रिय वातावरण करने में
  (*ii*) ईंधन के रूप में
- **कार्बन डाइऑक्साइड (CO_2):**
  (*i*) आग बुझाने में
  (*ii*) सोडा वाटर में
  (*iii*) हार्ड स्टील के निर्माण में
- **फिटकरी [$K_2SO_4 Al_2(SO_4)_3 .24H_2O$]:**
  (*i*) जल के शुद्धिकरण में
  (*ii*) चर्म उद्योग में
- **एल्युमिनियम सल्फेट [$Al_2(SO_4)_3 .18H_2O$]:**
  (*i*) आग बुझाने में
  (*ii*) कागज उद्योग में
  (*iii*) कपड़ों की छपाई में

- **मरकरी (Hg):**
  - (*i*) अमलगम बनाने में
  - (*ii*) थर्मामीटर में
  - (*iii*) सिन्दूर बनाने में
- **जिंक सल्फेट या श्वेत थोथा ($ZnSO_4.7H_2O$):**
  - (*i*) आँखों के लिए लोशन बनाने में
  - (*ii*) कैलिको छपाई में
  - (*iii*) लिथेपोन के निर्माण में
- **जिंक ऑक्साइड (ZnO):**
  - (*i*) पोरसेलिन में चमक लाने में
  - (*ii*) मरहम बनाने में
- **जिंक (Zn):**
  - (*i*) हाइड्रोजन निर्माण में
  - (*ii*) बैटरी निर्माण में
- **ब्लीचिंग पाउडर ($CaOCl_2$):**
  - (*i*) कागज तथा कपड़ों के विरंजन में
  - (*ii*) कीटाणुनाशक के रूप में
  - (*iii*) क्लोरोफार्म के निर्माण में
  - (*iv*) रासायनिक उद्योगों में उपचायक के रूप में
- **प्लास्टर ऑफ पेरिस ($(CaSO_4)_2 H_2O$):**
  - (*i*) शल्य चिकित्सा में
  - (*ii*) पट्टी बांधने में
  - (*iii*) मूर्ति बनाने में
  - (*iv*) छतों एवं दीवारों को चिकना बनाने हेतु
- **कैल्सियम सल्फेट या जिप्सम ($CaSO_4.2H_2O$):**
  - (*i*) प्लॉस्टर ऑफ पेरिस बनाने में
  - (*ii*) सीमेण्ट निर्माण में
  - (*iii*) अमोनियम सल्फेट बनाने में
  - (*iv*) स्वाद के रूप में
- **कैल्शियम कार्बोनेट ($CaCO_3$):**
  - (*i*) टूथपेस्ट एवं दंतमंजन निर्माण में
  - (*ii*) चूना बनाने में
  - (*iii*) सीमेंट उद्योग में
- **मैग्नीशियम क्लोराइड ($MgCl_2.6H_2O$):**
  - (*i*) सोरेल सीमेन्ट के रूप में व्यवहृत
  - (*ii*) रूई की सजावट में
- **मैग्नीशियम कार्बोनेट ($MgCO_3$):**
  - (*i*) जिप्सम लवण के निर्माण में
  - (*ii*) दवा निर्माण में
  - (*iii*) दन्तमंजन निर्माण में
- **मैग्नीशियम (Mg):**
  - (*i*) फ्लैश बल्ब के निर्माण में
  - (*ii*) धातु-मिश्रण बनाने में
  - (*iii*) थर्माइट वेल्डिंग के निर्माण में
- **मैग्नीशियम ऑक्साइड (MgO):**
  - (*i*) बायलरों के प्रयोग में
  - (*ii*) औषधि निर्माण में
  - (*iii*) रबर पूरक के रूप में
- **कॉपर सल्फेट या नीला थोथा ($CuSO_4.5H_2O$):**
  - (*i*) कॉपर के शुद्धिकरण में
  - (*ii*) कीटाणुनाशक के रूप में
  - (*iii*) विद्युत सेलों में
- **कॉपर (Cu):**
  - (*i*) ब्रास तथा ब्रांज बनाने में
  - (*ii*) बिजली का तार बनाने में
  - (*iii*) बर्तन बनाने में
- **सोडियम नाइट्रेट ($NaNO_2$):**
  - (*i*) खाद के रूप में
  - (*ii*) विस्फोटक बनाने में
- **सोडियम बाईकार्बोनेट या खाने का सोडा ($NaHCO_3$):**
  - (*i*) अग्निशमन यंत्र में
  - (*ii*) प्रतिकारक के रूप में
  - (*iii*) बेकरी उद्योग में
- **सोडियम कार्बोनेट या धोवन सोडा (Na_2CO_3):**
  - (*i*) धुलाई के लिए घरों में धोवन सोडा के रूप में
  - (*ii*) ग्लास निर्माण में
  - (*iii*) कागज उद्योग में
  - (*iv*) जल की स्थायी कठोरता हटाने में
- **हाइड्रोजन परॉक्साइड (H_2O_2):**
  - (*i*) कीटाणुनाशक के रूप में
  - (*ii*) ऑक्सीकारक के रूप में
  - (*iii*) रेशम, ऊन, चमड़ा, वगैरह के विरंजन में
- **हाइड्रोजन (H_2):**
  - (*i*) कार्बनिक यौगिक के निर्माण में
  - (*ii*) अमोनिया के उत्पादन में
- **द्रव हाइड्रोजन**
  - (*i*) रॉकेट के ईंधन में
- **भारी जल (D_2O):**
  - (*i*) न्यूक्लियर प्रतिक्रियाओं में
  - (*ii*) ड्युटरेटेड यौगिक के निर्माण में

जीव विज्ञान

जीव विज्ञान (Biology): यह विज्ञान की वह शाखा है जिसके अन्तर्गत जीवधारियों का अध्ययन किया जाता है। जीव विज्ञान शब्द का प्रयोग सर्वप्रथम **लैमार्क** एवं **ट्रेविरेनस** नामक वैज्ञानिकों ने किया था। जीव विज्ञान की दो शाखाएँ हैं : जन्तु विज्ञान एवं वनस्पति विज्ञान।

जन्तु विज्ञान

- **कोशिका (Cell)**
  - कोशिका शब्द का प्रयोग सर्वप्रथम अंग्रेज वैज्ञानिक रॉबर्ट हुक ने किया था।
  - कोशिका जीवन की सबसे छोटी कार्यात्मक एवं संरचनात्मक इकाई है।
  - कोशिका के अध्ययन के विज्ञान को Cytology कहा जाता है।
  - सबसे लम्बी कोशिका तंत्रिका तंत्र की कोशिका है।

कोशिका सिद्धांत का प्रतिपादन 1838-39 ई॰ में श्लाइडेन और श्वान ने किया था। इस सिद्धांत के अनुसार–

- प्रत्येक जीव की उत्पत्ति एक कोशिका से होती है।
- प्रत्येक जीव का शरीर एक या अनेक कोशिकाओं का बना होता है।
- प्रत्येक कोशिका एक स्वाधीन इकाई है, तथापि सभी कोशिकाएँ मिलकर काम करती हैं। फलस्वरूप एक जीव का निर्माण होता है।
- कोशिका का निर्माण जिस क्रिया से होता है, उसमें केन्द्रक मुख्य अभिकर्त्ता होता है।

कोशिका दो प्रकार की होती है–

- **प्रोकैरियोटिक कोशिका:** इस कोशिका में केन्द्रक, हिस्टोन प्रोटीन तथा झिल्लीयुक्त कोशिकांगों का अभाव होता है। केवल DNA का सूत्र ही गुणसूत्र के रूप में पड़ा रहता है। उदाहरणतः, जीवाणु, नीला-हरित शैवाल आदि।
- **यूकैरियोटिक कोशिका:** इन कोशिकाओं में दोहरी झिल्ली आवरण, केन्द्रक आवरण से घिरा सुस्पष्ट केन्द्रक पाया जाता है, जिसमें DNA व हिस्टोन प्रोटीन के संयुक्त होने से बनी क्रोमैटिन तथा इसके अलावा केन्द्रिका होते हैं।

कोशिका एवं उनके कार्य

कोशिकांग	आविष्कारकर्त्ता	सम्बन्धित कार्य
• कोशिका भित्ति (Cell Wall)	रॉबर्ट हुक	सेलुलोज से निर्मित, केवल पादप कोशिका में पाया जाता है, कोशिका को निश्चित आकृति एवं आकार बनाए रखने में सहायक होता है।
• कोशिका झिल्ली (CellMembrane)	–	अर्द्धपारगम्य झिल्ली जिसका मुख्य कार्य कोशिका के अन्दर जाने वाले एवं अंदर से बाहर आने वाले पदार्थों का निर्धारण करना है।
• तारककाय (Centrosome)	बोबेरी	केवल जन्तु कोशिका में पाया जाता है। समसूत्री विभाजन में यह ध्रुव का निर्माण करता है।
• अन्तः प्रदव्यी जालिका (Endoplasmic Reticulum)	पोर्टर	उन सभी वसाओं व प्रोटीनों का संचरण जो कि विभिन्न झिल्लियों, जैसे–कोशिका झिल्ली, केन्द्रक झिल्ली आदि का निर्माण करते हैं।
• राइबोसोम (Ribosome)	राबिन्सन/ब्राउन/ पैलाडे	यह राइबोन्यूक्लिक ऐसिड (RNA) नामक अम्ल व प्रोटीन की बनी होती है। यह प्रोटीन संश्लेषण के लिए उपर्युक्त स्थान प्रदान करती है अर्थात् यह प्रोटीन का उत्पादन स्थल है। स्तनधारियों के लाल रूधिर कण में राइबोसोम व अन्तः प्रदव्यी जालिका नहीं पाई जाती है। लाल रूधिर कण द्वारा प्रोटीन संश्लेषण नहीं होता है।
• माइटोकॉण्ड्रिया (Mitochondria)	अल्टमैन	यह कोशिका का श्वसन स्थल है। ऊर्जायुक्त कार्बनिक पदार्थों का ऑक्सीकरण माइट्रोकॉण्ड्रिया में होता है, जिससे काफी मात्रा में ऊर्जा प्राप्त होती है। इसलिए माइटोकॉण्ड्रिया को कोशिका का शक्ति केन्द्र कहते हैं। DNA केन्द्रक के अलावा माइटोकॉन्ड्रिया हरित लवक में पाया जाता है।
• गॉल्जीकाय (Golgibody)	कैमिलो गॉल्जी	इसमें कोशिका द्वारा संश्लेषित प्रोटीनों व अन्य पदार्थों की पुटिकाओं के रूप में पैकिंग की जाती है। कोशिका के अणुओं का यातायात प्रबंधन। ये कोशिका भित्ति एवं लाइसोसोम का निर्माण भी करते हैं।
• लाइसोसोम (Lysosome)	डी॰ डुवे	यह सूक्ष्म, गोल, इकहरी झिल्ली से घिरी थैली जैसी रचना होती है। बाहरी पदार्थों का भक्षण एवं पाचन करना। इसमें 24 प्रकार के एन्जाइम पाए जाते हैं। इसे आत्मघाती थैली भी कहा जाता है। स्तनधारियों के लाल रक्तकणिका में लाइसोसोम नहीं पाया जाता है।

कोशिकांग	आविष्कारकर्त्ता	सम्बन्धित कार्य
• हरित लवक (Chloroplast)	हेकल	यह सिर्फ पादप कोशिका में होता है। यह हरे रंग का होता है क्योंकि इसके अंदर पर्णहरित होता है जिसकी सहायता से पौधा प्रकाश संश्लेषण करता है और भोजन बनाता है।
• अवर्णी लवक (Leucoplast)		यह रंगहीन लवक है। यह पौधे के उन भागों में पाया जाता है जो सूर्य के प्रकाश से वंचित हैं, जैसे जड़ों में, भूमिगत तनों आदि में जहाँ ये भोज्य पदार्थों का संग्रह करता है।
• वर्णी लवक (Chromoplast)		ये रंगीन लवक होते हैं, जो प्रायः लाल, पीले, नारंगी रंग के होते हैं। ये पौधे के रंगीन भाग जैसे पुष्प, फलभित्ति, बीज आदि में पाए जाते हैं।
• रसधानी (Vacuoles)		यह कोशिका की निर्जीव रचना है। इसमें तरल पदार्थ भरा होता है।
• केन्द्रक (Nucleus)	रॉबर्ट ब्राउन	केन्द्रक द्रव्य में धागेनुमा पदार्थ जाल के रूप में बिखरा दिखलाई पड़ता है। इसे क्रोमैटिन कहते हैं, यह प्रोटीन एवं DNA का बना होता है।
• गुणसूत्र (Chromosome)	वाल्डेयर	जननिक लक्षणों का एक पीढ़ी से दूसरी पीढ़ी में स्थानांतरण।

- **केन्द्रिका (Nucleolus):** इसमें राइबोसोम के लिए RNA का संश्लेषण होता है।
- DNA सभी आनुवंशिकी क्रियाओं का संचालन करता है। जीन इसकी इकाई है। यह प्रोटीन संश्लेषण को नियंत्रित करता है।
- DNA से ही RNA का संश्लेषण होता है।

DNA और RNA में अंतर

DNA

(*i*) इसमें डीऑक्सीराइबोज शर्करा होती है।
(*ii*) इसमें बेस एडिनीन, ग्वानीन, थायमीन एवं साइटोसीन होते हैं।
(*iii*) यह मुख्यतः केन्द्रक में पाया जाता है।

RNA

(*i*) इसमें शर्करा राइबोज होती है।
(*ii*) इसमें बेस थायमिन की जगह यूरेसिल होता है।
(*iii*) यह केन्द्रक एवं कोशिका द्रव्य दोनों में पाया जाता है।

समसूत्री एवं अर्द्धसूत्री विभाजन में अन्तर

समसूत्री विभाजन

- यह विभाजन कायिक कोशिका में होता है।
- इस विभाजन में कम समय लगता है।
- इस विभाजन के द्वारा एक कोशिका से दो कोशिकाएँ बनती हैं।
- संतति कोशिका में जनक जैसी ही गुणसूत्र होने के कारण आनुवंशिक विविधता नहीं होती।
- इसमें गुणसूत्रों के आनुवंशिक पदार्थों में आदान-प्रदान नहीं होता।
- इसकी प्रोफेज अवस्था छोटी होती है।

अर्द्धसूत्री विभाजन

- यह विभाजन जनन कोशिका में होता है।
- इस विभाजन में अधिक समय लगता है।
- इस विभाजन में एक कोशिका से चार कोशिकाओं का निर्माण होता है।
- संतति कोशिकाओं में जनकों में भिन्न गुणसूत्र होने के कारण आनुवंशिक विविधता होती है।
- इस विभाजन में गुणसूत्रों के बीच आनुवंशिक पदार्थों का आदान-प्रदान होता है।
- इसकी प्रोफेज अवस्था लम्बी होती है।

पादप एवं जन्तु कोशिका में अन्तर

पादप कोशिका

- इसमें कोशिका भित्ति पायी जाती है।
- इसमें लवक पायी जाती है।
- तारककाय अनुपस्थित रहता है।
- रिक्तिका बड़ी होती है।
- इसका आकार लगभग आयताकार होता है।

जन्तु कोशिका

- इसमें कोशिका भित्ति अनुपस्थित होती है।
- इसमें लवक अनुपस्थित होती है।
- तारककाय उपस्थित रहता है।
- रिक्तिका छोटी होती है।
- इसका आकार लगभग वृत्ताकार होता है।

कार्बोहाइड्रेट (Carbohydrate)

- ये प्राणियों के लिए ऊर्जा का प्रमुख स्रोत हैं।
- कार्बोहाइड्रेट कार्बन, हाइड्रोजन तथा ऑक्सीजन से बने कार्बनिक पदार्थ हैं।
- पौधे प्रकाश संश्लेषण द्वारा इनका निर्माण करते हैं।
- कार्बोहाइड्रेट की तीन श्रेणियां हैं–
  (*i*) मोनोसैकेराइड्स (ग्लूकोज, फ्रक्टोज, गैलेक्टोज)
  (*ii*) डाइसैकेराइड्स (सुक्रोज, माल्टोज, लैक्टोज)
  (*iii*) पॉलीसैकेराइड्स (सेलुलोज, स्टार्च, काइटिन, ग्लाइकोजन)
- इसके मुख्य स्रोत आलू, केला, आम, चावल, गेहूँ, मक्का, शर्करा, दूध आदि हैं।

प्रोटीन (Protein)

- यह एक अत्यन्त जटिल एवं नाइट्रोजन युक्त पदार्थ है और अमीनों अम्लों से बना होता है।
- यह मुख्यतः दालों, मछली, अण्डा, पत्तीदार सब्जी, दूध, फल, सोयाबीन, पनीर, दही आदि में पाया जाता है।

विटामिन (Vitamin)

- विटामिन भोजन के जटिल कार्बनिक यौगिक हैं, जो स्वयं ऊर्जा उत्पन्न नहीं करते, परन्तु इनकी सूक्ष्म मात्रा शरीर में उपापचय के लिए आवश्यक है।

वसा या लिपिड्स (Fat or Lipids)

- रासायनिक दृष्टि से लिपिड वसीय अम्लों तथा ग्लिसरॉल के एस्टर या ग्लिसराइड्स होते हैं, इनमें ऑक्सीजन की मात्रा कम होती है।
- यह त्वचा के नीचे जमा होकर शरीर के ताप को बाहर नहीं निकलने देता है।
- इसके प्रमुख स्रोत हैं—मछली का तेल, घी, वनस्पति तेल आदि।

विटामिनों के स्रोत एवं उनकी विशेषताएँ

नाम	स्रोत	कार्यिकी	कमी का प्रभाव
• विटामिन-A (रेटिनॉल)	दूध, मक्खन, अण्डा, यकृत, मछली का तेल।	दृष्टि रंगाओं का संश्लेषण, एपिथीलियसी स्तरों की वृद्धि एवं विकास।	कॉर्निया व त्वचा की कोशिकाओं का शल्कोष्ट, रतौंधी, कुंठित वृद्धि।
• विटामिन-D (कैल्सीफेरॉल)	मक्खन, यकृत, गुर्दे, अण्डे, मछली का तेल, त्वचा और यीस्ट में सूर्य प्रकाश में संश्लेषण।	कैल्शियम व फॉस्फोरस का उपापचय, हड्डियों और दाँतों की वृद्धि।	सूखा रोग, ऑस्टियोमैलेसिया
• विटामिन-E (टेकोफेरॉल)	तेल, गेहूँ, अण्डे की जर्दी, सोयाबीन।	कोशिका कला की सुरक्षा, जननिक एपिथीलियम की वृद्धि, पेशियों की क्रियाशीलता।	जनन क्षमता की कमी, जननांग तथा पेशी की कमजोरी।
• विटामिन-K (नैफ्थोक्विनोन)	हरी पत्तियाँ, अण्डा, यकृत, टमाटर, गोभी, सोयाबीन।	यकृत में प्रोथॉम्बिन का संश्लेषण।	रुधिर का थक्का न होना।
• विटामिन-B_1 (थायमीन)	अनाज, फलियाँ, सोयाबीन, दूध, यीस्ट, अण्डे, माँस।	कार्बोहाइड्रेट एवं अमीनों अम्ल उपापचय के लिए आवश्यक एन्जाइम का सह-एन्जाइम।	बेरी-बेरी।
• विटामिन-B_2 (राइबोफ्लैविन)	हरी पत्तियाँ, पनीर, अण्डे, यीस्ट, माँस, यकृत।	उपापचय में महत्वपूर्ण सह-एन्जाइमों का घटक।	कीलोसिस।
• विटामिन-B_3 (निकोटिनिक अम्ल)	मांस, मछली, अण्डे, दूध, मटर, मेवा, फलियाँ।	उपापचय में महत्वपूर्ण सह-एन्जाइमों का घटक।	पेलाग्रा।
• विटामिन-B_5 (पैन्टोथीनिक अम्ल)	अण्डे, दूध, मांस, मूँगफली, गन्ना।	अपचय के सह-एन्जाइम-A का घटक।	वृद्धि कम, चर्म रोग, जनन क्षमता में कमी।
• विटामिन-B_6 (पाइरोडॉक्सिन)	दूध, मांस, मछली, यीस्ट, यकृत, अनाज।	प्रोटीन उपापचय में आवश्यक एन्जाइमों का सह-एन्जाइम।	रक्तक्षीणता, चर्म-रोग, पेशीय ऐंठन।
• विटामिन-H (बायोटिन)	अण्डा, मांस, गेहूँ, मूंगफली, सब्जियाँ, फल।	वसीय एवं अमीनो अम्लों सहित कई अन्य पदार्थों की संश्लेषण अभिक्रियाओं में सह-एन्जाइम।	बालों का झड़ना, चर्म रोग।
• फॉलिक अम्ल समूह	हरी पत्तियाँ, सोयाबीन, फलियाँ, यकृत।	वृद्धि, रुधिराणुओं का निर्माण, DNA का संश्लेषण।	रुधिर क्षीणता, कुंठित वृद्धि।
• विटामिन-B_{12} (सायनोकोबा लएमीन)	मांस, मछली, दूध, अण्डा।	वृद्धि रुधिराणुओं का निर्माण, न्यूक्लिक अम्लों का संश्लेषण।	रुधिरक्षीणता, तंत्रिका तंत्र की गड़बड़ियाँ।
• विटामिन-C (एस्कॉर्बिक अम्ल)	नींबू, संतरा, टमाटर, सब्जियाँ।	हड्डियों के मैट्रिक्स दाँतों के डेन्टीन का निर्माण।	स्कर्वी रोग।

खनिज लवण (Mineral Salts)

- खनिज शरीर की उपापचयी क्रियाओं को नियंत्रित करता है।
- यह शरीर के ऊतकों के निर्माण के लिए कच्चे पदार्थ, एन्जाइमों तथा विटामिनों के लिए आवश्यक है।

महत्वपूर्ण खनिज एवं उनके स्रोत

खनिज तत्व	प्रमुख स्रोत	कमी के प्रभाव
• फास्फोरस	दूध, पनीर, हरी पत्तेदार सब्जियां।	दाँत व हड्डियों की दुर्बलता, शरीर की वृद्धि एवं कार्यिकी कुंठित।
• कैल्शियम	दूध, पनीर, अनाज, हरी सब्जियाँ।	दाँत व हड्डियों की दुर्बलता।
• क्लोरीन	खाने वाला नमक।	भूख की कमी, पेशियों की ऐंठन।
• मैग्नीशियम	अनाज, हरी सब्जियाँ।	पेशी तंत्र एवं तंत्रिका तंत्र की कार्यिकी प्रभावित होना।
• सोडियम	खाने वाला नमक।	निम्न रक्तचाप, भूख की कमी, पेशियों की ऐंठन।
• पोटैशियम	मांस, दूध, फल, अनाज, सब्जियाँ।	पेशीय संकुचन एवं तंत्रिका आवेग के संचरण से सम्बन्धित समस्याएँ।
• लौह	यकृत, अंडा, चोकरयुक्त आटे की रोटी, हरी सब्जियाँ, गुड़, सेब, केला।	हीमोग्लोबिन की कमी।
• आयोडीन	मछली, हरी पत्तेदार सब्जियाँ, आयोडीन नमक।	थायरायड ग्रंथि के रोग।
• कोबाल्ट	दूध, पनीर, मांस।	रक्तहीनता।
• मैगनीज	हरी सब्जियाँ, फल, अनाज।	उपास्थि, अस्थि तथा संयोजी ऊतकों की वृद्धि में अनियमितता।
• ताँबा	मांस, मेवा, फलियाँ, हरी सब्जियाँ।	रक्तहीनता संयोजी ऊतकों और रुधिरवाहिनियों की दुर्बलता।

पाचन तंत्र

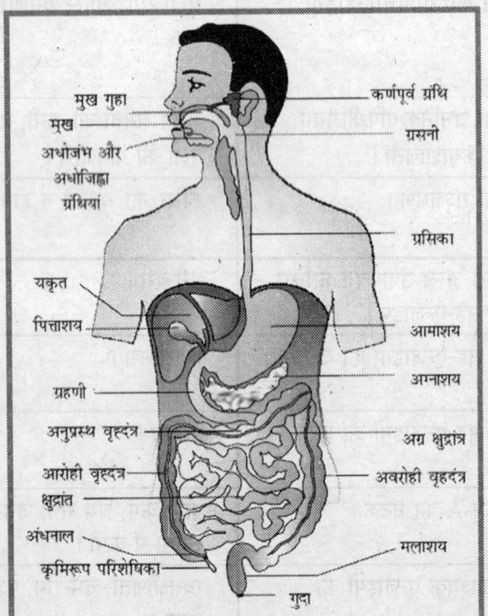

मानव पाचन तंत्र

- मनुष्य का पाचन तंत्र आहारनाल एवं इससे जुड़ी ग्रंथियों का बना होता है। आहारनाल मुखगुहा, ग्रसनी, ग्रासनली, आमाशय छोटी आंत तथा बड़ी आंत की बनी होती है।
- यकृत एवं अग्नाशय आहारनाल से जुड़ी पाचन ग्रंथियाँ हैं।
- टायलिन एन्जाइम लार में उपस्थित होता है जो भोजन में उपस्थित मंड को माल्टोज शर्करा में अपघटित करता है। फिर माल्टेज नामक एंजाइम माल्टोज शर्करा को ग्लूकोज में परिवर्तित कर देता है।
- लाइसोजाइम एन्जाइम भोजन में उपस्थित हानिकारक जीवाणुओं को नष्ट कर देता है।
- पेप्सिन प्रोटीन को खंडित कर सरल पदार्थों, जैसे– पेप्टोन्स में परिवर्तित कर देता है।
- आमाशय की भित्ति में उपस्थित जठर ग्रंथियाँ, जठर रस का स्रावण करती हैं। जठर रस में जल के अतिरिक्त श्लेष्म, हाइड्रोक्लोरिक अम्ल, पेप्सिन, जठर, लाइपेंस तथा रेनिन आदि एन्जाइम होते हैं।
- रेनिन, दूध की धुली हुई प्रोटीन केसीनोजेन को ठोस प्रोटीन कैल्सियम पैराकेसीनेट के रूप में बदल देता है।
- भोजन के पक्वाशय में पहुँचते ही सर्वप्रथम इसमें यकृत से निकलने वाला पित्त रस आकर मिलता है। पित्त रस क्षारीय होता है और यह भोजन को अम्लीय से क्षारीय बना देता है।
- अग्नाशय रस में तीन प्रकार के एन्जाइम होते हैं–
  - *(i)* **ट्रिप्सिन (Trypsin):** यह प्रोटीन एवं पेप्टोन को पॉलीपेप्टाइड्स तथा अमीनो अम्ल में परिवर्तित करता है।
  - *(ii)* **एमाइलेज (Amylase):** यह मांड (starch) को घुलनशील शर्करा में परिवर्तित करता है।
  - *(iii)* **लाइपेज (Lipase):** यह इमल्सीफाइड वसाओं को ग्लिसरीन तथा फैटी एसिड्स में परिवर्तित करता है।
- छोटी आंत में निम्नलिखित एन्जाइम होते हैं–
  - *(i)* **इरेप्सिन:** यह शेष प्रोटीन एवं पेप्टोन को अमीनो अम्ल में परिवर्तित करता है।
  - *(ii)* **माल्टेस:** यह माल्टोस को ग्लूकोज में परिवर्तित करता है।
  - *(iii)* **सुक्रोस:** यह सुक्रोस को ग्लूकोज एवं फ्रुक्टोज में परिवर्तित करता है।
  - *(iv)* **लैक्टेस:** यह लैक्टोस को ग्लूकोज एवं गैलेक्टोस में परिवर्तित करता है।
  - *(v)* **लाइपेज:** यह इमल्सीफाइड वसाओं को ग्लिसरीन तथा फैटी एसिड्स में परिवर्तित करता है।
- **यकृत (Liver)**
  - यह मानव शरीर की सबसे बड़ी ग्रंथि है। यकृत द्वारा ही पित्त स्रावित होता है। यह पित्त आँत में उपस्थित एन्जाइमों की क्रिया को तीव्र कर देता है।

– यकृत प्रोटीन की अधिकतम मात्रा को कार्बोहाइड्रेट में परिवर्तित कर देता है।

- **पित्ताशय (Gall-bladder):** पित्ताशय नाशपाती के आकार की एक थैली होती है, जिसमें यकृत से निकलने वाला पित्त जमा होता है।
- **अग्नाशय (Pancreas)**
  – यह मानव शरीर की दूसरी सबसे बड़ी ग्रंथि है। यह एक साथ अन्तः स्रावी और बहिःस्रावी दोनों प्रकार की ग्रंथि है।
  – इसमें अग्नाशयी रस निकलता है जिसमें तीनों प्रकार के मुख्य भोज्य पदार्थ (जैसे–कार्बोहाइड्रेट, वसा एवं प्रोटीन) को पचाने वाले एन्जाइम होते हैं।
  – इंसुलिन का स्राव अग्नाशय के एक भाग लैंगर टैंस की द्वीपिका से होता है। यह ग्लूकोज से ग्लाइकोजन बनने की क्रिया को नियंत्रित करता है।
- रक्त परिसंचरण की खोज सन् 1628 ई. में विलियम हार्वे ने की थी।
- शरीर से हृदय की ओर रक्त ले जाने वाली रक्तवाहिनी को शिरा (Vein) कहते हैं जबकि हृदय से शरीर की ओर रक्त ले जाने वाली रक्तवाहिनी को धमनी (Artery) कहते हैं। धमनी में शुद्ध रक्त अर्थात् ऑक्सीजनयुक्त रक्त होता है।
- थायरॉक्सिन एवं एड्रीनेलिन स्वतंत्र रूप से हृदय की धड़कन को नियंत्रित करने वाले हार्मोन हैं।
- रक्तदाब मापने वाले यंत्र का नाम स्फिग्मोमेनोमीटर है।
- लसीका में उपस्थित लिम्फोसाइट्स (WBC) हानिकारक जीवाणुओं को भक्षण करके रोगों की रोकथाम में सहायक होते हैं।
- वृक्कों (Kidneys) का प्रमुख कार्य रक्त के प्लाज्मा को छानकर शुद्ध बनाना तथा अनुपयोगी पदार्थों को जल की कुछ मात्रा के साथ मूत्र के द्वारा शरीर से बाहर निकालना है।
- वृक्क में बनने वाली पथरी कैल्शियम ऑक्जालेट की बनी होती है।
- त्वचा में पायी जाने वाली तेलीय ग्रंथियाँ एवं स्वेद ग्रंथियाँ क्रमशः सीबम एवं पसीने का स्रवण करती हैं।
- यकृत कोशिकाएँ आवश्यकता से अधिक अमीनो अम्लों तथा रुधिर की अमोनिया को यूरिया में परिवर्तित करके उत्सर्जन में मुख्य भूमिका निभाती हैं।
- फेफड़ा दो प्रकार के गैसीय पदार्थ कार्बन डाइऑक्साइड और जलवाष्प का उत्सर्जन करता है। कुछ पदार्थ, जैसे–मसाले, प्याज और लहसुन, जिनमें वाष्पशील घटक होते हैं, का उत्सर्जन फेफड़ों के द्वारा होता है।
- मनुष्य के शरीर में कुल हड्डियों की संख्या 206 होती है।
- शरीर की सबसे बड़ी अस्थि फीमर (जांघ की अस्थि) एवं सबसे छोटी अस्थि स्टेप्स (कान की अस्थि) होती है।
- अन्तःस्रावी तंत्र (Endocrine System)
  (*i*) **बहिःस्रावी ग्रंथियाँ (Exocrine glands):** यह नलिकायुक्त होती है तथा इनसे एन्जाइम का स्राव होता है जैसे–दुग्ध ग्रंथि, स्वेद ग्रंथि, अश्रु ग्रंथि, श्लेष्म ग्रंथियाँ, लार ग्रंथियाँ इत्यादि।
  (*ii*) **अन्तःस्रावी ग्रंथियाँ (Endocrine glands):** यह नलिकाविहीन होती है तथा इनसे हार्मोन का स्राव होता है। यह हार्मोन एक प्लाज्मा के द्वारा शरीर के विभिन्न भागों में पहुँचाये जाते हैं, जैसे–पीयूष ग्रंथि, अवटु ग्रंथि, परा-अवटु ग्रंथि आदि।
- पीयूष ग्रंथि कपाल की स्फेनाइड हड्डी में एक गड्ढे में स्थित होती है। इसे मास्टर ग्रंथि के रूप में भी जाना जाता है।
- पीयूष ग्रंथि से निकलने वाले हार्मोन एवं उनके कार्य–
  (*i*) STH हार्मोन–यह शरीर की वृद्धि, विशेषतया हड्डियों की वृद्धि का नियंत्रण करती है।
  (*ii*) TSH हार्मोन–यह थाइरॉइड ग्रंथि को हार्मोन स्रावित करने के लिए प्रेरित करता है।
  (*iii*) ACTH हार्मोन–यह एड्रीनल कार्टेक्स के स्राव को नियंत्रित करता है।
  (*iv*) GTH हार्मोन–यह जनन अंगों के कार्यों का नियंत्रण करता है।
  (*v*) LTH हार्मोन–इसका मुख्य कार्य है, शिशु के लिए स्तनों में दुग्ध स्राव उत्पन्न करना।
  (*vi*) ADH हार्मोन–इसके कारण छोटी-छोटी रक्तधमनियों का संकीर्णन होता है एवं रक्तदाब बढ़ जाता है। यह शरीर में जल संतुलन को बनाए रखने में सहायक होता है।
- **अवटु ग्रंथि (Thyroid gland):** यह मनुष्य के गले में श्वासनली के दोनों ओर लैरिंक्स के नीचे स्थित रहती है।
- अवटु ग्रंथि से निकलने वाला हार्मोन थाइरॉक्सिन एवं ट्रायोथाइरोनिन है, इसमें आयोडीन अधिक मात्रा में रहता है।
- थाइरॉक्सिन शरीर की सामान्य वृद्धि विशेषतः हड्डियों, बाल इत्यादि के विकास के लिए अनिवार्य है।
- जनन अंगों के सामान्य कार्य थाइरॉक्सिन की सक्रियता पर आधारित होते हैं।
- भोजन में आयोडीन की कमी से घेंघा रोग उत्पन्न हो जाता है।
- एपिनेफ्रीन एवं नॉर एपिनेफ्रीन दोनों एमीनो अम्ल हैं। ये समान रूप से हृदयपेशियों की उत्तेजनशीलता एवं संकुचनशीलता में वृद्धि करते हैं। फलस्वरूप रक्तचाप बढ़ जाता है।
- क्रोध, भय एवं खतरे जैसी उत्तेजनाओं के समय ऐड्रिनेलिन हार्मोन अधिक मात्रा में उत्सर्जित होता है।
- अंडाशय (Ovary) द्वारा एस्ट्रोजेन, प्रोजेस्टेरॉन एवं रिलैक्सिन हार्मोनों का स्राव होता है।
- वृषण (Testes) से निकलने वाले हार्मोन को टेस्टोस्टेरॉन कहते हैं। यह पुरुषोचित लैंगिक लक्षणों के परिवर्द्धन को एवं यौन-आचरण को प्रेरित करता है।
- मनुष्य के श्वसन तंत्र का सबसे महत्वपूर्ण अंग फेफड़ा या फुफ्फुस (Lungs) होता है, जहाँ पर गैसों का आदान-प्रदान होता है।
- **आन्तरिक श्वसनः** शरीर के अन्दर रुधिर एवं उत्तक द्रव्य के बीच गैसीय विनिमय होता है, उसे आन्तरिक श्वसन कहते हैं।
- **बाह्य श्वसनः** फेफड़ों में होने वाले गैसीय विनिमय को बाह्य श्वसन कहते हैं। इसमें जब रुधिर कोशिकाओं में पहुँचता है, तो ऑक्सीजन विमुक्त होता है एवं खाद्य पदार्थों का ऑक्सीकरण होता है जिससे ऊर्जा विमुक्त होती है।
- श्वसन एक अपचयी क्रिया है। इससे शरीर के भार में कमी होती है।

जन्तु जगत का वर्गीकरण

संघ	प्रमुख लक्षण	प्रमुख जीव
• प्रोटोजोआ (Protozoa)	एककोशिकीय शरीर होता है।	अमीबा
• पोरिफेरा (Porifera)	बहुकोशिकीय जन्तु, इनके शरीर पर असंख्य छिद्र पाए जाते हैं।	स्पंज, साइकन, मायोनिया आदि।
• सीलेण्ट्रेटा (Coelenterata)	जलीय द्विस्तरीय प्राणी होते हैं।	हाइड्रा, मूँगा, जेलीफिश, सी एनीमोन।
• प्लैटीहेल्मिन्थीज (Platyhelminthes)	त्रिस्तरीय शरीर होता है परन्तु देहगुहा नहीं होती। ये जन्तु उभयलिंगी होते हैं।	फीता कृमि, प्लेनेरिया, लिवर, फल्यूक आदि।
• एस्केल्मिन्थीज (Ascheleminthes)	लम्बे, बेलनाकार, अखण्डित कृमि। ये जन्तु एकलिंगी होते हैं। वुचरेरिया द्वारा फाइलेरिया रोग होता है।	एस्केरिस, थ्रेडवर्म, वुचरेरिया आदि।
• ऐनीलीडा (Annelida)	शरीर लम्बा, पतला, द्विपार्श्व सममित तथा खण्डों में बँटा हुआ होता है। ये जन्तु एकलिंगी एवं उभयलिंगी दोनों प्रकार के होते हैं।	नेरीस, केंचुआ, जोंक आदि।
• आर्थोपोडा (Arthropoda)	शरीर तीन भागों में विभक्त होता है–सिर, वक्ष एवं उदर। इनके पाद संधियुक्त होते हैं। यह प्रायः एकलिंगी होते हैं एवं निषेचन शरीर के अंदर होता है।	केंकड़ा, मक्खी, मच्छर, मधुमक्खी, तिलचट्टा, झींगा मछली, टिड्डी आदि।
• मोलस्का (Mollusca)	शरीर तीन भागों में विभक्त होता है–सिर, अन्तरंग तथा पाद। इनमें कवच सदैव उपस्थित रहता है।	घोंघा, सीपी आदि।
• इकाइनाडर्मेटा (Echinodermata)	इस संघ के सभी जन्तु समुद्री होते हैं। इनमें जल संवहन तंत्र पाया जाता है। पुनरुत्पादन की विशेष क्षमता होती है।	सितारा मछली, समुद्री खीरा, पंखतारा, ब्रिटिल स्टार आदि।
• कॉर्डेटा (Chordata)	इनमें नोटोकॉर्ड उपस्थित होता है।	–
• मत्स्य वर्ग (Pisces)	ये असमतापी जन्तु है। इनमें श्वसन गिल्स के द्वारा होता है।	स्कोलियोडन दरियाई घोड़ा, टारपीडो।
• एम्फीबिया (Amphibia)	ये सभी प्राणी उभयचर होते हैं। यह असमतापी होते हैं। श्वसन क्लोमो, त्वचा एवं फेफड़ों द्वारा होता है।	मेंढ़क।
• सरीसृप (Reptilia)	ये स्थलीय कशेरुकी जन्तु हैं। इनमें दो जोड़ी पाद होते हैं। श्वसन फेफड़ों के द्वारा होता है। इनके अंडे कैल्शियम कार्बोनेट के बने कवच से ढँके रहते हैं।	छिपकली, साँप, कछुआ, घड़ियाल आदि।
• पक्षी (Aves)	इनका अगला पाद उड़ने के लिए पंखों में रूपान्तरित हो जाते हैं। ये समतापी होते हैं।	कौआ, मोर, चिड़िया।
• स्तनधारी वर्ग (Mammalia)	त्वचा पर स्वेद ग्रंथियाँ एवं तेल ग्रंथियाँ पाई जाती हैं। ये सभी जन्तु उच्चतापी एवं नियततापी होते हैं। बाह्य कर्ण उपस्थित होता है।	कंगारू, मनुष्य आदि।

- मानव शरीर में मांसपेशियों की संख्या 639 होती है।
- मानव शरीर की सबसे बड़ी मांसपेशी ग्लूटियस मैक्सीमस (कूल्हे की मांसपेशी) है।
- मानव शरीर की सबसे छोटी मांसपेशी स्टैपिडियस है।
- मानव रक्त एक तरल संयोजी ऊतक है। शरीर में रक्त की मात्रा शरीर के भार का लगभग 7% होती है।
- रक्त एक क्षारीय विलयन है जिसका pH मान 7.4 होता है।
- रक्त में दो प्रकार के पदार्थ पाए जाते हैं–

  ***(i)* प्लाज्मा:** यह रक्त का अजीवित तरल भाग होता है। रक्त का लगभग 60% भाग प्लाज्मा होता है। इसका 90% भाग जल, 7% प्रोटीन, 0.9% लवण और 0.1% ग्लूकोज होता है। प्लाज्मा पचे हुए भोजन एवं हार्मोनों का शरीर में संवहन करता है।

  ***(ii)* रुधिराणु (Blood Corpuscles):** यह रक्त का शेष 40% भाग होता है। इसे तीन भागों में बाँटते हैं–*(a)* लाल रक्त कण (RBC), *(b)* श्वेत रक्त कण (WBC), *(c)* रक्त बिम्बाणु (Blood Platelets)।

***(a)* लाल रक्त कण (Red Blood Cell)**

- इनमें केन्द्रक नहीं होता।
- इनका निर्माण अस्थिमज्जा (Bone marrow) में होता है। प्रोटीन, आयरन, विटामिन B_{12} एवं फोलिक अम्ल लाल रक्त कण के निर्माण में सहायक होते हैं।
- इनमें हीमोग्लोबिन होता है, जिसमें हीम (Haem) नामक रंजक होता है, जिसके कारण रक्त का रंग लाल होता है। ग्लोबिन लौह युक्त प्रोटीन है, जो ऑक्सीजन एवं कार्बन डाइऑक्साइड से संयोग करने की क्षमता रखता है।
- हीमोग्लोबिन में पाया जाने वाला लौह यौगिक हीमैटिन है।
- लाल रक्त कणिकाएँ शरीर की प्रत्येक कोशिका में ऑक्सीजन पहुँचाने एवं कार्बन डाइऑक्साइड को वापस लाने का कार्य करती हैं।

***(b)* श्वेत रक्त कण (White Blood Cell)**

- इनमें केन्द्रक रहता है।
- इनका निर्माण अस्थिमज्जा, लिम्फ नोड और कभी-कभी यकृत एवं प्लीहा में भी होता है।

- इनका मुख्य कार्य शरीर को रोगों के संक्रमण से बचाना है।
- श्वेत रक्त कणों का सबसे अधिक भाग (60-70%) न्यूट्रोफिल्स कणिकाओं का बना होता है। न्यूट्रोफिल्स कणिकाएँ रोगाणुओं तथा जीवाणुओं का भक्षण करती हैं।

(*c*) रक्त बिम्बाणु (Blood Platelets)

- यह केवल मनुष्य एवं अन्य स्तनधारियों के रक्त में पाया जाता है।
- इसमें केन्द्रक नहीं होता है। इसका निर्माण अस्थिमज्जा में होता है।
- इसका मुख्य कार्य रक्त के थक्का बनाने में मदद करना है।

- रक्त समूह की खोज कार्ल लैंडस्टीनर ने 1900 ई॰ में की थी।
- मनुष्यों के रक्त में भिन्नता का मुख्य कारण लाल रक्त कण में पायी जाने वाली ग्लाइको प्रोटीन है, जिसे एन्टीजन कहते हैं।
- एण्टीजन दो प्रकार के होते हैं–एण्टीजन A एवं एन्टीजन B। एण्टीजन या ग्लाइकोप्रोटीन की उपस्थिति के आधार पर मनुष्य में चार प्रकार के रुधिर वर्ग होते हैं। जो निम्न हैं–
  (*a*) रुधिर वर्ग A — एण्टीजन A उपस्थित होता है।
  (*b*) रुधिर वर्ग B — एण्टीजन B उपस्थित होता है।
  (*c*) रुधिर वर्ग AB — एण्टीजन A एवं B दोनों उपस्थित होते हैं।
  (*d*) रुधिर वर्ग O — दोनों में से कोई एण्टीजन उपस्थित नहीं होता है।
- रक्त समूह O को सर्वदाता रक्त समूह कहते हैं, क्योंकि इसमें कोई एण्टीजन नहीं होता एवं रक्त समूह AB को सर्वग्रहता रक्त समूह कहते हैं, क्योंकि इनमें कोई एण्टीबॉडी नहीं होता है।
- जोहान मेंडल को आनुवंशिकता का पिता कहा जाता है। आनुवंशिकी संबंधी प्रयोग के लिए मेंडल ने मटर के पौधे का चुनाव किया था।
- मेंडल ने आनुवंशिकता से सम्बन्धित तीन नियम प्रस्तुत किए थे–
  (*a*) प्रभाविकता का नियम,
  (*b*) पृथक्करण का नियम एवं
  (*c*) स्वतंत्र अपव्यूहन का नियम।
- गुणसूत्रों में पाए जाने वाले आनुवंशिक पदार्थ को जीनोम कहते हैं। जीन इन्हीं गुणसूत्रों पर पाया जाता है।
- जैव विकास के संबंध में अनेक सिद्धांत प्रतिपादित किये गए हैं, जिनमें लैमार्कवाद एवं उत्परिवर्तनवाद प्रमुख हैं।

(*a*) **लेमार्कवाद (Lamarckism):** लेमार्क के अनुसार, जीवों एवं इनके अंगों में सतत् बड़े होते रहने की प्रवृत्ति होती है। इन जीवों पर वातावरणीय परिवर्तन का सीधा प्रभाव पड़ता है। इसके कारण जीवों में विभिन्न अंगों का उपयोग घटता-बढ़ता रहता है। अधिक उपयोग में आने वाले अंगों का विकास अधिक एवं कम उपयोग में आने वाले अंगों का विकास कम होने लगता है। इसे 'अंगों के कम या अधिक उपभोग का सिद्धांत' भी कहते हैं। इस प्रकार से जीवों द्वारा उपार्जित लक्षणों की वंशगति होती है, जिसके परिणामस्वरूप नयी-नयी जातियाँ बन जाती हैं।

(*b*) **डार्विनवाद (Darwinism):** डार्विनवाद के अनुसार, सभी जीवों में प्रचुर सन्तानोत्पत्ति की क्षमता होती है। अतः अधिक आबादी के कारण प्रत्येक जीव को अपनी आवश्यकताओं की पूर्ति हेतु दूसरे जीवों से जीवनपर्यन्त संघर्ष करना पड़ता है। यह संघर्ष सजातीय, अन्तर्जातीय तथा पर्यावरणीय होते हैं। दो सजातीय जीव आपस में एक-समान नहीं होते। यह विभिन्नताएँ इन्हें इनके जनकों से वंशानुक्रम में मिलती हैं। कुछ विभिन्नताएँ जीवन-संघर्ष के लिए लाभदायक होती हैं, जबकि कुछ अन्य हानिकारक होती हैं। जीवों मे विभिन्नताएँ वातावरणीय दशाओं के अनुकूल होने पर वे बहुमुखी जीवन-संघर्ष में सफल होते हैं। उपयोगी विभिन्नताएँ पीढ़ी-दर-पीढ़ी एकत्र होती रहती हैं और लम्बे समय के बाद उत्पन्न जीवधारियों के लक्षण मूल जीवधारियों से इतने भिन्न हो जाते हैं कि एक नई जाति बन जाती है।

वनस्पति विज्ञान

- विभिन्न प्रकार के पेड़-पौधों तथा उनके क्रियाकलापों के अध्ययन को वनस्पति विज्ञान कहते हैं। **थियोफ्रेस्ट्स** को वनस्पति विज्ञान का जनक कहा जाता है।
- **एकलर** के अनुसार वनस्पति जगत का वर्गीकरण निम्नांकित रूपों में किया जा सकता है–

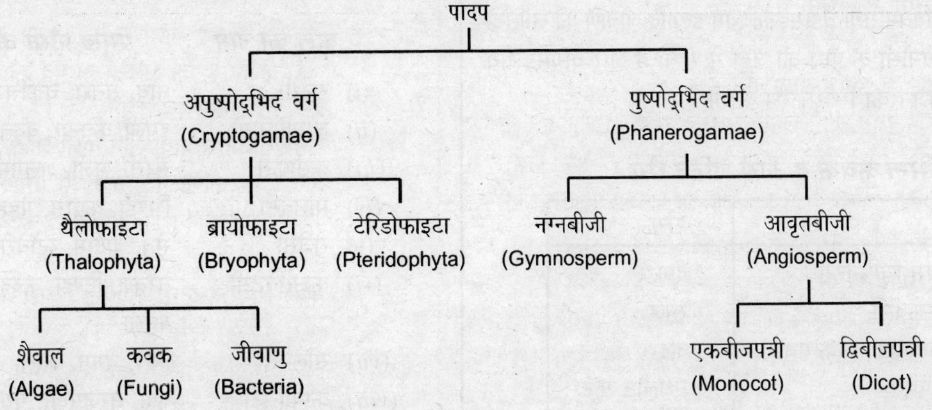

अपुष्पोद्भिद् पौधा

इस वर्ग के पौधों में पुष्प तथा बीज नहीं होते। इन्हें निम्नलिखित समूहों में विभक्त किया गया है–

1. थैलोफाइटा

यह वनस्पति जगत का सबसे बड़ा समूह है। इस समूह के पौधों का शरीर सूकाय (Thalus) होता है, अर्थात् पौधे, जड़, तना एवं पत्ती आदि में विभक्त नहीं होते।

(i) शैवाल (Algae)

– शैवाल प्रायः पर्णहरित युक्त, संवहन ऊतक-रहित, आत्मपोषी होते हैं।
– इनका शरीर सूकाय सदृश होता है।
– शैवालों के अध्ययन को फाइकोलॉजी कहते हैं।
– क्लोरेलन शैवाल से क्लोरेलिन नामक प्रतिजैविक एवं लेमिनेरिया से टिंक्चर आयोडीन बनाई जाती है।

(ii) कवक (Fungi)

– कवक पर्णहरित रहित, संकेन्द्रीय, संवह ऊतकरहित थैलोफाइट हैं।
– इनकी कोशिकाभित्ति काइटिन (Chitin) की बनी होती है।
– कवक पौधों में कई प्रकार के गंभीर रोग उत्पन्न करते हैं, जैसे–गेहूँ का ढीला स्मट, सरसों का सफेद रस्ट, गेहूँ का किट्ट रोग, आलू की अंगमारी, मूँगफली का टिक्का रोग, गन्ने का लाल अपक्षय, आलू का मस्सा रोग आदि।

(iii) जीवाणु (Bacteria)

– एण्टोनीवान ल्यूवेनहॉक ने जीवाणु की खोज की थी।
– लुई पाश्चर ने रेबीज के टीके एवं दूध के पाश्चुराइजेशन विधि की खोज की।
– एनाबीना तथा नॉस्टॉक नामक सायनोबैक्टीरिया वायुमंडल की नाइट्रोजन का स्थिरीकरण करते हैं।
– ऐजोटोबैक्टर, एजोसपाइरिलम तथा क्लोस्ट्रीडियम जीवाणु की कुछ जातियाँ स्वतंत्र रूप से मिट्टी में निवास करती हैं व मिट्टी के कणों के बीच स्थित वायु के नाइट्रोजन का स्थिरीकरण करती हैं।
– राइजोबियम तथा ब्रैडीराइजोबियम इत्यादि जीवाणु की जातियाँ लैग्यूमिनोसी के पौधे की जड़ों में रहती हैं और वायुमंडलीय नाइट्रोजन का स्थिरीकरण करती हैं।

विभिन्न कवक व उनसे जनित रोग

कवक	*रोग*
ऐस्पर्जिलस प्यूमिगेट्स	दमा
एकेरस स्केबीज	खाज
ट्राइकोफायट्न लेसकोसय	दाद
टीनिया पेडिस	एथलीट फूट

2. ब्रायोफाइटा

यह स्थलीय पौधों का समूह है। इस समुदाय को वनस्पति जगत का एम्फीबिया वर्ग भी कहा जाता है। इस समुदाय के पौधे मृदा अपरदन को रोकने में सहायता प्रदान करते हैं।

3. टेरिडोफाइटा

इस समूह के पौधे जंगलों, पहाड़ों एवं नमी युक्त छायादार स्थानों पर अधिकता से पाए जाते हैं। पौधा जड़, तना, शाखा एवं पत्तियों में विभेदित रहता है। इस समुदाय के पौधों में संवहन ऊतक पूर्ण विकसित होते हैं। परन्तु जाइलम में वेसेल एवं फ्लोएम में सहकोशाएँ नहीं होती हैं।

पुष्पोदभिद

इस समूह के पौधे पूर्ण विकसित होते हैं। इस समूह के सभी पौधों में फूल, फल तथा बीज होते हैं। इस समूह के पौधों को दो वर्गों में बाँटा जा सकता है–

(i) नग्नबीजी

– इनके पौधे काष्ठीय, बहुवर्षी और लम्बे होते हैं।
– ये मरुद्भिद होते हैं।
– वनस्पति जगत का सबसे ऊँचा पौधा सिकोया सेम्पर विरेंस इसी के अन्तर्गत आता है। इसकी ऊँचाई 120 मी. होती है।
– चीड़, देवदार, सिकोया, स्प्रूस आदि की लकड़ी से फर्नीचर बनते हैं।

(ii) आवृत्तबीजी

– इस वर्ग के पौधों में बीज फल के अन्दर होते हैं।
– इनके पौधों में जड़, पत्ती, फूल, फल एवं बीज सभी पूर्ण विकसित होते हैं।
– इस वर्ग के पौधों में बीज में बीजपत्र होते हैं। बीजपत्रों की संख्या के आधार पर पौधों को दो वर्गों में विभाजित किया गया है–

(a) एकबीजपत्री पौधेः इन पौधों के बीज में सिर्फ एकबीजपत्र होता है। इस वर्ग के पौधों का उल्लेख निम्नलिखित है–

कुल का नाम	*प्रमुख पौधों का नाम*
(i) लिलिएसी	प्याज, लहसुन
(ii) पाल्मी	ताड़, नारियल, सुपारी, खजूर
(iii) ग्रेमिनेसी	गन्ना, चावल, गेहूँ, मक्का, बाँस आदि।

(b) द्विबीजपत्री पौधेः इन पौधों के बीजों में दो पत्र होते हैं। इस वर्ग के पौधों का उल्लेख निम्नलिखित है–

कुल का नाम	*प्रमुख पौधों का नाम*
(i) रूटेसी	नींबू, संतरा, चकोत्तरा, मौसम्मी, बेल, कैता
(ii) लेग्यूमिनोसी	इमली, कचनार, बबूल, कत्था, अशोक, दलहन
(iii) क्रूसीफेरी	सरसों, मूली, शलगम
(iv) मालवेसी	भिण्डी, कपास, गुड़हल
(v) रोजेसी	सेब, बादाम, स्ट्रॉबेरी, नाशपाती
(vi) कुकुरबिटेसी	तरबूज, टिण्डा, कद्दू, लौकी, जीरा, ककड़ी, करेला
(vii) सीलेनेसी	मिर्च, बैंगन, आलू, टमाटर, बैलाडोना
(viii) कम्पोजिटी	गेंदा, सूरजमुखी, भृंगराज, डहेलिया

- **जाइलम (Xylem):** यह संवहनी ऊतक है। इसके दो मुख्य कार्य हैं–
  (*i*) जल एवं खनिज लवणों का संवहन
  (*ii*) यांत्रिक दृढ़ता प्रदान करना
- पौधे की आयु की गणना जाइलम ऊतक के वार्षिक वलय को गिनकर ही की जाती है। इस विधि को डेन्ड्रोक्रोनोलॉजी कहते हैं।
- **फ्लोएम (Phloem):** यह एक संवहन ऊतक है। इसका मुख्य कार्य पत्तियों द्वारा बनाये गए भोजन को पौधे के अन्य भागों में पहुँचाना है।
- **प्रकाश-संश्लेषण**
  – पौधों में जल, प्रकाश, पर्णहरित तथा कार्बन डाइऑक्साइड की उपस्थिति में कार्बोहाइड्रेट के निर्माण को प्रकाश-संश्लेषण कहते हैं।

$$6CO_2 + 12H_2O \xrightarrow[\text{क्लोरोफिल}]{\text{प्रकाश}} C_6H_{12}O_6 + 6H_2O + 6O_2$$

  – प्रकाश-संश्लेषण के लिए आवश्यक है–कार्बन-डाइऑक्साइड, पानी, क्लोरोफिल एवं सूर्य का प्रकाश।
  – पत्ती की कोशिकाओं में जल शिरा से परासरण द्वारा एवं कार्बन डाइऑक्साइड वायुमंडल से विसरण द्वारा जाता है।
  – क्लोरोफिल पत्तियों में हरे रंग का वर्णक है। यह प्रकाश-संश्लेषण का केन्द्र होता है।
  – क्लोरोफिल के केन्द्र में मैग्नीशियम का एक परमाणु होता है।
  – प्रकाश-संश्लेषण की दर लाल रंग के प्रकाश में सबसे अधिक एवं बैंगनी रंग के प्रकाश में सबसे कम होती है।
  – प्रकाश-संश्लेषण की क्रिया एक उपचयन एवं अपचयन की अभिक्रिया है। इसमें जल का उपचयन ऑक्सीजन के बनने में तथा कार्बन डाइऑक्साइड का अपचयन ग्लूकोज के निर्माण में होता है।

जीवाणु के द्वारा होने वाले रोग एवं उनके लक्षण

रोग	जीवाणु	प्रभावित अंग	लक्षण
• प्लेग	पाश्चुरेला पेस्टिस	फेफड़े, कांख दोनों पैरों के बीच	बहुत तेज बुखार, शरीर पर गिल्टियां
• क्षय रोग	माइकोबैक्टिरियस ट्यूबरकुलोसिस	फेफड़ा	बार-बार खाँसी के साथ कफ एवं रक्त निकलना
• गोनोरिया	नाइसेरिया गोनोरियाई	मूत्र मार्ग	मूत्र-मार्ग में सूजन
• सिफलिस	ट्रैपोनमा पैलिडम	शिश्न	शिश्न में घाव
• टिटनेस	क्लॉस्ट्रीडियम, टेटेनी	तंत्रिका तंत्र	तेज बुखार, जबड़ा भिंचना एवं शरीर में ऐंठन
• हैजा	विब्रिओ कालेरी	आँत	लगातार दस्त और उल्टियाँ
• डिप्थीरिया	कोरीनी बैक्टीरियम डिप्थीरी	श्वास नली	साँस लेने में कठिनाई एवं दम घुटना
• काली खाँसी	हीमोफिलस परटूसिस	श्वसन तंत्र	लगातार खाँसी आना
• कुष्ठ रोग	माइकोबैक्टिरियम लेप्री	तंत्रिका तंत्र, त्वचा	शरीर पर चकत्ते, तंत्रिकाएँ प्रभावित
• टायफायड	सालमोनेला टाइफी	आँत	तेज बुखार, सिर दर्द
• निमोनिया	डिप्लोकोकस न्यूमोनी	फेफड़ा	तेज बुखार, फेफड़ों में सूजन

परजीवी (*Protozoa*) द्वारा होने वाली बीमारी

बीमारी	परजीवी	प्रभावित अंग	वाहक मच्छर	लक्षण
• काला-जार	लीशमैनिया डोनावानी	अस्थि-मज्जा	बालू-मक्खी	तेज बुखार
• सोने की बीमारी	ट्रिपेनोसोमा	मस्तिष्क	सी-सी मक्खी	बहुत नींद के साथ बुखार
• मलेरिया	प्लाज्मोडियम	तिल्ली एवं लाल रक्त कण	मादा एनोफ्लीज	ठंड के साथ बुखार
• पायरिया	एन्ट अमीबा जिन्जिवेलिस	मसूढ़े	–	मसूढ़ों से रक्तस्राव
• पेचिस	एन्ट अमीबा हिस्टोलिटिका	आँत	–	श्लेष्मा एवं खून के साथ दस्त

टीकाकरण कार्यक्रम

- बीसीजी (बेसिलस काल्मेट्टर-ग्यूरिन): जन्म पर शिशुओं को दिया जाता है। यह तपेदिक से सुरक्षा प्रदान करता है।
- डीपीटी (डिप्थीरिया, परटूसिस और टेटनस टॉक्सोइड): शिशुओं को यह टीका डिप्थीरिया, काली खाँसी एवं टिटनेस रोग से सुरक्षा के लिए दिया जाता है।
- **ELISA**: यह HIV वायरस की जाँच करने की प्रणाली है।
- अतिसार (Diarrhoea) रोग आंत में मौजूद एस्केरिस लुम्ब्रीकॉइडीज नामक अंतः परजीवी प्रोटोजोआ से होता है।
- फाइलेरिया रोग फाइलेरिया बैन्क्रोफ्टाई नामक कृमि से होता है। इस कृमि का संचारण क्यूलेक्स मच्छरों के दंश से होता है। इस रोग को हाथीपांव भी कहते हैं।
- दमा रोग मनुष्य के फेफड़ों में ऐस्पर्जिलस फ्यूमिगेटस नामक कवक से होता है। यह एक संक्रामक रोग है।

विषाणुओं के द्वारा होने वाले रोग एवं उनके लक्षण

रोग	विषाणु	प्रभावित अंग	लक्षण
• पोलियो	पोलियो	गला, रीढ़, नाड़ी संस्थान	ज्वर, बदन में दर्द, रीढ़ की हड्डी एवं आँत की कोशिकाएँ नष्ट हो जाती हैं।
• चेचक	वैरिओला वायरस	सम्पूर्ण शरीर	तेज-बुखार, शरीर पर लाल दाने।
• डेंगू ज्वर	अरबो वायरस	सम्पूर्ण शरीर, विशेषकर सिर, आँख एवं जोड़	बुखार, आँखों, पेशियों, सिर तथा जोड़ों में दर्द।
• एड्स	HIV	प्रतिरक्षा प्रणाली	रोग प्रतिरोधक क्षमता का नष्ट होना।
• इन्फ्लूएंजा	मिक्सो वाइरस	सम्पूर्ण शरीर	सर्दी, छींक, बेचैनी।
• छोटी माता	वैरिसेला वाइरस	सम्पूर्ण शरीर	हल्का बुखार, शरीर पर पित्तिकाएँ।
• खसरा	ओर्बिली वाइरस	सम्पूर्ण शरीर	शरीर पर लाल दाने।
• रेबीज	रैब्डो वाइरस	तंत्रिका तंत्र	जीभ बाहर निकलना एवं पागलपन।
• हर्पीस	हर्पीस	त्वचा	त्वचा में सूजन।

जीव विज्ञान की प्रमुख शाखाएँ

- **एनाटोमी (Anatomy):** जीव विज्ञान की इस शाखा में शरीर की आंतरिक संरचना का अध्ययन किया जाता है।
- **एन्थ्रोपोलॉजी (Anthropology):** विज्ञान की इस शाखा में मानव के विकास, रीति-रिवाज, इतिहास, परम्पराओं से सम्बन्धित विषयों का अध्ययन किया जाता है।
- **कीमोथिरेपी (Chemotheraphy):** चिकित्सा विज्ञान की इस शाखा में रासायनिक यौगिकों से उपचार किया जाता है।
- **क्रायोजेनिक्स (Cryogenics):** यह निम्न ताप के विभिन्न प्रयोगों तथा नियंत्रणों का अध्ययन करने वाला विज्ञान है।
- **इकोलॉजी (Ecology):** यह विज्ञान वनस्पतियों तथा प्राणियों के पर्यावरण या प्रकृति से सम्बन्धों का अध्ययन करता है।
- **एन्टोमोलॉजी (Entomology):** जन्तु विज्ञान की इस शाखा में कीट-पतंगों का अध्ययन किया जाता है।
- **एपीडीमियोलॉजी (Epidemiology):** चिकित्सा विज्ञान की यह शाखा महामारी और उनके उपचार से सम्बन्धित है।
- **एक्स-बायोलॉजी (Ex-biology):** इस विज्ञान के द्वारा पृथ्वी को छोड़कर अन्य ग्रहों व उपग्रहों पर जीवन की संभावनाओं का अध्ययन किया जाता है।
- **जिरोन्टोलॉजी (Gerontology):** विज्ञान की इस शाखा में वृद्धावस्था से सम्बन्धित तथ्यों का अध्ययन किया जाता है।
- **होर्टीकल्चर (Horticulture):** फल-फूल व साग-सब्जी उगाने, बाग लगाने, पुष्प उत्पादन का अध्ययन इस विज्ञान के द्वारा किया जाता है।
- **हाइड्रोपैथी (Hydropathy):** इस विज्ञान में पानी द्वारा रोगों की चिकित्सा होती है।
- **होलोग्राफी (Holography):** यह लेसर पुञ्ज की सहायता से त्रिविमीय चित्र बनाने की विधि है।
- **मीट्रियोलाजी (Metreology):** मौसम की दशाओं में होने वाली क्रियाओं तथा परिवर्तनों का अध्ययन इस विज्ञान के द्वारा किया जाता है।
- **मौरफोलॉजी (Morphology):** विज्ञान की इस शाखा में पृथ्वी पर पाये जाने वाले प्राणियों तथा पौधों की संरचना, रूप, प्रकार आदि का अध्ययन किया जाता है।
- **न्यूरोलॉजी (Neurology):** मानव शरीर की नाड़ियों या तंत्रिकाओं का अध्ययन तथा उपचार इस विज्ञान के द्वारा किया जाता है।
- **ओडोन्टोग्राफी (Odontography):** दाँतों का अध्ययन करने वाली चिकित्सा विज्ञान की यह एक शाखा है।
- **ऑरनिथोलॉजी (Ornithology):** इस विज्ञान में पक्षियों से सम्बन्धित अध्ययन किया जाता है।
- **पोमोलॉजी (Pomology):** विज्ञान की इस शाखा में फलों का अध्ययन किया जाता है।
- **एग्रोस्टोलॉजी (Agrostology):** यह घासों से सम्बन्धित विज्ञान की एक शाखा है।
- **अरबोरीकल्चर (Arbori Culture):** यह वृक्ष उत्पादन सम्बन्धी विज्ञान की एक शाखा है।
- **कॉन्कोलॉजी (Conchology):** विज्ञान की इस शाखा के अन्तर्गत मोलस्क विज्ञान का अध्ययन होता है।
- **इथोलॉजी (Ethology):** विज्ञान की इस शाखा के अन्तर्गत प्राणियों के आचार तथा व्यवहार का अध्ययन होता है।
- **हीलियोथिरेपी (Heliotherapy):** यह सूर्य के प्रभाव से चिकित्सा करने की प्रक्रिया है।

- **हाइड्रोस्टेटिक्स (Hydrostatics):** इस शाखा के अंतर्गत द्रवस्थैतिक का अध्ययन होता है।
- **फाइकोलॉजी (Phycology):** विज्ञान की इस शाखा के अंतर्गत शैवालों का अध्ययन होता है।
- **सेरीकल्चर (Sericulture):** विज्ञान की इस शाखा के अंतर्गत रेशम के कीड़ों के पालन का अध्ययन किया जाता है।
- **हिप्नोलॉजी (Hypnology):** विज्ञान की इस शाखा में नींद का अध्ययन किया जाता है।

भारत के प्रमुख शोध-संस्थान/प्रयोगशालाएँ

- **नई दिल्ली**
  - राष्ट्रीय प्रतिरोधक विज्ञान संस्थान
  - भारतीय कृषि अनुसंधान संस्थान
  - राष्ट्रीय भौतिक प्रयोगशाला
  - भारतीय मौसम विज्ञान
- **कोलकाता**
  - भारतीय पुरातात्विक सर्वेक्षण विज्ञान
  - केन्द्रीय काँच तथा मृत्तिका अनुसंधान संस्थान
  - राष्ट्रीय एटलस तथा विषयक मानचित्रण संगठन
  - केन्द्रीय जूट प्रोद्योगिकी अनुसंधान संस्थान
- **बेंगलुरू**
  - रमन अनुसंधान संस्थान
  - जवाहरलाल नेहरू उन्नत वैज्ञानिक अनुसंधान केन्द्र
- **मुम्बई**
  - टाटा इन्स्टीट्यूट ऑफ फण्डामेण्टल रिसर्च
  - भारतीय भू-चुम्बकीय संस्थान
- **अहमदाबाद**
  - कपड़ा उद्योग संस्थान
- **लखनऊ**
  - औद्योगिक विष-विज्ञान अनुसंधान संस्थान
  - केन्द्रीय औषधि अनुसंधान संस्थान
- **देहरादून**
  - केन्द्रीय वन अनुसंधान संस्थान
  - भारतीय पेट्रोलियम संस्थान
- **ट्राम्बे** – भाभा परमाणु अनुसंधान केन्द्र
- **रुड़की** – केन्द्रीय भवन निर्माण अनुसंधान संस्थान
- **काशरगाड़** – केन्द्रीय नारियल अनुसंधान संस्थान
- **मैसूर** – केन्द्रीय खाद्य प्रौद्योगिकी अनुसंधान संस्थान
- **शिमला** – केन्द्रीय आलू अनुसंधान संस्थान
- **गाँधीनगर** – प्लाज्मा अनुसंधान संस्थान
- **राजमुन्दरी** – केन्द्रीय तम्बाकू अनुसंधान संस्थान
- **कोयम्बटूर** – केन्द्रीय गन्ना अनुसंधान संस्थान
- **कानपुर** – भारतीय चीनी तकनीकी संस्थान
- **करनाल** – राष्ट्रीय डेयरी अनुसंधान संस्थान
- **कटक** – केन्द्रीय चावल अनुसंधान संस्थान
- **जमशेदपुर** – राष्ट्रीय धातु विज्ञान प्रयोगशाला
- **चण्डीगढ़** – जीवाणु प्रौद्योगिकी संस्थान
- **चेन्नई** – केन्द्रीय चमड़ा अनुसंधान संस्थान
- **भावनगर** – केन्द्रीय नमक और समुद्री रसायन अनुसंधान संस्थान
- **बड़ोदरा** – विद्युत अनुसंधान और विकास संस्थान
- **हैदराबाद** – राष्ट्रीय भू-भौतिकी अनुसंधान संस्थान

वस्तुनिष्ठ प्रश्नावली

भौतिक विज्ञान

1. यदि किसी बन्द बर्तन में भरी हुई गैस का ताप बढ़ाया जाए, तो गैस का दाब बढ़ जाता है, क्योंकि–

A. गैस के अणुओं के द्रव्यमान में वृद्धि हो जाती है

B. गैस के अणुओं की गतिज ऊर्जा बढ़ जाती है और यह बर्तन की दीवार से जल्दी-जल्दी टकराती है।

C. अणु दीवारों के सम्पर्क में बहुत कम आते हैं।

D. बर्तन की दीवारों से टकराने पर अणुओं की गतिज ऊर्जा में कमी होती है।

2. अधिक ऊँचाई पर जल कम ताप पर ही उबलने लगता है क्योंकि–

A. वहाँ वायुमण्डल में पृथ्वी की अपेक्षा अधिक जलवाष्प होती है

B. वहाँ वायुमण्डल में पृथ्वी की अपेक्षा कम जलवाष्प होती है

C. वायुमण्डल का दाब ऊँचाई पर जाने से बढ़ता है

D. वायुमण्डल का दाब ऊँचाई पर जाने से कम होता जाता है

3. उड़ने से पहले हवाई जहाज को रन-वे पर दौड़ाया जाता है ताकि–

A. इस पर कार्यकारी वायुदाब को बढ़ाया जा सके

B. इस पर कार्यकारी वायुदाब को घटाया जा सके

C. वायुयान तथा भूमि के मध्य घर्षण-बल को कम किया जा सके

D. वायुयान तथा भूमि के मध्य घर्षण-बल को अधिक किया जा सके

4. जब विभिन्न व्यास की दो केशनलियां किसी द्रव में ऊर्ध्व रूप से डुबाई जाती हैं तो–
A. अधिक त्रिज्या वाली केशनली में द्रव अधिक चढ़ेगा
B. अधिक त्रिज्या वाली केशनली में द्रव कम चढ़ेगा
C. दोनों में द्रव समान रूप से चढ़ेगा
D. इनमें से कोई नहीं

5. साबुन को जल में घोलने पर जल का पृष्ठ तनाव–
A. घट जाता है
B. बढ़ जाता है
C. पहले घटता है, फिर बढ़ता है
D. अपरिवर्तित रहता है

6. बांध के नीचे की दीवारें मोटी बनायी जाती हैं क्योंकि–
A. गहराई बढ़ने के साथ द्रव का दाब बढ़ता है
B. गहराई बढ़ने के साथ द्रव का दाब घटता है
C. गहराई बढ़ने के साथ द्रव का घनत्व बढ़ता है
D. गहराई बढ़ने के साथ द्रव का घनत्व घटता है

7. यदि कांच की एक छड़ को एक बर्तन में रखे पारे में डुबाया जाए और फिर इसे निकालें तो पारा छड़ से बिल्कुल नहीं चिपकता है, क्योंकि–
A. स्पर्श-कोण बड़ा है
B. ससंजक बल अधिक है
C. आसंजक बल अधिक है
D. पारे का घनत्व अधिक है

8. द्रवों का वह गुण, जिसके कारण यह अपनी विभिन्न परतों में होने वाली गति का विरोध करते हैं, कहलाता है–
A. पृष्ठ तनाव B. घनत्व
C. श्यानता D. आपेक्षिक आर्द्रता

9. कीड़े-मकोड़े जल की सतह पर बिना डूबे चल सकते हैं, क्योंकि–
A. पृष्ठ तनाव के गुण के कारण जल की सतह पर प्रत्यास्थ झिल्ली बन जाती है
B. कीड़े-मकोड़े हल्के होते हैं
C. कीड़े-मकोड़ों के पैरों में झिल्ली होती है जो उन्हें सीधे रखती है
D. इनमें से कोई नहीं

10. पहाड़ों पर कभी-कभी नाक एवं मुंह से खून गिरने लगता है, क्योंकि–
A. ऊँचाई बढ़ने के साथ रक्त दाब बढ़ता है
B. ऊँचाई बढ़ने के साथ रक्त दाब घटता है
C. ऊँचाई बढ़ने के साथ वायुमण्डलीय दाब बढ़ता है
D. ऊँचाई बढ़ने के साथ वायुमण्डलीय दाब घटता है

11. पेन्ट गन मशीन आधारित है–
A. बरनौली सिद्धान्त पर
B. बॉयल के नियम पर
C. आर्कमिडीज के सिद्धान्त पर
D. न्यूटन के गति नियमों पर

12. साबुन के बुलबुले के अन्दर दाब आधिक्य (Excess of pressure) होता है--
A. पृष्ठ तनाव के अनुक्रमानुपाती
B. पृष्ठ तनाव के व्युत्क्रमानुपाती
C. बुलबुले की त्रिज्या के अनुक्रमानुपाती
D. त्रिज्या के व्युत्क्रमानुपाती

13. समान आयतन के दो बर्तनों में से एक में हाइड्रोजन तथा दूसरे में हीलियम है। हाइड्रोजन का दाब 1 वायुमण्डलीय तथा हीलियम का दाब 2 वायुमण्डलीय दाब के बराबर है। यदि दोनों बर्तन समान ताप पर हों तो हाइड्रोजन के अणुओं का वर्ग-माध्य मूलवेग हीलियम के अणुओं के वर्ग-माध्य मूलवेग के–
A. बराबर होगा B. दुगुना होगा
C. आधा होगा D. $\sqrt{2}$ गुना होगा

14. साइकिल के टायर में हवा भरने वाला पम्प हवा भरने के बाद गर्म क्यों हो जाता है ?
A. वायु के संपीड़न के कारण गर्मी उत्पन्न होती है
B. हवा भरने वाले हत्थे और पाइप के घर्षण से
C. जब वायु नोजल को छोड़ती है तो वह पाइप में अपनी गर्मी छोड़ जाती है
D. इनमें से कोई नहीं

15. जब जल जमता है तो उसके अणुओं के बीच दूरी–
A. घटती है B. अपरिवर्तित रहती है
C. बढ़ती है D. कुछ नहीं कहा जा सकता

16. एक गैस द्वारा बर्तन की दीवारों पर आरोपित बल का कारण यह है कि गैस के अणुओं का–
A. संवेग बदल रहा है B. गतिज ऊर्जा घट रही है
C. A और B दोनों D. इनमें से कोई नहीं

17. पानी, धातु या कांच के बर्तन के बजाय मिट्टी के पात्र में क्यों अधिक ठण्डा होता है?
A. पात्र की मिट्टी की दीवारें पानी की गर्मी को सोख लेती हैं
B. मिट्टी की दीवारें कुचालक होती हैं अतः गर्मी का पानी पर कोई प्रभाव नहीं होता
C. मिट्टी की दीवारों में सूक्ष्म छिद्र होते हैं जिनमें पानी वाष्पीकृत होता रहता है और वाष्पीकरण में पानी की गर्मी निकल जाती है
D. इनमें से कोई नहीं

18. यदि विभिन्न त्रिज्याओं के साबुन के दो बुलबुले एक-दूसरे के सम्पर्क में हों तो–
A. हवा बड़े बुलबुले से छोटे में बहती जाएगी जब तक दोनों समान आकार के न हो जाएं
B. बुलबुलों का आकार वही रहेगा

C. हवा छोटे बुलबुले से बड़े में बहती जाएगी तथा बड़े बुलबुले का आकार बढ़ता जाएगा

D. हवा बड़े से छोटे बुलबुले में तब तक चलती जाएगी जब तक छोटे की त्रिज्या बड़े के बराबर तथा बड़े की त्रिज्या छोटे के बराबर नहीं हो जाती

19. साबुन गंदे कपड़ों को साफ करने में सहायता करता है, क्योंकि–

A. यह घोल का पृष्ठ तनाव कम कर देता है

B. यह मैल को अवशोषित कर लेता है

C. यह घोल की श्यानता बढ़ा देता है

D. इनमें से कोई नहीं

20. वायुमण्डलीय दाब का अचानक गिर जाना प्रदर्शित करता है–

A. तूफान B. वर्षा

C. स्वच्छ मौसम D. शीत लहर

21. द्रव की छोटी बूंदें गोलाकार होती हैं, क्योंकि–

A. बूंद पर गुरुत्वाकर्षण बल कार्य करता है

B. वायुमण्डलीय दाब बूंदों पर एक बल आरोपित करता है

C. पृष्ठ तनाव के कारण द्रव न्यूनतम क्षेत्रफल प्राप्त करने का प्रयत्न करता है

D. इनमें से कोई नहीं

22. पेट्रोल में लगी आग को हम पानी से क्यों नहीं बुझा सकते हैं?

A. पेट्रोल अत्यधिक ज्वलनशील होता है और पानी उसे नहीं बुझा सकता

B. पेट्रोल पानी को हाइड्रोजन तथा ऑक्सीजन में तोड़कर जलने के लिए ऑक्सीजन लेता रहता है

C. पानी भारी होने की वजह से नीचे चला जाता है और पेट्रोल ऊपरी सतह पर आकर जलता है

D. इनमें से कोई नहीं

23. प्रायः आंधी के कारण फूंस की हल्की छतें उड़ जाती हैं, क्योंकि–

A. छतें ठीक ढंग से बंधी नहीं होती हैं

B. फूंस की छतें हल्की होती हैं

C. छत के ऊपर बहने वाली उच्च वेग की वायु छत के शिखर पर निम्न दाब उत्पन्न कर देती है

D. इनमें से कोई नहीं

24. जब किसी गैस को संपीड़ित किया जाता है, तो इसका ताप बढ़ जाता है क्योंकि–

A. गैस का घनत्व बढ़ जाता है

B. गैस का वर्ग माध्य मूल वेग बढ़ जाता है

C. गैस का आयतन घट जाता है

D. गैस का दाब बढ़ जाता है

25. यदि केशनली का व्यास दुगुना कर दिया जाए तो इसमें चढ़ने वाले जल की ऊँचाई–

A. दुगुनी हो जाती है B. आधी रह जाती है

C. वही रह जाती है D. इनमें से कोई नहीं

26. गैस के अणुओं की गतिज ऊर्जा किस ताप पर शून्य होती है?

A. $0°C$ पर B. $-273°C$ पर

C. $100°C$ पर D. $100\,K$ पर

27. मैदानों की अपेक्षा पहाड़ों पर सांस लेना क्यों कठिन होता है?

A. ऊँचाई के बढ़ने पर वायुदाब घट जाता है और ऑक्सीजन की आवश्यकता बढ़ जाती है

B. पर्वतीय वायु भारी होती है और फेफड़ों में नहीं भरी जा सकती

C. पर्वतीय वायु अशुद्ध होती है इसलिए हम सांस नहीं ले पाते

D. इनमें से कोई नहीं

28. वाष्पीकरण होने पर जल शीतल क्यों हो जाता है?

A. वाष्पीकरण की प्रक्रिया जल से ऑक्सीजन अवशोषित कर लेती है

B. वाष्पीकरण की प्रक्रिया ताप-ऊर्जा का प्रयोग करती है और जल शीतल हो जाता है

C. वाष्पीकरण की प्रक्रिया जल की संरचना बदल देती है

D. इनमें से कोई नहीं

29. क्रान्तिक ताप पर द्रव का पृष्ठ तनाव होगा–

A. शून्य

B. अनन्त

C. वही होगा जो किसी अन्य ताप पर

D. ज्ञात नहीं किया जा सकता है

30. परम शून्य ताप पर गैस के अणुओं की गति–

A. कम हो जाती है

B. में वृद्धि हो जाती है

C. शून्य हो जाती है

D. इनमें से कोई नहीं

31. जल की सतह पर एक सुई या पिन तैरती है, इसका कारण है–

A. पृष्ठ तनाव B. कम भार

C. सुई का आकार D. ससंजक बल

32. कांच के एक छोटे पात्र में गर्म पानी डालने पर वह चटक जाता है, क्यों?

A. पानी और वायुमण्डल के ताप में अन्तर होने के कारण

B. गर्म द्रव के दबाव के कारण

C. आंतरिक एवं बाह्य दीवारों के असमान रूप से फैलने के कारण

D. इनमें से कोई नहीं

33. स्टील–

A. रबड़ से कम प्रत्यास्थ होता है

B. रबड़ से अधिक प्रत्यास्थ होता है

C. रबड़ के बराबर प्रत्यास्थ होता है

D. प्रत्यास्थ नहीं वरन् सुघट्य होता है

34. नलकूप का पानी सर्दियों में गर्म और गर्मियों में ठंडा क्यों होता है?

A. पृथ्वी के अन्दर विद्यमान गैसों के कारण

B. सर्दियों में भू-गर्भ से निकलने वाले पानी के तापमान की तुलना में वातावरण का तापमान अधिक निम्न होता है। जबकि गर्मियों में इसके विपरीत होता है

C. भूमि के अंदर का तापमान बाहर के तापमान के विपरीत होता है

D. इनमें से कोई नहीं

35. गाड़ी के पहियों पर लोहे के रिंग गर्म करके क्यों चढ़ाए जाते हैं?

A. रिंग में लगी हुई धूल को जलाने के लिए उन्हें गर्म किया जाता है

B. पहियों को छोटा करने के लिए

C. गर्म होने पर रिंग फैल जाती है और पहिए पर सरलता से चढ़ाए जा सकते हैं

D. इनमें से कोई नहीं

36. केशनली को जल में सीधा खड़ा किया जाता है। केशनली के भीतर एवं बाहर जल का तल समान होगा, यदि स्पर्श कोण है–

A. 90° B. 0°

C. 1° D. अधिक कोण

37. बर्फ का एक ब्लॉक जल से भरे बीकर में तैर रहा है। सम्पूर्ण बर्फ पिघलने पर बीकर में जल का ताप–

A. अपरिवर्तित रहेगा B. गिरेगा

C. चढ़ेगा D. इनमें से कोई नहीं

38. **कथन (A) :** ताप के घटने पर आपेक्षिक आर्द्रता घटती है यदि नमी की मात्रा नियत रहे।

कारण (R) : ताप के घटने पर वायुमण्डल की नमी को धारण करने की क्षमता घटती हैं

कूट :

A. A और R दोनों सत्य हैं और R, A की सही व्याख्या करता है

B. A और R दोनों सत्य हैं लेकिन R, A की सही व्याख्या नहीं करता है

C. A सत्य है लेकिन R असत्य है

D. A असत्य है लेकिन R सत्य है

39. एक नदी में चलता हुआ जहाज समुद्र में आता है, तब जहाज का स्तर–

A. पहले जितना रहेगा

B. थोड़ा ऊपर आयेगा

C. थोड़ा नीचे आयेगा

D. ऊपर या नीचे होगा, जो उसमें पड़े हुए भार पर निर्भर करता है

40. द्रव की छोटी बूं[illegible]र में अधिक गोलीय होती है जबकि समान द्रव की [illegible]दें कम गोलीय होती है। इसका सही कारण है–

A. पृष्ठ तना[illegible]वीय बल के बराबर तथा विपरीत होता है

B. गुरुत्वीय [illegible]ठ तनाव पर प्रभावी होता है

C. पृष्ठ तना[illegible]वीय बल पर प्रभावी होता है

D. गुरुत्वीय [illegible]पृष्ठ तनाव के बराबर होता है तथा दोनों की दिशा स[illegible] होती है

41. तैरती हुई वस्तु के स्थायित्व के लिए मेटा केन्द्र (Meta Centre) होना चाहिए–

A. तैरती हुई वस्तु के पृष्ठ पर

B. तैरती हुई वस्तु के गुरुत्व केन्द्र के ऊपर

C. तैरती हुई वस्तु के गुरुत्व केन्द्र के नीचे

D. तैरती हुई वस्तु के गुरुत्व केन्द्र पर

42. निम्नलिखित कथनों पर विचार कीजिए–

1. किसी द्रव का पृष्ठ तनाव, द्रव की सतह के एकांक क्षेत्रफल में संचित ऊर्जा की माप है।
2. ताप बढ़ने के साथ द्रव का पृष्ठ तनाव बढ़ता है।
3. द्रव की सतह पर स्थित अणुओं की स्थितिज ऊर्जा, द्रव के भीतर के अणुओं की अपेक्षा अधिक होती है।

उपरोक्त कथन में से सही कथन है :

A. 1 और 2 B. केवल 2

C. 1 और 3 D. 1, 2 और 3

43. एक वस्तु पानी में आधी डूबी हुई तैरती है, यही वस्तु किसी द्रव में एक तिहाई डूबी हुई तैरती है तो द्रव का विशिष्ट गुरुत्व होगा–

A. $\frac{1}{3}$ B. $\frac{2}{3}$

C. $\frac{3}{2}$ D. $\frac{4}{3}$

44. एक ताजा अंडा शुद्ध जल में डूब जाता है जबकि संतृप्त खारे जल में तैरता है। इसका कारण है–

A. खारे जल का अधिक घनत्व

B. शुद्ध जल का अधिक घनत्व

C. अण्डे के भीतर द्रव्य पदार्थ

D. इनमें से कोई नहीं

45. लकड़ी का एक टुकड़ा जल में $\frac{4}{3}$ भाग अन्दर रह कर तैरता है एवं किसी अन्य द्रव्य में यह $\frac{9}{10}$ भाग अन्दर रह कर तैरता है। द्रव का आपेक्षिक घनत्व होगा–

A. 0.79 B. 1.0

C. 0.89 D. 0.089

46. पानी पीने के एक गिलास में बर्फ के कुछ टुकड़े डाले जाते हैं। कुछ सेकेण्ड पश्चात् गिलास की बाहरी सतह पर पानी की छोटी-छोटी बूंदें दिखायी देती हैं। इसका कारण है–

A. पानी की वाष्प का द्रवीकरण
B. बर्फ का वाष्पन
C. बर्फ का गलन
D. गिलास से रिसाव

47. ठोस, द्रव तथा गैस में से किसकी प्रत्यास्थता अधिकतम है ?

A. ठोस B. गैस
C. द्रव D. तुलना नहीं की जा सकती

48. सीसे की एक गोली वायु की अपेक्षा जल में बहुत धीमे गिरती है। इसका कारण है–

A. जल में g का मान कम होता है
B. वायु का घनत्व जल की अपेक्षा कम होता है
C. जल के श्यान बल के कारण
D. जल के पृष्ठ तनाव के कारण

49. एक नाव जिसमें कई बड़े पत्थर रखे हुए हैं, पानी की टंकी में तैर रही है। यदि नाव में से पत्थरों को निकालकर टंकी के पानी में डाल दिया जाए, तब पानी के तल पर क्या प्रभाव पड़ेगा?

A. टंकी में पानी का तल नीचे की ओर गिर जायेगा
B. टंकी में पानी का तल ऊपर की ओर चढ़ेगा
C. टंकी में पानी के तल में कोई परिवर्तन नहीं होगा
D. इनमें से कोई नहीं

50. मच्छर पानी की सतह पर अण्डे दे सकते हैं परन्तु जब पानी की सतह पर तेल डाल दिया जाता है, तो मच्छर अण्डे नहीं दे पाते, क्योंकि–

A. जल का पृष्ठ तनाव बढ़ जाता है
B. जल की श्यानता बढ़ जाती है
C. जल का पृष्ठ तनाव घट जाता है
D. इनमें से कोई नहीं

51. **कथन (A) :** हाइड्रोजन से भरा गुब्बारा, आकाश में निश्चित ऊँचाई प्राप्त करने के बाद ऊपर जाना बंद कर देता है।

कारण (R) : ऊँचाई के साथ वायुमण्डलीय दाब घटता है, एवं अधिकतम ऊँचाई प्राप्त करने के बाद शून्य हो जाता है।

कूट :

A. A एवं R दोनों सत्य हैं एवं R, A की सही व्याख्या करता है
B. A एवं R दोनों सत्य हैं परन्तु R, A की सही व्याख्या नहीं करता है
C. A सत्य है परन्तु R असत्य है
D. A असत्य है परन्तु R सत्य है

52. वाहनों में प्रयुक्त किए जाने वाले हाइड्रॉलिक ब्रेक निम्न में से किस सिद्धान्त का अनुप्रयोग है?

A. बरनौली प्रमेय का B. आर्कमिडीज सिद्धान्त का
C. टोरीसली प्रमेय का D. पास्कल के नियम का

53. बरनौली प्रमेय निम्न में से किस पर लागू होती है?

A. द्रवों के प्रवाह पर
B. ऊष्मा के प्रवाह पर
C. विद्युत धारा के प्रवाह पर
D. प्रकाश विद्युत क्षेत्र पर

54. निम्न में से कौन-सा कथन गिरती हुई वस्तुओं के संबंध में सत्य नहीं है?

A. विरामावस्था से प्रारंभ होकर गिरती हुई वस्तु द्वारा प्राप्त वेग, गिरने में लगे समय के अनुक्रमानुपाती होता है
B. निर्वात् में विरामावस्था से प्रारंभ होकर सभी वस्तुएं एक ही वेग से गिरती है
C. विरामावस्था से प्रारंभ होकर, गिरती हुई वस्तु द्वारा तय की गई दूरी, गिरने में लगे समय के घन के अनुक्रमानुपाती होती है
D. सभी कथन सत्य है

55. स्टील की गोली पारे में तैरती है, क्योंकि–

A. पारे में कोई वस्तु डूब नहीं सकती
B. पारे का घनत्व, स्टील की अपेक्षा अधिक होता है
C. स्टील का घनत्व पारे की अपेक्षा अधिक होता है
D. इनमें से कोई नहीं

56. जब बर्फ पिघलती है, तो इसका–

A. आयतन बढ़ता है B. आयतन घटता है
C. द्रव्यमान बढ़ता है D. द्रव्यमान घटता है

57. भारी 'हिमखण्ड' शीर्ष की अपेक्षा निचले तल से पिघलता है क्योंकि–

A. निचले तल का ताप अधिक होता है
B. निचले तल का दाब अधिक होने के कारण गलनांक घट जाता है
C. बर्फ वास्तविक ठोस नहीं है
D. इनमें से कोई नहीं

58. जल का घनत्व अधिकतम होता है–

A. $4°C$ पर B. $-4°C$ पर
C. $0°C$ पर D. $-273°C$ पर

59. "प्रत्येक क्रिया के बराबर व विपरीत दिशा में एक प्रतिक्रिया होती है।" यह न्यूटन का–

A. पहला नियम है B. दूसरा नियम है
C. तीसरा नियम है D. इनमें से कोई नहीं

60. $25°C$ पर जल से भरी एक बन्द बोतल चन्द्रमा पर ले जायी जाती है। यदि चन्द्रमा की सतह पर बोतल की डाट खोल दी जाए तो जल–

A. जम जाएगा
B. उबलने लगेगा
C. तापमान $25°C$ ही रहेगा
D. हाइड्रोजन एवं ऑक्सीजन में विघटित हो जाएगा

61. एक गुब्बारे में हाइड्रोजन एवं ऑक्सीजन गैस के बराबर-बराबर अणु हैं। यदि गुब्बारे में एक छेद कर दिया जाए तो–

A. हाइड्रोजन गैस तेजी से निकलेगी
B. ऑक्सीजन गैस तेजी से निकलेगी
C. दोनों गैसें समान वेगों से निकलेंगी
D. इनमें से कोई नहीं

62. दिल्ली में जल का क्वथनांक 100°C है तो मसूरी में जल का क्वथनांक होगा–

A. 100°C के बराबर B. 100°C से कम
C. 100°C से अधिक D. इनमें से कोई नहीं

63. कपूर के छोटे-छोटे टुकड़े जल की सतह पर नाचते हैं–

A. पृष्ठ तनाव के कारण
B. श्यानता के कारण
C. कपूर का यह गुण है
D. जल के घनत्व के कारण

64. चौराहों पर पानी के फुहारों में गेंद नाचती रहती है, क्योंकि–

A. पानी का वेग अधिक होने से दाब घट जाता है
B. पानी का वेग अधिक होने से दाब अधिक हो जाता है
C. पानी के पृष्ठ तनाव के कारण
D. पानी की श्यानता के कारण

65. उपग्रह में समय ज्ञात करने के लिए, अन्तरिक्ष यात्री को प्रयोग करना चाहिए–

A. लोलक घड़ी
B. स्प्रिंग घड़ी
C. (A) और (B) दोनों
D. उपग्रह में समय ज्ञात नहीं किया जा सकता

66. एक कमरे में पंखा चल रहा है तो कमरे की वायु का ताप–

A. घटता है
B. बढ़ता है
C. न घटता है, न बढ़ता है
D. पहले घटता है फिर बढ़ता है

67. झरने में जब जल ऊँचाई से गिरता है तो उसका ताप–

A. घट जाता है
B. बढ़ जाता है
C. न घटता है, न बढ़ता है
D. जल बर्फ बन जाता है

68. कमरे में रखे रेफ्रिजरेटर का दरवाजा खोल दिया जाता है तो कमरे का ताप–

A. घट जाएगा B. बढ़ जाएगा
C. 0° C पर हो जाएगा D. अपरिवर्तित रहेगा

69. 'सेकेण्ड पेण्डुलम' का आवर्तकाल होता है–

A. 4 सेकेण्ड B. 2 सेकेण्ड
C. 1 सेकेण्ड D. 3 सेकेण्ड

70. ठण्डे देशों में झीलों के जम जाने के पश्चात् भी जलीय जन्तु जिन्दा रहते हैं, क्योंकि–

A. जलीय जन्तु बर्फ में जिन्दा रह सकते हैं
B. बर्फ के नीचे जल 4° C पर होता है
C. जलीय जन्तुओं के शरीर की बनावट के कारण
D. सभी असत्य हैं

71. ''प्रत्येक पदार्थ में उसके द्रव्यमान के कारण ऊर्जा भी होती है''–यह सिद्धांत किस वैज्ञानिक ने प्रतिपादित किया?

A. न्यूटन B. रदरफोर्ड
C. आइन्सटीन D. हेनरी वेकरल

72. **कथन (A) :** साबुन मिला हुआ, जल कपड़ों की धुलाई ठीक तरह से करता है।

कारण (R) : जल का घनत्व 4°C पर अधिकतम होता है।

A. A और R दोनों सही हैं तथा A की सही व्याख्या R करता है
B. A और R दोनों सही हैं परन्तु A की सही व्याख्या R नहीं करता है
C. A सही है परन्तु R गलत है
D. A गलत है परन्तु R सही है

73. **कथन (A) :** पहाड़ों पर खाना देर से पकता है।

कारण (R) : पहाड़ों पर दाब अधिक होता है।

A. A और R दोनों सही हैं तथा A की सही व्याख्या R करता है
B. A और R दोनों सही हैं परन्तु A की सही व्याख्या R नहीं करता है
C. A सही है परन्तु R गलत है
D. A गलत है परन्तु R सही है

74. **कथन (A) :** यदि दो जलपोत पास-पास समान्तर चल रहे हों तो वे आपस में टकरा सकते हैं।

कारण (R) : जलपोतों के बीच वायु वेग बढ़ जाने से दाब घट जाता है।

A. A और R दोनों सही हैं तथा A की सही व्याख्या R करता है
B. A और R दोनों सही हैं परन्तु A की सही व्याख्या R नहीं करता है
C. A सही है परन्तु R गलत है
D. A गलत है परन्तु R सही है

75. जब ब्रश को पानी में डुबोते हैं तो उसके बाल आपस में चिपक जाते हैं–

A. श्यानता के कारण B. पृष्ठ तनाव के कारण
C. ससंजन के कारण D. प्रत्यास्थता के कारण

76. सुमेलित कीजिए–

सूची-I	सूची-II
(*a*) जड़त्व आघूर्ण	1. डाइन
(*b*) यंग मापांक	2. प्वाइज
(*c*) श्यानता	3. ग्राम/सेमी^{2}
(*d*) बल	4. डाइन/सेमी^{2}

कूट :

	(a)	(b)	(c)	(d)
A.	3	4	2	1
B.	3	4	1	2
C.	4	3	2	1
D.	1	2	3	4

77. पलायन वेग–
A. द्रव्यमान के वर्ग के अनुक्रमानुपाती होता है
B. द्रव्यमान के व्युत्क्रमानुपाती होता है
C. द्रव्यमान पर निर्भर नहीं करता
D. द्रव्यमान के वर्गमूल के अनुक्रमानुपाती होता है

78. यदि वायु के प्रतिरोध को नगण्य मान लिया जाए तो 20 मीटर ऊँची मीनार से क्षैतिज दिशा में फेंके गए पत्थर का पथ होगा–
A. सीधी रेखा B. परवलय
C. अति परवलय D. वृत्त

79. बर्फ पानी में तैरती है परन्तु एल्कोहल में डूब जाती है, क्योंकि–
A. बर्फ पानी के जमने से बनती है
B. पानी एल्कोहल की अपेक्षा पारदर्शी होता है
C. बर्फ ठोस है जबकि एल्कोहल द्रव है
D. बर्फ पानी से हल्की होती है तथा एल्कोहल से भारी होती है

80. 'स्टोक्स का नियम' संबंधित है–
A. गैस के दाब से
B. द्रव में गिरती हुई गोली से
C. प्रकाश की तीव्रता से
D. ध्वनि के वेग से

81. निम्न में सबसे अधिक विशिष्ट ऊष्मा किसकी होती है?
A. जल B. मिट्टी का तेल
C. एल्कोहल D. तांबा

82. गर्मियों में सफेद कपड़े पहने जाते हैं, क्योंकि–
A. सफेद कपड़े ऊष्मा के अच्छे अवशोषक होते हैं
B. सफेद कपड़े ऊष्मा के अच्छे परावर्तक होते हैं
C. सफेद कपड़े पसीना ज्यादा सोखते हैं
D. इनमें से कोई नहीं

83. निम्न ताप पर सेल्सियस पैमाने एवं फारेनहाइट पैमाने पर पाठ्यांक समान होते हैं–
A. 0°C B. –40°C
C. –100°C D. –273°C

84. अफ्रीका के काली त्वचा वाले व्यक्ति ब्रिटेन के सफेद त्वचा वाले व्यक्तियों की अपेक्षा–
A. अधिक गर्मी महसूस करते हैं
B. कम गर्मी महसूस करते हैं
C. समान गर्मी महसूस करते हैं
D. गर्मी महसूस नहीं करते

85. खाना पकाने का बर्तन होना चाहिए–
A. निम्न विशिष्ट ऊष्मा तथा निम्न चालकता का
B. उच्च विशिष्ट ऊष्मा तथा उच्च चालकता का
C. उच्च विशिष्ट ऊष्मा तथा निम्न चालकता का
D. निम्न विशिष्ट ऊष्मा तथा उच्च चालकता का

86. मनुष्य के शरीर का ताप होता है–
A. 85° C B. 37° C
C. 50° C D. 97° C

87. दिन के समय पृथ्वी समुद्र के पानी की अपेक्षा बहुत जल्दी गर्म हो जाती है क्योंकि–
A. पृथ्वी का घनत्व जल की अपेक्षा अधिक होता है
B. समुद्र में रहने वाले जलीय जन्तुओं के कारण
C. जल की विशिष्ट ऊष्मा धारिता बहुत अधिक होती है
D. जल हाइड्रोजन एवं ऑक्सीजन से बना होता है

88. अवस्था परिवर्तन के समय पदार्थ को दी गई ऊष्मा, उसका ताप–
A. बढ़ाती है B. नहीं बढ़ाती है
C. घटाती है D. सभी सत्य हैं

89. चावल को पकाने में कहाँ पर अधिक समय लगेगा?
A. समुद्री तल से 100 मी. नीचे पनडुब्बी में
B. समुद्र के तल पर
C. शिमला में
D. माउन्ट एवरेस्ट पर

90. यदि हम ठोस वस्तु को गर्म करेंगे तो सर्वाधिक वृद्धि होगी–
A. लम्बाई में B. क्षेत्रफल में
C. आयतन में D. परिधि में

91. हाइड्रोजन थर्मामीटर से मापे गए तापमान की सीमा होगी–
A. –200°C से –800°C B. –200°C से –500°C
C. –260°C से –100°C D. –260°C से –500°C

92. एक बीकर में 4°C पर जल भरा हैं एक बार ताप 4°C से कुछ अधिक तथा दूसरी बार 4°C से कुछ कम किया जाता है। एक प्रेक्षक का प्रेक्षण होगा?
A. प्रत्येक बार जल का स्तर समान रहता है
B. पहली बार जल का स्तर बढ़ जाता है और दूसरी बार जल का स्तर घट जाता है
C. दोनों बार जल का स्तर बढ़ता है
D. इनमें से कोई नहीं

93. ऊष्मा का मापन–
A. पदार्थ के ताप से किया जाता है
B. पदार्थ के अणुओं की गति से किया जाता है
C. पदार्थ के अणुओं के संवेग से किया जाता है
D. पदार्थ के अणुओं की ऊर्जा से किया जाता है

94. निम्नलिखित में से कौन-सी शर्त के अन्तर्गत कोई वास्तविक गैस PV = RT नियम का सबसे अच्छी तरह से पालन करती है?

A. उच्च दाब तथा उच्च तापमान
B. निम्न दाब तथा निम्न तापमान
C. निम्न दाब तथा उच्च तापमान
D. उच्च दाब तथा निम्न तापमान

95. एक घर्षणहीन ऊष्मा इंजन की दक्षता 100% हो सकती है, यदि इसके सिंक (sink) का ताप हो–

A. 0° C
B. 0° K
C. स्रोत के ताप के बराबर
D. स्रोत के ताप का आधा

96. 400°C का ताप मापने के लिए निम्न में से कौन-सा तापमापी सबसे अधिक उपयुक्त होगा?

A. पारे का तापमापी B. एल्कोहल का तापमापी
C. तापयुग्म तापमापी D. विकिरण तापमापी

97. निम्नलिखित में से कौन सबसे अधिक ठण्डा होता है?

A. बर्फ B. आइसक्रीम
C. 0°C पर जल D. समुद्र का पानी

98. बर्फ का हिमांक–

A. दाब बढ़ाने पर बढ़ता है
B. दाब से स्वतंत्र रहता है
C. दाब बढ़ाने पर कम होता है
D. इनमें से कोई नहीं

99. सुबह का सूरज इतना गर्म नहीं होता जितना दोपहर का, क्योंकि–

A. सूरज की किरणें सुबह के समय धीरे चलती है
B. सुबह के समय सूरज ठण्डा होता है
C. सुबह के समय पृथ्वी सूरज से अधिक दूर होती है
D. सुबह के समय सूरज की किरणों को वातावरण में अधिक दूरी तय करनी पड़ती है

100. दो तापमापी (एक सेंटीग्रेड एवं दूसरा फॉरेनहाइट) गर्म द्रव से भरे बीकर में रखे गए हैं। यदि फॉरेनहाइट तापमापी में ताप का प्रेक्षण सेंटीग्रेड तापमापी से तिगुना हो तो बीकर में द्रव का ताप होगा–

A. 100°C B. $\left(\frac{80}{3}\right)^0 C$
C. 80°C D. 70°C

101. स्थिर दाब पर गैस की विशिष्ट ऊष्मा उसी द्रव्यमान के स्थिर आयतन पर विशिष्ट ऊष्मा से अधिक होती है क्योंकि–

A. स्थिर दाब पर गैस द्वारा प्रसार करने में कार्य किया जाता है
B. स्थिर आयतन पर जब दाब बढ़ाते हैं तब कार्य किया जाता है
C. स्थिर दाब पर आण्विक प्रक्षोभ बढ़ जाता है
D. स्थिर आयतन पर आण्विक प्रक्षोभ घट जाता है

102. पॉलिश की हुई धातु की एक प्लेट में एक खुरदरा एवं काला निशान है। इसे 1400°K तक गर्म करके जल्दी से एक अन्धेरे कमरे में ले जाया जाता है निम्नलिखित में से कौन-सा कथन सत्य होगा?

A. प्लेट की अपेक्षा काला निशान अधिक चमकदार दिखाई देगा
B. प्लेट की अपेक्षा काला निशान अपेक्षाकृत अधिक धुंधला दिखाई देगा
C. प्लेट एवं काला निशान अपेक्षाकृत समान रूप से चमकदार दिखाई देंगे
D. इनमें से कोई नहीं

103. थर्मस तरल पदार्थों को लम्बे समय तक गर्म रखता है, क्यों?

A. थर्मस में गैसें भरी होती हैं जो ताप छोड़ती हैं
B. थर्मस में आंतरिक तापन प्रबन्धन होता है
C. चमकदार आंतरिक दीवार तथा बाह्य आवरण की दोहरी दीवारें गर्मी को फैलने नहीं देती
D. इनमें से कोई नहीं

104. 0°C ताप की एक ग्राम बर्फ को किस ताप के जल में परिवर्तित करने के लिए 720 कैलोरी ऊष्मा की आवश्यकता होगी?

A. 100°C ताप के जल में
B. 1200°C ताप के जल में
C. 500°C ताप के जल में
D. इनमें से कोई नहीं

105. स्थिर अवस्था में किसी वस्तु का ताप–

A. समय के साथ घटता जाता है
B. समय के साथ बढ़ता जाता है
C. समय के साथ परिवर्तित नहीं होता और वस्तु के सभी सिरों पर समान रहता है
D. समय के साथ नहीं बदलता लेकिन वस्तु के विभिन्न सिरों पर भिन्न-भिन्न हो सकता है

106. साइकिल की ट्यूब गर्मियों में अधिकतर क्यों फटती हैं?

A. गर्मी के कारण ट्यूब में मौजूद हवा फैलती है और इस फैलाव के कारण ट्यूब का आयतन सीमित होने के कारण वह फट जाती है
B. गर्मी के कारण रबर बहुत कमजोर हो जाता है
C. गर्मी की वजह से रबर कड़ी हो जाती है और हवा को जगह देने के लिए फैलती नहीं
D. इनमें से कोई नहीं

107. क्या कारण है कि तालाब का पानी गर्मी में भी ठंडा रहता है?

A. सतही पानी वाष्पित होते समय पानी की गर्मी को अवशोषित करता है अतः पानी ठंडा हो जाता है

B. तालाब के चारों ओर की भूमि पानी की गर्मी को अवशोषित कर लेती है

C. पानी सतह से नीचे की ओर गर्म नहीं होता

D. इनमें से कोई नहीं

108. किसी पदार्थ की ऊष्मा धारिता निर्भर करती है–

A. पदार्थ के ताप पर

B. पदार्थ के घनत्व पर

C. पदार्थ की विशिष्ट ऊष्मा पर

D. पदार्थ की संरचना पर

109. यदि विशिष्ट ऊष्मा निर्धारण में ताप को सेंटीग्रेड पैमाने के स्थान पर फॉरेनहाइट पैमाने में लिया जाए तो विशिष्ट ऊष्मा–

A. बढ़ेगी   B. घटेगी

C. अपरिवर्तित रहेगी   D. इनमें से कोई नहीं

110. द्रव तापमापी की अपेक्षा गैस तापमापी अधिक उपयुक्त होते हैं, क्योंकि–

A. गैसों में द्रवों की अपेक्षा अधिक विस्तार होता है

B. गैसें आसानी से अपनी दशा को नहीं बदलती है

C. गैसें बहुत हल्की होती हैं

D. गैसे आसानी से उपलब्ध हैं

111. गर्मियों में जब हम किसी लोहे के टुकड़े को स्पर्श करते हैं तो वह अपेक्षाकृत गर्म क्यों लगती है?

A. लोहा ऊष्मा का अवशोषण करता है जब कि मानव शरीर यह नहीं कर सकता

B. लोहा ऊष्मा का उत्सर्जन करता है इसलिए यह गर्म रहता है

C. गर्मियों में लोहे का टुकड़ा मानव शरीर की अपेक्षा अधिक गर्म होता है, अतः ताप लोहे से शरीर की ओर बहती है इसलिए यह गर्म रहता है

D. इनमें से कोई नहीं

112. 0°C ताप के 5 ग्राम बर्फ के टुकड़े को एक बीकर में डाला गया जिसमें 20 ग्राम पानी 45°C पर है। तब–

A. सम्पूर्ण बर्फ पानी में नहीं पिघलेगी

B. सम्पूर्ण बर्फ पिघल जायेगी और पानी का परिणामी ताप 0°C होगा

C. सम्पूर्ण बर्फ पिघल जायेगी और पानी का परिणामी ताप 25°C होगा

D. सम्पूर्ण बर्फ पिघल जायेगी और पानी का परिणामी ताप 20°C होगा

113. बर्नर पर रखे एक फ्लास्क में पानी उबल रहा हैं इसका क्वथनांक घटाने के लिए–

A. समीपवर्ती ताप को कम किया जाए

B. ऊष्मा की ज्वाला कम की जाए

C. फ्लास्क के मुँह का संबंध संपीड़क पम्प से कर दिया जाए

D. फ्लास्क के मुँह का संबंध निर्वात पम्प से कर दिया जाए

114. नमी वाले दिन की अपेक्षा गर्मी के दिनों में पसीना निकलने पर हमें अधिक ठंड महसूस होती है, क्यों?

A. पसीने के जरिए शरीर से अतिरिक्त ऊर्जा निकल जाती है

B. गर्मियों में पसीना वाष्पित हो जाता है और वाष्पीकरण के समय शरीर से गर्मी लेता है

C. पसीना हमारी त्वचा को कठोर बना देता है जिससे गर्मी प्रवेश नहीं करती

D. इनमें से कोई नहीं

115. एक धातु की छड़ के दोनों सिरों को गर्म किया जाता है। धातु में प्रवाहित ऊष्मा निम्न पर निर्भर नहीं करती है–

A. छड़ के क्षेत्रफल पर   B. छड़ के द्रव्यमान पर

C. समय पर   D. ताप प्रवणता पर

116. एक ऊष्मागतिकी प्रक्रम में एक निश्चित द्रव्यमान की गैस का दाब इस प्रकार बदला जाता है कि गैस से 20 जूल ऊष्मा मुक्त होती है तथा गैस पर 8 जूल कार्य किया जाता हैं यदि गैस की प्रारंभिक आन्तरिक ऊर्जा 30 जूल हो, तब अन्तिम आन्तरिक ऊर्जा होगी–

A. 2 जूल   B. 42 जूल

C. 18 जूल   D. 58 जूल

117. अग्नि से एक निश्चित दूरी तक ऊर्ध्वाधर तल में अधिक गर्मी होती है, जबकि क्षैतिज तल में उसी दूरी पर कम गर्मी होती है, इसका कारण है कि–

A. ऊष्मा का चालन ऊपर की ओर होता है

B. ऊष्मा का विकिरण ऊपर की ओर होता है

C. संवहन द्वारा ऊपर की ओर अधिक ऊष्मा जाती है

D. चालन, संवहन तथा विकिरण सब मिलकर ऊष्मा को ऊपर ले जाते हैं

118. एल्कोहल पानी की अपेक्षा अधिक वाष्पशील होता है, क्योंकि–

A. इसका क्वथनांक पानी से कम होता है

B. यह कार्बनिक द्रव है

C. इसका हिमांक बिन्दु पानी से कम होता है

D. इनमें से कोई नहीं

119. एक कमरे में रखी एक वस्तु 85°C से 80°C तक ठण्डा होने में 5 मिनट का समय लेती है। उसको 80°C से 75°C तक ठण्डा होने में कितना समय लगेगा?

A. 5 मिनट   B. 5 मिनट से कम

C. 5 मिनट से अधिक   D. 5 मिनट से कम या अधिक

120. एक चालक के प्रतिरोध R_t का ताप t के साथ परिवर्तन को निम्न चित्र में दर्शाया गया है। यदि इस परिवर्तन को गणितीय रूप से इस प्रकार प्रकट किया जाए–

$R_t = R_0(1 + \alpha t + \beta t^2)$ तो

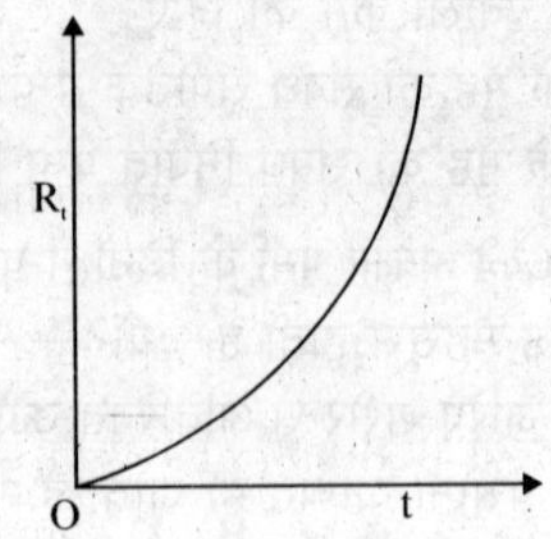

A. α एवं β दोनों ऋणात्मक हैं
B. α धनात्मक तथा β ऋणात्मक है
C. α तथा β दोनों धनात्मक हैं
D. α ऋणात्मक तथा β धनात्मक है

121. भाखड़ा बांध के आधार पर गिरने वाले जल का तापमान शिखर के तापमान से–
A. अधिक होता है　　B. कम होता है
C. बराबर होता है　　D. 0°C होता है

122. जल से भरा एक बीकर एक मेज़ पर रखा है। इस जल को उबाला जा सकता है, यदि इसमें–
A. वायुमण्डलीय दाब पर भाप प्रवाहित करें
B. वायुमण्डलीय दाब से कम दाब पर भाप प्रवाहित करें
C. वायुमण्डलीय दाब से अधिक दाब पर भाप प्रवाहित करें
D. गर्म तार डाल दें

123. कमरे में रखे हुए एक चालू रेफ्रीजरेटर के दरवाजे खुले छोड़ दिए जाएं तो–
A. कमरे का तापमान गिरेगा
B. कमरे के तापमान पर कोई असर नहीं पड़ेगा
C. कमरा धीरे-धीरे गर्म हो जाएगा
D. इनमें से कोई नहीं

124. यदि विभव मापने वाले यंत्र के द्वारा किसी ताप का मापन करना हो तो आवश्यकता होगी?
A. प्रतिरोध तापमापी　　B. वायु तापमापी
C. ताप वैद्युत तापमापी　　D. हाइड्रोजन गैस तापमापी

125. हीलियम गैस के अणुओं का वर्ग माध्य मूल वेग हाइड्रोजन का $\frac{5}{7}$ वां भाग है। यदि हाइड्रोजन गैस का ताप 0°C है तो हीलियम का ताप लगभग होगा–
A. 5° C　　B. 0° K
C. 276° C　　D. 100° C

126. सर्वाधिक जलन होती है–
A. उबलते हुए पानी से　　B. वाष्प से
C. गर्म हवा से　　D. इनमें से कोई नहीं

127. एक ही धातु के समान द्रव्यमान वाले एक गोले, एक घन तथा एक पतली गोल प्लेट को एक साथ 200°C तक गर्म करके कमरे के तापक्रम पर ठण्डा होने दिया जाता है। सबसे पहले ठण्डा होगा–
A. घन　　B. गोला
C. गोल प्लेट　　D. सभी एक साथ ठण्डे होंगे

128. 'सेल्सियस' इकाई है–
A. वैद्युत स्थितिज अन्तर का
B. त्रिकोणमितीय कोण का
C. केल्विन डिग्री के समकक्ष
D. डिग्री सेंटीग्रेड के समकक्ष

129. यदि एक रोगी का ताप 40°C है तो उसका ताप फॉरेनहाइट स्केल पर होगा–
A. 72° F　　B. 100° F
C. 96° F　　D. 104° F

130. क्रांतिक ताप वह ताप है–
A. जिस पर जल उबल जाता है
B. जिससे अधिक ताप पर गैसीय अवस्था में पदार्थ को कभी भी द्रवित नहीं किया जा सकता है
C. जिस पर गैस को द्रवित किया जा सकता है
D. जिस पर बर्फ पिघलने लगती है

131. ऊष्मा की इकाई है–
A. कैलोरी　　B. अर्ग
C. जूल　　D. जूल/से.

132. तांबे की एक वृत्ताकार चकती का, जिसके बीच में एक वृत्ताकार छिद्र है, ताप बढ़ाया जाता हैं इससे छिद्र का व्यास–
A. बढ़ जाएगा　　B. घट जाएगा
C. अपरिवर्तित रहेगा　　D. अण्डाकार हो जाएगा

133. ऊष्मा किस प्रक्रिया में सर्वाधिक तीव्र गति से स्थानान्तरित होती है?
A. चालन द्वारा　　B. संवहन द्वारा
C. विकिरण द्वारा　　D. इनमें से कोई नहीं

134. सूर्य का ताप मापा जाता है–
A. प्लेटिनम तापमापी द्वारा
B. उत्तापमापी द्वारा
C. गैस तापमापी द्वारा
D. वाष्प दाब तापमापी द्वारा

135. गुणों के निम्न संचयों में से कौन-सा खाना बनाने के बर्तन के लिए सबसे उपयुक्त होगा?
A. उच्च विशिष्ट ऊष्मा तथा निम्न चालन
B. उच्च विशिष्ट ऊष्मा तथा उच्च चालन
C. निम्न विशिष्ट ऊष्मा तथा निम्न चालन
D. निम्न विशिष्ट ऊष्मा तथा उच्च चालन

136. तांबे की दो छड़ें जिनकी लम्बाईयां समान, किन्तु व्यास भिन्न हैं, समान ताप तक गर्म की जाती है उनकी लम्बाई में प्रसार किस प्रकार होगा?

A. अधिक व्यास वाली छड़ में अधिक
B. कम व्यास वाली छड़ में अधिक
C. दोनों छड़ों में समान प्रसार होगा
D. किसी में भी प्रसार नहीं होगा

137. तूफानी रात में कोई ओस नहीं जमती, क्योंकि–
A. वाष्पन की दर तीव्र होती है
B. हवा में कुहरा कम होता है
C. ताप उच्च रहता है
D. आकाश स्वच्छ नहीं रहता

138. एक बर्फ का टुकड़ा कमरे के तापक्रम पर पिघलता है क्योंकि–
A. इसमें गलन की गुप्त ऊष्मा होती है
B. बर्फ के अणु स्थितिज ऊर्जा खो देते हैं
C. बर्फ के अणु स्थितिज ऊर्जा प्राप्त करते हैं
D. बर्फ के अणुओं की स्थितिज ऊर्जा में कोई परिवर्तन नहीं होता है

139. कांच की गर्म चिमनी पर जल की बूंद डालने पर यह टूट जाती है, क्योंकि–
A. जल वाष्पित होता है और चिमनी से ऊष्मा लेता है
B. सम्पर्क बिन्दु पर कांच की चिमनी संकुचित होती है
C. सम्पर्क बिन्दु पर कांच की चिमनी का प्रसार होता है
D. इनमें से कोई नहीं

140. **कथन (A) :** 100°C वाष्प से जलना 100°C के जल के द्वारा जलने से अधिक खतरनाक होता है

कारण (R) : 0°C पर वाष्प की गुप्त ऊष्मा लगभग 540 कैलोरी/ग्राम होती है
A. A एवं R दोनों सत्य हैं एवं R, A की सही व्याख्या करता है
B. A एवं R दोनों सत्य हैं परन्तु R, A की सही व्याख्या नहीं करता है
C. A सत्य है परन्तु R असत्य है
D. A असत्य है परन्तु R सत्य है

141. जब कार्नो इंजन में, आदर्श गैस, ऊष्मा स्रोत से ऊष्मा लेती है, तो स्रोत का ताप–
A. घटता है B. बढ़ता है
C. नियत रहता है D. इनमें से कोई नहीं

142. **कथन (A) :** थर्मस फ्लास्क में रखी गई चाय कई घण्टों तक गर्म रहती है।

कारण (R) : ऊष्मीय किरणें निर्वात में नहीं चल सकती।
A. A एवं R दोनों सत्य हैं एवं R, A की सही व्याख्या करता है
B. A एवं R दोनों सत्य हैं परन्तु R, A की सही व्याख्या नहीं करता है
C. A सत्य है परन्तु R असत्य है
D. A असत्य है परन्तु R सत्य है

143. ऊष्मा के संदर्भ में निम्न में से कौन-सा कथन सही है?
1. ऊष्मा, ऊर्जा का ही रूप है
2. ऊष्मा को दर्पण द्वारा परावर्तित किया जा सकता है
3. ऊष्मा, विद्युत चुम्बकीय विकिरण है
4. ऊष्मा, निर्वात में से नहीं गुजर सकती है

दिए गए विकल्पों में से सही विकल्प का चयन कीजिए–
A. 1, 2 एवं 3 B. 1, 2 एवं 4
C. 2, 3 एवं 4 D. 1, 3 एवं 4

144. **कथन (A) :** यदि गर्म कपड़ों को पानी में धोया जाए तो वे गर्म रखने की क्षमता खो देते हैं।

कारण (R) : गर्म कपड़ों के तन्तु पानी से रासायनिक क्रिया कर लेते हैं?

कूट :
A. A एवं R दोनों सत्य हैं एवं R, A की सही व्याख्या करता है
B. A एवं R दोनों सत्य हैं परन्तु R, A की सही व्याख्या नहीं करता है
C. A सत्य है परन्तु R असत्य है
D. A असत्य है परन्तु R सत्य है

145. **कथन (A) :** समान मोटाई के दो कपड़ों को इकट्ठा जोड़ने से एक दुगुनी मोटाई के कपड़े की अपेक्षा अधिक गर्मी लगती है।

कारण (R) : वायु ऊष्मा की कुचालक है और वस्तु की ऊष्मा को बाहर जाने से रोकती है।

कूट :
A. A एवं R दोनों सत्य हैं एवं R, A की सही व्याख्या करता है
B. A एवं R दोनों सत्य हैं परन्तु R, A की सही व्याख्या नहीं करता है
C. A सत्य है परन्तु R असत्य है
D. A असत्य है परन्तु R सत्य है

146. **कथन (A) :** एक अन्तरिक्षीय वस्तु का ताप उसके विकिरण के स्पेक्ट्रम से ज्ञात किया जाता है।

कारण (R) : एक अपारदर्शी गर्म वस्तु के विकिरण का एक विशिष्ट स्पेक्ट्रम होता है, जो केवल ताप पर निर्भर करता है।

कूट :
A. A एवं R दोनों सत्य हैं एवं R, A की सही व्याख्या करता है
B. A एवं R दोनों सत्य हैं परन्तु R, A की सही व्याख्या नहीं करता है
C. A सत्य है परन्तु R असत्य है
D. A असत्य है परन्तु R सत्य है

147. **कथन (A) :** खाना बनाते समय गर्म तेल में पानी डालना खतरनाक होता है।

कारण (R) : उबले जल का क्वथनांक, गर्म तेल के क्वथनांक से अधिक होता है।

कूट :

A. A एवं R दोनों सत्य हैं एवं R, A की सही व्याख्या करता है

B. A एवं R दोनों सत्य हैं परन्तु R, A की सही व्याख्या नहीं करता है

C. A सत्य है परन्तु R असत्य है

D. A असत्य है परन्तु R सत्य है

148. **कथन (A) :** पॉलिश की हुई धातु का पात्र काले पात्र की अपेक्षा ऊष्मा को द्रुत गति से खोता है।

कारण (R) : काला पात्र ऊष्मा का उत्तम अवशोषक है।

कूट :

A. A एवं R दोनों सत्य हैं एवं R, A का सही स्पष्टीकरण है

B. A एवं R दोनों सत्य हैं परन्तु R, A का सही स्पष्टीकरण नहीं है

C. A सत्य है परन्तु R असत्य है

D. A असत्य है परन्तु R सत्य है

149. ऊष्मा स्थानान्तरण की किस विधि द्वारा ऊष्मा निर्वात में गतिशील होती है?

A. चालन B. विकिरण
C. संवहन D. चालन एवं संवहन

150. 0°C की 1 ग्राम बर्फ को 100°C की भाप में बदलने के लिए आवश्यक ऊष्मा होगी–

A. 720 कैलोरी B. 640 कैलोरी
C. 540 कैलोरी D. 180 कैलोरी

151. निम्नलिखित में से कौन-सा कथन सही है?
एक कक्ष में रखी हुई बर्फ की सिल्ली–

A. ऊष्मा विकिरण नहीं करती है

B. ऊष्मा विकिरण नहीं करती परंतु परिवेश से ऊष्मा का अवशोषण करती है

C. ऊष्मा विकिरण करती है परन्तु परिवेश से उससे अधिक ऊष्मा का अवशोषण करती है

D. परिवेश से अवशोषित करने वाली ऊष्मा से अधिक ऊष्मा का विकिरण करती है

152. 150 ग्राम लोहे का ताप 20°C से 25°C तक बढ़ाने के लिए कितनी ऊष्मा की आवश्यकता होगी?
(लोहे की विशिष्ट ऊष्मा = 480 जूल/किग्रा)–

A. 90 जूल B. 180 जूल
C. 360 जूल D. 720 जूल

153. निम्नलिखित कथनों पर विचार कीजिए–

1. 100°C पर 1 ग्राम जल तथा 1 ग्राम भाप में ऊष्मा की समान मात्रा होती है।
2. 1 मी^{3} शुष्क वायु का भार 1 मी^{3} आर्द्रवायु के भार से अधिक होता है।
3. C.G.S. पद्धति में पदार्थ का घनत्व आंशिक रूप से इसके आपेक्षिक घनत्व के बराबर होता है।

निम्नलिखित में से कौन-सा/से कथन सही है/हैं?

A. केवल 1 B. केवल 3
C. 1 तथा 3 D. 2 तथा 3

154. भट्ठी के समीप खड़ा व्यक्ति अधिकतम ऊष्मा अर्जित करेगा–

A. चालन द्वारा B. संवहन द्वारा
C. विकिरण द्वारा D. चालन एवं विकिरण द्वारा

155. निम्नलिखित कथनों पर विचार कीजिए–
जल का क्वथनांक :

1. लवण मिलाने पर बढ़ सकता है।
2. दाब को बढ़ाने पर बढ़ सकता है।
3. 100°C होता है, इससे न बढ़ता है न घटता है

इन कथनों में से–

A. केवल 3 सही है B. केवल 2 सही है
C. 1 तथा 2 सही हैं D. केवल 1 सही है

156. जब बन्द बर्तन में भरी गैस का ताप 1°C बढ़ाया जाता है तो इसका दाब 0.4% बढ़ जाता है। गैस का प्रारंभिक ताप था–

A. 30°C B. 200°K
C. 2500°C D. 250°C

157. निम्नलिखित कथनों पर विचार कीजिए–

1. पानी 90°C पर नहीं उबाला जा सकता।
2. एक चालक पर आवेश अधिकतर उसी जगह पर संकेद्रित होते हैं जहाँ पृष्ठ अधिकतर समतल होता है।
3. फ्यूज तार का प्रतिरोध उच्च होता है।

उपरोक्त कथनों में से कौन-सा/से सही है/हैं ?

A. 1 और 2 B. केवल 1
C. केवल 3 D. 1, 2 और 3

158. निम्न कारकों पर विचार कीजिए–

1. ढक्कन का भार
2. ढक्कन में छिद्र का क्षेत्रफल
3. ज्वाला का ताप
4. वायुमण्डलीय दाब

किसी प्रेशर कुकर में जिस ताप पर खाना पकता है, निर्भर करता है–

A. 1, 2 और 3 B. 2, 3 और 4
C. 1 और 2 D. 3 और 4

159. जल की एक बूंद लाल-गर्म लोहे के तवे पर छिड़की जाती है तो बूंद गोलाकार हो जाती है तथा तुरन्त वाष्पित नहीं होती क्योंकि–

A. जल का क्वथनांक बढ़ जाता है

B. इस स्थान पर तवे का ताप गिर जाता है

C. तवे तथा बूंद के बीच जल वाष्प की तह बन जाती है, जो ऊष्मा चालन को रोकती है

D. लाल गर्म तवा ऊष्मा का कुचालक होता है

160. फारेनहाइट तापमापी 14°F ताप दर्शाता है। सेल्सियस पैमाने में यह ताप कितना होगा?

A. −20°C B. −10°C

C. 10°C D. 20°C

161. सूर्य से पृथ्वी तक ऊष्मा किस विधि से आती है?

A. चालन B. संवहन

C. विकिरण D. विकिरण एवं संवहन

162. पैराफिन मोम जमने पर सिकुड़ता है, क्योंकि मोम का गलनांक–

A. दाब के साथ परिवर्तित नहीं होता

B. दाब बढ़ने पर घटता है

C. दाब बढ़ने पर बढ़ता है

D. इनमें से कोई नहीं

163. निम्नलिखित प्रकार की सतहों पर विचार कीजिए–

एक पृष्ठ जिस पर :

I. काली पॉलिश की गई है

II. पॉलिश की गई है

III. सफेद पेंट किया गया है

A. I, III, II B. III, II, I

C. II, I, III D. II, III, I

164. सुमेलित कीजिए–

सूची-I	सूची-II
(*a*) तापीय पैमाने	1. कार्नो
(*b*) विकिरण नियम	2. जूल
(*c*) ऊष्मा का यांत्रिक तुल्यांक	3. केल्विन
(*d*) ऊष्मा इंजनों की दक्षता	4. स्टीफन बोल्ट्समान

कूट :

	(*a*)	(*b*)	(*c*)	(*d*)
A.	3	4	2	1
B.	3	4	1	2
C.	2	3	1	4
D.	2	3	4	1

165. पेट्रोल इंजन की दक्षता होती है–

A. 50% B. 30%

C. 25% D. 10%

166. डीजल इंजन की अधिकतम दक्षता होती है–

A. 30% B. 70%

C. 50% D. 40%

167. सुमेलित कीजिए–

सूची-I	सूची-II
(*a*) बर्फ का पिघलना	1. विकिरण
(*b*) सूर्य से आने वाली ऊष्मा	2. संवहन
(*c*) समुद्री तल से ऊँचे स्थानों पर वायु का प्रवाह	3. गुप्त ऊष्मा
(*d*) किसी धातु की छड़ के एक सिरे को आग पर रखकर गर्म करना	4. चालन

कूट :

	(*a*)	(*b*)	(*c*)	(*d*)
A.	1	2	3	4
B.	3	4	1	2
C.	4	1	3	2
D.	3	1	2	4

168. कार्नो चक्र संबंधित है–

A. जलगतिकी (Hydrodynamics) से

B. वायुगतिकी (Aerodynamics) से

C. ऊष्मा गतिकी (Thermodynamics) से

D. इनमें से कोई नहीं

169. सूर्य से चन्द्रमा तक ऊष्मा का संचरण किस विधि से होता है?

A. विकिरण द्वारा

B. विकिरण एवं चालन द्वारा

C. विकिरण एवं संवहन द्वारा

D. विकिरण, चालन एवं संवहन द्वारा

170. यदि एक धातु के महीन तारों की जाली बुनसन ज्वाला पर रखी जाती है तो ज्वाला जाली से प्रवाहित नहीं होती। इसका कारण है–

A. जाली के छिद्रों से गैस नहीं निकल पाती

B. जाली, गैस को अवशोषित कर लेती है

C. जाली ऊष्मा की सुचालक है

D. इनमें से कोई नहीं

171. निम्नलिखित में से कौन-सा प्रक्रम रुद्धोष्म नहीं हो सकता?

A. वायु में अनुदैर्ध्य तरंगों का संचरण

B. वायु भरे गुब्बारों का अचानक फटना

C. CO_2 गैस से भरे सिलिण्डर का अचानक फटना

D. बर्फ का जमना

172. बैरोमीटर में पानी की जगह पारे का प्रयोग किया जाता है, क्योंकि–

A. पारे का घनत्व अधिक होता है

B. पारा चमकीला होता है जिससे बैरोमीटर का तल आसानी से पढ़ा जा सकता है

C. पारा द्रव अवस्था में धातु है

D. पारा ऊष्मा का सुचालक होता है

173. यदि बर्फ को लकड़ी के बुरादे या टाट में लपेट दें तो पिघलती नहीं, क्योंकि–

A. यह ऊष्मा का कुचालक है

B. यह ऊष्मा का सुचालक है

C. इनमें से हवा पार होती रहती है

D. इनमें से कोई नहीं

174. पानी की एक टंकी की पेंदी का क्षेत्रफल 4 वर्ग मीटर है। टंकी में 4000 किग्रा पानी भरा है। टंकी की पेंदी पर पानी के कारण दाब होगा–

A. 9800 न्यूटन B. 9800 न्यूटन/मी^{2}
C. 980 न्यूटन/मी^{2} D. 980 न्यूटन

175. निम्नलिखित में से दूध से क्रीम निकालने की विधि का नाम है–

A. परासरण दाब विधि B. अभिकेन्द्र बल विधि
C. संघनन विधि D. इनमें से कोई नहीं

176. मोमबत्ती का जलना एक–

A. रासायनिक परिवर्तन है
B. भौतिक परिवर्तन है
C. निश्चित रूप से नहीं कह सकते
D. इनमें से कोई नहीं

177. एक लड़के का भार 30 किग्रा है; उसके जूतों के तलों का क्षेत्रफल 200 वर्ग सेमी..है। जमीन पर खड़े होने से उसके भार के कारण कितना दबाव पड़ेगा?

A. 14000 न्यूटन/मी^{2} B. 14700 न्यूटन/मी^{2}
C. 1470 न्यूटन/मी^{2} D. 147 न्यूटन/मी^{2}

178. एक घनाकार बर्तन जिसके अन्दर की प्रत्येक भुजा 2 सेमी है, पानी की 64 बूँदों से पूरा भर जाता है, तब एक बूँद का आयतन होगा–

A. $\frac{1}{5}$ घन सेमी B. $\frac{1}{8}$ घन सेमी
C. 1 घन सेमी D. 0.01 घन सेमी

179. किसी शुद्ध पदार्थ का गलनांक सामान्य वायुदाब पर 0° सेल्सियस तथा क्वथनांक 100° सेल्सियस है, उस पदार्थ का नाम होगा–

A. कोलतार B. कैरोसिन
C. जल D. इनमें से कोई नहीं

180. निम्न चित्र में वस्तुएं (A) तथा (B) और उनके ताप प्रदर्शित हैं दोनों वस्तुओं को एक-दूसरे से स्पर्श कराने से ऊष्मा किस वस्तु से किस वस्तु में जाएगी?

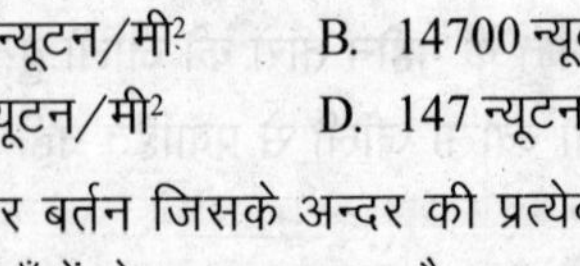

A. B से A में जाएगी B. A से B में जाएगी
C. किसी में नहीं जाएगी D. इनमें से कोई नहीं

181. धात्विक ठोस सदैव अपारदर्शी होते हैं क्योंकि–

A. ठोस आपतित प्रकाश को परावर्तित करता है
B. धातु में मुक्त इलेक्ट्रॉनों द्वारा आपतित प्रकाश अवशोषित हो जाता है
C. ठोस के कणों द्वारा आपतित प्रकाश का प्रकीर्णन हो जाता है
D. आपतित प्रकाश ऊर्जा अन्तराल में उलझ जाता है

182. चालक, अचालक तथा अर्द्धचालक एक-दूसरे से भिन्न होते हैं। इसका कारण है–

A. इनकी धारा को प्रवाहित करने की योग्यता
B. इनकी क्रिस्टल जालक बनाने की योग्यता
C. इनके इलेक्ट्रॉनों की बंधन ऊर्जा
D. इनके ऊर्जा अन्तरालों की चौड़ाई

183. एक अर्द्धचालक युक्ति को बैटरी तथा प्रतिरोध के साथ श्रेणी परिपथ में जोड़ा जाता है। परिपथ में धारा प्रवाहित होती है। यदि बैटरी के सिरों की ध्रुवता उलट दी जाए, तो धारा गिरकर शून्य हो जाती है। युक्ति हो सकती है–

A. एक p - n जंक्शन
B. एक शुद्ध अर्द्धचालक
C. एक p-प्रारूपी अर्द्धचालक
D. एक n-प्रारूपी अर्द्धचालक

184. **कथन (A) :** अर्द्धचालकों का प्रतिरोध ताप गुणांक ऋणात्मक होता है।

कारण (R) : अर्द्धचालकों में आवेश वाहकों का अनुगमन वेग ताप बढ़ने के साथ बढ़ता है।

कूट :

A. A एवं R दोनों सत्य हैं तथा R, A की सही व्याख्या करता है
B. A और R दोनों सत्य हैं परन्तु R, A की सही व्याख्या नहीं करता है
C. A सत्य है परन्तु R असत्य है
D. A असत्य है परन्तु R सत्य है।

185. अर्द्धचालक के विषय में निम्नलिखित कथनों में से कौन-सा सत्य है?

A. अर्द्धचालक की चालकता पर ताप का कोई प्रभाव नहीं पड़ता है
B. निम्न ताप पर एक शुद्ध अर्द्धचालक, अचालक की तरह व्यवहार करता है
C. अर्द्धचालक की चालकता ताप बढ़ने के साथ बढ़ती है
D. अर्द्धचालक में इलेक्ट्रॉनों की गतिशीलता ताप बढ़ने के साथ बढ़ती है

186. n-प्रारूपी अर्द्धचालक, शुद्ध जर्मेनियम में अशुद्धता मिलाने पर प्राप्त होता है। अशुद्धता होनी चाहिए–

A. एक संयोजक B. त्रिसंयोजक
C. चतुर्संयोजक D. पंचसंयोजक

187. प्रकाश वैद्युत सेल में धारा–

A. आपतित प्रकाश की तीव्रता बढ़ाने से घटती है
B. आपतित प्रकाश की तीव्रता बढ़ाने से बढ़ती है
C. आपतित प्रकाश की आवृत्ति बढ़ाने से बढ़ती है
D. आपतित प्रकाश की आवृत्ति बढ़ाने से घटती है

188. X-किरण नलिका से उत्सर्जित X-किरण पुंज होगा–
A. एक वर्णी
B. एक विशेष न्यूनतम तरंग दैर्ध्य से अधिक सभी सम्भव तरंग दैर्ध्यों से युक्त
C. एक विशेष अधिकतम तरंग दैर्ध्य से कम सभी संभव तरंग दैर्ध्यों से युक्त
D. न्यूनतम एवं अधिकतम तरंग दैर्ध्यों के बीच सभी संभव तरंग दैर्ध्यों से युक्त

189. एक वाल्ब को गर्म करने पर उसके कैथोड से इलेक्ट्रॉन उत्सर्जित हो रहे हैं। इस वाल्व को एक बन्द परिपथ में लगाने पर उत्सर्जित होने वाले इलेक्ट्रॉन–
A. कुछ समय बाद निकलना बंद हो जाएंगे
B. अनिश्चित काल तक उत्सर्जित होते रहेंगे
C. समय के सापेक्ष कम उत्सर्जित होंगे
D. कैथोड के आकार पर निर्भर करेंगे

190. इलेक्ट्रॉन का आविष्कार किसने किया था?
A. रदरफोर्ड B. थॉमसन
C. वीन D. गोल्डस्टीन

191. डायोड एक दिष्टकारी के रूप में–
A. दिष्टधारा को प्रत्यावर्ती धारा में परिवर्तित करता है
B. प्रत्यावर्ती धारा को दिष्ट धारा में परिवर्तित करता है
C. उच्च विभव को निम्न विभव में परिवर्तन करता है
D. निम्न विभव को उच्च विभव में परिवर्तन करता है

192. मॉलिब्डेनम का प्रयोग एक लक्ष्य तत्व के रूप में X-किरणें उत्पन्न करने के लिए करते हैं क्योंकि यह एक–
A. भारी तत्व है तथा अधिक चाल के इलेक्ट्रॉनों को आसानी से अवशोषित कर लेता है
B. भारी तत्व है, जिसका गलनांक बहुत अधिक होता है
C. ऐसा तत्व है, जिसकी बहुत अधिक ऊष्मीय चालकता होती है
D. भारी तत्व है तथा इलेक्ट्रॉनों को आसानी से विक्षेपित कर सकता है

193. कैथोड किरणें चलती हैं–
A. तरंग रूप में
B. सरल रेखा में
C. किसी भी रूप में
D. कभी तरंग रूप में, कभी सरल रेखा में

194. X-किरणों का उत्पादन–
A. गतिज ऊर्जा का विकिरण ऊर्जा में परिणत होने की घटना है
B. संवेग संरक्षण का सिद्धांत है
C. द्रव्यमान का ऊर्जा में परिणत होने की घटना है
D. ऊर्जा संरक्षण की घटना

195. निम्न विद्युत–चुम्बकीय तरंगों में से किसी की आवृत्ति अधिकतम होती है?
A. X-किरणें
B. Y-किरणें
C. पराबैंगनी किरणें
D. अवरक्त किरणें

196. X-किरणें उत्पन्न करने के लिए इलेक्ट्रोडों के बीच किस प्रकार का विभवान्तर आरोपित करना चाहिए–
A. दिष्ट विभव
B. प्रत्यावर्ती विभव
C. केवल उच्च विभव
D. इनमें से कोई नहीं

197. क्रिस्टल की आन्तरिक परमाणवीय संरचना का अध्ययन करने के लिए प्रयुक्त करते हैं–
A. एक्स किरणें B. पराबैंगनी किरणें
C. अवरक्त विकिरण D. पीला प्रकाश

198. एक शुद्ध अर्द्धचालक का प्रतिरोध होता है–
A. 0°C पर अनन्त
B. निश्चित जो ताप पर निर्भर नहीं करता
C. निश्चित जो ताप के साथ बढ़ता है
D. निश्चित जो ताप के साथ घटता है

199. एक्स-किरणों की बेधन क्षमता बढ़ जाती है–
A. वेग बढ़ने से B. आवृत्ति बढ़ने से
C. तीव्रता बढ़ने से D. आयाम बढ़ने से

200. N-P-N ट्रांजिस्टर, P-N-P ट्रांजिस्टर की तुलना में श्रेष्ठ होते हैं, क्योंकि–
A. सस्ते होते हैं
B. इनमें ऊर्जा ह्रास कम होता है
C. इनमें इलेक्ट्रॉनों का प्रवाह अधिक होता है
D. अधिक शक्ति (Power) सहन करने की क्षमता रखते हैं

201. विद्युत-चुम्बकीय तरंगों की पहचान सर्वप्रथम किसने की ?
A. मैक्सवैल ने B. हट्‌र्ज ने
C. मारकोनी ने D. रिचर्डसन ने

202. लेसर क्या उत्पन्न करता है?
A. उच्च भेदन क्षमता की X-किरणें
B. उच्च वेग के न्यूट्रानों का पुंज
C. कला सम्बद्ध एक वार्णिक प्रकाश का पुंज
D. कला सम्बद्ध एक प्रकाश किरण पुंज

203. कैथोड किरणें विक्षेपित हो सकती है–
A. केवल चुम्बकीय क्षेत्र द्वारा
B. केवल वैद्युत क्षेत्र द्वारा
C. उपर्युक्त दोनों क्षेत्रों द्वारा
D. किसी क्षेत्र से नहीं

204. प्रकाश विद्युत प्रभाव में धातु के पृष्ठ से इलेक्ट्रॉन निष्कासित होते हैं जब–

A. धातु को उच्च ताप पर गर्म किया जाता है

B. धातु पर उपयुक्त तरंग दैर्ध्य का प्रकाश डाला जाता है

C. धातु पर उपयुक्त वेग के इलेक्ट्रॉन पड़ते हैं

D. धातु प्रबल चुम्बकीय क्षेत्र में रखी जाती है

205. जब प्रकाश तीव्रता बढ़ा दी जाती है तो–

A. प्रकाश इलेक्ट्रॉनों की गतिज ऊर्जा बढ़ जाती है

B. प्रकाश इलेक्ट्रॉनों की गतिज ऊर्जा घट जाती है

C. प्रकाश विद्युत धारा बढ़ जाती है

D. प्रकाश विद्युत धारा घट जाती है

206. किसी डायोड में प्लेट धारा शून्य होगी जब–

A. प्लेट विभव शून्य होगा

B. प्लेट विभव धनात्मक होगा

C. प्लेट विभव ऋणात्मक होगा

D. इनमें से कोई नहीं

207. यदि एक ट्रायोड का प्रवर्धन गुणांक 20 हो तथा इसका एनोड प्रतिरोध 10 किलो-ओम हो तो इसकी अन्योन्य चालकता का मान होगा–

A. 2×10^5 मीटर B. 2×10^4 मीटर

C. 500 मीटर D. 2×10^{-3} मीटर

208. यदि किसी प्रकाश वैद्युत पदार्थ के तल पर पड़ने वाले प्रकाश की आवृत्ति तथा तीव्रता को बढ़ा कर दुगुना कर दिया जाए तो–

A. उत्सर्जित इलेक्ट्रॉनों की गतिज ऊर्जा दुगुनी हो जाएगी तथा प्रकाश एवं वैद्युत धारा भी बढ़ कर दुगुनी हो जाएगी

B. उत्सर्जित इलेक्ट्रॉनों की गतिज ऊर्जा कुछ बढ़ेगी जबकि प्रकाश एवं वैद्युत धारा बढ़ कर दुगुनी हो जाएगी

C. उत्सर्जित इलेक्ट्रॉनों की गतिज ऊर्जा बढ़ कर दुगुनी हो जाएगी परन्तु प्रकाश एवं वैद्युत धारा के मान पर कोई प्रभाव नहीं पड़ेगा

D. उत्सर्जित इलेक्ट्रॉनों की गतिज ऊर्जा पर कोई प्रभाव नहीं पड़ेगा, परन्तु प्रकाश एवं वैद्युत धारा बढ़ कर दुगुनी हो जायेगी

209. जब कैथोड किरणें अधिक परमाणु भार वाले पदार्थ से टकराती हैं, तो वे क्या उत्पन्न करती हैं?

A. धनात्मक किरणें B. एक्सकिरणें

C. γ-किरणें D. अन्तरिक्ष किरणें

210. द्रव्यमान स्पेक्ट्रोग्राफ से ज्ञात किया जाता है–

A. प्रकाश का वर्णक्रम

B. आयन का आवेश

C. धन किरणों का विशिष्ट आवेश

D. कैथोड किरणों का विशिष्ट आवेश

211. ट्रांजिस्टर किस पदार्थ के बनाए जाते हैं?

A. धातु B. विद्युतरोधी

C. मिश्रित अर्धचालक D. उपधातु

212. एक ट्रायोड वाल्व का प्लेट-प्रतिरोध 3000 ओम है तथा इसकी अन्योन्य चालकता (Mutual conductance) 1.5 मिली-ऐम्पियर/वोल्ट है। ट्रायोड का प्रवर्धन गुणांक (Amplification Factor) होगा–

A. 5×10^{-6} B. 0.45

C. 2×10^6 D. 4.5

213. धनात्मक किरणों के लिए e/m का मान, कैथोड किरणों के लिए e/m के मान से–

A. अधिक है B. कम है

C. बराबर है D. इनमें से कोई नहीं

214. दोलित एक ऐसा इलेक्ट्रॉनिक उपकरण है, जो–

A. यांत्रिक ऊर्जा को विद्युत ऊर्जा में बदलता है

B. विद्युत ऊर्जा को यांत्रिक ऊर्जा में बदलता है

C. डी.सी. को ए.सी. में बदलता है

D. ए.सी. को डी.सी. में बदलता है

215. किसी प्रत्यावर्ती धारा परिपथ में प्रवाहित धारा का अधिकतम मान 14.14 एम्पियर है। इस धारा का वर्ग माध्य मूल (r.m.s.) मान क्या होगा?

A. 10 एम्पियर B. 1.414 एम्पियर

C. 1.96 एम्पियर D. 3.76 एम्पियर

216. फोटॉन की ऊर्जा E, संवेग p तथा वेग C में सही संबंध है–

A. $p–EC^2$ B. $p = EC$

C. $p = \frac{C}{E}$ D. $p = \frac{E}{C}$

217. प्लांक नियतांक (Planck's constant) को समीकरण $E = hv$ द्वारा निरूपित किया जाता है। इसमें h का मात्रक है–

A. जूल प्रति सेकेण्ड B. जूल–सकेण्ड

C. वाट प्रति सेकेण्ड D. इनमें से कोई नहीं

218. परमाणु में इलेक्ट्रॉन के किसी उच्चतर कक्षा से निम्नतर कक्षा में पहुँचने पर इलेक्ट्रॉन की ऊर्जा–

A. बढ़ती है

B. घटती है

C. न तो बढ़ती है और न ही घटती है

D. बढ़ती भी है और घटती भी है

219. निम्नलिखित में से किसमें वेधन क्षमता सर्वाधिक होती है?

A. एल्फा किरण (α-rays)

B. बीटा किरण (β-rays)

C. गामा किरण (γ-rays)

D. इनमें से कोई नहीं

220. डायोड और ट्रायोड के संघटक भागों में क्या अंतर है?
A. डायोड में ऐनोड नहीं होता
B. ट्रायोड में कैथोड नहीं होता
C. ट्रायोड में ग्रिड नहीं होता
D. इनमें से कोई नहीं

221. निम्नलिखित में से किस युक्ति में दिक्परिवर्तक (commutator) का उपयोग किया जाता है–
A. प्रत्यावर्ती धारा जनित्र (AC Generator)
B. दिष्ट धारा जनित्र (DC Generator)
C. प्रत्यावर्ती धारा मोटर (AC Motor)
D. उपरोक्त सभी

222. आइन्सटीन को निम्न कार्य के लिए 'नोबेल पुरस्कार' मिला था–
A. प्रकाश विद्युत प्रभाव की व्याख्या
B. सापेक्षता के सिद्धांत
C. इलेक्ट्रॉन की खोज
D. इनमें से कोई नहीं

223. राडार की कार्य प्रणाली निम्न सिद्धांत पर आधारित है–
A. तरंगों का अवपर्तन
B. डॉप्लर प्रभाव
C. रेडियो तरंगों का परावर्तन
D. रमन प्रभाव

224. एक्स किरणों की खोज की थी–
A. रॉन्टजन ने B. आइन्सटीन ने
C. फैराडे ने D. न्यूटन ने

225. **कथन (A) :** रेडियो एक्टिव विघटन एक स्वतः प्रवर्तित विघटन है।

कारण (R) : रेडियो ऐक्टिव विघटन की दर बाह्य वातावरण पर निर्भर करती है।

कूट :
A. A एवं R दोनों सत्य हैं तथा R, A की सही व्याख्या करता है
B. A और R दोनों सत्य हैं परन्तु R, A की सही व्याख्या नहीं करता है
C. A सत्य है परन्तु R असत्य है
D. A असत्य है परन्तु R सत्य है

226. जब एक जंक्शन डायोड को अग्रअभिनत किया जाता है तो–
A. विभव-प्राचीर बढ़ जाता है
B. विभव-प्राचीर घट जाता है
C. बहुसंख्यक-वाहक धारा घट कर शून्य हो जाती है
D. अल्प संख्यक-वाहक धारा घट कर शून्य हो जाती है

227. p-प्रारूपी अर्द्धचालक में, ग्राही संयोजी बैण्ड होता है–
A. क्रिस्टल के चालन बैण्ड से ऊपर
B. क्रिस्टल के चालन बैण्ड से नीचे
C. क्रिस्टल के चालन बैण्ड के समीप
D. क्रिस्टल के संयोजी बैण्ड के समीप

228. अर्द्धचालक डायोड में ऐवेलांश-भंजन होता है जब–
A. अग्रधारा एक निश्चित मान से अधिक हो जाती है
B. उत्क्रम अभिनति एक निश्चित मान से अधिक हो जाती है
C. अग्र-अभिनति एक निश्चित मान से अधिक हो जाती है
D. विभव-प्राचीर घटा कर शून्य हो जाता है

229. एक ट्रांजिस्टर को पहले उभयनिष्ठ आधार प्रवर्धक के रूप में तथा फिर उभयनिष्ठ उत्सर्जक के रूप में प्रयुक्त किया जाता है। वोल्टेज लाभ होगा–
A. दोनों विन्यासों में बराबर
B. उभयनिष्ठ-आधार विन्यास में अधिक
C. उभयनिष्ठ-उत्सर्जन विन्यास में अधिक
D. किसी में भी अधिक हो सकता है

230. यदि एक पदार्थ में संयोजी तथा चालन बैण्ड के मध्य अन्तराल 5eV है तो, पदार्थ–
A. कुचालक है B. सुचालक है
C. अर्द्धचालक है D. इनमें से कोई नहीं

231. निम्न में सबसे अधिक प्रत्यास्थ है–
A. रबर B. इस्पात
C. हाथी दाँत की गोली D. काँच

232. पानी से भरे गिलास में बर्फ का एक टुकड़ा तैर रहा है। टुकड़े के पूरा पिघल जाने पर गिलास में पानी का तल–
A. बढ़ जाता है
B. अपरिवर्तित रहता है
C. घट जाता है
D. सभी असत्य है

233. साबुन के बुलबुले सफेद प्रकाश में रंगीन दिखाई देते हैं–
A. परावर्तित प्रकाश के व्यतिकरण के कारण
B. प्रकाश के ध्रुवण के कारण
C. प्रकाश के अपवर्तन के कारण
D. प्रकाश के परावर्तन के कारण

234. प्रेशर कुकर में खाना जल्दी पक जाता है, क्योंकि–
A. प्रेशर कुकर के अन्दर दाब कम होता है
B. प्रेशर कुकर के अन्दर दाब अधिक होता है
C. प्रेशर कुकर के आकार के कारण
D. इनमें से कोई नहीं

235. दाब बढ़ने पर जल का क्वथनांक–
A. बढ़ता है
B. घटता है
C. पहले बढ़ता है, फिर घटता है
D. अपरिवर्तित रहता है

236. 'रेडियो एक्टिवता' की खोज की–
A. हेनरी बेकरल ने B. मैडम क्यूरी ने
C. फैराडे ने D. एडीसन ने

237. दो समतल दर्पण एक-दूसरे से 60° के कोण पर झुके हैं। इनके बीच रखी एक गेंद के बने प्रतिबिम्बों की संख्या होगी–

A. 4 B. 5
C. 2 D. 6

238. भूस्थिर उपग्रह (Geostationary satellite) का आवर्तकाल होता है–

A. 28 घण्टे B. 12 घण्टे
C. 6 घण्टे D. 24 घण्टे

239. 'वेन्चुरीमीटर' से ज्ञात करते हैं–

A. जल का पृष्ठ तनाव
B. जल का आयतन
C. जल का घनत्व
D. जल के प्रवाह की दर

240. लालटेन की बत्ती में मिट्टी का तेल बराबर ऊपर चढ़ता रहता है–

A. पृष्ठ तनाव के कारण
B. मिट्टी के तेल में ऊपर चढ़ने का गुण होता है
C. मिट्टी के तेल का घनत्व कम होता है
D. इनमें से कोई नहीं

241. चमगादड़ अंधेरे में उड़ते हैं क्योंकि–

A. चमगादड़ पराश्रव्य तरंगें उत्पन्न करते हैं
B. चमगादड़ को अंधेरे में अधिक दिखाई देता है
C. उपरोक्त दोनों सत्य हैं
D. दोनों असत्य हैं

242. बर्फ की सतह पर स्केटिंग करना प्रदर्शित करता है कि, दाब बढ़ाने पर बर्फ का गलनांक–

A. बढ़ जाता है
B. अपरिवर्तित रहता है
C. घट जाता है
D. पहले घटता है, फिर बढ़ता है

243. द्रवों का वह गुण, जिसके कारण यह अपनी विभिन्न परतों में होने वाली गति का विरोध करता है, कहलाता है–

A. पृष्ठ तनाव B. घनत्व
C. श्यानता D. आपेक्षिक आर्द्रता

244. गैसों की श्यानता ताप के बढ़ाने पर–

A. घटती है
B. बढ़ती है
C. अपरिवर्तित रहती है
D. पहले घटती है, फिर बढ़ती है

245. यदि पृथ्वी पर वायुमण्डल न होता तो दिन की अवधि–

A. कम होती B. अधिक होती
C. अपरिवर्तित रहती D. घटती–बढ़ती रहती

246. घरों में पंखे, बल्ब आदि लगे होते हैं–

A. श्रेणी क्रम में B. मिश्रित क्रम में
C. समान्तर क्रम में D. इनमें से कोई नहीं

247. रेडियो एक्टिवता का प्रयोग किया जाता है–

A. औषधि में B. उद्योगों में
C. कृषि में D. उपरोक्त सभी में

248. **कथन (A) :** पृथ्वी केन्द्र पर वस्तुओं का भार शून्य होता है।

कारण (R) : पृथ्वी केन्द्र पर गुरुत्वीय त्वरण शून्य होता है।

कूट :

A. A एवं R दोनों सत्य हैं तथा R, A की सही व्याख्या करता है
B. A और R दोनों सत्य हैं परन्तु R, A की सही व्याख्या नहीं करता है।
C. A सत्य है परन्तु R असत्य है।
D. A असत्य है परन्तु R सत्य है।

249. पुलिस जासूसी कार्य के लिए कुत्तों का प्रयोग क्यों करती है?

A. क्योंकि ये बहुत तेजी से दौड़ सकते हैं
B. क्योंकि ये पराश्रव्य तरंगों को सुन सकते हैं
C. क्योंकि इनकी देखने की शक्ति तीव्र होती है
D. इनमें से कोई नहीं

250. **कथन (A) :** चन्द्रमा पर वायुमण्डल नहीं है।

कारण (R) : चन्द्रमा से पलायन वेग का मान बहुत कम होता है।

कूट :

A. A एवं R दोनों सत्य हैं तथा R, A की सही व्याख्या करता है
B. A और R दोनों सत्य हैं परन्तु R, A की सही व्याख्या नहीं करता है
C. A सत्य है परन्तु R असत्य है
D. A असत्य है परन्तु R सत्य है

251. **कथन (A) :** भूस्थिर उपग्रह पृथ्वी के सापेक्ष स्थिर रहता है।

कारण (R) : भूस्थिर उपग्रह का परिक्रमण काल ठीक पृथ्वी की अक्षीय गति के परिक्रमण काल के बराबर होता है।

कूट :

A. A एवं R दोनों सत्य हैं तथा R, A की सही व्याख्या करता है
B. A और R दोनों सत्य हैं परन्तु R, A की सही व्याख्या नहीं करता है।
C. A सत्य है परन्तु R असत्य है।
D. A असत्य है परन्तु R सत्य है।

252. पानी में तैरना न्यूटन के किस गति नियम के कारण संभव होता है?

A. प्रथम नियम B. द्वितीय नियम
C. तृतीय नियम D. उपरोक्त सभी

253. जल में पड़ी लकड़ी तिरछी दिखाई देती है–
A. प्रकाश के ध्रुवण के कारण
B. प्रकाश के अपवर्तन के कारण
C. प्रकाश के प्रकीर्णन के कारण
D. प्रकाश के परावर्तन के कारण

254. निम्नलिखित में से किस उद्योग में हेमाटाइट का प्रयोग कच्चे पदार्थ के रूप में होता है?
A. विद्युत उद्योग B. लौह एवं इस्पात उद्योग
C. खिलौना उद्योग D. काँच एवं मृद्भांड उद्योग

255. सूर्य के अतिरिक्त पृथ्वी के सबसे निकटतम तारे से प्रकाश को पृथ्वी तक आने में लगने वाला समय होगा–
A. 4.2 सेकेण्ड B. 42 सेकेण्ड
C. 4.2 वर्ष D. 42 वर्ष

256. ऐसे क्षेत्रों में जहाँ ताप अक्सर 0°C से नीचे चला जाता है किसान अपनी फसल को नुकसान से बचाने के लिए खेतों को पानी से भर देते हैं, क्योंकि–
A. ठण्डे प्रदेशों में पानी पर्याप्त मात्रा में मिलता है
B. पानी की विशिष्ट ऊष्मा धारिता अधिक होती है
C. पानी की विशिष्ट ऊष्मा धारिता कम होती है
D. ठण्डे क्षेत्रों में मिट्टी द्वारा बहुत अधिक जल अवशोषित कर लिया जाता है

257. निम्न कथनों पर विचार कीजिए–
1. होलोग्राफी
2. चिकित्सीय सोनोग्राफी
3. शल्य क्रिया
4. नियंत्रित ताप नाभिकीय अभिक्रियाएँ

उपरोक्त में से किसमें लेजर तकनीक का प्रयोग किया जाता है–
A. 1, 2, 3 एवं 4 में B. 1, 3 एवं 4 में
C. 1 एवं 3 में D. 1, 2 एवं 3 में

258. 'अल्ट्रासाउण्ड' निम्न तकनीक पर आधारित है–
A. अति उच्च आवृत्ति की तरंगों की प्रतिध्वनियों के अभिलेखन पर
B. अति निम्न आवृत्ति की तरंगों की प्रतिध्वनियों के अभिलेखन पर
C. पराबैंगनी किरणों के अभिलेखन पर
D. न्यूक्लीय चुम्बकीय अनुनाद के अभिलेखन पर

259. फ्यूजों की अपेक्षा लघु-परिपथ-भंजक (MCB) को विद्युत परिपथों में प्राथमिकता दी जाती है क्योंकि–
A. MCB ओवरलोडिंग का वहन आग लगे बिना कर लेता है
B. फ्यूज की तुलना में MCB सस्ता होता है
C. ओवरलोड को दूर करने के बाद, लीवर दबाकर MCB को पुनः सैट किया जा सकता है
D. इनमें से कोई नहीं

260. चन्द्रमा की सतह से आकाश को देखने पर वह कैसा प्रतीत होगा–
A. हल्के नीले रंग का B. नारंगी रंग का
C. पीले रंग का D. काले रंग का

261. शुक्र ग्रह कुछ समय के लिए ही आकाश में दिखता है जबकि बृहस्पति ग्रह जब भी आकाश में दिखता है, तो सारी रात दिखाई देता है। इसका कारण है–
A. शुक्र ग्रह, बृहस्पति ग्रह से बहुत छोटा होता है
B. शुक्र ग्रह, बृहस्पति ग्रह की अपेक्षा पृथ्वी के अधिक निकट होता है
C. शुक्र ग्रह की कक्षा, पृथ्वी की कक्षा के अन्दर होती है जबकि बृहस्पति ग्रह की कक्षा, पृथ्वी की कक्षा से बाहर होती है
D. शुक्र ग्रह, बृहस्पति ग्रह की अपेक्षा कम मात्रा में सूर्य के प्रकाश को परावर्तित करता है

262. निम्न कथनों पर विचार कीजिए–
1. वायुमण्डल पृथ्वी को गुरुत्वीय बल के कारण ढके हुए हैं।
2. वायुमण्डल का घनत्व ऊँचाई बढ़ने के साथ-साथ घटता जाता है।
3. सम्पूर्ण ऊँचाई के दौरान वायुमण्डल की संरचना समान रहती है
4. समुद्री तल पर या पृथ्वी की सतह पर जितना दाब लगता है, उसे वायुमण्डलीय दाब कहते हैं

उपरोक्त कथनों में से सत्य कथन है–
A. 1 एवं 4 B. 2 एवं 4
C. 2, 3 एवं 4 D. 1, 2 एवं 4

263. निम्न कथनों पर विचार कीजिए–
1. वातावरणीय दबाव ध्रुवों पर कम होता है
2. वातावरणीय दबाव ऊँचाई के साथ घटता है
3. उच्च वातावरणीय दबाव सर्दियों में महाद्वीप के ऊपर अनुभव किया जाता है
4. रेगिस्तानों में पूरे वर्ष कम वातावरणीय दबाव अनुभव किया जाता है

उपरोक्त कथनों में से सत्य कथन है–
A. 1 तथा 3 B. 2 तथा 3
C. 1 तथा 4 D. 2 तथा 3

264. **कथन (A) :** वायुमण्डल में उच्च स्तर की परतों में निम्न स्तर की परतों की अपेक्षा ऊष्मा को अवशोषित करने की क्षमता अधिक होती है।

कारण (R) : वायुमण्डल में उच्च स्तर की पतरों में निम्न स्तर की परतों की अपेक्षा कार्बन डाइऑक्साइड की मात्रा कम होती है।

कूट :

A. A एवं R दोनों सत्य हैं तथा R, A की सही व्याख्या करता है

B. A और R दोनों सत्य हैं परन्तु R, A की सही व्याख्या नहीं करता है

C. A सत्य है परन्तु R असत्य है

D. A असत्य है परन्तु R सत्य है

265. निम्न कथनों पर विचार कीजिए--

1. मानव के लिए श्रव्य ध्वनि की आवृत्ति सीमा 20 Hz से 20,000 Hz के बीच होती है
2. अधिक उम्र के लोगों के कान उच्च आवृत्तियों के लिए अधिक संवेदी होते हैं
3. भूकम्प 20 Hz से कम आवृत्ति की ध्वनि पैदा करते हैं

उपरोक्त कथनों में से सत्य कथन है/हैं–

A. केवल 1 B. 2 और 3
C. केवल 3 D. 1 और 3

266. नीचे कुछ संस्थानों के नाम दिए गए हैं–

1. भौतिकी अनुसंधान प्रयोगशाला
2. अन्तरिक्ष अनुप्रयोग केन्द्र
3. विक्रम साराभाई अन्तरिक्ष केन्द्र

उपरोक्त संस्थानों में से कौन-सा/से अहमदाबाद में स्थित है/हैं?

A. केवल 1 B. 1 और 2
C. केवल 3 D. 2 और 3

267. शरद ऋतु में ऐसे दिन कोहरा अधिक होता है जब–

1. आकाश साफ होता है
2. आकाश में बादल होते हैं
3. तेज हवा चल रही होती है

उपरोक्त कथनों में से कौन-सा/से कथन सही है/हैं?

A. केवल 1 B. 1 और 3
C. 2 और 3 D. केवल 2

268. **कथन (A) :** प्रत्येक 18 महीने के बाद सूर्य ग्रहण लगता है।

कारण (R) : पृथ्वी से प्रेक्षित सूर्य का कोणीय व्यास चन्द्रमा के कोणीय व्यास के बराबर होता है।

कूट :

A. A एवं R दोनों सत्य हैं तथा R, A की सही व्याख्या करता है।

B. A और R दोनों सत्य हैं परन्तु R, A की सही व्याख्या नहीं करता है।

C. A सत्य है, परन्तु R असत्य है।

D. A असत्य है, परन्तु R सत्य है।

269. सूर्य का तापमान मापने वाला यंत्र है–

A. द्वि-धात्विक पत्ती तापमापी
B. प्रतिरोध तापमापी
C. गैस तापमापी
D. पाइरोमीटर

270. माइक्रोफोन में ऊर्जा का रूपान्तरण होता है–

A. ध्वनि ऊर्जा का विद्युत ऊर्जा में
B. विद्युत ऊर्जा का ध्वनि ऊर्जा में
C. यांत्रिक ऊर्जा का विद्युत ऊर्जा में
D. विद्युत ऊर्जा का यांत्रिक ऊर्जा में

271. पीसा की मीनार झुकी हुई होने के बावजूद गिरती नहीं है। इसका कारण है–

A. यह शिखर पर बंधी है
B. इसके आधार का क्षेत्रफल अधिक है
C. इसका गुरुत्व केन्द्र निम्नतम स्थिति पर है
D. मीनार के गुरुत्व केन्द्र से गुजरने वाली ऊर्ध्वाधर रेखा, इसके आधार से होकर गुजरती है।

272. यदि सूर्य में विक्षोभ उत्पन्न होता है तो निम्न घटनाओं में से कौन-सी घटना घटित होगी?

A. चुम्बकीय तूफान B. ओलावृष्टि
C. मरीचिका D. आँधी

273. दूरदर्शन का मुख्य घटक होता है–

A. एन्टीना
B. कैथोड किरण नलिका
C. वाल्व
D. स्क्रीन

274. टेलीफोन के माइक्रोफोन का डायफ्राम बना होता है–

A. कार्बन का B. लैड का
C. सिलिकन का D. माइका का

275. मौसम में परिवर्तन का कारण है–

A. पृथ्वी के अपने घूर्णन अक्ष पर झुके होने के कारण
B. पृथ्वी के परिक्रमण की चाल में परिवर्तन होने के कारण
C. सूर्य से प्राप्त ऊर्जा की मात्रा में अन्तर के कारण
D. इनमें से कोई नहीं

276. वायुमण्डल की ओजोन परत द्वारा अवशोषण होता है–

A. प्रकाश के सभी विकरणों का
B. अवरक्त किरणों का
C. पराबैंगनी किरणों का
D. कॉस्मिक किरणों का

277. विद्युत घण्टी निम्न सिद्धान्त पर कार्य करती है–

A. चुम्बकत्व पर
B. विद्युत रासायनिक अभिक्रिया पर
C. विद्युत चुम्बकीय प्रेरण पर
D. इनमें से कोई नहीं

278. गैर–परम्परागत ऊर्जा का स्रोत निम्न में से कौन है?

A. डीजल B. परमाणु ऊर्जा
C. कोयला D. प्राकृतिक गैस

279. सुमेलित कीजिए–

सूची-I	सूची-II
(*a*) टेलीविजन	1. जेम्सवाट
(*b*) टेलीफोन	2. जे.एल. बेयर्ड
(*c*) भाप का इंजन	3. ग्राहम बेल
(*d*) रॉकेट इंजन	4. विलियम स्टेनली

कूट :

	(*a*)	(*b*)	(*c*)	(*d*)
A.	1	3	2	4
B.	2	4	1	3
C.	1	4	2	3
D.	2	3	1	4

280. चन्द्रमा की सतह से निम्नलिखित घटनाओं में से कौन-सी एक घटना अवलोकित नहीं होती?

A. सूर्योदय तथा सूर्यास्त
B. सूर्य-ग्रहण
C. धूमकेतुओं की चाल
D. तारों का टिमटिमाना

281. हमारे शरीर पर वायुमण्डलीय दबाव बहुत होते हुए भी हम उसे महसूस नहीं कर पाते हैं, क्योंकि–

A. हम इसके अभ्यस्त हैं
B. हमारे शरीर की अस्थियाँ इतनी मजबूत हैं कि इस दाब को सहन कर सकती हैं
C. हमारे सिर का क्षेत्रफल बहुत कम होता है
D. हमारे शरीर में रक्त का दाब वायुमण्डलीय दाब से कुछ अधिक होता है

282. अलग-अलग धातुओं से बने जब एक-एक किलोग्राम के चार घनों (Cubes) को पानी के अन्दर तोला जाता है तो–

A. प्रत्येक घन का भार एक ही होगा
B. न्यूनतम घनत्व वाले घन का भार न्यूनतम होगा
C. न्यूनतम घनत्व वाले घन का भार अधिकतम होगा
D. इनमें से कोई नहीं

283. पायरेक्स के बने ग्लास में गर्म पानी डालने पर वह चटकता नहीं है, क्योंकि पायरेक्स–

A. मजबूत होता है
B. गर्म करने पर अधिक प्रसारित नहीं होता है
C. ऊष्मा का सुचालक होता है
D. बाहर और भीतर दोनों तरफ से समान रूप से प्रसारित होता है

284. सोलर-कुकर का ढक्कन काँच का बना होता है, क्योंकि–

A. काँच सूर्य की किरणों को कुकर के अन्दर तो जाने देता है किन्तु ऊष्मा विकिरण को बाहर नहीं निकलने देता
B. काँच पारदर्शी होता है जिससे भोजन का पकना देखा जा सकता है
C. काँच ऊष्मा विकिरणों को अवशोषित नहीं करता इसलिए ऊर्जा व्यर्थ नहीं जाती है
D. काँच ऊष्मा का सुचालक है और सस्ता भी है

285. रात्रि में रेडियो रिसेप्शन में कुछ सुधार क्यों हो जाता है?

A. रात्रि में बाहरी शोर बहुत कम हो जाता है
B. दिन की अपेक्षा रात्रि में कुछ ही रेडियो स्टेशन ब्रॉडकास्ट करते हैं
C. दिन के समय सूर्य का प्रकाश रेडियो ब्रॉडकास्ट को कुछ सीमा तक प्रभावित करता है
D. रात्रि में पृथ्वी का चुम्बकीय बल क्षेत्र कम तीव्र होने के कारण रेडियो ब्रॉडकास्ट को कम प्रभावित कर पाता है

286. पूर्ण सूर्य ग्रहण के समय सूर्य का कौन-सा भाग दिखाई देता है?

A. प्रकाश मण्डल (Photo sphere)
B. किरीट (Corona)
C. वर्णमण्डल (Chromosphere)
D. कोई भाग नहीं

287. 'मैक-संख्या' (Mach-Number) का संबंध है–

A. ध्वनि के वेग से
B. जलयान के वेग से
C. वायुयान के वेग से
D. अन्तरिक्ष यान के वेग से

288. निम्नलिखित में से कौन-सा ग्रह आंतरिक ग्रह की श्रेणी में नहीं आता?

A. बुध B. शुक्र
C. पृथ्वी D. बृहस्पति

289. डायनमो में ऊर्जा का रूपान्तरण किस प्रकार होता है?

A. वैद्युत ऊर्जा से प्रकाश ऊर्जा में
B. यांत्रिक ऊर्जा से वैद्युत ऊर्जा में
C. ध्वनि ऊर्जा से वैद्युत ऊर्जा में
D. वैद्युत ऊर्जा से यांत्रिक ऊर्जा में

290. बुनकरों द्वारा विभिन्न प्रकार के रंगीन डिजाइन देखने के लिए किस उपकरण का उपयोग किया जाता है?

A. माइक्रोस्कोप B. कैलिडोस्कोप
C. हाइग्रोस्कोप D. टेलीस्कोप

291. लघु ज्वार की उत्पत्ति के समय सूर्य, पृथ्वी तथा चन्द्रमा की स्थिति किस प्रकार की होती है?

A. सूर्य, पृथ्वी और चन्द्रमा एक सीध में होते हैं
B. चन्द्रमा और सूर्य, पृथ्वी पर समकोण बनाते हैं
C. चन्द्रमा और सूर्य, पृथ्वी पर न्यूनकोण बनाते हैं
D. चन्द्रमा और सूर्य, पृथ्वी पर अधिककोण बनाते हैं

292. दो समान्तर दर्पणों के मध्य स्थित वस्तु के कुल कितने प्रतिबिम्ब बनेंगे?

A. शून्य B. दो
C. चार D. अनन्त

293. साइबरनेटिक्स संबंधित है–
A. ब्रह्मांड के विज्ञान से B. संचार तंत्र से
C. पवन विज्ञान से D. जलवायु विज्ञान से

294. फोटो इलैक्ट्रिक सेल का कार्य है–
A. प्रकाश ऊर्जा को विद्युत ऊर्जा में बदलना
B. विद्युत ऊर्जा को प्रकाश ऊर्जा में बदलना
C. प्रकाश ऊर्जा को ध्वनि ऊर्जा में बदलना
D. ध्वनि ऊर्जा को प्रकाश ऊर्जा में बदलना

295. चुम्बकीय क्षेत्र की इकाई सी.जी.एस. पद्धति में क्या है?
A. बेक्यूरेल B. डेसीबेल
C. गॉस D. ल्यूमेन

296. सितार के बजने में ऊर्जा का रूपान्तरण होता है–
A. वैद्युत ऊर्जा का ध्वनि ऊर्जा में
B. ध्वनि ऊर्जा का वैद्युत ऊर्जा में
C. यांत्रिक ऊर्जा का ध्वनि ऊर्जा में
D. ध्वनि ऊर्जा का यांत्रिक ऊर्जा में

297. किस यंत्र द्वारा वायुयानों की गति मापी जाती है?
A. टैकोमीटर B. एनिमोमीटर
C. आल्टोमीटर D. बैरोमीटर

298. निम्नलिखित में से कौन-सी ग्रीन हाउस गैस है?
A. ऑक्सीजन B. कार्बन डाइऑक्साइड
C. ओजोन D. नाइट्रोजन

299. तरल पदार्थ का घनत्व गर्म करने पर–
A. कम हो जाता है
B. बढ़ जाता है
C. स्थिर रहता है
D. दाब के अनुसार घटता-बढ़ता है

300. दिल की धड़कन प्रारंभ करने के लिए मनुष्य के शरीर में कौन-सा यंत्र लगाया जाता है?
A. कन्वेक्टर B. एनिमोमीटर
C. पेस मेकर D. अमीटर

301. माइक्रोस्कोप द्वारा बैक्टीरिया की खोज सर्वप्रथम किसने की थी?
A. इवानोस्की B. ल्यूवेनहॉक
C. थियोफ्रेट्स D. लुइस पाश्चर

302. हीरा तथा ग्रेफाइट, निम्नलिखित में से किसमें समान हैं?
A. क्रिस्टल संरचना में B. घनत्व में
C. विद्युत चालकता में D. परमाणु भार में

303. प्रक्षेपास्त्र का विकास किसने किया?
A. वर्नहर वॉन ब्रॉन B. जे. राबर्ट ओपनहीनर
C. एडवर्ड टेलर D. सेमुएल कोहेन

304. एक व्यक्ति जिसकी लम्बाई 4.5 मीटर है, को अपना सम्पूर्ण प्रतिबिम्ब देखने के लिए समतल दर्पण की न्यूनतम लम्बाई होनी चाहिए–
A. 1.5 मीटर B. 2.25 मीटर
C. 4.5 मीटर D. 19 मीटर

305. आँख में जाने वाले प्रकाश की तीव्रता को नियंत्रित करता है–
A. पुतली B. कॉर्निया
C. परितारिका D. रेटिना

306. तापायनिक उत्सर्जन से प्राप्त होने वाले कण हैं–
A. प्रोटॉन B. इलेक्ट्रॉन
C. न्यूट्रॉन D. पोजिट्रॉन

307. मोटरगाड़ी के रेडियेटर को ठंडा करने के लिए पानी का व्यवहार किया जाता है, क्योंकि पानी–
A. का घनत्व कम होता है
B. की विशिष्ट ऊष्मा कम होती है
C. की विशिष्ट ऊष्मा अधिक होती है
D. कम ताप पर मिलता है

308. जेट वायुयान क्षोभसीमा से ऊपर उड़ना पसंद करते हैं, क्योंकि–
A. यहाँ ऊँचाई के साथ ताप पतन बंद हो जाता है
B. यहाँ बादल लगभग अनुपस्थित रहते हैं और धूल अथवा जलवाष्प बहुत कम होती है
C. यह उत्सफोटी वायु पॉकेट (Bumpy Air Pockets) से मुक्त रहता है
D. वे पृथ्वी के गुरुत्वाकर्षण से बाहर जाना चाहते हैं ताकि उनकी गति बढ़ सके

309. यदि किसी वस्तु पर प्रकाश आपतित हो तो निम्न में से कौन-सी घटनाएं घटित हो सकती हैं?
A. परावर्तन B. अवशोषण
C. अपवर्तन D. उपरोक्त सभी

310. यदि किसी व्यक्ति के चश्में की पावर 'ऋणात्मक' है तो उसके आँख में उत्पन्न दोष है–
A. दीर्घ दृष्टि दोष B. निकट दृष्टि दोष
C. जरादृष्टि दोष D. इनमें से कोई नहीं

311. गैसों के प्रतिमोल में अणुओं की संख्या को कहते हैं–
A. प्लैंक नियतांक
B. गैस नियतांक
C. वोल्ट्समैन नियतांक
D. आवोगाद्रो नियतांक

312. जब ध्वनि का संचरण होता है तो निम्नांकित का संचरण होगा?
A. आयाम का B. ऊर्जा का
C. द्रव्यमान का D. माध्यम के कण का

313. विद्युत परिपथ में स्विच हमेशा लगाए जाते हैं–
A. भूधृत तार से B. गर्म तार से
C. ठंडे तार से D. इनमें से कोई नहीं

314. क्रिकेट की गेंद पकड़ते समय खिलाड़ी हाथ को पीछे क्यों ले जाता है?

A. द्रव्यमान शून्य करने के लिए
B. गति शून्य करने के लिए
C. त्वरण शून्य करने के लिए
D. संवेग शून्य करने के लिए

315. A एवं B के मध्य तुल्य प्रतिरोध होगा–

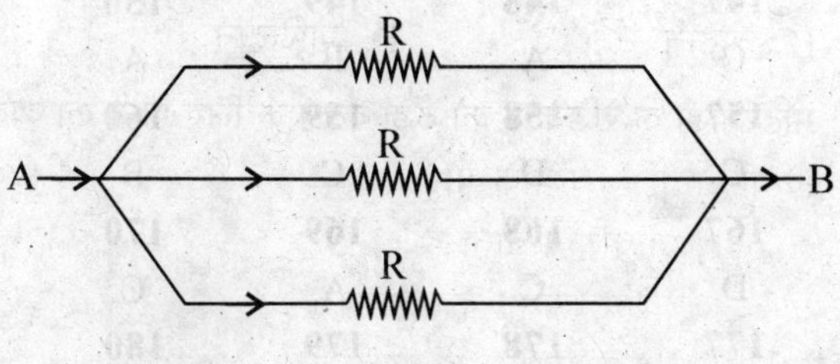

A. $\frac{R}{3}\Omega$ B. $3R\Omega$
C. $\frac{R}{4}\Omega$ D. इनमें से कोई नहीं

316. जब ताप बढ़ता है तो द्रव के पृष्ठ तनाव पर क्या प्रभाव पड़ता है?

A. पृष्ठ तनाव घट जाता है
B. पृष्ठ तनाव बढ़ जाता है
C. पृष्ठ तनाव अपरिवर्तित रहता है
D. इनमें से कोई नहीं

317. निम्नलिखित में से किसमें प्रत्यावर्ती धारा का प्रयोग नहीं किया जाता है?

A. विद्युत शक्ति संचरण के लिए
B. स्टोरेज बैटरी को चार्ज करने के लिए
C. इलेक्ट्रिक टोस्टर में
D. इलेक्ट्रिक मोटर में

318. 'इलेक्ट्रोकार्डियोग्राफ' का प्रयोग होता है–

A. विद्युत वोल्टेज मापने के लिए
B. विद्युत प्रवाह की जाँच के लिए
C. आँकड़ों की लेखा चित्रीय प्रस्तुति के लिए
D. हृदय के कार्य संचालन के परीक्षण के लिए

319. 'समान प्रकार के आवेश' एक-दूसरे को प्रतिकर्षित एवं विपरीत प्रकार के आवेश एक-दूसरे को आकर्षित करते हैं। यह नियम है–

A. कूलांब का नियम B. अल्फ्रेड का नियम
C. ओम का नियम D. न्यूटन का नियम

320. कुएँ से पानी खींचते समय रस्सी के टूट जाने से व्यक्ति पीछे की ओर क्यों गिर पड़ता है?

A. न्यूटन के प्रथम गति नियम के कारण
B. न्यूटन के द्वितीय गति नियम के कारण
C. न्यूटन के तृतीय गति नियम के कारण
D. इनमें से कोई नहीं

उत्तरमाला

1	2	3	4	5	6	7	8	9	10
B	D	A	B	A	A	A	C	A	D
11	**12**	**13**	**14**	**15**	**16**	**17**	**18**	**19**	**20**
A	D	A	A	C	A	C	C	A	A
21	**22**	**23**	**24**	**25**	**26**	**27**	**28**	**29**	**30**
C	C	C	B	B	B	A	B	A	C
31	**32**	**33**	**34**	**35**	**36**	**37**	**38**	**39**	**40**
A	C	D	B	C	A	A	C	B	B
41	**42**	**43**	**44**	**45**	**46**	**47**	**48**	**49**	**50**
B	C	C	A	C	A	A	C	A	C
51	**52**	**53**	**54**	**55**	**56**	**57**	**58**	**59**	**60**
C	D	A	C	B	B	B	A	C	B
61	**62**	**63**	**64**	**65**	**66**	**67**	**68**	**69**	**70**
A	B	A	A	B	B	B	B	B	B
71	**72**	**73**	**74**	**75**	**76**	**77**	**78**	**79**	**80**
C	B	C	A	B	A	C	B	B	B
81	**82**	**83**	**84**	**85**	**86**	**87**	**88**	**89**	**90**
A	B	B	A	C	B	C	B	D	C
91	**92**	**93**	**94**	**95**	**96**	**97**	**98**	**99**	**100**
B	C	A	C	B	C	B	C	D	B

101	102	103	104	105	106	107	108	109	110
A	A	C	A	D	A	A	C	B	A
111	**112**	**113**	**114**	**115**	**116**	**117**	**118**	**119**	**120**
C	D	D	B	B	C	C	A	C	C
121	**122**	**123**	**124**	**125**	**126**	**127**	**128**	**129**	**130**
A	B	C	C	A	B	B	D	D	B
131	**132**	**133**	**134**	**135**	**136**	**137**	**138**	**139**	**140**
A	A	C	B	D	C	A	C	B	B
141	**142**	**143**	**144**	**145**	**146**	**147**	**148**	**149**	**150**
C	C	A	A	A	A	C	A	B	A
151	**152**	**153**	**154**	**155**	**156**	**157**	**158**	**159**	**160**
C	C	B	C	D	D	C	D	C	B
161	**162**	**163**	**164**	**165**	**166**	**167**	**168**	**169**	**170**
C	C	D	A	B	D	D	C	A	C
171	**172**	**173**	**174**	**175**	**176**	**177**	**178**	**179**	**180**
D	B	A	B	B	A	B	B	C	A
181	**182**	**183**	**184**	**185**	**186**	**187**	**188**	**189**	**190**
B	D	A	B	D	D	A	B	C	B
191	**192**	**193**	**194**	**195**	**196**	**197**	**198**	**199**	**200**
B	B	B	A	B	A	A	A	B	C
201	**202**	**203**	**204**	**205**	**206**	**207**	**208**	**209**	**210**
B	C	C	B	A	C	D	B	B	C
211	**212**	**213**	**214**	**215**	**216**	**217**	**218**	**219**	**220**
C	D	B	C	A	D	A	B	C	C
221	**222**	**223**	**224**	**225**	**226**	**227**	**228**	**229**	**230**
B	A	C	A	C	B	C	B	C	A
231	**232**	**233**	**234**	**235**	**236**	**237**	**238**	**239**	**240**
A	B	A	B	A	A	B	D	D	A
241	**242**	**243**	**244**	**245**	**246**	**247**	**248**	**249**	**250**
A	C	C	B	A	C	D	A	B	A
251	**252**	**253**	**254**	**255**	**256**	**257**	**258**	**259**	**260**
A	C	B	B	C	B	B	A	C	D
261	**262**	**263**	**264**	**265**	**266**	**267**	**268**	**269**	**270**
C	D	D	D	D	C	A	D	D	A
271	**272**	**273**	**274**	**275**	**276**	**277**	**278**	**279**	**280**
D	A	B	A	A	C	A	B	D	B
281	**282**	**283**	**284**	**285**	**286**	**287**	**288**	**289**	**290**
D	B	D	A	C	B	A	D	B	B
291	**292**	**293**	**294**	**295**	**296**	**297**	**298**	**299**	**300**
B	D	B	A	C	C	A	B	A	C
301	**302**	**303**	**304**	**305**	**306**	**307**	**308**	**309**	**310**
B	D	A	B	A	B	C	C	D	B
311	**312**	**313**	**314**	**315**	**316**	**317**	**318**	**319**	**320**
D	B	B	D	B	A	B	D	A	C

——— ❖ ❖ ❖ ———

रसायन विज्ञान

1. भारी जल का अणुभार होता है–
A. 18 B. 20
C. 22 D. 18

2. सोडियम धातु बुन्सेन ज्वाला के साथ सुनहरा पीला रंग देती है, क्योंकि–
A. सोडियम अत्यधिक सक्रिय होता है
B. इसका आयनन विभव न्यून होता है
C. सोडियम पीले रंग का होता है
D. उपरोक्त सभी सत्य हैं

3. फोटोग्राफ में प्रयोग किए जाने वाले हाइपो विलयन का रासायनिक नाम है–
A. सोडियम हाइड्रॉक्साइड
B. सिल्वर ब्रोमाइड
C. सोडियम थायोसल्फेट
D. हाइड्रोजन पराक्साइड

4. सोडियम को रखा जाता है–
A. जल में B. पेट्रोल में
C. मिट्टी के तेल में D. ईथर में

5. लैसग्ने परीक्षण द्वारा निम्न तत्त्व की पहचान की जाती है–
A. सल्फर B. नाइट्रोजन
C. क्लोरीन D. उपरोक्त सभी

6. लोहा प्रचुर मात्रा में निम्न में पाया जाता है–
A. हरी सब्जियों में B. दूध में
C. रसेदार फलों में D. अण्डे में

7. एनेमिया निम्न तत्त्व की कमी से होता है–
A. कैल्सियम B. मैग्नीशियम
C. फास्फोरस D. लोहा

8. अमलगम है–
A. एक मिश्र धातु, जिसमें एल्युमीनियम होता है
B. एक मिश्र धातु जिसमें सिल्वर होता है
C. एक ठोस पदार्थ
D. एक मिश्र धातु, जिसमें पारा होता है

9. निम्न में से कौन-सी धातु सदैव मुक्त अवस्था में पाई जाती है?
A. सोना B. यूरेनियम
C. पारा D. नियॉन

10. निम्न में से कौन-सा तत्त्व सभी रंगीन यौगिक बनाता है?
A. क्रोमियम B. पोटेशियम
C. एल्युमीनियम D. सोडियम

11. सबसे हल्का तत्त्व है–
A. हाइड्रोजन B. हीलियम
C. सोडियम D. पोटेशियम

12. आतिशबाजी में चटक लाल रंग निम्न की उपस्थिति के कारण होता है–
A. सोडियम B. बेरियम
C. मैग्नीशियम D. स्ट्रांशियम

13. दियासलाई में प्रयुक्त होता है–
A. लाल फास्फोरस B. सफेद फास्फोरस
C. सोडियम D. पोटेशियम

14. युद्ध के समय प्रयोग की जाने वाली गैस ल्यूसाइट बनाई जाती है–
A. क्लोरीन से B. अमोनिया से
C. एसीटिलीन से D. नाइट्रोबेंजीन से

15. सबसे अधिक संख्या में यौगिक निम्न तत्त्व के हैं–
A. नाइट्रोजन B. हाइड्रोजन
C. कार्बन D. सल्फर

16. विस्फोट के लिए टी.एन.टी. में निम्न पदार्थ मिश्रित किया जाता है–
A. अमोनियम नाइट्राइट B. पोटेशियम नाइट्रेट
C. सोडियम क्लोराइड D. फिनॉल

17. सबसे हल्की धातु है–
A. पोटेशियम B. लीथियम
C. सोडियम D. एल्युमीनियम

18. अमोनिया में निम्न तत्त्व उपस्थित रहते हैं–
A. नाइट्रोजन एवं हाइड्रोजन.
B. हाइड्रोजन एवं ऑक्सीजन
C. सल्फर एवं क्लोरीन
D. नाइट्रोजन एवं सल्फर

19. निम्न तत्त्व सभी अम्लों में उपस्थित रहता है–
A. ऑक्सीजन B. हाइड्रोजन
C. नाइट्रोजन D. कैल्शियम

20. अस्पतालों में कृत्रिम सांस के लिए प्रयुक्त ऑक्सीजन निम्न गैसों का मिश्रण होता है–
A. ऑक्सीजन, हीलियम
B. नाइट्रोजन, आर्गन
C. ऑक्सीजन, आर्गन
D. ऑक्सीजन, कार्बन-डाइ-ऑक्साइड

21. निम्न में से सबसे भारी धातु है–
A. लीथियम B. ओसमियम
C. आयरन D. सिल्वर

22. प्याज–लहसुन में गंध निम्न तत्त्व के कारण आती है–
A. सोडियम B. पोटेशियम
C. क्लोरीन D. लीथियम

23. पीतल में होता है–
A. तांबा एवं जस्ता B. तांबा एवं लोहा
C. सोना एवं पारा D. सोना एवं तांबा

24. जर्मन-सिल्वर में निम्नलिखित का मिश्रण पाया जाता है–
A. जस्ता एवं निकिल
B. जस्ता एवं लोहा
C. सिल्वर एवं निकिल
D. एल्युमीनियम एवं निकिल

25. निम्नलिखित में से सबसे अधिक विद्युत ऋणात्मक तत्त्व है–
A. सोडियम B. लीथियम
C. ऑक्सीजन D. फ्लोरीन

26. निम्न में से किस धातु का प्रयोग मानव द्वारा सबसे पहले किया गया?
A. लोहा B. तांबा
C. चाँदी D. सोना

27. समुद्री घास में निम्न तत्त्व पाया जाता है–
A. सल्फर B. ब्रोमीन
C. आयोडीन D. पोटेशियम

28. वह गुण जिसके कारण एक ही तत्त्व कई रूपों में पाया जाता है कहलाता है–
A. बहुलीकरण B. अपरूपता
C. समभारिक D. समस्थानिक

29. अक्रिय गैसों (Inert Gases) की खोज की थी–
A. प्रीस्टले ने B. शीले ने
C. कैवेंडिस ने D. रेमजे ने

30. वायु उदाहरण है–
A. तत्त्व का B. यौगिक का
C. मिश्रण का D. उपरोक्त सभी का

31. क्लोरीन है–
A. हैलोजन B. अक्रिय गैस
C. सफेद ठोस D. मिश्र धातु

32. परमाणवीय द्रव्यमान मात्रक (Atomic mass unit) बराबर होता है–
A. 2×10^{-9} ग्राम B. 5×10^{-20} ग्राम
C. 1.7×10^{-24} ग्राम D. 10^{-4} ग्राम

33. क्लोरीन गैस को शुष्क किया जाता है–
A. कैल्शियम ऑक्साइड में
B. मैग्नीशियम सल्फेट में
C. सान्द्र सल्फ्यूरिक अम्ल में
D. इनमें से कोई नहीं

34. जल उदाहरण है–
A. यौगिक का B. तत्त्व का
C. मिश्रण का D. उपरोक्त सभी का

35. एक गैसीय मिश्रण में ऑक्सीजन तथा नाइट्रोजन भार के अनुपात में 1 : 4 है। मिश्रण में उनके अणुओं की संख्या का अनुपात क्या होगा?
A. 7 : 16 B. 1 : 4
C. 7 : 32 D. 7 : 8

36. तनु HCl के साथ गर्म करने पर निम्नलिखित में से कौन-सा तत्त्व H_2 गैस उत्पन्न नहीं करेगा?
A. Ca B. Cu
C. Mg D. Zn

37. गुणित अनुपात नियम की पुष्टि निम्न में से किनके द्वारा नहीं होती?
A. H_2O और H_2O_2 B. NaCl और $BaCl_2$
C. CO और CO_2 D. $SnCl_2$ और $SnCl_4$

38. निम्न रासायनिक अभिक्रिया में HCl का तुल्यांकी भार किसके समान होगा?

$$4HCl + O_2 \longrightarrow 2H_2O + 2Cl_2$$

A. उसके अणुभार के
B. उसके अणुभार का आधा
C. उसके अणुभार का दुगुना
D. उसके अणुभार का चार गुना

39. जो हीरा आभूषणों में प्रयोग किया जाता है, वह वास्तव में है–
A. एक यौगिक
B. एक धातु
C. यौगिकों का एक मिश्रण
D. एक तत्त्व

40. सामान्य ताप एवं दाब पर 44 ग्राम कार्बन डाइऑक्साइड में होता है–
A. 6.02×10^{23} अणु B. 6.02×10^{24} अणु
C. 3.01×10^{22} अणु D. 3.01×10^{23} अणु

41. निम्न में से कौन-सा कथन गलत है?
A. जल अपने घटकों में अलग किया जा सकता है
B. जल अपने घटकों में अलग नहीं किया जा सकता है
C. मानक वायुमण्डलीय दाब पर जल 0°C का निश्चित क्वथनांक रखता है
D. इनमें से कोई नहीं

42. यूरिया में कौन-से तत्त्व होते हैं?
A. C, H एवं O B. C, N एवं O
C. C, N एवं H D. C, O, N एवं H

43. सबसे अधिक भारी होगा–
A. जल के अणुओं का एक मोल
B. अमोनिया के अणुओं का एक मोल
C. सोडियम के परमाणुओं का एक मोल
D. हाइड्रोजन के अणुओं का एक मोल

44. निम्न में से कौन-सा कथन सत्य है?
A. मिश्रण का एक निश्चित गलनांक और क्वथनांक नहीं होता है
B. मिश्रण का एक निश्चित गलनांक और क्वथनांक होता है
C. मिश्रण का गलनांक निश्चित होता है लेकिन क्वथनांक निश्चित नहीं होता है
D. मिश्रण का क्वथनांक निश्चित होता है लेकिन गलनांक निश्चित नहीं होता है

45. मिश्रण का निर्माण एक–
A. रासायनिक परिवर्तन है
B. भौतिक परिवर्तन है
C. रासायनिक एवं भौतिक परिवर्तन दोनों है
D. जैव परिवर्तन है

46. पेट्रोलियम और केरोसीन निम्न में से किसका उदाहरण हैं?
A. तत्त्वों के B. यौगिकों के
C. मिश्रण के D. यौगिक एवं मिश्रण के

47. गन-पाउडर निम्नलिखित का मिश्रण होता है–
A. पोटेशियम नाइट्रेट और सल्फर का
B. सल्फर और चारकोल का
C. पोटेशियम नाइट्रेट, चारकोल और ऑक्सीजन का
D. पोटेशियम नाइट्रेट, सल्फर और चारकोल का

48. निम्नलिखित कथनों में से कौन-सा कथन सत्य है?
A. तत्त्वों को कृत्रिम रूप से बनाना सम्भव है
B. एक तत्त्व के सभी परमाणु समान परमाणु संख्या रखते हैं
C. A और B दोनों सत्य हैं
D. A और B दोनों असत्य हैं

49. ब्लीचिंग पाउडर में निम्न तत्त्व पाया जाता है?
A. Ca तथा Cl B. O
C. Ca, Cl तथा O D. Cl तथा O

50. एक मोल का अर्थ है–
A. तत्त्व के 6.023×10^{-23} परमाणु
B. तत्त्व के 6.023×10^{23} परमाणु
C. तत्त्व के 1.6×10^{-19} परमाणु
D. इनमें से कोई नहीं

51. परमाणु के धन आवेश वाले कण का क्या नाम है?
A. इलेक्ट्रॉन B. न्यूट्रॉन
C. प्रोटॉन D. प्रोटॉन एवं इलेक्ट्रॉन

52. ऑक्सीजन का परमाणु भार 16 है। गन्धक (सल्फर) का परमाणु ऑक्सीजन के परमाणु से दोगुना भारी हैं। गन्धक का परमाणु भार क्या होगा?
A. 32 B. 8
C. 64 D. इनमें से कोई नहीं

53. किसी तत्त्व का परमाणु संख्या 11 और द्रव्यमान संख्या 23 है। इस परमाणु के नाभिक में न्यूट्रॉन की संख्या कितनी होगी?
A. 34 B. 23
C. 12 D. 11

54. इलेक्ट्रॉन पर कौन-सा आवेश होता है?
A. धन आवेश
B. ऋण आवेश
C. कोई आवेश नहीं होता
D. इनमें से कोई नहीं

55. हाइड्रोजन के एक अणु में कितने परमाणु होते हैं?
A. दो B. तीन
C. एक D. चार

56. किसी परमाणु में कुल इलेक्ट्रॉनों की संख्या 7 है तथा नाभिक में न्यूट्रॉनों की संख्या 7 है। इस परमाणु की द्रव्यमान संख्या का मान होगा–
A. 21 B. शून्य
C. 7 D. 14

57. किसी तत्त्व का परमाणु संख्या (Atomic Number) प्रदर्शित करता है–
A. नाभिक में उपस्थित प्रोटॉन की संख्या को
B. नाभिक में उपस्थित न्यूट्रॉन की संख्या को
C. तत्त्व के परमाणु भार को
D. तत्त्व की संयोजकता को

58. न्यूट्रॉन तथा प्रोटॉन की संख्याओं के योगफल को क्या कहते हैं?
A. क्वान्टम संख्या B. परमाणु संख्या
C. द्रव्यमान संख्या D. इनमें से कोई नहीं

59. परमाणु होता है–
A. द्रव्य का सूक्ष्मतम कण
B. द्रव्य का अविभाज्य कण
C. द्रव्य का वह सूक्ष्मतम कण जो स्वतंत्र अवस्था में रह सकता है
D. द्रव्य का वह सूक्ष्मतम कण जो रासायनिक क्रिया में भाग ले सकता है

60. परमाणु मुख्य रूप से बना होता है–
A. केवल इलेक्ट्रॉन का
B. केवल प्रोटॉन का
C. केवल न्यूट्रॉन का
D. इलेक्ट्रॉन, प्रोटॉन एवं न्यूट्रॉन का

61. प्रोटॉन की भेदन क्षमता होती है–
A. इलेक्ट्रॉन से अधिक
B. इलेक्ट्रॉन से कम
C. न्यूट्रॉन से अधिक
D. इनमें से कोई नहीं

62. रदरफोर्ड ने α-कण के प्रयोग से सर्वप्रथम दिखाया कि परमाणु में होता है–

A. इलेक्ट्रॉन B. प्रोटॉन
C. नाभिक D. न्यूट्रॉन

63. उदासीन परमाणु का धनायन तब उत्पन्न होता है जब उससे उत्सर्जित होते हैं–

A. न्यूट्रॉन B. पॉजीट्रॉन
C. इलेक्ट्रॉन D. प्रोटॉन

64. न्यूट्रॉन पर होता है–

A. ऋणावेश
B. कोई आवेश नहीं
C. धनावेश
D. कभी धनावेश, कभी ऋणावेश

65. दो परमाणुओं की द्रव्यमान संख्याएं समान हों परन्तु परमाणु संख्याएं भिन्न हों तो ऐसे दो परमाणुओं को कहा जाता है–

A. समावयवी B. समभारिक
C. समस्थानिक D. समविन्यासी

66. किसी परमाणु में इलेक्ट्रॉन–

A. वृत्तीय कक्षा में नाभिक का चक्कर लगाते हैं
B. वृत्तीय एवं अंडाकार कक्षा में नाभिक का चक्कर लगाते हैं
C. नाभिक के चारों ओर विखण्डित वातावरण की रचना करते हैं
D. इनमें से कोई नहीं

67. कौन-सा कथन असत्य है?

A. एक परमाणु के किन्हीं दो इलेक्ट्रॉनों की चारों क्वान्टम संख्या के मान समान होंगे
B. एक परमाणु में इलेक्ट्रॉनों की संख्या ऑर्बिटलों की संख्या के बराबर होगी
C. चक्रण क्वान्टम संख्या दो संभावित चक्रण की दिशा के संगत होगी
D. एक इलेक्ट्रॉन का संवेग एवं स्थिति का ज्ञान एक साथ होना असम्भव है

68. चुम्बकीय क्वाण्टम संख्या प्रकट करती है–

A. कक्षकों का आकार
B. नाभिकीय स्थायित्व
C. कक्षकों के स्थान में अभिविन्यास
D. इनमें से कोई नहीं

69. "एक परमाणु में दो इलेक्ट्रॉनों की चारों क्वाण्टम संख्याएं समान नहीं हो सकतीं।" यह नियम किस वैज्ञानिक से संबंधित है?

A. हुण्ड B. पाउली
C. फैराडे D. आरहेनियम

70. इलेक्ट्रॉन पर स्थित आवेश की राशि है–

A. 1.6×10^{-19} कूलॉम
B. 1.6×10^{-9} कूलॉम
C. 1.6×10^{-15} कूलॉम
D. 1.6×10^{-18} कूलॉम

71. किसी इलेक्ट्रॉन की स्थिति और ऊर्जा ज्ञात की जाती है–

A. द्वितीयक क्वाण्टम संख्या द्वारा
B. मुख्य क्वाण्टम संख्या द्वारा
C. चक्रण क्वाण्टम संख्या द्वारा
D. चुम्बकीय क्वाण्टम संख्या द्वारा

72. निम्न में से कौन-सा तथ्य सत्य है?

A. तुल्यांकी भार = परमाणु भार × संयोजकता
B. परमाणु भार = तुल्यांकी भार × संयोजकता
C. संयोजकता = तुल्यांकी भार × परमाणु भार
D. इनमें से कोई नहीं

73. $_{20}Ca^{40}$ में विद्यमान है–

A. 60 नाभिकीय कण B. 40 इलेक्ट्रॉन
C. 40 प्रोटॉन D. 20 न्यूट्रॉन

74. निम्नलिखित में से किस तत्त्व का परमाणु क्रमांक एवं परमाणु भार समान होता है?

A. ऑक्सीजन B. लीथियम
C. क्लोरीन D. हाइड्रोजन

75. आइसोटोन में होता है–

A. समान संख्या में प्रोट्रॉन
B. समान संख्या में न्यूक्लिऑन
C. समान संख्या में न्यूट्रॉन
D. इनमें से कोई नहीं

76. किसी परमाणु का गुण निर्भर करता है–

A. प्रोटॉनों की संख्या पर
B. परमाणु भार पर
C. न्यूट्रॉनों की संख्या पर
D. इलेक्ट्रॉनिक संरचना पर

77. विभिन्न ऊर्जा स्तरों में या कक्षाओं में परमाणु के इलेक्ट्रॉनों के वितरण को कहते हैं–

A. कक्षीय संख्या
B. क्वाण्टम संख्या
C. इलेक्ट्रॉनिक विन्यास
D. इनमें से कोई नहीं

78. सुमेलित कीजिए–

सूची-I	सूची-II
(*a*) मेण्डलीफ	1. न्यूट्रॉन की खोज
(*b*) मैडम क्यूरी	2. प्रोटॉन की खोज
(*c*) रदरफोर्ड	3. रेडियोएक्टिवता
(*d*) चैडविक	4. आवर्त सारणी

कूट :

	(a)	(b)	(c)	(d)
A.	1	2	3	4
B.	4	3	2	1
C.	4	3	1	2
D.	2	3	4	1

79. "$^{22}_{11}Na$" में है–

A. 22 प्रोट्रॉन B. 11 न्यूट्रॉन

C. 22 न्यूट्रॉन D. इनमें से कोई नहीं

80. किसी रासायनिक तत्त्व जिसका परमाणु क्रमांक 14 है, से संबंधित निम्नलिखित कथनों पर विचार कीजिए–

1. यह रासायनिक तत्त्वों की आवर्त सारणी के दूसरे आवर्त में है।
2. यह इकाई ऋणात्मक आवेश के साथ ऋणायन बनाती है।

उपरोक्त कथनों में से कौन-सा/से कथन सही है/हैं?

A. केवल 1 B. केवल 2

C. 1 एवं 2 दोनों D. इनमें से कोई नहीं

81. बोर मॉडल व्याख्या करता है–

A. केवल हाइड्रोजन परमाणु का स्पेक्ट्रम

B. केवल उस परमाणु या आयन का स्पेक्ट्रम, जो एक इलेक्ट्रॉन रखता है

C. हाइड्रोजन अणु का स्पेक्ट्रम

D. इनमें से कोई नहीं

82. निम्न में से कौन समभारिक हैं?

A. $_2He^3$ एवं $_2H_2^{\ 4}$

B. $_{12}Mg^{24}$ एवं $_{12}Mg^{25}$

C. $_{19}K^{40}$ एवं $_{19}K^{40}$

D. $_{19}K^{40}$ एवं $_{18}K^{40}$

83. बोर का परमाणु मॉडल आधारित है–

A. डॉल्टन के परमाणु सिद्धांत पर

B. क्वान्टम सिद्धांत पर

C. वैद्युत अपघटन पर

D. द्रव्य अनुपाती क्रिया के नियम पर

84. जब कोई इलेक्ट्रॉन L-कोश से K-कोश में प्रवेश करता है तो–

A. ऊर्जा अवशोषित होती है

B. ऊर्जा मुक्त होती है

C. ऊर्जा न तो मुक्त होती है और न ही अवशोषित होती है

D. इनमें से कोई नहीं

85. **कथन (A) :** क्रिस्टलीय सतहों में, इलेक्ट्रॉन पुंज का विवर्तन हो जाता है।

कारण (R) : इलेक्ट्रॉन की प्रकृति द्वैत प्रकार की होती है अर्थात् वे कण एवं तरंग दोनों की तरह व्यवहार करते हैं।

कूट :

A. A एवं R दोनों सत्य हैं तथा R, A की सही व्याख्या करता है

B. A और R दोनों सत्य हैं परन्तु R, A की सही व्याख्या नहीं करता है।

C. A सत्य है परन्तु R असत्य है।

D. A असत्य है परन्तु R सत्य है।

86. यदि किसी रासायनिक तत्त्व की परमाणु संख्या 20 है तो उसे आवर्त सारणी के किस आवर्त में रखा जाएगा?

A. 2 B. 3

C. 4 D. 5

87. कोई इलेक्ट्रॉन जब उच्च कक्षक से निम्न कक्षक में जाता है तो–

A. ऊर्जा का उत्सर्जन होता है

B. परमाणु का आकार छोटा हो जाता है

C. ऊर्जा का अवशोषण होता है

D. इनमें से कोई नहीं

88. निम्न कथनों पर विचार कीजिए–

1. समान तत्त्व के ऐसे परमाणु जिनकी परमाणु संख्या समान किन्तु द्रव्यमान संख्या भिन्न-भिन्न होती है, समस्थानिक कहलाते हैं।
2. भिन्न-भिन्न तत्त्वों के ऐसे परमाणु जिनकी परमाणु संख्या असमान परन्तु द्रव्यमान संख्या समान होती है, समभारिक कहलाते हैं।
3. भिन्न-भिन्न तत्त्वों के ऐसे परमाणु जिनमें न्यूट्रॉनों की संख्या समान होती है, सम-न्यूट्रॉनिक कहलाते हैं।

उपरोक्त कथनों में से कौन–सा/से कथन सही है/हैं?

A. केवल 1 B. केवल 2

C. 1, 2 एवं 3 D. 2 एवं 3

89. यदि किसी परमाणु के M-कोश में 7 इलेक्ट्रॉन हैं तथा उनके नाभिक में 18 न्यूट्रॉन हैं तो उसकी द्रव्यमान संख्या क्या होगी?

A. 25 B. 27

C. 35 D. 43

90. रदरफोर्ड का α-कणों के प्रकीर्णन वाला प्रयोग यह सिद्ध करता है कि नाभिक–

1. में भारी कण होते हैं।
2. धनावेशित होता है।
3. अत्यन्त स्थायी होता है।

उपरोक्त कथनों में से कौन-सा/से कथन सही है/हैं?

A. 1, 2 और 3 B. 1 और 2

C. 2 और 3 D. 1 और 3

91. किसी आवर्त में निम्न में से किसका आयनन विभव सबसे अधिक होता है?

A. क्षारीय धातुओं का B. क्षारीय मृदा धातुओं का

C. संक्रमण धातुओं का D. निष्क्रिय गैसों का

92. सभी धातुओं के नाइट्रेट होते हैं–
A. रंगीन B. अस्थायी
C. जल में अविलेय D. जल में विलेय

93. मैण्डलीफ की आवर्त सारणी में आवर्तों की संख्या होती है–
A. 9 B. 7
C. 8 D. 10

94. आवर्त सारणी में एक ही समूह के तत्त्वों का अभिलाक्षणिक गुण होता है–
A. आयनन विभव
B. विद्युत ऋणात्मकता
C. बाहरी कोशों में इलेक्ट्रॉनों की संख्या
D. आयनन ऊर्जा

95. निम्न तत्त्वों में से कौन-सा तत्त्व अक्रिय है?
A. Li B. Na
C. Fe D. Ne

96. मैण्डलीफ का आवर्त नियम है–
A. तत्त्व के भौतिक तथा रासायनिक गुण अपने परमाणु भार के आवर्तनीय फलन होते हैं
B. तत्त्व के भौतिक तथा रासायनिक गुण उस तत्त्व की परमाणु संख्या के आवर्तनीय फलन होते हैं
C. तत्त्व के भौतिक तथा रासायनिक गुण उस तत्त्व के इलेक्ट्रॉन पर निर्भर करते हैं
D. इनमें से कोई नहीं

97. निम्नलिखित में से किस रूप में हीरा एवं ग्रेफाइट समान होते हैं?
A. क्रिस्टलीय संरचना B. घनत्व
C. विद्युत चालकता D. आपेक्षिक परमाणु संहति

98. तत्त्वों का आयनन विभव आवर्त सारणी के वर्ग में–
A. परमाणु आकार के साथ बढ़ता है
B. परमाणु आकार के साथ घटता है
C. स्थिर रहता है
D. अनियमित रूप से बदलता है

99. ''यदि तत्त्वों को बढ़ते परमाणु भारों के क्रम से लिखा जाय तो हर आठवाँ तत्त्व अपने से पहले तत्त्व के समान गुणों वाला होगा।'' यह नियम है–
A. मैण्डलीफ का B. डयूमा का
C. न्यूलैण्डस का D. रैम्जे का

100. आवर्त सारणी में तत्त्वों को एक ही समूह में इसलिए रखा जाता है कि–
A. उनके गुण आपस में मिलते हैं
B. उनकी एक ही परमाणु संख्या होती है
C. उनका एक समान परमाणु भार होता है
D. उनमें न्यूट्रॉनों की संख्या समान होती है

101. निम्न में से कौन-सा युग्म आवर्त सारणी के एक ही आवर्त में रखा गया है–
A. Na, Ca B. Na, Cl
C. Ca, Cl D. Cl, Br

102. लेड के अयस्क का नाम है–
A. सीडेराइट B. स्फेलेराइट
C. गैलेना D. हेमाटाइट

103. किसी तत्त्व की इलेक्ट्रॉन बन्धुता प्रकट करती है–
A. उत्पन्न ऊर्जा
B. अवशोषित ऊर्जा
C. A और B दोनों
D. इसका ऊर्जा से कोई संबंध नहीं है

104. आवर्त सारणी के फ्लुओरीन समूह में ऊपर से नीचे की ओर–
A. आयनिक क्रियाओं में वृद्धि होती है
B. विद्युत ऋणात्मकता में वृद्धि होती है
C. आयनन विभव में वृद्धि होती है
D. सक्रियता में वृद्धि होती है

105. निम्नलिखित में से किसमें धनायन बनाने की प्रवृत्ति सर्वाधिक होती है?
A. Cl B. Br
C. I D. O

106. तत्त्वों का वर्गीकरण सर्वप्रथम किया था–
A. मेयर ने B. न्यूलैंड्स ने
C. मैण्डलीफ ने D. डोवेराइनर ने

107. आवर्त सारणी के छठे आवर्त तथा तीसरे समूह में 14 तत्त्व रखे गए हैं। ये कहलाते हैं–
A. क्षारीय मृदा धातु B. दुर्लभ मृदा धातु
C. अक्रिय गैसें D. इनमें से कोई नहीं

108. आवर्त सारणी में लम्बवत् खाने कहलाते हैं–
A. कक्ष B. उपकक्ष
C. आवर्त D. समूह

109. अक्रिय गैसें–
A. आवर्त सारणी के एक समूह में होती हैं
B. समान परमाणु संख्या वाली होती है
C. आवर्त सारणी के एक ही आवर्त में रहती हैं
D. इनमें से कोई नहीं

110. निम्नलिखित में से किसने अष्टक नियम का प्रतिपादन किया था?
A. डोवेराइनर ने B. न्यूलैण्ड्स ने
C. मेयर ने D. मेण्डलीफ ने

111. मेण्डलीफ का आवर्त नियम किस पर आधारित है?
A. परमाणु संख्या पर B. परमाणु भार पर
C. न्यूट्रॉनों की संख्या पर D. इनमें से कोई नहीं

112. आवर्त सारणी में प्रत्येक आवर्त का पहला तत्त्व रखता है–
A. बाहरी कक्षा में एक इलेक्ट्रॉन
B. सबसे बाहरी कक्षा में दो इलेक्ट्रॉन
C. सबसे बाहरी कक्षा में एक s-इलेक्ट्रॉन
D. सबसे बाहरी कक्षा में एक p-इलेक्ट्रॉन

113. आधुनिक आवर्त सारणी तत्त्वों के परमाणु क्रमांक पर आधारित है। वह प्रयोग जिसने परमाणु क्रमांक के महत्त्व को बताया–
A. मिलिकन का ऑयल ड्रॉप प्रयोग
B. ब्रैग्स का एक्स-रेडिफ्रेक्शन
C. मोसले का एक्स-रे स्पैक्ट्रा
D. इनमें से कोई नहीं

114. 10, 18, 36, 54 और 86 परमाणु क्रमांक वाले तत्त्व होते हैं–
A. हल्की धातुएं B. हैलोजन
C. अक्रिय गैसें D. क्षारीय धातुएं

115. ऐसा तत्त्व जिसका परमाणु क्रमांक 20 है उसको आवर्त सारणी के किस आवर्त में रखा जाएगा?
A. 4 B. 3
C. 2 D. 1

116. निम्नलिखित में से किस तत्त्व में इलेक्ट्रॉन त्यागने की प्रवृत्ति सबसे अधिक होती है?
A. F B. S
C. Fe D. Be

117. वैद्युत ऋणात्मकता द्वारा परमाणु की किस क्षमता का मापन किया जाता है?
A. इलेक्ट्रॉनों का आकर्षण
B. प्रोटॉनों का आकर्षण
C. इलेक्ट्रॉनों का प्रतिकर्षण
D. प्रोटॉनों का प्रतिकर्षण

118. निम्नलिखित में से कौन-सा कथन सत्य नहीं है?
A. वैद्युत ऋणात्मकता आयनन ऊर्जा से संबंधित है
B. वैद्युत ऋणात्मकता इलेक्ट्रॉन बंधुता से संबंधित है
C. वैद्युत ऋणात्मकता परमाणु द्वारा इलेक्ट्रॉन को आकर्षित करने की क्षमता है
D. वैद्युत ऋणात्मकता परमाणु द्वारा इलेक्ट्रॉन को प्रतिकर्षित करने की शक्ति है

119. निम्नलिखित में से किस तत्त्व का क्वथनांक और गलनांक सबसे कम होता है?
A. हाइड्रोजन B. हीलियम
C. निऑन D. इनमें से कोई नहीं

120. हैलोजनों की क्रियाशीलता का बढ़ता हुआ क्रम है–
A. I, Br, Cl, F B. F, Cl, Br, I
C. I, Cl, Br, F D. F, Br, Cl, I

121. निम्नलिखित में से किस गैस को नोबल गैस कहा जाता है?
A. नाइट्रोजन B. हाइड्रोजन
C. हीलियम D. ऑक्सीजन

122. अम्ल वे पदार्थ होते हैं, जो–
A. जलीय विलयन में हाइड्रोनियम (Hydronium) आयन बनाते हैं
B. जलीय विलयन में हाइड्रॉक्सिल आयन देते हैं
C. जलीय विलयन में हाइड्रोजन गैस बनाते हैं
D. जलीय विलयन में हाइड्रोनियम आयन नहीं बनाते हैं

123. फॉस्फोरस पेन्टाऑक्साइड (P_2O_5) में फॉस्फोरस की संयोजकता क्या होगी जबकि ऑक्सीजन की संयोजकता 2 है?
A. 1 B. 3
C. 2 D. 5

124. यदि ऑक्सीजन की संयोजकता 2 है तो Al_2O_3 में एल्युमीनियम की संयोजकता कितनी होगी?
A. 1 B. 3
C. 2 D. 4

125. निम्नलिखित में से कौन-सा कथन सत्य है?
A. शुद्ध पदार्थ एक ही प्रकार के अणुओं से बने होते हैं
B. शुद्ध पदार्थ विभिन्न प्रकार के अणुओं से बने होते हैं
C. चीनी एक शुद्ध पदार्थ है
D. मोमबत्ती का जलना रासायनिक परिवर्तन है

126. ऑक्सीजन का आण्विक सूत्र है–
A. O_3 B. O_2
C. O D. O_6

127. यदि फॉस्फोरस की संयोजकता (Valency) 3 तथा ऑक्सीजन की संयोजकता 2 है तो फॉस्फोरस के ऑक्साइड का रासायनिक सूत्र होगा–
A. P_2O_5 B. P_3O_2
C. P_2O_3 D. PO_3

128. निम्नलिखित में से किस यौगिक में वैद्युत संयोजन बंध है?
A. O_2 B. CCl_4
C. $CHCl_3$ D. NaBr

129. सह-संयोजकता में–
A. इलेक्ट्रॉन का स्थानान्तरण होता है
B. इलेक्ट्रॉन की बराबर की साझेदारी होती है
C. एक परमाणु के इलेक्ट्रॉनों की दो परमाणुओं के मध्य साझेदारी होती है
D. इनमें से कोई नहीं

130. ऐसे अकार्बनिक यौगिक जो वियोजन पर आयन देते हैं, उनमें होता है–
A. उप-सहसंयोजक बंध B. सह-संयोजक बंध
C. वैद्युत संयोजक बंध D. हाइड्रोजन बंध

131. वैद्युत संयोजक यौगिकों में–

A. इलेक्ट्रॉन एक परमाणु से दूसरे परमाणु में स्थानान्तरित हो जाते हैं

B. विद्युत आवेशित अणु उपस्थित रहते हैं

C. उदासीन परमाणु होते हैं

D. एक समान संयोजकता के परमाणु होते हैं

132. अधात्विक तत्त्वों के मध्य बंध में अधिकतम सह-संयोजक लक्षण पाया जाता है–

A. समान साइज के परमाणुओं के मध्य

B. बहुत अधिक ऋणात्मक वैद्युता में अन्तर वाले परमाणुओं के मध्य

C. रासायनिक रूप से समान परमाणुओं के मध्य

D. इनमें से कोई नहीं

133. किसी तत्त्व की संयोजकता होती है–

A. उसके परमाणु की बाहरी कक्षा में इलेक्ट्रॉनों की संख्या

B. उसके परमाणु के अन्तिम कक्षा में अष्टक होने के लिए आवश्यक इलेक्ट्रॉनों की संख्या

C. उसके परमाणु में कुल कोशों की संख्या

D. उसके परमाणु के अन्तिम से पहली कक्षा में इलेक्ट्रॉनों की संख्या

134. अमोनियम क्लोराइड में उपस्थित बंध होता है–

A. केवल सह-संयोजक

B. केवल आयनिक

C. आयनिक, सह-संयोजक तथा उप-संयोजक

D. केवल सह-संयोजक तथा उप-संयोजक

135. एक तत्त्व द्वि-संयोजक धनायन बनाएगा–

A. एक इलेक्ट्रॉन पृथक करके

B. दो इलेक्ट्रॉन ग्रहण करके

C. एक इलेक्ट्रॉन ग्रहण करके

D. दो इलेक्ट्रॉन ग्रहण करके

136. वैद्युत संयोजक यौगिक बनता है–

A. विद्युत आवेशित अणुओं से

B. उदासीन अणुओं से

C. उदासीन परमाणुओं से

D. विद्युत आवेशित परमाणुओं या परमाणु समूहों से

137. π-बंध किसके अतिव्यापन से बनता है?

A. s-s कक्षकों के अंतर नाभिक अक्ष पर

B. s-p कक्षकों के अक्ष के लम्ब रूप में

C. p-p कक्षकों के अक्ष पर

D. p-p कक्षकों के अक्षों के लंब रूप में

138. CCl_4 एवं CaH_2 में बंधों की प्रकृति होती है–

A. CCl_4 में सह संयोजक तथा CaH_2 में वैद्युत संयोजक

B. CCl_4 तथा CaH_2 दोनों में सहसंयोजक

C. CCl_4 तथा CaH_2 दोनों में वैद्युत संयोजक

D. CCl_4 में वैद्युत संयोजक तथा CaH_2 में सहसंयोजक

139. बर्फ के क्रिस्टल में जल के अणु बंधे हुए रहते हैं–

A. आयनिक बंधों के द्वारा

B. धात्विक बंधों के द्वारा

C. सह-संयोजक बंधों के द्वारा

D. हाइड्रोजन बंधों के द्वारा

140. निम्नलिखित में से कौन-सा यौगिक जल में पूर्णतया आयनित हो जाता है?

A. ऐल्कोहल B. पोटेशियम क्लोराइड

C. ऐसीटिक अम्ल D. शक्कर

141. सल्फ्यूरिक अम्ल में सल्फर की संयोजकता होती है–

A. 6 B. 4

C. 2 D. 8

142. निम्न में से किसमें दो सह-संयोजक बंधों के बीच का कोण सबसे बड़ा होता है?

A. CO_2 B. CH_4

C. NH_3 D. H_2O

143. किसी ठोस विद्युत अपघट्य को जल में मिलाने पर होता है–

A. कोई क्रिया नहीं

B. आयनों के मध्य आकर्षण बल में कमी

C. आयनों के मध्य आकर्षण बल में वृद्धि

D. इनमें से कोई नहीं

144. निम्न में से किसका आयनन द्वि-संयोजी होता है–

A. पोटेशियम फेरो सायनाइड

B. पोटेशियम सायनाइड

C. A और B दोनों

D. इनमें से कोई नहीं

145. निम्नलिखित में से किस अणु पर अष्टक नियम लागू नहीं होता है?

A. CO_2 B. H_2O

C. O_3 D. CO

146. किसी विद्युत संयोजक बंध को बनाने के लिए दो परमाणुओं की विद्युत ऋणात्मकता के मानों में अन्तर होना चाहिए–

A. 1.7 से कम

B. 1.9 के बराबर

C. 1.7 के बराबर या अधिक

D. 1.9 से कम

147. जल का सबसे शुद्ध रूप है–

A. झरने का जल B. कुएं का जल

C. वर्षा का जल D. पृष्ठ जल

148. निम्न में से कौन-सा कथन सत्य है?

A. जल का क्वथनांक वायुमण्डलीय दाब पर निर्भर करता है

B. जल का क्वथनांक हमेशा 100°C होता है

C. जल का क्वथनांक बर्तन के पदार्थ पर निर्भर करता है

D. जल का क्वथनांक आपेक्षिक आर्द्रता पर निर्भर करता है

149. यदि तत्त्व 'X' जो कि प्रबल विद्युत धनात्मक है और तत्त्व 'Y' जो कि प्रबल विद्युत ऋणात्मक है, मिल कर एक यौगिक बनाते हैं तो यह यौगिक हो सकता है–

A. X^+Y^- B. XY

C. X^-Y^+ D. $X \rightarrow Y$

150. निम्नलिखित में से कौन-सा यौगिक वैद्युत संयोजक बंध रखता है?

A. O_2 B. CCl_4

C. NaBr D. $CHCl_3$

151. यदि C एम्पियर की विद्युत धारा *t* सेकण्ड तक किसी विद्युत अपघट्य विलयन में प्रवाहित की जाती हो और अगर इलेक्ट्रोड पर W ग्राम पदार्थ मुक्त होता हो, तो स्थिरांक Z का सही संबंध होगा–

A. $W = \frac{ZC}{t}$ B. $W = \frac{Zt}{C}$

C. $W = ZCt$ D. $W = \frac{Ct}{Z}$

152. KCN का जलीय विलयन–

A. नीले लिटमस को लाल कर देता है

B. लाल लिटमस को नीला कर देता है

C. लाल लिटमस पर कोई प्रभाव नहीं पड़ता है

D. इनमें से कोई नहीं

153. जब किसी विद्युत अपघट्य विलयन में एक फैराडे विद्युत मात्रा प्रवाहित की जाती है तो इलेक्ट्रोड पर निक्षेपित पदार्थ की मात्रा बराबर होती है–

A. एक ग्राम परमाणु भार के

B. एक ग्राम तुल्यांकी भार के

C. विद्युत रासायनिक तुल्यांक के

D. ग्राम तुल्यांक भार का आधा

154. फैराडे का वैद्युत अपघटन नियम निम्नलिखित में से किससे संबंधित है?

A. धनायन के परमाणु क्रमांक से

B. वैद्युत अपघट्य के तुल्यांकी भार से

C. ऋणायन के परमाणु क्रमांक से

D. इनमें से कोई नहीं

155. ठोस NaCl विद्युत का कुचालक होता है क्योंकि–

A. ठोस NaCl में आयन नहीं होते हैं

B. ठोस NaCl सह-संयोजक यौगिक होते हैं

C. ठोस NaCl के आयनों में गति नहीं होती है

D. ठोस NaCl में इलेक्ट्रॉन नहीं होते हैं

156. लैड बैटरी में प्रयोग किया जाने वाला ऑक्साइड होता है–

A. PbO B. Pb_2O_3

C. Pb_3O_4 D. PbO_2

157. वैद्युत वियोजन का सिद्धान्त प्रस्तुत किया था–

A. फैराडे ने B. ल्यूइस ने

C. आर्हीनियस ने D. ब्रान्स्टंड ने

158. किसी सोडियम क्लोराइड क्रिस्टल में क्लोराइड आयन घिरा होता है–

A. एक Na^+ आयन से B. दो Na^+ आयन से

C. चार Na^+ आयन से D. छः Na^+ आयन से

159. विद्युत अपघटन के लिए प्रयुक्त पात्र कहलाता है–

A. वोल्टमीटर B. अमीटर

C. वोल्टमीटर D. कैलोरीमीटर

160. "विद्युत अपघटन में किसी इलेक्ट्रोड पर मुक्त हुए पदार्थ की मात्रा प्रवाहित आवेश के अनुक्रमानुपाती होती है।" यह है–

A. फैराडे का द्वितीय नियम

B. फैराडे का प्रथम नियम

C. हेनरी का नियम

D. ग्राहम का नियम

161. क्यूप्रिक लवणों के जलीय विलयन होते हैं–

A. पीले रंग के B. लाल रंग के

C. हरे रंग के D. नीले रंग के

162. किसी विद्युत अपघटन की आयनन मात्रा–

A. ताप बढ़ाने से घट जाती है

B. ताप बढ़ाने से अपरिवर्तित रहती है

C. तनुता बढ़ाने से बढ़ जाती है

D. इनमें से कोई नहीं

163. वैद्युत रासायनिक तुल्यांक की मात्रक इकाई है–

A. ग्राम B. ग्राम/कूलॉम

C. ग्राम/एम्पियर D. कूलॉम/ग्राम

164. फैराडे का वैद्युत अपघटन नियम लागू नहीं होगा यदि–

A. तापमान बढ़ जाता है

B. अक्रिय इलेक्ट्रोड्स प्रयुक्त किए जाते हैं

C. वैद्युत अपघट्यों का मिश्रण प्रयुक्त किया जाता है

D. इनमें से कोई नहीं

165. वैद्युत अपघटन के समय मुक्त पदार्थ की मात्रा निम्न में से किसके अनुक्रमानुपाती नहीं होती?

A. प्रतिरोध का

B. समय का

C. धारा का

D. पदार्थ के वैद्युत-रासायनिक तुल्यांक के

166. NaCl विलयन के वैद्युत अपघटन के परिणामस्वरूप कैथोड पर प्राप्त गैस होती है–

A. ऑक्सीजन B. हाइड्रोजन
C. क्लोरीन D. इनमें से कोई नहीं

167. NaCl विलयन के वैद्युत अपघटन से एनोड पर कौन-सी अभिक्रिया पाई जाती है?

A. क्लोराइड आयन ऑक्सीकृत होते हैं
B. क्लोराइड आयन अपचयित होते हैं
C. सोडियम आयन ऑक्सीकृत होते हैं
D. सोडियम आयन अपचयित होते हैं

168. एक फैराडे का मान होता है–

A. 95640 कूलॉम के बराबर
B. 94540 कूलॉम के बराबर
C. 96500 कूलॉम के बराबर
D. 97540 कूलॉम के बराबर

169. वैद्युत अपघटन में ऑक्सीकरण की क्रिया होती है–

A. एनोड पर
B. कैथोड पर
C. एनोड एवं कैथोड दोनों पर
D. इनमें से कोई नहीं

170. निम्नलिखित में से किसके जलीय विलयन में विद्युत धारा प्रवाहित करने पर वह अपघटित हो जाएगा?

A. ग्लूकोज B. यूरिया
C. एथिल एल्कोहल D. सिल्वर नाइट्रेट

171. लोहे को जंग से बचाने के लिए उस पर जस्ते का लेप लगाना कहलाता है–

A. एनीलीकरण B. कैल्सीकरण
C. टेम्परीकरण D. गैल्वेनीकरण

172. डेनियल सेल में कैथोड बना होता है–

A. जिंग का B. कॉपर का
C. आयरन का D. इनमें से कोई नहीं

173. जल का हाइड्रोजन एवं ऑक्सीजन में वैद्युत अपघटन के लिए प्रयुक्त उपकरण है–

A. हॉफमैन वोल्टामीटर
B. हाइग्रोमीटर
C. कैलोरी मीटर
D. मैनोमीटर

174. किसी वैद्युत अपघट्य में धारा प्रवाहित होती है–

A. इलेक्ट्रॉन की गति के कारण
B. आयन की गति के कारण
C. जल के अणुओं की गति के कारण
D. इनमें से कोई नहीं

175. प्रकाश-वैद्युत सेल का आविष्कार किया था–

A. एलबर्ट आइनस्टीन ने
B. रूडॉल्फ हर्ट्ज ने
C. जूलियस एल्सटर एवं एच.एफ. जिएटल ने
D. विलियम वॉलेस्टन ने

176. यदि कॉपर सल्फेट के विलयन में लोहे की कुछ कीलें डाल दी जाएं तो कुछ दिनों बाद विलयन का नीला रंग निम्न कारण से गायब हो जाता है–

A. लोहा, कॉपर से अधिक क्रियाशील होता है
B. कॉपर सल्फेट हवा में उपस्थित ऑक्सीजन से क्रिया करता है
C. कॉपर सल्फेट हवा में उपस्थित CO_2 से क्रिया करता है
D. लोहा, हवा के ऑक्सीजन के साथ क्रिया कर रंगहीन यौगिक बनाता है

177. यदि किसी वैद्युत अपघट्य विलयन में विद्युत धारा प्रवाहित की जाती है तो–

A. ऋणायन एनोड की तरफ और धनायन कैथोड की तरफ गति करते हैं
B. ऋणायन और धनायन दोनों एनोड की तरफ गति करते हैं
C. ऋणायन कैथोड की तरफ तथा धनायन, एनोड की तरफ गति करते हैं
D. आयनों में कोई गति नहीं होती है

178. जब समान विद्युत धारा विभिन्न विद्युत अपघट्यों के विलयनों में प्रवाहित की जाती है तो इलेक्ट्रोडों पर एकत्रित पदार्थों के भार उनके–

A. परमाणु क्रमांक के अनुपात में होते हैं
B. विशिष्ट गुरुत्व के अनुपात में होते हैं
C. परमाणु भार के अनुपात में होते हैं
D. तुल्यांकी भार के अनुपात में होते हैं

179. HCl के जलीय विलयन के वैद्युत अपघटन के परिणामस्वरूप उत्पन्न होता है–

A. एनोड पर H_2 गैस
B. कैथोड पर H_2 गैस
C. एनोड पर क्लोरीन एवं ऑक्सीजन गैस
D. एनोड पर क्लोरीन गैस

180. वैद्युत अपघटन संबंधी फैराडे के द्वितीय नियम के अनुसार–

A. $\frac{W_1}{W_2} = \frac{E_1}{E_2}$ B. $Z = \frac{W}{Ct}$
C. $W = ZCt$ D. $\frac{W_1}{W_2} = \frac{E_2}{E_1}$

181. नीला थोथा (Copper Sulphate) के क्रिस्टलों को गर्म करने से श्वेत रंग का भुरभुरा पदार्थ प्राप्त होता है। इस क्रिया में नीले थोथे के क्रिस्टलों में से कौन–सा पदार्थ निकल जाता है?

A. कार्बन B. पानी
C. कॉपर D. इनमें से कोई नहीं

182. पानी में गंधक मिला देने से उसके क्वथनांक (Boiling Point) पर क्या प्रभाव पड़ता है?
A. क्वथनांक बढ़ जाता है
B. क्वथनांक घट जाता है
C. क्वथनांक पर कोई प्रभाव नहीं पड़ता है
D. इनमें से कोई नहीं

183. श्वेत निर्जल कॉपर सल्फेट पर किसी द्रव की कुछ बूंदें डालने पर कॉपर सल्फेट का रंग नीला हो जाता है यह द्रव होगा–
A. कैल्सियम B. सोडियम
C. पानी D. इनमें से कोई नहीं

184. फिनोफ्थलीन को अम्लीय विलयन में डालने पर विलयन का रंग कैसा हो जाएगा?
A. नीला B. लाल
C. रंगहीन D. हरा

185. फिनोफ्थलीन को क्षारीय विलयन में डालने पर विलयन का रंग कैसा हो जाएगा?
A. रंगहीन B. गुलाबी
C. नीला D. लाल

186. कास्टिक सोडा का रासायनिक सूत्र क्या है?
A. KOH B. $NaNO_3$
C. NaOH D. NaCl

187. अम्लीय ऑक्साइड की पहचान कैसे करते हैं?
A. यह लाल लिटमस को नीला कर देता है
B. यह नीले लिटमस को लाल कर देता है
C. यह नीले लिटमस को काला कर देता है
D. यह नीले लिटमस को सफेद कर देता है

188. जब कॉपर ऑक्साइड को एक पदार्थ के साथ गर्म किया जाता है तो कॉपर ऑक्साइड का अपचयन हो जाता है। इस अभिक्रिया में निकलने वाली गैस चूने के पानी को दूधिया कर देती है। अभिक्रिया के दौरान निकलने वाली गैस का नाम है–
A. ऑक्सीजन
B. हाइड्रोजन
C. कार्बन डाइऑक्साइड
D. इनमें से कोई नहीं

189. सल्फ्यूरिक अम्ल के उस लवण का नाम क्या है, जो जल में घुल कर जल को स्थायी कठोर बना देता है?
A. सोडियम सल्फेट B. मैग्नीशियम सल्फेट
C. कैल्सियम कार्बोनेट D. इनमें से कोई नहीं

190. अम्ल का स्वाद होता है–
A. मीठा B. कड़वा
C. खट्टा D. स्वादहीन

191. किस पदार्थ पर हाइड्रोक्लोरिक अम्ल की क्रिया में पोटेशियम क्लोराइड बनेगा?
A. सोडियम B. कास्टिक पोटाश
C. धोवन सोडा D. इनमें से कोई नहीं

192. साबुन भी एक लवण है, क्योंकि–
A. यह क्षार से बनता है
B. यह अम्ल से बनता है
C. यह उच्च वसा अम्लों का सोडियम लवण होता है
D. इनमें से कोई नहीं

193. चूने के पानी में कार्बन डाइऑक्साइड गुजारने से यह किस पदार्थ के बनने के कारण दूधिया हो जाता है?
A. मैग्नीशियम कार्बोनेट
B. कैल्सियम बाइकार्बोनेट
C. कैल्सियम कार्बोनेट
D. इनमें से कोई नहीं

194. निम्नलिखित में से कौन-सा एक अम्ल है?
A. जल
B. कास्टिक सोडा
C. कैल्सियम क्लोराइड
D. कार्बन डाइऑक्साइड का जलीय विलयन

195. जस्ते के टुकड़े पर तनु हाइड्रोक्लोरिक एसिड डालने पर होने वाली अभिक्रिया का सन्तुलित समीकरण है–
A. $Zn + 2HCl \longrightarrow ZnCl_2 + 2H_2$
B. $2Zn + HCl \longrightarrow ZnCl_2 + H_2$
C. $Zn + HCl \longrightarrow ZnCl_2 + H_2$
D. $Zn + 2HCl \longrightarrow ZnCl_2 + H_2$

196. बेरियम क्लोराइड के विलयन में सोडियम सल्फेट विलयन मिलाने पर होने वाली रासायनिक अभिक्रिया का सन्तुलित समीकरण होगा–
A. $BaCl_2 + Na_2SO_4 \longrightarrow BaSO_4 + 2NaCl$
B. $BaCl_2 + Na_2SO_4 \longrightarrow 2BaSO_4 + 2NaCl$
C. $2BaCl_2 + Na_2SO_4 \longrightarrow BaSO_4 + 2NaCl$
D. $BaCl_2 + 2Na_2SO_4 \longrightarrow 2BaSO_4 + 2NaCl$

197. कैल्सियम कार्बोनेट को गर्म करने पर कली चूना (सफेद पाउडर) और कार्बन डाइऑक्साइड गैस प्राप्त होती है। इस अभिक्रिया का रासायनिक समीकरण होगा–
A. $CaCO_3 \longrightarrow CaO + CO\uparrow$
B. $CaCO_3 \longrightarrow CaO + CO_2\uparrow$
C. $Ca(CO_3)_2 \longrightarrow Ca + 2CO\uparrow$
D. $CaCO_3 \longrightarrow Ca_2O + CO_2\uparrow$

198. जब कोई धातु किसी अम्ल के साथ क्रिया करती है, तो कौन-सी गैस प्राप्त होती है?
A. नाइट्रोजन B. हाइड्रोजन
C. कार्बन D. ऑक्सीजन

199. लेड नाइट्रेट की हाइड्रोक्लोरिक अम्ल के साथ होने वाली क्रिया का सन्तुलित रासायनिक समीकरण होगा–

A. $PbNO_3 + 2HCl \longrightarrow PbCl_2 + H_2O + NO_2$

B. $2PbNO_3 + HCl \longrightarrow 2PbCl_2 + H_2O + NO_2$

C. $PbNO_3 + 2HCl \longrightarrow PbCl_2 + 2H_2O + 2NO_2$

D. $2PbNO_3 + 4HCl \longrightarrow 2PbCl_2 + 2H_2O + NO_2$

200. संतृप्त विलयन (Saturated solution) के संबंध में कौन-सा कथन सत्य है?

A. जिस विलयन में किसी निश्चित ताप पर दिए हुए विलेय पदार्थ का घुलना बढ़ जाए

B. जिस विलयन में किसी निश्चित ताप पर दिए हुए विलेय पदार्थ का घुलना कम हो जाए

C. जिस विलयन में किसी निश्चित ताप पर दिए हुए विलेय पदार्थ का घुलना बन्द हो जाए

D. इनमें से कोई नहीं

201. अम्ल में किसको मिलाने से लवण तथा जल बनते हैं?

A. क्षार　　B. पानी

C. ऑक्सीजन　　D. इनमें से कोई नहीं

202. साधारण नमक (Common Salt) किस अम्ल और किस क्षार के मिलने से बनता है?

A. सल्फ्यूरिक अम्ल तथा सोडियम कार्बोनेट

B. हाइड्रोक्लोरिक अम्ल तथा सोडियम कार्बोनेट

C. हाइड्रोक्लोरिक अम्ल तथा कैल्सियम कार्बोनेट

D. इनमें से कोई नहीं

203. निम्नलिखित में से कौन-सा त्रिक्षारकी अम्ल (Tri-basic acid) का रासायनिक सूत्र है?

A. H_3PO_3　　B. H_3PO_2

C. H_3PO_4　　D. H_2SO_4

204. सोडियम हाइड्रॉक्साइड विलयन में कार्बन डाइऑक्साइड गैस प्रवाहित करने पर होने वाली क्रिया का सन्तुलित रासायनिक समीकरण होगा–

A. $2NaOH + 2CO_2 \longrightarrow Na_2CO_3 + H_2O$

B. $2NaOH + CO_2 \longrightarrow Na_2CO_3 + H_2O$

C. $NaOH + 2CO_2 \longrightarrow Na_2CO_3 + H_2O$

D. $2NaOH + CO_2 \longrightarrow 2Na_2CO_3 + 2H_2O$

205. नाइट्रिक अम्ल में पोटेशियम हाइड्रॉक्साइड मिलाने पर होने वाली रासायनिक अभिक्रिया का सन्तुलित समीकरण है–

A. $HNO_3 + 2KOH \longrightarrow 2KNO_3 + 2H_2O$

B. $HNO_3 + 2KOH \longrightarrow 2KNO_3 + H_2O$

C. $HNO_3 + KOH \longrightarrow KNO_3 + H_2O$

D. $HNO_3 + 2KOH \longrightarrow 2KNO_3 + 2H_2O$

206. एक परखनली में तनु गंधक का अम्ल लेकर इसमें धोवन सोडा डालने पर प्राप्त रासायनिक अभिक्रिया का संतुलित समीकरण है–

A. $Na_2CO_3 + H_2SO_4 \longrightarrow Na_2SO_4 + H_2O + 2CO_2$

B. $2Na_2CO_3 + H_2SO_4 \longrightarrow 2Na_2SO_4 + H_2O + CO_2$

C. $Na_2CO_3 + 2H_2SO_4 \longrightarrow Na_2SO_4 + 2H_2O + CO_2$

D. $Na_2CO_3 + H_2SO_4 \longrightarrow Na_2SO_4 + H_2O + CO_2$

207. निम्नलिखित में से किस अम्ल का उपयोग निर्जलीकरण (Dehydrating agent) के रूप में किया जाता है?

A. हाइड्रोक्लोरिक अम्ल

B. सल्फ्यूरिक अम्ल

C. एसिटिक अम्ल

D. नाइट्रिक अम्ल

208. बैटरी बनाने में किस अम्ल का उपयोग होता है?

A. सल्फ्यूरिक अम्ल

B. नाइट्रिक अम्ल

C. हाइड्रोक्लोरिक अम्ल

D. एसिटिक अम्ल

209. अम्ल एवं क्षारों की प्रबलता निर्भर करती है, उनके–

A. क्वथनांक पर　　B. आयनन की मात्रा पर

C. अणुभार पर　　D. तुल्यांकी भार पर

210. प्रबल अम्ल/क्षार वह होता है–

A. जो जल में स्थायी होता है

B. जिसका अणुभार अधिक होता है

C. जो जल में अधिक आयनित होता है

D. जिसका क्वथनांक अधिक होता है

211. हाइड्रोक्लोरिक अम्ल का जलीय विलयन क्षार को उदासीन कर देता है, क्योंकि इसमें–

A. हाइड्रोजन परमाणु होते हैं

B. क्लोरीन परमाणु होते हैं

C. क्लोराइड आयन होते हैं

D. हाइड्रोजन आयन होते हैं

212. उदासीनीकरण (Neutralisation) की क्रिया के परिणामस्वरूप–

A. अम्ल बनता है

B. लवण तथा जल बनता है

C. क्षार बनता है

D. इनमें से कोई नहीं

213. एक अम्ल और क्षार के उदासीनीकरण पर उत्पन्न होता है–

A. H_3O^+　　B. H_2O

C. H^+ तथा OH^-　　D. OH^-

214. निम्नलिखित में से किस लवण का जलीय विलयन क्षारीय होता है?

A. सोडियम क्लोराइड

B. कॉपर सल्फेट

C. सोडियम कार्बोनेट

D. फेरिक क्लोराइड

215. अम्लीय वर्षा का कारण है?
A. कार्बन मोनोऑक्साइड और कार्बन डाइऑक्साइड
B. नाइट्रस ऑक्साइड और सल्फर डाइऑक्साइड
C. कार्बन डाइऑक्साइड और नाइट्रस ऑक्साइड
D. सल्फर डाइऑक्साइड और कार्बन मोनो-ऑक्साइड

216. व्यक्ति के पेट में उपस्थित अम्ल का नाम है–
A. HNO_3 B. H_2CO_3
C. HCl D. H_2SO_4

217. जब हम नींबू की कुछ बूंदें चाय में निचोड़ते हैं तो चाय का रंग धीरे-धीरे बदलने लगता है, क्योंकि–
A. नींबू रंगीन होता है
B. नींबू अम्लता को बढ़ा देता है
C. चाय की क्षारकता बढ़ जाती है
D. इनमें से कोई नहीं

218. "यह अद्भुत अम्ल बहुत से उपयोग रखता है। यह विस्फोटक, रंजक, रंग, हाइड्रोक्लोरिक एसिड बनाने में, तेलों के सल्फोनीकरण द्वारा डिटरजेंट बनाने में प्रयुक्त होता है।" इस अम्ल का नाम है–
A. सल्फ्यूरिक अम्ल B. सल्फोनिक अम्ल
C. नाइट्रिक अम्ल D. सल्फेनिक अम्ल

219. वह विलयन जिसमें किसी अम्ल या क्षार की कुछ मात्रा मिलाने पर उस विलयन का pH नहीं बदलता, कहलाता है–
A. अम्लीय विलयन B. संतृप्त विलयन
C. उदासीन विलयन D. बफर विलयन

220. pH = 7 दर्शाता है–
A. शुद्ध जल B. अम्लीय विलयन
C. उदासीन विलयन D. क्षारीय विलयन

221. ऑस्टवाल्ड तनुता का नियम निम्न से संबंधित है–
A. प्रबल वैद्युत अपघट्य
B. दुर्बल वैद्युत अपघट्य
C. वैद्युत अपघट्य
D. इनमें से कोई नहीं

222. रक्त का pH मान होता है–
A. 7.3 B. 7.4
C. 7.5 D. 7.6

223. निम्नलिखित अम्लों को अम्लीय क्षमता के घटते क्रम में व्यवस्थित कीजिए–

HI, HCl, HF, HBr

A. HI > HBr > HCl > HF
B. HI < HBr < HCl < HF
C. HBr > HI > HF > HCl
D. HF < HCl < HI < HBr

224. निम्नलिखित अम्लों पर विचार कीजिए–
1. एसीटिक अम्ल
2. परक्लोरिक अम्ल
3. क्लोरो एसीटिक अम्ल
4. हाइड्रोक्लोरिक अम्ल

इनकी प्रबलता का बढ़ता हुआ सही क्रम है–
A. 1, 3, 4, 2 B. 2, 1, 3, 4
C. 2, 1, 4, 3 D. 3, 2, 4, 1

225. जल का 25°C पर pH मान 7 है। यदि जल को 100°C तक गर्म किया जाए तब उसका pH मान–
A. बढ़ेगा
B. पहले जितना ही रहेगा
C. कम हो जाएगा
D. पहले कम होगा फिर बढ़ेगा

226. निम्नलिखित अभिक्रिया के साम्य स्थिरांक का सूत्र होगा–

$$A + B \rightleftharpoons C + D$$

A. $K = \frac{[C] \times [D]}{[A] \times [B]}$ B. $K = \frac{[A] \times [B]}{[C] \times [D]}$

C. $K = \frac{[A] \times [C]}{[B] \times [D]}$ D. $K = [A] \times [B] \times [C] \times [D]$

227. वे अभिक्रियाएं जो केवल एक ही दिशा में होती हैं, कहलाती हैं–
A. उत्क्रमणीय अभिक्रियाएं
B. अनुत्क्रमणीय अभिक्रियाएं
C. विस्थापन क्रियाएं
D. इनमें से कोई नहीं

228. किसी पदार्थ की अभिक्रिया करने की दर समानुपाती होती है?
A. उसके परमाणु भार के
B. उसके अणुभार के
C. उसके तुल्यांकी भार के
D. उसके सक्रिय द्रव्यमान के

229. ब्रान्स्टैड-लोरी सिद्धान्त के अनुसार क्षार वह पदार्थ है जो–
A. प्रोटॉन दान करता है
B. प्रोटॉन स्वीकार करता है
C. इलेक्ट्रॉन दान करता है
D. इलेक्ट्रॉन स्वीकार करता है

230. निम्नांकित में से कौन दुर्बलतम लुइस क्षारक है–
A. H^- B. OH^-
C. Cl^- D. HCO_2^-

231. लौह ऑक्साइड का वात्या भट्टी में अवकरण किसके द्वारा किया जाता है?
A. सिलिका B. कार्बन मोनोऑक्साइड
C. कार्बन D. चूना पत्थर

232. सिलिकॉन, जो कि अर्द्धचालकों में प्रयुक्त होता है, का शुद्धीकरण किया जाता है–

A. क्षेत्र परिष्करण विधि द्वारा
B. गर्म करके
C. झाग-प्लवन विधि द्वारा
D. निर्वात में गर्म करके

233. निम्नलिखित में से किस अयस्क का सान्द्रण झाग प्लवन विधि द्वारा किया जाता है?

A. इप्सम लवण | B. जिंक ब्लैंड
C. साल्ट पीटर | D. कैलेमाइन

234. सुमेलित कीजिए–

सूची-I	**सूची-II**
(*a*) इल्मेनाइट	1. जस्ता
(*b*) गैलेना	2. टंगस्टन
(*c*) स्फैलेराइट	3. सीसा
(*d*) शीलाइट	4. टाइटेनियम

कूट :

	(*a*)	(*b*)	(*c*)	(*d*)
A.	4	1	3	2
B.	2	3	1	4
C.	4	3	1	2
D.	2	1	3	4

235. धात्विक लवण के जलीय विलयन के शुद्धिकरण में एनोड अशुद्ध धातु का तथा कैथोड शुद्ध धातु का बनाया जाता है। निम्नलिखित में से किसके शुद्धीकरण में यह विधि प्रयोग नहीं की जाती है?

A. सिल्वर | B. तांबा
C. एल्युमीनियम | D. जस्ता

236. निम्नलिखित में से कौन-सा लौह अयस्क है?

A. सिडेराइट | B. हेमाटाइट
C. पाइराइट | D. बॉक्साइट

237. 'मैलेकाइट' निम्नलिखित में से किस धातु का अयस्क है?

A. लोहा | B. तांबा
C. मरकरी | D. जस्ता

238. बेसेमरीकरण विधि, किसके धातुकर्म में प्रयोग की जाती है?

A. लोहा | B. सिल्वर
C. एल्युमीनियम | D. तांबा

239. निम्न में से लोहे का शुद्धतम रूप कौन-सा है?

A. ढलवां लोहा | B. कच्चा लोहा
C. इस्पात | D. पिटवां लोहा

240. **कथन (A) :** जब तांबे के तार को सिल्वर नाइट्रेट के विलयन में डाला जाता है, तो उस पर सिल्वर की एक पतली परत जम जाती है।

कारण (R) : तांबा, सिल्वर से अधिक वैद्युत ऋणात्मक होता है।

कूट :

A. A एवं R दोनों सत्य हैं तथा R, A की सही व्याख्या करता है
B. A और R दोनों सत्य हैं परन्तु R, A की सही व्याख्या नहीं करता है।
C. A सत्य है परन्तु R असत्य है।
D. A असत्य है परन्तु R सत्य है।

241. सुमेलित कीजिए–

सूची-I	**सूची-II**
(*a*) पीतल	1. Cu + Zn + Sn
(*b*) कांसा	2. Cu + Al + Mg + Mn
(*c*) ड्यूरेलुमिन	3. Cu + Sn
(*d*) जर्मन सिल्वर	4. Cu + Ni + Zn
	5. Cu + Zn

कूट :

	(*a*)	(*b*)	(*c*)	(*d*)
A.	5	4	2	3
B.	5	3	2	4
C.	2	3	1	4
D.	2	4	1	3

242. निम्नलिखित में से कौन-सा कथन सत्य नहीं है?

A. $Al(OH)_3$ प्रकृति में उभयधर्मी होता है
B. एल्युमीनियम, प्रकृति में मुक्त अवस्था में पाया जाता है
C. HNO_3 अम्ल मुश्किल से Al पर प्रभाव डालता है
D. गर्म H_2SO_4 एल्युमीनियम के साथ क्रिया करके SO_2 देता है

243. पृथ्वी की भू-पर्पटी पर सबसे अधिक मात्रा में पाया जाने वाला खनिज है–

A. बॉक्साइट | B. सिलिका
C. मैंगनीज | D. लोहा

244. सल्फेट अयस्क निम्नलिखित में से कौन नहीं है?

A. बैराइट्स | B. कैलामाइन
C. जिप्सम | D. इप्सम लवण

245. निम्नलिखित में से कौन अधातु है?

A. तांबा | B. क्लोरीन
C. मरकरी | D. सिल्वर

246. बॉक्साइट का रासायनिक सूत्र होता है–

A. Na_3AlF_6 | B. $Al_2O_3.2H_2O$
C. $Al_2O_3.H_2O$ | D. $KAlSi_3O_8$

247. निम्नलिखित में से किस मिश्र धातु का एक घटक मरकरी होता है?

A. प्लम्बम | B. मरक्यूरेट
C. अमलगम | D. मरक्यूरियम

248. निम्नलिखित में से किस धातु या मिश्र धातु का प्रयोग विद्युत हीटर के तन्तु एवं टोस्टर के कॉयल बनाने में किया जाता है?

A. इनेवार B. कॉपर
C. टंगस्टन D. नाइक्रोम

249. ड्यूरेलुमिन के घटक धातु हैं–

A. Al + Cu
B. Al + Mg + Cu + Mn
C. Al + Mg
D. Al + Cu + Zn

250. निम्नलिखित में से किसमें सबसे कम कार्बन की मात्रा पाई जाती है?

A. इस्पात में B. पिटवां लोहे में
C. ढलवां लोहे में D. कच्चा लोहे में

251. कॉपर को हवा में खुला छोड़ने पर उस पर हरे रंग की परत जम जाती है, जो वास्तव में होता है–

A. कॉपर कार्बोनेट
B. कॉपर क्लोराइड
C. कॉपर सल्फाइड
D. कॉपर ऑक्साइड

252. बहुत कम धातुएं प्रकृति में मुक्त अवस्था में पाई जाती हैं, क्योंकि–

A. वे बहुत क्रियाशील होती हैं
B. वे आयनिक यौगिक नहीं बना सकतीं
C. वे क्रियाशील नहीं होती हैं
D. इनमें से कोई नहीं

253. निम्नलिखित में से किस मिश्र धातु में तांबा नहीं पाया जाता है?

A. जर्मन सिल्वर B. ब्रॉन्ज
C. इनेवार D. बेल मेटल

254. अयस्क नहीं है–

A. बॉक्साइट B. मैलेकाइट
C. जिंक ब्लैंड D. इनमें से कोई नहीं

255. क्रायोलाइट में उपस्थित अधातु है–

A. ऑक्सीजन B. फ्लोरीन
C. सल्फर D. नाइट्रोजन

256. सैफाइर (Sapphire) निम्नलिखित में से किससे संबंधित है?

A. Cu B. Zn
C. Al D. Mg

257. हाइपो का सही रासायनिक सूत्र है–

A. $Na_2S_2O_3.5H_2O$
B. $Na_2S_2O_3.3H_2O$
C. $Na_2S_2O_3.2H_2O$
D. $NaSO_4$

258. निम्नलिखित में से कौन चाँदी का अयस्क है?

A. बॉक्साइट B. क्यूप्राइट
C. अर्जेन्टाइट D. हेमाटाइट

259. 18 कैरेट सोने में शुद्ध सोने का प्रतिशत होता है–

A. 18% B. 25%
C. 54% D. 75%

260. सीमेंट के उत्पादन में काम आने वाला कच्चा माल है–

A. लाइम स्टोन, जिप्सम और रेत
B. लाइम स्टोन, चिकनी मिट्टी और रेत
C. रेत और लोहा
D. चूना, जिप्सम तथा एलुमिना

261. निम्नलिखित में से किस विधि द्वारा जिंक का सल्फाइड अयस्क सांद्रीकृत किया जाता है–

A. झाग प्लवन प्रक्रम
B. विद्युत चुम्बकीय प्रक्रम
C. गुरुत्व पृथक्करण विधि
D. आसवन विधि

262. कैलोमेल का रासायनिक सूत्र है–

A. $HgCl_2$ B. $Hg + HgCl_2$
C. Hg_2Cl_2 D. $Hg_2Cl_2 + Hg$

263. ऐल्कोहल के किण्वन से निकलने वाली गैस होती है–

A. कार्बन मोनोऑक्साइड तथा कार्बन डाइऑक्साइड
B. केवल कार्बन डाइऑक्साइड
C. सल्फर डाइऑक्साइड तथा कार्बन डाइऑक्साइड
D. केवल कार्बन मोनोऑक्साइड

264. ऐलुमिना–

A. विद्युत का सुचालक होता है
B. विद्युत का कुचालक होता है
C. 200° C ताप पर पिघल जाता है
D. वैद्युत संयोजक यौगिक है

265. 'होप प्रक्रम' निम्नलिखित में से किसके शोधन में प्रयुक्त होता है?

A. Al B. Zn
C. Ag D. Cu

266. 'बटर ऑफ टिन' का रासायनिक सूत्र है–

A. $SnCl_2 . 5H_2O$ B. $SnCl_4 . 5H_2O$
C. $SnBr_2 . 5H_2O$ D. $SnBr_4 . 5H_2O$

267. निम्नलिखित में से किसको 'लेड की शक्कर' कहा जाता है?

A. $(CH_3COO)_2Pb$
B. $2PbCO_3 . Pb(OH)_2$
C. $PbCO_3$
D. $2PbSO_4 . PbO$

268. HNO_3 के औद्योगिक निर्माण की ऑस्टवाल्ड विधि में प्रयुक्त उत्प्रेरक है–
A. प्लैटिनम ब्लैक
B. निकल का महीन चूर्ण
C. वेनेडियम पेन्टा ऑक्साइड
D. प्लैटिनम की जाली

269. प्रयोगशाला में फॉस्फीन सामान्यतया बनाई जाती है–
A. हाइड्रोजन की धारा में फॉस्फोरस को गर्म करके
B. सफेद फॉस्फोरस को कॉस्टिक पोटाश के जलीय विलयन के साथ गर्म करके
C. लाल फॉस्फोरस को कॉस्टिक सोडा के जलीय विलयन के साथ गर्म करके
D. इनमें से कोई नहीं

270. मेटा फॉस्फोरस अम्ल का रासायनिक सूत्र है–
A. H_3PO_4 B. HPO_3
C. $H_4P_3O_7$ D. H_3PO_3

271. लौह अयस्क 'मैग्नेटाइट' का रासायनिक सूत्र है–
A. Fe_2O_3 B. Fe_3O_4
C. $FeCO_3$ D. FeS_2

272. सोडियम को हवा में धीरे-धीरे गर्म करने के बाद बने पदार्थ का सूत्र है–
A. NaO_3 B. Na_2O_3
C. Na_2O D. NaO

273. पोटेशियम का लैटिन नाम क्या है?
A. नेट्रियम
B. पोलियम
C. कैलियम
D. इनमें से कोई नहीं

274. चूने के पानी का रासायनिक सूत्र है–
A. $Ca(OH)_2$ B. CaOH
C. Ca_2OH D. $Ca(OH)_3$

275. सोडियम का लैटिन नाम क्या है?
A. कैलियम B. सोट्रियम
C. नेट्रियम D. इनमें से कोई नहीं

276. निम्नलिखित में से ऐसी कौन-सी धातु है जिसमें तन्यता का गुण नहीं है?
A. जिंक B. लोहा
C. एल्युमिनियम D. चाँदी

277. धातु वायु में जल कर किस प्रकार का ऑक्साइड बनाती है?
A. क्षारीय ऑक्साइड
B. अम्लीय ऑक्साइड
C. अम्लीय एवं क्षारीय दोनों ऑक्साइड
D. इनमें से कोई नहीं

278. कपूर को निम्न विधि से शुद्ध किया जाता है–
A. ऊर्ध्वपातन विधि B. आसवन विधि
C. वर्णलेखन विधि D. निर्वात आसवन विधि

279. लकड़ी के भंजक आसवन से प्राप्त होता है–
A. एसीटिक अम्ल
B. सल्फ्यूरिक अम्ल
C. पायरोलिग्नियस अम्ल
D. फॉर्मिक अम्ल

280. 'जिरकोनियम' अयस्क है–
A. एल्युमीनियम का B. लोहे का
C. पारे का D. बेडीलेआइट का

281. एक उत्प्रेरक प्रयुक्त होता है–
A. यौगिक का वाष्पन करने में
B. एन्जाइम को नष्ट करने में
C. अभिक्रिया की गति परिवर्तित करने में
D. अभिक्रिया को सन्तुलित करने में

282. उत्प्रेरक के संबंध में कौन-सा कथन सत्य है?
A. उत्प्रेरक रासायनिक क्रिया में भाग लेता है
B. उत्प्रेरक रासायनिक क्रिया के अंत में अपरिवर्तित रहता है
C. उत्प्रेरक रासायनिक क्रिया को आरंभ कर सकता है
D. उत्प्रेरक अभिक्रिया के अंत में भौतिक रूप में बदल जाता है

283. उत्प्रेरक रासायनिक अभिक्रिया को निम्न प्रकार से बढ़ाता है–
A. सक्रियण ऊर्जा में बढ़ोतरी करके
B. सक्रियण ऊर्जा में कमी करके
C. अभिकारक के साथ क्रिया करके
D. इनमें से कोई नही

284. निम्नलिखित में से कौन-सा उत्प्रेरक तेलों के हाइड्रोजनीकरण में प्रयोग किया जाता है?
A. Pd-धातु B. निकल
C. लोहा D. वेनेडियम पेन्टा ऑक्साइड

285. आयरन, अमोनिया के निर्माण में एक उत्प्रेरक के रूप में प्रयोग होता है, यह उत्प्रेरक उदाहरण है–
A. विषमांग उत्प्रेरक का
B. समांग उत्प्रेरक का
C. स्वतः उत्प्रेरक का
D. प्रेरित उत्प्रेरक का

286. प्लैटिनम का उत्प्रेरक के रूप में प्रयोग निम्नलिखित में से किसमें होता है?
A. अमोनिया के ऑक्सीकरण द्वारा नाइट्रिक अम्ल बनाने में
B. तेलों के हाइड्रोजनीकरण में
C. संश्लेषित रबड़ बनाने में
D. मेथेनॉल के संश्लेषण में

287. निम्न में से कौन जैविक रासायनिक उत्प्रेरक है?
A. अमीनो अम्ल B. एंजाइम
C. कार्बोहाइड्रेट D. नाइट्रोजन

288. पेट्रोल में अपस्फोटन कम करने के लिए टेट्रा एथिल लेड [TEL] मिलाया जाता है। 'TEL' काम करता है–
A. सकारात्मक उत्प्रेरक का
B. विलायक का
C. नकारात्मक उत्प्रेरक का
D. प्रेरित उत्प्रेरक का

289. निम्नलिखित में से किसमें उत्प्रेरक का प्रयोग नहीं किया जाता है?
A. हैबर विधि B. डीकेन विधि
C. सॉल्वे विधि D. लेड चैम्बर विधि

290. ग्लूकोस को एथेनॉल में परिवर्तित करने के लिए निम्नलिखित में से कौन-सा एंजाइम उत्प्रेरित करता है?
A. जाइमेज B. माल्टेज
C. इनवर्टेज D. डाइस्टेज

291. जब पोटेशियम क्लोरेट को गर्म किया जाता है तो यह पोटेशियम क्लोराइड तथा ऑक्सीजन में अपघटित हो जाता है, यदि इसमें कुछ मैंगनीज डाइऑक्साइड मिला दिया जाए तो अभिक्रिया तेज हो जाती है क्योंकि–
A. मैंगनीज डाइऑक्साइड अपघटित होकर ऑक्सीजन देता है
B. मैंगनीज डाइऑक्साइड अभिक्रिया करके ऊष्मा प्रदान करता है
C. मैंगनीज डाइऑक्साइड अच्छा सम्पर्क उत्पन्न करता है
D. मैंगनीज डाइऑक्साइड एक उत्प्रेरक की तरह कार्य करता है

292. हैबर विधि में निम्नलिखित में से कौन-सा उत्प्रेरक के रूप में प्रयुक्त होता है?
A. प्लेटिनीकृत एस्बेस्टस B. आयरन एवं मॉलिब्डेनम
C. कॉपर ऑक्साइड D. एल्यूमिना

293. उत्प्रेरक के प्रभाव को उत्प्रेरक विष कम कर देता है, क्योंकि–
A. उत्प्रेरक विष, उत्प्रेरक सतह पर मुक्त संयोजकताओं से संयोग करता है
B. उत्प्रेरक विष, अभिकारक के अणु को अवशोषित कर लेता है
C. उत्प्रेरक विष, उत्प्रेरक के साथ जुड़ जाता है
D. उत्प्रेरक विष, किसी एक अभिकारक के साथ जुड़ जाता है

294. एंजाइम वास्तव में होता है–
A. कृत्रिम रूप से बनाए गए पदार्थ जो वाशिंग पाउडर को सक्रिय करते हैं
B. अत्यधिक सक्रिय उत्प्रेरक
C. जीवों में पाए जाने वाले उत्प्रेरक
D. संश्लेषित उत्प्रेरक

295. सबसे अधिक प्रभावशाली उत्प्रेरक निम्न में से कौन-सी धातुएं बनाती हैं?
A. क्षारीय धातुएं B. रंगीन धातुएं
C. क्षारीय मृदा धातुएं D. संक्रमण धातुएं

296. H_2SO_4 बनाने की सम्पर्क विधि में निम्नलिखित में से कौन उत्प्रेरक के रूप में प्रयुक्त होता है?
A. तांबा
B. लोहा/एल्युमीनियम ऑक्साइड
C. वेनेडियम पेन्टा ऑक्साइड
D. प्लेटीनीकृत एस्बेस्टस

297. अम्ल क्षार उत्प्रेरण उदाहरण है–
A. समांगी उत्प्रेरण का B. विषमांगी उत्प्रेरण का
C. स्वतः उत्प्रेरण का D. उपरोक्त सभी का

298. समांगी उत्प्रेरण का उदाहरण है–
A. अम्लों की उपस्थिति में एस्टरों का जल अपघटन
B. नमी की उपस्थिति में हाइड्रोजन एवं क्लोरीन का संयोग
C. चैम्बर प्रक्रम में सल्फर ट्राइऑक्साइड का बनना
D. उपरोक्त सभी

299. किसी उत्प्रेरक की उत्प्रेरण क्षमता निर्भर करती है–
A. इसके अणुभार पर
B. इसके कणों के आकार पर
C. इसकी मात्रा पर
D. इसकी सतह पर उपस्थित मुक्त संयोजकता पर

300. निम्न कथनों में से कौन-सा कथन सत्य है?
A. एंजाइम कोलाइडी अवस्था में होता है
B. एंजाइम एक उत्प्रेरक पदार्थ है
C. एंजाइम किसी भी अभिक्रिया को उत्प्रेरित कर सकता है
D. यूरिया एक उत्प्रेरक है

301. **कथन (A) :** रासायनिक अभिक्रिया में उत्प्रेरक, अभिक्रिया की दर को बढ़ा देता है।

कारण (R) : उत्प्रेरक, सक्रियण ऊर्जा को बढ़ा देते हैं।

कूट :
A. A एवं R दोनों सत्य हैं तथा R, A की सही व्याख्या करता है
B. A और R दोनों सत्य हैं परन्तु R, A की सही व्याख्या नहीं करता है।
C. A सत्य है परन्तु R असत्य है।
D. A असत्य है परन्तु R सत्य है।

302. निम्न में से कौन सत्य है?

A. $N_2 + 3H_2 \xrightarrow{V_2O_5} 2NH_3$

B. $H_2 + Cl_2 \xrightarrow{MnO_2} 2HCl$

C. $4NH_3 + 5O_2 \xrightarrow{Pt} 4NO + 6H_2O$

D. $2SO_2 + O_2 \xrightarrow{Fe_2O_3} 2SO_3$

303. प्लेटिनम उत्प्रेरक के बारीक चूर्ण की अत्यधिक क्रियाशीलता का एक कारण यह है कि यह रखता है–

A. ऐसी भौतिक अवस्था जिसमें यह तेजी से क्रिया कर सकता है

B. अधिक पृष्ठ क्षेत्रफल

C. कणों का आकार जो आसानी से अभिकारक पर फैल सकते हैं

D. इनमें से कोई नहीं

304. जब अभिकारक तथा उत्प्रेरक दोनों की भौतिक अवस्थाएं समान होती हैं, तो उत्प्रेरक कहलाता है–

A. विषमांग उत्प्रेरक B. समांग उत्प्रेरक

C. उत्प्रेरक विष D. प्रेरित उत्प्रेरक

305. ऋणात्मक उत्प्रेरक वह है जो–

A. अभिक्रिया के वेग को कम करता है

B. अभिक्रिया के वेग को बढ़ाता है

C. अभिक्रिया के वेग को अपरिवर्तित रखता है

D. प्रेरित उत्प्रेरक की भाँति व्यवहार करता है

306. कार्बनिक उत्प्रेरक अकार्बनिक उत्प्रेरकों से निम्न कारण से भिन्न होते हैं–

A. अधिक ताप पर कार्य करने में

B. कम ताप पर कार्य करने मे

C. क्रिया में प्रयुक्त होने में

D. प्रोटीनीकृत प्रकृति में

307. निम्न में से किसमें समांगी उत्प्रेरक प्रयुक्त होता है?

A. लेड कक्ष विधि द्वारा सल्फ्यूरिक अम्ल के निर्माण में

B. वनस्पति घी के निर्माण में

C. सम्पर्क विधि से सल्फ्यूरिक अम्ल के निर्माण में

D. डीकेन विधि के द्वारा क्लोरीन के निर्माण में

308. उत्प्रेरक विष होता है–

A. क्रिया-निरोधक B. स्व-उत्प्रेरक

C. समांग उत्प्रेरक D. विषमांग उत्प्रेरक

309. क्लोरोफार्म में मिलाया जाने वाला एल्कोहल कार्य करता है–

A. एक नकारात्मक उत्प्रेरक का

B. एक सकारात्मक उत्प्रेरक का

C. एक विलायक का

D. इनमें से कोई नहीं

310. वह प्रक्रम जो किसी एक उत्पाद द्वारा उत्प्रेरित होता है, कहलाता है–

A. स्वतः उत्प्रेरण

B. अम्ल-क्षार उत्प्रेरण

C. नकारात्मक उत्प्रेरण

D. इनमें से कोई नहीं

311. हीरा कार्बन का है–

A. अपरूप

B. बहुलक

C. अपरूप एवं बहुलक दोनों

D. इनमें से कोई नहीं

312. पेट्रोलियम तेल के कुओं से निकलने वाली गैस कहलाती है–

A. प्राकृतिक गैस B. वायुमंडल

C. जीवाश्म ईंधन D. जैव-गैस

313. कोयले का शुद्धतम रूप निम्न में से कौन-सा है?

A. चारकोल B. लिग्नाइट

C. एन्थ्रासाइट D. इनमें से कोई नहीं

314. जब दो या दो से अधिक यौगिकों के अणुसूत्र समान हों लेकिन उनके गुणों में अन्तर हो तो इसे कहते हैं–

A. समस्थानिक B. समावयवता (Isomerism)

C. समभारिक D. इनमें से कोई नहीं

315. शुष्क बर्फ (Dry ice) वास्तव में होता है–

A. ठोस कार्बन मोनोऑक्साइड

B. ठोस ऑक्सीजन

C. ठोस पानी

D. ठोस कार्बन डाइऑक्साइड

316. चूने के पानी में CO_2 गैस प्रवाहित करने पर बनने वाला पदार्थ निम्न में से कौन-सा होगा?

A. कैल्सियम सल्फेट

B. कैल्सियम बाइकार्बोनेट

C. मैग्नीशियम कार्बोनेट

D. कैल्सियम कार्बोनेट

317. निम्न में से यूरिया का रासायनिक सूत्र कौन-सा है?

A. $CO(NH_3)_2$ B. $CO(NH_2)_4$

C. $CONH_2$ D. $CO(NH_2)_2$

318. निम्नलिखित में से कौन-सा पदार्थ शीशे को काटने में प्रयोग किया जाता है?

A. ग्रेफाइट B. हीरा

C. लेड D. लोहा

319. निम्नलिखित में से कौन कार्बन का सबसे शुद्धतम रूप है?

A. चारकोल B. कोयला

C. काजल D. हीरा

320. आग बुझाने में निम्नलिखित में से कौन सहायक होता है?

A. हाइड्रोजन B. ऑक्सीजन

C. कार्बन डाइऑक्साइड D. इनमें से कोई नहीं

321. निम्न में से कार्बन का क्रिस्टलीय अपरूप कौन-सा है?

A. कोल B. कोक

C. काजल D. ग्रेफाइट

322. निम्नलिखित में से सबसे कठोरतम पदार्थ कौन-सा है?
A. हीरा B. संगमरमर
C. ग्रेफाइट D. कोयला

323. कार्बन के 12 ग्राम बराबर हैं उसके–
A. ग्राम अणुभार के
B. ग्राम परमाणु भार के
C. ग्राम तुल्यांकी भार के
D. उपरोक्त सभी सत्य हैं

324. कार्बन है एक–
A. धातु B. अधातु
C. उपधातु D. यौगिक

325. सबसे पहले किस कार्बनिक यौगिक को प्रयोगशाला में तत्त्वों से संश्लेषित किया गया था?
A. यूरिया B. एथिलीन
C. मीथेन D. एसीटिक अम्ल

326. एल्काइन का सामान्य सूत्र होता है–
A. C_nH_{2n-2} B. C_nH_{2n+2}
C. C_nH_{2n} D. $C_{2n}H_{2n}$

327. निम्न में से कौन समावयवता (Isomerism) का उदाहरण है?
A. CH_2Cl_2 एवं $CHCl_3$
B. C_6H_6 एवं C_3H_8
C. C_2H_4 एवं C_3H_6
D. CH_3OCH_3 एवं C_2H_5OH

328. पायरॉल, कार्बनिक यौगिकों की किस श्रेणी से संबंध रखता है?
A. विषम चक्रीय B. एलिफैटिक
C. एरोमैटिक D. एलिसाइक्लिक

329. किसी यौगिक के समावयवी में होता है–
A. समान अणुभार B. समान संरचना सूत्र
C. समान रासायनिक गुण D. समान भौतिक गुण

330. समान अणुसूत्र तथा संरचना सूत्र रखने वाला समावयवी कहलाता है–
A. प्रकाशिक समावयवी B. त्रिविम समावयवी
C. ज्यामितीय समावयवी D. इनमें से कोई नहीं

331. *n*-ब्यूटेन और आइसोब्यूटेन किस प्रकार के समावयवी हैं?
A. शृंखला समावयवी B. स्थान समावयवी
C. प्रकाशिक समावयवी D. क्रियात्मक समावयवी

332. निम्न में से कौन प्रकाशिक समावयवता का उदाहरण है?
A. लैक्टिक अम्ल B. टार्टरिक अम्ल
C. फ्यूमेरिक अम्ल D. मैलेइक अम्ल

333. शृंखला समावयवी भिन्न होते हैं–
A. मूलानुपाती सूत्र में B. अणुसूत्र में
C. अणुभार में D. कार्बन शृंखला की लम्बाई में

334. निम्न में से किसकी उपस्थिति के कारण ज्यामितीय समावयवता पाई जाती है?
A. कार्बन-कार्बन के बीच त्रिबन्ध
B. कार्बन-कार्बन के बीच द्विबन्ध
C. कार्बन-कार्बन के बीच एकलबन्ध
D. कार्बन-कार्बन के बीच मुक्त ध्रुवण घूर्णन

335. यदि कोई यौगिक दो भिन्न असममित कार्बन परमाणु रखता है तो उसके प्रकाशिक समावयवों की संख्या होगी–
A. 2 B. 5
C. 3 D. 4

336. डाइमेथिल ईथर और एथिल एल्कोहल हैं–
A. शृंखला समावयवी
B. स्थान समावयवी
C. क्रियात्मक समावयवी
D. इनमें से कोई नहीं

337. हाइड्रोकार्बन के ऑक्सीकरण से प्राप्त अन्तिम उत्पाद हैं–
A. अम्ल B. एल्कोहल
C. एल्डिहाइड D. $CO_2 + H_2O$

338. मीथेन, सूर्य के प्रकाश में जब क्लोरीन से अभिक्रिया करती है तो निम्नलिखित में से कौन-सा यौगिक नहीं बनता है?
A. $CHCl_3$ B. CH_2Cl_2
C. CH_3Cl D. C_2H_6

339. प्रिंटर की स्याही में प्रयोग होने वाला कार्बन ब्लैक निम्न में से किससे प्राप्त किया जाता है?
A. एसिटिलीन B. बेंजीन
C. कार्बन टेट्राक्लोराइड D. मीथेन

340. मार्श गैस में मुख्यतः होती है–
A. एथेन
B. मीथेन
C. कार्बन डाइऑक्साइड
D. इनमें से कोई नहीं

341. एथिलीन निम्न में से किस परिवार का सदस्य है?
A. एल्केन B. ऑलीफीन
C. एल्काइन D. पैराफिन

342. निम्नलिखित में से किसके जलीय विलयन के विद्युत अपघटन से एथिलीन तैयार की जाती है?
A. सोडियम एसिटेट B. सोडियम फॉर्मेट
C. सोडियम प्रोपिओनेट D. इनमें से कोई नहीं

343. तेल कुओं से प्राप्त होने वाली प्राकृतिक गैस का प्रमुख घटक है–
A. मीथेन B. एथेन
C. ब्यूटेन D. पेन्टेन

344. प्रयोगशाला में बॉयर अभिकर्मक प्रयुक्त होता है–
A. अपचयन के लिए
B. द्विबन्ध की पहचान के लिए
C. ग्लूकोस की पहचान के लिए
D. ऑक्सीकरण के लिए

345. निम्नलिखित में से किसमें हाइड्रोजन का प्रतिशत सबसे अधिक होता है?
A. CH_4 B. C_2H_4
C. C_6H_6 D. C_2H_2

346. निम्नलिखित में से किसमें C—H बन्ध दूरी सबसे अधिक होती है?
A. C_2H_2 B. C_2H_6
C. $C_2H_2Br_2$ D. C_2H_4

347. गैमेक्सीन वास्तव में होता है–
A. बेंजीन हेक्सा क्लोराइड (BHC)
B. मीथेन
C. हेक्साक्लोरोएथेन
D. इनमें से कोई नहीं

348. मीथेन अणु की आकृति होती है–
A. रेखीय B. समतल त्रिकोणीय
C. समतल वर्गीय D. समचतुष्फलकीय

349. जब जल या तनु HCl से एल्यूमीनियम कार्बाइड अभिक्रिया करता है तो निम्नलिखित में से कौन-सा हाइड्रोकार्बन बनता है?
A. मीथेन B. एथेन
C. एसिटिलीन D. एथिलीन

350. यदि किसी संतृप्त हाइड्रोकार्बन को C_nH_{10} द्वारा दिखाया जाए तो इसमें 'n' का मान क्या होगा?
A. 4 B. 5
C. 2 D. 6

351. एल.पी.जी. में मुख्यतः किसका मिश्रण होता है?
A. ब्यूटेन एवं प्रोपेन का
B. ब्यूटेन एवं ऑक्सीजन का
C. ब्यूटेन एवं सोडियम का
D. इनमें से कोई नहीं

352. मीथेन को निम्न में से किस विधि द्वारा बनाया जा सकता है?
A. डीकार्बोक्सिलेशन द्वारा
B. हाइड्रोजनीकरण द्वारा
C. वुर्ट्ज अभिक्रिया द्वारा
D. उपरोक्त सभी द्वारा

353. लाल तप्त लौह ट्यूब पर जब एसिटिलीन को प्रवाहित किया जाता है तो निम्न में से कौन-सा यौगिक बनता है?
A. बेंजीन B. एथेन
C. रबर D. मीथेन

354. निम्नलिखित में से कौन-सी विधि उच्च क्वथनांक वाले हाइड्रोकार्बन को निम्न क्वथनांक वाले हाइड्रोकार्बन में बदलने की विधि कहलाती है?
A. बहुलीकरण B. भंजन
C. संघनन D. समावयवता

355. निम्नलिखित में से कौन-सा कथन एल्केन की समजातीय श्रेणी, के लिए असत्य है?
A. इनका सामान्य सूत्र C_nH_{2n+2} होता है
B. इनका समान रासायनिक गुण होता है
C. ये सीधे श्रृंखला यौगिक होते हैं
D. इनमें से कोई नहीं

356. मेथिल ब्रोमाइड को जब एक बंद परखनली में जस्ता के साथ गर्म किया जाता है तो बनता है–
A. एथेन B. मीथेन
C. एथिलीन D. इनमें से कोई नहीं

357. एथिल ब्रोमाइड तथा सोडियम, शुष्क ईथर की उपस्थिति में अभिक्रिया कर ब्यूटेन बनाते हैं। इस अभिक्रिया का नाम है–
A. वुर्ट्ज अभिक्रिया
B. फ्रीडल-क्राफ्ट अभिक्रिया
C. विद्युत अपघटन
D. इनमें से कोई नही

358. कम कार्बन वाले हाइड्रोकार्बनों को बनाने की सबसे प्रमुख विधि है–
A. वसा अम्लों के लवणों का वैद्युत अपघटन
B. अधिक कार्बन वाले हाइड्रोकार्बनों का ताप अपघटन
C. प्रत्यक्ष संश्लेषण
D. इनमें से कोई नहीं

359. निम्नलिखित में से कौन-सा अत्यधिक क्रियाशील हाइड्रोकार्बन है?
A. एसिटिलीन B. एथेन
C. एथिलीन D. मीथेन

360. कारों में ईंधन के रूप में प्रयुक्त मिश्रण है–
A. हाइड्रोकार्बन B. ऐल्कोहल
C. कार्बोहाइड्रेट D. इनमें से कोई नहीं

361. ऐसीटिलीन में हाइड्रोजन परमाणु होता है–
A. अम्लीय B. बेसिक
C. उभयधर्मी D. उदासीन

362. कोल्बी विद्युत अपघटनी विधि का उपयोग निम्न में से किनके संश्लेषण में होता है?
A. ऐल्केन B. ऐल्किन
C. ऐल्काइन D. उपरोक्त सभी के

363. यूरिया का जलीय विलयन होता है–
A. उदासीन B. अम्लीय
C. क्षारीय D. अम्लीय एवं क्षारीय दोनों

364. यूरिया को गर्म करने पर प्राप्त होता है–
A. नाइट्रोजन
B. कार्बन डाइऑक्साइड
C. बाइयुरेट
D. अमोनियम कार्बोनेट

365. निम्नलिखित में से किस कार्बनिक यौगिक की सबसे पहली बार रिंग संरचना दी गई थी?
A. बेंजीन B. टॉलुईन
C. पिरिडीन D. नेफ्थलीन

366. सैकरिन होता है–
A. एलिफैटिक हाइड्रोकार्बन
B. मीठा करने वाला कारक
C. बहुनाभिकीय यौगिक
D. इनमें से कोई नहीं

367. निम्नलिखित में से कौन-सा यौगिक पराबैंगनी प्रकाश को अवशोषित नहीं करता है?
A. एसिटोन B. एथेन
C. नाइट्रोबेंजीन D. बेंजीन

368. एस्प्रिन है–
A. एल्डिहाइड B. अम्ल
C. एस्टर D. कीटोन

369. निम्नलिखित में से किससे डी.डी.टी. (DDT) प्राप्त होती है?
A. टॉलुईन से B. डाइफिनाइल से
C. क्लोरोबेंजीन से D. एनिलीन से

370. लौह उत्प्रेरक की उपस्थिति में बेंजीन क्लोरीन से क्रिया करके बनाती है–
A. क्लोरोबेंजीन
B. बेंजोइल क्लोराइड
C. बेंजीन हैक्साक्लोराइड
D. बेंजाइल क्लोराइड

371. मूत्र रोग में प्रयुक्त 'यूरोट्रोपीन' बनायी जाती है–
A. क्लोरोफार्म से B. नाइट्रो बेंजीन से
C. एसीटिक अम्ल से D. फार्मेल्डिहाइड से

372. कार्बन परमाणु की चारों संयोजकताएं एक समचतुष्फलक के चारों किनारों की ओर दिष्ट होती है तथा कार्बन केन्द्र में होता है। यह विचार दिया था–
A. लीबेल तथा वॉण्ट होफ ने
B. जे.जे. थॉमसन ने
C. फैराडे ने
D. आइन्सटीन ने

373. निम्नलिखित में से कार्बनिक यौगिक कौन-सा है?
A. क्लोरोफार्म B. जल
C. सोडियम क्लोराइड D. अमोनियम सल्फेट

374. कार्बन परमाणु में होते हैं–
A. 12 न्यूट्रॉन, 6 प्रोटॉन, 6 इलेक्ट्रॉन
B. 12 प्रोटॉन, 6 न्यूट्रॉन, 6 इलेक्ट्रॉन
C. 6 न्यूट्रॉन, 6 प्रोटॉन, 6 इलेक्ट्रॉन
D. 6 न्यूट्रॉन, 6 प्रोटॉन, 12 इलेक्ट्रॉन

375. फॉर्मेलिन है–
A. एथिल एल्कोहल तथा मेथिल एलकोहल का मिश्रण
B. 40% फॉर्मेल्डिहाइड
C. एसीटोन
D. मीथेन तथा एथेन का मिश्रण

376. क्लोरोफार्म को रंगीन बोतलों में रखा जाता है, क्योंकि वह वायु एवं प्रकाश से क्रिया करके एक विषैला पदार्थ बनाता है। यह विषैला पदार्थ है–
A. फॉस्जीन B. डी.डी.टी.
C. कार्बन-मोनोक्साइड D. इनमें से कोई नहीं

377. निम्न में से कौन शुष्क धुलाई (Dry Cleaning) के कार्य में प्रयोग किया जाता है?
A. नाइट्रोबेंजीन B. बेंजीन
C. मेथिल एल्कोहल D. क्लोरोबेंजीन

378. ठंडे प्रदेशों में हिमांक कम करने के लिए कारों के रेडियेटरों में मिलाया जाता है–
A. क्लोरोफार्म को
B. फिनॉल को
C. एथिलीन ग्लाइकॉल को
D. इनमें से कोई नहीं

379. वनस्पति तेल है–
A. विभिन्न हाइड्रोकार्बन का मिश्रण
B. एल्कोहल एवं हाइड्रोकार्बन का मिश्रण
C. असंतृप्त वसीय अम्ल
D. असंतृप्त वसीय अम्ल का ग्लिसराइड

380. निम्नलिखित में से किसको रबर के संश्लेषण में प्रयोग किया जाता है?
A. एसीटिलीन B. आइसोप्रीन
C. एथिलीन D. अमोनिया

381. निम्नलिखित में से कौन-सी गैस गोबर गैस में पाई जाती है?
A. मीथेन
B. एथिलीन
C. सल्फर-डाइऑक्साइड
D. ऑक्सीजन

382. निम्न में कौन कीटाणुनाशक है?
A. नाइट्रोटालुईन B. सल्फ्यूरिक अम्ल
C. डी.टी.टी. D. सोडियम कार्बोनेट

383. पिकरिक अम्ल है–
A. 2, 4, 6-ट्राइनाइट्रोफिनॉल
B. ट्राइनाइट्रोटॉलुईन
C. ट्राइनाइट्रोएनिलीन
D. इनमें से कोई नहीं

384. प्राकृतिक रेशम होता है–
A. पॉलीएस्टर B. पॉलीएमाइड
C. पॉलीसेकेराइड D. पॉली कार्बोक्सलिक अम्ल

385. निम्नलिखित में से किससे एरोमैटिक यौगिकों की अधिकतम संख्या प्राप्त होती है?
A. कोलतार से B. प्राकृतिक गैस से
C. पेट्रोलियम से D. इनमें से कोई नहीं

386. शुद्ध एनिलीन होता है–
A. रंगहीन द्रव B. भूरे रंग का द्रव
C. सफेद द्रव D. रंगहीन ठोस

387. नायलॉन है–
A. पॉलीसेकेराइड B. पॉलीएथिलीन
C. पॉलीएमाइड D. पॉलीएस्टर

388. बेंजीन, सल्फ्यूरिक अम्ल से तभी अभिक्रिया करता है जब सल्फ्यूरिक अम्ल–
A. गर्म एवं सान्द्र होता है
B. ठण्डा एवं तनु होता है
C. गर्म एवं तनु होता है
D. नाइट्रिक अम्ल के साथ मिला होता है

389. फिनॉल की प्रकृति होती है–
A. क्षारीय B. अम्लीय
C. (A) तथा (B) दोनों D. इनमें से कोई नहीं

390. निम्न कथनों में से कौन-सा कथन असत्य है?
A. कार्बोनिक अम्ल को सिट्रिक अम्ल तथा चीनी के साथ मिलाकर सॉफ्ट ड्रिंक्स बनाने में प्रयुक्त किया जाता है
B. नाइट्रिक अम्ल को विस्फोटक बनाने में प्रयुक्त किया जाता है
C. नाइट्रिक अम्ल को स्टार्च से ग्लूकोस बनाने में प्रयुक्त किया जाता है
D. कार बैटरी में सल्फ्यूरिक अम्ल प्रयुक्त होता है

391. हाइड्रोजन के कितने समस्थानिक होते हैं?
A. 5 B. 7
C. 2 D. 3

392. ड्यूटेरियम में पाया जाता है–
A. एक न्यूट्रॉन तथा एक प्रोटॉन
B. दो न्यूट्रॉन तथा दो प्रोटॉन
C. एक न्यूट्रॉन तथा चार प्रोटॉन
D. चार न्यूट्रॉन तथा दो प्रोटॉन

393. भारी जल का अणुभार होता है–
A. 18 B. 20
C. 22 D. 18

394. जल अणु में हाइड्रोजन एव ऑक्सीजन का सही अनुपात होता है–
A. 1 : 2 B. 2 : 1
C. 3 : 1 D. 4 : 1

395. हाइड्रोजन परऑक्साइड होता है–
A. उपचायक
B. अपचायक
C. उपचायक एवं अपचायक दोनों
D. इनमें से कोई नहीं

396. गुब्बारों में हाइड्रोजन की अपेक्षा हीलियम भरना अधिक उपयुक्त माना जाता है क्योंकि–
A. यह सस्ती होती है
B. यह कम भारी होती है
C. इसकी उड़न क्षमता अधिक होती है
D. यह हवा के साथ मिल कर विस्फोटक मिश्रण नहीं बनाती है

397. भारी जल होता है–
A. सामान्य जल की अपेक्षा सघन
B. भारी और गन्दे स्वाद वाला
C. ड्यूटेरियम का ऑक्साइड
D. इनमें से कोई नहीं

398. भारी जल (D_2O) का अधिकतम प्रयोग किया जाता है–
A. नाभिकीय रिएक्टरों में
B. कीटाणुनाशकों के निर्माण में
C. रसायन उद्योगों में
D. उपरोक्त सभी में

399. नाभिकीय रिएक्टरों में भारी जल का प्रयोग इसलिए किया जाता है क्योंकि यह–
A. उच्च ऊर्जा युक्त न्यूट्रॉनों की गति को मन्द करता है
B. α-कणों का स्रोत है
C. ऊर्जा उत्पन्न करता है
D. इनमें से कोई नहीं

400. निम्नलिखित में से किसमें हाइड्रोजन परॉक्साइड का प्रयोग किया जाता है?
A. रॉकेट के ईंधन के रूप में
B. विरंजक एजेन्ट के रूप में
C. ऑक्सीकारक की तरह
D. उपरोक्त सभी में

401. निम्न में से कौन-सी क्रिया हाइड्रोजन के जलने पर होती है?
A. हाइड्रीकरण B. अपचयन
C. ऑक्सीकरण D. हाइड्रोजनीकरण

402. निम्न कथनों पर विचार कीजिए–
1. ऑर्थो एवं पैरा हाइड्रोजन, हाइड्रोजन के समस्थानिक हैं।
2. ऑर्थो एवं पैरा हाइड्रोजन की विशिष्ट ऊष्मा समान होती है।
3. ऑर्थो एवं पैरा हाइड्रोजन के रासायनिक गुण समान होते हैं।
4. ऑर्थो एवं पैरा हाइड्रोजन के क्वथनांक समान होते हैं।

उपरोक्त कथनों में से कौन-सा कथन सत्य है?
A. 1 एवं 2 B. केवल 3
C. 3 एवं 4 D. 4 एवं 1

403. कथन (A) : X-किरण, हाइड्रोजन परमाणु द्वारा उत्सर्जित नहीं होता है।

कारण (R) : हाइड्रोजन परमाणु के पास एक इलेक्ट्रॉन होता है।

कूट :
A. A एवं R दोनों सत्य हैं तथा R, A की सही व्याख्या करता है
B. A और R दोनों सत्य हैं परन्तु R, A की सही व्याख्या नहीं करता है।
C. A सत्य है, परन्तु R असत्य है।
D. A असत्य है, परन्तु R सत्य है।

404. सामान्य ताप पर निम्न में से कौन-सी धातु जल से अभिक्रिया करती है?
A. सिल्वर B. आयरन
C. सोडियम D. एल्युमिनियम

405. जल का क्वथनांक किसकी उपस्थिति के कारण अधिक होता है?
A. हाइड्रोजन बंध B. ध्रुवीय बंध
C. वैद्युत संयोजक बंध D. उप-सहसंयोजक बंध

406. हाइड्रोजन का समस्थानिक निम्न में से कौन-सा नहीं है?
A. ट्राइटियम B. ऑर्थो-हाइड्रोजन
C. ड्यूटीरियम D. इनमें से कोई नहीं

407. हाइड्रोजन के समस्थानिक में प्रोटॉनों एवं न्यूट्रॉनों की संख्या का योगफल होता है–
A. 6 B. 3
C. 5 D. 4

408. ट्राइटियम उत्सर्जित करता है–
A. बीटा-किरणें B. एल्फा-किरणें
C. गामा-किरणें D. इनमें से कोई नहीं

409. ट्राइटियम निम्नलिखित में से किसका समस्थानिक है?
A. टैलूरियम का B. हाइड्रोजन का
C. टेन्टेलम का D. इनमें से कोई नहीं

410. निम्नलिखित में से कौन-सा पदार्थ रेडियो एक्टिव है?
A. एरोटियम B. हीलियम
C. ट्राइटियम D. ड्यूटीरियम

411. व्यापारिक रूप से हाइड्रोजन किससे प्राप्त की जाती है?
A. ऑयल गैस से
B. कोल गैस से
C. प्रोड्यूसर गैस से
D. मार्श गैस से

412. निम्नलिखित में से कौन मुक्त हाइड्रोजन का स्रोत है?
A. जल B. मार्श गैस
C. अम्ल D. जल गैस

413. नवजात हाइड्रोजन होता है–
A. उत्तेजित अवस्था में हाइड्रोजन आयन
B. अत्यधिक ऊर्जा युक्त हाइड्रोजन अणु
C. प्रोटॉन
D. अत्यधिक ऊर्जा युक्त हाइड्रोजन परमाणु

414. निम्न में से कौन-सा कथन सत्य है?
A. हाइड्रोजन हल्की, अपचायक और हवा में जलती है।
B. हाइड्रोजन हल्की, ऑक्सीकारक और हवा में नहीं जलती है।
C. हाइड्रोजन हल्की, ऑक्सीकारक और हवा में जलती है।
D. हाइड्रोजन हल्की, अपचायक और हवा में नहीं जलती है।

415. प्रोटियम में न्यूट्रॉनों की संख्या होती है–
A. शून्य B. 1
C. 2 D. 3

416. निम्नलिखित में से किसके कारण पानी का क्वथनांक उच्च होता है?
A. उच्च विशिष्ट ऊष्मा
B. उच्च परावैद्युतांक
C. हाइड्रोजन बंध
D. निम्न वियोजन स्थिरांक

417. तनु सल्फ्यूरिक अम्ल के साथ निम्नलिखित में से किस धातु की क्रिया कराने पर हाइड्रोजन गैस प्राप्त होती है?
A. जस्ता B. कॉपर
C. हीलियम D. मरकरी

418. 298 K पर हीलियम हाइड्रोजन से दोगुना भारी है तब हीलियम की औसत गतिज ऊर्जा होगी–
A. हाइड्रोजन अणु के समान
B. हाइड्रोजन अणु की दोगुनी
C. हाइड्रोजन अणु की चार गुनी
D. हाइड्रोजन अणु की आधी

419. आदर्श गैस वह होती है जो–
A. बॉयल के नियम को मानती है
B. गैस के नियम को मानती है
C. चार्ल्स के नियम को मानती है
D. आवोगाद्रो की परिकल्पना को मानती है

420. निम्न में से कौन वान्डर वॉल समीकरण को दर्शाता है?

A. $\left[P+\frac{a}{V^2}\right](V-b)=RT$

B. $PV = RT$

C. $PV=\frac{1}{3}mnV^2$

D. $\left[P+\frac{a}{V^2}\right](V+b)=RT$

421. गैसों का गतिज सिद्धांत स्पष्ट करता है कि–

A. हल्के अणु भारी अणुओं से तेज गति रखते हैं

B. भारी अणु हल्के अणुओं से तेज गति रखते हैं

C. सभी प्रकार के अणु समान गति रखते हैं

D. गैसों के अणुओं में गति नहीं होती है

422. एक नियत ताप पर यदि किसी गैस का दाब दुगुना कर दिया जाए तो उसका–

A. आयतन आधा हो जाएगा

B. आयतन दुगुना हो जाएगा

C. आयतन अपरिवर्तित रहेगा

D. इनमें से कोई नहीं

423. गैसों के गतिज सिद्धांत के अनुसार, गतिज ऊर्जा निर्भर करती है–

A. ताप पर

B. दाब पर

C. परमाणु संख्या पर

D. इनमें से कोई नहीं

424. निम्नलिखित में से कौन-सी गैसें डाल्टन के आंशिक दाब नियम का पालन नहीं करती हैं?

A. हाइड्रोजन एवं क्लोरीन

B. हाइड्रोजन एवं कार्बन डाइऑक्साइड

C. कार्बन डाइऑक्साइड एवं क्लोरीन

D. सल्फर डाइऑक्साइड एवं ऑक्सीजन

425. गैस समीकरण $PV = nRT$ में n होता है–

A. गैस का भार

B. ग्राम परमाणुओं की संख्या

C. परमाणुओं की संख्या

D. इनमें से कोई नहीं

426. निम्नलिखित में से कौन-सा कथन असत्य है?

A. चार्ल्स के नियम के अनुसार $V_1T_2 = V_2T_1$ होता है

B. द्विपरमाणविक गैस की ऊष्माधारिता, एक परमाणु वाली गैस से अधिक होती है

C. बॉयल के नियमानुसार $P_1V_1 = P_2V_2$ होता है

D. इनमें से कोई नहीं

427. कमरे के ताप एवं वायुमण्डलीय दाब पर यदि हाइड्रोजन एवं हीलियम की समान मात्रा को दो समान आकार की बोतलों में भरा गया हो तो–

A. दोनों बोतलों में परमाणुओं की समान संख्या होगी

B. हाइड्रोजन परमाणुओं की संख्या हीलियम की अपेक्षा आधी होगी

C. हाइड्रोजन परमाणुओं की संख्या हीलियम की अपेक्षा दुगुनी होगी

D. इनमें से कोई नहीं

428. एक वास्तविक गैस को दबाव के प्रयोग द्वारा द्रवित किया जा सकता है, जब उसका तापमान होता है–

A. कमरे के ताप से अधिक

B. व्युत्क्रम ताप से अधिक

C. क्रांतिक तापमान पर

D. इनमें से कोई नहीं

429. **कथन (A) :** गैसें सामान्य दाब पर विद्युत की अच्छी चालक होती हैं।

कारण (R) : गैसों के परमाणुओं की गतिज ऊर्जा उच्च होती है तथा वे गतिशील होते हैं।

कूट :

A. A एवं R दोनों सत्य हैं तथा R, A की सही व्याख्या करता है

B. A और R दोनों सत्य हैं परन्तु R, A की सही व्याख्या नहीं करता है।

C. A सत्य है परन्तु R असत्य है।

D. A असत्य है परन्तु R सत्य है।

430. यदि सामान्य ताप एवं दाब पर 5.6 लीटर गैस का द्रव्यमान 60 ग्राम है तो इस गैस का वाष्प घनत्व होगा–

A. 30 B. 60

C. 120 D. 240

431. बेकेलाइट प्राप्त होता है–

A. एथिलीन के बहुलीकरण से

B. फीनॉल तथा फॉर्मेल्डिहाइड की अभिक्रिया से

C. यूरिया तथा फॉर्मेल्डिहाइड की अभिक्रिया से

D. इनमें से कोई नहीं

432. 'रेयॉन' रेशे तैयार किए जाते हैं–

A. सेलूलोस से B. बेकेलाइट से

C. यूरिया से D. इनमें से कोई नहीं

433. टेफ्लॉन निम्न का बहुलक है–

A. एथिलीन B. स्टाइरीन

C. ब्यूटाडाइन D. टेट्राफ्लोरो एथीन

434. संश्लेषित रेशा होता है–

A. रेयॉन B. रेशम

C. सेलुलोस D. ऊन

435. 'आरलोन' बहुलक है–
A. ब्यूटाडाइन का
B. ऐक्रिलो नाइट्राइल का
C. ऐथिलीन का
D. वाइनिल क्लोराइड का

436. निम्नलिखित में से कौन नायलॉन के निर्माण में प्रयुक्त होता है?
A. ब्यूटाडाइन B. एडिपिक अम्ल
C. एथिलीन D. इनमें से कोई नहीं

437. निम्नलिखित में से किसके निर्माण में फिनॉल का उपयोग किया जाता है?
A. पॉलीस्टाइरीन B. बेकेलाइट
C. पॉली सैकेराइड D. पॉली क्लोरोडाइन

438. योगात्मक बहुलक का निम्न में से कौन उदाहरण नहीं है?
A. टेरीलीन B. पॉलीथीन
C. पॉलीस्टाइरीन D. निओप्रीन

439. निम्न में से कौन सह-बहुलक है?
A. बेकेलाइट B. टेफ्लॉन
C. पॉलीथीन D. इनमें से कोई नहीं

440. संश्लेषित बहुलक निम्न में से कौन नहीं है?
A. पॉलीथीन B. सैलोफेन
C. पी.वी.सी. D. नायलॉन

441. प्राकृतिक रूप से पाया जाने वाला बहुलक निम्न में से कौन है?
A. प्रोटीन B. सेलुलोस
C. रबड़ D. उपरोक्त सभी

442. पॉलीथीन निम्न में से किसके बहुलीकरण से प्राप्त होता है?
A. एथिलीन B. ब्यूटाडाइन
C. आइसोप्रीन D. प्रोपीलीन

443. निम्न में से कौन क्लोरोइथिलीन के बहुलीकरण से प्राप्त होता है?
A. पॉलीथीन B. नायलॉन
C. पी.वी.सी. D. टेफ्लॉन

444. पॉलीथीन, नायलॉन एवं टेरीलीन सभी उदाहरण हैं–
A. संघनन बहुलक का B. निओप्रीन का
C. थर्मोप्लास्टिक का D. इनमें से कोई नहीं

445. वह बहुलीकरण जिसमें दो या अधिक रासायनिक रूप से भिन्न मोनोमर भाग लेते हैं, कहलाता है–
A. योगात्मक बहुलीकरण
B. सह-बहुलीकरण
C. शृंखला बहुलीकरण
D. इनमें से कोई नहीं

446. प्राकृतिक रबड़ निम्नलिखित में से किसका बहुलक होता है?
A. आइसोप्रीन B. निओप्रीन
C. इथाइलीन D. आइसो ब्यूटेन

447. निम्नलिखित में से कौन-सा कथन थर्मोप्लास्टिक के रूप में सत्य है?
A. ये रेखीय बहुलक के उदाहरण हैं
B. ये मुलायम या गर्म करने पर पिघलने वाले होते हैं
C. ये बहुलक ऐच्छिक आकार में ढ़ाले जा सकते हैं
D. उपरोक्त सभी सत्य हैं

448. निम्नलिखित में से कौन पॉलीएमाइड कहलाता है?
A. रेयॉन B. नायलॉन
C. टेरीलीन D. ओरलॉन

449. निओप्रीन निम्नलिखित में से किसका बहुलक है?
A. क्लोरोप्रीन का B. आइसोप्रीन का
C. स्टाइरीन का D. ब्यूटाडाइन का

450. निम्न में से कौन थर्मोसेटिंग बहुलक का उदाहरण है?
A. पॉलीथीन B. निओप्रीन
C. पी.वी.सी. D. बेकेलाइट

451. पोटेशियम परमैंगनेट का रासायनिक सूत्र है–
A. $KMnO_4$ B. $KMnO_2$
C. K_2MnO_4 D. K_2MnO_2

452. सुपर फॉस्फेट प्राप्त होता है–
A. कैल्शियम फॉस्फेट पर तनु हाइड्रोक्लोरिक अम्ल की अभिक्रिया से
B. कैल्शियम फॉस्फेट पर तनु सल्फ्यूरिक अम्ल की अभिक्रिया से
C. मैग्नीशियम फॉस्फेट पर तनु हाइड्रोक्लोरिक अम्ल की अभिक्रिया से
D. इनमें से कोई नहीं

453. समुद्री जल से नमक निकालने के लिए निम्नलिखित में से कौन-सी विधि अपनायी जाती है?
A. ऊर्ध्वपातन B. वाष्पीकरण
C. क्रिस्टलीकरण D. आसवन

454. खनिजों एवं चट्टानों में निम्नलिखित में से कौन-सा तत्त्व सबसे अधिक पाया जाता है?
A. सिलिकन B. कार्बन
C. हाइड्रोजन D. बोरॉन

455. निम्न में से किसको साल्टपीटर कहा जाता है?
A. सिल्वर नाइट्रेट
B. पोटेशियम नाइट्रेट
C. सोडियम क्लोराइड
D. क्यूप्रिक क्लोराइड

456. व्यापारिक प्रतिष्ठानों में नीले रंग का प्रकाश देने वाले बल्बों में कौन-सी गैस भरी जाती है?
A. हीलियम B. ऑर्गन
C. निऑन D. ऑक्सीजन

457. बड़े नगरों में सड़कों पर पीला सुनहरा प्रकाश देने वाले लैम्पों में किसकी वाष्प भरी होती है?

A. सोडियम की B. हीलियम की
C. मरकरी की D. पोटेशियम की

458. आवोगाद्रो संख्या है–

A. 6.023×10^{23} B. 6.023×10^{13}
C. 16.203×10^{23} D. 66.203×10^{31}

459. प्रोड्यूसर गैस निम्नलिखित का मिश्रण है–

A. $CO + N_2$ B. $CO + H_2$
C. $CO_2 + H_2 + N_2$ D. $CO + H_2 + N_2 + CO_2$

460. वायुमण्डल में उपस्थित गैसों की मात्रा का बढ़ता हुआ क्रम है–

A. नाइट्रोजन, ऑक्सीजन, ऑर्गन, कार्बन आइऑक्साइड
B. ऑक्सीजन, नाइट्रोजन, ऑर्गन, कार्बन डाइऑक्साइड
C. नाइट्रोजन, कार्बन डाइऑक्साइड, ऑक्सीजन, ऑर्गन
D. नाइट्रोजन, ऑक्सीजन, ओजोन, कार्बन डाइऑक्साइड

461. ऑक्सीकरण की अभिक्रिया में–

A. इलेक्ट्रॉनों की वृद्धि होती है
B. इलेक्ट्रॉनों की कमी होती है
C. प्रोटॉनों की वृद्धि होती है
D. इनमें से कोई नहीं

462. अग्निशामक यंत्र में रखे गए रासायनिक पदार्थ हैं–

A. हाइड्रोक्लोरिक अम्ल, कैल्शियम बाइकार्बोनेट
B. सल्फ्यूरिक अम्ल, कैल्शियम कार्बोनेट
C. सल्फ्यूरिक अम्ल, सोडियम बाइकार्बोनेट
D. इनमें से कोई नहीं

463. जमे हुए घी का पिघल जाना किस प्रकार का परिवर्तन है?

A. भौतिक परिवर्तन B. रासायनिक परिवर्तन
C. आन्तरिक परिवर्तन D. इनमें से कोई नहीं

464. ताप बढ़ाने से साधारण नमक की जल में विलेयता पर क्या प्रभाव पड़ता है?

A. कोई प्रभाव नहीं पड़ता है
B. पहले घटती है फिर बढ़ती है
C. विलेयता घटती है
D. विलेयता बढ़ती है

465. पोटेशियम परमैंगनेट को गर्म करने पर कौन-सी गैस निकलती है?

A. कार्बन डाइऑक्साइड B. ऑक्सीजन
C. हाइड्रोजन D. इनमें से कोई नहीं

466. सोडा वाटर की बोतल खोलने पर कौन–सी गैस निकलती है?

A. ऑक्सीजन B. नाइट्रोजन
C. सल्फर डाइऑक्साइड D. कार्बन डाइऑक्साइड

467. खांना बनाने वाली गैस (LPG) का रिसाव निम्नलिखित की गंध से पहचाना जाता है–

A. मर्कप्टन B. मस्टर्ड गैस
C. फॉस्जीन D. इनमें से कोई नहीं

468. ऑक्टेन रेटिंग प्रयुक्त किया जाता है–

A. ईंधन की शुद्धता के लिए
B. ईंधन के विस्फोटन गुण के लिए
C. अकार्बनिक पदार्थों को अवक्षेपित करने के लिए
D. इनमें से कोई नहीं

469. निम्न में से कौन पेट्रोलियम के शोधन का उत्पाद नहीं है?

A. लैम्प ब्लैक B. पैराफिन मोम
C. कैरोसीन D. पेट्रोल

470. डीजल की गुणवत्ता मापी जाती है–

A. गोल्ड संख्या के आधार पर
B. ऑक्टेन संख्या के आधार पर
C. ट्रांसपोर्ट संख्या के आधार पर
D. सीटेन संख्या के आधार पर

471. पेट्रोल से लेड को अलग करने के लिए इसमें मिलाया जाता है–

A. एथिल ब्रोमाइड
B. एथिलीन डाइब्रोमाइड
C. एथिलीडीन ब्रोमाइड
D. एसिटिलीन टेट्राब्रोमाइड

472. निम्न कथनों पर विचार कीजिए–

1. बायोगैस में लगभग 65% मीथेन होता है।
2. लिग्नाइट कोयले में 38% कार्बन होता है।
3. हाइड्रोजन का कैलोरी मान, कैरोसीन से अधिक होता है।

इनमें से कौन-सा कथन सत्य है?

A. 1, 2 और 3 B. 2 और 3
C. 1 और 3 D. 1 और 2

473. पेन्ट एवं वार्निश में होता है–

A. साबुन B. ग्लिसरीन
C. नारियल तेल D. अलसी का तेल

474. घरेलू प्रयोग में आने वाली मोमबत्ती में होता है–

A. उच्च संतृप्त हाइड्रोकार्बन
B. उच्च असंतृप्त हाइड्रोकार्बन
C. निम्न संतृप्त हाइड्रोकार्बन
D. निम्न असंतृप्त हाइड्रोकार्बन

475. भोपाल गैस कांड में मुक्त गैस थी–

A. कार्बन मोनो-ऑक्साइड
B. कार्बन डाइऑक्साइड
C. मिथाइल आइसोसायनाइट
D. नाइट्रोजन

476. खाद्य पदार्थ के संरक्षण के लिए निम्नलिखित में से किस अम्ल का उपयोग किया जाता है?
A. टार्टरिक अम्ल B. साइट्रिक अम्ल
C. एसीटिक अम्ल D. इनमें से कोई नहीं

477. शुद्ध स्प्रिट में होता है–
A. 85.5% एल्कोहल B. 100% एल्कोहल
C. 75% एल्कोहल D. 95.6% एल्कोहल

478. शराब में होता है–
A. ग्लिसरॉल
B. आइसोप्रोपिल एल्कोहल
C. इथाइल एल्कोहल
D. मिथाइल एल्कोहल

479. ईथर की प्रकृति होती है–
A. अम्लीय B. क्षारीय
C. उदासीन D. उभयधर्मी

480. 'सिल्वर दर्पण' परीक्षण निम्नलिखित में से किससे संबंधित है?
A. एल्डिहाइड B. अम्ल
C. एथेन D. एसीटिक एनहाइड्राइड

481. टमाटर में कौन-सा अम्ल पाया जाता है?
A. लैक्टिक अम्ल B. साइट्रिक अम्ल
C. ऑक्सेलिक अम्ल D. टार्टरिक अम्ल

482. निम्नलिखित में से किनको रसायनशास्त्र का पहला नोबेल पुरस्कार दिया गया था?
A. रॉबर्ट बॉयल B. लेवॉइसर
C. केकुले D. वॉण्ट हॉफ

483. सुपर फॉस्फेट उर्वरक में कौन-कौन से तत्त्व होते हैं?
A. फॉस्फोरस, हाइड्रोजन तथा कैल्शियम
B. फॉस्फोरस, नाइट्रोजन तथा कैल्शियम
C. फॉस्फोरस, जिप्सम तथा बॉक्साइट
D. इनमें से कोई नहीं

484. **कथन (A) :** काँच बहुत कठोर पदार्थ होता है।
कारण (R) : सिलिकन काँच का एक घटक तत्त्व है।
कूट :
A. A एवं R दोनों सत्य हैं तथा R, A की सही व्याख्या करता है
B. A और R दोनों सत्य हैं परन्तु R, A की सही व्याख्या नहीं करता है
C. A सत्य है, परन्तु R असत्य है
D. A असत्य है, परन्तु R सत्य है

485. माचिस की तीलियों के सिरे पर होती है–
A. लाल फास्फोरस और सल्फर
B. एन्टीमनी सल्फाइड, सल्फर और लेड
C. पोटेशियम, सल्फर तथा रेत
D. सल्फर तथा पोटेशियम क्लोरेट

486. सीमेंट में जिप्सम मिलाने का मुख्य उद्देश्य होता है–
A. सीमेंट का रंग सुधारना
B. समांगी मिश्रण बनाना
C. सीमेंट के जमने की दर को बढ़ाना
D. सीमेंट के जमने की दर को कम करना

487. **कथन (A) :** ग्रेफाइट स्नेहक के रूप में प्रयोग किया जाता है।
कारण (R) : ग्रेफाइट ऊष्मा का अच्छा चालक होता है।
कूट :
A. A एवं R दोनों सत्य हैं तथा R, A की सही व्याख्या करता है
B. A और R दोनों सत्य हैं परन्तु R, A की सही व्याख्या नहीं करता है
C. A सत्य है, परन्तु R असत्य है
D. A असत्य है, परन्तु R सत्य है

488. वायु प्रदूषण के कारण वातावरण में उपस्थित निम्नलिखित में से कौन मनुष्य के लिए सबसे हानिकारक है?
A. लेड एवं आर्सेनिक
B. लेड एवं मरकरी
C. मरकरी एवं कैडमियम
D. जस्ता एवं आयरन

489. हँसाने वाली गैस का रासायनिक नाम है–
A. नाइट्रोजन B. नाइट्रस ऑक्साइड
C. नाइट्रिक ऑक्साइड D. इनमें से कोई नहीं

490. .... द्वारा कुकिंग तेल को वनस्पति घी में बदला जाता है।
A. ऑक्सीकरण B. हाइड्रोजनीकरण
C. अपचयन D. क्रिस्टलीकरण

491. द्रवित अमोनिया का सामान्यतः रेफ्रिजरेटर में प्रशीतक के रूप में प्रयोग किया जाता है क्योंकि–
A. यह बहुत अधिक क्षारीय होता है
B. यह स्थायी हाइड्राइड होता है
C. इसका द्विध्रुव आघूर्ण उच्च होता है
D. इसके वाष्पन की ऊष्मा उच्च होती है

492. लेड पेन्सिल में लेड की प्रतिशतता होती है–
A. 50% B. 20%
C. 10% D. 0%

493. हीरे की चट्टानें कहलाती हैं–
A. क्वार्ट्ज B. लॉडस्टोन
C. सिलिकेट्स D. किम्बरलाइट

494. अस्पतालों में कृत्रिम श्वसन के लिए प्रयुक्त कार्बोजन निम्नलिखित का मिश्रण होता है–
A. 96% O_2 तथा 3% CO_2
B. 90% O_2 तथा 10% N_2
C. 80% O_2 तथा 20% CO_2
D. 96% O_2 तथा 4% N_2

495. काँच है–
A. द्रव
B. ठोस
C. अतिशीतित द्रव
D. पारदर्शी कार्बनिक बहुलक

496. निम्न कथनों पर विचार कीजिए–
1. हीरा, काला सीसा कहलाता है।
2. हीरा में कार्बन होता है।
3. इस्पात, हीरा से अधिक कठोर होता है।
उपरोक्त कथनों में से कौन-सा/से कथन सही है/हैं?
A. केवल 1 B. केवल 2
C. 2 और 3 D. 1, 2 एवं 3

497. रोटी निम्न गैस के कारण फूलती है–
A. ऑक्सीजन B. कार्बन डाईऑक्साइड
C. अमोनिया D. इनमें से कोई नहीं

498. जल गैस मिश्रण है–
A. $H_2 + O_2$ B. $CO_2 + H_2$
C. $CO + H_2$ D. $CO + O_2$

499. नाइट्रोजन की कौन-सी अवस्था का पेड़-पौधों द्वारा शीघ्रता से अवशोषण किया जा सकता है?
A. नाइट्राइट B. नाइट्रेट
C. तात्विक रूप D. अमोनिया

500. 'वेस्ट्रॉन' का रासायनिक नाम है–
A. सोडियम एसीटेट B. एसीटिलीन टेट्राक्लोराइड
C. क्लोरोप्रीन D. सोडियम बाई कार्बोनेट

501. कार्बनिक यौगिक का सूक्ष्म जीवों द्वारा धीरे-धीरे अपघटित होने वाली क्रिया को कहते हैं–
A. क्लोरीनीकरण B. बहुलीकरण
C. पाश्चुरीकरण D. किण्वन

502. अंगूर को चीनी के सान्द्र विलयन में डालने पर–
A. फूल जाता है
B. कोई प्रभाव नहीं पड़ता है
C. पिचक जाता है
D. पहले फूलता है, फिर पिचकता है

503. सिन्दूर (Vermillion) का रासायनिक नाम है–
A. कैल्शियम कार्बोनेट B. मरक्यूरिक सल्फाइड
C. पोटेशियम नाइट्रेट D. सोडियम क्लोराइड

504. पेनिसिलिन है–
A. एन्टी सेप्टिक B. एन्टीपायरेटिक्स
C. निश्चेतक D. एन्टीबॉयोटिक्स

505. रात के समय पेड़-पौधे उत्सर्जित करते हैं–
A. ऑक्सीजन B. हाइड्रोजन
C. क्लोरीन D. कार्बन डाइऑक्साइड

506. आकाश में बिजली चमकने के दौरान बनती है–
A. कार्बन डाइऑक्साइड
B. क्लोरीन
C. नाइट्रोजन परऑक्साइड
D. सल्फर डाइऑक्साइड

507. धावक तुरन्त ऊर्जा प्राप्त करने के लिए लेते हैं–
A. सुक्रोज B. विटामिन A
C. विटामिन B D. सोडियम क्लोराइड

508. कृत्रिम गर्भाधान के लिए सांड़ का वीर्य रखा जाता है–
A. द्रव ऑक्सीजन में B. द्रव अमोनिया में
C. द्रव हाइड्रोजन में D. द्रव नाइट्रोजन में

509. यदि दूध से क्रीम को अलग किया जाए, तो दूध का घनत्व–
A. कम हो जाता है
B. अप्रभावित रहता है
C. बढ़ जाता है
D. पहले कम होता है, फिर बढ़ता है

510. जल का शुद्धीकरण किया जाता है–
A. अमोनिया द्वारा B. क्लोरीन द्वारा
C. हाइड्रोजन द्वारा D. ऑक्सीजन द्वारा

511. फोटोग्राफी में प्रयुक्त पदार्थ है–
A. सिल्वर ब्रोमाइड B. सोडियम क्लोराइड
C. सोडियम हाइड्राक्साइड D. अमोनियम नाइट्रेट

512. निम्न में से किस पदार्थ के लगाने से रक्त का बहना रुक जाता है?
A. अमोनियम क्लोराइड B. सोडियम क्लोराइड
C. फेरिक क्लोराइड D. पोटेशियम क्लोराइड

513. 'क्लोरोफिल' में निम्न धातु के आयन उपस्थित होते हैं–
A. आयरन B. मैग्नीशियम
C. एल्युमीनियम D. कैल्शियम

514. आटे में खाने वाला सोडा मिलाया जाता है, क्योंकि–
A. इससे रोटियाँ स्वादिष्ट हो जाती हैं
B. खाने वाला सोडा कार्बन डाइऑक्साइड मुक्त करता है, जिससे रोटी फूल जाती है
C. आटे को गूँथने में कम जल की आवश्यकता होती है
D. इनमें से कोई नहीं

515. दाँतों एवं हड्डियों में उपस्थित रहता है–
A. कैल्शियम क्लोराइड B. कैल्शियम फॉस्फेट
C. सोडियम क्लोराइड D. कैल्शियम हाइड्राक्साइड

516. केतली में जल को उबालने पर उसके आन्तरिक सतह पर सफेद परत जम जाती है, जो कि होता है–
A. कैल्शियम एवं मैग्नीशियम के कार्बोनेट
B. कैल्शियम क्लोराइड
C. सोडियम क्लोराइड
D. मैग्नीशियम क्लोराइड

517. शुद्ध सोना होता है–
A. 18 कैरट B. 20 कैरट
C. 24 कैरट D. 25 कैरट

518. कृत्रिम वर्षा के लिए प्रयोग में लाया जाता है–
A. सिल्वर ब्रोमाइड B. अमोनियम नाइट्रेट
C. सिल्वर आयोडाइड D. उपरोक्त सभी

519. सफेद पेंट बनाने में प्रयोग किया जाता है–
A. जिंक ऑक्साइड B. अमोनियम क्लोराइड
C. सल्फ्यूरिक अम्ल D. इनमें से कोई नहीं

520. लकड़ी की वस्तुओं को कीड़ों से बचाने के लिए निम्न का लेपन किया जाता है–
A. जिंक क्लोराइड का
B. सोडियम क्लोराइड का
C. अमोनियम क्लोराइड का
D. सिल्वर ब्रोमाइड का

521. 'हँसाने वाली गैस' नाइट्रस ऑक्साइड की खोज निम्नलिखित में से किसने की थी?
A. शीले ने B. लेवासिये ने
C. प्रीस्टले ने D. इनमें से कोई नहीं

522. सौर-सेलों में प्रयुक्त होता है–
A. सिलिकन B. टाइटेनियम
C. सीजियम D. एल्युमीनियम

523. निम्न में से कौन-सी गैस चाँदी की सतह को काला कर देती है?
A. ओजोन B. कार्बन डाइऑक्साइड
C. ऑक्सीजन D. हाइड्रोजन

524. डिहाइड्रेशन (Dehydration) के समय शरीर में कम हो जाता है–
A. शर्करा B. सोडियम क्लोराइड
C. पोटेशियम क्लोराइड D. उपरोक्त सभी

525. 'एटोसाल' है–
A. गैस का गैस में विलयन
B. गैस का द्रव में विलयन
C. ठोस का ठोस में विलयन
D. द्रव का गैस में विलयन

526. 'पैथेडिन' औषधि होती है–
A. एनालजेटिक B. एन्टीपायरेटिक
C. एनेस्थेटिक्स D. एन्टीसेप्टिक

527. 'मलेरिया' परजीवी को नष्ट करने में प्रयुक्त औषधि है–
A. क्लोरोक्वीन B. ऐस्प्रीन
C. मार्फिन D. पेनिसिलिन

528. बर्फ के साथ नमक को मिलाने पर इसका गलनांक 0°C से–
A. कम हो जाता है B. अधिक हो जाता है
C. अपरिवर्तित रहता है D. इनमें से कोई नहीं

529. जल एक उत्तम विलायक है, क्योंकि–
A. यह हाइड्रोजन एवं ऑक्सीजन का यौगिक है
B. इसका हिमांक 0°C होता है
C. इसका डाइइलेक्ट्रिक स्थिरांक अधिक होता है
D. 4°C पर इसका घनत्व अधिकतम होता है

530. आईसक्रीम निम्न का उदाहरण है–
A. वास्तविक विलयन का B. कोलॉइड को
C. पायस का D. निलम्बन का

उत्तरमाला

1	2	3	4	5	6	7	8	9	10
B	B	C	C	D	A	D	D	A	A
11	**12**	**13**	**14**	**15**	**16**	**17**	**18**	**19**	**20**
A	D	A	C	C	A	B	A	B	A
21	**22**	**23**	**24**	**25**	**26**	**27**	**28**	**29**	**30**
B	B	A	A	D	B	C	B	D	C
31	**32**	**33**	**34**	**35**	**36**	**37**	**38**	**39**	**40**
A	C	C	A	C	B	B	A	A	A
41	**42**	**43**	**44**	**45**	**46**	**47**	**48**	**49**	**50**
D	D	C	A	B	C	D	C	C	B
51	**52**	**53**	**54**	**55**	**56**	**57**	**58**	**59**	**60**
C	A	C	B	A	D	A	C	D	D
61	**62**	**63**	**64**	**65**	**66**	**67**	**68**	**69**	**70**
B	C	C	B	B	A	A	C	B	A

71	72	73	74	75	76	77	78	79	80
B	B	D	D	C	D	C	C	B	A
81	82	83	84	85	86	87	88	89	90
B	D	B	B	A	C	A	C	C	B
91	92	93	94	95	96	97	98	99	100
D	D	B	C	D	A	D	B	C	A
101	102	103	104	105	106	107	108	109	110
A	C	A	A	A	D	B	D	A	B
111	112	113	114	115	116	117	118	119	120
A	C	C	C	A	C	A	D	B	B
121	122	123	124	125	126	127	128	129	130
C	A	D	B	B	B	C	D	B	C
131	132	133	134	135	136	137	138	139	140
A	D	A	C	B	D	D	A	D	B
141	142	143	144	145	146	147	148	149	150
A	A	B	B	B	C	C	A	A	C
151	152	153	154	155	156	157	158	159	160
C	B	B	B	C	D	C	D	C	B
161	162	163	164	165	166	167	168	169	170
D	C	B	D	A	B	A	C	A	D
171	172	173	174	175	176	177	178	179	180
D	B	A	B	C	A	A	D	B	A
181	182	183	184	185	186	187	188	189	190
B	A	C	C	B	C	B	C	B	C
191	192	193	194	195	196	197	198	199	200
B	C	C	D	D	A	B	B	A	C
201	202	203	204	205	206	207	208	209	210
A	B	C	B	C	D	B	A	B	C
211	212	213	214	215	216	217	218	219	220
D	B	B	C	B	C	B	A	D	C
221	222	223	224	225	226	227	228	229	230
B	B	A	A	C	A	B	D	B	C
231	232	233	234	235	236	237	238	239	240
A	A	B	C	C	B	B	D	D	A
241	242	243	244	245	246	247	248	249	250
B	B	B	B	B	B	C	D	B	B
251	252	253	254	255	256	257	258	259	260
A	C	C	D	B	C	B	C	D	D
261	262	263	264	265	266	267	268	269	270
A	C	B	B	A	B	A	D	B	B
271	272	273	274	275	276	277	278	279	280
B	C	C	A	C	B	A	A	C	D
281	282	283	284	285	286	287	288	289	290
C	B	B	B	A	A	B	C	C	A
291	292	293	294	295	296	297	298	299	300
D	B	A	C	D	C	A	D	D	B
301	302	303	304	305	306	307	308	309	310
C	C	B	B	A	D	A	A	A	A

311	312	313	314	315	316	317	318	319	320
A	A	C	B	D	D	D	B	D	C
321	322	323	324	325	326	327	328	329	330
D	A	B	A	D	A	D	A	A	B
331	332	333	334	335	336	337	338	339	340
A	A	D	B	D	C	D	D	D	B
341	342	343	344	345	346	347	348	349	350
B	D	A	B	A	B	A	D	A	A
351	352	353	354	355	356	357	358	359	360
A	A	A	B	C	A	A	A	C	A
361	362	363	364	365	366	367	368	369	370
A	D	D	C	A	B	B	B	C	A
371	372	373	374	375	376	377	378	379	380
D	A	A	C	B	A	B	C	D	B
381	382	383	384	385	386	387	388	389	390
A	C	A	B	A	A	C	A	B	C
391	392	393	394	395	396	397	398	399	400
D	A	B	B	C	D	C	A	A	D
401	402	403	404	405	406	407	408	409	410
C	B	B	C	A	B	B	A	B	C
411	412	413	414	415	416	417	418	419	420
D	D	D	A	A	A	A	A	B	A
421	422	423	424	425	426	427	428	429	430
A	A	A	A	D	D	C	C	D	C
431	432	433	434	435	436	437	438	439	440
B	A	D	A	B	B	B	A	A	B
441	442	443	444	445	446	447	448	449	450
D	A	C	C	B	A	D	B	A	D
451	452	453	454	455	456	457	458	459	460
A	B	A	A	B	C	A	A	A	A
461	462	463	464	465	466	467	468	469	470
B	A	D	D	B	D	B	B	A	D
471	472	473	474	475	476	477	478	479	480
B	A	A	A	C	C	D	C	A	A
481	482	483	484	485	486	487	488	489	490
B	D	A	A	A	D	B	B	B	B
491	492	493	494	495	496	497	498	499	500
D	D	B	A	C	B	B	C	B	B
501	502	503	504	505	506	507	508	509	510
D	C	D	D	D	C	A	D	C	B
511	512	513	514	515	516	517	518	519	520
A	C	B	B	B	A	C	C	A	A
521	522	523	524	525	526	527	528	529	530
C	C	A	B	D	C	A	A	C	C

❖ ❖ ❖

जन्तु विज्ञान

1. "जन्तु विज्ञान" के जनक कौन थे–
A. कैरोलस लिनियस B. अरस्तू (ऐरिस्टॉटल)
C. बुफों D. जॉन रे

2. श्लाइडेन एवं श्वान नामक वैज्ञानिक का सम्बन्ध निम्नलिखित में किससे है–
A. कोशिका मत से
B. कोशिकीय वंश परम्परा से
C. इस विचार से कि केन्द्रक कोशिका का नियन्त्रण करता है।
D. इस विचार से कि जीवद्रव्य जीवन का भौतिक आधार होता है।

3. पैलिओन्टोलॉजी के अन्तर्गत अध्ययन किया जाता है–
A. प्राइमेट्स का B. रेशम उद्योग का
C. जीवाश्मों का D. विलुप्त जीवों का

4. वातावरण के सन्दर्भ में जन्तुओं के अध्ययन की शाखा है–
A. इक्थिओलॉजी B. कोशिका
C. जीवाश्मिकी D. पारिस्थितिकी या इकोलॉजी

5. किसके वैज्ञानिक अनुसंधान का निष्कर्ष प्राकृतिक तथ्य के समान हो सकता है–
A. सही प्रायोगिक प्रेक्षण
B. सही अवलोकन
C. ठोस गणितिक आधार
D. सही भविष्यवाणी

6. जन्तु कोशिका का आवरण होता है–
A. कवच B. कोशिका कला
C. कोशिका भित्ति D. उपरोक्त सभी

7. कोशिका शब्द का प्रथम उपयोग किया–
A. रॉबर्ट हुक ने B. डारविन ने
C. मेण्डल ने D. ओपैरिन ने

8. जन्तु पादपों से भिन्न हैं मुख्यतः
A. जनन में B. पोषण में
C. मूल रचना में D. जैव क्रियाओं में

9. जीव विज्ञानियों के अनुसार जीवन को परिभाषित किया जा सकता है–
A. सारे प्राणी तथा पादप
B. सारे प्राणी तथा पादप व साथ ही जीवाणु
C. वह गुण जो जीवित को निर्जीव से विभेदित करे
D. सारे जीव जिनमें ऊर्जा होती है व वृद्धि करते हैं तथा ये अपने जैसी संतति उत्पन्न करते हैं

10. सूक्ष्मदर्शी स्तर पर जैविक सगंठन की सबसे छोटी इकाई है–
A. डी.एन.ए.
B. आर.एन.ए. तथा डी.एन.ए.
C. केन्द्रक
D. कोशिका

11. मिलर तथा यूरे (Millar and Urey) ने जीवन की उत्पत्ति से सम्बंधित निम्नलिखित अमीनो अम्ल (Amino acid) अपने प्रयोग में प्राप्त किया–
A. मिथायोनिन, ग्लाइसीन (Methionine, Glycine)
B. यूरेसिल, मायोसीन (Uracil, Myosin)
C. एलानिन, मिलेनिन (Alanine, Melanine)
D. ग्लाइसीन, एलानिन (Glycine, Alanine)

12. 'ओरिजिन ऑफ स्पीशीज' (Origin of Species) से सम्बन्धित लेखक कौन हैं–
A. मेण्डल (Mendel)
B. लैमार्क (Lamarck)
C. डी-व्रीज (De Vries)
D. चार्ल्स डार्विन (Charles Darwin)

13. वर्तमान में पृथ्वी का वातावरण है–
A. ऑक्सीकारक (Oxidising)
B. अपचायक (Reducing)
C. अक्रिय (Inert)
D. मिश्रित (Mixed)

14. सरीसृप युग (Age of Reptiles) है–
A. पेलियोजोइक महाकल्प (Palaeozoic Era)
B. मीसोजोइक महाकल्प (Mesozoic Era)
C. प्रोटीरोजोइक महाकल्प (Proterozoic Era)
D. प्लियोजोइक महाकल्प (Pleiozoic Era)

15. निम्नलिखित काल में डायनोसार्स (Dionosaurs) लुप्त हुए–
A. क्रिटेशियस कल्प (Cretaceous Period)
B. ऑर्डोविसियन कल्प (Ordovician Period)
C. सिल्यूरियन कल्प (Silurian Period)
D. जुरासिक कल्प (Juracic Period)

16. जीवाश्म (Fossils) से सम्बन्धित बीरबल साहनी संस्थान कहाँ स्थित है?
A. कानपुर में B. चेन्नई में
C. लखनऊ में D. कोलकाता में

17. निम्नलिखित में से मध्य प्रदेश में जीवाश्म वन (Fossil Forest) कहाँ पाए जाते हैं?
A. सतना B. मण्डला
C. शहडोल D. रीवा

18. पूर्वज से किसी जीव-जन्तु के विकासीय क्रम को कहते हैं–
A. जाति वृत्ति (Phylogeny)
B. व्यक्ति वृत्ति (Ontogeny)
C. रिकैपिचुलेशन (Recapitulation)
D. म्यूटेशन (Mutation)

19. निओपिलाइना (Neopilina) निम्नलिखित के बीच संयोजक कड़ी (Connecting link) है–
A. प्रोटोजोआ (Protozoa) एवं पोरीफेरा (Porifera)
B. आर्थ्रोपोडा (Arthropoda) एवं एनीलिडा (Annelida)
C. मोलस्का (Mollusca) एवं एनीलिडा (Annelida)
D. स्तनी (Mammals) एवं रेप्टीलिया (Repitilia)

20. स्तनधारियों का युग (Age of Mammals) है–
A. पैलेण्टोजोइक महाकल्प (Palaentozoic Era)
B. सीनोजोइक महाकल्प (Ceonozoic Era)
C. होमोजोइक महाकल्प (Homozoic Era)
D. प्रोटीरोजोइक महाकल्प (Proterozoic Era)

21. जैव विकास का आधारभूत स्रोत है–
A. उत्परिवर्तन B. लैंगिक चयन
C. प्राकृतिक चयन D. उपार्जित लक्षणों की वंशागति

22. निम्न में से कौन मानव में अवशेषी अंग हैं?
A. पलकें B. बरौनी (eye lash)
C. सीकम D. कृमिरूप परिशेषिका

23. कौन से कल्प में जीवन की उत्पत्ति हुई–?
A. प्रोटीरोजोइक B. मीसोजोइक
C. सीनीजोइक D. आर्कियोजोइक

24. पुस्तक *"फिलोसफीक जूलोजीक"* 1809 में छपी थी। इसके लेखक थे–
A. डी ब्रीज B. मेण्डल
C. लेमार्क D. डारविन

25. प्राकृतिक चयन के सिद्धान्त का श्रेय जाता है–
A. लैमार्क B. चार्ल्स डारविन
C. डारविन व वैलेस D. ह्यूगो डी व्रीज

26. हम क्यों जीवाश्म निकालते हैं तथा उनका अध्ययन करते हैं–
A. जीवाश्म जीवों के विकास के बीच के खाली स्थानों को भरते हैं
B. जीवाश्म जीवों के विकास के पूर्वकाल (past) पर प्रकाश डालते हैं
C. जो जीवाश्म अभी तक नहीं प्राप्त हुए, उनकी खोज
D. जीवाश्म ढूँढने के काम से वैज्ञानिकों को काम मिलता है

27. समानान्तरता (parallelism) है–
A. आपस में सम्बन्धित जातियों का अभिसारी अनुकूलन
B. जैव विकास के क्रम में अपसारी अनुकूलन
C. जैव विकास के क्रम में विभिन्न व दूर की जातियों का अभिसारी अनुकूलन
D. इनमें से कोई नहीं

28. ऐलोपेट्रिक जाति बनने का कारण है–
A. उत्परिवर्तन
B. आबादियों का भौगोलिक पृथक्करण
C. किसी जाति के विभिन्न सदस्यों का एक आबादी से दूसरी आबादी में अभिगमन
D. निकट सम्बन्धी जातियों के बीच संकरण (hybridization)

29. भ्रूण विकास के आधारभूत सिद्धान्तों का वर्णन किया था–
A. वान वेयर ने B. डारविन ने
C. हीकल ने D. वाइजमैन ने

30. "भ्रूणावस्था में जन्तु अपने पूर्वजों की भ्रूणावस्था दोहराते हैं" इस नियम को कहते हैं–
A. फ्लोरकिन का नियम B. एन्कसीमेडर का नियम
C. बायोजेनेटिक नियम D. जैव विकास का नियम

31. गुणसूत्र के ऊपर उपस्थित रचना होती है–
A. सेण्ट्रोमीयर B. सेण्ट्रोसोम
C. गोल्जीकाय D. केन्द्रक

32. हाइड्रोलिटिक एन्जाइम्स वाले कोशिका अंगक होते हैं–
A. मीसोसोम्स B. लाइसोसोम्स
C. माइक्रोसोम्स D. राइबोसोम्स

33. प्रोटीन संश्लेषण होता है सतह पर –
A. केन्द्रक की B. माइटोकॉण्ड्रिया की
C. राइबोसोम की D. डी एन ए की

34. सेण्ट्रोसोम का कार्य है–
A. प्रोटीन संश्लेषण के केन्द्र को बढ़ाना
B. कोशिका विभाजन का प्रारम्भ
C. कोशिका विभाजन का रुकना
D. इनमें से कोई नहीं

35. वायवीय ऑक्सीकरण (श्वसन) को दिशा देने वाले एन्जाइम्स, ATP संश्लेषण एवं कोशिका का ऊर्जा गृह कहलाने वाले केन्द्र होते हैं–
A. गोल्जी उपकरण B. माइक्रोसोम्स
C. माइटोकॉण्ड्रिया D. लाइसोसोम्स

36. यदि माइटोकॉण्ड्रिया का जीव रासायनिक संश्लेषण किया जाता है तो सबसे अच्छी विधि होती है–
A. कोशिकाओं का कोशिका विभेदन करके माइटोकॉण्ड्रिया प्राप्त किए जाएं
B. कोशिकाओं को पीसकर मिश्रण को छानकर अवशेष भाग को लिया जाए
C. कोशिका का जीव द्रव्य कुंचित करके इसे छान दिया जाए तथा अवशेष भाग ले लिया जाए
D. ऐसी कोशिकाएँ चुनी जाएँ जिनमें बड़ी संख्या में माइटोकॉण्ड्रिया होते हैं

37. डी ऑक्सीराइबोज शर्करा एवं एक फॉस्फेट ग्रुप के साथ-साथ एक ukbVªksuh {kkj cukrk gS–

A. न्यूक्लियोटाइड
B. अमीनो अम्ल
C. पौलीपेप्टाइड
D. न्यूक्लियोसाइड

38. जीव कला की संरचना को बताने वाला आधुनिक वाद है–

A. इकाई कला वाद
B. राबर्टसन का मॉडल
C. तरल मौजेक वाद
D. कैसकेड वाद

39. प्राणी शरीर में एन्जाइम्स पाए जाते हैं–

A. वृक्कीय कोशिकाओं में
B. यकृत कोशिकाओं में
C. मस्तिष्क कोशिकाओं में
D. सभी कोशिकाओं में

40. कप्पा कण (Kappa particles) सम्बन्धित होते हैं–

A. पैरामीशियम से
B. युग्लीना से
C. केन्द्रक से
D. जीव कला से

41. चिम्पैन्जी, ओरांग उटान व गोरिल्ला हैं–

A. एन्थ्रोपोएड कपि
B. कपियों के पूर्वज
C. प्राइमेटों के पूर्वज
D. उपरोक्त सभी

42. कौन-से महाद्वीप में आदिम मानव के सबसे अधिक जीवाश्म प्राप्त हुए हैं?

A. एशिया
B. अमेरिका
C. ऑस्ट्रेलिया
D. अफ्रीका

43. *आस्ट्रेलोपिथकस* के अनेकों जीवाश्म प्राप्त हैं जिनमें से एक को नाम दिया गया है–

A. लूसी
B. जावा मानव
C. पेकिंग मानव
D. क्रोमैगनॉन मानव

44. पुस्तक "डिसेंट ऑफ मैन एण्ड सलैक्शन इन रिलेशन टू सैक्स" (Descent of Man and selection in relation to sex) में निम्न में से कौन-सी परिकल्पना दर्शायी गयी है?

A. मानव का उद्‌विकास बन्दरों से हुआ है
B. मानव की सभी रेसों में अन्तरजातीय प्रजनन होता है
C. मानव का उद्‌विकास वनमानुष जैसे पूर्वजों से हुआ है
D. जननिक पृथक्करण

45. मानव को पहली बार बन्दर, लैमूर, टारसियर्स के साथ वर्गीकृत किया था–

A. चार्ल्स डारविन (Charles Darwin)
B. इरैसमस डारविन (Erasmus Darwin)
C. कैरोलस लीनियस (Carolus Linnaeus)
D. अरस्तु (Aristotle)

46. निम्न में से कौन मानव के विकास की दिशा में नहीं था?

A. उठी हुई भौहें
B. विकसित मस्तिष्क
C. द्विनेत्री दृष्टि
D. अंगूठा किसी भी दिशा में घुमाया जा सकता था

47. किस युग में मानव का वास्तविक पूर्वज विकसित हुआ था?

A. परमियन कल्प में
B. ऑलिगोसीन युग में
C. मायोसीन युग में
D. प्लीस्टोसीन कल्प में

48. अग्नि का प्रयोग खाना पकाने व अपनी सुरक्षा के लिए किया था–

A. जावा मानव ने
B. पेकिंग मानव ने
C. निएण्डरथल मानव ने
D. क्रोमैगनॉन मानव ने

49. कौन-से मानव में पूजा व भगवान को मानने की प्रवृत्ति थी तथा रीति-रिवाज के अनुसार मुर्दों को गाड़ते थे–

A. जावा मानव
B. पेकिंग मानव
C. अफ्रीकी कपि मानव
D. निएण्डरथल मानव

50. सबसे पहले हथियार बनाये थे–

A. प्रोकॉन्सल
B. चीनी मानव
C. जावा मानव
D. अफ्रीकी मानव

51. वह मोलस्क जो कि एनीलिड (Annelid) के समान खण्डीभवन (Segmentation) व नेफ्रीडिया (Nephridia) प्रदर्शित करता है तथा जीवित जीवाश्म (Living fossil) कहा गया, वह है–

A. *पिंकटाडा वल्गेरिस* (*Pinctada vulgaris*)
B. *नॉटीलस* (*Nautillus*)
C. *नियोपिलाइना गलेथीका* (*Neopillina galethica*)
D. उपर्युक्त में से कोई नही

52. डेण्टेलियम (Dentalium) संघ मोलस्का के निम्नलिखित वर्ग का प्राणी है–

A. मोनोप्लैकोफोरा (Monoplacophora)
B. पॉलीप्लैकोफोरा (Polyplacophora)
C. स्कैफोपोडा (Scaphopoda)
D. पेलिसीपोडा (Pelecypoda)

53. मकड़ियाँ तथा बिच्छू (Spider and Scorpion) किस वर्ग (Class) में आते हैं?

A. एरकनिडा (Arachnida)
B. एकेरिडा (Acarida)
C. एक्टीनोजोआ (Actinozoa)
D. एन्थोजोआ (Anthozoa)

54. एस्केरिस (Ascaris) निम्नलिखित वर्ग का प्राणी है–

A. एफैस्मिडिया (Aphasmidia)
B. फैस्मिडिया (Phasmidia)
C. पॉलीकीटा (Polychaeta)
D. टर्बीलेरिया (Turbellaria)

55. विभिन्न टैक्सा (Taxa) के सूचीबद्ध स्तर को कहते हैं–

A. कुन्जी (Key)
B. वर्गिकी (Taxonomy)
C. पदानुक्रम (Hierarchy)
D. ऊर्ध्व वर्गीकरण (Vertical classificaion)

56. सुरक्षा (Defence) के लिए स्याही ग्रन्थि (Ink gland) निम्नलिखित प्राणी में पाया जाता है–
A. कॉकरोच (Cockroach)
B. हिप्पोकैम्पस (Hippocampus)
C. हाइड्रा (Hydra)
D. ऑक्टोपस (Octopus)

57. झींगा (Prawn) निम्नलिखित प्राणी वर्ग में आता है–
A. पिसीज (Pisces) B. आर्थोपोडा (Arthropoda)
C. मोलस्का (Mollusca) D. एनीलिडा (Annelida)

58. निम्नलिखित प्राणी में देहगुहा (Coelom) स्यूडोसील (Pseudocoel) के रूप में पाई जाती है–
A. एस्केरिस (*Ascaris*)
B. टीनिया सोलियम (*Taenia solium*)
C. फेरेटिमा पोस्थ्यूमा (*Pheretima posthuma*)
D. हाइड्रा (Hydra)

59. आर्थ्रोपोडा संघ (Arthropoda phylum) में उत्सर्जन (Excretion) से सम्बन्धित रचना है–
A. कोक्सल ग्रन्थि (Coaxal gland)
B. सीलोमोडक्ट्स (Coelomoducts)
C. मैलपीघियन कैप्सूल (Malpighian capsule)
D. उपर्युक्त सभी

60. निम्नलिखित संघ (Phylum) के प्राणियों में पुनर्जनन (Regeneration) की शक्ति पाई जाती है–
A. पोरीफेरा (Porifera)
B. एनीलिडा (Annelida)
C. इकाइनोडर्मेटा (Echinodermata)
D. उपर्युक्त सभी

61. सन् 1902 में मलेरिया के सम्बन्ध में नोबेल पुरस्कार किसे तथा किस कार्य के लिए मिला था?
A. सर रोनाल्ड रॉस ने मादा एनोफीलीज के क्राप पर ऊसिस्ट देखा एवं बताया कि मलेरिया रोग मादा एनोफिलीज से फैलता है
B. ग्रासी ने मनुष्य की RBC प्लाज्मोडियम की अवस्थाएँ देखीं
C. लेवरान ने प्लाज्मोडियम को मनुष्य के रुधिर में देखा
D. गॉल्जी ने एरिथ्रोसाइटिक चक्र खोजा

62. पैरीमीशियम (Paramecium) में संयुग्मन (Conjugation) के समय–
A. चार लघुकेन्द्रक में से तीन लघुकेन्द्रक नष्ट हो जाते हैं
B. 12 गुरुकेन्द्रकों में से तीन चार गुरुकेन्द्रक नष्ट हो जाती हैं
C. प्रत्येक संयुग्मन में जाइगोट केन्द्रक का 8 बार विभाजन होता है
D. बने हुए 16 केन्द्रकों में से 12 गुरुकेन्द्रक बन जाते हैं तथा 4 लघुकेन्द्रका बन जाते हैं,

63. मलेरिया की रोकथाम के लिए जलाशयों पर केरोसिन तेल का छिड़काव किया जाता है क्योंकि–
A. यह मच्छरों के अण्डों के लिए विषालु होता है
B. यह लारवा तथा प्युपा के लिए विषालु होता है
C. यह लारवा तथा प्युपा को सांस नहीं लेने देता
D. कथन असत्य है

64. मलेरिया परजीवी के जीवन चक्र की किस अवस्था में मलेरिया के लक्षण उत्पन्न होते हैं?
A. जब मीरोज्वाइट यकृत कोशिकाओं में प्रवेश करते हैं
B. जब मीरोज्वाइट लाल रुधिर कोशिकाओं में प्रवेश करते हैं
C. जब मीरोज्वाइट यकृत कोशिकाओं से निकलते हैं
D. जब मीरोज्वाइट लाल रुधिर कोशिकाओं से निकलते हैं

65. अमीबा में सॉल अवस्था का जेल में तथा जेल अवस्था का सॉल में बदलना होता है किस कारण से?
A. श्यानता में बदलाव B. साइक्लोसिस गति से
C. प्रचलनन से D. उपरोक्त सभी से

66. निम्न में से प्रोटोजोआ के किस वर्ग के सभी सदस्य परजीवी होते हैं?
A. राइजोपोडा (Rhizopoda)
B. सिलिएटा (Ciliata)
C. स्पोरोजोआ (Sporozoa)
D. मैस्टीगोफरा (Mastigophora)

67. अमीबा में कचाभ टोपी (hyaline cap) का निर्माण होता है–
A. पादाभ (pseudopodia) के आगे
B. केन्द्रक (Nucleus) के चारों ओर
C. खाद्य धानी (Food vacuole) के चारों ओर
D. संकुचनशील धानी (contractile vacuole) के चारों ओर

68. हीमोजोइन एक विषैला पदार्थ है जो मलेरिया रोग में बनता है। यह पैदा होता है–
A. लाल रुधिराणु की ग्लोबिन प्रोटीन से
B. लाल रुधिराणु के रंगा पदार्थ से
C. मृत श्वेत रुधिराणु से
D. क्रिप्टोज्वाइट से

69. मलेरिया ज्वर में कंपकंपी तथा शरीर में दर्द होता हैं निम्न में से किस समय?
A. यकृत से क्रिप्टोमीरोज्वाइट मुक्त होने के समय
B. यकृत से शाइज्वॉन्ट मुक्त होने के समय
C. लाल रुधिराणुओं से मीरोज्वाइट मुक्त होने के समय
D. लाल रुधिराणुओं में गैमीटोसाइट बनने के समय

70. प्लाज्मोडियम की स्पोरोगोनी (Sporogony) के पश्चात् क्या होता है?
A. युग्मनज से स्पोरोज्वाइट बनते हैं
B. युग्मनज बनते हैं
C. अन्नपुट में स्पोरोज्वाइट बनते हैं
D. मनुष्य की लाल रुधिर कोशिकाओं में स्पोरोज्वाइट बनते हैं

71. पोरिफेरा में पाये जाते हैं–
A. ट्राइकोसिस्ट B. कोएनोसाइट
C. (A) तथा (B) दोनों D. इनमें से कोई नहीं

72. बिना अपवाद सभी स्पंजों के विषय में क्या सच है?
A. ये सभी समुद्रवासी हैं
B. इनमें कशाभयुक्त कीप कोशिकाएँ होती हैं
C. इनमें कंटिकाओं तथा स्पांजिन तन्तुओं का मिला जुला कंकाल होता है
D. ये केवल अलैंगिक रूप में मुकुलन द्वारा जनन करते हैं

73. कीप कोशिकाएँ (Choanocytes)–
A. *साइकन* की एपीडर्मिस में पायी जाने वाली तन्त्रिका कोशिकाएँ हैं
B. हाइड्रा की मीसोग्लिया में पायी जाने वाली पोषक कोशिकाएँ हैं
C. स्पंजों के शरीर का भीतरी स्तर बनाती है
D. स्पंजों के डर्मल छिद्र के चारों ओर स्थित होती है

74. यदि यह माना जाए कि प्रथम स्पंज की उत्पति प्रोटोजोआ से हुई थी तो कौन-सा प्रोटोजोआ स्पंजों का आदि पूर्वज हो सकता है?
I. एक निवही फ्लैजलेट II. एक एकल अमीबी परजीवी
III. एक बहुकेन्द्रीय सिलिएट IV. स्पोरोजोआ का एक निवह
ऊपर दिये गये कूटों का प्रयोग करते हुए सही उत्तर का चुनाव करें–
A. II, III तथा IV B. केवल I
B. II तथा III D. केवल III

75. स्पंजों के कौन-से प्रकार के नाल तन्त्र में स्पंजोसील भीतर से कीप कोशिकाओं से स्तरित रहती है–
A. एस्कॉन प्रकार B. ल्यूकॉन प्रकार
C. साइकन प्रकार D. रैहगन प्रकार

76. *साइकन* के शरीर में जल प्रवेश तथा बाहर निकलने का सही क्रम है–
A. ऑस्टिया, एपोपाइल, ऑस्कुलम, प्रोसोपाइल
B. ऑस्टिया, एपोपाइल, प्रोसोपाइल, ऑस्कुलम
C. ऑस्टिया, प्रोसोपाइल, एपोपाइल, ऑस्कुलम
D. एपोपाइल, ऑस्टिया, प्रोसोपाइल, ऑस्कुलम

77. संघ पोरिफेरा का विशिष्ट लक्षण है–
A. स्पंज गुहा की उपस्थिति
B. सीलेन्ट्रान की उपस्थिति
C. देहगुहा की उपस्थिति
D. जल संवहन तन्त्र की उपस्थिति

78. निम्न में से कौन-सा कथन सत्य है?
A. सभी स्पंज केवल मात्र लवण जलीय हैं
B. सभी स्पंजो में कैल्केरियस या सिलीशियस कंटिकाएँ पायी जाती हैं
C. कुछ कैल्केरियस स्पंजों का लारवा एम्फीब्लास्टुला है
D. *ल्यूकोसोलीनीया* का अंतः कंकाल स्पंजिन तन्तुओं का बना होता है

79. स्पंजों में नाल तन्त्र के उद्विकास का सही क्रम है–
A. साइकॉन → एस्कॉन → ल्यूकॉन
B. एस्कॉन → साइकॉन → ल्यूकॉन
C. साइकॉन → ल्यूकॉन → एस्कॉन
D. ल्यूकॉन → एस्कॉन → साइकॉन

80. साइकन के नाल तन्त्र में जल प्रवाह मार्ग है–
A. भीतर आता जल → डर्मल ऑस्टिया → अन्तर्वाही नाल → प्रोसोपाइल → अरीय नाल → एपोपाइल → स्पंजगुहा → ऑस्कुलम →जल बाहर
B. भीतर आता जल → डर्मल ऑस्टिया → अन्तर्वाही नाल → गैस्ट्रल ऑस्टिया → स्पंजगुहा → ऑस्कुलम →जल बाहर
C. भीतर आता जल → डर्मल ऑस्टिया → अन्तर्वाही नाल → प्रोसोपाइल → अरीय नाल → एपोपाइल→ बहिर्वाही नाल → ऑस्कुलम →जल बाहर
D. भीतर आता जल → सबडर्मल स्थान → अन्तर्वाही नाल → प्रोसोपाइल → अरीय नाल → एपोपाइल → स्पंजगुहा → ऑस्कुलम → जल बाहर

81. *हाइड्रा* में पाया जाता है–
A. लैंगिक द्विरूपता B. नियोटोनी
C. खण्डी भवन D. उपापचय

82. *हाइड्रा* का मुख्य उत्सर्जी पदार्थ होता है–
A. ग्वानीन B. अमोनिया
C. यूरिया D. यूरिक अम्ल

83. बहुकोशीय जन्तुओं में ''श्रम विभाजन'' का अर्थ है–
A. कई कोशिकाओं द्वारा मिलकर एक कार्य
B. विभिन्न कोशा-समूहों द्वारा विभिन्न कार्य
C. एक ही कोशा द्वारा सारे कार्य
D. इनमें से कोई भी दशा

84. उत्सर्जन के आधार पर *हाइड्रा* होता है–
A. यूरिओटेलिक B. अमोनोटेलिक
C. उपरोक्त (A) व (B) D. यूरिकोटेलिक

85. हाइड्रा की देह भित्ति को निर्मित करने वाले भ्रूणीय स्तर होते हैं–
A. एक्टोडर्म, मीसोडर्म एवं एण्डोडर्म
B. एक्टोडर्म एवं एण्डोडर्म
C. मीसोडर्म एवं एण्डोडर्म
D. एक्टोडर्म एवं मीसोडर्म

86. *हाइड्रा* में उत्सर्जी अंग की तरह कार्य करने वाली रचना होती है–
A. सामान्य सतह B. अन्तराली कोशिका
C. सोलेनोसाइट D. ज्वाला कोशिका

87. *हाइड्रा* में श्रम विभाजन (Division of labour) प्रस्तावित किया है–
A. ब्रियान ने B. ट्रेम्बले ने
C. हेनरी मिल्नी एडवर्ड ने D. लीनियस ने

88. *हाइड्रा* होता है–
A. द्विलिंगी B. एकलिंगी
C. जरायुजी D. एकलिंगी या द्विलिंगी

89. ग्रन्थिल कोशिकाओं के कोशिका द्रव्य में मुख्यतया पाये जाते हैं–
A. वसा कण B. तेल बिन्दु
C. स्रावित कण D. ग्लाइकोजन कण

90. श्रम विभाजन से जन्तु को मदद मिलती है–
A. ऊर्जा संरक्षण में B. चलन एवं जनन में
C. पाचन एवं संवहन में D. श्वसन एवं उत्सर्जन में

91. "मीरासीडियम" नाम है–
A. *पैरामीशियम* के जीवन चक्र में स्वतन्त्र जीवी लारवा अवस्था
B. मलेरिया परजीवी के जीवन-चक्र में स्वतन्त्र जीवी लारवा अवस्था
C. यकृत कृमि *(फेशिओला हिपेटिका)* के जीवन-चक्र में स्वतन्त्र जीवी लारवा अवस्था
D. उपरोक्त में से कोई नहीं

92. प्लेटीहेल्मिन्थीज के उत्सर्जी अंग हैं–
A. नेफ्रीडिया B. आर्कियोसाइट
C. नेफ्रोन D. सोलेनोसाइट

93. निम्न में से कौन स्वतन्त्र जीवी हैं?
A. ट्यूबुलेरिया (Tubularia)
B. टर्बीलेरिया (Turbellaria)
C. सेस्टोडा (Cestoda)
D. ट्रीमेंटोडा (Trematoda)

94. ज्वाला कोशिकाएँ पायी जाती हैं–
A. *प्लेनेरिया* (Planaria) में
B. *ऐस्कैरिस* (Ascaris) में
C. *फेरेटिमा* (Pheretima) में
D. *मोलस्का* (Mollusca) में

95. प्रथम पोषक भेड़ के लिए *फैशिओला* की संक्रमणकारी अवस्था होती है–
A. मेटासरकेरिया (Metacercaria)
B. हैक्साकैन्थ (Hexacanth)
C. मीरासीडियम (Miracidium)
D. आशय कृमि (Bladder worm)

96. सोलेनोसाइट (Solenocytes) उत्सर्जन अंग है–
A. एनेलिडा B. आर्थोपोडा
C. प्लैटीहैल्मिन्थीज D. उपरोक्त सभी

97. लारर की नलिका (Laurer's canal) पायी जाती है–
A. *फेशिओला* B. *टीनिया*
C. *एंस्कैरिस* D. कॉकरोच

98. सिस्टीसर्कस क्या है–
A. मेंढक के अन्तःकर्ण का भाग
B. कॉकरोच के उदर का भाग
C. *टीनिया सोलियम* की लारवा अवस्था
D. मोनोसिस्टिस की संक्रमणकारी अवस्था

99. *टीनिया सोलियम* के उत्सर्जी अंग हैं–
A. मैल्पीगी नलिकाएँ B. वृक्क
C. ग्रीन ग्रन्थियाँ D. ज्वाला कोशिकाएँ

100. *टीनिया* के विषय में सही क्या है?
A. सभी परिपक्व देहखण्डों में नर व मादा जनन अंग पाए जाते हैं
B. मादा जनन अंग केवल अग्रभाग के देहखण्डों में पाए जाते हैं
C. नर जनन अंग केवल पश्च भाग के देहखण्डों में पाए जाते हैं
D. नर जनन अंग केवल अग्रभाग के देहखण्डों में पाए जाते हैं तथा परिपक्व देहखण्डों में केवल अंडों में भरा गभाशिय होती है

101. *ऐस्कैरिस* का जीवन काल होता है–
A. 9-12 सप्ताह B. 9-12 माह
C. 9-12 वर्ष D. 3-4 माह

102. *ऐस्कैरिस* की देह भित्ति और आहारनाल के बीच का स्थान कहलाता है–
A. पैरासील B. हीमोसील
C. स्यूडोसील D. गैस्ट्रोसील

103. *ऐस्कैरिस* में शुक्राणु की विशेषता होती है–
A. पुच्छयुक्त B. बहुपुच्छीय
C. अपुच्छीय D. सबसे बड़े

104. *ऐस्कैरिस* में क्या अनुपस्थित होता है?
A. रेडब्डिटॉयड लारवा B. सिस्टीसर्कस लारवा
C. पीनियल शूक D. ओष्ठयुक्त मुख

105. *ऐस्कैरिस* की देह भित्ति में स्तरों का बाहर से अन्दर की ओर सही क्रम है–
A. क्यूटिकल, अधिचर्म, अनुदैर्ध्य व वर्तुल पेशियाँ
B. क्यूटिकल, अधिचर्म, अनुदैर्ध्य पेशियाँ
C. अधिचर्म क्यूटिकल, अनुदैर्ध्य व वर्तुल पेशियाँ
D. अधिचर्म, अनुदैर्ध्य पेशियाँ, क्यूटिकल व वर्तुल पेशियाँ

106. फीलपाँव (filariasis) का कारक है–
A. *शिस्टोसोमा* (Schistosoma)
B. *वूचेरिया बैंक्राफ्टी (Wucheria bancrofti)*
C. ऑक्सीयूरिस (Oxyuris)
D. उपरोक्त में से कोई नहीं

107. *ऐस्कैरिस* में परजीवी जीवन के कारण अल्पविकसित संवेदी अंग पाये जाते हैं जिन्हें कहते हैं–

A. एम्फिड (Amphid)

B. पीनियल स्पीक्यूल (Pineal spicule)

C. पीनियल पैपिला (Pineal papilla)

D. गुद पश्च अंकुर (Postanal papilla)

108. *ऐस्केरिस* अपना जीवन चक्र पूर्ण करता है–

A. मनुष्य व मच्छर में   B. मनुष्य व गाय में

C. मनुष्य व भेड़ में   D. केवल मनुष्य में

109. *ऐस्कैरिस* की संक्रमणकारी अवस्था होती है–

A. रैब्डिटॉयड लारवा   B. सिस्टीसर्कस लारवा

C. एम्ब्रियोनेटेड अण्डे   D. स्पोरोज्वॉइट द्वारा

110. नर *ऐस्कैरिस (Ascaris)* में पीनियल शूक (Pineal Setae) कहाँ पाये जाते हैं–

A. मुख में   B. अवस्कर में

C. गुदा में   D. मलाशय में

111. केंचुए का प्राकृतिक जीवन काल होता है–

A. 1-3 वर्ष   B. 3.5-10 वर्ष

C. 2-6 वर्ष   D. 6.5-15 वर्ष

112. केंचुए में पोरफाइरिन वर्णक का कार्य है–

A. रुधिर में O_2 का संवहन

B. त्वचा में भोजन निर्माण

C. शरीर की हानिकारक पराबैंगनी किरणों से रक्षा

D. उत्सर्जन में सहायक

113. केंचुए के किस भाग में वर्तुल पेशियाँ अधिक विकसित होती हैं?

A. पेषणी में   B. आमाशय में

C. मलाशय में   D. आंत में

114. केंचुए का मस्तिष्क किस भाग में स्थित होता है?

A. प्रोस्टोमियम में   B. दूसरे खण्ड में

C. तीसरे खण्ड में   D. चौथे खण्ड में

115. केंचुए में शुक्रग्राहिका का कार्य है–

A. शुक्राणु परिपक्वन

B. उसी जन्तु के शुक्राणुओं का संग्रहण

C. अन्य जन्तु के शुक्राणुओं का संग्रहण

D. निषेचन

116. फेरेटिमा (pheretima) के आंत्रमुखी वृक्क अपने उत्सर्जी पदार्थ नाल में डालते हैं। यह व्यवस्था सहायक है–

A. जल अव्यय (water conservation) में

B. ऊर्जा अव्यय (energy conservation) में

C. ऊष्मा अव्यय (heat conservation) में

D. ऐसा करना आसान है

117. कौन-सा व्यक्ति फेरेटिमा पोस्थुमा से जुड़ा हुआ है?

A. बीरबल साहनी   B. सलाम अली

C. के॰ एन॰ बहल   D. वीर बहादुर

118. फेरेटिमा में अधिकांश रुधिर बहता है–

A. सब न्यूरल वाहिनी द्वारा

B. पार्श्व इसोफेजियल वाहिनी द्वारा

C. अधर वाहिनी द्वारा

D. पृष्ठ वाहिनी द्वारा

119. फेरेटिमा की पीत कोशिकाएँ (chlorogogen cells) होती हैं विशेष रूप से–

A. पोषण (nutrition) में सहायक

B. उत्सर्जन (excretion) में सहायक

C. जनन (reproduction) में सहायक

D. श्वसन (respiration) में सहायक

120. केंचुए में टिफलोसोल का कार्य है–

A. रुधिर प्रवाह को नियन्त्रित करना

B. पाचक एन्जाइम स्रावित करना

C. वसा का इमल्सीफिकेशन

D. अवशोषण सतह को बढ़ाना

121. एरैकनिड्स में होती हैं–

A. टाँगों की 4 जोड़ियाँ   B. टाँगों की 6 जोड़ियाँ

C. टाँगों की 19 जोड़ियाँ   D. टाँगों की 3 जोड़ियाँ

122. तिलचट्टे में निम्नलिखित में से कौन-सा जीभ बनाता है?

A. लैबेलम   B. मैक्सिला

C. मैण्डीबल   D. हाइपोफैरिंक्स

123. गृह मक्खी में स्यूडोट्रेकिया पाया जाता है–

A. मैण्डीबल पर   B. होस्टेलम पर

C. लैबेला पर   D. रोस्ट्रम पर

124. नर तथा मादा क्यूलेक्स के वयस्कों की पहचान की जा सकती है–

A. पंखों की लम्बाई द्वारा

B. मैक्सिलरी स्पर्शकों की लम्बाई द्वारा

C. शुण्ड की लम्बाई द्वारा

D. शरीर की माप द्वारा

125. *एनोफीलीज* का लारवा क्यूलेक्स से भिन्न होता है–

A. इसमें दो श्वसन साइफन होते हैं

B. इनमें श्वसन साइफन अल्पविकसित होता है

C. इनमें एक विकसित श्वसन साइफन होते हैं

D. इसमें से कोई नहीं

126. डेगू बुखार एवं एलीफेण्टएसिस के कौन-कौन से वाहक होते हैं?

A. *क्यूलेक्स*   B. *ऐडीज*

C. *मस्का*   D. *ऐनोफेलीज*

127. निम्नलिखित में से किस में नर व मादा का पोषण भिन्न- भिन्न होता है?

A. सैण्ड फ्लाई   B. मच्छर

C. गृह मक्खी   D. सिर की जूँ

128. समूह में या बेड़ों (rafts) के रूप में अण्डे दिये जाते हैं–
A. *क्यूलेक्स* के द्वारा B. *ऐनोफेलीज* के द्वारा
C. *एडीज* के द्वारा D. उपरोक्त सभी के द्वारा

129. गृह-मक्खी में शृंगिका के अन्तिम खण्ड पर एक प्लूमोज (plumose) शूक उपस्थित होता है, इसे कहते हैं–
A. स्टेबेलम B. ऐरिस्टा
C. होस्टेलम D. प्लेण्टुला

130. मक्खी में किस प्रकार के मुखाँग पाये जाते हैं–
A. स्पंजी प्रकार के B. साइफन प्रकार के
C. काटने और चबाने वाले D. भेदने और चूसने वाले

131. निम्न में से कौन एक मोलस्का है?
A. सूपिल मछली B. कुत्ता मीन
C. कटल मीन D. सितारा मीन

132. "मोती आयस्टर" निम्न में से किस वर्ग से सम्बन्धित है?
A. गैस्ट्रोपाडा B. पेलेसिपोडा
C. सिफैलोपोडा D. एम्फीन्यूरा

133. निम्नलिखित में कौन मोती उद्योग का जनक माना जाता है?
A. आयनोवस्की B. लुईस पाश्चर
C. कोकिची मिकीमाटो D. हार्वे

134. स्कविड, कट्ल मीन तथा आक्टोपस किस वर्ग के सदस्य हैं?
A. डैकापोडा B. स्कैफोपोडा
C. सेफलोपोडा D. एपोडा

135. मोती का निर्माण किसके स्राव से होता है?
A. प्रिज्मीय स्तर एपोडा (परत) से
B. प्रावार की स्तम्भी उपकला कोशाओं द्वारा
C. प्रावार की प्रक्ष्माभी (रोमाभ) उपकला कोशाओं द्वारा
D. प्रावार के संयोजी ऊतक द्वारा

136. बोजेनस के अंग का कार्य है–
A. पाचन B. उत्सर्जन
C. श्वसन D. जनन

137. "संघ मोलस्का" में नेत्र उपस्थित होते हैं–
A. ओमेटोफोर (Omatophore) पर
B. मेण्टल पर (Mantle) पर
C. सिर पर (head) पर
D. वृन्तक (tentacles) पर

138. *पाइला ग्लोबोसा* का आस्फीरिडियम होता है–
A. रसायन ग्राही B. प्रकाशग्राही
C. तापग्राही D. स्पर्शग्राही

139. मोलस्का में कवच का स्रवण होता है–
A. कवच ग्रन्थियों द्वारा B. एपीडर्मिस द्वारा
C. मेण्टल द्वारा D. कैल्सीफैरस ग्रन्थियों द्वारा

140. निम्न में से कौन-सा मोलस्का में पाया जाता है किन्तु इकाइनोडर्मेटा में अनुपस्थित होता है?
A. ज्वाला कोशिकाएँ
B. वृक्क
C. मैलपीगी नलिकाएँ
D. भिन्न लारवा रूप

141. निम्नलिखित में से किसमें तन्त्रिका कोशिका होती है लेकिन मस्तिष्क नहीं होता?
A. हाइड्रा B. केंचुआ
C. अमीबा D. तिलचट्टा

142. भोजन के पाचन एवं वितरण दोनों के लिये जिम्मेदार एक गुहा क्या कहलाती है एवं किसमें पायी जाती है?
A. स्पॉन्जोसील एवं पोरिफेरा
B. शाइजोसील एवं एनेलिडा
C. स्यूडोसील एवं ऐस्कहेल्मिन्थिस
D. गैस्ट्रोवेस्कुलर गुहा एवं हाइड्रा

143. तन्त्रिका कोशिका पाई जाती है–
A. *अमीबा* में B. *पैरामीशियम* में
C. *हाइड्रा* में D. *साइकन* में

144. जो जीवधारी सामान्यतः अधः स्तर से चिपके रहते हैं उनमें सामान्यतः क्या पाया जाता है?
A. अरीय सममित
B. सतह के ऊपर सिलिया होते हैं जिनमें जलधारा पैदा की जाती है
C. पाचन नाल में एक एकल छिद्र
D. असममित शरीर

145. ज्वाला कोशिकाएँ पायी जाती हैं–
A. पोरिफेरा में B. सीलेण्ट्रेट्स में
C. प्लेटीहेल्मिन्थीज में D. मोलस्का में

146. निम्न में से किसमें खुला परिवहन तन्त्र नहीं होता–
A. झींगा मछली B. सेपिया
C. तिलचट्टा D. मेंढक का टैडपोल

147. निम्न में से कौन मानव का अन्तःकोशिकीय (Inter-cellular) परजीवी है?
A. मच्छर B. एण्टअमीबा
C. एन्काइलोस्टोमा D. प्लाज्मोडियम

148. वास्तविक देहगुहा आहारनाल तथा देहभित्ति के बीच का एक अवकाश होती है। यह अवकाश कौन-सी परतों से घिरा रहता है?
A. एक ओर मीसोडर्म से तथा दूसरी ओर एक्टोडर्म की पर्तों से
B. एक ओर एण्डोडर्म तथा दूसरी ओर एक्टोडर्म की पर्तों से
C. दोनों ओर मीजोडर्म की परतों से
D. दोनों ओर एक्टोडर्म की परतों से

149. कार्य की दृष्टि से जिस तरह केंचुए में नेफ्रीडिया होते हैं, उसी प्रकार–
A. मछलियों में मायोटोम होते हैं
B. टोड में पैरोटिड ग्रन्थियाँ होती हैं
C. झींगा में स्टैटोसिस्ट होते हैं
D. यकृत पर्णाभ में ज्वाला-कोशिकाएँ होती हैं

150. अरीय सममित का सम्बन्ध प्रायः किससे होता है?
A. रेंगकर चलने की विधि से
B. स्थानबद्ध जीवन से
C. निम्न स्तरीय संघटन से
D. जलीय जीवन प्रणाली से

151. "हार्न टोड" है एक–
A. मछली B. उभयचर
C. सरीसृप D. स्तनधारी

152. इक्थायोलॉजी है अध्ययन–
A. कुत्तों का B. हाथी का
C. डायनासोरों का D. मछलियों का

153. मेंढक में पाये जाते हैं–
A. बाह्य कर्ण नहीं होते
B. बाह्य कर्ण व अन्तः कर्ण नहीं होते किन्तु कान का पर्दा व कॉर्निया होते हैं
C. कॉर्निया व बाह्य कर्ण
D. कान का पर्दा एवं आन्तरिक कर्ण

154. किन मछलियों के शरीर पर शल्क अनुपस्थित होते हैं?
A. मार्जर मीन B. *कटला (Catla)*
C. कुत्ता मीन D. *एनाबस (Anabas)*

155. सी हार्स है–
A. एक मछली B. एक स्तनधारी
C. एक पक्षी D. एक सरीसृप

156. किसकी कोशिका भित्ति (tunic) में सैल्यूलोज उपस्थित होता है–
A. हेमीकॉर्डेटा B. यूरोकॉर्डेटा
C. सिफैलोकॉर्डेटा D. वर्टीब्रेटा

157. सिफैलोकॉर्डेटा में कितने वंश हैं?
A. 1 B. 2
C. 3 D. 4

158. समुद्री मछली *ऐंग्युइला (Anguilla)* का सामान्य नाम है–
A. रोहु B. हिल्सा
C. सर्प मीन D. मुम्बई बत्तख

159. कॉड लिवर ऑयल निकाला जाता है–
A. अस्थिल मछलियों से B. उपास्थिल मछलियों से
C. भैंसों से D. व्हेल से

160. मिड वाइफ टोड दूसरा नाम है–
A. *एलाइटीस* का B. *हाइला* का
C. *रैकोफोरस* का D. *पाइला* का

161. काचाभ उपास्थि में मैट्रिक्स साफ तथा काँच की तरह होती है। इसका कारण है–
A. काचाभ तन्तुओं की उपस्थिति
B. किसी भी प्रकार के तन्तुओं की अनुपस्थिति
C. कोलेजन तन्तुओं का त्रिआयामी विन्यास
D. इलास्टिक तन्तुओं का त्रिआयामी विन्यास

162. श्वेत तन्तुमय संयोजी ऊतक फाइब्रोब्लास्ट्स तथा कोलेजन तन्तु का बना होता है। यह उपास्थि पायी जाती है–
A. केवल खोपड़ी की अस्थियों के जोड़ पर
B. कशेरुकों के बीच
C. खोपड़ी की अस्थियों के जोड़ों पर, रुधिर वाहिनियों के चारों ओर तथा अन्य देहांगों के चारों ओर
D. इनमें से कोई नहीं

163. सरल एपीथीलियम कोशिकाओं की इकहरी परत का बना होता है जो आधारी कला के ऊपर स्थित होती है। इस एपीथीलियम का मुख्य कार्य है–
A. शारीरिक अंगों की सुरक्षा
B. स्रावण
C. अवशोषण
D. (B) तथा (C) दोनों

164. रोमाभि एपीथीलियम (ciliated epithelium) फैलोपियन नलिका, ब्रौंकिओल आदि खोखले अंगों को भीतर से स्तरित करता है। यह एपीथीलियम सहायता करता है–
A. कणों को एक विशेष दिशा में प्रवाह करने में
B. कुछ कोशिकाओं की गति में
C. म्यूकस के विशेष दिशा में प्रवाह करने में
D. उपरोक्त सभी

165. बड़ी लार नलिकाओं तथा अग्न्याशय की नलिकाओं की भीतरी सतह स्तरित होती है–
A. सरल घनाकार एपीथिलियम
B. स्तरित घनाकार एपीथीलियम
C. स्तरित स्तम्भी एपीथीलियम
D. स्तरित शल्की एपीथीलियम

166. हमारे शरीर की सबसे लम्बी कोशिकाएं होती हैं–
A. पेशी कोशिकाएँ B. अस्थि कोशिकाएँ
C. तन्त्रिका कोशिकाएँ D. उपकला कोशिकाएँ

167. रुधिर में पायी जाने वाली घूमती हुई मैक्रोफेज कहलाती है–
A. लिम्फोसाइट B. मोनोसाइट
C. न्यूट्रोफिल D. बेसोफिल

168. खरहे में बाह्य कंकाल निर्मित होता है–
A. रोम व नाखूनों से B. रोम से
C. नाखूनों से D. उपरोक्त में से किसी में नहीं

169. निम्न में कौन-सी ग्रन्थि कुण्डलित नालाकार होती है–
A. वृषण B. रसांकुर
C. स्वेद ग्रन्थि D. सिबेशियम ग्रन्थि

170. कशेरुकी में नाटोकार्ड बदल जाती है–
A. मेरु रज्जू में
B. खण्ड विहीन कशेरुक दण्ड में
C. खण्डयुक्त कशेरुक दण्ड में
D. अपरिवर्तित रहती है

171. बॉल तथा सॉकेट सन्धि (Ball and Socket joint) पाई जाती है–
A. फीमर (Femur) तथा एसीटाबुलम (Acetabulum) के मध्य
B. ह्यूमरस (Humerus) तथा ग्लिनॉएड कैविटी (Glenoid cavity) के मध्य
C. (A) तथा (B) दोनों में
D. अँगुलियों (Fingers) की अस्थियों के मध्य

172. निम्नलिखित में किस सन्धि (Joint) में अस्थि केवल एक ही दिशा में घुमायी जा सकती है?
A. सैडल सन्धि (Saddle joint)
B. हिंज सन्धि (Hinge joint)
C. पाइवोट सन्धि (Pivot joint) से
D. उपर्युक्त में से कोई नहीं

173. ओडोण्टॉएड प्रवर्ध (Odontoid process) सम्बन्धित है–
A. पाइवोट सन्धि (Pivot joint) से
B. सैडल सन्धि (Saddle joint) से
C. सूचर्स (Suturs) से
D. उपर्युक्त में से कोई नहीं

174. पेशियाँ (Muscles) सर्वाधिक संख्या में पाई जाती हैं–
A. सिर (Head) में B. गर्दन (Neck) में
C. पीठ (Back) में D. बाँह (Arm) में

175. सुपाइन पोजीशन (Supine position) में हथेली (Palm) की दिशा–
A. ऊपर की ओर होती है
B. नीचे की ओर होती है
C. अचल होती है
D. पार्श्वों (Lateral side) में होती है

176. ग्लाइडिंग सन्धि (Glyding joint) पाई जाती है–
A. वर्टिब्री (Vertebrae) के जाइगेपोफाइसिस (Zygapophysis) के बीच
B. रेडियस (Radius) तथा अल्ना (Ulna) के बीच
C. कलाई (Wrist) के कार्पल्स (Carpals) के बीच
D. उपर्युक्त सभी में

177. निम्नलिखित में सत्य कथन है कि अपूर्ण सन्धि (Imperfect joint) में–
A. साइनोवियल कैप्सूल (Synovial capsule) नहीं पाया जाता
B. लिगामेण्ट (Ligament) नहीं पाया जाता
C. (A) तथा (B) दोनों
D. उपर्युक्त में से कोई नहीं

178. इण्टरकैलेटेड डिस्क (Intercalated disc) पाया जाता है–
A. रेखित पेशी (Striated muscle) में
B. अरेखित पेशी (Unstriated muscle) में
C. हृदय पेशी (Cardiac muscle) में
D. उपर्युक्त सभी में

179. भुजा को शरीर से दूर ले जाने वाली पेशी है–
A. प्रोनेटर्स (Pronators) B. एपीनेटर्स (Epinators)
C. डायलेटर (Dialtor) D. डेल्टॉएड (Deltoid)

180. भुजा (Arm) या टाँग (Leg) को ऊपर उठाकर चारों ओर घुमाने वाली पेशी है–
A. डेल्टॉएड (Deltoid)
B. पाइरीफॉर्मिस (Pyriformis)
C. लेटीसाइमस (Latissimus)
D. उपर्युक्त में से कोई नहीं

181. लैंगरहैन्स द्वीप पाए जाते हैं–
A. अग्न्याशय में B. क्षुद्रांत्र में
C. ग्रसिका में D. आमाशय में

182. आमाशय व आँत्र भीतर से स्तरित रहते हैं–
A. स्तम्भी कोशिकाओं द्वारा
B. शल्की कोशिकाओं द्वारा
C. घनाकार कोशिकाओं द्वारा
D. स्तरित एपीथीलियम द्वारा

183. भोजन में ग्रहण किए गए कार्बोहाइड्रेट की हाइड्रोलिसिस में सहायक एन्जाइम है–
A. पेप्सिन B. सेल्यूलेज
C. α-एमाइलेज D. ग्लाकोसाइडेज

184. खरहे का दन्त विन्यास होता है–
A. $\frac{2, 1, 3, 2}{2, 1, 3, 2}$ B. $\frac{2, 0, 3, 3}{1, 0, 2, 3}$
C. $\frac{1, 0, 2, 2}{2, 0, 3, 2}$ D. $\frac{2, 1, 3, 2}{1, 1, 2, 2}$

185. आमाशय तथा आँत्र स्तरित होती है–
A. स्तम्भाकार (columnar) एपीथीलियम से
B. शल्की (squamous) एपीथीलियम से
C. घनाकार (cuboidal) एपीथीलियम से
D. स्तरित (stratified) एपीथीलियम से

186. स्तनधारियों के लार में पाया जाता है–
A. टायलिन (ptyalin)
B. लाइपेस (lipase)
C. एण्ट्रोकाइनेज (enterokinase)
D. काइमोट्रिप्सिन (chymotrypsin)

187. लार में पाया जाने वाला एन्जाइम हैं–
A. एमाइलेज B. पेप्सिन
C. लाइपेज D. काइमोट्रिप्सिन

188. कुप्फर कोशिकाएँ (Kupffer cells) वे कोशिकाएँ हैं जो–
A. यकृत में पुरानी व टूटी-फूटी लाल रुधिराणुओं को नष्ट करती हैं
B. वसा का भण्डार है
C. हिपैरिन व हिस्टेमीन का स्रावण करती है
D. ग्लूकोस को ग्लाइकोजन में बदलती है

189. ट्रिप्सनोजन ट्रिप्सिन में बदला जाता है, क्रिया द्वारा–
A. पेन्क्रियोजायमिन (pancreozymin)
B. सिक्रिटिन (secretin)
C. गैस्ट्रिन (gastrin)
D. एण्ट्रोकाइनेज (enterokinase)

190. आंत्र रसांकुर (villi) की रक्त केशिकाओं द्वारा अवशोषित पोषक सर्वप्रथम पहुँचते हैं–
A. महाधमनी में
B. पश्च महाशिरा में
C. यकृत निवाहिका शिरा के माध्यम से यकृत में
D. यकृत धमनी में

191. निम्न में से कौन-सा कथन विटामिन D के लिए सही नहीं है?
A. यह कैल्सीफेरॉल होता है जो आँत्र में कैल्सियम एवं फॉस्फोरस के अवशोषण को नियंत्रित करता है
B. यह आरगोस्टेरॉल होता है
C. विटामिन डी, दाँतों एवं हड्डियों की वृद्धि हेतु आवश्यक है
D. इसकी कमी से कीलोसिस रोग हो जाता है

192. निम्न में से कौन-सा युग्म सही नहीं है?
A. Na^+—तन्त्रिकीय आवेग के लिए आवश्यक ऊर्जा स्थानान्तरण
B. Fe^{++}—शारीरिक वृद्धि, हीमोग्लोबिन सायटोक्रोम निर्माण में सहायक
C. Ca^{++}—हड्डियों व दाँतों के निर्माण में आवश्यक तथा पेशीय, संकुचन में महत्वपूर्ण
D. Zn^{++}—जीवद्रव्य का मुख्य (पूल) तत्व

193. एन्जाइम्स के बारे में असत्य कथन बताइये–
A. ये सभी प्रोटीन के बने होते हैं
B. ये प्रतिक्रियाओं की दिशा में परिवर्तन कर देते हैं
C. ये अपनी प्रतिक्रियाओं में अतिविशिष्ट होते हैं
D. ये प्रतिक्रियाओं के संतुलन को प्रभावित नहीं करते

194. विश्व के अनेक अविकसित राष्ट्रों में 6 वर्ष की आयु तक के बालकों का कुपोषण से शिकार होना एक गम्भीर समस्या है। इनमें से नवजात शिशुओं के भोजन में उपयुक्त प्रोटीन की कमी से होने वाला रोग है–
A. रिकेट्स B. लकवा
C. क्वाशिओरकर D. ओस्टियोमैलेशिया

195. निम्न में से किस की सहायता से स्तनियों की त्वचा में विटामिन D का संश्लेषण होता है?
A. आरगोस्टीरॉल B. अरगोकैल्सीफरोल
C. कोलेस्ट्रोल D. कैरोटीन

196. निम्न में से कौन-सा आवश्यक अमीनो अम्ल है?
A. एलेनीन B. ग्लाइसीन
C. ट्रिप्टोफेन D. टायरोसीन

197. बेरी-बेरी नामक रोग होता है, कमी के कारण–
A. राइबोफ्लेविन B. थायमीन
C. विटामिन K D. विटामिन C

198. विटामिन भोजन के आवश्यक भाग हैं तथा कोशिका उपापाचय में भाग लेते हैं, क्योंकि–
A. ये अनेक एन्जाइमों के भाग हैं
B. ये सह कारक की भाँति कार्य करते हैं
C. अधिकांश विटामिन शरीर में संश्लेषित नहीं हो सकते हैं
D. उपरोक्त सभी

199. प्रोटीनों का प्रयोग होता है–
A. ऊर्जा उत्पादन में B. वृद्धि में
C. मरम्मत में D. वृद्धि तथा मरम्मत में

200. एन्जाइम क्रिया के समय एलोस्टीरिक संदमन होता है–
A. अंतिम उत्पाद के एकत्र हो जाने के कारण
B. क्रियाधार के कारण
C. वितरीत क्रिया के कारण
D. क्रियाधार नष्ट हो जाने के कारण

201. अन्तः श्वसित (inspired) हवा में O_2 का दाब होता है–
A. 566.0 mm Hg B. 159.2 mm Hg
C. 149.3 mm Hg D. 760.0 mm H

202. वायवीय श्वसन के लिए सामान्य सूत्र है–
A. एसीटेल्डीहाइड + $NADH_2 \rightarrow$ डीहाइड्रोजीनेज + इथाइल एल्कोहल
B. $C_6H_{12}O_6 \rightarrow 2C_2H_5OH + 2CO_2$ + ऊर्जा (2ATP)
C. $C_6H_{12}O_6 + 6O_2 \rightarrow 6CO_2 + 6H_2O$ + 686 कि. कैलोरी ऊर्जा
D. उपरोक्त में से कोई नहीं

203. एक सामान्य व्यक्ति, आराम के समय प्रत्येक श्वसन चक्र में लगभग आधा लीटर वायु ग्रहण करता है तथा बाहर निकालता है–
A. उच्छवास रिजर्व आयतन (expiratory reserve volume)
B. सजीव क्षमता (vital capacity)
C. निश्वसन रिजर्व आयतन (inspiratory reserve volume)
D. प्रवाही आयतन (tidal volume)

204. हालांकि रक्त में CO_2 की अधिक मात्रा का वहन होता है फिर भी रक्त अम्लीय नहीं हो जाता। ऐसा इसलिए है कि–
A. CO_2 के परिवहन में रक्त के बफरों की एक महत्वपूर्ण भूमिका होती है

B. CO_2 जल के साथ जुड़कर H_2CO_2 बनाता है जो $NaCO_3$ द्वारा उदासीनीकृत कर दिया जाता है
C. CO_2 ऊतकों में से होकर विसरित होती रहती है और एकत्रित नहीं होने दी जाती
D. CO_2 श्वेताणुओं द्वारा अवशोषित कर ली जाती है

205. सामान्य श्वसन में एक बार में ली जाने वाली O_2 की मात्रा cc में है–
A. 100 cc B. 250 cc
C. 500 cc D. 250 lit

206. शीतसुप्तावस्था (hibernation) के समय मेंढक में श्वसन होता है–
A. त्वचा B. फेफड़े
C. क्लोम D. पुस्तक क्लोम

207. कार्बन-मोनोक्साइड का विषैला प्रभाव इसलिए होता है कि इसमें हीमोग्लोबिन के लिए ऑक्सीजन की तुलना में अधिक बंधुता होती है। यह बंधुता (लगभग) कितनी गुना अधिक होती है?
A. 200 गुना B. 5 गुना
C. 1000 गुना D. 20 गुना

208. स्तनीय फेफड़ों का बहुत बड़ी संख्या में सूक्ष्म कूपिकाओं में विभाजन हुआ होता है जो श्वसनिकाओं में खुलने वाली कूपिका वाहिनी को घेरे रहती है। यह व्यवस्था–
A. कूपिकाओं में संवातन की एक अकारगर प्रणाली है हालांकि अवशेषी वायु बहुत कम होती है
B. कूपिकाओं में संवातन की एक अकारगर प्रणाली है जिसके कारण फेफड़ों में अवशेषी वायु की प्रतिशतता बहुत ज्यादा होती है
C. कूपिकाओं में संवातन की एक बहुत कारगर प्रणाली है जिसमें अवशेषी वायु नहीं होता
D. कूपिकाओं में संवातन की एक कारगर प्रणाली है जिसमें अवशेषी वायु बहुत कम रहती है

209. रक्त के माध्यम से कार्बन डाइऑक्साइड फेफड़ों में अधिकतर किस रूप में ले जाई जाती है?
A. कार्बोमिनोहीमोग्लोबिन तथा बाईकार्बोनेट के रूप में
B. केवल कार्बोनिक अम्ल के रूप में
C. केवल हीमोग्लोबिन के साथ संयोजित
D. रक्त प्लाज्मा में घुली हुई

210. श्वसन भागफल होता है–
A. मुक्त हुई O_2 तथा पौधे द्वारा ग्रहण की गई CO_2 का अनुपात
B. श्वसन के समय मुक्त हुई O_2 का अनुपात
C. श्वसन के समय मुक्त हुई CO_2 तथा ग्रहण की गयी O_2 का अनुपात
D. उपरोक्त में से कोई भी

211. निम्न में से एक स्तनधारी के शरीर का विशिष्ट लक्षण है–
A. नियततापी (homeo thermy)
B. डायफ्राम की उपस्थिति
C. चार कक्षीय हृदय
D. वक्ष कंडिका

212. निम्न में से सुमेलित युग्म है–
A. लब–निलय प्रकुंचन के प्रारम्भ में AV कपाट का बन्द होना
B. डप–निलय शिथिलन के प्रारम्भ में अर्धचन्द्राकार कपाट
C. बहिःप्रकोष्ठिक धमनी अकस्मात खुलना–रुधिर वाहिनियों में कपाट
D. हृदय स्पंद का प्रारम्भ–पुरकिंजे तन्तु

213. निलय प्रकुंचन के समय–
A. ऑक्सीजनित रुधिर फुफ्फुस शिरा में पम्पित होता है तथा विऑक्सीजनित रुधिर फुफ्फुस धमनी में पम्पित होता है
B. ऑक्सीजनित रुधिर महाधमनी में पम्पित होता है तथा विऑक्सीजनित रुधिर फुफ्फुस धमनी में पम्पित होता है
C. ऑक्सीजनित रुधिर फुफ्फुस धमनी में पम्पित होता है तथा विऑक्सीजनित रुधिर महाधमनी में पम्पित होता है
D. ऑक्सीजनित रुधिर महाधमनी में पम्पित होता है तथा विऑक्सीजनित रुधिर फुफ्फुस शिरा में पम्पित होता है

214. "डप" ध्वनि उत्पन्न होती है–
A. त्रिवलन कपाटों के बन्द होने पर
B. अर्धचन्द्राकार कपाटों के बन्द होने पर
C. मिट्रल कपाटों के बन्द होने पर
D. इनमें से कोई नहीं

215. कोलेस्ट्रॉल के जमने के कारण धमनियों की कठोरता को कहते हैं–
A. स्टेनोसिस (stenosis)
B. रहाइनाटिस (rhinitis)
C. आरटीरियोस्कलेरोसिस (arteriosclerosis)
D. थ्रम्बोसिस (thrombosis)

216. फेफड़ों की सजीव क्षमता होती है–
A. 1RV + ERV + TV – RV
B. 1RV + ERV
C. IRV + ERV + TV
D. निश्वसन आयतन (1RV) + उच्छवसन आयतन (ERV) + प्रवाही आयतन (TV) + अवशेषी आयतन (RV)

217. मेंढक के हृदय में कितने वेश्म होते हैं?
A. दो निलय तथा एक अलिंद
B. दो अलिंद तथा दो निलय
C. एक अलिंद, एक शिरा कोटर तथा एक निलय
D. दो अलिंद तथा एक निलय

218. शिरापात्र के सम्बन्ध में कौन सही है?
A. यह शशक के हृदय के पृष्ठतल पर स्थित रहता है
B. यह मेंढक के हृदय के मध्यतल पर स्थित रहता है
C. यह पृष्ठ महाधमनी (dorsal aorta) में रुधिर भेजता है
D. यह दाहिने अलिन्द में खुलता है

219. उम्र बढ़ने के साथ गंजापन होने का कारण है–
A. रुधिर प्रवाह का कम हो जाना
B. प्रोटीन की कमी
C. रुधिर प्रवाह का अधिक होना
D. कार्बोहाइड्रेटों की कमी

220. फुफ्फुस धमनी भिन्न होती है फुफ्फुस शिरा से–
A. बड़ी अवकाशिका के कारण
B. फुफ्फुस धमनी में कपाटों की उपस्थिति के कारण
C. फुफ्फुस शिरा में कपाटों की उपस्थिति के कारण
D. फुफ्फुस धमनी में अनॉक्सीकृत रुधिर प्रवाह करता है तथा फुफ्फुस शिरा में ऑक्सीकृत रुधिर प्रवाह करता है।

221. मनुष्य के रुधिर वर्ग (Blood Group) में मुख्य रूप से दो प्रकार के A तथा B ऐन्टीजन (Antigen) पाए जाते हैं। जिनके लिए निम्नलिखित में क्या सत्य है ?
A. सभी मनुष्यों में दोनों प्रकार के ऐन्टीजन (Antigen) पाए जाते हैं
B. सभी मनुष्यों में A प्रकार के ऐन्टीजन अनिवार्य रूप से पाए जाते हैं
C. कुछ मनुष्यों में दोनों प्रकार के ऐन्टीजन पाए जाते हैं तथा इनका रुधिर (Blood) में उपस्थित होना या न होना कुछ जीन्स (Genes) के ऊपर निर्भर करता है
D. उपर्युक्त में से कोई नहीं

222. सार्वत्रिक ग्राही (Universal Recipient) रुधिर वर्ग (blood group) है–
A. A B. B
C. AB D. O

223. ABO सिस्टम (ABO System) सम्बन्धित है –
A. विशेष प्रकार के यन्त्र (Equipment) जिनकी सहायता से मनुष्यों में रक्त आधान (Blood Transfusion) किया जाता है
B. रुधिर आधान में प्रयुक्त होने वाला रासायनिक पदार्थ (Chemical Substance)
C. रक्त वर्ग (Blood group) से
D. रक्त परिवहन-तन्त्र (Blood Circulatory System) से

224. कार्ल लैण्डस्टीनर (Karl Landsteiner) ने किस रुधिर वर्ग (Blood Group) की खोज की थी ?
A. A तथा B वर्ग (Group) B. A, B तथा AB
C. O वर्ग D. उपर्युक्त सभी वर्ग

225. दाता (Donor) तथा ग्राही (Recipient) का रुधिर वर्ग एक होने पर भी रुधिर आधान (Blood Transfusion) में रुधिराणुओं (Blood corpuscles) का एग्लुटिनेशन (Agglutination) हो सकता है, जब–
A. उपर्युक्त स्थिति असम्भव है
B. दाता (Donor) Rh^- तथा ग्राही (Recipient) Rh^+ हो
C. दाता Rh^+ तथा ग्राही Rh^- हो
D. O वर्ग के दोनों एन्टीजन (Antigen) सक्रिय हो जाने पर

226. रक्त बैंक (Blood Bank) में रुधिर को संगृहीत किया जाता है–
A. निर्वात (Vacuumed) बोतलों में
B. सोडियम ऐसीटेट (Sodium Acetate) के घोल में
C. शून्य तापक्रम (0°C) में
D. उपर्युक्त सभी

227. Rh वर्ग (Group) की पहचान के लिए निम्नलिखित एन्टीसेरा (Anticera) प्रयुक्त किया जाता है–
A. A B. B
C. C D. D

228. माता का रुधिर वर्ग (Blood group) O है, उसके गर्भस्थ शिशु को खतरा हो सकता है यदि शिशु का रुधिर वर्ग है–
A. O B. A
C. B या AB D. उपर्युक्त में से कोई नहीं

229. Rh कारक (Rh-factor) की खोज किस प्राणी में की गई थी ?
A. शशक (Rabbit)
B. रहीसस बन्दर (Rhesus Monkey)
C. कॉर्वस स्प्लेण्डेन्स (Corvus Splendens)
D. चूहे (Rat) में

230. रुधिर आधान (Blood transfusion) में रुधिर (Blood) के स्थान पर निम्नलिखित का उपयोग करने की खोज की जा रही है–
A. डाइब्यूटाइरिक अम्ल (Dibutyric Acid)
B. एथिलिन (Ethyline)
C. पॉलीविनाइल पाइरोलिड्रॉन (Polyvinyl Pyro-lidrone)
D. पॉलीहाइड्रॉक्सी द्रव (Polyhydroxy Fluid)

231. लकवे का प्रमुख कारण है–
A. पेशियों में कुछ विकार
B. संवेदी तन्त्रिकाओं का पूर्ण विकार
C. प्रेरक तन्त्रिकाओं का पूर्ण विनाश
D. उपरोक्त में से कोई नहीं

232. CNS के लिए संदमनकारी न्यूरोट्रांसमीटर होता है–
A. GABA B. एसीटाइलकोलीन
C. एड्रीनेलीन D. नॉर एड्रीनेलीन

233. एक तंत्रिका में तंत्रिका आवेग का एकद्विशीय प्रवाह होता है इस कारण–
A. तंत्रिका तन्तु मायलिन छाद द्वारा विद्युतरोधी होता है
B. सोडियम पम्प सायटॉन पर अपनी क्रिया प्रारम्भ करता है और तब तंत्रिका तन्तु की ओर बढ़ता है
C. डेन्ड्राइट न्यूरोट्रांसमीटर मुक्त करते हैं ना कि एक्सॉन अन्त द्वारा
D. एक्सॉन अन्त द्वारा न्यूरोट्रांसमीटर मुक्त होते हैं ना कि डेन्ड्राइट द्वारा

234. ब्रोका का भाग (Broca's area) सम्बन्धित है–
A. गंधज्ञान से
B. नेत्र से संवेदनाएँ ग्रहण करने से
C. भाषा से
D. सीखने तथा तर्क शक्ति से

235. निम्न में से कौन सा कथन सही है?

A. Na^+ आयन तन्त्रिका आवेगों के संवहन में सहायक होते हैं

B. Na^+ आयन झिल्ली से तत्वों के अभिगमन में महत्वपूर्ण होते हैं

C. Na^+ आयन शरीर में जल बनाए रखने में सहायक होते हैं

D. Na^+ आयन उपरोक्त सभी कार्यो से सम्बन्धित हैं

236. तन्त्रिका कोशिकाओं में, विश्राम विभव के उत्क्रमण को विध्रुवण कहते हैं यह किस कारण होता है?

A. Na^+ के अन्तर्वाह

B. K^+ के अन्तर्वाह

C. Ca^+ तथा Cl^- के अन्तर्वाह

D. Na^+ के बहिर्वाह

237. दुर्घटना के बाद व्यक्ति भूख, प्यास तथा स्वनियमन पर नियंत्रण नहीं कर पाता। इसमें मस्तिष्क का कौन सा भाग प्रभावित होता है?

A. सेरीब्रम B. हापोथैलेमस

C. अनुमस्तिष्क D. कार्पस केलोसम

238. तन्त्रिका तन्त्र में ऊर्जा का रूपांतरण होता है–

A. रासायनिक से विकिरण B. रासायनिक से यांत्रिक

C. रासायनिक से वैद्युत D. रासायनिक से परासरणी

239. रैनवियर की गाँठों का कारण होता है–

A. असंतत माइलिन आच्छद के कारण

B. असंतत माइलिन आच्छद तथा न्यूरीलेमा के कारण

C. असंतत न्यूरीलेमा के कारण

D. असंतत एक्सान के कारण

240. जब व्यक्ति शराब पीता है तो मस्तिष्क के किस भाग के नियन्त्रण में ह्रास होता है–

A. अनुमस्तिष्क B. सेरीब्रम

C. मेड्यूला आब्लोगेंटा D. पोन्स वेरोली

241. कार्य की दृष्टि से जिस तरह केंचुए में नेफ्रीडिया होते हैं उसी प्रकार–

A. टोड में पैरोटिड ग्रन्थियाँ होती है

B. झींगा में स्टैटोसिस्ट होते हैं

C. यकृत पर्णाभ (liver fluke) में ज्वाला कोशिकाएँ होती हैं

D. मछलियों में मायोटोम होते हैं

242. वृक्क नलिका के किस भाग में सोडियम तथा क्लोराइड का अवशोषण मुख्य रूप से होता है?

A. PCT

B. DCT

C. हेनले की पाशी

D. संग्रह नलिका (Collecting duct)

243. स्तनधारियों में मूत्र को सांद्र करने से सम्बन्धित हारमोन है–

A. केवल एण्टीडाययूरेटिक हारमोन

B. एण्टीडाययूरेटिक हारमोन तथा ऑक्सीटोसिन

C. एण्टीडाययूरेटिक हारमोन तथा एल्डोस्टीरोन

D. केवल टेस्टोस्टीरोन

244. वृक्क प्रत्यारोपण करने के लिए रुधिर समूह तथा ऊतकों का मिलान किया जाता है, किन्तु इसके पश्चात भी शरीर कभी-कभी प्रत्यारोपित अंग को अस्वीकार करने लगता है। इस समय दिये जाते हैं–

A. इम्यूनोसप्रेसेन्ट्स (immunosuppresants)

B. कैल्शियम ऑक्सलेट

C. एण्टीबायटिक

D. एण्टीएलर्जिक

245. बोमैन संपुट + ग्लोमेरूलस हैं–

A. मैल्पीघी नलिका B. मैल्पीघी संपुट

C. नेफ्रोन D. यूरीनीफेरस नलिका

246. हेनले की पाशी पायी जाती है–

A. मेंढक की सेमीनीफेरस नलिकाओं में

B. शशक की सेमीनीफेरस नलिकाओं में

C. स्तनधारियों की वृक्क नलिकाओं में

D. मेंढक की वृक्क नलिकाओं में

247. निम्न में से किसके द्वारा वृक्क नलिकाओं में आयनों तथा पुनरावशोषण की दर में वृद्धि होती है?

A. कार्टिसोल (cortisol)

B. एल्डोस्टीरोन (aldosterone)

C. कैल्सीफेरोल (calciferol)

D. एरिथ्रोपोएटिन (erythropoietin)

248. रक्त में उपस्थित कौन से अपशिष्ट व हानिकारक पदार्थ आर्निथीन चक्र द्वारा कम हानिकारक पदार्थ में रूपांतरित होते हैं?

A. CO_2 व $NH_2 - CO - NH_2$

B. CO_2 व NH_3

C. NH_3 व $NH_2 - CO - NH_2$

D. NH_3 व यूरिक अम्ल

249. वृक्क नलिकाओं में दूरस्थ कुण्डलित नलिका (distal convoluted tubule) एवं संग्राहक वाहिनी (collecting duct) की जल के लिए पारगम्यता किसके द्वारा नियन्त्रित होती है?

A. वृद्धि हारमोन B. रेनिन

C. वासोप्रेसिन D. एल्डोस्टीरोन

250. सामान्यतः क्रिएटीन (creatine) किसके मूत्र में नहीं पाया जाता है?

A. भूखे मनुष्य के B. गर्भस्थ स्त्री के

C. स्वस्थ मनुष्य के D. स्तनपान कराने वाली स्त्रियों के

251. स्तनधारियों में गर्भधारण का क्या प्रभाव होता है?

A. इसके कारण अण्डोत्सर्ग का संदमन होता है

B. इसके कारण अण्डाशय का अपह्रास हो जाता है

C. इसके कारण शुक्राणु व अण्डे के केन्द्रक का संलयन रुक जाता है

D. इसके कारण टेस्टोस्टेरॉन के स्राव का उत्तेजन होता है

252. कौन-सा कथन सही है?
A. मासिक धर्म चक्र सभी स्तनधारियों में पाया जाता है
B. मासिक धर्म चक्र केवल वानर गण (primates) में पाया जाता है
C. मद चक्र सभी स्तनधारियों में पाया जाता है
D. इनमें से कोई नहीं

253. शुक्रकायान्तरण एक प्रकार का परिवर्तन है जिसमें–
A. प्राथमिक स्पर्मेटोसाइट से द्वितीयक स्पर्मेटोसाइट्स बनता है
B. स्पर्मेटोगोनियम से क्रियात्मक शुक्राणु बनता है
C. स्पर्मेटोगोनियम से प्राथमिक स्पर्मेटोसाइट का निर्माण होता है
D. स्पर्मेटिड से शुक्राणु बनते हैं

254. अण्डाशय से निकलते समय मनुष्य के अण्डाणु में होते हैं–
A. X Y क्रोमोसोम B. एक X क्रोमोसोम
C. दो X क्रोमोसोम D. एक Y क्रोमोसोम

255. स्तनधारियों की मादा के शरीर में वीर्यसंसेचन (insemination) का स्थान है–
A. गर्भाशय में B. अण्डवाहिनी में
C. योनि में D. व्यूलवा (vulva) में

256. निम्न में से कौन-सा हारमोन मनुष्य के अपरा का स्रवण उत्पाद नहीं है?
A. ह्यूमैन कोरियोनिक गोनेडोट्रापिन
B. प्रोलेक्टिन
C. एस्ट्रोजन
D. प्रोजेस्ट्रान

257. मानव मादा में सामान्यतः मासिक चक्र में अण्डोत्सर्ग होता है–
A. स्रवण प्रावस्था के मध्य में
B. स्रवण प्रावस्था के समाप्त होने से तुरन्त पहले
C. प्रचुरोद्भवन प्रावस्था के प्रारम्भ में
D. प्रचुरोद्भवन प्रावस्था के अन्त में

258. वृषण जालिका तथा डक्टस एपीडिडाइमिस के निचले भाग से जुड़ी उपकला नलिकाओं को कहते हैं–
A. डक्टस कोलेडोकस (Ductus choledochus)
B. डक्टस रीयूनिएन्स (Ductus reuneins)
C. डक्टयुलि एबेरेन्टस (Ductuli aberrantes)
D. डक्टयुलि एफेरेन्टेस (Ductuli efferentes)

259. परखनली शिशु का अर्थ है कि शिशु का जन्म हुआ जब–
A. परखनली में विकसित हुआ
B. यह ऊतक संवर्धन विधि द्वारा विकसित हुआ
C. अण्डाणु का बाहर निषेचित हुआ तथा उसके बाद गर्भाशय में प्रत्यारोपित किया गया
D. यह अनिषेचित अण्डों से उत्पन्न हुआ

260. शुक्रजनन नलिकाओं में पाई जाने वाली पोषक कोशिकाएँ हैं–
A. लीडिंग कोशिकाएँ B. सर्टोली कोशिकाएँ
C. शुक्राणुजनीय कोशिकाएँ D. जीणु पुटिका कोशिकाएँ

261. एक्सोप्थैलमिक गायटर किस कारण होता है?
A. थायरॉक्सिन के अति स्रवण से
B. थायरॉक्सिन के अल्प स्रवण से
C. थॉयरोकैल्सिटोनिन के अल्प स्रवण से
D. थॉयरोकैल्सिटोनिन के अति स्रवण से

262. मूत्र में कौन से हारमोन की उपस्थिति से गर्भाधान की जाँच (pregnancy test) की जाती है?
A. प्रोजेस्ट्रॉन
B. एस्ट्रोजन
C. एण्ड्रोजन
D. मानव कोरियोनिक गोनेडोट्रोपिन (human chorionic gonadotrophin)

263. एक व्यक्ति अधिक मात्रा में मूत्र उत्सर्जित करता है लेकिन उसके मूत्र में चीनी की मात्रा नहीं होती है। यह इसलिए होता है क्योंकि–
A. पश्च पीयूष ग्रन्थि से हारमोन का अतिस्राव होता है
B. अग्र पीयूष ग्रन्थि से हारमोन का अतिस्राव होता है
C. लैंगरहेंस द्वीप से अतिस्राव होता है
D. पश्च पीयूष ग्रन्थि से हारमोन का अल्पस्राव होता है

264. लैंगरहेंस की द्वीपिकाओं की अल्फा-कोशिका द्वारा स्रावित ग्लुकागॉन निम्नलिखित में से कौन-सा कार्य करता है?
A. ग्लुकागोन ग्लूकोस को प्रोटीन में परिवर्तित करता है
B. ग्लुकागोन ग्लूकोस को ग्लाइकोजेन मे परिवर्तित करता है
C. ग्लुकागोन ग्लाइकोजेन को ग्लूकोस में परिवर्तित करता है एवं रक्त में शर्करा की सान्द्रता में वृद्धि करता है
D. उपरोक्त में से कोई नहीं

265. निम्न में से किससे एडीसन का रोग होता है?
A. एड्रीनल ग्रन्थि की मेड्यूला की अल्पक्रिया
B. एड्रीनल ग्रन्थि की कॉर्टेक्स की अल्पक्रिया
C. एड्रीनल ग्रन्थि की कार्टेक्स की अधिक्रिया
D. एड्रीनल ग्रन्थि की मेड्यूला की अधिक्रिया

266. यदि एक स्त्री में पुरुष जैसे लक्षण, जैसे दाढ़ी का आना, गर्भाशय और अण्डाशय का अपह्रास, भगशेफ की वृद्धि इत्यादि का विकास आरम्भ हो जाता है तो इसका क्या कारण हो सकता है?
A. एड्रीनल एण्ड्रोजनों का अत्यधिक उत्पादन
B. एस्ट्रोजन एवं टेस्टोस्टीरोन का अत्यधिक उत्पादन
C. शल्य क्रिया द्वारा स्तन ग्रन्थियों का निकाल देना
D. पश्च पीयूष का क्षतिग्रस्त होना

267. हारमोनों की क्रिया के विषय में स्वीकृत संकल्पना के अनुसार यदि लक्ष्य अंगों से ग्राही अणु हटा लिए जाएं तो–
A. लक्ष्य अंगों में हारमोनों के लिए बिना किसी अन्तर के अनुक्रिया होती रहेगी
B. लक्ष्य अंगों में हारमोनों के लिए अनुक्रिया तो होगी, मगर उसके लिए उच्चतर सांद्रणों की आवश्यकता होगी

C. लक्ष्य अंगों में हारमोनों के लिए अनुक्रिया नहीं होगी
D. लक्ष्य अंगों में हारमोनों के लिए अनुक्रिया तो होती रहेगी मगर उल्टे रूप में

268. निम्न में से कौन-से समूह में हारमोन का नाम तथा उसकी अल्पता से होने वाले रोग का सही जोड़ा मिलाया गया है?
A. ल्यूटिनाइजिंग हारमोन – अन्डोत्सर्ग न होना
B. इन्सुलिन – उदकमेह या डायबिटिज इन्सीपीडस
C. थायरॉक्सिन – टिटेनी
D. पैराथायराएड हारमोन – डायबिटिज मैलीटस या मधुमेह

269. निम्न में से कौन-सा हारमोन मनुष्य के अपरा का स्रवण उत्पाद नहीं है?
A. ह्यूमैन कोरियोनिक गोनेडोट्रोपिन
B. प्रोलेक्टिन
C. एस्ट्रोजन
D. प्रोजेस्टेरॉन

270. एक व्यक्ति अत्यधिक मात्रा में मूत्र करता है तथा अत्यधिक पानी पीता है किन्तु उसका रक्त ग्लूकोस स्तर सामान्य है। यह स्थिति किसका परिणाम हो सकती है?
A. अग्न्याशय से इन्सुलिन स्रवण में कमी
B. पश्च पीयूष से वासोप्रेसिन स्रवण में कमी
C. मूत्र में ग्लूकोस सांद्रता में गिरावट
D. ग्लूकागॉन के स्रवण में वृद्धि

271. आँख का वह भाग जिसमें रक्त कोशिका नहीं होती–
A. कॉर्निया B. लेन्स
C. कॉर्निया व लेन्स दोनों D. रेटिना

272. कार्पस ल्यूटियम और पीत बिन्दु के संदर्भ में कौन-सा कथन सत्य है?
A. दोनों अण्डाशय में पाये जाते हैं
B. दोनों अन्तःस्त्रावी ग्रन्थियाँ होती हैं
C. दोनों आँख में पाये जाते हैं
D. दोनों पीले रंग के होते हैं

273. स्तनधारियों के लेन्स एवं कॉर्निया दोनों ही निम्नलिखित में से किसकी सहायता से उन्हें देखने में मदद करते हैं?
A. प्रवेश करने वाली प्रकाश की मात्रा को नियन्त्रित कर
B. वस्तु का चित्र रेटिना पर बनने में सहायता
C. आँख के सभी भागों को पोषण प्रदान करने में
D. आँख की क्षमता का समायोजन एवं नियमन

274. मध्य कर्ण गुहा ग्रसनी से जुड़ी होती है–
A. कण्ठ कर्ण नली द्वारा (eustachian tube)
B. फैलोपियन नलिकाओं द्वारा
C. कर्ण अस्थिकाओं द्वारा
D. काल्यूमेला द्वारा

275. खरहा अपने बाह्य कर्ण हिला सकता है जबकि मनुष्य नहीं, इसका कारण है–
A. मनुष्य को बाह्य कर्ण हिलाने की आवश्यकता नहीं होती
B. मनुष्य को बाह्य कर्ण हिलाने वाली पेशियां अवशेषी होती हैं
C. खरहा तेज भागता है
D. मनुष्य भी बाह्य कर्ण हिला सकता है

276. स्ट्रेटम जर्मिनेटिवम किस प्रकार के एपीथीलियम का उदाहरण है?
A. घनाकार B. शल्कीय
C. सिलियायुक्त D. स्तम्भाकार

277. निम्नलिखित में से कौन-सी ग्रन्थि मेंढक की त्वचा में पायी जाती है खरहे की त्वचा में नहीं–
A. तैल ग्रन्थि B. स्वेद ग्रन्थि
C. श्लेष्म ग्रन्थि D. मोल की ग्रन्थि

278. कशेरुकी या स्तनी के नेत्र की प्रकाश संवेदी परत है–
A. कॉर्निया B. रेटिना
C. कोरॉएड D. स्कलीरा

279. नेत्र दोष "मायोपिया" में–
A. प्रकाश की किरणें रेटिना के पीछे फोकस होती हैं
B. प्रकाश की किरणें रेटिना के आगे फोकस होती हैं
C. प्रकाश की किरणें रेटिना व आइरिस के बीच में फोकस होती हैं
D. प्रकाश की किरणें नेत्र के भीतर प्रवेश ही नहीं करती

280. कॉर्निया प्रत्यारोपण में गजब की सफलता मिली है। इसका कारण यह है कि–
A. कॉर्निया को आसानी से परिरक्षित किया जा सकता है
B. कॉर्निया के साथ एक संवहनी तथा प्रतिरक्षा तन्त्र नहीं जुड़े होते हैं
C. इसमें काम आने वाली तकनीक बहुत सरल है
D. कॉर्निया आसानी से मिल जाती है

281. मीसनर के देहाणु स्थित होते हैं–
A. त्वचा में B. टॉन्सिल्स में
C. कॉक्लिया में D. आमाशय की दीवार में

282. कशेरुकियों के नेत्रों के अन्ध बिन्दु पर–
A. शंकु नहीं होते B. शलाकाएँ नहीं होती
C. दोनों नहीं होते D. दोनों होते हैं

283. वृद्धावस्था में हो जाने वाला सामान्य नेत्र-दोष–
A. ऐस्टिग्मैटिज्म B. प्रेस्बायोपिया
C. मायोपिया D. ग्लॉकोमा

284. शरीर-सन्तुलन में सहायक रचनाएँ हैं–
A. कॉक्लिया B. अर्धवर्तुल्य कुल्याएँ
C. हॉरमोन्स D. यूस्टैकी नलिकाएँ

285. पास की वस्तुओं को साफ देखने हेतु कैसे वीक्षों वाला चश्मा लगाते हैं?
A. सादे B. अवतल
C. रंगीन D. उत्तल

286. कलागहन का कार्य है?

A. सुनना B. सन्तुलन में सहायता करना

C. ये दोनों D. ध्वनि-उत्पादन

287. निकटदर्शिता के रोगियों को कैसे वीक्षों अर्थात् लेन्स चश्मे की आवश्यकता होती है?

A. उत्तल B. अवतल

C. सपाट D. रंगीन

288. नेत्रगोलक की दीवार के किस स्तर में रुधिरवाहिनियों का घना जाल होता है–

A. दृष्टिपटल B. दृढ़पटल

C. रक्तपटल या कोरॉएड D. लेन्स

289. नेत्रों में वह क्षेत्र जिसमें केवल शंकु होते हैं–

A. उपतारा या आइरिस B. नेत्रश्लेष्मा या कन्जंक्टिवा

C. अन्ध बिन्दु D. पीत बिन्दु

290. रहोडोप्सिन पाया जाता है–

A. दृष्टिपटल की कोशिकाओं में

B. गुच्छकीय कोशिकाओं में

C. पूर्ण दृष्टिपटल में

D. ऐमैक्राइन कोशिकाओं में

291. मरम्मत (Repair) तथा पुनर्जनन (Regeneration) की क्रियाएं होती हैं–

A. पूर्व भ्रूणीय अवस्था (Pre-embryonic phase) में

B. पश्च भ्रूणीय प्रावस्था (Post-embryonic phase) में

C. भ्रूणीय प्रावस्था (Embryonic phase) में

D. गैमेटोजिनेसिस (Gametogenesis) में

292. आयु (Age) बढ़ने के साथ कोशिका आयतन–

A. बढ़ता है B. घटता है

C. अपरिवर्तनशील रहता है D. उपर्युक्त में से कोई नहीं

293. सर्वप्रथम वयता (Ageing) का वर्णन किया था–

A. गेगेनबार (Gagenbar) ने

B. मेन्डेबार (Mendebar) ने

C. हक्सले (Huxley) ने

D. हेनले (Henley) ने

294. निम्नलिखित में से कौन-सा वयता (Ageing) वर्णक (Pigment) है?

A. लाइपोफश्चिन (Lypofuschin)

B. विलेटेमिन (Villetemin)

C. (A) तथा (B) दोनों में

D. बिलीरुबिन (Bilirubin)

295. किस अवस्था में प्राणियों में निरन्तर वृद्धि होती रहती है?

A. आइसोग्रोथ फेज (Isogrowth phase)

B. एक्सपोनेन्शियल फेज (Exponential phase)

C. पोटेन्शियल फेज (Potential phase)

D. रिड्यूसिंग फेज (Reducing phase)

296. खतरे के समय छिपकली अपनी पूँछ छोड़कर शत्रु से अपनी जान बचा लेती है। यह प्रक्रिया कहलाती है–

A. पुनरुद्भवन B. मार्फोलेक्सिस

C. ऑक्जेटिक वृद्धि D. स्वांगोच्छेदन (autotomy)

297. रिपेरेटिव पुनरुद्भवन में क्या होता है?

A. शरीर के किसी भी अंग का दोबारा बन जाना

B. नष्ट हुए भाग का पुनरुद्भवन

C. घाव भरना

D. उपरोक्त सभी

298. मार्फोलेक्सिस क्या है?

A. छोटे भागों से पूरा शरीर बन जाना

B. नष्ट हुए भाग का दोबारा बनना

C. रिपेरेटिव पुनरुद्भवन

D. स्वांगोच्छेदन

299. निम्न में से कौन-सा जन्तु स्वांगोच्छेदन दर्शाता है?

A. केकड़ा B. होलोथुरिया

C. छिपकली D. उपरोक्त सभी

300. निम्न में से कौन-सा सिद्धान्त जरण के त्रुटि सिद्धान्त (error theory) का उदाहरण है–

A. क्रॉस बन्धन सिद्धान्त B. टूट-फूट का सिद्धान्त

C. मुक्त मूलक सिद्धान्त D. उपरोक्त सभी

301. X तथा Y गुणसूत्र लिंग निर्धारित करते हैं यह पता लगाया था–

A. ग्रीगोर जान मेण्डल ने B. एम जे डी स्टीवेन्स ने

C. एन एम स्टीवेन्स ने D. राबर्ट ब्राउन ने

302. "हाइपरट्राइकोसिस" (hypertrichosis) या कानों पर बाल एक लिंग सहलग्न लक्षण है जो जुड़ा है–

A. X गुणसूत्र से B. X X गुणसूत्रों से

C. X Y गुणसूत्रों से D. Y गुणसूत्र से

303. मनुष्य में पाये जाने वाले निम्न समूहों में से किसको हम क्लाइनफेल्टर सिण्ड्रोम कहेंगे?

A. एक X गुणसूत्र तथा दो Y गुणसूत्र (XYY)

B. तीन X गुणसूत्र (XXX)

C. तीन Y गुणसूत्र (YYY)

D. दो X गुणसूत्र तथा एक Y गुणसूत्र (XXY)

304. वर्णक मेलेनिन की अनुपस्थिति में होगा–

A. बिल्कुल काली त्वचा

B. बाल सफेद हो जाएँगे

C. बाल व त्वचा हल्के रंग के हो जाएँगे

D. त्वचा लाल रंग की हो जायेगी

305. यदि एक "A" रुधिर समूह वाले पुरुष का विवाह "B" रुधिर समूह वाली स्त्री से होता है, उनकी संतति में रुधिर समूह होगा

A. केवल A या B B. केवल AB

C. केवल A या B या AB D. A या B या AB या O

306. निम्न में से कौन-सा एक एम्निओसेन्टेसिस तकनीक द्वारा जाँचा जाता है?
A. भ्रूण में जीवन रसायन सम्बन्धी असामान्यताओं के लिए
B. भ्रूण में उपापचय त्रुटियों के लिए
C. भ्रूण में गुणसूत्रीय असामान्यताओं के लिए
D. उपरोक्त सभी

307. बार पिण्ड पाया जाता है–
A. नर कायिक कोशिकाओं में
B. अण्डाणु में
C. शुक्राणु में
D. मादा कायिक कोशिकाओं में

308. यदि एक लक्षण पिता से सीधे उसके सभी पुत्रों में पहुँचता है तथा उनके पुत्रों से फिर उनके सभी पुत्रों में तब जीनों को वहन करता है–
A. अलिंग गुणसूत्र B. X गुणसूत्र
C. Y गुणसूत्र D. उपरोक्त में से कोई नहीं

309. एक कोशिका में अगुणित गुणसूत्र संख्या 12 है तब मोनोसोमिक संख्या होगी–
A. 25 B. 22
C. 26 D. 23

310. एक सामान्य स्त्री जिसके पिता वर्णान्ध थे, एक सामान्य पुरूष से विवाह करती है। कितने प्रकार के वच्चों का जन्म होगा और किस अनुपात में?
A. पुत्रियां सामान्य, 50% पुत्र वर्णान्ध
B. पुत्रियां सामान्य, सभी पुत्र वर्णान्ध
C. पुत्रियां वर्णान्ध, 50% पुत्र सामान्य
D. सभी पुत्रियां वर्णान्ध, पुत्र सामान्य

311. निम्नलिखित में सत्य कथन है कि उत्परिवर्तन (Mutation)–
A. धीरे-धीरे होता है
B. निश्चित होती है
C. एकाएक होता है
D. कोशिका का अनिवार्य लक्षण है

312. गुणसूत्रीय विपथन में विलोपन (Deletion)–
A. प्रायः कम होने की या न होने की सम्भावना होती है
B. स्वतः होते हैं
C. 'X' किरणों द्वारा प्रेरित (Induced) किए जा सकते हैं
D. (B) तथा (C) दोनों

313. म्यूटेशन थ्योरी (Mutation theory) के लिए निम्नलिखित का अध्ययन किया गया था–
A. काइरोनॉमस लार्वा (Chironomous Larva) का
B. *पाइसम सटाइवम (Pisum sativum)* का
C. *ओइनोथेरा लैमार्कियाना* (*Oenothera lamarckiana*) का
D. उपरोक्त सभी का

314. त्वरित उत्परिवर्तन (Spontaneous mutation) निम्नलिखित के कारण होते हैं–
A. अल्ट्रावायलेट किरणों (Ultraviolet rays) के कारण
B. रासायनिक परिवर्तनों (Chemical changes) के कारण
C. वायुमण्डल (Atmosphere) के प्रभाव तथा परिवर्तनों के कारण
D. उपर्युक्त सभी

315. 2n – 2 गुणसूत्रों की स्थिति निम्नलिखित के लिए है–
A. नलीसोमिक (Nullisomic)
B. मोनोसोमिक (Monosomic)
C. ट्राइसोमिक (Trisomic)
D. हेप्लॉइडी (Haploidy)

316. आनुवंशिक अभियांत्रिकी में रेस्ट्रिकशन एन्जाइम का उपयोग होता है, क्योंकि–
A. ये डी.एन.ए. को विशिष्ट क्षारक अनुक्रम पर काट सकते हैं
B. ये प्रोटीनलयी एंजाइम हैं जो हानिकारक प्रोटीन को नष्ट कर सकते हैं
C. ये न्यूक्लिएज हैं जो विभिन्न स्थल पर डी.एन.ए. को काटते हैं
D. ये भिन्न डी.एन.ए. खंडों को जोड़ सकते हैं

317. भारत में इंसुलिन कहाँ पुनर्योगज डी एन ए तकनीक द्वारा उत्पन्न होता है?
A. इंटरनेशनल सेंटर फॉर जेनेटिक इंजीनियरिंग एंड बायोटेक्नोलॉजी (ICGEB), नई दिल्ली
B. टाटा इन्स्टिट्यूट ऑफ फंडामेंटल रिसर्च (TIFR), मुम्बई
C. सेंटर फॉर सेलुलर एंड मॉलिक्युलर बायोलॉजी (CCMB), हैदराबाद
D. उपरोक्त में से कोई नहीं

318. डी.एन.ए. फिंगर प्रिंटिंग का आधार है–
A. रेस्ट्रिक्शन फ्रेगमेंट लैंग्थ पॉलिमॉर्फिज्म (Restriction Fragment Length Polymorphism or RFLP) की प्राप्ति
B. क्लोनित डी.एन.ए. की प्राप्यता
C. मानवीय केरियोटाइप का ज्ञान
D. व्यष्टियों के बीच समलक्षणिक भिन्नताएँ

319. आनुवंशिकी रूप से अभियात्रिक जीवाणु का उपयोग किसके व्यावसायिक उत्पादन के लिए सफलता से किया जाता है?
A. थायरॉक्सिन B. इन्सुलिन
C. टेस्टोस्टीरॉन D. मेलाटोनिन

320. अनुवांशिक अभियांत्रिकी में निम्न में से किसका उपयोग होता है?
A. डी.एन.ए. पॉलिमरेज I
B. न्यूक्लिएज
C. रेस्ट्रीकशन एंडोन्यूक्लिएज
D. डी.एन.ए. पॉलिमरेज I, II तथा III

321. तालाब के पारितन्त्र में पिरामिड होता है–
A. सीधा B. उल्टा
C. अनियमित D. रेखीय

322. जीवीय समुदाय के प्राथमिक उपभोक्ता हैं–
A. शाकाहारी B. मांसाहारी
C. सर्वभक्षी D. अपभक्षी

323. यदि हम पारिस्थितिक तन्त्र से अपघटकों को हटा देते हैं तब पारिस्थितिक तन्त्र के कार्य भयंकर रूप से प्रभावित होते क्योंकि–
A. ऊर्जा का प्रवाह रूक जायेगा
B. खनिजों का प्रवाह रूक जायेगा
C. अन्य घटकों के अपघटन की दर अत्यन्त अधिक होगी
D. शाकाहारी सूर्य ऊर्जा नहीं पायेंगे

324. पारिस्थितिक तन्त्र के दो घटक हैं–
A. खरपतवार एवं वृक्ष B. मेंढ़क और मनुष्य
C. पौधे और प्राणी D. जीवीय और अजीवीय

325. खाद्य शृंखला के आधार पर जीवधारी होते हैं–
A. प्रकाश संश्लेषी पौधे B. मांसाहारी
C. मृतजीवी पौधे D. शाकाहारी

326. पारिस्थितिक तत्व के अजीवीय घटक में से निम्नलिखित में कौन होता है?
A. उपभोक्ता
B. पदार्थों का चक्रण
C. ऊर्जा का प्रवाह
D. ऊर्जा का प्रवाह और पदार्थों का चक्रण

327. एक ही पोषण स्तर के जीवधारी हैं–
A. कौवा और गाय B. साँप और केंचुआ
C. हिरन और मधुमक्खी D. चीता और जंगली सुअर

328. निम्नलिखित को खाद्य–शृंखला कहते हैं–
A. भोजन के स्रोत के पास अनेक प्राणियों से बनी खाद्य शृंखला
B. खाद्य ऊर्जा का हरे पौधों से उपभोक्ता जीवधारियों की शृंखला द्वारा स्थानांतरण
C. भोजन के स्रोत के पास अनेक मानवों से बनी हुई मानव की शृंखला
D. उपरोक्त में से कोई नहीं

329. पारिस्थितिक तंत्र की परिभाषा है–
A. पौधों और सूक्ष्म जीवियों के विभिन्न समुदाय और उनका भौतिक–रासायनिक वातावरण
B. अनेक पौधों और प्राणियों का स्थानीय सहवास
C. पौधों, प्राणी और सूक्ष्म-जीवियों के विभिन्न समुदाय, उनके भौतिक रासायनिक वातावरण के साथ
D. उपरोक्त में से कोई नहीं

330. निम्नलिखित में कौन–सा सवाधिक स्थायी पारिस्थितिक तन्त्र है?
A. समुद्र B. जंगल
C. रेगिस्तान D. पर्वत

331. जनसांख्यिकी के आधार पर भारत–
A. में मृत्यु-दर काफी अधिक, परन्तु जन्म-दर कम हो गई है
B. में मृत्यु-दर काफी कम हो गई है, जन्म-दर भी घटना आरम्भ हो गई है
C. में आबादी वृद्धि दर बहुत कम हो गई है
D. उक्त में से कोई नहीं

332. कौन सी स्थिति जनसंख्या में सन्तुलन प्रदर्शित करती है–
A. जन्म-दर < मृत्यु-दर B. जन्म-दर = मृत्यु-दर
C. जन्म-दर > मृत्यु-दर D. उक्त में से कोई नहीं

333. यदि किसी स्थान की जनसंख्या की वृद्धि दर अधिक है तो उसमें आबादी की आयु के पिरामिड की आकृति होगी–
A. उल्टे घड़े के आकार की
B. घण्टी के आकार की
C. सीधे पिरामिड के आकार की
D. उक्त में से कोई नहीं

334. इकाई समय में जीव संख्या द्वारा उत्पादित नये जीवों की अभिगमन संख्या कहलाती है–
A. जन्म-दर विभव B. जन्म-दर घनत्व
C. जनसंख्या विभव D. उक्त में से कोई नहीं

335. किस राज्य की वृद्धि-दर पिछले दशक की अपेक्षा कम हो गई है–
A. मध्य प्रदेश B. उत्तर प्रदेश
C. राजस्थान D. केरल

336. अपने पोषी स्रोत (feeding source) या आवास के लिए यदि एक प्राणि की जनसंख्या बड़ी हो जाती है तब सदस्य –
A. इधर-उधर चले जाते हैं
B. भूख से मर जाते हैं
C. आपस में संघर्ष करते हैं
D. उपरोक्त सभी

337. वर्तमान शताब्दी में विश्व, विशेषकर भारतवर्ष की जनसंख्या में बहुत अधिक वृद्धि हुई है। इसके लिए प्रमुख कारक होता है–
A. प्रत्येक परिवार में अधिक बच्चे जन्म लेते है
B. अधिकांश व्यक्ति छोटी आयु में विवाह कर लेते हैं
C. वृद्ध लोगों ने साथ-साथ रहना प्रारम्भ कर दिया हैं
D. प्रति परिवार में अधिक बच्चों ने जनन की आयु तक पहुँचना प्रारम्भ कर दिया है

338. मानव जनसंख्या के प्रभाव का सीधा सम्बन्ध है–
A. स्वास्थ्य तथा आचार साधनों से
B. रहन-सहन के स्तर पर
C. भोजन संभरण और आवास से
D. उपरोक्त सभी से

339. भारत में जनसंख्या में वृद्धि का कारण–
A. परिवार नियोजन का ज्ञान न होना
B. अशिक्षित होना
C. कम उम्र में विवाह
D. उक्त सभी

340. निम्न में से किस राज्य में सबसे कम आबादी का घनत्व है–

A. मध्य प्रदेश B. उत्तर प्रदेश
C. उड़ीसा D. नगालैण्ड

341. *टीनिया सैजिनैटा* के विषय में निम्न में से कौन-सा एक कथन सही है?

A. इसमें रौस्टेलम पर हुक नहीं होते
B. इसके स्कोलैक्स पर दो बड़े-बड़े चूषक होते हैं
C. इसके जीवन इतिहास में मध्यस्थ परपोषी के रूप में सुअर होता है।
D. इसके रौस्टेलम पर हुकों का दोहरा चक्र पाया जाता है।

342. निम्न जोड़ों में से एक जोड़े में रोग पैदा करने वाले रोगाणु तथा उससे उत्पन्न होने वाले रोग को सही-सही मिलाया गया है–

A. *ग्लौसीना पैल्पेलिस* – काला आजार
B. *लीशमानिया डोनोवानी* – निद्रा रोग
C. *एनोफिलीज मैकुलेट्स* – मलेरिया
D. *वूचेरिया बैंक्रोफ्टाई* – फाइलेरिएसिस

343. काला आजार क्रमशः उत्पन्न एवं संचारित होता है–

A. *ट्रिपैनोसोमा* एवं *ग्लौसीना पेल्पैलिस* से
B. *लीशमानिया* एवं *फ्लीबोटोमम* से
C. *ट्रिपैनोसोमा* एवं *बालू मक्खी* से
D. *लीशमानिया* एवं *सीसी मक्खी* से

344. कर्कट रोग उत्पन्न करने से सम्बन्धित जीन्स कहलाती है–

A. आनकोजीन्स B. अध्यबुर्द जीन्स (कार्सिनोमा)
C. नासूर जीन्स D. कर्कट जीन्स

345. निम्न में से कौन-सा एक जोड़ा सही-सही नहीं मिलाया गया है?

A. डेंगू ज्वर – *आर्बोवाइरस*
B. प्लेग – *यर्सीनिया पेस्टिस*
C. उपदंश – *ट्राइक्यूरिस ट्राइकियूरा*
D. निद्रा रोग – *ट्रिपैनोसोमा गैम्बिएन्स*

346. एड्स (AIDS) सम्बन्धित जटिल (ए.आर.सी.) एक रोग है जिसमें होता है, बुखार, सूजी लसिका गाँठें, रात्रि स्वेद, भार में कमी आदि द्योतक हैं–

A. एड्स के तेज स्वरूप के
B. एड्स के प्रारम्भिक स्वरूप के
C. एड्स की कोई कड़ी नहीं
D. उपरोक्त में से कोई नहीं

347. एलर्जी (allergy) में जलन का अनुभव मास्ट कोशिकाओं में से निम्न का स्रावण होने से होता है–

A. हिस्टैमीन B. प्रतिरक्षी
C. प्रतिजन D. इनमें से कोई नहीं

348. किस रोग में एक पदार्थ जो कंठ में अर्धतरल रूप में स्रावित होता है तथा सूखने पर कड़ी पर्त बना लेता है?

A. डिप्थीरिया B. यक्ष्मा
C. परट्यूसिस D. टिटेनस

349. निम्न में से कौन मानव में X-सहलग्न अप्रभावी आनुवंशिकता नहीं है?

A. लैश-नीहैन सिण्ड्रोम (Lasch-Nyhen syndrome)
B. जुवेनाइल मस्कुलर डिस्ट्राफी (Juvenile muscular dystrophy)
C. दात्र कोशिका अरक्त (Sickle cell anaemia)
D. हन्टर सिण्ड्रोम (Hunter's syndrome)

350. अगले दो दशकों में निम्न में से कौन से एक के प्राप्त हो सकने की सम्भावना है?

A. मस्तिष्क-मन परस्पर क्रिया को पूरी तरह समझ सकना
B. कैंसर का नियंत्रण
C. मधुमेह के आनुवंशिक आधार को ठीक कर सकना
D. उच्चतर पौधों द्वारा सेल्यूलोज न बनाकर जैव विघटनशील प्लास्टिक का बना सकना

351. भारत के निम्नलिखित क्षेत्रों पर विचार कीजिए–

1. पश्चिमी घाट
2. अरावली
3. पूर्वी हिमाचल श्रेणियाँ

उपर्युक्त में से कौन-सा/से जैव-विविधता का/के प्रमुख स्थल है/हैं?

A. केवल 1 B. केवल 1 और 3
C. केवल 2 और 3 D. 1, 2 और 3

352. जैव-विविधता शब्द का इस्तेमाल सर्वप्रथम किस वैज्ञानिक ने किया?

A. ओडम B. इ.ओ. विल्सन
C. टेन्सले D. कार्ल मोबियस

353. जीव मण्डल (Biosphere) आरक्षित परिरक्षण क्षेत्र है–

A. घास स्थल (Grasslands)
B. कृषि उत्पादन के
C. वायुमण्डलीय सन्तुलन (Atomospheric balance) के
D. आनुवंशिक विभिन्नता (Genetic diversity) के

354. भारत का प्रथम तितली उद्यान (Butterfly park) कहाँ पर स्थित है?

A. बन्नरघट्टा जैविकी उद्यान, बंगलुरु
B. काजीरंगा राष्ट्रीय उद्यान
C. राष्ट्रीय पशु उद्यान, कोलकाता
D. उपर्युक्त में से कोई नहीं

355. भारत में प्रोजेक्ट टाइगर प्रारम्भ किया गया था–

A. 1970 में B. 1973 में
C. 1981 में D. 1984 में

356. झील–पर्यावरण में जीवीय अनुक्रमण (Biotic succession) के साथ-साथ पादपों एवं जन्तुओं की संख्या एवं विविधता–

A. बढ़ती है
B. घटती है
C. न घटती है न बढ़ती है
D. पहले घटती है और फिर बढ़ती है

357. भारत में जैव-विविधता (Bio-diversity) 'ताप स्थल' (Hotspot) हैं–

A. पश्चिमी हिमालय व पूर्वी घाट
B. पूर्वी हिमालय व शान्त घाटी
C. पश्चिमी हिमालय व सुन्दर वन
D. पूर्वी हिमालय व पश्चिमी घाट

358. निम्नलिखित राज्यों में से उस राज्य को चुनिए, जिसमें सर्वाधिक संख्या में वन्य-जीव अभयारण्य (नेशनल पार्क और अभयारण्य) हैं–

A. उत्तर प्रदेश B. राजस्थान
C. मध्य प्रदेश D. पश्चिम बंगाल

359. **कथन (A) :** वन नवीकरणीय (Renewable) संसाधन है।

कारण (R) : ये पर्यावरण की गुणवत्ता को बढ़ाते हैं।

नीचे दिये गये कूट से सही उत्तर चुनिए–

कूट :

A. (A) तथा (R) दोनों सही है तथा (R), (A) की सही व्याख्या है।
B. (A) तथा (R) दोनों सही है तथा (R), (A) की सही व्याख्या नहीं है।
C. (A) सही है, परन्तु (R) गलत है।
D. (A) गलत है, परन्तु (R) सही है।

360. सूर्य में ऊर्जा का निरन्तर सृजन किस कारण होता है?

A. नाभिकीय संलयन
B. नाभिकीय विखण्डन
C. रेडियो–सक्रियता
D. कृत्रिम–रेडियो सक्रियता

361. B.H.C. 10% का व्यापारिक नाम है–

A. कैप्टान B. गैमेक्सीन
C. एल्ड्रिन D. सेरेसान

362. डी.डी.टी. का आविष्कार किया था–

A. आर. ए. मिलिकन ने
B. पिटमैन ने
C. डॉ. पाल मुलर ने
D. शोल्ज ने

363. निम्नलिखित रासायनिक यौगिकों पर विचार कीजिए–

1. एल्युमिनियम फॉस्फाइड
2. एंडोसल्फान
3. मैलाथियॉन
4. मिथाइल ब्रोमाइड

उपर्युक्त में से कौन-से धूमक के रूप में प्रयोग में लाए जाते हैं?

A. 1, 2, 3 4 B. 2, 3, तथा 4
C. 1, 2 तथा 3 D. 1 तथा 4

364. कुछ देशों में निम्नलिखित में से कौन-सा पीड़कनाशी प्रतिबन्धित है?

A. डी. डी. टी. B. डाइएल्ड्रिन
C. क्लोरडेन D. पैराथियन

365. हैप्टाक्लोर है–

A. कवकनाशी B. खरपतवारनाशी
C. कीटनाशी D. उपर्युक्त सभी

366. आइसोप्रोट्यूरान है एक–

A. कवकनाशी B. कीटनाशी
C. खरपतवारनाशी D. कृमिसूत्रनाशी

367. मच्छर भगाने वाली (Mosquito repellents) दवाओं में सक्रिय रसायन है–

A. ऐलथ्रिन
B. एट्रोपिन
C. 2–आइसोप्रापिक्सी फिनाइल
D. बेन्जीन हेक्साक्लोरोफीन

368. संसार में सर्वाधिक नगरीकृत देश है–

A. जर्मनी B. जापान
C. सिंगापुर D. संयुक्त राज्य अमरीका

369. मेटाक्लोर (Metachlor) है एक–

A. इन्सेक्टीसाइड (Insecticide)
B. पेस्टीसाइड (Pesticide)
C. फगीसाइड (Fungicide)
D. वीडीसाइड (Weedicide)

370. कीटनाशी के उपयोग से उन्नति होती है–

A. स्वास्थ्य की B. अर्थनीति की
C. गृह की D. सड़क की

371. "टुमारोज बायो-डायवर्सिटी" पुस्तक के लेखक हैं–

A. डॉ. एम. एस. स्वामीनाथन
B. डॉ. अनिल अग्रवाल
C. डॉ. वन्दना शर्मा
D. डॉ. जी. सी. पाण्डे

372. निम्नलिखित में से कौन-सा बायोडीजल पौधा है?

A. गुग्गल B. रोशा घास
C. रतनजोत D. जावा घास

373. मौसम मानिटरिंग युक्ति 'सोडार' स्थापित है–

A. जयपुर में B. कटक में
C. चण्डीगढ़ में D. कैगा तथा कलपक्कम में

374. 'फ्लाई ऐश' एक प्रदूषक दहन उत्पाद है, जो प्राप्त होता है, जलाने से

A. कोल (पत्थर के कोयलों को)
B. चारकोल (लकड़ी के कोयलों को)
C. डीजल/मिट्टी के तेल को
D. सी.एन.जी. को

375. निम्नलिखित में से कौन-सा असुमेलित युग्म है?
A. सेन्ट्रल ड्रग रिसर्च इंस्टीट्यूट – लखनऊ
B. सेन्ट्रल इलेक्ट्रोकेमिकल रिसर्च इंस्टीट्यूट – कोलकाता
C. सेन्टर फॉर सेलुलर एण्ड मोलिकुलर बायोलॉजी – हैदराबाद
D. सेन्ट्रल साल्ट रिसर्च इंस्टीट्यूट – भावनगर

376. 21वीं शताब्दी की कौन-सी तकनीक युक्ति लघुरूपण में कमाल कर सकती है?
A. परमाणु लेज़र तकनीक (Atomic Laser Technique)
B. नैनो तकनीक (Nano Technology)
C. आवासानुवंशकी (Geneocology)
D. जल संवर्धन (Hydroponics)

377. पगमार्क तकनीक का प्रयोग किया जाता है–
A. वनों में पक्षी का अवलोकन करने में
B. दुर्लभ वन्य जन्तु के बद्ध स्थलों में प्रजनन के लिये
C. विभिन्न वन्य जन्तुओं के आकलन के लिये
D. वन्य जन्तुओं में गुदना गोदने के लिये, ताकि एक स्पीशीज का दूसरे से भेद किया जा सके

378. इन्दिरा गांधी आण्विक अनुसन्धान केन्द्र स्थित है–
A. महाराष्ट्र में　　B. तमिलनाडु में
C. उत्तर प्रदेश में　　D. कर्नाटक में

379. परमाणु ऊर्जा संयन्त्र स्थित है–
आगे दिए गए कूटों में से सही उत्तर चुनिए–
1. नरोरा में　　2. घाट शिला में
3. कलपक्कम में　　4. नंगल में

कूट :
A. 2 तथा 4　　B. 1 तथा 3
C. केवल 4　　D. केवल 2

380. निम्नलिखित में से परम्परागत गैर-व्यापारिक ऊर्जा को चुनिए–
A. वनस्पति तथा कृषि अवशेष (Vegetable and Agriwaste)
B. परमाणु ऊर्जा (Nuclear Energy)
C. भूताप ऊर्जा (Geothermal Energy)
D. अवशेष से प्राप्त ऊर्जा (Waste to energy)

381. कौन-सा प्राणी विश्व वन्य जीवन कोष (WWF) का चिन्ह है?
A. लाल पाण्डा　　B. विशालकाय पाण्डा
C. सिंह　　D. मोर

382. दुधवा राष्ट्रीय उद्यान स्थित है–
A. मध्य प्रदेश में　　B. हिमाचल प्रदेश में
C. अरूणाचल प्रदेश में　　D. उत्तर प्रदेश में

383. लाल आँकड़े सम्बन्धी पुस्तक में किस विषय पर आँकड़े प्रदान किए गये हैं?
A. लाल पुष्पीय पौधों पर
B. लाल रंग की मछलियों पर
C. संकटापन्न पौधों तथा प्राणियों पर
D. लाल आँख के पक्षियों पर

384. जैव मण्डल निंचय या बायोस्फियर रिजर्व में .... अनुज्ञेय है।
A. स्थिर मनुष्य जनसंख्या
B. प्रतिबन्धित मनुष्य जनसंख्या
C. व्यक्तिगत कार्य
D. मनुष्य जनसंख्या कभी नहीं

385. हमारे देश का प्रसिद्ध पक्षी विहार स्थित है–
A. बांदीपुर में　　B. काजीरंगा में
C. पलामू में　　D. भरतपुर में

386. वन्य जीवों की घटती संख्या का मुख्य कारण है–
A. माँसाहारी होना
B. हैबिटैट का समाप्त होना
C. पेड़ों का कटना
D. पानी की कमी

387. पेरियार राष्ट्रीय उद्यान का मुख्य जन्तु है–
A. ऐन्टीलोप　　B. हाथी
C. गधा　　D. चीता

388. घरेलू बिल्ली का जैविक नाम है–
A. *फेलिस लिओ*　　B. *पैन्थेरा इण्डिका*
C. *फेलिस डोमेस्टिका*　　D. *पैन्थेरा डोमेस्टिका*

389. भारत का सर्वाधिक उत्तम बाघ अभ्यारण्य हैं–
A. कश्मीर
B. जिम कार्बेट राष्ट्रीय उद्यान
C. कान्हा राष्ट्रीय उद्यान
D. बांदीपुर

390. कर्नाटक का प्रसिद्ध पक्षी विहार है–
A. रानीबेनूर (Ranibennur)
B. रंगानाथिट्टू (Ranganathitoo)
C. नागरहोल (Nagarhole)
D. लाल बाग (Lalbagh) बैंगलोर

391. मधुमक्खी किस संघ का जन्तु है?
A. आर्थ्रोपोडा　　B. मोलस्का
C. इकाइनोडर्मेटा　　D. एनेलिडा

392. ससैक्स किस वर्ग की जाति है?
A. बत्तख का इंगलिश वर्ग
B. रेशम कीट की
C. मुर्गी का इंगलिश वर्ग
D. उपरोक्त में से कोई नहीं

393. निम्न में से कौन-सी मुर्गी की जाति भूमध्य सागरीय वर्ग की है?
A. मिनोरका, एनलोमा
B. स्पेनिश
C. व्हाइट लैन हॉर्न, एण्डेलूसियन
D. उपरोक्त सभी

394. खच्चर है–

A. नर गधे व मादा गधे का संकर

B. नर गधे व मादा घोड़े का संकर

C. मादा गधे व नर घोड़े का संकर

D. नर भेड़ व मादा गधे का संकर

395. रोडे आइसलैण्ड रैड है–

A. देशी नस्ल B. अमेरिकन वर्ग

C. इंगलिश वर्ग D. भूमध्य सागरीय वर्ग

396. घोड़े का जन्तु वैज्ञानिक नाम है–

A. *बुबेलस बुबेलस* B. *बाँस इण्डीकस*

C. *इक्वस केबेलस* D. उपरोक्त में से कोई नहीं

397. एक मधुमक्खी अपने छत्ते से 3 कि.मी. दूर जाने के पश्चात् वापिस आने पर किस के आधार पर मार्ग खोजेगी?

A. छत्ते की गन्ध

B. सूर्य की स्थिति की यादगार

C. रास्ते की वस्तुओं की यादगार

D. उक्त सभी

398. मधुमक्खियों में परस्पर सूचना देने की प्राथमिक विधि है–

A. गायन B. नाच

C. गन्ध D. उपरोक्त में से कोई नहीं

399. क्रस्टेशियन मात्स्यकी में आते हैं–

A. प्रॉन, लोब्सटर व क्रेब की कृषि

B. समुद्री मछलियों की कृषि

C. सीप व घोघा की कृषि

D. उपरोक्त में से कोई नहीं

400. भारत में सबसे प्रसिद्ध मुर्गी की जाति है–

A. वैण्डोर

B. ब्लैक सोनाली

C. व्हाइट लैगहोर्न

D. उपरोक्त में से कोई नहीं

उत्तरमाला

1	**2**	**3**	**4**	**5**	**6**	**7**	**8**	**9**	**10**
B	A	C	D	A	B	A	B	D	D
11	**12**	**13**	**14**	**15**	**16**	**17**	**18**	**19**	**20**
D	D	A	B	A	C	B	A	C	B
21	**22**	**23**	**24**	**25**	**26**	**27**	**28**	**29**	**30**
A	D	D	C	B	B	A	B	A	C
31	**32**	**33**	**34**	**35**	**36**	**37**	**38**	**39**	**40**
A	B	C	B	C	A	A	C	D	A
41	**42**	**43**	**44**	**45**	**46**	**47**	**48**	**49**	**50**
A	D	A	C	C	A	C	C	D	C
51	**52**	**53**	**54**	**55**	**56**	**57**	**58**	**59**	**60**
C	C	A	B	C	D	B	A	D	D
61	**62**	**63**	**64**	**65**	**66**	**67**	**68**	**69**	**70**
A	C	C	A	A	C	A	A	C	A
71	**72**	**73**	**74**	**75**	**76**	**77**	**78**	**79**	**80**
B	B	C	B	A	C	A	C	B	C
81	**82**	**83**	**84**	**85**	**86**	**87**	**88**	**89**	**90**
D	B	B	B	B	A	C	D	C	A
91	**92**	**93**	**94**	**95**	**96**	**97**	**98**	**99**	**100**
C	D	B	A	A	C	A	C	D	A
101	**102**	**103**	**104**	**105**	**106**	**107**	**108**	**109**	**110**
C	C	C	B	B	B	A	D	C	B
111	**112**	**113**	**114**	**115**	**116**	**117**	**118**	**119**	**120**
B	C	A	C	C	A	C	C	B	D
121	**122**	**123**	**124**	**125**	**126**	**127**	**128**	**129**	**130**
A	D	C	B	B	A	B	A	B	D
131	**132**	**133**	**134**	**135**	**136**	**137**	**138**	**139**	**140**
C	B	C	C	B	B	A	A	C	B
141	**142**	**143**	**144**	**145**	**146**	**147**	**148**	**149**	**150**
A	D	C	A	C	D	B	C	D	B

151	152	153	154	155	156	157	158	159	160
B	D	D	A	A	A	A	C	B	A
161	162	163	164	165	166	167	168	169	170
C	C	D	D	C	C	B	A	C	C
171	172	173	174	175	176	177	178	179	180
C	B	A	A	A	D	C	C	D	B
181	182	183	184	185	186	187	188	189	190
A	A	C	B	A	A	A	A	D	C
191	192	193	194	195	196	197	198	199	200
D	D	B	C	A	C	B	D	D	A
201	202	203	204	205	206	207	208	209	210
B	C	D	A	A	A	A	D	A	C
211	212	213	214	215	216	217	218	219	220
B	A	B	B	C	B	D	B	A	D
221	222	223	224	225	226	227	228	229	230
C	C	C	B	C	D	D	D	B	C
231	232	233	234	235	236	237	238	239	240
C	A	D	C	D	A	B	C	A	A
241	242	243	244	245	246	247	248	249	250
C	A	C	A	B	C	B	B	C	A
251	252	253	254	255	256	257	258	259	260
A	B	D	B	C	B	D	D	C	B
261	262	263	264	265	266	267	268	269	270
A	D	D	C	B	A	C	A	B	B
271	272	273	274	275	276	277	278	279	280
C	D	B	A	B	A	C	B	B	B
281	282	283	284	285	286	287	288	289	290
A	C	B	B	D	C	B	C	D	A
291	292	293	294	295	296	297	298	299	300
B	B	C	A	B	D	D	A	D	D
301	302	303	304	305	306	307	308	309	310
C	D	D	C	D	C	D	C	D	A
311	312	313	314	315	316	317	318	319	320
C	D	C	C	A	A	A	A	B	C
321	322	323	324	325	326	327	328	329	330
A	A	B	D	A	B	C	B	C	C
331	332	333	334	335	336	337	338	339	340
B	B	B	C	D	D	D	D	D	D
341	342	343	344	345	346	347	348	349	350
A	D	B	A	C	A	A	A	C	C
351	352	353	354	355	356	357	358	359	360
B	B	D	A	B	A	D	C	B	A
361	362	363	364	365	366	367	368	369	370
B	C	D	A	C	B	A	C	D	A
371	372	373	374	375	376	377	378	379	380
C	C	D	C	B	B	C	B	B	D
381	382	383	384	385	386	387	388	389	390
B	D	C	A	D	B	B	C	C	B
391	392	393	394	395	396	397	398	399	400
A	C	A	B	C	C	D	B	A	A

वनस्पति विज्ञान

1. पादप रोग विज्ञान के अंतर्गत निम्नलिखित का अध्ययन किया जाता हैं?
   A. पौधों के रोग B. रोगों के लक्षण
   C. रोगों का नियंत्रण D. उपरोक्त सभी

2. कोशिका कला सबसे बाहरी सीमा है?
   A. वाइरस में B. प्राणी कोशिकाओं में
   C. शैवाल में D. बैक्टीरिया में

3. निम्नलिखित में से कौन क्रिप्टोगैम नहीं है?
   A. आम B. मास
   C. फर्न D. शैवाल

4. जीवन का उद्गम किससे हुआ?
   A. भौतिक क्रियाएँ B. पौराणिक कथाएँ
   C. बाइबिल D. रसायन

5. पर्णहरित पाया जाता है?
   A. सभी पौधों में B. जीवधारियों में
   C. केवल पौधों में D. मुख्यतः पौधों में

6. उद्यान कृषि में किन अध्ययनों का समावेश किया जाता है?
   A. सब्जियों का B. फलों का
   C. फूलों का D. उपरोक्त सभी का

7. जीवधारी, निर्जीवों से भिन्न है क्योंकि उनमें
   A. प्रजनन होता है
   B. अणु एक विशिष्ट संगठन बनाते हैं
   C. प्रकाश संश्लेषण होता है
   D. वृद्धि होती है

8. अभिक्रिया जिसमें जटिल पदार्थ सरल पदार्थों में तोड़े जाते हैं?
   A. अपचय B. पोषण
   C. उपचय D. प्रकाश संश्लेषण

9. जीवधारियों के अध्ययन के लिए जीव विज्ञान शब्द किसने दिया था?
   A. लिनियस B. लेमार्क और ट्रेविरेनस
   C. हक्सले D. पुरकिंजे और वान मोल

10. प्राणी पौधे की भांति होते हैं क्योंकि वह श्वसन करते हैं?
    A. केवल रात में B. केवल दिन में
    C. दिन और रात में D. आवश्यकतानुसार

11. कोशिका सिद्धान्त प्रतिपादित किया था–
    A. डार्विन ने B. रॉर्बटकाच ने
    C. श्लाइडेन तथा श्वान ने D. रॉबर्ट हुक ने

12. पादप कोशिका में मध्य पटलिका (Middle Lamella) का मुख्य संगठन होता है?
    A. कैल्सियम B. पोटैशियम
    C. सोडियम D. मैग्नीशियम

13. एक कोशिका से दूसरी कोशिका में कोशिका द्रव्य की निरन्तरता बनी रहती है–
    A. कोशिका कला तन्त्र के माध्यम से
    B. मध्य पटलिका के माध्यम से
    C. प्लाज्मोडेस्मेटा के माध्यम से
    D. अन्तः प्रद्रव्यी जालिका के माध्यम से

14. प्लाज्मालेमा दूसरा शब्द है जो प्रयुक्त होता है–
    A. कोशिका कला के लिये
    B. सूक्ष्म तन्तुकों के लिये
    C. मध्य पट्टलिका के लिये
    D. कोशिका भित्ति के लिये

15. जीवद्रव्य कला की संरचना को बताने हेतु सर्वाधिक आधुनिक मॉडल कौन-सा है?
    A. फ्लूड मोजैक मॉडल (Fluid mosaic model)
    B. आणविक मॉडल
    C. इकाई कला मॉडल
    D. इनमें से कोई नहीं

16. निम्न में से कौन-सी संरचना माइटोकॉण्ड्रिया में उपस्थित होती है?
    A. क्वाण्टासोम B. ऑक्सोसोम
    C. डिक्ट्रयोसोम D. पॉलीसोम

17. माइटोकॉण्ड्रिया की लम्बाई होती है–
    A. 0.5-2μ B. 0.5-10μ
    C. 50-100μ D. 50-300μ

18. पादप कोशिका की कौन-सी रचना का सम्बन्ध ऑक्सी श्वसन (aerobic respiration) की ऊर्जा परिवर्तक अभिक्रियाओं से होता है?
    A. केन्द्रक B. माइटोकॉण्ड्रिया
    C. राइबोसोम D. हरित लवक

19. निम्नलिखित में किसको कोशिका का ऊर्जा गृह (power house) कहते हैं?
    A. हरित् लवक B. केन्द्रिका
    C. माइटोकॉण्ड्रिया D. गॉल्जीकाय

20. वह कौन-सा कोशिकांग है जिसमें इलेक्ट्रॉन परिवहन तन्त्र पाया जाता है?
    A. केन्द्रिका B. माइटोकॉण्ड्रिया
    C. केन्द्रक D. सेण्ट्रिओल

21. डी. एन. ए. बेसिक आनुवंशिक पदार्थ है यह conclusively सिद्ध किया गया–
    A. वाटसन द्वारा B. हर्शे तथा चेज द्वारा
    C. ग्रिफिथ द्वारा D. बोवेरी व सटन द्वारा

22. अर्धसूत्री विभाजन की किस उप-अवस्था में सिनेप्टीनीमल कॉम्पलैक्स बनता है–

A. लैप्टोटीन B. जाइगोटीन
C. पैकीटीन D. डिप्लोटीन

23. अन्तरावस्था की G_1 अवस्था में होता है–

A. RNA का सक्रिय संश्लेषण
B. DNA का सक्रिय संश्लेषण
C. प्रोटीन का सक्रिय संश्लेषण
D. RNA व प्रोटीन का संश्लेषण

24. प्लास्मिड है–

A. एक लवक
B. एक कवक
C. प्लाज्मा झिल्ली का एक भाग
D. जीवाणु कोशिका में बर्हि: केन्द्रक DNA

25. नये न्यूक्लिओटाइड के साथ RNA किस बंध द्वारा जुड़ता है–

A. पॉलीपेप्टाइड बंध B. पॉली डाइएस्टर बंध
C. सह संयोजक बंध D. हाइड्रोजन बंध

26. अर्द्धसूत्री विभाजन का महत्त्व है–

A. जीवों में गुणसूत्रों की संख्या में स्थिरता रखना
B. किसी भी जाति की जनसंख्या में आनुवंशिक विविधता उत्पन्न करना
C. गुणसूत्रों की द्विगुणित संख्या को अगुणित संख्या में अपघटित करना
D. उपर्युक्त सभी

27. सूत्री विभाजन की वह प्रावस्था जबकि केन्द्रिका एवं केन्द्रक कला लुप्त हो जाते हैं और गुणसूत्र साफ स्पष्ट दिखाई देते हैं, होती है–

A. पश्चावस्था B. मध्यावस्था
C. पूर्वावस्था D. अंत्यावस्था

28. एक बैक्टीरियम से दूसरे में जेनेटिक सूचना का चलन ट्रॉंसडक्शन विधि के द्वारा होता है–

A. दाता तथा प्राप्तकर्ता के बीच फिजिकल सम्बन्ध होने पर
B. कॉन्जुगेशन
C. दाता बैक्टीरियल स्ट्रेन द्वारा बैक्टीरियोफेज के रिलीज होने पर
D. दूसरा बैक्टीरियम

29. यूकैरियोटिक जिनोम, प्रोकेरियोटिक जिनोम से भिन्न है चूँकि–

A. प्रोकेरियोट्स में डी.एन.ए. एकसूत्रीय तथा वलयाकार होता है
B. पहले वाले में जीन्स ओपेरोन्स (operons) में स्थित होते हैं
C. प्रोकेरियोट्स में डी.एन.ए. जटिल तथा हिस्टोन्स से जुड़ा रहता है
D. यूकैरियोट्स में रीपीटिटिव सीक्वैन्स (repetitive sequence) होती है

30. रेडियोएक्टिव थाइमिडीन को यदि स्तनधारी कोशिकाओं में मिलाया जाये तो उनमें नया DNA अणु संश्लेषित हो जाता है। निम्न में से कौन-सा क्रोमेटिन बनेगा जब कोशिकाओं को रेडियोएक्टिव थाइमिडीन से एक्सपोज करेंगे, जबकि वे एस अवस्था में प्रवेश करती हैं?

A. न तो हेटेरोक्रोमेटिन और न ही यूक्रोमेटिन बल्कि केवल न्यूक्लिओलग
B. हेटेरोक्रोमेटिन
C. यूक्रोमेटिन
D. दोनों ही हेटेरोक्रोमेटिन व यूक्रोमेटिन

31. आनुवंशिकी वह शाखा है जिसमें अध्ययन किया जाता है–

A. पौधों तथा वातावरण के पारस्परिक सम्बन्ध का
B. वंशागति एवं विभिन्नता का
C. कोशिकीय संरचना का
D. तापीय संरचनाओं का

32. निम्नलिखित में से किसको आनुवंशिकी का पिता कहा जाता है?

A. सी. डार्विन B. बेंजामीन
C. मेण्डल D. ह्यूगो डी व्रीज

33. आनुवंशिकता के नियमों के अध्ययन को लागू किया–

A. डार्विन ने B. ह्यूगो डी व्रीज ने
C. लैमार्क ने D. मेण्डल ने

34. एक रंगान्ध पुरुष का विवाह एक रंगान्ध पुरुष की सामान्य पुत्री से हो जाता है बताइये कि इस दम्पत्ति की सन्तानें कैसी होंगी–

A. पुत्रों में से आधे रंगान्ध होंगे
B. सभी पुत्र रंगान्ध होंगे
C. सभी पुत्रियाँ रंगान्ध होंगी
D. कोई भी पुत्री रंगान्ध नहीं होगी

35. बहुगुणित (यूपॉलीप्लोयडी) में–

A. एक गुणित (हैपलायड) संख्या का गुणन होता है
B. गुणसूत्र की संरचना में परिवर्तन होता है
C. जीन्स की स्थिति में परिवर्तन होता है
D. उपरोक्त में से कोई नहीं

36. कोलचीसीन निम्न में से कौन-सा प्रभाव डालता है?

A. DNA का द्विगुणन
B. गुणसूत्रों का द्विगुणन
C. स्पिंडल तन्तुओं का बनना
D. मध्य पट्टलिका के बनने में अवरोधक

37. न्यूक्लिक अम्ल पस कोशिकाओं में से पहली बार किसने अलग किया?

A. रॉबर्ट ब्राउन ने B. फ्लेमिग ने
C. रॉबर्ट हुक ने D. एफ. मिशर ने

38. DNA टेम्पलेट में RNA का निर्माण किस प्रकिण्व द्वारा उत्प्रेरित होता है–

A. रिवर्स ट्रान्सक्रिप्टेस B. RNA पालीमेरेज
C. DNA पालीमेरेज D. न्यूक्लियेज

39. किस एन्जाइम द्वारा आर.एन.ए., डी.एन.ए. बना सकती हैं–
A. रेस्ट्रिकंशन एन्जाइम
B. डी.एन.ए. पालीमेरेज
C. आर.एन.ए. पालीमेरेज
D. रिवर्स ट्रान्सक्रिप्टेज

40. गुणसूत्रों पर अपनी स्थिति बदलते रहने वाले तनित जीन्स (Transposon) को क्या कहते हैं?
A. निवेशन जीन्स B. कुदान (Jumping) जीन्स
C. विभक्त जीन्स D. अति व्यापन जीन्स

41. विज्ञान की वह शाखा जिसमें पादप का नाम दिया जाता है, कहलाती है–
A. नाम पद्धति B. वर्गिकी
C. वर्गीकरण D. पहचान करना

42. निम्न में से कौन-सी जीव विज्ञान की शाखा पादपों तथा जन्तुओं दोनों से सम्बन्धित हैं–
A. बैक्टिरियोलोजी B. वर्गीकी
C. विषाणु विज्ञान D. कीट

43. समान पादपों का समूह जो परस्पर जनन करते हैं–
A. कुल B. जाति
C. वंश D. ईकोटाइप

44. निम्न में से कौन-से पादप पेलिओजोइक महाकल्प में थे?
A. जलीय पादप B. शैवाल
C. थल पादप D. कवक

45. प्रोटिस्टा कड़ी है–
A. जीवाणु तथा हरी शैवाल की
B. विषाणु तथा जीवाणु की
C. प्रोकैरियोटिक तथा बहुकोशिकीय यूकैरियोटिक प्राणियों की
D. डायनोफ्लैजिलैट्स तथा जूफ्लेजिलैट्स की

46. बहुकोशिकी यूकैरियोटिक अपघटक सम्बन्धित है–
A. जगत प्रोटिस्टा से B. जगत कवक से
C. जगत प्लान्टी से D. जगत एनिमेलिया से

47. निम्न में से किन पौधों में सबसे अधिक अनुकूलता की क्षमता होती है?
A. ब्रायोफाइटा B. टेरिडोफाइटा
C. जिम्नोस्पर्म D. एंजियोस्पर्म

48. बहुकोशिकीय यूकैरियोटिक उपभोक्ता सम्बन्धित है-
A. प्रोटिस्टा से B. कवक से
C. प्लान्टी से D. एनीमेलिया से

49. प्राचीनतम जीवित जीवाश्म है–
A. विषाणु B. साइनोबैक्टीरिया
C. आर्कबेक्टी D. जीवाणु

50. शैवाल तथा कवक को किस समूह में रखा जाता है–
A. ब्रायोफाइट्स B. थैलोफाइट्स
C. आवृतबीजी D. अनावृतबीजी

51. निम्न जीवों में से सूक्ष्मतम कौन से हैं?
A. जीवाणु B. कवकद्रव्य
C. नॉस्टॉक D. विषाणु

52. निम्नलिखित में से कौन ओनकोजेनिक (कैंसर उत्पन्न करने वाला) विषाणु नहीं है?
A. मिक्सोवाइरस B. पॉलीमा
C. SV-40 D. रुबिओला

53. निम्नलिखित में कौन-सा सायनोफेज (Cyanophage) है?
A. $\phi \times 174$ B. λ फाज
C. LPP-1 D. S_{13}

54. निम्न में कौन से विषाणु अथवा विषाणुतुल्य रचनायें चोल रहित RNA की बनी होती हैं?
A. TMV B. कोलीमा वाइरस
C. चेचक विषाणु D. PSTV या वाइराइड्स

55. अमरबेल (*Cuscuta*) के द्वारा संचरण हो सकता है?
A. विषाणु जनित रोगों का
B. माइको प्लाज्मा जनित रोगों का
C. जीवाणु जनित रोगों का
D. दोनों (A) तथा (B)

56. निम्न में से कौन-सा प्रोटीन प्रियोन (Prion) रोग से सम्बन्धित होता है?
A. इन्टरफेरोन B. $P_r P c$
C. $P_r P^s c$ D. $P_r P$

57. निम्नलिखित में से कौन एक बैक्टीरियोफाज होता है?
A. वाइरस जो बैक्टीरिया को ग्रसित करे
B. विब्रीयो बैक्टीरिया
C. बैक्टीरिया जो वाइरस को ग्रसित करे
D. सायनो बैक्टीरिया

58. आलू में लीफ रोल और पपीता में लीफ कर्ल रोग किस के द्वारा होता है?
A. बैक्टीरिया B. कवक
C. वाइरस D. निमेटोड

59. PPLO निम्न में किस प्रकार का जीव है?
A. वाइरस B. वाइराइड
C. माइकोप्लाज्मालाइक D. बैक्टीरिया

60. वाइरॉइडों में–
A. एकलसूत्री RNAहोता है जो प्रोटीन आवरण से घिरा नहीं होता
B. एकलसूत्री DNA होता है जो प्रोटीन आवरण से घिरा नहीं होता
C. द्विसूत्री DNA होता है जो प्रोटीन आवरण से घिरा होता है
D. द्विसूत्री RNA होता है जो प्रोटीन आवरण से घिरा होता है

61. कोशिका भित्ति पदार्थ पेप्टोग्लाइकॉन के ऊपर लिपोपॉलि-सैकेराइड की भित्ति पाई जाती है। यह विशेष अवस्था पायी जाती है–

A. यूबैक्टीरिया ग्राम (+) में
B. ग्राम (–) यूबैक्टीरिया में
C. सभी यूकैरियोट्स में
D. दोनों (A) व (B) में

62. हमारे ग्लोब की सतह पर सर्वाधिक सफल जीवों को चुनिये–

A. ग्राम (+) परपोषी
B. ग्राम (–) प्रकाश-संश्लेषी सायनोबैक्टीरिया
C. रसायन स्वपोषी जीवाणु
D. प्रकाश स्वपोषी जीवाणु

63. जीवाणुओं में संयुग्मन की खोज किसने की–

A. खोराना ने B. जिण्डर और लेडरबर्ग ने
C. बीडल और टेटम ने D. लेडरबर्ग और टेटम ने

64. टाइकोइक अम्ल (Teichoic acid) किसकी कोशिका भित्ति में उपस्थित होता है–

A. विषाणु भोजी B. माइकोप्लाज्मा
C. नॉस्टॉक D. वाइरस

65. निमोनिया रोग किसके द्वारा होती है–

A. विषाणु B. सायनोबैक्टीरिया
C. जीवाणु D. ठंड

66. जीवाणुओं में लैंगिक जनन किसके द्वारा होता है?

A. अन्तः बीजाणु B. रूपान्तरण
C. कोनिडिया D. बाह्य बीजाणु

67. किसमें लैंगिक जनन नहीं होता है?

A. साइनोबैक्टीरिया B. जीवाणु
C. यूकैरियोट D. उपर्युक्त सभी

68. क्राऊन गॉल (crown gall) किसके कारण है–

A. माइकोबैक्टीरियम B. जीवाणु
C. इर्वीनिया D. क्लास्ट्रिडियम

69. निम्नलिखित में से कौन पत्ती पर गुटिका बनाकर नाइट्रोजन स्थिरीकरण करता है–

A. एजोटोबैक्टर B. क्लैब्सिएला
C. नाइट्रोसोमोनास D. स्यूडोमोनास

70. जीवाणुओं के वे वंश जिनके द्वारा नाइट्रीफिकेशन असहजीवी तथा सहजीवी नाइट्रोजन स्थिरीकरण होता है वे क्रमशः हैं–

A. राइजोबियम, एजोटोबैक्टर, नाइट्रोसोमोनास तथा नाइट्रोबैक्टर
B. नाइट्रोसोमोनास, नाइट्रोबैक्टर, राइजोबियम तथा एजोटोबैक्टर
C. नाइट्रोसोमोनास, नाइट्रोबैक्टर, एजोटोबैक्टर तथा राइजोबियम
D. नाइट्रोबैक्टर, नाइट्रोसोमोनास, एजोटोबैक्टर तथा राइजोबियम

71. *स्पाइरोगायरा* की कोशिका भित्ति होती है–

A. चार स्तरीय B. एक स्तरीय
C. द्विस्तरीय D. त्रिस्तरीय

72. *स्पाइरोगायरा* के हरित लवकों में होता है–

A. चिकना या तरंगवत् किनारा
B. तरंगवत् किनारा
C. चिकना किनारा
D. इनमें से कोई नहीं

73. *स्पाइरोगायरा* का जाइगोस्पोर उत्पन्न करता है–

A. 2 चलबीजाणु B. 4 चलबीजाणु
C. 2-4 चलबीजाणु D. इनमें से कोई नहीं

74. एक गतिशील या सचल (Motile) कशाभिकीय अलैंगिक कोशिका कहलाती है–

A. जाइगोस्पोर (Zygospore)
B. चल बीजाणु (Zoospore)
C. जाइगोट (Zygote)
D. टेट्रास्पोर (Tetraspore)

75. 'तालाब का रेशम' सामान्य नाम है?

A. *वोचेरिया* का B. *वौल्वोक्स* का
C. *स्पाइरोगायरा* का D. *यूलोथ्रिक्स* का

76. *स्पाइरोगायरा* के निम्न में से एक भाग में पाइरीनौइड (Pyrenoid) मिलता है?

A. कोशिका द्रव्य B. कोशिका भित्ति
C. हरित लवक D. केन्द्रक

77. किस शैवाल से आयोडीन प्राप्त की जाती है?

A. *एक्टोकार्पस* B. *लैमिनेरिया*
C. *ऊडोगोनियम* D. *यूलोथ्रिक्स*

78. नाइट्रोजन स्थिरीकरण के सम्बन्ध में नीले-हरे शैवालों को बताने वाले पायनीयर है?

A. एफ. ई. फौग B. पी. के. डे
C. आर. एन. सिंह D. वाई. भारद्वाज

79. *यूलोथ्रिक्स* में अर्द्धसूत्री विभाजन (Meiosis) होता है?

A. जाइगोस्पोर में
B. समयुग्मकों के निर्माण के समय
C. जूस्पोर्स में
D. कायिक कोशिकाओं में

80. *स्पाइरोगायरा* की वृद्धि नहीं हो सकती है?

A. नदी में B. तालाब में
C. सरिता में D. समुद्र में

81. एक लाइकेन जिसका रूप शाखायुक्त होता है और जो भूमि पर या तो प्रोस्ट्रेट या सीधा बढ़ता है, कहलाता है?

A. क्रस्टोज B. फोलिओज
C. थैलोज D. फ्रूटीकोज

82. *सैकरोमाइसीज सेरेविसी* होता है–

A. एकैरियोट B. प्रोकैरियोट
C. मीसोकैरियोट D. यूकैरियोट

83. लाइकेन्स का कवकीय भाग प्रायः सम्बन्धित होता है वर्ग से—
A. फाइकोमाइसिटीज B. एस्कोमाइसिटीज
C. फन्जाई इम्परफैक्टाई D. बैसीडियोमाइसिटीज

84. कवकों को क्लोरोफिल रहित, असंवहनीय पादपों के रूप में परिभाषित किया है?
A. मुण्डकर ने B. अलेक्सोपोलस ने
C. बेसी ने D. बटलर ने

85. कवक, शैवालों से भिन्न होते हैं?
A. सेल्यूलोज की बनी कोशिका भित्ति के होने में
B. काइटिन तथा सेल्यूलोज की कोशिका भित्ति के होने में
C. क्लोरोफिल के होने में
D. संचित भोजन को स्टार्च के रूप में रखने में

86. लाइकेन्स भाग लेते हैं?
A. जीरोसीयर में B. हैलीसीयर में
C. हाइड्रोसीयर में D. सैमोसीयर में

87. एपोथीसियल कप्स मिलते हैं?
A. सैकरोमाइसीज में B. एस्कोबोलस में
C. एस्पर्जिलस में D. उपरोक्त सभी में

88. प्रसिद्ध आइरिश अकाल आलू के किस रोग से सम्बन्धित है?
A. आलू का अर्ली ब्लाइट
B. आलू का लेट ब्लाइट
C. आलू का सूखा रॉट
D. उपरोक्त में से कोई नहीं

89. निम्न में से कौन कवकनाशी है?
A. डी. डी. टी. B. बोर्डेक्स मिक्सचर
C. 2-4-D D. इनमें से कोई नहीं

90. बंगाल में 1942-43 में अकाल का कारण धान फसल का एक कवक द्वारा नष्ट होना था। वह कवक था—
A. *हेलमिन्थोस्पोरियम* B. *पेनिसिलियम*
C. *पक्सिनिया* D. *राइजोपस*

91. *रिक्सिया* तथा मॉस में निम्न में से कौन-सी कोशिकायें तिरछी विभाजित होकर पुंमणु का निर्माण करती हैं-
A. एन्ड्रोसाइट मातृ कोशिकायें
B. ऐन्डोथिशियल कोशिकायें
C. स्पोरोसाइट
D. एन्ड्रोसाइट

92. मॉस की स्त्रीधानी में ग्रीवानाल कोशिकाओं की संख्या है-
A. 2 B. 3
C. 5 D. 6-18

93. मॉस में पेरिस्टोम दाँत की संख्या होती है-
A. 8 + 16 B. 16 + 16
C. 32 + 32 D. 16 + 32

94. *फ्यूनेरिया* के परिपक्व पेरीस्टोम में पाये जाते हैं-
A. मुड़े हुए संकरे त्रिकोणाकार दाँतों की एक पंक्ति, इनकी संख्या 16 होती है
B. मुड़े हुए संकरे त्रिकोणाकार दाँतों की एक पंक्ति, इनकी संख्या 32 होती है
C. मुड़े हुए त्रिकोणाकार दाँतों की दो पंक्तियाँ, प्रत्येक में 8 दाँत होते हैं
D. मुड़े हुए संकरे त्रिकोणाकार दाँतों की दो पंक्तियाँ, प्रत्येक पंक्ति में 16 दाँत होते हैं

95. ब्रायोफाइट्स में बीजाणु मातृकोशिका होती है-
A. अगुणित B. द्विगुणित
C. त्रिगुणित D. चतुष्गुणित

96. निम्नलिखित में से कौन-सा वास्तविक मॉस होता है-
A. क्लब मॉस B. रेण्डियर मॉस
C. आयरिश मॉस D. बौग मॉस (स्फैग्नम)

97. बहुकोशिकीय तथा जैकिट युक्त जननांग उपस्थित होते हैं-
A. *फ्यूनेरिया* में B. *स्पाइरोगायरा* में
C. *सैकरोमाइसीज* में D. *हाइबिस्कस* में

98. *फ्यूनेरिया* के मूलाभास में निम्नलिखित में से क्या विशेषता होती है-
A. रंगहीन, बहुकोशिकीय
B. रंगहीन, बहुकोशिकीय
C. रंगहीन, बहुकोशिकीय संरचना तिरछे पट के साथ
D. उपरोक्त में से कोई नहीं।

99. मॉस के गेमिटोफाइट में बन्धक एक पंक्तिय, बहुकोशिकीय रोमों को कहते हैं-
A. एपोफाइसिस B. एपिफाइसिस
C. हाइपोफाइसिस D. पेरीफाइसिस

100. ब्रायोफाइट्स नमी और छायादार जगहों पर उगते हैं क्योंकि-
A. यह जलीय है
B. इनको निषेचन के लिये जल की आवश्यकता है
C. यह जमीन पर उगते हैं
D. इनमें जल तथा खनिज लवणों को अवशोषित करने के लिये अंग नहीं होते

101. *टेरिस* के रैकिस में स्टील होता है–
A. कौलर रूपी (Collar-shaped)
B. घोड़े की नाल जैसा (Horse shoe-shaped)
C. ओमेगा रूपी (Omega-shaped)
D. ऐच रूपी (H-shaped)

102. *सिलैजीनेला* की कुछ जातियाँ कायिक जनन करती हैं–
A. पत्रकन्दों द्वारा
B. स्तम्भ कन्दों द्वारा
C. (A) तथा (B) दोनों के द्वारा
D. न तो (A) और न ही (B) के द्वारा

103. फर्नों में जाइलम होता है–

A. एक्सार्क B. मीसार्क

C. त्रिगुणित D. पौलीआर्क

104. *ड्रायोप्टेरिस* के बीजाणु होते हैं–

A. अगुणित B. द्विगुणित

C. त्रिगुणित D. चतुष्गुणित

105. टेरिडोफाइट्स को कहते हैं–

A. फैनरोगैम्स B. क्रिप्टोगैम्स

C. संवहनीय क्रिप्टोगैम्स D. उपरोक्त सभी

106. मेरीस्टील्स पाये जाते हैं–

A. चीड़ (*Pinus*) की नीडिल में

B. *साइकस* के तने में

C. फर्न के प्रकन्द में

D. फर्न की पत्ती में

107. फर्न में कितनी बीजाणु मातृ कोशिकाएँ होती हैं?

A. 4 से 8 B. 8 से 16

C. 16 से 32 D. 32 से 64

108. फर्नों के बीजाणुओं (Sporophylls) पर बीजाणुधानियाँ उत्पन्न होती हैं–

A. ऊपरी सतह पर B. अडैक्सियल सतह पर

C. अबैक्सियल सतह पर D. इनमें से किसी पर नहीं

109. युग्मकोद्भिद् एवं बीजाणोद्भिद् पीढ़ियाँ परिलक्षित होती हैं जीवन इतिहासों में–

A. परजीवी कवकों के B. भूरे शैवालों के

C. फर्नों के D. हरी पत्ती के

110. फर्न-प्रोथैलस सामान्यतया होता है–

A. अगुणित B. द्विगुणित

C. त्रिगुणित D. चतुष्गुणित

111. मक्का, *साइकस* एवं चीड़ के एक भ्रूण में बीजपत्रों की संख्या क्रमशः होती है–

A. 1, 2, अनेक B. 1, 1, 2

C. 1, 2, 2 D. 2, 2, अनेक

112. *पाइनस* में, परागण के पश्चात् निषेचन के लिए अनुमानित समय होता है–

A. केवल थोड़े से घंटे B. केवल थोड़े से दिन

C. केवल थोड़े से सप्ताह D. लगभग एक वर्ष

113. *पाइनस* में बीज का पंख विकसित होता है–

A. बीजाण्डकाय से B. सहपत्र से

C. बीजाण्डधारक शल्क से D. अध्यावरण से

114. निम्नलिखित में से कौन-सा पाइनस में युग्मकोद्भिद् प्रावस्था को प्रदर्शित करता है?

A. *पाइनस* पौधा B. लघु एवं गुरुबीजाणु

C. जायगोट D. नर एवं मादा शंकु

115. *पाइनस* का नर शंकु बना होता है–

A. पराग कोषों का B. गुरुबीजाणु पर्णो का

C. लिग्युल्स का D. लघुबीजाणु पर्णो का

116. निम्न में से कौन-सा एक जीवित जीवाश्म है–

A. *पाइनस* B. गिंको

C. *थूजा* D. देवदार

117. जिम्नोस्पर्म तथा एन्जियोस्पर्म में क्या समानता है–

A. दोनों के फ्लोएम में सखि कोशायें होती हैं

B. दोनों में भ्रूणकोष निषेचन से पूर्व बनता है

C. बीजाण्ड एवं बीज की उत्पत्ति दोनों में समान होती है

D. दोनों में जड़, तना तथा पत्तियाँ होती हैं

118. जिम्नोस्पर्म तथा एन्जियोस्पर्म में क्या अन्तर है–

A. जिम्नोस्पर्म में जाइलम में वाहिकायें तथा फ्लोएम में सखि कोशायें नहीं होती जबकि एन्जिोस्पर्म में दोनों होती हैं

B. जिम्नोस्पर्म में परागकण पराग नलिका में बनते हैं जबकि एन्जियोस्पर्म में नहीं

C. बीजाण्ड की उत्पत्ति दोनों में असमान होती है

D. उपरोक्त में से कोई नहीं

119. *पाइनस* के माइक्रोस्पोरो फिलल्स में माइक्रोस्पोरैंजिया उपस्थित होते हैं–

A. एडेक्सियल सतह पर B. एबेक्सियल सतह पर

C. किनारों पर D. कक्ष में

120. अनावृतबीजियों में बीजाण्ड होते हैं–

A. नग्न B. ढके हुये

C. अण्डाशय में D. उपरोक्त सभी

121. आवृतबीजियों में 100 पराग कणों को बनाने के लिये कितनी लघु बीजाणु मातृ कोशिकायें चाहियें–

A. 25 B. 50

C. 75 D. 100

122. ऐंथेसिस किसे कहते हैं–

A. पुष्पकली का खुलना

B. परागमातृ कोशिका में अर्द्धसूत्री विभाजन का होना

C. पराग कोशों का फूटना

D. वर्तिकाग्र का सुग्राही हो जाना

123. बहुभ्रूणता सामान्यतः किसमें पाई जाती है–

A. सायट्रस B. हल्दी

C. टमाटर D. आलू

124. बहुत अधिक प्रतिरोधी जैविक पदार्थ है–

A. स्पोरोपौलेनिन B. हेमीसेल्यूलोज

C. लिग्नो सेल्यूलोज D. लिग्निन

125. भ्रूणकोष में तन्तुरूप समुच्चय किस भाग में पाया जाता है–

A. अण्ड B. सहायक कोशिका

C. केन्द्रीकीय कोशिका D. प्रतिव्यासांत कोशिकायें

126. आवृतबीजियों में मादा युग्मकोद्भिद् को निरूपित करता है–
A. भ्रूणकोष B. भ्रूणपोष
C. अण्ड D. अण्डप

127. टोटीपोटेन्सी का आविष्कार किया–
A. स्टीवार्ड B. गुहा तथा माहेश्वरी
C. स्ट्रास्वर्गर D. नवाश्चन

128. अनिषेक जनन है–
A. फल का विकास बिना निषेचन के
B. अण्ड का विकास बिना निषेचन के
C. फल का विकास बिना परागण के
D. फल का विकास हार्मोन प्रयोग से

129. अनिषेक फलन किसमें इच्छित नहीं है–
A. टमाटर B. अनार
C. केला D. आलू

130. नरयुग्मक बनते हैं–
A. जनन कोशिका B. नलिका कोशिका
C. काय कोशिका D. प्रोथेलियल कोशिका

131. अदरक एक तना है जड़ नहीं क्योंकि इसमें–
A. क्लोरोफिल नहीं होता
B. यह मृदा सतह के समानान्तर उगता है
C. भोजन संग्रह करता है
D. पर्व तथा पर्व सन्धियाँ पायी जाती हैं

132. संसार का सबसे बड़ा पुष्प है–
A. कमल B. रेफ्लेसिया
C. बड़ा केक्टस D. परजीवी

133. कॉलम I में दिये गये फल के प्रकार को कॉलम II में दिये गये पादपों से सही मेल कीजिये तथा उत्तर दीजिये–

कॉलम I (फल प्रकार)		कॉलम II (पादप)
1. बेरी	p	फाइकस
2. सिलिकुआ	q	जैक
3. सोरोसिस	r	सरसों
4. साइकोनस	s	नींबू
	t	टमाटर

A. 1 = r, 2 = t, 3 = p, 4 = q
B. 1 = t, 2 = q, 3 = r, 4 = p
C. 1 = s, 2 = t, 3 = p, 4 = r
D. 1 = t, 2 = r, 3 = q, 4 = p

134. राइजोम है–
A. मृदा सतह के समानान्तर
B. सिम्पोडियल (sympodial)
C. डायजिओट्रोपिक (diageotropic)
D. उपरोक्त सभी

135. पुष्पीय चित्र (floral diagram) नहीं दर्शा पाता है–
A. ऐपीफिली तथा ऐपीपेटेली
B. एसटीवेशन तथा बीजान्डान्यास
C. थेलेमस पर अण्डाशय की स्थिति
D. कार्पल तथा पुंकेसरों का सासंजन

136. सोलेनम नाइग्रम (*Solanum nigrum*) का राइफिडियम (riphidium) रूपान्तरण है–
A. हेलिकॉयड साइम B. स्कोरपियॉड साइम
C. मुण्डक D. स्पाइक

137. क्लैडोड विशेष लक्षण है–
A. सतावर तथा रस्कस का
B. केजुयेराइना तथा नागफनी का
C. क्लेडोफोरा तथा केक्टस का
D. साइट्रस तथा यूफोर्बिया का

138. कॉलम I में दिये गये फलों के नाम को कॉलम II में दिये गये उनके खाने योग्य भाग से सही मेल कीजिये तथा सही उत्तर दीजिये।

कॉलम I		कॉलम II
1. नारियल	p	मीजोकार्प
2. सेब	q	रसदार रोम
3. सन्तरा	r	एण्डोस्पर्म
4. आम	s	थेलेमस
	t	एपिकार्प

A. 1 = r, 2 = q, 3 = t, 4 = p
B. 1 = r, 2 = q, 3 = s, 4 = p
C. 1 = r, 2 = s, 3 = q, 4 = p
D. 1 = r, 2 = t, 3 = q, 4 = p

139. गलत कथन बताइये–
A. साइथियम लेबियेटी कुल का लक्षण है–
B. मुण्डक पुष्पक्रम सूर्यमुखी में होता है
C. रेफ्लेसिया पूर्ण मूल परजीवी है
D. स्माइलेक्स में अनुपर्ण प्रतान होते हैं

140. एक पूर्ण मूल परजीवी है–
A. डेन्ड्रोपथी B. ओरोबेन्की
C. विस्कम D. चन्दन

141. वृक्ष की छाल किस भाग से बनती है–
A. कैम्बियम के भीतर की सभी कोशायें
B. कैम्बियम के बाहर स्थित सभी कोशायें
C. बाह्य त्वचा से
D. कॉर्क कैम्बियम से

142. द्विबीजपत्री तने में संवहन बंडल है–
A. अरीय B. एक्स सेन्ट्रिक
C. संकेन्द्री D. बहिफ्लोएमी

143. अरीय संवहन बंडल पाये जाते हैं–
A. आवृतबीजियों की जड़ में
B. आवृतबीजियों के तने में
C. आवृतबीजियों की पत्ती में
D. आवृतबीजियों के बीजों में

144. बहिफ्लोएमी संवहन बंडल में–
A. जाइलम बाहर की ओर तथा फ्लोएम अन्दर की ओर
B. फ्लोएम बाहर की ओर तथा जाइलम अन्दर की ओर
C. आन्तरिक जाइलम फ्लोएम से घिरा होता है
D. आन्तरिक फ्लोएम जाइलम से घिरा होता है

145. वाहिकाओं व सहकोशिकाओं का अभाव होता है–
A. मटर में B. आम में
C. टेरिडोफाइटा में D. आवृतबीजी में

146. संयुक्त संपार्श्विक व बन्द संवहन पूल पाये जाते हैं–
A. एकबीजपत्री तने में B. द्विबीजपत्री तने में
C. एकबीजपत्री मूल में D. द्विबीजपत्री मूल में

147. सर्वाधिक वृद्धि होती है क्षेत्र में–
A. कोशिका विभाजन के
B. कोशिका दीर्घीकरण के
C. कोशिका परिपक्वन के
D. उपरोक्त सभी के

148. मूल छाद (Root cap) अनुपस्थित होती है–
A. लिथोफाइट्स में B. हाइड्रोफाइट्स में
C. जीरोफाइट्स में D. मीसोफाइट्स में

149. एक कोशिका से दूसरी कोशिका में जीवद्रव्य की निरन्तरता बनी रहती है–
A. रन्ध्रों द्वारा B. वाहिनिकाओं द्वारा
C. वाहिकाओं द्वारा D. प्लाज्मोडेस्मेटा द्वारा

150. कोशिका भित्ति की सामर्थ्य एवं दृढ़ता एक पदार्थ के कारण होती है जो कहलाता है–
A. सुबेरिन B. सेल्यूलोज
C. लिग्नन D. पेक्टिन

151. बेन्थम तथा हुकर के वर्गीकरण का मुख्य लाभ यह है कि–
A. यह सभी पादप समूहों के वर्गीकरण की प्राकृतिक पद्धति है
B. टेक्सॉनों का वर्णन स्पेसिमेनी के वास्तविक परीक्षणों पर आधारित होता है
C. इसमें जाति इतिहासीय पहलुओं को भी ध्यान में रखा जाता है
D. यह अधिकतर विकासीय अभिधारणाओं पर आधारित होता है

152, बेन्थम एवं हुकर के पादप वर्गीकरण में–
A. अनावृतबीजी पौधे द्विबीजपत्री एवं एकबीजपत्री के बीच में हैं
B. अनावृतबीजी पहले है
C. अनावृतबीजी सबसे बाद में है
D. अनावृतबीजी पौधे सम्मिलित नहीं हैं

153. एक क्रूसीफर का पुष्पसूत्र है–
A. $K_4C_4A_5G_{(2)}$ B. $K_{2+2}C_4A_{2+4}G_{(2)}$
C. $K_{(5)}C_{(5)}A_5G_{(5)}$ D. $K_5C_5A_{(5)}G_{(5)}$

154. जिहित या पट्टीनुमा दलपुंज विशेषता है–
A. बिम्ब पुष्पक की
B. रश्मि पुष्पक की
C. बिम्ब तथा रश्मि पुष्प दोनों की
D. ऊपर लिखित किसी की नहीं

155. द्विकोष्ठकी अंडाशय, स्तम्भीय बीजांडन्यास, फूला हुआ बीजांडासन और तिर्यक पट वाला द्विअंडपी, युक्तांडपी जायांग पाया जाता है–
A. क्रूसीफेरी में B. सोलेनेसी में
C. कुकुरबिटेसी में D. लिलियेसी में

156. ग्रैमिनी में परिदलपुंज छोटे शल्की (Lodicules) द्वारा प्रदर्शित होता है जो होते हैं प्रायः–
A. दो B. तीन
C. चार D. पाँच

157. यह सही नहीं है कि–
A. लिलियेसी के कुछ पौधों में भूमिगत भाग मनुष्य के खाद्य योग्य होता है
B. तन्तु फाइबर देने वाले पौधे मालवेसी में पाये जाते हैं
C. संयुक्त पत्ती वाले वृक्ष जो मरुस्थल में पाये जाते हैं, उनमें से कुछ लेग्यूमिनोसी के सदस्य हैं
D. बड़े पुष्प और तेल युक्त बीज वाला वृक्ष कम्पोजिटी में पाया जाता है

158. भित्ति लग्न जरायुप्यास देखा जाता है–
A. क्रूसीफेरी में B. कम्पोजिटी में
C. मालवेसी में D. लिलियेसी में

159. निम्नलिखित पौधों में से किसमें एक संघी अवस्था के फलस्वरुप पुंकेसरी नलिका बन जाती है–
A. *हिबिस्कस* B. *माइमोसा*
C. *केंडीटफ्ट* D. सनफ्लावर

160. सजावटी पौधे की एक जाति, जिसे उसके सिप्सेला फलों से एक महत्वपूर्ण खाद्य तेल निकालने के लिये उपजाया जा रहा है, वह है–
A. *हेलिएन्थस* B. *ब्रेसिका*
C. *सिसेमम* D. *कोकॉस*

161. जल से घिरी कोशिका की स्फीति के बढ़ते जाने के साथ उसकी भित्ति दाब–
A. बढ़ जाती है
B. घट जाती है
C. कम ज्यादा होती रहती है
D. अपरिवर्तित रहती है

162. निम्न कथनों पर विचार कीजिये—परासरण की प्रक्रिया में जल का अभियान अर्धपारगम्य झिल्ली में होता है—

(*i*) जल विभव प्रवणता के नीचे की ओर

(*ii*) जल विभव प्रवणता के ऊपर की ओर

(*iii*) सक्रिय रुप में

(*iv*) निष्क्रिय रुप में

इन कथनों में से—

A. (*i*) तथा (*iii*) सही है B. (*ii*) तथा (*iii*) सही है

C. (*ii*) तथा (*iv*) सही है D. (*i*) तथा (*iv*) सही है

163. परासरण विभव दर्शाया जाता है—

A. (–) B. (+)

C. (×) D. (÷)

164. कोशिका जीवद्रव्य कुंचन का आरम्भ करने के लिये नमक का घोल होना चाहिये—

A. समपरासरी B. अतिपरासरी

C. अल्पपरासरी D. उपर्युक्त में से कोई नहीं

165. उस प्रक्रिया को परासरण परिभाषित करते हैं, जिसमें—

A. जल निम्नतर से उच्चस्थ सान्द्रता की ओर विसरित हो

B. विलेय निम्नतर से उच्चस्थ सान्द्रता की ओर विसरित हो

C. आयनों का सक्रिय अभिगमन हो

D. आयनों का निष्क्रिय अभिगमन हो

166. एक ऐसी कोशिका जो स्फीति नहीं है, में DPD का मान बराबर होगा—

A. OP – WP B. OP + WP

C. TP D. OP

167. जब एक जन्तु कोशिका को शुद्ध जल में रखते हैं तो यह कोशिका—

A. सिकुड़कर भर जायेगी

B. फूलकर फट जायेगी

C. सिकुड़ जायेगी तथा इसमें जीवद्रव्य कुंचन हो जाएगा

D. फूल जायेंगी तथा स्फीति हो जायेगी

168. निम्न में से कौन-सा सही है?

A. OP = WP – DPD B. DPD = WP – OP

C. WP = OP – DPD D. DPD = OP × WP

169. जल की प्रवाह की दिशा होगी, यदि X कोशिका का DPD Y कोशिका से कम होगा—

A. X कोशिका से बाहर B. Y से X

C. X से Y D. कोई प्रवाह नहीं होगा

170. जल प्रवाह की दिशा क्या होगी यदि दो कोशिकाओं का OP समान हो तथा TP अलग है ?

A. अधिक TP से कम TP की ओर

B. कम TP से अधिक TP की ओर

C. कोई प्रवाह नहीं

D. उपरोक्त सभी

171. कटे हुए पुष्प को नमक के जल में क्यों रखा जाता है—

A. पुष्प को पोषण मिलता है

B. वाष्पोत्सर्जन कम हो जाता है अतः पुष्प अधिक देर तक खिला रहता है

C. पुष्प की कोशिकाओं का परासरणी दाब नियमित बना रहता है

D. पुष्प की जीवाणुओं से रक्षा होती रहती है

172. अतिवृष्टि के उपरान्त उचित जल निकास न होने की स्थिति में पौधों की पत्तियाँ मुरझा जाती है—

A. जड़ गलन के कारण

B. वातन की कमी के कारण

C. उच्च लवण सान्द्रता के कारण

D. मृदा के निम्न तापक्रम के कारण

173. दीर्घकालिक जलाक्रान्ति से पौधों के मरने का कारण क्या होता है ?

A. भूमि में पोषण तत्वों का अधिक तनु हो जाना

B. जड़ों में श्वसन का रुकना

C. पौधों में कोशिका रस का बहुत तनु हो जाना

D. अधिक पानी के कारण पोषण तत्वों का निक्षालित होना

174. ज्यादातर पौधों के लिये प्राप्य मृदा जल है—

A. समस्त कोशिका जल

B. फील्ड कैपेसिटी बिन्दु एवं आर्द्रता जल बिन्दु के बीच का जल

C. फील्ड कैपेसिटी बिन्दु और स्थायी म्लानि बिन्दु के बीच का जल

D. फील्ड कैपेसिटी जल एवं गुरुत्वाकर्षणीय जल

175. एक मूल कोशिका जो सक्रिय रुप में जल अवशोषण कर रही है, उसका जल विभव होगा—

A. मृदा जल के जल विभव से अधिक

B. शून्य

C. शून्य से कम

D. शून्य से अधिक

176. जल तथा लवणों का अभिगमन होता है द्वारा—

A. फ्लोएम B. दारु

C. चालनी नलिकायें D. स्थूलकोण ऊतक

177. जड़ों द्वारा जल अवशोषण के अन्तर्गत कोशिका रस का जल विभव निम्न स्तर का होता है—

A. शुद्ध जल व मृदा घोल दोनों के जल विभव से कम

B. न तो शुद्ध जल के और न ही मृदा घोल के जल विभव से कम

C. शुद्ध जल के जल विभव से कम परन्तु मृदा घोल के जल विभव से अधिक

D. मृदा घोल के जल विभव से कम परन्तु शुद्ध जल के जल विभव से अधिक

178. जल की पकड़ क्षमता अधिक होती है—

A. क्ले मृदा में B. लोम मृदा में

C. सिल्ट मृदा में D. रेतीली मृदा में

179. पादपों की भूमि से केवल–
A. आर्द्रताग्राही जल प्राप्त होता है
B. केशिका जल प्राप्त होता है
C. गुरुत्व जल प्राप्त होता है
D. सभी जल प्राप्त होते हैं

180. शाकीय पौधे का तना काट देने पर जाइलम रस का रिसना किस कारण संभव है–
A. निष्क्रिय अवशोषण से B. मूलदाब से
C. बिन्दु स्राव द्वारा D. वाष्पोत्सर्जन की उपस्थिति से

181. रन्ध्र खुलते समय द्वार कोशिकाओं का pH मान कितना होता है–
A. 9 - 10 B. 4 - 5
C. 6 - 7 D. 2 - 4

182. किन परिस्थितियों में वाष्पोत्सर्जन क्रिया ताप एवं आर्द्रता से अधिक प्रभावित नहीं होती –
A. धूप वाले दिन B. बादल वाले दिन
C. सर्द हवा वाले दिन D. सर्दी एवं गर्मी की रात्रि में

183. सामान्यतया मरुदूभिदों की पत्तियों में मोटी उपचर्म, रोमयुक्त व धँसे हुए रन्ध्र होते हैं क्योंकि–
A. वाष्पोत्सर्जन हो सके
B. पादप की सुरक्षा हो सके
C. अधिक वाष्पोत्सर्जन रोक सके
D. वाष्पोत्सर्जन की दर बढ़ सके

184. केवल अभ्यक्ष सतह पर रन्ध्र युक्त पत्ती को कहते हैं–
A. उभयरन्ध्रीय B. उपरिरन्ध्रीय
C. परिरन्ध्रीय D. अधोरन्ध्रीय

185. पोटोमीटर में लगी हुई पौधे की शाखा किस क्रिया द्वारा जल का अवशोषण करते हैं–
A. निष्क्रिय B. सक्रिय
C. दोनों साथ-साथ D. इनमें से कोई भी नहीं

186. समोद्भिदीय पौधों की पत्तियों में रन्ध्रों के खुलने तथा बन्द होने का नियमन किसके द्वारा होता है ?
A. द्वार कोशिकाओं में CO_2 K^+ ABA उनके साथ इन कोशिकाओं की स्फीति में होने वाले परिवर्तन
B. द्वार कोशिकाओं में स्टार्च शर्करा सांद्रण में होने वाले परिवर्तन
C. द्वार कोशिकाओं में H^+ सांद्रण में होने वाले परिवर्तन
D. द्वार कोशिकाओं की भित्तियों में होने वाला अन्तरात्मक स्थूलन

187. ग्रीष्म ऋतु के गर्म दिन में, पादप का ठण्डा होना होता है निम्न कारण से–
A. पत्ती से जल वाष्प की हानि
B. पौधे में जल का परिवहन
C. द्रव जल की हानि
D. पूर्ण पादप से जल की हानि

188. जल के खिंचाव के समय निम्न कौन-सा उत्पन्न होता है एवं रन्ध्रों के बन्द होने को प्रेरित करता है ?
A. साइटोकाइनिन
B. ऑक्जिन (Auxin)
C. जिबरेलिक अम्ल (GA_1)
D. ए बी ए (ABA)

189. पत्ती के प्रति से.मी. में उपस्थित रन्ध्रों की संख्या होती है–
A. 100 से कम B. हजारों में
C. दस लाख D. उपरोक्त में से कोई नहीं

190. पादप के लिये वाष्पोत्सर्जन क्रिया–
A. लाभदायक है
B. हानिकारक है
C. हानिकारक से अधिक लाभदायक है
D. लाभदायक से अधिक हानिकारक है

191. कोशिका में सर्वाधिक सामान्य स्वतन्त्र आयन होता है–
A. फॉस्फोरस का B. गन्धक का
C. लोहे का D. पोटेशियम का

192. निम्न अमीनो अम्लों में कौन-सा गन्धक युक्त होता है?
A. सेरीन B. मेथिओनिन
C. प्रोलीन D. एस्पर्डिन

193. पादप भस्म (Plant Ash) एक संकेत होती है–
A. पौधे के कार्बनिक पदार्थ का
B. पादप द्वारा अवशोषित खनिज लवणों का
C. खनिज लवणों तथा कार्बनिक पदार्थ दोनों का
D. उपरोक्त में से किसी का नहीं

194. निम्न में से कौन-सा सूक्ष्म तत्व होता है–
A. सल्फर B. कार्बन
C. मोलिब्डीनम D. फॉस्फोरस

195. पोटेशियम आयनों की अति महत्वपूर्ण भूमिका होती है–
A. पेकैम्बियम के निर्माण में भाग लेते हैं
B. ये प्रकाश संश्लेषण को बढ़ाते हैं
C. ये अनेक विकरीय (Enzymatic) क्रियाओं को प्रभावित करते हैं जो अनेक पादप प्रक्रमों को नियन्त्रित करते हैं
D. इनसे लाल रंग आता है

196. निम्न में से कौन-सा सूक्ष्म पोषक तत्व है–
A. Mg B. S
C. Mn D. Ca

197. पौधे में फास्फोरस की उपस्थिति–
A. प्रोटीन निर्माण को कम करती है
B. फल के पकने की दर को बढ़ाती है
C. स्वरूप में मूल वृद्धि करती है
D. उपरोक्त में से कोई नहीं

198. मैग्नीशियम की कमी से हरिमहीनता का पहला लक्षण होता है–
A. शिशु पत्तियाँ पहले तथा वृद्ध पत्तियाँ बाद में गिरती हैं
B. पत्तियों का झड़ना
C. दोनों प्रकार की पत्तियाँ एक साथ गिर जाती हैं
D. पुरानी वृद्ध पत्तियाँ पहले तथा पीछे से शिशु पत्तियाँ मुरझाती हैं

199. निम्न में से किस एक कथन से जल संवर्धन की सही परिभाषा का पता चलता है?
A. मृदा रहित संवर्धन में पौधों को उगाना
B. जल आपूर्ति में भिन्नता लाकर मछलियों का संवर्धन
C. जल की सतह पर प्लवकों को उगाना
D. निर्जलीकृत मृदा में पौधों का उगाना

200. वाहक प्रोटीन सन्निहित होता है–
A. आयनों के सक्रिय अभिगमन में
B. आयनों के निष्क्रिय अभिगमन में
C. जल अभिगमन में
D. जल वाष्पन में

201. धारा प्रवाह परिकल्पना का वर्णन सर्वप्रथम किया गया–
A. मुन्च द्वारा B. बुकानैन द्वारा
C. कुर्सानोव द्वारा D. स्वान्सन द्वारा

202. उच्च पादपों में कार्बोहाइड्रेट्स का स्थानान्तरण होता है–
A. ग्लूकोज के रूप में B. सुक्रोज के रूप में
C. फ्रक्टोज के रूप में D. स्टार्च के रूप में

203. पत्तियों में संश्लेषित कार्बोहाइड्रेट्स अधिकतर चालनी नलिकाओं में होकर स्थानान्तरित होते हैं–
A. ग्लूकोज के रूप में
B. सुक्रोज के रूप में
C. ट्रायोज शर्करा के रूप में
D. घुलनशील मण्ड के रूप में

204. शिशु फल हरे होते हैं किन्तु पक जाने पर विभिन्न चमकदार रंगों के हो जाते हैं–
A. शर्करा की मात्रा बढ़ जाती है
B. कार्बनिक अम्ल की मात्रा घट जाती है
C. आयु बढ़ने के कारण
D. हरितलवक कैरोटिन्स एवं जैन्थोफिल्स में विखण्डित हो जाते हैं

205. प्रकाश संश्लेषण के उत्पादों का स्थानान्तरण होता है–
A. रबड़क्षीरी वाहिनियों द्वारा
B. सूक्ष्म नलिकाओं द्वारा
C. चालनी नलिकाओं द्वारा
D. जाइलम वाहिकाओं द्वारा

206. अभिगमनों का सम्बन्ध है–
A. एन्जाइम से B. खनिजों के परिवहन से
C. रन्ध्रों से D. फाइटोक्रोम से

207. विलेय के परिवहन में सम्भारण सिरे होते हैं–
A. हरी पत्तियाँ तथा संचायक अंग
B. जड़ तथा तना
C. जाइलम तथा फ्लोएम
D. हार्मोन तथा एन्जाइम

208. खनिजों का द्विदिशीय स्थानान्तरण किसमें से होता है?
A. जाइलम B. फ्लोएम
C. पैरेन्काइमा D. कैम्बियम

209. Trancellular Strands पाये जाते हैं–
A. वाहिकाओं में B. चालनी नलिकाओं में
C. पैरेन्काइमा में D. पिथ में

210. आवृतबीजी पादपों में शर्करा का कौन-सा प्रकार स्थानान्तरित होता है–
A. फ्रक्टोस B. ग्लूकोस
C. सूक्रोस D. राइबोस

211. प्रकाश-संश्लेषण में वर्णक तन्त्र I की भूमिका होती है
A. जल से ऑक्सीजन निकालना
B. जल का प्रकाशीय अपघटन करना
C. ADP को संश्लेषित करना
D. NADP को $NADPH_2$ में अपचयित करना

212. निम्नलिखित में से कौन-सा प्रकाश-संश्लेषण की अन्धकार अभिक्रिया के पदों को ज्ञात करने में अति लाभदायक होता है?
A. X- किरणें
B. C^{14} कार्बन का समस्थानिक
C. ऑक्सीजन O^{18} का समस्थानिक
D. फास्फोरस P^{32} का समस्थानिक

213. जब ATP, ADP में बदलता है तो यह निकालता है–
A. हार्मोन्स B. विद्युत
C. ऊर्जा D. एन्जाइम्स

214. वर्णक तन्त्र I में सक्रिय क्लोरोफिल होता है–
A. P- 660 B. P- 680
C. P- 700 D. P- 720

215. चक्रीय प्रकाश फॉस्फोरीकरण में निकलते हैं–
A. ATP तथा $NADPH_2$
B. ATP, $NADPH_2$ तथा ऑक्सीजन
C. केवल ATP
D. केवल $NADPH_2$

216. प्रकाश-संश्लेषण की अन्धकार अभिक्रियाओं के अन्तर्गत–
A. 6 कार्बन शर्करा, 3 कार्बन शर्करा में टूट जाती है
B. जल का अपघटन होता है
C. CO_2 कार्बनिक यौगिकों में अपचयित हो जाती है
D. क्लोरोफिल सक्रिय हो जाता है

217. कम्पेन्सेशन बिन्दु का अभिप्राय है, वह दशा–
A. जब प्रकाश-संश्लेषण में निर्मित पूर्ण भोजन अप्रयुक्त रहता है
B. जब गमले में लगे हुए पौधे की भली भाँति सिंचाई की जाती है
C. जब प्रकाश-संश्लेषण की दर श्वसन दर के समान होती है
D. जिसमें न तो प्रकाश-संश्लेषण और श्वसन होता है

218. ATP संश्लेषण के अन्तर्गत, इलेक्ट्रोन्स गुजरते हैं–
A. जल में होकर B. साइटोक्रोम्स में होकर
C. O_2 में होकर D. CO_2 में होकर

219. वर्णक तन्त्र I में संचालित होता है–
A. फोटोलिसिस
B. साइक्लिक फोटोफोस्फोरीलेशन
C. नान-साइक्लिक फोटोफोस्फोरीलेशन
D. ऑक्सीडेटिव फोस्फोरीलेशन

220. C_4 चक्र के मामले में, प्रथम पद में–
A. CO_2, RuDP से संयोग करती है
B. CO_2, PGA से संयोग करती है
C. CO_2, PEP से संयोग करती है
D. CO_2, RMP से संयोग करती है

221. एक एन्जाइम क्रिया करता है–
A. सक्रियकरण ऊर्जा को बढ़ाकर
B. सक्रियकरण ऊर्जा को घटाकर
C. अभिक्रिया काल को बढ़ाकर
D. अभिक्रिया काल को घटाकर

222. निम्नलिखित में से कौन-सा कथन सत्य है?
A. सभी एन्जाइम्स प्रोटीन होते हैं
B. सभी एन्जाइम्स जीव-उत्प्रेरक हैं
C. सभी प्रोटीन्स एन्जाइम होते हैं
D. सभी एन्जाइम ताप के प्रति संवेदी होते हैं

223. एमाइलोप्सिन क्रिया करता है–
A. किसी माध्यम में पौलीसैकराइड पर
B. अम्लीय माध्यम में पौलीसैकराइड पर
C. क्षारीय माध्यम में पौलीसैकराइड पर
D. उदासीन माध्यम में पौलीसैकराइड पर

224. पादप प्रोटीनेज (प्रोटियोलिटिक) एन्जाइम होता है–
A. पेपीन B. पेप्सिन
C. ट्रिप्सिन D. यूरियेज

225. क्योंकि एन्जाइम कोशिका के भीतर मिलते हैं अतः ये होते हैं–
A. ठोस अवस्था में B. क्रिस्टलीय रूप में
C. कोलायडी रूप में D. विलयन के रूप में

226. नाइट्रोजिनेस एन्जाइम बदलता है–
A. N_2 को अमोनिया में B. N_2 को NO_3 में
C. NO_3 को नाइट्रोजन में D. N_2 को NO_2 में

227. जो एन्जाइम्स प्रोटीन्स को पेप्टोन्स में बदलते हैं, वे हैं–
A. इरेप्सिन B. पेप्सिन
C. ट्रिप्सिन D. लाइपेज

228. शुष्क बीज अंकुरित होने वाले बीजों की अपेक्षा उच्च तापमान को सहन कर सकते हैं क्योंकि–
A. शुष्क बीजों में अधिक संचित खाद्य होता है
B. जल के मिल जाने से विकर तापमान के लिये अधिक संवेदी हो जाते हैं
C. शुष्क बीज कठोर होते हैं
D. नवोद्भिद् (Seedlings) कोमल होते हैं

229. किसी एन्जाइम से लगा हुआ अतिरिक्त नौन प्रोटीन भाग कहलाता है–
A. होलोएन्जाइम B. एपोएन्जाइम
C. को-एन्जाइम D. सहकारक

230. एन्जाइम पादप शरीर में मिलते हैं–
A. सभी सजीव कोशिकाओं में
B. केवल पत्तियों में
C. केवल पुष्पों में
D. केवल संग्रहकारी अंगों में

231. क्रेब्स चक्र है–
A. दोहरा पथ (Amphibolic Pathway)
B. ग्लाइकोलिसिस (Glycolysis)
C. केल्विन चक्र (Kelvin Cycle)
D. उपरोक्त सभी

232. श्वसन मापन का यंत्र कहलाता है–
A. पोटोमीटर B. ओक्जेनोमीटर
C. ऑटोमीटर D. रेस्पिरोमीटर (Respirometer)

233. ट्राइकार्बोक्सिलिक अम्ल चक्र (TCA) में (FAD) अपचयित होता है परिवर्तन में–
A. मैलेट के OAA में
B. फ्यूमेरेट के मैलेट में
C. सक्सीनेट के फ्यूमेरेट में
D. सक्सीनाइल Co-A के सक्सीनेट में

234. ग्लाइकोलिसिस का अन्तिम उत्पाद होता है–
A. पायरुविक अम्ल B. C_2H_5OH
C. ग्लूकोज D. CO_2

235. अनॉक्सी परिस्थितियों के अन्तर्गत पायरुविक अम्ल के अन्तिम उत्पाद होते हैं–
A. $C_2H_5OH + CO_2 + H_2O$
B. C_2H_5OH + Energy
C. $CO + H_2O$ + Energy
D. $C_2H_5OH + CO_2$ + Energy

236. यदि श्वसन की दर प्रकाश संश्लेषण से अधिक हो जाये तो पौधे–
A. सूखे से मर जाएंगे
B. नहीं मरेंगे
C. जीवित रहेंगे किन्तु कम दर पर बढ़ेंगे
D. अधिक वृद्धि करेंगे क्योंकि अधिक ऊर्जा उपलब्ध होंगी

237. फल तथा सब्जियों की कटी हुई सतहें प्रायः गहरे रंग की होती है क्योंकि–
A. गन्दे चाकू से ये गहरे रंग की हो जाती है
B. चाकू से लौह के निशान की उपस्थिति में टैनिक अम्ल का ऑक्सीकरण इसे गहरे रंग का बनाता है
C. वायु की धूल से यह गहरे रंग का होता है
D. उपरोक्त में से कोई नहीं

238. उच्च तापमान से शुष्क बीज इतने प्रभावित नहीं होते है जितने कि अंकुरित बीज क्योंकि–
A. जलीयकरण एन्जाइम को तापमान के लिए अधिक ग्राही बना देता है
B. नवोद्भिद् (Seedlings) कोमल होते हैं
C. शुष्क बीज कठोर होते और इसलिए ये उष्मा के लिए प्रतिरोधी होते हैं
D. शुष्क बीजों में अधिक संचित खाद्य होता है

239. ऊर्जा उपापचय में महत्वपूर्ण भूमिका निभाता है–
A. सोडियम B. फॉस्फोरस
C. कैल्शियम D. लिथियम

240. जब पानी में लवण मिलाया जाता है, तो टहनी पर लगा हुआ पुष्प इसमें रखने पर काफी समय तक ताजा रहता है–
A. वाष्पोत्सर्जन की घटी हुई दर के कारण
B. जीवाणुवीय सक्रियता में कमी के कारण
C. अधिक जल के अवशोषण के कारण
D. बाह्य परासरण के कारण

241. प्रारम्भिक स्तर पर वृद्धि दो जलवायवीय कारकों द्वारा प्रभावित होती है, ये हैं–
A. प्रकाश तथा तापमान B. तापमान एवं आपेक्षिक आर्द्रता
C. प्रकाश एवं वायु D. वर्षा एवं तापमान

242. भारतीय स्याही की सहायता से चिन्हांकित करके एक मूल (Root) में वृद्धि के वितरण का अध्ययन सर्वप्रथम किया–
A. साक्स ने B. स्ट्रॉसबर्गर ने
C. वेण्ट ने D. निश ने

243. निम्नलिखित एक प्राकृतिक वृद्धि संदमक (Growth Inhibitor) होता है–
A. NAA B. GA_3
C. ABA D. IAA

244. वह पादप हार्मोन जो पौधे की वृद्धि के लिए अन्य भागों में स्थानान्तरित होता है, कहलाता है–
A. जिबरेलिन B. साइटोकाइनिन
C. इण्डोल एसीटिक एसिड D. उपरोक्त में से कोई नहीं

245. एक प्राकृतिक वृद्धि नियंत्रक (हार्मोन) होता है–
A. बेन्जैल्डीहाइड B. 2, 4-D
C. NAA D. एथिलीन

246. गोदामों में निम्न किसके उपयोग से आलुओं का अंकुरण रोका जा सकता है–
A. मैलिक हाइड्राइड B. 2, 4- D
C. इण्डोल एसीटिक अम्ल D. नेप्थालीन एसीटिक अम्ल

247. जिबरेलिक अम्ल निम्न किस स्थिति में पुष्पन को प्रोत्साहित करने के लिये उपयोग में लाया जाता है–
A. छोटे दिन पौधों का दीर्घ दिवस परिस्थितियों में
B. दीर्घ दिवस पौधों का लघु दिवस परिस्थितियों में
C. समान दिवस पौधों में
D. कुछ पौधों में

248. शीर्षस्थ प्रबलता ऊँचे पौधों में निम्न किस कारण होता है–
A. ऑक्सिन तथा साइटोकाइनिन के मध्य सन्तुलन के कारण
B. एन्जाइम सक्रियता
C. कार्बोहाइड्रेट उपापचय
D. प्रकाश अपवर्तन

249. साइटोकाइनिन–
A. कोशिका विभाजन को उत्साहित करती है
B. प्रसुप्ती को उत्साहित करती है
C. कोशिका प्लेट बनाती है
D. तर्कु सूत्र बनाने में उपयोगी होती है

250. निम्न में से कौन तृणनाशक है–
A. 2, 4-D B. GA
C. NAA D. ABA

251. एक बीज को 0.1 ट्राइ फिनाइल ट्रेटाजोलियम क्लोराइड के विलयन में रखा जाता है। इसकी जीवन क्षमता दर्शायी जाती है भ्रूणीय अक्ष के निम्न रंग में विकसित होने से–
A. गुलाबी B. लाल
C. नीला D. पीला

252. टमाटर के बीज गुदे (Pulp) में अंकुरित नहीं होते क्योंकि इसमें पाया जाता है–
A. बहुत अधिक मात्रा में लवण
B. फेरुलिक अम्ल
C. ऑक्सीजन की अनुपस्थिति
D. ABA

253. जल तथा ऑक्सीजन के अवशोषण के लिये बीजों से बीज चोल का हटाना कहलाता है–
A. स्केरीफिकेशन B. संवर्धन
C. सुषुप्तावस्था D. जीर्णता

254. कम तापमान से पुष्पन का प्रेरण कहलाता है–
A. वसन्तीकरण B. दीप्तिकालिता
C. काट छांट D. क्रायोबायलोजी

255. निम्न में कौन अल्प प्रदीप्त काली (SDP) पौधा नहीं है–
A. *सैकेरम ऑफीसिनेरम* B. *सोलेनम ट्यूबरोसम*
C. *ग्लासीन मेक्स* D. *ब्रेसिका कम्पैस्ट्रिस*

256. निम्न में से कौन प्रकाशग्राही वर्णक दो रुप में पाया जाता है–
A. क्लोरोफिल B. कैरोटीन
C. फाइटोक्रोम D. लेग हीमोग्लोबिन

257. पौधों को पुष्पन प्रेरण के लिये कम तापमान देना है–
A. वसन्तीकरण B. क्रायोस्कोपी
C. पांडुरता D. उपरोक्त में से कोई नहीं

258. पुष्पन पर प्रकाशावधि का प्रभाव कहलाता है-
A. प्रकाश श्वसन B. प्रकाश ऑक्सीकरण
C. दीप्तिकालिता D. प्रकाशानुवर्तन

259. पौधे में फोटोमोर्फोजिनेटिक वर्णक होता है–
A. क्लोरोफिल B. कैरोटीन
C. जैन्थोफिल D. फाइटोक्रोम

260. ग्रीष्म ऋतु में पुष्पन एवं वृद्धि के लिये कुछ समय तक बीजों को कम तापमान पर रखने की विधि को कहते हैं–
A. शीतकरण B. अवसन्तीकरण
C. वसन्तीकरण D. तापीय अपघटन

261. स्तम्भ की ऊपर की ओर वृद्धि दर्शाती है–
A. धनात्मक जलानुवर्तन B. धनात्मक गुरुत्वानुवर्तन
C. ऋणात्मक प्रकाशानुवर्तन D. ऋणात्मक गुरुत्वानुवर्तन

262. जल धारा के कारण गतियाँ कहलाती है–
A. ऊष्मा क्रमिका B. जलवर्तना
C. स्पर्शानुवर्तन D. धारानुचलन

263. किसी जीव में आन्तरिक नैज आवर्तित परिवर्तन जिसका आवर्तन काल चक्र 24 घण्टे का होता है कहलाता है?
A. दैनिक चक्र B. सिरकेडियन नैज आवर्तिता
C. उपरोक्त दोनों D. उपरोक्त में से कोई नहीं

264. जीव द्रव्यी धारा प्रवाह गतियाँ कहलाती है–
A. वक्रता गति B. प्रकाशानुवर्तन
C. स्पर्शानुकुंचन D. स्वतः प्रेरित

265. प्रकाश के प्रति पादपों की वृद्धि गति सर्वप्रथम किसने पता लगाई–
A. लेमार्क B. वेन्ट
C. थायमिन D. डार्विन

266. प्रकाशानुवर्तन तथा गुरुत्वानुवर्तन गतियाँ पादपों में जुड़ी है–
A. एन्जाइम से B. ऑक्सिन से
C. जिबरेलिन से D. स्टार्च से

267. जीवद्रव्य का प्रवाह गतियों को दर्शाने के लिये सबसे अच्छा उदाहरण है–
A. ट्रैडिसकेंशिया के पुंकेसरी रोम
B. प्याज की ऐपीथिलियम
C. मज्जा कोशिकायें
D. उपरोक्त में से कोई नहीं

268. सजीव कोशिकाओं में जीवद्रव्य की प्रवाह गतियों (streaming movements) के प्रदर्शन हेतु सर्वश्रेष्ठ पदार्थ होता है–
A. प्याज की झिल्लियाँ B. *ट्रेडिसकैन्शिया* के पुंकेसरीय रोम
C. संवेदनाग्राही पौधा D. मज्जा कोशिकाएँ

269. *हाइड्रिला* की पत्तियों में जीवद्रव्य की निरन्तर गति एक उदाहरण है–
A. स्वतः जनित गति का B. प्रेरित गति का
C. पैराटोनिक गति का D. अनुवर्तनी गति का

270. बीजाण्डों की ओर पराग नलिकाओं की वृद्धि का कारण होता है–
A. गुरुत्वानुवर्तन B. स्पर्शानुवर्तन
C. रसायननुवर्तन D. जलानुवर्तन

271. मरुद्भिदों में जड़ तन्त्र लम्बा होता है–
A. यान्त्रिक शक्ति देने के लिये
B. प्रकाश के कारण
C. जल को गहरे भूमिगत जल से अवशोषित करने के लिये
D. उपरोक्त में से कोई नहीं

272. निम्न में से किस पादप में बीजों में अंकुरण फलों के अन्दर ही हो जाता है जब यह मुख्य पौधे पर लगे होते हैं–
A. आम B. राइजोफोरा
C. केवड़ा D. नारियल

273. मृदा क्षारीयता (Soil salinity) को नापा जाता है–
A. पोरी मीटर से B. पोटोमीटर से
C. कन्डक्टीविटी मीटर से D. कैलोरी मीटर से

274. वह कारक जो पृथ्वी की संरचना को बताता है वह है–
A. भौगोलिक B. मृदीय
C. जैवीय D. तापमान

275. मृदा अपरदन कम किया जा सकता है–
A. अत्यधिक चरने को रोककर
B. सही पौधों को उगाने से
C. डैम बनाकर
D. उपरोक्त सभी विधियों से

276. ऐसे पौधे जिनमें संवहन ऊतक कम या अनुपस्थित तथा वायुतक अधिक विकसित होते हैं–
A. मरुद्भिद् B. लवणोद्भिद्
C. जलोद्भिद् D. समोद्भिद्

277. जल धारण शक्ति किसमें सबसे अधिक होती है?
A. चिकनी मिट्टी B. दुमट मिट्टी
C. सिल्ट मिट्टी D. बलुई मिट्टी

278. दुनिया अधिकतम जनसंख्या वहन कर सकती है यदि सब व्यक्ति –
A. शुद्ध शाकाहारी होते
B. दूध के सेवन के साथ शाकाहारी होते
C. दूध और अण्डे के सेवन के साथ शाकाहारी होते
D. माँसाहारी होते

279. निम्न एक फसल मृदा कटाव को रोकने में सबसे अधिक प्रभावी है–
A. कपास B. अरहर
C. मूँग D. मक्का

280. पौधों की वृद्धि के लिये अच्छी है–
A. दोमट मिट्टी B. रेतीली मिट्टी
C. बजरी D. चिकनी मिट्टी

281. प्रत्येक युगल को केवल दो बच्चों को जन्म देना चाहिए क्योंकि यह सहायता करेगा–
A. मृदा उर्वरता में
B. प्रदूषण नियंत्रण में
C. पारिस्थितिक तंत्र के स्थिरीकरण में
D. खाद्य-जाल को सुधारने में

282. जीवीय समुदाय के प्राथमिक उपभोक्ता हैं–
A. शाकाहारी B. माँसाहारी
C. सर्वभक्षी D. अपभक्षी

283. यदि हम पारिस्थितिक तन्त्र से अपघटकों को हटा देते हैं तब पारिस्थितिक तन्त्र के कार्य भयंकर रुप से प्रभावित होते हैं क्योंकि–
A. ऊर्जा का प्रवाह रुक जायेगा
B. खनिजों का प्रवाह रुक जायेगा
C. अन्य घटकों के अपघटन की दर अत्यन्त अधिक होगी
D. शाकाहारी सूर्य ऊर्जा नहीं पायेंगे

284. पारिस्थितिक तन्त्र के दो घटक हैं–
A. खरपतवार एवं वृक्ष B. मेढ़क और मनुष्य
C. पौधे और प्राणी D. जीवीय और अजीवीय

285. खाद्य शृंखला के आधार पर जीवधारी होते हैं–
A. प्रकाश संश्लेषी पौधे B. मांसाहारी
C. मृतजीवी पौधे D. शाकाहारी

286. पारिस्थितिक तत्व के अजीवीय घटक में से निम्नलिखित में कौन होता है?
A. उपभोक्ता
B. पदार्थों का चक्रण
C. ऊर्जा का प्रवाह
D. ऊर्जा का प्रवाह और पदार्थों का चक्रण

287. एक ही पोषण स्तर के जीवधारी हैं–
A. कौवा और गाय B. साँप और केंचुआ
C. हिरन और मधुमक्खी D. चीता और जंगली सुअर

288. निम्नलिखित को खाद्य-शृंखला कहते हैं–
A. भोजन के स्रोत के पास अनेक प्राणियों से बनी खाद्य शृंखला
B. खाद्य ऊर्जा का हरे पौधों से उपभोक्ता जीवधारियों की शृंखला द्वारा स्थानांतरण
C. भोजन के स्रोत के पास अनेक मानवों से बनी हुई मानव की शृंखला
D. उपरोक्त में से कोई नहीं

289. पारिस्थितिक तंत्र की परिभाषा है–
A. पौधों और सूक्ष्म जीवियों के विभिन्न समुदाय और उनका भौतिक-रासायनिक वातावरण
B. अनेक पौधों और प्राणियों का स्थानीय सहवास
C. पौधों, प्राणी और सूक्ष्म जीवियों के विभिन्न समुदाय, उनके भौतिक रासायनिक वातावरण के साथ
D. उपरोक्त में से कोई नहीं

290. निम्नलिखित में कौन-सा सर्वाधिक स्थायी पारिस्थितिक तन्त्र है?
A. समुद्र B. जंगल
C. रेगिस्तान D. पर्वत

291. अमृता देवी स्मृति पुरस्कार जिसके लिए दिया जाता है, वह है
A. वृक्षारोपण में श्रेष्ठ प्रयास
B. वन्य सुरक्षा पर श्रेष्ठ साहित्य
C. उद्यानों का सौंदर्यीकरण
D. वन एवं वन्य-जीवों की सुरक्षा के लिए

292. निम्नलिखित युग्मों पर विचार कीजिए
1. सेंटर फॉर एनवायरनमेंटल मैनेजमेंट ऑफ डिग्रेडेड इकोसिस्टम, नई दिल्ली
2. सेंटर ऑफ सोशल फारेस्ट्री एण्ड इकोरिहैबलिटेशन, इलाहाबाद
3. नेशनल कोरल रीफ रिसर्च सेन्टर, तिरुवनंतपुरम्

उपर्युक्त युग्मों में से कौन-सा/से सही सुमेलित है/हैं?
A. केवल 1 B. केवल 1 और 2
C. केवल 2 और 3 D. केवल 1, 2 और 3

293. 'ग्रीन अकांउटिंग' का अर्थ है, ... के आकलन को ध्यान में रखतें हुए देश की राष्ट्रीय आय को मापना।
A. देश के कुल वन क्षेत्र
B. देश के वन आच्छादन के विनाश
C. प्रदूषण और पर्यावरणीय क्षति
D. उद्धार की गई परती भूमि के क्षेत्रफल

294. जैव–सुरक्षा (Bio–safety) का कार्टाजेना प्रोटोकाल निम्नलिखित केन्द्रीय मन्त्रालयों में से कौन कार्यान्वित करता है?
A. विज्ञान एवं प्रौद्योगिकी मन्त्रालय
B. पर्यावरण एवं वन मन्त्रालय
C. रसायन एवं उर्वरक मन्त्रालय
D. स्वास्थ्य एवं परिवार कल्याण मन्त्रालय

295. राजीव गांधी पर्यावरण पुरस्कार दिया जाता है श्रेष्ठतर योगदान के लिए
A. वृक्षारोपण एवं परती भूमि के संरक्षण
B. स्वच्छ प्रौद्योगिकी एवं विकास
C. वन्य जीव संरक्षण
D. पर्यावरण पर हिन्दी पुस्तकें

296. स्व. सलीम अली का सम्बन्ध निम्नलिखित में से किससे था?
A. शरीर क्रिया विज्ञान B. शब्द विज्ञान
C. पक्षी विज्ञान D. कीट शास्त्र

297. कार्बन तिथि–निर्धारण में कार्बन का निम्नलिखित में से कौन–सा समस्थानिक (Isotopes) प्रयुक्त होता है⁄ होते हैं?

A. केवल $_6C^{12}$ B. केवल $_6C^{13}$

C. केवल $_6C^{14}$ D. $_6C^{12}$ और $_6C^{14}$

298. मानव–जनित पर्यावरणीय प्रदूषक (Man–Made Pollutants) कहलाते हैं–

A. परजैविक (Xenobiotics)

B. प्रतिजैविक (Antibiotics)

C. ह्यूमेलिन (Humalins)

D. एनल्जेसिक (Analgesics)

299. किन उपलब्धियों के लिए 'ग्लोबल-500' पुरस्कार दिया जाता है?

A. जनसंख्या नियंत्रण

B. आतंकवाद के विरुद्ध अभियान

C. पर्यावरण प्रतिरक्षण हेतु

D. मादक पदार्थों के विरुद्ध अभियान

300. निम्न में से कौन-सा सीसे (Lead) का विष निवारक है?

A. निकल (Nickel)

B. सिस प्लेटिन (Cis Platin)

C. अण्डे का सफेद भाग (White of egg)

D. ई डी टी ए (EDTA)

301. निम्नलिखित में से कौन–सी हरी खाद है?

A. *सीसबानिया* B. मक्का

C. *चावल* D. ज्वार

302. राइबोजियम द्वारा नाइट्रोजन स्थिरीकरण बढ़ जाता है, उपस्थिति में–

A. नाइट्रोजन की B. फॉस्फोरस की

C. पोटेशियम की D. इन सभी की

303. खादों के प्रकार है–

A. हरे तथा गोबर की खाद B. हरे तथा संयुक्त खाद

C. गोबर तथा संयुक्त खाद D. गोबर, संयुक्त एवं हरी खाद

304. मक्का की जड़ों से सहयोजित नाइट्रोजन स्थिरीकरण जीवाणुओं का सम्बन्ध होता है, वंश (Genus) –

A. *ऑलोसिरा* से B. *एजोटोबैक्टर* से

C. *क्लोस्ट्रीडियम* से D. *एजोस्पाइरीलम* से

305. निम्नलिखित में से कौन-सा भारत में सामान्यतया हरी खाद बनाने के काम में लाया जाता है?

A. लेण्टिल B. काउ पी

C. पटसन D. उपरोक्त सभी

306. माइकोराइजी अपनी निम्न क्षमता के कारण ही पौधों के लिये उपयोगी है–

A. वायुमण्डलीय नाइट्रोजन यौगिकीकरण

B. मृदा से पोषकों का अधिक अवशोषण

C. कीट व रोगजनकों का वध करना

D. अजैव प्रतिबलों के विरुद्ध प्रतिरोध प्रदान करना

307. माइकोराइजा क्या होता है?

A. पौधों की जड़ों तथा कुछ कवकों का एक सहजीवी साहचर्य

B. शैवालों तथा कवकों के बीच का साहचर्य

C. एक कवक जो उच्चतर पौधों के जड़ तन्त्र पर परजीवी होता है

D. राइजोबियम तथा फलीदार पौधों की जड़ों के बीच का साहचर्य

308. कृषकों ने निम्नलिखित में से किस जैव उर्वरक (Biofertilizers) की सहायता से चावल की लगभग 50 प्रतिशत अधिक उपज देने वाली जातियाँ उत्पन्न की है–

A. माइकोराइजा B. एजोला पिन्नेटा

C. सायनो बैक्टीरिया D. लेग्यूम राइजोबियम सहजीविता

309. ऐजोला पिन्नेटा किसके लिये एक उत्कृष्ट जैव उर्वरक है–

A. मूँगफली B. गेहूँ

C. चावल D. गन्ना

310. हम कृषि में नील हरित शैवाल का क्यों प्रयोग करते हैं–

A. मृदा की क्षारीयता बढ़ाने के लिये

B. मृदा की अम्लीयता बढ़ाने के लिये

C. मृदा की क्षारीयता को समाप्त करने के लिये

D. उपरोक्त में से कोई नहीं

311. पादप प्रजनन द्वारा उत्पन्न समान लक्षण वाले पौधों को कहा जाता है–

A. क्लोन B. अगुणित

C. ऑटोपॉलीप्लायड D. जीनोम

312. पादप में हरित क्रान्ति लाने का श्रेय जाता है–

A. बी. पी. पाल B. नारमान बोरलाग

C. एम. एस. स्वामीनाथन D. के. सी. मेहता

313. जिओकार्पिक फल उत्पन्न होते हैं–

A. प्याज में B. तरबूज में

C. मूँगफली में D. गाजर में

314. एक ऐसी संस्था जहाँ मूल्यवान पादप पदार्थों को (जो धीरे-धीरे विलुप्त होने वाले हैं) जीवित अवस्था में रखा जा सकता है, को कहा जाता है–

A. जीन बैंक B. हरबेरियम

C. जिनोम D. जीन लाइब्रेरी

315. निम्नलिखित में से कौन सबसे महत्त्वपूर्ण खाद्य का स्रोत हैं–

A. लाइकेन B. आवृतबीजी

C. शैवाल D. कवक

316. बौने गेहूँ विकसित किये गये थे–

A. वेविलोव द्वारा B. बोरलाग द्वारा

C. स्वामीनाथन द्वारा D. इनमें से किसी के द्वारा नहीं

317. वेविलोव के फसली पादपों के उत्पत्ति केन्द्र स्थित हैं–

A. ट्रोपिकल क्षेत्रों के पहाड़ों पर

B. टेम्परेट क्षेत्रों के पहाड़ों पर

C. ट्रोपिकल तथा टेम्परेट दोनों क्षेत्रों के पहाड़ों पर

D. ट्रोपिकल क्षेत्रों के मैदानों में

318. ट्रिटिकेल (Triticale) मानव द्वारा उत्पादित धान्य (Cereal) है जो निम्न के बीच में संकरण (Hybridization) द्वारा विकसित किया गया है–

A. गेहूँ तथा चना B. गेहूँ तथा राई (Rye)
C. गेहूँ तथा जई D. गेहूँ तथा चावल

319. विषाणु-मुक्त क्लोनल पादप प्राप्त करने के लिए, पौधे का कौन-सा भाग संवर्धित किया जाता है–

A. मूल शीर्ष B. प्ररोह शीर्ष
C. तना D. पत्ती

320. जनन द्रव्य का क्रियो-परिरक्षण किया जाता है–

A. 0° से. ग्रे. पर B. – 50° से. ग्रे. पर
C. – 190° से. ग्रे. पर D. – 196° से. ग्रे. पर

321. अपतृण नाशक (Herbicide) दखल देता है–

A. CO_2 अवशोषण में B. जल अवशोषण में
C. शर्करा के स्थानान्तरण में D. जल के प्रकाशीय अघटन में

322. निम्नलिखित पेस्टीसाइड्स में से कौन लिपोफिलिक होते हैं?

A. ट्राइएजिन्स B. ऑर्गेनोक्लोरीन्स
C. पायरीथ्रोइड्स D. ऑर्गेनोफॉस्फेट्स

323. वे पेस्टीसाइड्स जिनमें अति अल्प जीव अपघटन तथा वसोतकों (Fat tissues) के लिए तीव्र सम्बन्ध होता है–

A. ट्राइएजिन्स B. ऑर्गेनोक्लोरीन्स
C. पायरीथ्रोइड्स D. ऑर्गेनोफॉस्फेट्स

324. निम्नलिखित में से कौन-सा यौगिक नीम के वृक्ष से निकाला जाता है, तो कीटों को दूर रखता है?

A. ऐजाडायरैक्टिन B. एल्डीकार्ब
C. फिनायल कार्बेमेट D. पायरीथ्रोइड्स

325. निम्नलिखित में से पेस्टीसाइड के किस घटक ने भोपाल गैस त्रासदी में सैकड़ों लोगों की जान ले ली?

A. कार्बन टेट्राक्लोराइड B. मिथायल आइसोसायनेट
C. मस्टर्ड गैस D. नाइट्स अम्ल

326. कीट नाशक जीवों के जैविक नियन्त्रण में आने वाली मुख्य कठिनाई यह है कि–

A. कीटनाशियों के उपयोग की तुलना में यह विधि कम प्रभावी है
B. परभक्षी अन्य भोजन पसंद करने लग जाता है और स्वयं एक नाशक जीव बन जाता है
C. विशिष्ट क्षेत्रों में परभक्षी को प्रवेश कराने में व्यावहारिक कठिनाई आती है
D. नये पर्यावरण में पहुँचाने पर परभक्षी हर बार जीवित नहीं रहता

327. यदि एक खाली सिलेन्डर का जिसे फीरोमोन से लेपा गया है ट्रेप की तरह प्रयोग किया जाये तब–

A. Mottlery होगी
B. सभी कीट आकर्षित होंगे
C. केवल हानिकारक ही आकर्षित होंगे
D. केवल नर कीट आकर्षित होंगे जिससे उनकी जनसंख्या कम हो जायेगी

328. मेलाथिओन, पेराथिओन तथा फेनिट्रोथिओन सम्बन्धित है–

A. कार्बेमेट्स B. ऑर्गेनोफास्फेट्स
C. पायरीथ्रोइड्स D. ट्राइएजिन्स

329. एन्डोसल्फान है एक–

A. शाकनाशी B. अपतृणनाशी
C. कृन्तनाशी D. पीड़कनाशी

330. बी. एच. सी. तथा डी. डी. टी. किस किस्म के कीटनाशी हैं?

A. ऑर्गेनोफास्फेट्स B. आर्गेनोक्लोरीन
C. कार्बेमेट्स D. ट्राइएजिन्स

331. वह पादप जाति, जो अत्यधिक उपयोग से विलुप्त होने के कगार पर है–

A. पोडोफाइलम (Podophyllum)
B. सेरीटेला (Ceritella)
C. ग्लोरिओसा (Gloriosa)
D. उपरोक्त सभी

332. वन्यजीवन का अर्थ है–

A. जल तथा स्थलीय पादप
B. वनों में जन्तु
C. अपने प्राकृतिक आवासों में जीवधारी
D. माँसाहारी जन्तु जैसे शेर, चीता, आदि

333. वन्य जीवन की आवश्यकता निहित है–

A. जाति के सन्तुलन में
B. प्राकृतिक चक्रों तथा इकोतंत्र के सन्तुलन को बनाने में
C. संकरण विधियों की उपयोगिता में
D. उपरोक्त सभी

334. जाति के विलुप्त होने का मुख्य कारण है–

A. शिकार B. जंगल की आग
C. आवासों का नष्ट होना D. उनका भोजन के रूप में उपयोग

335. क्षति आशंकित जातियाँ (Threatened Species) हैं–

A. संकटाग्रस्त B. दुर्लभ जातियाँ
C. भेद्य जातियाँ D. उपरोक्त सभी

336. वृक्षों की कटाई के लिये चिपको आन्दोलन प्रारम्भ हुआ–

A. उत्तराखंड के टिहरी गढ़वाल जिले में
B. उत्तर प्रदेश के पीलीभीत जिले में
C. पश्चिम बंगाल के दार्जिलिंग जिले में
D. हिमाचल प्रदेश के मण्डी जिले में

337. इस समय जैव विविधता के कम होते जाने का सवाधिक महत्त्वपूर्ण कारण कदाचित क्या है–

A. डी. डी. टी. का जैविक आवर्धन होना
B. विश्वव्यापी गर्माहट बढ़ते जाना
C. ओजोन परत में गिरावट आना
D. आवास का नष्ट होना

338. किसी राष्ट्रीय उपवन में एक सुरक्षित प्राणी के उच्च घनत्व से क्या परिणाम हो सकते हैं–

A. उत्प्रवास B. परभक्षण
C. सहोपकारिता D. अंतः जातीय प्रतिस्पर्धा

339. वाइल्ड लाइफ (Wild life) की संख्या कम होने का मुख्य कारण है–

A. माँसाहारी होना
B. पेड़ों का कटना
C. प्राकृतिक आवासों का समाप्त होना
D. पीने के पानी की कमी होना

340. निम्न में से कौन-सा पादप उत्पाद साबुन का विस्थापन (Substitute) है–

A. रुदाक्ष B. रीठा
C. तेंदु D. उपरोक्त सभी

341. पनीर के निर्माण में सूक्ष्मजीव महत्त्वपूर्ण होते हैं–

A. केवल नष्ट होने (Spoilage) में प्रतिरोध के विकास के लिए
B. केवल दूध को खट्टा करने के लिए
C. खट्टा करने तथा पकाने की प्रक्रियाओं दोनों के लिए
D. केवल पकाने के लिए

342. अगुणित पादपों को प्राप्त किया जा सकता है संवर्धन करके–

A. शिशु पत्तियों का B. भ्रूणपोष का
C. पराग कणों का D. मूलशीर्षो का

343. बीजों के बजाय कोशिकाओं द्वारा नये पादपों का जनन कहलाता है–

A. जीव उर्वरक B. ऊतक संवर्धन
C. उत्परिवर्तन D. प्रतिजैविक

344. जल के अपवाद के साथ औद्योगिक प्रक्रियाओं में सम्भवतः कौन-सा सहायक रासायनिक पदार्थ अत्यधिक महत्त्वपूर्ण होता हैं–

A. पेट्रोलियम B. रबड़
C. इथेनोल D. द्रव नाइट्रोजन

345. जब यीस्ट ग्लूकोज का किण्वन करता है, तो उत्पाद होते हैं–

A. इथेनोल तथा CO_2 B. जल तथा CO_2
C. इथेनोल तथा जल D. मीथेनोल तथा CO_2

346. कमरे के तापमान पर परिरक्षण के लिए फल, मांस, दूध इत्यादि सुखाये जाते हैं प्रक्रिया द्वारा–

A. निर्जलीकरण B. पाश्चुरीकरण
C. फ्रीजिंग D. वसन्तीकरण

347. शीत गृह ऐसे स्थान है जहाँ वाणिज्यक स्तर पर खाद्य पदार्थों को संरक्षित किया जाता है इन वस्तुओं को किस ताप सीमा पर रखा जाता है–

A. सदैव 0°F पर B. सदैव 30°F पर
C. 30°C से 40°F D. 0°F से 30°F

348. किस तकनीकी द्वारा समुद्री मछली तथा झींगों का निर्यात किया जाता है–

A. केनिंग B. किरणन (Irradiation)
C. प्रशीतन D. शुष्कन

349. निर्जलीकरण की क्रिया में अधिकतर अम्ल वाले पौधों को किस ताप तक उबालते हैं–

A. 312°F B. 350°F
C. 375°F D. 250°F

350. फल परिरक्षण में परिरक्षक के रूप में प्रयोग होता है–

A. पोटेशियम मेटाबाई सल्फेट B. कैल्शियम कार्बोनेट
C. अमोनियम सल्फेट D. पोटेशियम नाइट्रेट

उत्तरमाला

1	2	3	4	5	6	7	8	9	10
D	B	A	D	D	D	B	A	B	C
11	12	13	14	15	16	17	18	19	20
C	A	C	A	A	B	B	B	C	B
21	22	23	24	25	26	27	28	29	30
B	B	D	D	B	D	B	C	D	C
31	32	33	34	35	36	37	38	39	40
B	C	D	A	A	D	D	B	D	B
41	42	43	44	45	46	47	48	49	50
B	B	B	B	C	B	D	D	C	B
51	52	53	54	55	56	57	58	59	60
B	A	C	D	D	C	A	C	C	A
61	62	63	64	65	66	67	68	69	70
B	B	D	C	C	B	A	B	B	C
71	72	73	74	75	76	77	78	79	80
D	A	D	B	C	C	B	B	A	D
81	82	83	84	85	86	87	88	89	90
D	D	B	C	B	A	B	B	B	A

91	92	93	94	95	96	97	98	99	100
A	D	B	D	B	D	A	C	D	B
101	**102**	**103**	**104**	**105**	**106**	**107**	**108**	**109**	**110**
B	A	A	A	C	A	B	C	C	A
111	**112**	**113**	**114**	**115**	**116**	**117**	**118**	**119**	**120**
A	D	C	B	D	B	C	A	B	A
121	**122**	**123**	**124**	**125**	**126**	**127**	**128**	**129**	**130**
A	A	A	A	B	A	A	B	B	A
131	**132**	**133**	**134**	**135**	**136**	**137**	**138**	**139**	**140**
D	B	D	D	C	B	A	C	A	B
141	**142**	**143**	**144**	**145**	**146**	**147**	**148**	**149**	**150**
B	D	A	B	C	A	B	B	D	C
151	**152**	**153**	**154**	**155**	**156**	**157**	**158**	**159**	**160**
A	A	B	B	B	A	D	A	A	C
161	**162**	**163**	**164**	**165**	**166**	**167**	**168**	**169**	**170**
A	A	A	B	A	A	B	C	C	A
171	**172**	**173**	**174**	**175**	**176**	**177**	**178**	**179**	**180**
B	B	B	C	C	B	A	A	B	B
181	**182**	**183**	**184**	**185**	**186**	**187**	**188**	**189**	**190**
C	B	C	B	A	A	A	D	B	C
191	**192**	**193**	**194**	**195**	**196**	**197**	**198**	**199**	**200**
D	B	B	C	C	C	B	D	A	A
201	**202**	**203**	**204**	**205**	**206**	**207**	**208**	**209**	**210**
A	B	B	D	C	B	A	B	B	C
211	**212**	**213**	**214**	**215**	**216**	**217**	**218**	**219**	**220**
D	B	C	C	C	C	C	B	B	A
221	**222**	**223**	**224**	**225**	**226**	**227**	**228**	**229**	**230**
B	D	D	A	C	B	B	B	C	A
231	**232**	**233**	**234**	**235**	**236**	**237**	**238**	**239**	**240**
A	D	D	A	D	C	B	A	B	A
241	**242**	**243**	**244**	**245**	**246**	**247**	**248**	**249**	**250**
A	A	C	C	A	D	A	B	A	A
251	**252**	**253**	**254**	**255**	**256**	**257**	**258**	**259**	**260**
A	B	A	A	B	C	A	C	C	C
261	**262**	**263**	**264**	**265**	**266**	**267**	**268**	**269**	**270**
D	D	C	D	D	B	A	B	A	C
271	**272**	**273**	**274**	**275**	**276**	**277**	**278**	**279**	**280**
C	B	C	A	D	C	A	C	B	A
281	**282**	**283**	**284**	**285**	**286**	**287**	**288**	**289**	**290**
C	A	B	D	A	B	C	B	C	C
291	**292**	**293**	**294**	**295**	**296**	**297**	**298**	**299**	**300**
B	B	C	B	B	C	C	A	C	C
301	**302**	**303**	**304**	**305**	**306**	**307**	**308**	**309**	**310**
A	B	D	D	D	B	A	B	C	C
311	**312**	**313**	**314**	**315**	**316**	**317**	**318**	**319**	**320**
A	B	C	A	D	B	A	B	B	D
321	**322**	**323**	**324**	**325**	**326**	**327**	**328**	**329**	**330**
D	B	B	A	B	D	D	B	D	B
331	**332**	**333**	**334**	**335**	**336**	**337**	**338**	**339**	**340**
A	C	D	C	D	A	D	D	C	B
341	**342**	**343**	**344**	**345**	**346**	**347**	**348**	**349**	**350**
C	C	B	D	A	A	D	A	A	A

❖ ❖ ❖

गृह विज्ञान

गृह विज्ञान का अर्थ, परिभाषा एवं इतिहास

गृह विज्ञान शब्द दो शब्दों 'गृह' एवं 'विज्ञान' से बना है। गृह शब्द का तात्पर्य उस स्थान से है जहाँ परिवार रहता है। विज्ञान शब्द का अर्थ उस ज्ञान से है जो वास्तविकता, सिद्धान्तों व नियमों पर आधारित है। इन दोनों शब्दों को जोड़कर गृह विज्ञान का अर्थ इस प्रकार दिया जा सकता है—गृह विज्ञान का अर्थ घर व पारिवारिक जीवन को बेहतर बनाने के लिए वैज्ञानिक ज्ञान को सुव्यवस्थित तरीके से लागू करना है।

चूँकि गृह विज्ञान दैनिक जीवन के विभिन्न पहलुओं जैसे भोजन, आवास, कपड़ा, स्वास्थ्य, संसाधन व विभिन्न सेवाओं आदि से संबंधित है, अत: इस विषय में सभी संबंधित कला व विज्ञान विषयों के सिद्धान्त शामिल होते हैं। इन सिद्धान्तों को स्वस्थ व प्रसन्न जीवन को बढ़ावा देने के लिए लागू किया जाता है। अत: गृह विज्ञान दैनिक जीवन की कला व विज्ञान है।

गृह विज्ञान अथवा घर के प्रबंधन के विज्ञान में हमसे, हमारे घर, हमारे परिवार के सदस्यों तथा हमारे संसाधनों से संबंधित सभी बातें आती हैं। इसका उद्देश्य हमारे संसाधनों का कुशलतापूर्वक तथा वैज्ञानिक प्रयोग के माध्यम से हमारे व हमारे परिवार के सदस्यों के लिए अधिकतम संतोष प्राप्त करना है। गृह विज्ञान से तात्पर्य हमारे संसाधनों को प्रभावपूर्ण रूप से प्रयोग करने की कला तथा स्वस्थ व सुखद घर और सफल पेशे को प्राप्त करने का विज्ञान है।

उपर्युक्त परिभाषा में 'कला' और 'विज्ञान' दोनों शब्दों का प्रयोग एक साथ किया गया है। ऐसा इसलिए है क्योंकि गृह विज्ञान हमें वस्तुओं का उपयोग करने की कला सिखाता है जिससे कि चारों ओर एक सम्पूर्ण सुव्यवस्था, सुंदरता और आनन्दमय वातावरण का निर्माण किया जा सके। साथ ही साथ, यह घर के सौन्दर्य को बनाए रखने में शामिल क्रियाओं की सभी वैज्ञानिक जानकारी उपलब्ध कराता है। आइए एक उदाहरण को देखें—गृह विज्ञान हमारे शरीर के लिए अपेक्षित विभिन्न प्रकार के पौष्टिक तत्वों और उनके विभिन्न कार्यों का ज्ञान उपलब्ध कराता है। यह 'विज्ञान' है। जब हम इन आवश्यक पोषक तत्वों से भरपूर विभिन्न व्यंजनों को चयन करते हैं तथा उन्हें आकर्षक रूप में अपने परिवार के समक्ष परोसते हैं व उन्हें अच्छा भोजन करने के लिए प्रेरित करते हैं तो यह 'कला' है।

बच्चों तथा बुजुर्गों सहित परिवार के सभी सदस्यों के साथ कुशलतापूर्वक संप्रेषण करने की क्षमता विकसित करना एक अत्यंत महत्वपूर्ण कौशल कहा गया है और सौहार्दपूर्ण अंतरव्यक्तिगत संबंधों को स्थापित करने और सुखमय व शांतिपूर्ण जीवन के लिए यह कला हम सभी को विकसित करनी चाहिए।

गृह विज्ञान अपनी विषयवस्तु के महत्वपूर्ण भाग को विशुद्ध विज्ञान से प्राप्त करता है, जैसे भौतिक शास्त्र, रसायन शास्त्र, जीव विज्ञान, शरीर विज्ञान तथा स्वच्छता। यह मानव विज्ञान, मनोविज्ञान, सामुदायिक विकास, संप्रेषण, मीडिया और प्रौद्योगिकी आदि क्षेत्रों से भी विषयवस्तु प्राप्त करता है। इस प्रकार यह एक अन्तरक्षेत्रीय विषय है जो विज्ञान तथा कला पाठ्यक्रमों से ऊर्जा प्राप्त करता है।

विज्ञान और कला का संयोजन गृह विज्ञान के हर क्षेत्र में देखा जा सकता है। इनमें से कुछ निम्नानुसार हैं :

➢ परिवार के सदस्यों के बीच अंतरव्यक्तिगत संप्रेषण।

➢ परिवार जिसकी हम देखरेख करते हैं।

➢ भोजन जो हम खाते हैं।

➢ घर जिसमें हम रहते हैं।

➢ कपड़े जो हम पहनते हैं।

➢ संसाधन जो हम प्रयोग करते हैं।

➢ हमारे आसपास का वातावरण।

➢ सफल कॅरियर के लिए कौशल और वातावरण।

एलन रिचर्ड द्वारा गृह विज्ञान को निम्नलिखित प्रकार से सम्बोधित किया गया—

"Home Economics stands for the freedom of the home from the dominance of things and their due subordination to ideas, the simplicity in material surroundings which will most free the more important and permanent interest of home and society."

सन् 1912 में भी अमेरिकन होम एकॉनोमिक्स एसोसिएशन (AHEA) ने गृह विज्ञान के सम्बन्ध में कहा गया, ''यह निर्देशन का विशिष्ट विषय है जिसमें घर के परिवार द्वारा भोजन, वस्त्र एवं आवास के चुनाव, तैयारी एवं प्रयोगात्मक आर्थिक एवं कलात्मक पक्षों का समावेश होता है।''

सन् 1974 में होम साइंस एसोसिएशन ऑफ़ इण्डिया (HSAI) के डॉ. **राजम्माल देवदास** के अनुसार गृह-विज्ञान को निम्नलिखित रूप में परिभाषित किया है—

"Home Science deals with all aspects of life of the community and the nation. It integrates the application of knowledge synthesised from different sciences and humanities to improve the human environment, family nutrition, management of resources, child development and consumer competence."

गृह विज्ञान के इतिहास एवं विकास के विभिन्न क्षेत्र

सन् 1780 में **सी.आर.वी. थॉमसन** द्वारा रसोईघर में कार्य सरलीकरण के प्रयोग में किया गया विभिन्न मॉडलों के चूल्हे, भोजन गर्म करने के उपकरण, सुविधाजनक पकाने, परोसने के बर्तनों का आविष्कार के साथ ही भोजन पकाने की विधियों का प्रयोग हुआ। उसके बाद उन्नीसवीं शताब्दी में गृह विज्ञान का विकास हुआ। सन् 1840 में **सी.ई. बीचर** द्वारा घरेलू अर्थव्यवस्था पढ़ाने की अनुशंसा की गई। अमेरिका के विभिन्न कॉलेजों में ड्रेस डिजाइन, सिलाई कला एवं पाक कला की शिक्षा दी जाने लगी। एल.एच. रिचर्ड्स द्वारा रम्फोर्ड किचेन की स्थापना कर पोषक तत्वों की रक्षा एवं उपयोगी पाक-कला का प्रचार-प्रसार किया गया। सन् 1909 में अमेरिकन होम एकॉनामिक्स एसोसिएशन की स्थापना हुई। यूरोपीय देशों में गृह विज्ञान की शिक्षा का प्रारम्भ बीसवीं शताब्दी में हुआ। फलस्वरूप लन्दन विश्वविद्यालय के अन्तर्गत बैटरसी ट्रेनिंग कॉलेज में गृह विज्ञान का प्रायोगिक प्रशिक्षण दिया जाने लगा।

भारत में सन् 1920 से 1940 में ब्रिटिश शासनकाल में ही स्कूलों एवं कॉलेजों में गृह-शिल्प, घरेलू विज्ञान एवं घरेलू अर्थव्यवस्था विषयों की शिक्षा दी जाने लगी। सन् 1948 में मद्रास के स्कूलों में एक से चार वर्षों तक गृह विज्ञान पढ़ाने का शुभारम्भ हुआ। भारत सरकार के माध्यमिक शिक्षा आयोग द्वारा बहुउद्देश्यीय शालाओं के पाठ्यक्रमों में गृह विज्ञान को विशेष रूप से सम्मिलित किया गया। इसमें भोजन पकाने, परोसने, पोषक मूल्यों की गणना करने, भोजन संरक्षण, घर एवं पर्यावरण की स्वच्छता, व्यक्तिगत स्वास्थ्य, शिल्पकला, बच्चों की देखरेख, अर्थोपार्जन के व्यवसाय, कताई, बुनाई विषयों की शिक्षा दी जाने लगी। पंजाब में सन् 1936 के मध्य स्कूलों में गृह विज्ञान विषय को अनिवार्य कर दिया गया। तत्पश्चात् माध्यमिक स्तर के पाठ्यक्रमों में गृह विज्ञान के अन्तर्गत पाक-कला, धुलाई कला, सिलाई कला, प्राथमिक चिकित्सा एवं गृह-परिचर्या सम्मिलित कर इसे ऐच्छिक विषय का स्थान प्राप्त हुआ। 10 नवम्बर, सन् 1932 को दिल्ली में लेडी इर्बिन कॉलेज की स्थापना हुई, जहाँ गृह विज्ञान को विज्ञान विषय के रूप में (ऐच्छिक विषय) पढ़ाया जाने लगा। पश्चात् में दिल्ली विश्वविद्यालय के अन्तर्गत यहाँ से B.Sc. (Home Science) की डिग्री प्रदान की जाने लगी। वहीं शिक्षिकाओं के लिए प्रशिक्षण भी प्रारम्भ हुआ। उत्तरोत्तर गृह विज्ञान का विकास हुआ तथा स्नातकोत्तर एवं अनुसंधान केन्द्र बन गया है। इसके बाद धीरे-धीरे कॉलेजों में इंटर तथा स्नातक स्तर तक गृह विज्ञान की शिक्षा भारत के अन्य राज्यों में होने लगी। जिनमें शास्त्रीय गृह विज्ञान कॉलेज जबलपुर, क्वीन मैरीज कॉलेज मद्रास, विमेन क्रिश्चियन कॉलेज मद्रास, श्री अविनाशलिंगम, गृह विज्ञान कॉलेज, कोयम्बटूर, बिहारी लाल कॉलेज ऑफ होम साइंस, कलकत्ता, एस.एन.डी. टी. वीमेन्स विश्वविद्यालय मुम्बई, इंस्टीट्यूट ऑफ होम साइंस, मैसूर तथा गृह विज्ञान संकाय, बड़ौदा प्रमुख हैं। उसके बाद मैसूर में सन् 1960 में हैदराबाद और जबलपुर में 1964 से स्नातकोत्तर शिक्षा प्रारम्भ हुई। इसके साथ ही स्नातकोत्तर शिक्षण में नागपुर, मुम्बई, बंगलौर, आगरा, चण्डीगढ़, लुधियाना, उदयपुर, जयपुर, लखनऊ तथा पटना में भी प्रारम्भ हुआ। अब तो इस विषय में पी-एच.डी. (डॉक्टरेट) की डिग्री भी प्रदान कर रहे हैं। डॉ. के. एन. चन्द्रशेखर गृह विज्ञान में पी-एच.डी. प्राप्त करने वाले भारतीय पुरुष थे जो पूसा (बिहार) में गृह विज्ञान संकाय के डीन थे।

सन् 1952 में स्थापित अखिल भारतीय गृह विज्ञान संघ (HSAI) गृह विज्ञान के कल्याण एवं विकास हेतु निरन्तर कार्यरत् हैं।

महत्व : गृह विज्ञान का ज्ञान हमें नई चुनौतियों का सामना करने के लिए तैयार करता है। अत्यधिक ज्ञान का सामना करने, तकनीकी उन्नति व समाज में सफलतापूर्वक जीवन निर्वाह करने और व्यक्तियों को बढ़ती हुई जरूरतों को पूरा करने में यह ज्ञान सहायक सिद्ध होता है।

गृह विज्ञान एक ऐसा विषय है जो हमें साहस के साथ, बदलते वक्त की चुनौतियों का सामना करने के लिए प्रशिक्षित करता है।

- **व्यक्तिगत महत्व** : यह विषय वैज्ञानिक ज्ञान व घर गृहस्थी के दायित्वों के दक्षतापूर्ण निर्वहन के लिए कौशल देता है। साथ ही यह स्वरोजगार व वैतनिक सेवाओं के लिए भी तैयार करता है।
- **घर और पारिवारिक जीवन के लिए महत्व** : गृह विज्ञान उपलब्ध संसाधनों के भरपूर उपयोग से घर व पारिवारिक जीवन को दृढ़ बनाने पर बल देता है। इस विषय से विभिन्न विज्ञान विषयों को एकीकृत करके उनके ज्ञान द्वारा घर व पारिवारिक वातावरण, स्वास्थ्य और व्यक्तियों के विकास और घरेलू संसाधनों में सुधार व बढ़ोत्तरी की जाती है। केवल यही एक विषय है जो भोजन, कपड़े, आवास, स्वास्थ्य, मानवीय संबंध, परिवार के साधनों और व्यक्ति से संबंधित है।
- **आर्थिक स्थायित्व का महत्व** : गृह विज्ञान के विभिन्न पहलू व्यक्ति को कई प्रकार के व्यवसायों के लिए तैयार करते हैं। अतः किसी भी नौकरी अथवा स्वरोजगार से परिवार का आर्थिक स्थायित्व सुनिश्चित होता है जिससे आगे परिवार के रहन-सहन में व परिवार की जीवन शैली में भी बढ़ोत्तरी होती है।

गृह विज्ञान की प्रकृति

गृह विज्ञान कला एवं विज्ञान दोनों ही है। गृहस्थी के विभिन्न कार्यों में एक ओर विज्ञान के विविध नियमों का अध्ययन तथा पालन करना पड़ता है तो दूसरी ओर गृह-व्यवस्था तथा गृहसज्जा के कलात्मक सिद्धान्तों को व्यावहारिक रूप दिया जाता है।

गृह विज्ञान कला है : गृह की सुव्यवस्था और साज-सज्जा में कला का महत्वपूर्ण स्थान रहता है। गृह प्रबन्ध के अन्तर्गत कला परिवार के सभी कार्यों को प्रभावित करती है। गृह व विभिन्न वस्तुओं की सफाई एवं उनका सही-सही रख-रखाव, भोजन की तैयारी व परोसना, परिवार के वस्त्रों के लिए कपड़े का चुनाव व सिलाई तथा वस्त्रों की धुलाई आदि सभी कार्यों में कलात्मक दृष्टिकोण की महत्वपूर्ण भूमिका होती है। संक्षेप में यह कहा जा सकता है कि गृह कला के अन्तर्गत

हम उन सभी नियमों और वस्तुओं का अध्ययन करते हैं जो सुन्दर, सुचारु तथा सुव्यवस्थित घर बनाने में गृहिणी के जानने योग्य हैं।

गृह विज्ञान विज्ञान है : गृह विज्ञान में वैज्ञानिक विधियों के साथ उन वैज्ञानिक विषयों का ज्ञान भी निहित है जिससे पारिवारिक जीवन का स्तर उन्नत होता है। आज हम गृह-सम्बन्धी भौतिकी, रसायन विज्ञान, भोज्य रसायन तथा गृह तकनीकी के विषय में सुनते हैं। शरीर क्रिया तथा शरीर रचना विज्ञान तथा स्वास्थ्य रक्षा आदि का ज्ञान भी व्यक्ति तथा परिवार के लिए कम महत्व का नहीं है। वैज्ञानिक तथा तकनीकी प्रगति ने घरों का स्वरूप बदलने में बहुत बड़ी भूमिका निभायी है।

विज्ञान के कई अन्य उपकरण जैसे सिन्थेटिक वस्त्रों की सर्फ से धुलाई, काँच के बर्तन तथा फर्नीचर की रसायनों से स्वच्छता आदि रसायन विज्ञान की देन है। आज घरों में पोटैशियम परमैंगनेट, क्लोरीन, डिटॉल, फ्लिट आदि का प्रयोग आम बात है। दूध से दही बनाना, सिरका बनाना तथा शराब बनाना, डबलरोटी, शर्बत, सॉस तथा चटनी बनाने का कार्य सूक्ष्म जीवाणु ही करते हैं।

गृह विज्ञान कला एवं विज्ञान दोनों है : गृह विज्ञान कला और विज्ञान दोनों हैं। घर के सभी कार्यों में सफलता प्राप्त करने के लिए विज्ञान के सिद्धान्तों का ज्ञात होना बहुत आवश्यक है क्योंकि जहाँ एक ओर गृह विज्ञान में विज्ञान के सिद्धान्तों का प्रयोग किया जाता है वहीं दूसरी ओर इसमें कला के द्वारा सौन्दर्यानुभूति का ज्ञान प्रदान करने का भी प्रयास किया जाता है। अतः कहा जा सकता है कि गृह विज्ञान कला और विज्ञान दोनों है।

गृह विज्ञान की प्रासंगिकता

हम गृह विज्ञान के विभिन्न क्षेत्रों का अध्ययन करके अपने स्वयं के संसाधनों का बेहतर प्रबंधन कर सकते हैं। यदि इसमें किसी प्रकार की समस्या उत्पन्न होती है तो गृह विज्ञान इस समस्या के समाधान के लिए सही मार्ग उपलब्ध कराएगा। ऐसा करने से हम अधिक व्यवस्थित तथा कुशल हो जाएँगे। गृह विज्ञान महिलाओं और पुरुषों, दोनों के लिए संभावित रोजगार के अनेक अवसर का व्यापक क्षेत्र उपलब्ध कराता है। यह ज्ञान न केवल घर तथा व्यक्तिगत जीवन को खुशहाल बनाने में सहायक होता है बल्कि व्यावसायिक जीवन में भी सहायक होता है।

परम्परागत रूप से भारतीय समाज ने पुरुषों और महिलाओं के कार्य के क्षेत्रों को स्पष्ट रूप से निर्धारित किया था। तथापि सामाजिक तथा आर्थिक वातावरण में परिवर्तन के साथ घर की सफलतापूर्वक व्यवस्था के लिए परिवार के सभी सदस्यों के प्रयासों की आवश्यकता होती है। इसलिए आज लिंग आधारित परंपरागत भूमिका प्रासंगिक नहीं रह गई है। आज अधिक से अधिक महिलाएं कार्य कर रही हैं—चाहे वह कार्यालय में हों या घर से कार्य कर रही हों। इसके परिणामस्वरूप घर के प्रबंधन का उत्तरदायित्व परिवार के सभी सदस्यों द्वारा निभाया जाता है। घर तथा परिवार के प्रबंधन का उत्तरदायित्व रखने वाले किसी भी व्यक्ति को गृह विज्ञान का भली-भांति ज्ञान होना चाहिए अन्यथा उसे अपनी जिम्मेदारियों को निभाने में अत्यंत कठिनाई होगी। गृह विज्ञान द्वारा लड़कों व लड़कियों दोनों को ही अपने उत्तरदायित्वों के निर्वहन के लिए तैयार किया जाता है। उन्हें घर के कार्यों के प्रबंधन के विभिन्न पहलुओं के प्रति अभिविन्यास की आवश्यकता होती है। गृह विज्ञान ही एकमात्र ऐसा विषय है जो युवाओं को एक सफल गृहस्थ बनाने, अच्छे माता-पिता, एक जिम्मेदार नागरिक तथा व्यवसायी बनाने में सहायक पूर्वाभ्यास व आवश्यक जानकारी उपलब्ध कराता है।

गृह विज्ञान की उपयोगिता

गृह-विज्ञान के उचित अध्ययन से निम्नलिखित लाभ होते हैं–

आत्म-निर्भरता–गृह-विज्ञान के अध्ययन से गृहिणी आत्मनिर्भर होती है। वह अपने परिवार के सभी कार्य स्वयं ही कर सकती है। उसे दूसरों पर निर्भर नहीं रहना पड़ता है। सिलाई, कढ़ाही, बुनाई करके वे आत्म-निर्भरता के साथ आर्थिक बचत भी करती हैं।

आत्मविश्वास–आत्मनिर्भरता के साथ-साथ आत्मविश्वास की भावना भी जागृत होती है। जब गृहिणी या बालिकाएँ अपने काम स्वयं करने लगती हैं, तो उनमें विश्वास उत्पन्न होता है। उन्हें प्रत्येक कार्य को सही रूप से तथा सही विधि द्वारा पूर्ण करने में सुविधा होती है। अतः ऐसा करने से उनमें आत्मविश्वास की भावना का उदय होना स्वाभाविक है।

स्वच्छता से प्रेम–स्वयं कार्य करने से बालिकाओं में सफाई एवं सुन्दरता की ओर रुचि उत्पन्न होती है। साथ ही गृह-विज्ञान यह भी शिक्षा देता है कि किन-किन विधियों द्वारा घर को स्वच्छ किया जाता है।

मितव्ययता–गृह-विज्ञान हमें यह सिखाता है कि धान का उपयोग किस तरह किया जाए अर्थात् कम पैसों से अधिक वस्तु कैसे प्राप्त की जाए। जैसे होटल द्वारा भोजन आने पर व्यय अधिक तथा घर पर ही स्वादिष्ट भोजन बनाने में व्यय कम आता है, इसी प्रकार गृह-विज्ञान गृह के कार्य को मितव्ययता से करना सिखाता है।

परिश्रम की भावना–घर से सम्बन्धित विभिन्न कार्य स्वयं करने पर बालिकाएँ कार्य करने की अभ्यस्त हो जाती हैं। जिस कारण उनमें आलस्य परित्याग करने की भावना जागृत होती है तथा परिश्रम करने की भावना का उदय होता है।

समय का सदुपयोग–गृह-विज्ञान के द्वारा अनेक कलाओं का प्रयोगात्मक अध्ययन करने से छात्राओं को अपने खाली समय का सदुपयोग करना आ जाता है। पढ़ाई के बाद जो अतिरिक्त समय बचता है, उनमें घर के विभिन्न कार्यों को स्वयं करके समय का सही उपयोग करती हैं।

ज्ञान में वृद्धि–गृह-विज्ञान में बहुत-सी बातें ऐसी होती हैं, जिनका उन्हें प्रारम्भ में ज्ञान नहीं होता है। जैसे-आकस्मिक दुर्घटना आदि का ज्ञान गृह-विज्ञान द्वारा ही होता है।

अमरीका में समय-समय पर गृह अर्थशास्त्र को परिभाषित करने का प्रयास किया गया है। सन् 1902 में 'लेक प्लेसिड सम्मेलन' में इसकी परिभाषा व्यापक व संकुचित अर्थ में इस प्रकार निरूपित की गई–

"अपने अत्यधिक व्यापक अर्थ में गृह अर्थशास्त्र उन नियमों, दशाओं, सिद्धान्तों और आदर्शों का अध्ययन है जो कि एक ओर तो मानव के तात्कालिक भौतिक वातावरण से सम्बन्धित है तथा दूसरी ओर उसकी मानवीय प्रकृति से। यथार्थ में यह इन दोनों ही कारकों के मध्य सम्बन्ध का अध्ययन है।"

"संकुचित अर्थ में यह गृह-कार्य, पाक-क्रिया आदि की व्यावहारिक समस्याओं के विशिष्ट सन्दर्भ में आधारीय विज्ञानों का अध्ययन है।"

दस वर्ष पश्चात् सन् 1912 में अमरीका में स्थापित 'अमेरिकन गृह अर्थशास्त्र एसोसिएशन' ने इस विषय की परिभाषा प्रस्तुत करते हुए लिखा–"यह निर्देशन का विशिष्ट विषय है जिसमें घर में परिवार द्वारा तथा व्यक्तियों के अन्य समूहों द्वारा भोजन, वस्त्र और आवास के चुनाव, तैयारी एवं प्रयोग से सम्बन्धित आर्थिक, स्वच्छता तथा कलात्मक पक्षों का समावेश होता है।"

यह परिभाषा उस समय प्रकृति विज्ञान के क्षेत्र में तीव्र गति से हो रहे वैज्ञानिक अनुसन्धानों के अनुरूप थी।

1924 में यू. एस. ए. में "लैंड ग्रान्ट कॉलेजेज-एसोसियेशन" ने गृह-विज्ञान की यह परिभाषा प्रस्तावित की–

'मानवीय ज्ञान के क्षेत्र के रूप में गृह अर्थशास्त्र के अन्तर्गत उन सभी कारकों को सम्मिलित किया जाता है जो कि गृह जीवन के आराम तथा कुशलता को प्रभावित करते हैं। सामान्यत: गृह जीवन का अर्थ व्यक्तिगत रूप से परिवारों का जीवनयापन है परन्तु सामूहिक जीवन में प्रयुक्त कारकों और सिद्धान्तों को गृह अर्थशास्त्र के क्षेत्र से निष्कासित नहीं किया जाता।'

"गृह अर्थशास्त्र विषय-सामग्री का वह अंग है जिसका सम्बन्ध घर की समस्याओं तथा घर से उत्पन्न समस्याओं और उनके अन्त:सम्बन्धों में प्राकृतिक तथा सामाजिक विज्ञानों एवं कलाओं के प्रयुक्तीकरण से है।"

अत: जैसा कि नाम से स्पष्ट है घर से सम्बन्धित वैज्ञानिक ज्ञान ही गृह-विज्ञान है। घर तथा परिवार से सम्बन्धित प्रत्येक बात का अध्ययन गृह-विज्ञान में किया जाता है।

'गृह-विज्ञान' एक व्यापक शब्द है। इसके अन्तर्गत वे सभी विषय आते हैं जो सफल गृह-निर्माण में आवश्यक हैं। यदि किसी से पूछा जाय कि उत्तम गृह-निर्माण में किन-किन बातों का होना अभीष्ट है तो शायद ही कोई भली-भांति बता पाए कि इसके लिए कई प्रकार की कलाओं की योग्यता, विभिन्न विषयों का ज्ञान तथा कुछ वैयक्तिक व सामाजिक गुणों का होना आवश्यक है। यद्यपि हम यह जानते हैं कि समाज एवं राष्ट्र का सुख और वैभव–प्रत्येक गृह के सुख और शांतिमय जीवन का ही सामूहिक रूप है और प्रत्येक परिवार राष्ट्र की एक छोटी इकाई है, तब भी उत्तम गृह-निर्माण की ओर बहुत कम ध्यान दिया गया है। समाज की उन्नति, प्रत्येक गृह की उन्नति से है। गृहों की सुव्यवस्था तथा सुयोग्य संचालन से पारिवारिक जीवन-स्तर ऊँचा उठता है। फलत: अपरोक्ष रूप से राष्ट्रीय स्तर भी ऊँचा होता जाता है। अतएव गृह-निर्माण सुव्यवस्था का एक महत्त्वपूर्ण साधन है।

यह तथ्य निर्विवाद रूप से सत्य है कि सुखी गृह-जीवन, क्या युवा और क्या प्रौढ़–सभी के लिए एक अलौकिक वरदान है। इसकी महत्ता अपार है क्योंकि इसी पर सभी कुटुम्बियों की सुख-शांति, प्रेम तथा सहयोग की भावनाएँ निर्भर करती हैं। इसके विपरीत भग्न-गृह, निम्न सांस्कृतिक वातावरण, प्रारम्भिक असन्तोष और असुरक्षा तथा भय आदि सब दशाएँ स्त्री व पुरुष-दोनों के अप्राकृतिक कुरूप व विकृत विकास का कारण होती है। वास्तव में एक आदर्श गृह-परिवार के सभी लोगों में पारस्परिक शुभाकांक्षाओं का सृजन करता है, सांस्कृतिक रुचि को व्यापक बनाता है, सबके व्यक्तित्व का पूर्ण व सन्तुलित विकास करता है, सबके जीवन को आनन्दमय और सफल बनाता है और नैसर्गिक सहानुभूति उत्पन्न करता है। परन्तु इस प्रकार के गृह-निर्माण में गृह-रचयिता का बहुत अधिक उत्तरदायित्व है। एक दैनिक समाचार-पत्र में 'गृहिणी के कर्त्तव्यों का महत्त्व' बताते हुए एक लेखक ने लिखा है कि "गृहिणी सर्वप्रथम पत्नी और माँ है, वह मित्र और परामर्शदात्री है, वह गृह-स्वामिनी और अन्नपूर्णा है, रोगी की सेवा-सुश्रूषा के समय परिचारिका है और सिलाई व मरम्मत करते समय दर्जी है। गाय-भैंस की संरक्षिका है, कपड़े की सफाई और सुरक्षा के लिए धोबिन है, घर की आमदनी और व्यय का चिट्ठा रखने के लिए वह खजांची है।' कहने का तात्पर्य यह है कि गृह सम्बन्धी कार्यों को करने के लिए सब कुछ वही है।

जब गृह-निर्माण का इतना अधिक महत्त्व है और गृहिणी के इतने कर्त्तव्य हैं, तब यह अति आवश्यक है कि बालिकाओं को जो भविष्य की गृहिणी हैं, गृह-निर्माण की शिक्षा उचित विधि से दी जाए। जिस प्रकार डॉक्टर, नर्स, वकील, इन्जीनियर, ड्राइवर आदि को अपने-अपने विशेष कार्य करने की शिक्षा दी जाती है, उसी प्रकार गृह व्यवस्था व गृह-निर्माण की शिक्षा छात्राओं को देना अभीष्ट है।

गृह-निर्माण इतना व्यापक कार्य है कि इस विषय के शिक्षण को कई नामों से पुकारा जाता है, जैसे–गृह-विज्ञान (Domestic Science), गृह-शिल्प (House Craft), गृह-अर्थशास्त्र (Home Economics), गृह-कला, गृहशास्त्र या गृह-मितव्ययता (Domestic Economy) आदि। इसके अन्तर्गत आने वाले विषयों पर यदि प्रकाश डाला जाए तो सर्वप्रथम पाक-शास्त्र, सिलाई, धुलाई, सफाई आदि की ओर ही ध्यान जाता है। वास्तव में एक आदर्श गृह में पाक-शास्त्र एक महत्त्वपूर्ण स्थान अवश्य रखता है, परन्तु कई असफल एवं असन्तोषपूर्ण गृहों में यह भी देखा गया है कि इस असफलता का कारण, भोजन और पाक-शास्त्र की अयोग्यता से कहीं दूर है और वह कभी-कभी मिलते हैं–

(*a*) गृहिणी की अज्ञानता, निरक्षरता और अयोग्यता में।

(*b*) गृह की अव्यवस्था पारस्परिक सहयोग और आदान-प्रदान के अभाव में, और

(*c*) हीन आर्थिक परिस्थितियों तथा अस्वास्थ्य में।

इन कारणों का यदि हम विश्लेषण करें तो देखेंगे कि गृह-निर्माण में अग्रलिखित चार मुख्य तत्त्वों का विशेष समावेश है–

(क) शिल्पों का ज्ञान,

(ख) व्यवस्था,

(ग) सहायक कलाओं और विज्ञान का बोध,

(घ) सामाजिक सम्बन्धों का ज्ञान।

प्रत्येक अंग का विस्तृत रूप निम्नांकित है:

(क) शिल्प–पाक-शास्त्र, धुलाई, सिलाई, सफाई, मरम्मत और सुरक्षा, सजावट आदि।

(ख) व्यवस्था–समय, धन, श्रम आदि का नियन्त्रण। प्रतिदिन के कार्यों के संचालन तथा गृह के आवश्यक और सजावट के सामान की व्यवस्था।

तालिका : दैनिक जीवन में क्षेत्रानुसार अवसर व कुशलता विकास

अवसर	दैनिक जीवन के लिए कुशलता विकास
क्षेत्र – संसाधन प्रबंधन • ग्राहक सतर्क व्यक्ति बनना • पारिवारिक आय व व्यय का चतुर प्रबंधन • बचत की आवश्यकता को पहचानना और निवेश करना • कार्य सरलीकरण के तरीके अपनाना और थकान पर नियंत्रण पाना तथा समय व ऊर्जा का प्रबंधन करना • स्थान संगठन व सौंदर्यीकरण का आपसी संबंध पहचानना • घर में ऊर्जा के संसाधनों का अधिकाधिक उपयोग व संरक्षण करना • पर्यावरण परक जागरूकता • दैनिक जीवन में कार्य नीतियों के लिए रूझान का विकास करना व नीति के मानकों का विकास करना	• एक जागरूक ग्राहक की जिम्मेदारियां व अधिकारों को पहचानने की योग्यता • उपभोक्ता सहायक सामग्री की खरीदारी करते समय व सेवाएं लेते समय प्रयोग • उपभोक्ता सुरक्षा कानूनों के प्रति जागरूकता • उपलब्ध आय में व्यय के कुशल प्रबंधन की क्षमता • बचत करने की योग्यता • बचत व निवेश योजनाओं से अधिकाधिक लाभ उठाने की योग्यता • ऊर्जा की बचत के लिए समय योजना बनाना व कार्य सरलीकरण की विधियों के प्रयोग की कुशलता • विभिन्न घरेलू क्रियाकलापों के लिए स्थान व्यवस्था की योग्यता • घर में नवीनीकरण योग्य व अनवीनीकरण योग्य ऊर्जा स्रोतों के उपयोग की क्षमता • पर्यावरण क्षय को रोकने की योग्यता व पर्यावरण परक उत्पाद व व्यवहार का उपयोग। • नीतियों की संहिता के मूल्य को महत्व देना
मानव विकास • बचपन के प्रारंभ से बालक के विकास के विभिन्न पहलुओं की पहचान करना • शारीरिक परिवर्तनों, विकासात्मक कार्य व किशोरावस्था के लक्षण व समस्याएँ समझना • व्यक्ति के विकास से संबंधित विशिष्ट मुद्दों के प्रति जागरूक होना	**मानव विकास** • बच्चे की उसकी शारीरिक, संवेगात्मक, सामाजिक, भावनात्मक, भाषा व संज्ञानात्मक विकास के अनुसार देखभाल करना • किशोरों के सम्पूर्ण विकास की व्यवस्था की भूमिका अदा करना • विशिष्ट जरूरतों व समस्याओं के लोगों का प्रबंधन करना
वस्त्र विज्ञान • विभिन्न उपयोगों के लिए वस्त्रों का चतुराई पूर्वक चुनाव • विभिन्न वस्त्र परिसज्जाओं के विषय में जानकारी लेना व वस्त्र को सजाने की साधारण तकनीकों की प्रयोग विधि जानना • वस्त्र व कपड़ों का चतुराईपूर्ण चुनाव व देखभाल	• प्रयोग के अनुरूप वस्त्रों की पहचान व चुनाव में दक्षता प्राप्त करना • वस्त्रसज्जा के लिए वस्त्र परिसज्जा का प्रयोग करना • गुणवत्ता व लेबलों के आधार पर वस्त्र व कपड़े खरीदना • कपड़ों की धुलाई व भंडारण में कुशलता प्राप्त करना
खाद्य व पोषण विज्ञान • भोजन, पोषण व स्वास्थ्य के अंतर्संबंध को पहचानना • पोषक तत्त्वों की आवश्यकतानुसार संतुलित आहार तैयार करने की योजना बनाना • बीमार व्यक्तियों के स्वास्थ्य लाभ हेतु आहार की योजना बनाना व आहार तैयार करना	• पोषक संबंधी वैयक्तिक आवश्यकतानुसार संतुलित आहार तैयार करके अपनी रचनात्मकता का परिचय देना • पोषक तत्त्वों की कमी के कारण होने वाले रोगों के लक्षणों के आधार पर आहार नियोजन की आवश्यकता का प्रदर्शन करना • रोगी व्यक्ति के पोषण से संबंधित स्वास्थ्य समस्याओं के अनुसार आहार में मामूली परिवर्तन करने की योग्यता का प्रदर्शन करके आहार तैयार करना • भोजन में संपूर्णता व विविधता लाने की योग्यता विकसित करना व भोजन को खराब होने से बचाना • आहार संबंधी पोषण के स्तर का अनुमान लगाना व पोषक तत्त्वों की कमी से होने वाले सामान्य रोगों के लक्षणों को पहचानना • परिवार में रोगियों के लिए विशिष्ट आहार की योजना बनाकर पोषण संबंधी देखभाल करना • उपयुक्त भंडारण व खाद्य संरक्षण की विधियों का उपयोग

(ग) सहायक कला और विज्ञान–पोषण विज्ञान का ज्ञान, बिजली के गृह-उपयोगी उपकरणों का ज्ञान, पाकशाला के सामान का उपयोग, स्वास्थ्य-विज्ञान के नियमों का बोध तथा रंग, नमूना, बनावट आदि के सिद्धान्तों का ज्ञान।

(घ) सामाजिक क्षेत्र–मानवीय व सामाजिक सम्बन्धों का ज्ञान, शिशु-कल्याण और बालक के विकास का ज्ञान तथा व्यक्ति और समाज के पारस्परिक सम्बन्ध का ज्ञान।

गृह-सम्बन्धी इन उपकरणों और गुणों आदि का, जिनका ज्ञान एक आदर्श गृह-निर्माण हेतु गृहिणी के लिए अभीष्ट है, हम चार विभाजित अंगों में अलग-अलग अध्ययन नहीं कर सकते। यह एक दूसरे से सह-सम्बन्धित है। जिस प्रकार आँख, नाक, मुँह, हाथ-पैर आदि शरीर के विभिन्न अंगों व उनकी क्रियाओं में पारस्परिक निर्भरता है, उसी प्रकार गृह के भिन्न तत्त्वों में भी एक दूसरे से घनिष्ठ सम्बन्ध हैं। गृहिणी की गृह-सम्बन्धी विभिन्न प्रकार की योग्यता का क्षेत्र कितना व्यापक है, इसी को स्पष्ट रूप से जानने के लिए उपर्युक्त विभिन्न चार अंग किये गये हैं। इन चार अंगों का पूर्णत: समावेश करते हुए हम गृह-विज्ञान के अन्तर्गत निम्नलिखित विषयों को स्थान देंगे और यह देखेंगे कि वे किस प्रकार

गृह-सम्बन्धी विभिन्न आवश्यकताओं की पूर्ति करते हैं–

1. शरीर-विज्ञान और स्वास्थ्य-विज्ञान
2. समाज-शास्त्र
3. प्रारम्भिक चिकित्सा और गृह-परिचर्चा (First Aid and Home Nursing)
4. शिशु-पालन और बाल-कल्याण
5. भोजन और पाक-शास्त्र
6. वस्त्रों की सिलाई और सुरक्षा या बुनाई एवं कढ़ाई
7. वस्त्रों की धुलाई और सुरक्षा
8. गृह-व्यवस्था

एक चतुर गृहिणी के लिए इन आठों विषयों का अध्ययन करना अनिवार्य है, तभी वह सन्तुलित और सुन्दर गृह-रचना करने में समर्थ हो सकती है। ये सब विषय हम विद्यालय पाठ्यक्रम बनाने की सुगमता के लिए गृह-विज्ञान या गृह-शास्त्र विषय में सम्मिलित कर देते हैं। विभिन्न आयु की छात्राओं की विभिन्न मनोवृत्ति, रुचि तथा शारीरिक क्षमता के अनुसार इन विषयों की शिक्षा दी जाती है। यद्यपि यह निर्विवाद है कि बालिकाओं को प्रारम्भ से ही गृह-विज्ञान का कुछ बोध कराना चाहिए, परन्तु यह निश्चित रूप से अभी तय नहीं हुआ है कि किस कक्षा में-किस विषय का कितना अध्ययन कराया जाए। यहाँ पर हम इन विषयों को अलग-अलग क्षेत्र में निर्धारित करते हुए इनके शिक्षण के उद्देश्य स्पष्ट करेंगे।

गृह विज्ञान की विविध शाखाएँ

गृह विज्ञान में विशेषज्ञता के कुछ क्षेत्र शामिल हैं जैसे भोजन तथा पोषण, संप्रेषण तथा विस्तार, संसाधन प्रबंधन, मानव विकास, कपड़ा व परिधान विज्ञान। हम परिवार के बाहर तथा परिवार के भीतर अच्छे अंतरव्यक्तिगत संबंधों को सीखते तथा विकसित करते हैं। हम अपने संसाधनों जैसे समय, ऊर्जा तथा धन के प्रबंधन की विधि को भी सीखते हैं ताकि हम परम संतोष प्राप्त कर सकें। गृह विज्ञान में उन कौशलों को सीखने की विधियां भी शामिल हैं जो हमारे परिवार तथा समुदाय, विशेष रूप से गरीबों के बेहतर जीवन के लिए उपयोगी हैं।

हम माता-पिता तथा दादा-दादी द्वारा प्रदान किए गए परंपरागत ज्ञान तथा अनुभव का आदर करते हैं। हमें निरंतर इनका आदर करना चाहिए। विज्ञान तथा प्रौद्योगिकी और प्रबंधन के क्षेत्र में नई उन्नतियों ने हमें 21वीं सदी की चुनौतियों का सामना करने तथा इस परिवर्तनशील सामाजिक तथा आर्थिक परिवेश की व्यवस्था के लिए बेहतर ढंग से सुसज्जित किया है।

गृह विज्ञान का पाठ्यक्रम विज्ञान तथा कला, दोनों ही क्षेत्रों के मिश्रण से तैयार किया जाता है। गृह विज्ञान विद्यार्थियों के लिए कुशलताओं को विकसित करने तथा अवधारणाओं को समझने व उन्हें विभिन्न प्रकार की परिस्थितियों में लागू करने की क्षमता प्रदान करता है। यही ज्ञान गृह विज्ञान के विद्यार्थियों को अन्य क्षेत्र के विद्यार्थियों से एक कदम आगे रखता है। यह ज्ञान उन्हें व्यापक स्तर पर रोजगार के अवसर प्रदान करता है जो कि अन्य क्षेत्र के विद्यार्थियों के लिए सीमित हैं।

गृह विज्ञान में विशेषज्ञता के क्षेत्र

गृह विज्ञान में विशेषज्ञता के कई क्षेत्र हैं जिस कारण गृह विज्ञान अध्ययन का एक महत्वपूर्ण क्षेत्र है। आइए अब उन विशिष्ट क्षेत्रों की विस्तारपूर्वक चर्चा करें जिनका अध्ययन हमें इस विषय के अंतर्गत करना है।

गृह विज्ञान के पांच प्रमुख घटक या विशेषज्ञता के क्षेत्र निम्नानुसार हैं:

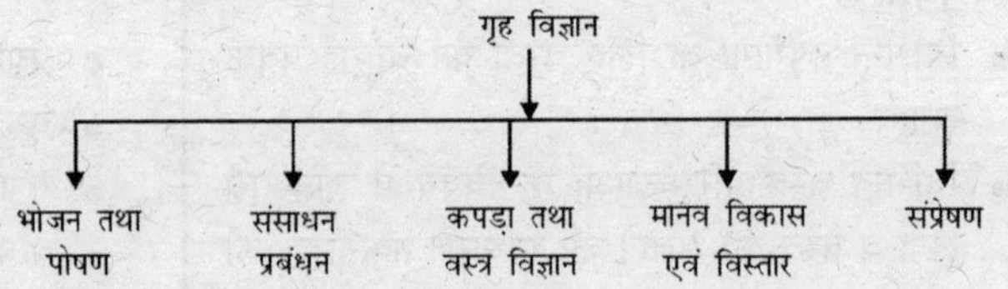

आज यह विज्ञान इतना विकसित हो चुका है कि प्रत्येक शाखा की अपनी उप-शाखाएँ हैं जिनका विशेषज्ञता का अपना भिन्न क्षेत्र और व्यावसायिक अवसर है। विशेषज्ञता के कुछ उप-भाग निम्नानुसार हैं :

मुख्य शाखा	विशेषज्ञता की उप शाखाएँ
आहार	• भोजन विज्ञान • पोषण-औषधीय पोषण तथा सामुदायिक पोषण • संस्थागत खाद्य सेवा
कपड़ा एवं वस्त्र विज्ञान	• कपड़े की संरचना • टैक्सटाइल विज्ञान • टैक्सटाइल डिजाइनिंग • वस्त्र डिजाइनिंग • वस्त्रों का रख रखाव तथा देखरेख
संसाधन प्रबंधन	• संसाधन प्रबंधन • आवासन तथा उपकरण

मुख्य शाखा	विशेषज्ञता की उप शाखाएँ
मानव विकास	• आंतरिक साज सज्जा • उपभोक्ता शिक्षा • बाल-कल्याण • किशोरावस्था, विवाह तथा पारिवारिक मार्गदर्शन • बुजुर्गों की देखभाल • विशेष बच्चों की देखरेख
संप्रेषण तथा विस्तार	• संप्रेषण का माध्यम • कार्यक्रम नियोजन तथा मूल्यांकन • प्रशिक्षण तथा क्षमता निर्माण • सामुदायिक सेवा संगठनों का प्रबंधन

ये विकल्प उच्च स्तरीय अध्ययन के लिए हैं तथा स्कूल स्तर पर उपलब्ध नहीं भी हो सकते हैं। भारत में गृह विज्ञान के अनेक कॉलेज हैं जहाँ हम इन पाठ्यक्रमों का अध्ययन कर सकते हैं। गृह विज्ञान पर आधारित अनेक व्यावसायिक पाठ्यक्रम भी संचालित किए जा रहे हैं जैसे सृजनात्मक कढ़ाई और सिलाई, आरंभिक शैशव आदि।

गृह विज्ञान में रोजगार के अवसर

रोजगार के अवसरों के विषय में अध्ययन करने से पहले रोजगार के अवसरों से संबंधित शब्दावली को जानना आवश्यक है। हम किसी बेकरी, बुटीक या डे केयर सेंटर में कार्य करके वेतन भोगी कर्मचारी बन सकते हैं। परंतु यदि हम स्वयं की बेकरी, बुटीक या डे केयर सेंटर चलाते हैं तब हम स्वरोजगार व्यक्ति कहलाएंगे। जब हम लघु उद्यम के रूप में किसी आय के साधन को अपनाते हैं तब हम उद्यमी कहलाएंगे। स्कूल स्तर पर गृह विज्ञान विषय का अध्ययन करने के बाद हम वेतन भोगी कर्मी, स्वरोजगार या उद्यमी बनने के कई अवसर प्राप्त कर सकते हैं।

उच्चतर माध्यमिक स्तर पूरा करने के बाद वेतन भोगी कर्मी, स्वरोजगार और उद्यमी बनने के संभावित रोजगार के अवसर नीचे दिए गए हैं।

1. वेतन रोजगार के अवसर

- ➢ उपभोक्ता संगठन/सभा के कर्मचारी के रूप में।
- ➢ उपभोक्ताओं के अधिकारों के सलाहकार के रूप में।
- ➢ उपभोक्ता सामग्री व सेवाओं के विक्रय प्रतिनिधियों के रूप में।
- ➢ बचत व निवेश योजनाओं के प्रतिनिधि के रूप में।
- ➢ बचत निवेश योजनाओं के कर्मचारी के रूप में।
- ➢ फर्नीचर, उपकरणों व अन्य घरेलू सामान, सरकारी एम्पोरियम, हस्तकला केन्द्रों, घरेलू चीजों की उत्पादन इकाइयों के शोरूम के कर्मचारियों के रूप में।
- ➢ नर्सरी स्कूल, डे केयर सेन्टर, क्रेच व बालवाड़ी के कर्मचारी के रूप में।
- ➢ अतिथि गृह, होटल व दफ्तरों की देखरेख कर्मियों के रूप में।
- ➢ गृह विज्ञान महाविद्यालयों व गृह विज्ञान विषय पढ़ाने वाले विद्यालयों के प्रयोगशाला सहायकों के रूप में।
- ➢ ड्राइक्लीनिंग की दुकान के कर्मचारी के रूप में।
- ➢ खानपान केंद्रों, अस्पताल के पथ्य विभाग, जलपान गृह, कैन्टीन व खाद्य सामग्री से संबंधित स्टोर के कर्मचारी के रूप में।
- ➢ वस्त्र/परिधान बनाने वाली इकाई में, वस्त्र उद्योग व डिजायनिंग इकाई के कर्मचारी के रूप में।

2. स्वरोजगार के अवसर

- ➢ घरेलू हस्तकला, सजावटी सामग्री व रचनात्मक चीजों के उत्पादक के रूप में।
- ➢ नर्सरी स्कूल, डे केयर सेन्टर, बालवाड़ी व क्रैच के मालिक के रूप में।
- ➢ किसी अतिथि आवास गृह और पेइंग गेस्ट हाउस के मालिक के रूप में।
- ➢ कपड़ों की सिलाई और सिले-सिलाए कपड़ों की फिनिशिंग करने वाले जैसे बटन, तुरपन व साड़ी पर फॉल लगाने वाले के रूप में।
- ➢ बुटीक, बुने हुए कपड़ों की इकाई, वस्त्र बुनाई इकाई व वस्त्र सजावट इकाई के मालिक के रूप में।
- ➢ ड्राइक्लीनिंग की दुकान के मालिक के रूप में।
- ➢ कैंटीन मालिक के रूप में।
- ➢ घर से पैक की गई भोजन सामग्री व आहार सेवाओं के आपूर्तिकर्ता के रूप में।
- ➢ बेकरी, परिरक्षित व प्रसंस्करित (processed) भोजन इकाई के मालिक के रूप में।
- ➢ पार्टियों की केटरिंग सेवा के प्रबंधक के रूप में।
- ➢ कुकिंग, वस्त्र विज्ञान, वस्त्र सजावट, सॉफ्ट टॉय बनाने की व बुनाई इत्यादि की कक्षाएँ चलाने वाले के रूप में।
- ➢ उपहारों की पैकिंग, ताजे व सूखे गुलदस्ते विक्रयकर्ता के रूप में व पार्टियों की सजावट के लिए सेवाएं देने वाले के रूप में।
- ➢ बच्चों व महिलाओं की पत्रिकाओं के लेखक के रूप में।

प्रसार कार्यक्रमों की उपलब्धियां

सामान्य रूप से प्रसार कार्यक्रमों की प्रकृति शैक्षिक होती है। कार्यक्रम में भौतिक उपलब्धियों के अतिरिक्त शैक्षिक उद्देश्यों की प्रगति माप हेतु कुछ तकनीकें निम्नवत अपनाई जाती हैं–

1. **मूल्य माप**–इसका प्रयोग लोगों की मान्यताओं तथा लोग क्या सोचते हैं–पर किया जाता है, जैसे–धार्मिक मान्यता, आर्थिक मान्यता, वैज्ञानिक मान्यता आदि।
2. **दृष्टिकोण माप**–यह प्रदर्शित करता है किसी चीज के प्रति लोगों की भावनाएँ। ये भावनाएँ किसी समस्या के बारे में धनात्मक या ऋणात्मक हो सकती हैं। जैसे–बाल-विवाह, परिवार-नियोजन आदि।
3. **विचार मत**–इसका उपयोग निश्चित मामलों पर लोगों के विचार जानने के लिए करते हैं, यह साधारणतया हाँ या नहीं रूप में अथवा प्रश्नोत्तरी रूप में, जैसे चुनाव में लोगों के मतदान व्यवहार को जानने के लिए सर्वेक्षण करता है।
4. **ज्ञान तथा समय परीक्षण**–इसका प्रयोग यह जानने के लिए कि व्यक्ति क्या समझता है या किस दिशा में प्राप्त ज्ञान का प्रयोग कर सकता है, जैसे–धान की खेती के सम्बन्ध में ज्ञान।

तालिका

रोजगार के क्षेत्र	उच्चतर माध्यमिक के बाद रोजगार के अवसर	अग्रिम पढ़ाई के अवसर	स्नातकोत्तर रोजगार के अवसर
आहार व पोषण विज्ञान	आहार प्रयोगशाला सहायक, पथ्य सामग्री सहायक, आहार उत्पाद पर्यवेक्षक, आहार एकत्रकर्ता के रूप में, गुणवत्ता नियन्त्रक तकनीशियन, अल्पविधि रसोइया, बेकरी सहायक, परिचायक/परिचारिका, डाइनिंग कक्ष सहायक, केक के सजावटकर्ता के रूप में।	होटल प्रबंधन में डिप्लोमा, गृह विज्ञान स्नातक, पॉलिटेकनिक से डिप्लोमा/व्यावसायिक शिक्षा संस्था से डिप्लोमा, दूरशिक्षा डिप्लोमा।	आहार टैक्नीशियन, पथ्य सहायक, पथ्य टैकनीशियन, डाइटीशियन, आहार टैकनोलॉजिस्ट, आहार विज्ञानी, केटरर, बेकर खाद्य सेवा प्रबंधक, विशिष्ट रसोइया, शेफ।
हाउस कीपिंग या घरेलू देखभाल	अतिथि सेवा क्लर्क, हाउसकीपिंग सेविका, मेजबान/महिला मेजबान स्थापना सहायक, अस्थायी आवास सुविधा सहायक।	होटल प्रबंधन व केटरिंग में डिप्लोमा, गृह विज्ञान स्नातक, पॉलिटेकनिक से डिप्लोमा/व्यावसायिक शिक्षा संस्थान से डिप्लोमा, दूरशिक्षा से किसी भी विषय में डिप्लोमा	अतिथि गृह प्रबंधक, घरेलू देखभाल प्रबंधक, आवभगत निरीक्षक, होटल मोटेल प्रबंधक, सम्मेलन समन्वयक
आंतरिक सज्जा, फर्निशिंग और देखभाल	शोरूम सहायक, आंतरिक सज्जा सहायक, फर्निशिंग विक्रय सहायक।	होटल प्रबंधन व केटरिंग में डिप्लोमा, गृह विज्ञान स्नातक, पॉलिटेकनिक से डिप्लोमा/व्यावसायिक शिक्षा संस्थान से डिप्लोमा, दूरशिक्षा से किसी भी विषय में डिप्लोमा	शो विन्डो सजाने वाले डिजायनर के रूप में, आंतरिक सज्जा सहायक, फोटो स्टाइलिस्ट, फर्निशिंग क्रयकर्ता, घरेलू देखभाल शिक्षक के रूप में।
उपभोक्ता सेवाएं	उपभोक्ता अधिकार सलाहकार, उत्पादक प्रदर्शनकर्ता/विक्रय प्रतिनिधि, उपभोक्ता रिपोर्टर, व्यक्तिगत खरीदार, उपभोक्ता सभा का कर्मचारी	बी.ए./बी.एस.सी. गृह विज्ञान, पत्रकारिता व संचार में डिप्लोमा, पब्लिक रिलेशन में डिप्लोमा, उपभोक्ता सुरक्षा अधिनियम में डिप्लोमा।	खाद्य उत्पाद चखने वाले के रूप में, उत्पाद प्रतिनिधि, पब्लिक रिलेशन प्रतिनिधि, उपभोक्ता समाचार लेखन
परिवार व मानव सेवाएं	प्रौढ़ डे केयर कार्यकर्ता, आवासीय देखभाल सहायक, वृद्ध देखभाल कार्यकर्ता, पारिवारिक सहायक, व्यक्तिगत घरेलू देखभाल सहायक, गृहस्वामिनी सहायक	बी.ए./बी.एस.सी. गृह विज्ञान, विशिष्ट शिक्षा में डिप्लोमा, बाल विकास सलाहकार	सामुदायिक कार्यकर्ता, विशिष्ट जरूरतों के लिए कार्यकर्ता।
बाल विकास व शिक्षा	प्री स्कूल सहायक, पारिवारिक बाल देखभाल कार्यकर्ता, मनोरंजन सहायक, शिक्षा सहायक।	विशिष्ट शिक्षा में डिप्लोमा/बाल विकास काउंसलर, बाल मार्ग दर्शक और सलाहकार सर्टिफिकेट कोर्स, बी.एस.सी., प्रारम्भिक शिक्षा।	बाल डे केयर संचालक, प्री स्कूल शिक्षक, विशिष्ट शिक्षा सहायक, स्कूल के पश्चात् कार्यक्रम संचालक।
फैशन डिजायन, उत्पादन व विक्रय	फैशन डिजायन सहायक, वस्त्र/सजावट सामग्री अनुमानकर्ता, विक्रय सहायक, उपभोक्ता सहायक, ड्राइक्लीनिंग दुकान का कर्मचारी, वस्त्र उद्योग का कर्मचारी, कढ़ाई इकाई का कर्मचारी।	बी.एस.सी. गृह विज्ञान, फैशन डिजायनिंग संस्थान पॉलिटैकनिक/डिजायन स्कूल से फैशन डिजायनिंग का कोर्स	सहायक डिजायनर, फैशन आरेखक (illustrator), वस्त्र टैकनीशियन, कम्प्यूटर इमेजिंग कंसल्टेंट, काल का प्रदर्शनकर्ता, फैशन क्रयकर्ता।

5. **अभिरुचि जाँच**–इसका प्रयोग विभिन्न क्रियाकलापों या कार्यक्रमों में लोगों की अभिरुचि का पता लगाने के लिए किया जाता है। जैसे–परिवार नियोजन में अभिरुचि।
6. **कौशल या सम्पादन परीक्षण**–लोगों की कार्य कुशलता या कार्य सम्पादन की क्षमता निर्धारित करने के लिए इस परीक्षण का प्रयोग करते हैं। जैसे–ट्रैक्टर चलाने में दक्षता।
7. **नई विधियों का अंगीकरण**–इसमें लोगों द्वारा नई विधियाँ जिस हद तक अपनाई जा रही हैं, का पता लगाते हैं। जैसे–धान की खेती में कई नई विधियों का अंगीकरण अध्ययन।
8. **वैयक्तिक इतिहास**–इस तकनीकी का प्रयोग समग्र की एक इकाई का सविस्तार अध्ययन करने के लिए किया जाता है। जैसे–एक प्रगतिशील कृषक का अध्ययन या एक युवक क्लब का अध्ययन।

इन सबका प्रयोग प्रश्नों द्वारा सूचनाएँ एकत्र करने हेतु किया जाता है। प्रश्नावली की यांत्रिक रचना एवं आकृति महत्वपूर्ण है। प्रश्न छोटा, स्पष्ट तथा संक्षिप्त हो। वे क्रम में रखे जाएं तथा उनके उत्तर लिखने के लिए पर्याप्त जगह हो।

आँकड़े एकत्रीकरण के बाद योजना की रूपरेखा देने के लिए इसको संक्षिप्त करना आवश्यक हो जाता है। आँकड़ों का उचित ढंग से सारणीयन तथा प्रस्तुतीकरण आवश्यक हो जाता है। सन्दर्भित लोगों के उपयोग के लिए आँकड़े लिखित रूप में तैयार होने चाहिए। यह हमेशा ध्यान देना चाहिए कि आँकड़े या सूचनाएँ ऐसी एकत्रित की जाएँ कि वे प्रश्नों का उत्तर दे सकें। आँकड़े इन उत्तरों का सारांश होने चाहिए–

1. **स्वयं मूल्यांकन**–प्रसारकर्त्ता अथवा संस्था द्वारा।
2. **राजकीय संस्थाओं द्वारा मूल्यांकन**–कार्यक्रम मूल्यांकन संगठन।
3. **तदर्थ समिति द्वारा मूल्यांकन**
4. **विश्वविद्यालय द्वारा मूल्यांकन**
5. **व्यक्तिगत अध्ययन द्वारा मूल्यांकन**

आँकड़े तैयार करना–आँकड़े तैयार करने के लिए निम्नलिखित चरण हैं–(1) आँकड़े के शीर्षक (2) अन्वेषणकर्त्ता का नाम, पद एवं संस्था (3) भूमिका (4) उद्देश्य (5) अन्वेषण विधियाँ (6) पता लगे हुए कारण (7) निष्कर्ष, अनुमोदन तथा पूर्व विचार।

गृह विज्ञान में कक्षा संचार के तरीके

परिचय–गृह विज्ञान समुदाय एवं राष्ट्र के प्रत्येक पक्ष से सम्बन्धित है। यह मानवीय वातावरण, पारिवारिक पोषण, संसाधनों का व्यवस्थापन, बाल विकास एवं उपभोक्ताओं की कुशलता में सुधार लाने से सम्बद्ध ज्ञान को संश्लिष्ट एवं समेकित करने का कार्य करता है।

प्राथमिक विद्यालयों में शरीर विज्ञान एवं स्वास्थ्य विज्ञान की सैद्धान्तिक शिक्षा एवं पाक कला, सिलाई-बुनाई, कढ़ाई कला की शिक्षा व्यवहारिक रूप में गृह विज्ञान के अन्तर्गत दी जा रही है, साथ ही मध्य एवं माध्यमिक विद्यालयों से लेकर महाविद्यालय एवं विश्वविद्यालय स्तर पर गृह विज्ञान द्वारा कल्याण एवं विकास हेतु कार्यक्रम प्रस्तुत हैं।

विकास के विभिन्न क्षेत्रों में गृह विज्ञान का योगदान

विकास के विभिन्न क्षेत्रों में गृह विज्ञान का योगदान निम्नलिखित है–

(1) पारिवारिक स्तर के उत्थान में, (2) स्वास्थ्य के क्षेत्र में, (3) पोषण के क्षेत्र में तथा (4) रोजगार के क्षेत्र में।

गृह विज्ञान शिक्षण-क्षेत्र के रोजगार

गृह विज्ञान शिक्षण-क्षेत्र के अन्तर्गत निम्नलिखित रोजगार हैं–

- शिक्षिका, व्याख्याता, रीडर तथा प्रोफेसर के रूप में,
- अनुसंधान सहायिका के रूप में अनुसंधान संस्थानों में,
- डायटिशियन के रूप में भी कैंटीन अथवा होस्टल के मेस में,
- नर्सरी स्कूल संचालिका के रूप में

गृह विज्ञान शिक्षण क्षेत्र के बाहर के रोजगार निम्नलिखित हैं–

- गृह विज्ञान प्रसार कार्यकर्मी–ग्राम सेविका के रूप में,
- प्रशिक्षण महाविद्यालय में शिक्षिका के रूप में,
- परिधान डिजाइनर के रूप में अपना बुटीक या सिलाई स्कूल खोलकर,
- आन्तरिक सज्जाकार, पत्रकार या लेखिका, टी.वी. या रेडियो कलाकार के रूप में,
- परिवार कल्याण एवं जनसंख्या नियन्त्रण के क्षेत्र में,
- बाल-शिक्षा के क्षेत्र में तथा स्त्री-शिक्षा के क्षेत्र में।

स्नातक सम्मान, स्नातकोत्तर एवं शोध करती हुई छात्राएँ निम्नलिखित विषय-क्षेत्र का अध्ययन करती हैं–

(1) आहार एवं पोषण विज्ञान, (2) पारिवारिक संसाधनों का व्यवस्थापन, (3) वस्त्र विज्ञान एवं परिधान, (4) मानव विकास एवं (5) गृह विज्ञान प्रसार शिक्षा।

आहार एवं पोषण विज्ञान का ज्ञान प्राप्तकर छात्राएँ अपने परिवार में सदस्यों हेतु उत्तम, पौष्टिक आहार का आयोजन कर सकती हैं। उन्नत पाक-विधियों से भोजन पकाकर आकर्षक ढंग से परोसती है। साथ ही भोज्य पदार्थों को जैम, जैली, अचार, मुरब्बे, पापड़ बड़ी आदि के रूप में संरक्षित करना भी सीखती है। विशेष अवसरों हेतु औपचारिक तथा अनौपचारिक पार्टियों का आयोजन करना, विभिन्न शैलियों से भोजन-मेज की सज्जा, भोजन सम्बन्धी शिष्टाचार आदि का भी ज्ञान प्राप्त करती हैं।

गृह कला एवं गृह प्रबन्ध की शिक्षा लेकर अपने घर की भावी गृहिणी के रूप में व्यवस्था सुचारू रूप से करके परिवार को सुख शान्ति प्रदान कर सकती है। सीमित आय में बजट बनाना, समय, शक्ति, धन के अनुरूप गृह प्रबन्ध करना, उपलब्ध साधनों द्वारा इच्छित लक्ष्य की प्राप्ति करना सीखती है। अपने परिवार के सदस्यों के लिए वस्त्रों का चयन, खरीददारी करती है। आधुनिक फैशन के अनुरूप वस्त्र स्वयं सीतीं हैं तथा सिलवाती हैं, वस्त्रों के प्राकृतिक एवं कृत्रिम रेशे, वस्त्र निर्माण प्रक्रिया, बुनावट, परिसज्जाएँ एवं रेशे की विशेषताओं का ज्ञान प्राप्त करती है और

वस्त्रों की धुलाई, दाग-धब्बे छुड़ाना, वस्त्रों की देख-रेख, संरक्षण एवं संचयन करने की विधियों की शिक्षा भी ग्रहण करती है। परम्परागत वस्त्रों का इतिहास, वस्त्रों का सामाजिक, मनोवैज्ञानिक महत्व, परिधानों का अवसरोचित चयन एवं परिधान सम्बन्धी शिष्टाचार का ज्ञान अर्जित करती है। मानव विकास में भी भरपूर शिक्षा ग्रहण कर बाल विकास करने में सहायक होती हैं। शिशु जन्म प्रक्रिया, प्रसव पूर्व एवं प्रसवोपरान्त स्त्री की देखभाल, शिशु का आहार, वस्त्र, पालन-पोषण शारीरिक, मानसिक एवं संवेगात्मक विकास का अध्ययन करती है।

मृदुला सेठ द्वारा गृह विज्ञान प्रसार शिक्षा के तीन आवश्यक अंग बताए गए हैं, जो निम्नलिखित हैं–

(1) प्रसार शिक्षा, (2) प्रसार सेवा तथा (3) प्रसार कार्य।

प्रसार शिक्षा, शोध एवं प्रसार कार्य से सम्बन्धित है जो प्रायः बड़े शिक्षा संस्थानों तथा विश्वविद्यालयों में होते हैं। प्रसार सेवा शोध संस्थानों तथा गृहिणियों के बीच की दूरी कम करने का कार्य करती है।

गृह विज्ञान प्रसार-शिक्षा के प्रमुख उद्देश्य

- ➢ गृहिणियों के सर्वोन्मुखी विकास में सहायता देना,
- ➢ उपलब्ध संसाधनों के उपयोग में गृहिणियों की सहायता करना, तथा
- ➢ सरकारी कार्यक्रमों, गृहिणियों के सार्वभौमिक विकास को बढ़ावा देने वाली स्वैच्छिक संस्थानों के कार्यों को सुदृढ़ करना।

गृह विज्ञान प्रसार शिक्षा के कार्यक्रम

(1) माँ एवं शिशु की देखभाल, (2) स्वास्थ्य एवं स्वच्छता, (3) आर्थिक विकास कार्यक्रम, (4) बच्चों एवं महिलाओं हेतु सामुदायिक संगठनों का निर्माण, (5) शिक्षा एवं वयस्क शिक्षा, (6) गृह व्यवस्था, जिसमें पारिवारिक बजट बनाना एवं घर की सजावट करना, (7) महिलाओं एवं बच्चों के लिए मनोरंजक सांस्कृतिक कार्यक्रम प्रस्तुत करना तथा (8) रसोई वाटिका, मुर्गीपालन, मधुमक्खी पालन को प्रोत्साहन देना।

वस्तुनिष्ठ प्रश्नोत्तर

1. सामाजिक व्यवहार जन्म के समय शुरू होता है:
A. सत्य B. असत्य
C. संबंधित नहीं D. विवादित

2. ईर्ष्या एक .... भावना है।
A. जन्मजात B. अतिरिक्त
C. सकारात्मक D. नकारात्मक

3. .... भोजनजन्य रोगों के कारणों में से एक है।
A. सूक्ष्मजीवों से दूषित होना B. ऊष्मायन
C. शोथ D. पेचिश

4. म्यूकर, एस्परजीलस और इरगॉट जैसे कवक .... और ...... के सामान्य दूषक हैं।
A. सूअर और गाय का माँस
B. फीताकृमि और वलयकृमि
C. जीवाणु और विषाणु
D. डबलरोटी और अनाज

5. ऊन अपनी लगभग .... मजबूती खो देती है, जब गीली होती है।
A. 20 प्रतिशत B. 50 प्रतिशत
C. 30 प्रतिशत D. 40 प्रतिशत

6. .... रेशे बाल के जलने की बदबू देते हैं।
A. फ्लैक्स B. प्रोटीन
C. नायलॉन D. रेयॉन

7. धागों का झुण्ड, लंबाई में 840 यॉर्ड्स .... के रूप में जाना जाता है।
A. हैंक B. पाउंड
C. नंबर वन D. काउंट टू

8. सूत से बुना प्लेन रेशा है:
A. शिफॉन B. क्रीप
C. कैलिको D. जॉर्जेट

9. संदर्भित भोजन के साथ तुलना में पोस्ट प्रँडियल रक्त ग्लूकोस प्रतिक्रिया पर आधारित भोजन का श्रेणीकरण .... अभिसूचक कहलाता है।
A. फल B. वनस्पति
C. दुग्ध D. ग्लायसेमिक

10. .... के उत्तरजीवीयों को मदद प्रदान करने के लिए 1945 में को-ऑपरेटिव अमेरिकन रिलीफ एवरीव्हेयर (CARE) की स्थापना की गई।
A. पहला विश्वयुद्ध B. शीत युद्ध
C. दूसरा विश्वयुद्ध D. कारगिल युद्ध

11. .... चरण में सूत कताई के लिए तैयार होता है।
A. कार्डिंग B. बॅलिंग
C. स्लिवरिंग D. कॉम्बिंग

12. इंटरलॉक हो जाने की ऊनी रेशों की विशेषता .... कहलाती है।
A. फेल्टिंग B. संरचना
C. सिकुड़ना D. केराटिन

13. ढाका मस्लिन बुने हुए पैटर्न के साथ .... के नाम से जाने जाते हैं।

A. जामदानी B. चंदेरी
C. बलूचर D. बूटीयाँ

14. .... चिकनकारी कला का उद्भव केन्द्र है।
A. दिल्ली B. बंबई
C. गोवा D. लखनऊ

15. बाल अध्ययन में अनुसंधान में सूचना एकत्रित करने के लिए प्रश्नावली पड़ताल प्रपत्रों में से एक है।
A. सत्य B. असत्य
C. संबंधित नहीं D. विवादित

16. .... नाम बर्ताव (आचरण) को दिया गया है, जो जब दोहराया जाता है, तो स्वचालित हो जाता है।
A. कार्यसूची B. जिद
C. गति D. आदत

17. प्रत्येक गुर्दा एक लाख कार्यात्मक इकाईयों से बनी होती है, जो .... कहलाती है।
A. न्यूट्रॉन B. नेफॉन
C. अम्ल D. औषधियाँ

18. डायलिसिस एक प्रक्रिया है, जो .... के कुछ सामान्य कार्यों को प्रतिस्थापित कर सकती है।
A. नयन B. फेफड़े
C. हृदय D. गुर्दा

19. रेबीज को .... भी कहते हैं।
A. अतिभय B. जलभय
C. वायुभय D. संवृतिभीति

20. गर्भावस्था के प्रथम तीन माह .... ट्राइमेस्टर कहलाते हैं।
A. प्रथम B. आरंभिक
C. तृतीय D. अंतिम

21. .... आरंभिक बाल्यकाल देखभाल और विकास के लिए विश्व के सबसे बड़े और सर्वाधिक अद्भुत सीमा से परे कार्यक्रमों में से एक है।
A. एन.आई.एन. B. आई.सी.एम.आर.
C. आई.सी.डी.एस. D. डब्ल्यू.एच.ओ.

22. शिक्षा का अर्थ यह नहीं कि लोगों को वह बताया जाए जो वे नहीं जानते। शिक्षा का अर्थ है उन्हें उस तरह व्यवहार करना सिखाना जिस तरह वे नहीं करते—ये किसने कहा?
A. केल्से एल.डी. B. पी.आर.आर. सिन्हा
C. जॉन डेवे D. रस्किन

23. .... छोटे समूह चर्चाओं का एक प्रकार है, जो किसी सीमा के बिना विचारों के मुक्त परिचय को प्रोत्साहित करने के लिए बनाया गया है।
A. बजट सत्र B. मस्तिष्क मंथन
C. सेमिनार D. सम्मेलन

24. .... एक सैंडपेपर के फ्लैनल फेल्ट के टुकड़ों के साथ एक दृश्य शिक्षण है।
A. चॉकबोर्ड B. फ्लैनल ग्रॉफ
C. फोटोग्राफ D. चित्रकला

25. वे समूह जिनमें सदस्यता रोल रहता है या कार्यालय वाहक को चुनने के लिए कुछ प्रक्रियाएँ होती हैं, ... समूहों के नाम से जाना जाता है।
A. अनौपचारिक B. औपचारिक
C. स्थानीय D. संरचनात्मक

26. बड़ी आकृति के डिजाइन से बचे, यदि आप .... है।
A. कमजोर B. दुबले
C. पतले D. स्थूल काय

27. प्रतिजैवी .... भी कहलाते हैं।
A. विषैला B. वसा
C. इम्यूनोग्लोब्यूलिनस D. कार्बोहाइड्रेट

28. भ्रूण में पहले नितंब आना, उसके बाद टाँगें और बाँहें और अंत में सिर आना। यह स्थिति है:
A. ब्रीच जन्म B. उपकरण जन्म
C. प्राकृतिक जन्म D. तुरंत जन्म

29. विरामावस्था में शरीर द्वारा वांछित ऊर्जा की मात्रा है:
A. आधारभूत उपापचय B. कैलोरी
C. जूल D. कैलोरीमेट्री

30. स्थूलखाद्य बड़ी आँत की गति को उद्दीप्त करने में एक उपयोगी भूमिका निभाते हैं।
A. सत्य B. असत्य
C. विवादित D. संबंधित नहीं

31. अमीनो अम्ल जिनका संश्लेषण शरीर नहीं कर सकता, वे .... अमीनो अम्ल कहलाते हैं।
A. गैर-आवश्यक B. आवश्यक
C. आंशिक D. साधारण

32. .... घरेलू शर्करा के लिए वैज्ञानिक नाम है।
A. लैक्टोज B. माल्टोज
C. सूक्रोज D. डेक्स्ट्रोज

33. .... के पर्याप्त अनुपात वाला भोजन "आपके साथ" ज्यादा देर टिकता है।
A. वसा B. प्रोटीन
C. जल D. कार्बोहाइड्रेट

34. पेल्लाग्रा .... की कमी है।
A. थायमीन B. आयोडीन
C. नायसीन D. राइबोफ्लेविन

35. हिमोग्लोबिन बनने के लिए .... की आवश्यकता है।
A. कैल्शियम B. प्रोटीन
C. वसा D. लोहा

36. .... फलों और सब्जियों को उबलते जल या भाप में कुछ देर गर्म करने की विधि है।

A. बॉटलिंग B. कवरिंग

C. ब्लांचिंग D. फ्रीजिंग

37. भारतीय बहुउद्देशीय भोजन को .... द्वारा तैयार और विपणन किया जाता है।

A. सी.एफ.टी.आर.आई. B. एन.आई.एन.

C. डब्ल्यू.एच.ओ. D. यूनिसेफ

38. खाद्य मिलावट की रोकथाम अधिनियम वर्ष .... में पारित किया गया।

A. 1951 B. 1952

C. 1953 D. 1954

39. .... जीवन को अर्थ देता है।

A. लक्ष्य B. मूल्य

C. मानक D. धन

40. दीर्घावधिक लक्ष्य संभाव्यतः .... समझे जाते हैं।

A. स्थायी B. अस्थायी

C. लचीला D. इनमें से कोई नहीं

41. कॉफी बनाना .... निर्णय का एक उदाहरण है।

A. आदतन B. तुरंत

C. चेतन D. आपाती

42. .... प्रयास वह हैं जहाँ हमारी आँखें हमारे शरीर की गति को निर्देशित करती हैं।

A. मानसिक B. पेडल

C. दृश्य D. टॉर्सल

43. कार्य सरलीकरण .... कार्य विधियाँ दर्शाते हैं।

A. अच्छी B. बेहतर

C. सर्वोत्तम D. सबसे खराब

44. .... प्रबंधन निर्णयों, पारिवारिक संसाधनों के प्रयोग की प्रक्रिया बनाने की एक शृंखला का बना है।

A. परिवार B. घर

C. पर्यावरण D. कौशल

45. .... योजना को कार्यान्वित करना है।

A. आयोजना B. नियंत्रण

C. मूल्यांकन D. अर्जित करना

46. समस्या को परिभाषित करना निर्णय निर्माण प्रक्रिया में ....चरण है।

A. पहला B. दूसरा

C. तीसरा D. चौथा

47. कौन-सा मानवीय और गैर-मानवीय संसाधन दोनों का उदाहरण है?

A. ऊर्जा B. कौशल

C. क्षमता D. रुचि

48. .... प्रबंधन का अर्थ है प्रबंधन समस्याओं में विज्ञान का अनुप्रयोग।

A. समस्या B. हल

C. वैज्ञानिक D. कलात्मक

49. .... कार्य निष्पादन पर व्यावहारिक प्रयोग में संयुक्त परिचित ज्ञान के रूप में परिभाषित किया जाता है।

A. अनाड़ीपन B. कौशल

C. अक्षमता D. बेवकूफी

50. .... अर्जन आनंद अर्जन के रूप में संदर्भित है।

A. धन B. वास्तविक

C. आत्मिक D. सामान

51. .... वृद्धावस्था में आर्थिक असुरक्षा को घटाता है।

A. मजदूरी B. वेतन

C. सेवाएँ D. बचत

52. .... का अर्थ है, एक घर के आंतरिक भाग को ताजा करने के लिए दूषित वायु को बाहर निकालकर शुद्ध वायु परिसंचरित करना।

A. आस्पेक्ट B. वायु का आवागमन

C. संभावना D. म्यूरम

53. .... रेखाओं, रूपों, रंगों और संरचनाओं की व्यवस्था से संदर्भित है।

A. रूप B. आकृति

C. सामंजस्य D. डिजाइन

54. डिजाइन सिद्धांत .... संबंध के नियम से संदर्भित है।

A. समानुपात B. संतुलन

C. लय D. जोर

55. गद्दायुक्त पृष्ठ वाले फर्नीचर को .... कहते हैं।

A. ड्रावर B. मेज

C. कुर्सी D. अपहोल्स्टेरिंग

56. .... पदार्थ की स्पर्शनीय पृष्ठ गुणवत्ता है।

A. संरचना B. भ्रम

C. प्रभाव D. वस्तु

57. यदि एक Rh धनात्मक व्यक्ति एक Rh ऋणात्मक महिला से विवाह करता है, तो परिणाम .... भ्रूण होगा।

A. धनात्मक B. ऋणात्मक

C. मृत प्रसव D. परिपक्व पूर्व

58. .... को गरीब आदमी का दूध कहा जाता है।

A. रागी B. गेहूँ

C. ज्वार D. बाजरा

59. .... शिशुओं की सामान्य दुग्धपान समस्याएँ हैं।

A. कब्ज B. डायरिया

C. एलर्जी D. उपरोक्त सभी

60. शक्कर और नमक के साथ जल की थोड़ी मात्रा .... के दौरान दी जा सकती है।

A. उल्टी B. सामान्य जुकाम

C. कॉलिक D. टॉन्सिल

61. .... विकास का अर्थ है, शरीर की गतियों पर नियंत्रण में प्रगति।

A. तीव्र B. धीमी

C. प्रेरण D. औसत

62. नाखून काटना और अँगूठा चूसना ...... की आयु तक नजर अंदाज किया जा सकता है।

A. 6 B. 5

C. 4 D. 3

63. साबुन बनाने के लिए .... प्रयुक्त होता है।

A. बेसन B. चावल

C. ज्वार D. बाजरा

64. .... छोटे बच्चों के लिए एक डर बढ़ाने वाला उद्दीपक है।

A. वार्तालाप B. सोच

C. एकाकीपन D. दयालुता

65. .... भोजन में प्रोटीन और कैलोरी की गंभीर कमी के कारण होता है।

A. मरास्मस B. स्कर्वी

C. बेरी बेरी D. घेंघा

66. भोजन संक्रमण भोजन में उपस्थित रोग जनक जीवाणुओं, रोगाणुओं को खा लेना है।

A. असत्य B. सत्य

C. संबंधित नहीं D. संदेहास्पद

67. एस्बेस्टॉस .... रेशा है।

A. खनिज B. प्राकृतिक

C. थर्मोप्लास्टिक D. नॉन-थर्मोप्लास्टिक

68. सब्जियों के रेशे छूने में .... होते हैं।

A. ठंडे B. निर्जीव

C. चमकदार D. गर्म

69. जँगली रेशम सूक्ष्मदर्शी के नीचे संवर्धित रेशम से भिन्न दिखता है।

A. सत्य B. असत्य

C. संबंधित नहीं D. विवादित

70. इंटरलैसिंग धागों के तानों-बानों में अपनाए गए प्रणाली या डिजाईन के अनुसार .... का नाम रखा जाता है।

A. धागे B. रेशे

C. वस्त्र D. बुनाई

71. पौधों का प्रमुख भंडारण पॉलिसॅकराइड है:

A. स्टार्च B. शक्कर

C. कार्बोहाइड्रेट D. वसा

72. पोषक तत्वों के लिए दिए गए मात्रा के ऑक्सीकरण के लिए उत्पादित कार्बन डाइऑक्साइड की मात्रा और प्रयुक्त ऑक्सीजन की मात्रा के अनुपात को .... लब्धि के रूप में परिभाषित किया जाता है।

A. बुद्धि B. श्वसन

C. परिसंचरण D. मूत्रीय

73. .... शब्द रेशम और ऊन की भराई के लिए प्रयुक्त होता है।

A. नैपिंग B. वेटिज

C. मोइरिंग D. ग्लेजिंग

74. फ्लैक्स के पौधे के लिए .... प्राप्त करने के लिए रिपलिंग की जाती है।

A. बीज B. तने

C. पौधा D. लिनेन

75. .... ऊष्मा का कुचालक है।

A. सूत B. रेशम

C. लिनेन D. रेयॉन

76. पटोला साड़ियाँ .... द्वारा उत्पादित की जाती हैं।

A. पैठनी B. टाई-डाइंग

C. हिमरस D. ब्लॉक डाइंग

77. सर्फ एक .... है।

A. डिटर्जेंट B. साबुन

C. कॉस्टिक सोडा D. वसा

78. प्रेम और स्नेह की आवश्यकता .... आवश्यकता है।

A. जैविक B. अहंमानी

C. मनो-सामाजिक D. संवेदी

79. .... बालक को पहला ढालने वाला (मोल्डर) है।

A. सोशल मीडिया B. जल

C. परिवार D. रेत

80. गुर्दा एक .... स्रावित करती है, जिसे रीनल एरिथ्रोपोएटिक कारक कहते हैं।

A. एंजाइम B. रसायन

C. अम्ल D. हार्मोन

81. साल्मोनेला भोजन विषाक्तता एक जीवाण्विक भोजन विषाक्तता है।

A. सत्य B. असत्य

C. संबंधित नहीं D. विवादित

82. प्रकार-2 डायबिटिज मेलिटस .... कहलाती है।

A. इंसुलिन आधारित डायबिटिज मेलिटस

B. गैर-इंसुलिन आधारित डायबिटिज मेलिटस

C. कुपोषण संबंधी डायबिटिज मेलिटस

D. गर्भावस्था की डायबिटिज मेलिटस

83. प्रसव के बाद की अवधि .... और दुग्धपान है।

A. प्री-पार्टम B. पोस्ट-पार्टम

C. प्रसव D. परिपक्वता

84. विस्तारण शिक्षा में प्रतिभागिता .... है जबकि विद्यालय उपस्थिति .... है।

A. आवश्यक, ऐच्छिक B. ऐच्छिक, आवश्यक
C. केवल, आवश्यक D. केवल, ऐच्छिक

85. आयोजनाबद्ध भागीदारी के कारण अभिवृत्तियों के परिवर्तन के लिए उदाहरण है:
A. साझेदारी और निर्णय निर्माण
B. आयु में परिवर्तन
C. लंबी बीमारी
D. प्राधिकार की स्थिति

86. .... यंत्र एक उपकरणीय या संप्रेषण यंत्र है जिसमें संदेश देखा जा सकता है पर सुना नहीं जा सकता।
A. श्रव्य B. दृश्य
C. श्रव्य और दृश्य दोनों D. इनमें से कोई नहीं

87. .... वह व्यक्ति है जो परिचालन में संप्रेषण की प्रक्रिया आरंभ करता है।
A. पर्यवेक्षक B. आयोजक
C. श्रोता D. संप्रेषक

88. .... नेता इस प्रकार परिचालन करता है जैसे वह लोगों पर भरोसा नहीं कर सकता है।
A. लोकतांत्रिक B. लैसेजफेयर
C. तानाशाही D. सामान्य

89. आरंभिक बाल्यकाल .... आयु के नाम से भी जाना जाता है।
A. जन्म-पूर्व B. गैंग-पूर्व
C. यौवन D. परिपक्वता-पूर्व

90. .... रोग प्रतिरोधकता जिसमें एक टीका दिए जाने के कारण या संक्रमण के परिणाम के रूप में अधिग्रहित किया जाता है।
A. प्राकृतिक B. सक्रिय
C. निष्क्रिय D. अधिग्रहित

91. संप्रेषण का पूर्व कथन रूप है:
A. बलबलाना B. हाव-भाव
C. भावनात्मक अभिव्यक्तियाँ D. उपरोक्त सभी

92. राइबोफ्लोविन को पहले कहते थे:
A. विटामिन B_1 B. विटामिन B_6
C. विटामिन B_{12} D. विटामिन B_2

93. गुर्दा के सही कार्य न करने के कारण जल का अवरोधन .... में परिणत हो जाता है।
A. पसीना B. भूख
C. शोथ D. प्यास

94. .... प्राकृतिक बहुलक है।
A. विटामिन B. खनिज
C. वसा D. प्रोटीन

95. .... में स्टॉर्च कणों के रूप में अनाज भोजन का मुख्य भंडार होता है।
A. भ्रूण B. भ्रूणपोष
C. एलेवरॉन D. स्क्यूटेलम

96. बिटोट स्पॉट .... विटामिन की कमी है।
A. A B. D
C. E D. K

97. .... रक्त का थक्का जमने के लिए आवश्यक है।
A. विटामिन ए B. विटामिन के
C. विटामिन सी D. विटामिन डी

98. दूध का खमीरी उत्पाद है:
A. घी B. पनीर
C. बटर D. खोआ

99. बिस्तर बनाना .... ऊर्जा वाला कार्य है।
A. हल्की B. मध्यम
C. भारी D. अत्यंत भारी

100. जब रक्त में हिमोग्लोबिन की कमी हो जाती है, तो हमें ...... हो जाता है।
A. बुखार B. सिरदर्द
C. चेचक D. एनीमिया

101. स्टार्च साधारण रूप में .... टूटता है।
A. मुख B. छोटी आँत
C. आमाशय D. बड़ी आँत

102. 'पार्कर' के अनुसार, आराम मानव व्यवहार का प्रेरणा मूल्य है।
A. सत्य B. असत्य
C. संबंधित नहीं D. विवादित

103. निर्णय लेने में तीन चरण .... द्वारा दिए गए।
A. ओगेल B. जॉन डेवे
C. स्वामीनाथन D. श्रीलक्ष्मी

104. .... एक संसाधन है, जो हम सब साझा करते हैं, हालांकि यह भी है जिसके प्रति हम सामान्यतः लापरवाह रहते हैं।
A. धन B. समय
C. ऊर्जा D. जल

105. परिचालन चार्ट एक कार्य को करने में प्रयुक्त विधि का चरण दर चरण वर्णन है।
A. सत्य B. असत्य
C. संबंधित नहीं D. विवादित

106. .... आय संतोष का वह प्रवाह है, जो प्रतिदिन के अनुभवों से उत्पन्न होता है।
A. आत्मिक B. धन
C. वास्तविक D. गुणवत्ता

107. .... आवश्यक रूप से उपलब्ध अवसरों पर आधारित कार्य योजन का निरूपण है।
A. आयोजना B. स्वीकार करना
C. कार्य करना D. चुनना

108. .... मानक बृहद् स्तर पर समुदाय द्वारा स्वीकृत नहीं है।
A. परम्परागत
B. (A) और (D) दोनों
C. न तो (A) और न ही (D)
D. परिवर्तनशील

109. एक बालक की शिक्षा .... निर्णयों का उदाहरण है।
A. परिणाम B. समूह
C. व्यक्ति D. तकनीकी

110. "कार्य के सरलीकरण को कार्य करने की साधारणतम, सरलतम और शीघ्रतम विधि को सचेत होकर ढूँढ़ने के रूप में परिभाषित किया जा सकता है।" यह किसने कहा?
A. निकेल एंड डॉर्सी B. ग्रोस एंड क्रैंडल
C. वर्गीज, ओगेल D. एलिजाबेथ हरलॉक

111. तीन मुख्य शरीर भारों को सीधी रेखा में लेना—यह सिद्धांत .... पर लागू होता है।
A. शरीर की स्थिति में परिवर्तन
B. उत्पादन क्रम में परिवर्तन
C. तैयार उत्पाद में परिवर्तन
D. कच्चे पदार्थ में परिवर्तन

112. माली की सेवा मजदूरी है जबकि बैंक मैनेजर की सेवा है:
A. पुरस्कार B. ऋण
C. वेतन D. बोनस

113. महत्वपूर्ण आवश्यकताओं को .... योजना में नजरअंदाज किया जा सकता है।
A. मानसिक B. लिखित
C. अर्ध-लिखित D. इनमें से कोई नहीं

114. .... के अनुसार मनुष्य का आवास बाह्य तत्वों से सुरक्षा से अधिक बहुत कुछ होता है।
A. ग्रोस एंड क्रैंडल B. बेयर
C. अगन टेसीक D. नीरू गर्ग

115. .... बल्ब टेबललैंप में प्रयुक्त होते हैं।
A. तापदीप्ति B. प्रतिदीप्ति
C. ट्यूब D. मेज

116. .... रंग का नाम दर्शाता है।
A. प्रकाश B. वर्ण
C. मान D. गहराई

117. "फूलों की व्यवस्था का उद्देश्य चारों ओर खुशी, जीवन और सौंदर्य भरना है।" यह किसने कहा?
A. ए.एच. रट B. रहीना बेगम
C. श्रीलक्ष्मी D. सुमती मुदाम्बी

118. बुफे के लिए मेनू इस प्रकार होनी चाहिए कि मेहमान उसे ...... से खा सके।
A. साधारण रूप B. सरलता
C. कठिनाई D. महत्वकांक्षा

119. आठवें हफ्ते से जन्म तक भ्रूण .... कहलाता है।
A. फीटस B. भ्रूण
C. युग्मनज D. अंड

120. शरीर में कार्य पर भोजन का अध्ययन .... के रूप में परिभाषित है।
A. विज्ञान B. खाद्य विज्ञान
C. पथ्य D. पोषण

121. मानव दूध के 100 मिली. में ...... ग्राम प्रोटीन होता है।
A. 1.1 B. 1.2
C. 1.3 D. 1.4

122. अनियमित बोवेल रिक्त होना या रिक्त न होना .... कहलाता है।
A. डायरिया B. पेचिश
C. कब्ज D. इनमें से कोई नहीं

123. विशिष्ट पदार्थ के प्रति ऊतकों की प्रतिक्रिया .... कहलाती है।
A. एक्जिमा B. एलर्जी
C. फिट्स D. टिटेनस

124. .... एक बच्चे का शारीरिक, भावनात्मक और बौद्धिक क्षमता को विकसित करता है।
A. खेलना B. खाना
C. चिल्लाना D. अनुपूरक लेना

125. कश्मीर इम्ब्रॉयडरी को .... कहते हैं।
A. हेरींगबोन B. पश्मिना
C. फैरिडा D. कसीदा

126. गृह विज्ञान प्रशिक्षण देता है :
A. घर सम्भालने के लिए
B. घर और बच्चों की देखभाल के लिए
C. घर और अपने कैरियर की देखभाल के लिए
D. भोजन पकाने और घर सजाने के लिए

127. उच्च रक्तचाप के रोगी को कैसा आहार देना चाहिए?
A. अधिक प्रोटीन और ऊर्जा वाला आहार
B. कम नमक वाला आहार
C. कम रेशे वाला आहार
D. कम चीनी वाला आहार

128. भोजन पकाने की कौन-सी विधि सबसे उत्तम है?
A. तलना B. उबालना
C. सेकना D. भाप द्वारा

129. 'कॉर्नियल जीरोसिस' का लक्षण है :
A. कॉर्निया में घाव होना
B. कॉर्निया का शुष्क हो जाना
C. उच्च रक्तचाप
D. उपरोक्त सभी

130. विटामिन 'ए' अभाव की सबसे खतरनाक अवस्था कौन-सी है?
A. बाइटोट स्पाट्स B. केरैटोमैलेसिया
C. कॉर्नियल जीरोसिस D. जीरोफ्थैल्मिया

131. पॉलिएस्टर एक शुद्ध :

A. प्रोटीन युक्त धागा है　　B. रासायनिक धागा है
C. पुनर्निर्मित धागा है　　D. इनमें से कोई नहीं

132. रेयॉन पर रंग अच्छा चढ़ता है, क्योंकि वे :

A. सेलुलोसिक होते हैं
B. सोखने की शक्ति रखते हैं
C. अधिक तापमान सहन कर लेते हैं
D. एसिड से खराब नहीं होते हैं

133. ऊन के लिए सबसे अच्छा ब्लीच है :

A. क्लोरीन　　B. कैल्सियम क्लोराइड
C. हाइड्रोजन परऑक्साइड　　D. सोडियम क्लोराइड

134. जैवेल जल .... रेशों पर प्रयोग किया जाता है।

A. सूती　　B. लिनन
C. रेशमी　　D. सूती व लिनन

135. ऐसा ब्लीचिंग पदार्थ जो वनस्पति और जैविक दोनों रेशों पर सुरक्षात्मक ढंग से प्रयुक्त किया जा सके?

A. हाइड्रोजन परऑक्साइड　　B. ऑक्जैलिक एसिड
C. सूर्य का प्रकाश　　D. उपरोक्त सभी

136. लिनोलीइक अम्ल है, एक :

A. प्रोटीन　　B. वसा
C. असंतृप्त वसीय अम्ल　　D. संतृप्त वसीय अम्ल

137. भोजन में पोषण की पर्याप्तता किसने अनुसार होती है?

A. उम्र के　　B. लिंग के
C. क्रियात्मक तरीके के　　D. उपरोक्त सभी

138. सुक्रोज पर्याप्त मात्रा में पाया जाता है :

A. दूध में　　B. संतरे के रस में
C. गन्ना में　　D. अंगूर में

139. पकाने के दौरान भोज्य पदार्थ जल के सम्पर्क में *नहीं* आते हैं, यह है :

A. तलना　　B. भूनना
C. भाप से पकाना　　D. उपरोक्त सभी

140. 'घर' एवं 'मकान' में महत्वपूर्ण अन्तर है :

A. भौतिक
B. वातावरणीय
C. संवेगात्मक
D. केवल शब्दावली संबंधी फर्क है

141. वृद्धि से भाव है :

A. आकार, ऊँचाई और भार में बढ़ोतरी
B. आंतरिक अंगों में बढ़ोतरी
C. (A) और (B) दोनों
D. इनमें से कोई नहीं

142. शिशु का भार दुगुना होता है :

A. जन्म से चार महीने में
B. छः महीने में
C. आठ महीने में
D. एक साल में

143. सिफैलोकॉडल विकास का अर्थ है :

A. सिर से पैरों तक का विकास
B. शारीरिक केन्द्र से बाहर जाती हुई वृद्धि
C. A और B दोनों
D. इनमें से कोई नहीं

144. जिज्ञासा उत्पन्न होने तथा प्रयत्न एवं गलतियाँ करके सीखने की विधि को कहते हैं :

A. प्राइमरी सर्कुलर　　B. सेकंडरी सर्कुलर
C. टर्शरी सर्कुलर　　D. उपरोक्त सभी

145. समाजीकरण कब शुरू होता है?

A. जब बालक को छुआ जाए
B. जब बालक बोलना शुरू करे
C. जब बालक किसी व्यक्ति के मुस्कुराने पर मुस्कुराए
D. जब बालक के साथ बातें की जाएँ

146. बाल्यावस्था में लड़के और लड़कियाँ .... खेलते हैं।

A. इकट्ठे　　B. अलग
C. मर्जी से　　D. नहीं खेलते

147. बचपन में बच्चे को क्रोध क्यों आता है?

A. तंग किए जाने पर
B. दूसरे बच्चों के साथ तुलना किए जाने पर
C. पक्षपात होने पर
D. उपरोक्त सभी

148. लड़कियों में माहवारी शुरू होने की अवस्था को कहते हैं :

A. मीनोपॉज　　B. मेनार्की
C. प्यूबर्टी　　D. इनमें से कोई नहीं

149. किशोरावस्था में मानसिक विकास की कौन-सी अवस्था पाई जाती है?

A. सेन्सरी मोटर स्टेज　　B. प्रीऑपरेशनल स्टेज
C. कनक्रीट ऑपरेशनल स्टेज　　D. फॉर्मल ऑपरेशन स्टेज

150. व्यवसाय के चुनाव में .... सहायक होते हैं।

A. प्रोत्साहन　　B. कार्यकुशलता
C. प्रवृत्ति　　D. उपरोक्त सभी

151. किशोर अपने-आपको भद्दा कब महसूस करते हैं?

A. अधिक शारीरिक वृद्धि होने पर
B. कम शारीरिक वृद्धि होने पर
C. असन्तुलित शारीरिक वृद्धि होने पर
D. उपरोक्त सभी

152. परिवार में सम्बन्ध खराब होने का क्या कारण है?

A. परिवार में बातचीत की कमी
B. दूसरों की भावनाओं को न समझना
C. आपस में त [illegible] होना
D. उपरोक्त सभी

153. गृहिणी को उपकरणों का प्रयोग अवश्य करना चाहिए ताकि वह .... की बचत कर सके।

A. समय B. ऊर्जा

C. समय और ऊर्जा दोनों D. इनमें से कोई नहीं

154. मील्स और व्हील्स का मेन्यू यह होता है :

A. स्थिर B. चयनात्मक

C. एकल उपयोग D. गैर चयनात्मक

155. निम्नलिखित में से कौन-सा नील घुलनशील है?

A. अल्ट्रामरीन B. इन्डिगो

C. मीथलीन ब्लू D. प्रशियन ब्लू

156. पोषक तत्त्व सहायक हैं :

A. शरीर के विकास में B. विकास में

C. रखरखाव में D. उपरोक्त सभी में

157. अगर हम उबालने के बाद ज्यादा पानी फेंक दें, तो कौन-सा पौष्टिक तत्त्व पानी के साथ चला जाता है?

A. विटामिन बी कॉम्प्लेक्स B. विटामिन ए

C. विटामिन डी D. विटामिन ई

158. साधनों को वर्गीकृत किया जा सकता है :

A. मानवीय बनाम भौतिक में

B. खास बनाम आम में

C. मानवीय, भौतिक और साइकिक कैपिटल साधन में

D. उपरोक्त सभी

159. .... को मापना कठिन है।

A. मूल्य B. लक्ष्य

C. स्तर D. उपरोक्त सभी

160. कुण्ठाजनक थकान का कारण है :

A. उत्प्रेरणा की कमी B. योजना में गलती

C. लक्ष्य की प्राप्ति न होना D. उपरोक्त सभी

161. .... को हम आसानी से व्यवस्थित कर सकते हैं।

A. अमानवीय B. मानवीय

C. खास साधन D. आम साधन

162. गृह व्यवस्था है :

A. लक्ष्य प्राप्ति के लिए साधनों का प्रयोग करना

B. कार्य पूर्ण करना

C. हरएक का निरीक्षण करना

D. कार्य पूर्ण करने के लिए सही तरीके का प्रयोग करना

163. जीरोफ्थैल्मिया (शुष्काक्षिपाक), कमी है :

A. विटामिन ए की B. विटामिन डी की

C. विटामिन ई की D. विटामिन के की

164. भारत सरकार ने 'उपभोक्ता संरक्षण नियम' किस वर्ष में लागू किया?

A. 1987 B. 1988

C. 1985 D. 1986

165. 'हल्दी' में सबसे आम मिलावट है :

A. पीला पाउडर B. मेटानिल पीला

C. पीली डाइ D. इनमें से कोई नहीं

166. विटामिन बी$_2$ को कहते हैं :

A. थायेमीन B. राइबोफ्लेविन

C. नियासीन D. ट्रिप्टोफेन

167. एक लाख से कम कीमत की खरीदी हुई वस्तु का हर्जाना लेने के लिए आप कौन-सी उपभोक्ता फोरम में दावा करेंगे?

A. राज्य स्तर B. जिला स्तर

C. राष्ट्र स्तर D. इनमें से कोई नहीं

168. 'आमचुर' पर दिया गया मानकीकरण चिह्न है :

A. एगमार्क B. आई.एस.आई.

C. एफ.पी.ओ. D. इनमें से कोई नहीं

169. कमीज के ध्यान रखने वाले लेबल पर 15½ क्या दर्शाता है?

A. कॉलर की माप B. कमीज को प्रेस करना

C. ब्लीच न करना D. नील करना

170. एक कम कार्य करने वाले व्यक्ति को, जिसका भार 60 किग्रा है, उसे ऊर्जा चाहिए :

A. 2925 किलो कैलोरी B. 1875 किलो कैलोरी

C. 2225 किलो कैलोरी D. 2875 किलो कैलोरी

171. खनिज लवण .... और .... हमारे शरीर में अधिक मात्रा में पाए जाते हैं।

A. कैल्सियम और फॉस्फोरस B. कैल्सियम और पोटैशियम

C. लोहा और फॉस्फोरस D. पोटैशियम और फॉस्फोरस

172. हरी पत्तेदार सब्जियों और अनाज में पाया जाने वाला .... कैल्सियम के पाचन में बाधा डालते हैं।

A. ऑक्जेलेट

B. फाइटेट

C. ऑक्जेलेट और फाइटेट दोनों

D. कोई भी नहीं

173. विकास में कमी, चिड़चिड़ापन, त्वचा में परिवर्तन और बालों में परिवर्तन लक्षण हैं :

A. क्वाशियोरकोर के B. मरास्मस के

C. पी.ई.एम. की कमी के D. फ्लुओरोसिस के

174. ज्यादातर जीवाणु आमतौर पर किस pH पर अच्छी तरह उग सकते हैं?

A. अम्लीय B. क्षारीय

C. उदासीन D. उपरोक्त सभी

175. जब हम गूँथने के लिए पानी डालते हैं, दो प्रोटीन मिल जाते हैं और निम्नलिखित यौगिक बनाते हैं :

A. ग्लूटेन B. लाइसीन

C. मेथोइनाइन D. आइसोल्यूसिन

176. अगर हम फलों को अधिक समय तक फ्रिज में रखें तो उनके .... का ज्यादा भाग बचा नहीं रहता।

A. ऐस्कॉर्बिक ऐसिड B. थायेमीन
C. निकोटीनिक ऐसिड D. उपरोक्त सभी

177. स्तनपान काल में लोहे की दैनिक आवश्यकता है :
A. 38 मिलीग्राम B. 40 मिलीग्राम
C. 30 मिलीग्राम D. 35 मिलीग्राम

178. गर्भकाल में आई.सी.एम.आर. द्वारा प्रोटीन की बढ़ती हुई दैनिक आवश्यकता है :
A. 14 ग्राम B. 25 ग्राम
C. 20 ग्राम D. 15 ग्राम

179. एल.टी.एच.टी. पाश्च्यूरिकरण की विधि में दूध को गर्म किया जाता है :
A. 140°F B. 145°F
C. 161°F D. 165°F

180.  चिह्न दर्शाता है :
A. बॉक्स प्लीट B. नाइफ प्लीट
C. टू वे ग्रेन D. चुन्नटें

181. कपड़ा जिसका घनत्व कम हो, वह :
A. कम भार का होता है B. कम कवर होता है
C. अधिक मजबूत होता है D. इनमें से कोई नहीं

182. कृत्रिम सिल्क है :
A. रेयॉन B. पॉलिएस्टर
C. एक्रिलिक D. ऐसीटेट

183. तन्तु को पहचानने का सबसे महत्वपूर्ण टेस्ट है :
A. दूरबीन टेस्ट B. बर्निंग टेस्ट
C. सॉल्यूबिलिटी टेस्ट D. टीयरिंग टेस्ट

184. एक तुन्तु की दृढ़ता का सीधा सम्बन्ध है :
A. पॉलिमर की लम्बाई से
B. पॉलिमर ऑरिएन्टेशन और मजबूती से
C. इंटर पॉलिमर शक्ति के आकर्षण से
D. उपरोक्त सभी से

185. बुखार एक स्थिति है जिसमें :
A. शरीर का तापमान सामान्य से बढ़ जाता है
B. चयापचय क्रियाओं की दर बढ़ जाती है
C. शरीर में उफष्मा बनने और ऊष्मा निकलने में असन्तुलन होता है
D. उपरोक्त सभी

186. बंदगोभी और फूलगोभी में गॉयट्रोजेन (Goitrogens) होता है :
A. सही B. गलत
C. निश्चित नहीं D. असम्बन्धित

187. B.M.R. का पूरा स्वरूप है :
A. बेसिक मेटाबोलिक रेट B. बेसल मेटाबोलिक रेट
C. बॉम्ब मीटर रेट D. बिग मीटर रेट

188. वायु समाविष्ट करने के लिए तेज गति से उठाकर पीटना को कहते हैं :
A. चाबूक मारना (विप) B. मरगजा करना (मॅश)
C. पीटना (बीट) D. बाँधना (बाइंड)

189. क्वथनांक के थोड़े से नीचे किसी द्रव में खाद्य को डुबाने से होता है :
A. सिझाना B. खदबदाना
C. दम देना D. भूनना

190. .... यह पकाने का परिस्थितिक-प्रेमी प्रकार है।
A. माइक्रोवेव में पकाना B. तलना
C. सौर शक्ति से पकाना D. प्रेशर में पकाना

191. पौष्टिक मूल्यों को बढ़ाने का तरीका है :
A. अंकुरण B. किण्वन
C. पुष्टीकरण D. उपरोक्त सभी

192. मुख-द्रव्य में यह शामिल नहीं होता :
A. दही का पानी B. जौ का पानी
C. दूध D. फलों का रस

193. .... यह नायसिन के पूर्वगामी के रूप में काम करता है।
A. ट्रिप्टोफॅन (Tryptophan) B. लाइसिन (Lysine)
C. हिस्टिडाइन (Histidine) D. वेलाइन (Valine)

194. 'मानव के जीवन-काल में आने वाले परिवर्तन और स्थिरता की प्रक्रिया का वैज्ञानिक अध्ययन ही मानव विकास है'—यह परिभाषा इन्होंने दी :
A. निकेल डॉर्सी B. लौरा इ बर्क
C. पॅपलिय एण्ड ओल्डस् D. हरलोक

195. बालकपन की अवधि होती है :
A. एक हफ्ते से एक वर्ष तक
B. दो हफ्ते से दो वर्ष तक
C. एक हफ्ते से छह माह तक
D. दो वर्ष से तीन वर्ष तक

196. मोटर नियंत्रण यह सिर के क्षेत्र से पाँव के क्षेत्र तक अग्रसर होता है :
A. सेफेलोकॉडल नियम B. प्रॉक्सिमो डिस्टल नियम
C. डेवलपमेण्ट नियम D. इनमें से कोई नहीं

197. रजःस्राव का रुकना यह गर्भावस्था का पहला संकेत है और है :
A. मेनार्क B. गर्भपात
C. थकान D. अनार्तव

198. गर्भावस्था की अवधि को .... अवधि भी कहते हैं।
A. हॉर्मोनल B. सन्तति
C. गर्भावधि D. परिवर्तन

199. अण्डाणु की अवधि होती है .... से .... तक।
A. 0-2 हफ्ते B. 0-4 हफ्ते
C. 0-6 हफ्ते D. 0-8 हफ्ते

200. भ्रूण एक सफेद, चिकने तेलमय परत से ढँका हुआ होता है, जिसे कहते हैं :

A. गर्भलोम (Lanugo) B. Vernix caseosa
C. Fontanellas D. Oblique

201. जब प्रसव के समय बच्चे का नितम्ब या पाँव बाहर आता है, उसे कहते हैं :

A. इनस्ट्रमेण्टल बर्थ B. प्रेसिपिटेट बर्थ
C. सिजेरियन सेक्शन D. ब्रीच बर्थ

202. अनिद्रारोग का मतलब है :

A. अनिद्रता B. बेचैनी
C. स्वादहीनता D. बेहोशी

203. बच्चे के जन्म के बाद पहले दो-तीन दिनों में गाढ़ा पीला द्रव उत्पन्न होता है, उसे कहते हैं :

A. काल्सिटोनिन B. कोलोस्ट्रम
C. क्वीकनिंग D. एस्ट्रोजेन

204. मा....मा, दा... दा या दि.... दि जैसे ध्वनि निकालने को भाषा विकास में कहा जाता है :

A. रोना B. कूजना
C. तुतलाना D. संकेत

205. जिज्ञासा यह .... मनोभाव है।

A. सकारात्मक B. नकारात्मक
C. मिश्र D. इनमें से कोई नहीं

206. .... यह बच्चे के द्रव आहार को अर्ध-ठोस और ठोस आहार में परिवर्तित करने की प्रक्रिया है।

A. परिवर्तनशील B. भरण
C. गाल्पिंग D. दूध-छुड़ाई

207. .... जननिक सूचनाएँ स्थानान्तरित करता है।

A. टेराटोजेन B. क्रोमोसोम
C. खेड़ी (प्लासेन्टा) D. Rh फेक्टर

208. अलबर्ट बांडूर ने ज्ञान सिद्धान्त विकसित किया।

A. सही B. गलत
C. असम्बन्धित D. असंगत

209. बहाने बनाना या सच की जगह कोई स्वीकार्य कारण देना, को कहते हैं :

A. समाजीकरण B. यौक्तिकीकरण
C. संरचना D. इनमें से कोई नहीं

210. जब बच्चे बड़े होने लगते हैं तब वे अपने जननेंद्रिय के बारे में अधिक रुचि दिखाते हैं, उस अवस्था को कहते हैं :

A. मुख-अवस्था B. गुदा-अवस्था
C. लिंग अवस्था D. अव्यक्तता अवधि

211. प्रसव-प्रक्रिया के समय ऑक्सीजन की अपर्याप्त आपूर्ति होने से होता है :

A. Anoxia B. Ultrasound
C. Amniocentesis D. Fetoscopy

212. 'खट्टे अंगूर' प्रतिक्रिया यह इसका विलोम है :

A. समाजीकरण B. रचनात्मक नाटक
C. यौक्तिकीकरण D. उदात्तीकरण

213. जन्म के समय बच्चे के मांसपेशियों का वजन उसके वजन के .... होता है।

A. 20 से 25% B. 30 से 40%
C. लगभग 50% D. 70%

214. परिवर्तन की प्रक्रिया जो अनुभव से अपेक्षाकृत स्वतन्त्र है :

A. शिक्षा प्रप्ति B. परिपक्वता
C. संज्ञानात्मक विकास D. मोटर विकास

215. जीन पिगेट के अनुसार संज्ञानात्मक विकास का निम्न चरण है :

A. क्रियाशीली चरण B. परिचालन पश्च चरण
C. सेनसोरीमोटर अवधि चरण D. उपरोक्त सभी

216. LAD यह इसका छोटा स्वरूप है :

A. लेन्नरबर्ग असेशन डेवलपमेन्ट
B. लैंगवेज एडवान्समेन्ट डेवलपमेन्ट
C. लैंगवेज एक्विजिशन डिवाइस
D. इनमें से कोई नहीं

217. मनोवैश्लेषिक सिद्धान्त इसने प्रस्तावित किया :

A. मेरी एन्सवर्कस् B. बोलबी
C. पिगेट D. फ्रूड

218. हमारी मूल जरूरतों को विभिन्न तरीकों से तृप्त कराने, जो हमारे व्यक्तित्व का यथार्थवादी भाग होता है :

A. कामत्व (Id) B. अहम् (Ego)
C. पराहम् (Super Ego) D. मातृरति

219. यौन परिपक्वता पूर्ण होने का समय है :

A. तरुणाई B. किशोरावस्था
C. लिंग अवस्था D. गुदा अवस्था

220. .... मूल्य है संतोष और पूर्णता का अनुभव और अगले भोजन से पहले भूख न लगना।

A. पिरामीड B. खाद्य समूह
C. परितृप्ति D. आहार

221. .... स्रोत कम वास्तविक होते हैं और आसानी से निर्धारित नहीं किये जा सकते हैं।

A. अमानवीय B. मानवीय
C. समुदाय D. उपरोक्त सभी

222. निम्नलिखित तन्तुओं में से कौन-से तन्तु की पुष्टि दूरबीन की जाँच से की जा सकती है?

A. ऊन B. रेशम
C. नायलॉन D. एक्रलिक

223. संचलन प्रक्रिया का पहला कदम है :

A. नियंत्रण B. आयोजन
C. संघटन D. कार्यान्वियन

224. .... यह प्रक्रिया है जहाँ अनेक पर्यायों में से एक क्रिया-विधि का चयन होता है।

A. आयोजन करना B. प्रतिनिधान
C. संचलन D. निर्णय लेना

225. जिस कार्य में अपने पैरों का उपयोग होता है उसे .... प्रयास कहते हैं।

A. दृष्टि B. धड़
C. पदिक D. हस्त्य

226. सभी भौतिक चीजें और सेवाओं से पाये गये सन्तोष को कहा जाता है .... आय।

A. मानसिक B. धन
C. वास्तविक D. परिवार

227. जो व्यक्ति अपने उपयोग की वस्तुएँ और सेवाएँ बाजार से खरीदता है, वह है :

A. उत्पादक B. उपभोक्ता
C. व्यापारी D. दुकानदार

228. समय संचालन के उपकरण हैं :

A. चरम सीमा भार B. कार्य वक्र
C. आराम का समय D. उपरोक्त सभी

229. समय और गति का अध्ययन इसने किया :

A. ग्रास और क्रॅनपेल B. निकेल और डॉर्सी
C. जॉन पिगेट D. एलिजाबेथ हरलोक

230. स्रोत की विशेषताओं में से विषम को चुनिए :

A. उपयोगी B. अभिगम्य
C. असीमित D. विनिमेय

231. घर और मकान में महत्वपूर्ण अन्तर है :

A. भौतिक B. पर्यावरणीय
C. भावात्मक D. पारिभाषिक

232. रूप यह इनसे निकट सम्बन्ध रखता है :

A. वृत्त B. वर्ग
C. आयत D. रेखाएँ

233. सन्तुलन यह अभिकल्पना का सिद्धान्त है जो आराम और सन्तोष की भावना का निर्माण करता है—ऐसा इसने कहा :

A. IBID B. एस. सुन्दरराज
C. क्रेग और रश D. इनमें से कोई नहीं

234. पर्यावरणीय ध्वनि है :

A. भौतिक बाधा B. अर्थगत बाधा
C. तकनीकी बाधा D. सामाजिक बाधा

235. संदेश के तीन घटक होते हैं :

A. ज्ञान, विचार, अभिरुचि
B. कूट, अंश, विवेचन
C. आरंभिक, व्युत्पन्न, अन्त्य
D. माध्यम, कूट, श्रवण

236. विश्वसनीयता हो सकती है :

A. आरंभिक B. व्युत्पन्न
C. अन्त्य D. उपरोक्त सभी

237. समुदाय विकास के लिए तरीके हैं :

A. प्रसारण B. समुदाय संघटन
C. कार्यक्रम D. उपरोक्त सभी

238. समुदाय विकास सहायक की भूमिका है :

A. विद्यार्थी B. परिचारक
C. मार्गदर्शक D. सफाई कार्मिक

239. लोकतान्त्रिक नेता वही है जो सभी सदस्यों को निर्णय लेने की प्रक्रिया में सम्मिलित करता है।

A. सही B. गलत
C. अस्पष्ट D. असंगत

240. व्यावसायिक शिक्षा का उदाहरण है :

A. डाक द्वारा शिक्षा B. बढ़ईगिरी
C. खुला विश्वविद्यालय D. इनमें से कोई नहीं

241. .... चार्ट वृत्त के आकार का होता है और उसका उपयोग यह दर्शाने में होता है कि विभिन्न भाग मिलकर एक पूरी इकाई होती है।

A. ट्री B. पाई (Pie)
C. फ्लो D. पुल (Pull)

242. .... यह संचारण का शक्तिशाली माध्यम है।

A. रेडियो B. हैंड सेट
C. ट्रांजिस्टर D. टेलिविजन

243. .... अध्ययन का लक्ष्य होता है इकाई का गहरा और विस्तृत अध्ययन।

A. तालिका B. विकासात्मक
C. विषय D. तुलनात्मक

244. साक्षात्कार तरीका व्यक्तिगत शोधकर्ता की .... पर निर्भर होता है।

A. क्षमता
B. योग्यता
C. संवाद
D. परिस्थिति की अतिसंवेदनशीलता

245. कपड़ा मंत्रालय नवंबर .... में बनाया गया।

A. 1959 B. 1970
C. 1977 D. 1989

246. बाना तागे का ताना तागे पर सरकना या फिसलना या विलोमतः होना ही है :

A. हैंड फील B. तागा फिसलन
C. बुनाई D. इनमें से कोई नहीं

247. हस्तकौशल विकास आयुक्त का कार्यालय कहाँ स्थित है :

A. कोलकाता B. चेन्नई
C. मुम्बई D. नई दिल्ली

248. अनुमान को इसमें बताया नहीं जा सकता :

A. अकृत और प्रश्न शर्तों के रूप में हैं

B. घोषणात्मक शर्तें

C. सामान्य शर्तें

D. दिशात्मक शर्तें

249. निम्न में क्या अति उचित है?

A. शिक्षक पढ़ा सकते हैं

B. शिक्षक जन्म से ही प्रतिभाशाली होते हैं

C. शिक्षक की सहायता विद्यार्थी में पढ़ने की इच्छा जगाती है

D. व्याख्यान पद्धति सोचने के विकास के लिए उपयोग की जा सकती है

250. तागे का खिंचाव ऊष्मा के विन्यास से किया जाता है। पहला नाइलान स्ट्रेच तागा था :

A. Wintuk B. Helanca

C. Bi-Loft D. इनमें से कोई नहीं

251. निम्न में से जापानी पुष्प सज्जा कौन-सी है?

A. इकेबाना B. मौरीबेना

C. 'A' और 'B' दोनों D. इनमें से कोई नहीं

252. निषेचन की क्रिया कहाँ होती है?

A. गर्भाशय में B. अण्डवाहिनी में

C. अण्ड ग्रन्थि में D. योनि मार्ग में

253. दो-या-दो से अधिक व्यक्तियों के बीच विचारों, अनुभूतियों और ज्ञान का आदान-प्रदान कहलाता है

A. जनसंचार B. समझदारी

C. साझेदारी D. संचार

254. कशेरुरज्जु में से कितनी जोड़ियाँ तन्त्रिका निकलती हैं?

A. 13 B. 31

C. 33 D. 23

255. प्रतिवर्ती क्रियाओं (Reflex action) का नियन्त्रण केन्द्र कहाँ होता है?

A. प्रमस्तिष्क में B. अनुमस्तिष्क में

C. कशेरुरज्जु D. तन्त्रिका कोशिका

256. वाशिंग मशीन कार्य सिद्धान्त है

A. अपकेन्द्रण B. अपोहन

C. उत्क्रम परासरण D. विसरण

257. नेत्रदान में प्रदाता (Donor) की आँख के निम्नलिखित में से कौन-सा भाग प्रयोग किया जाता है?

A. आईरिश B. लेन्स

C. रेटिना D. कार्निया

258. निम्नलिखित हार्मोनों में से किसमें आयोडिन है?

A. टेस्टोस्टेरान B. इन्सुलिन

C. थायराक्सिन D. एड्रीनलीन

259. मानव शरीर में उभारों / ढलावों और रेखाओं के अनुकूल आकार देने के लिए पोशाक में प्रयुक्त करते हैं

A. हैमिंग B. पाइपिंग

C. डार्ट D. असम कच्चे टांके

260. प्रबन्ध प्रक्रिया में मूल्यांकन कौन-सा चरण है?

A. प्रथम B. द्वितीय

C. तृतीय D. चतुर्थ

261. निम्न में से कौन-सा पार्ट रेफ्रिजरेटर के ताप को नियन्त्रित करता है?

A. फ्रीजर B. चिल्ल ट्रे

C. मोटर D. नियामक

262. "स्वास्थ्य केवल बीमारी, व्याधि या दौर्बल्यावस्था से ही छुटकारा नहीं वरन् पूर्ण शारीरिक, मानसिक और सामाजिक सुस्थापन ही सुस्वास्थ्य है।" किसने परिभाषित किया?

A. जे.एफ. विलियम्स B. एफ.ई. लिण्डर

C. विश्व स्वास्थ्य संगठन D. एम.बी. एड्डी

263. त्रिकोणी पट्टियों को प्राथमिक चिकित्सा और गलपट्टी के लिए घर में रखना अत्यधिक महत्त्वपूर्ण है। यह लिनेन के चौड़े वर्गाकार टुकड़े को मध्य से कर्ण पर काटकर बना ली जाती है, जिसकी माप होती है

A. 16 से 20 इंच B. 26 से 30 इंच

C. 36 से 40 इंच D. 46 से 50 इंच

264. "बाल-मनोविज्ञान वह वैज्ञानिक अध्ययन है जो व्यक्ति के विकास का अध्ययन गर्भकाल के प्रारम्भ से किशोरावस्था की प्रारम्भिक अवस्था तक करता है" किसने कहा?

A. जेम्स ड्रेवर B. एच.जे. आइसेन्क

C. क्रो और क्रो D. इ.बी. हरलॉक

265. किस विधि से पकाया गया भोजन पौष्टिक व सुपाच्य होता है?

A. भूनने से B. तलने से

C. वाष्प द्वारा D. ये सभी

266. कौन सुमेलित नहीं है?

A. फुलकरी—पंजाब B. मुर्री—लखनऊ

C. कसूती—कर्नाटक D. कांथा—हरियाणा

267. बहुपति विवाह, बहुपत्नी विवाह, समूह विवाह और अनियन्त्रित विवाह ये सभी प्रकार हैं

A. एकल विवाह के B. प्रायोगिक विवाह के

C. बहु-विवाह के D. समझौता विवाह के

268. निम्नलिखित संगठन वाले 'रेशों' की पहचान कीजिए 49 से 50% कार्बन, 23 से 24% ऑक्सीजन, 16% नाइट्रोजन, 7% हाइड्रोजन और 4% सल्फर

A. कपास B. रेशम

C. लिनेन D. ऊन

269. काला रंग प्रतीक है

A. त्याग का B. शक्ति का

C. दुःख का D. प्रसन्नता का

270. ऊनी वस्त्रों को धोने का सबसे उपयुक्त तरीका है

A. हाथ से साबुन और पानी की सहायता से
B. हाथ से डिटर्जेन्ट पाउडर और पानी से
C. धोने के मशीन पाउडर और पानी से
D. शुष्क धुलाई विधि से

271. शिशुओं की नाड़ी की गति प्रति मिनट होती है।

A. 70 से 80 B. 90 से 100
C. 100 से 120 D. 120 से 150

272. प्राथमिक स्वास्थ्य केन्द्र की अवधारणा को सर्वप्रथम किसने प्रस्तुत किया?

A. योजना आयोग B. मुदालियर कमेटी
C. केन्द्रीय स्वास्थ्य परिषद् D. भोर कमेटी

273. सरसो के तेल में मिलावट किया जाने वाला पदार्थ है

A. तिली के तेल B. आर्जीमोन तेल
C. मूंगफली का तेल D. सोयाबीन का तेल

274. बुद्धि के 'एक तत्त्व सिद्धान्त' के प्रतिपादक हैं

A. स्पीयरमैन B. बकिंघम
C. टरमन D. अल्फ्रेड बिने

275. केसीन पाया जाता है

A. दूध में B. दलिया में
C. दाल में D. चावल में

276. ऐंजिल के अनुसार जैसे-जैसे आय बढ़ती जाती है

A. भोजन पर व्यय का प्रतिशत बढ़ता जाता है
B. भोजन पर कुल व्यय बढ़ जाता है
C. भोजन पर व्यय का प्रतिशत मात्रा में घटता जाता है
D. भोजन पर व्यय सामान्य रहता है

277. प्रारम्भ में गृह विज्ञान को कहा जाता था

A. घरेलू प्रशासन B. घरेलू कला
C. घरेलू अर्थशास्त्र D. गृह कला

278. सर्वप्रथम 6 से 7 माह की उम्र में निकलने वाले दांतों को कहते हैं

A. कृन्तक B. केन्द्रीय कृन्तक
C. प्री-मोलर D. मोलर

279. रेयॉन रेशों के निर्माण में कच्चे पदार्थ के रूप में प्रयोग किया जाता है।

A. ऊन एवं रेशम B. रेशम एवं कपास
C. जूट एवं लिनन D. कपास एवं बांस

280. उत्तम स्वास्थ्य के लिए आवश्यक है

A. वातावरणीय स्वच्छता B. शारीरिक स्वच्छता
C. A और B दोनों D. इनमें से कोई नहीं

281. स्वाइन फ्लू फैलता है

A. H_1N_1 से B. N_2H_2 से
C. N_2N_1 से D. H_1N_2 से

282. केरोटीन पाया जाता है

A. विटामिन A में B. विटामिन B में
C. विटामिन C में D. इनमें से कोई नहीं

283. एमाइलेज को .... भी कहते हैं।

A. एन्जाइम B. टायलिन
C. लाइसोजाइम D. इनमें से कोई नहीं

284. निम्नलिखित में से एलब्यूमिन किसमें पाया जाता है?

A. बालों में B. गेहूँ में
C. अण्डे में D. रक्त में

285. पित्त आवश्यक होते हैं

A. प्रोटीन पाचन के लिए B. कार्बोहाइड्रेट पाचन के लिए
C. वसा पाचन के लिए D. उपरोक्त में से सभी

286. S.G.P.T. सम्बन्धित है :

A. पैन्क्रियाज से B. लीवर से
C. हृदय से D. उपरोक्त सभी

287. सोलर कुकर के डिब्बों में काला रंग होने से उसमें

A. अवशोषण क्षमता में कमी होती है
B. अवशोषण क्षमता में वृद्धि होती है
C. अवशोषण क्षमता बराबर होती है
D. उपरोक्त में से इनमें से कोई नहीं

288. मुण्डेल ने कार्य सरलीकरण को तीन परिवर्तन के वर्गों में विभाजित किया है जिसमें पहला परिवर्तन है

A. उत्पादन में परिवर्तन
B. कार्य संग्रहीकरण व उपकरण में परिवर्तन
C. हाथ और शरीर की गतियों में परिवर्तन
D. उपरोक्त में से इनमें से कोई नहीं

289. क्रेपिंग है

A. बुनाई B. परिसज्जा
C. करघे का मुख्य भाग D. इनमें से कोई नहीं

290. आहार में विटामिन 'ए' की कमी से रोग होता है

A. रतौंधी B. कीरेटोमलेशिया
C. जीरोथैलमिया D. ये सभी

291. जन्म से दो वर्ष की अवस्था कहलाती है

A. भ्रूण अवस्था B. बचपन अवस्था
C. फीटस अवस्था D. इनमें से कोई नहीं

292. प्लेसेन्टा के द्वारा आहार व ऑक्सीजन की पूर्ति होती है

A. गर्भ में B. जन्म के पश्चात्
C. शैशवावस्था में D. इनमें से कोई नहीं

293. हीमोफीलिया एक रोग है

A. हारमोन्स में गड़बड़ी B. हीनताजन
C. आनुवंशिक D. कवकीय संक्रमण

294. जन्म के तुरन्त बाद नवजात शिशु को लगाया जाता है

A. खसरे का टीका B. बी.सी.जी. का टीका
C. एम.एम.आर. का टीका D. उपरोक्त सभी

295. एड्स का कारण है

A. अमीबा
B. वाइरस
C. फफूंदी
D. बैक्टीरिया

296. हृदय की धड़कन नियन्त्रित करने के लिए कौन-सा खनिज आवश्यक है?

A. सोडियम
B. गन्धक
C. पोटैशियम
D. लोहा

297. लम्बे समय तक कठोर शारीरिक कार्य के बाद माँसपेशियों में थकान अनुभव होने का कारण है

A. ऑक्सीजन की पूर्ति में कमी
B. ग्लूकोज का अवक्षय
C. पेशीय तन्तुओं में टूट-फूट
D. लैक्टिक एसिड में संचय

298. कुर्त्ता बनाते समय हमें सिलाई के लिए कपड़ा लेना चाहिए

A. लम्बाई का दुगुना + बाँह की लम्बाई
B. लम्बाई तीन गुना + गले की लम्बाई
C. पूरी लम्बाई + कमर की गोलाई
D. लम्बाई का दुगुना + बाँह की लम्बाई का तीन गुना

299. वस्त्रों में केलेण्डरिंग की जाती है

A. सिकुड़न दूर करने के लिए
B. चमक लाने के लिए
C. A और B दोनों
D. उपरोक्त में से इनमें से कोई नहीं

300. मानव की ज्ञान व अभिवृत्तियाँ कहलाती है

A. अमानवीय साधन
B. मानवीय साधन
C. A और B दोनों
D. उपरोक्त में से इनमें से कोई नहीं

301. जल में घुलनशील विटामिन है

A. विटामिन 'बी'
B. विटामिन 'ए'
C. विटामिन 'के'
D. विटामिन 'डी'

302. अवरोधक छपाई के लिए प्रयोग किया जाता है

A. तेल
B. लेई
C. मोम
D. गोंद

303. मानव शरीर में पाचन का अधिकांश भाग किस अंग में सम्पन्न होता है?

A. बड़ी आंत
B. छोटी आंत
C. आमाशय
D. पैन्क्रियाज

304. मस्तकाधोमुखी विकास क्रम में शारीरिक विकास होता है

A. पैरों से सिर की ओर
B. सिर से हाथ की ओर
C. सिर से पैर की ओर
D. पैरों से हाथ की ओर

305. फ्लोराइड की अधिकता से होने वाला रोग है

A. फ्लुरोसिस
B. कुपोषण
C. लेथिरिज्म
D. एनीमिया

306. सेल्सियस तथा फारेनहाइट पैमाने एक ही रीडिंग देते हैं

A. – 40° ताप पर
B. – 30° ताप पर
C. – 273° ताप पर
D. – 100° ताप पर

307. डायबिटीज मेलिटस हो जाता है

A. इन्सुलिन के अधिक स्रावण के कारण
B. इन्सुलिन के कम स्रावण के कारण
C. लिवर का सही कार्य न करने के कारण
D. उपरोक्त में से इनमें से कोई नहीं

308. व्यक्ति के जीवन में एक-दूसरे से घनिष्ठ सम्बन्ध रखते हैं

A. मूल्य, आयोजन, लक्ष्य
B. लक्ष्य, आयोजन, स्तर
C. मूल्य, लक्ष्य, स्तर
D. स्तर, लक्ष्य, मूल्यांकन

309. पोशाकों में योक लगाने का मुख्य उद्‌देश्य है

A. फेशन के लिए
B. पोशाक का वजन नियन्त्रित करने के लिए
C. वस्त्रों का खिंचाव रोकने के लिए
D. उपरोक्त सभी

310. प्रबन्ध प्रक्रिया का प्रथम चरण है

A. नियन्त्रण
B. मूल्यांकन
C. संगठन
D. इनमें से कोई नहीं

311. किसी आर्कीटेक्ट के द्वारा बनाया गया बिल्डिंग मैप कहलाता है।

A. संरचनात्मक डिजाइन
B. सूक्ष्म डिजाइन
C. रचनात्मक डिजाइन
D. ज्यामितीय डिजाइन

312. थायरॉइड ग्रन्थि से पाइरॉक्सिन अधिक स्रावित होने पर

A. BMR बढ़ जाता है
B. BMR कम होता है
C. 'A' और 'B' दोनों
D. इनमें से कोई नहीं

313. निकोटिनिक एसिड की कमी से होने वाला रोग है

A. स्कर्वी
B. बेरी-बेरी
C. पैलेग्रा
D. इनमें से कोई नहीं

314. गेहूँ में पाया जाता है

A. हिस्टोन
B. एल्ब्यूमिन
C. ग्लूटिन
D. इनमें से कोई नहीं

315. अण्डे से कीड़ा बनने तक की अवस्थाओं का कौन-सा क्रम सही है?

A. अण्डा–प्यूपा–लार्वा–कीड़ा
B. प्यूपा–लार्वा–अण्डा–कीड़ा
C. प्यूपा–अण्डा–लार्वा–कीड़ा
D. अण्डा–लार्वा–प्यूपा–कीड़ा

316. ओस्टियोपीरोसिस (Osteoporosis) नामक बीमारी निम्न में से किसकी कमी से होती है?

A. विटामिन 'ए'
B. विटामिन 'बी'
C. विटामिन 'डी'
D. विटामिन 'के'

317. आयरन, फोलिक एसिड व विटामिन की कमी से होता है

A. बेरी-बेरी
B. स्कर्वी
C. पैलेग्रा
D. एनीमिया

318. सामान्यतया शरीर का तापक्रम होता है
A. 98.4 °C B. 98.3 °C
C. 100 °C D. इनमें से कोई नहीं

319. वह निर्णय जो परिवार का एक सदस्य लेता है, उससे सिर्फ निर्णय लेने वाला व्यक्ति ही प्रभावित होता है, है
A. नैतिक निर्णय B. संगठनात्मक निर्णय
C. आपातकालीन निर्णय D. व्यक्तिगत निर्णय

320. सिरका किसका जलीय विलयन है?
A. ऑक्सीजन अम्ल B. नींबू का अम्ल
C. एसीटिक अम्ल D. हाइड्रोक्लोरिक अम्ल

321. परिधान में कटे हुए किनारों को मोड़ने के लिए प्रयोग करते हैं
A. लम्बी पट्टी B. तिकोनी पट्टी
C. औरेव पट्टी D. चौकोर पट्टी

322. मानव भ्रूण का हृदय कब स्पंदन करने लगता है?
A. अपने परिवर्द्धन के प्रथम सप्ताह में
B. अपने परिवर्द्धन के तृतीय सप्ताह में
C. अपने परिवर्द्धन के चतुर्थ सप्ताह में
D. अपने परिवर्द्धन के सातवें सप्ताह में

323. रोगों का अध्ययन किसके अन्तर्गत किया जाता है?
A. साइटोलॉजी B. हॉर्टीकल्चर
C. पैथोलॉजी D. पामोलॉजी

324. गृह सज्जा में आन्तरिक सज्जा है
A. रचनात्मक कला B. विध्वंसात्मक कला
C. फाइन आर्ट D. आन्तरिक कला

325. हरी पत्तेदार सब्जियों में पाया जाता है
A. वसा B. प्रोटीन
C. कार्बोहाइड्रेट D. इनमें से कोई नहीं

326. वैक्यूम क्लीनर जिसके द्वारा गृहिणी को कम श्रम व शक्ति लगती है उसका भाग है
A. सेफ्टी वाल्व (गास्केट) B. नोजल, पंखा
C. केबिनेट, चिल्ल ट्रे D. उपरोक्त सभी

327. श्वेत क्रान्ति सम्बन्धित है
A. गेहूँ से B. फूलों से
C. दूध से D. रंगों से

328. पराग के अनुसार प्राथमिक रंग होते हैं
A. लाल, हरा, नीला B. लाल, पीला, नीला
C. हरा, पीला, नीला D. नीला, पीला, बैंगनी

329. इन्द्रधनुष में रंग होते हैं
A. IBGYORL B. BGYVIMZ
C. VIBGYOR D. MRVYLA

330. ट्यूशन पढ़ाना, पापड़ बनाना, किस प्रकार की आय से सम्बन्धित है?
A. वास्तविक आय B. मानसिक आय
C. सम्पूर्ति आय D. इनमें से कोई नहीं

331. निर्णय प्रक्रिया का प्रथम सोपान है
A. उपयुक्त विकल्प का चयन
B. निर्णय की जाने वाली समस्या की व्याख्या
C. निर्णय के परिणामों का स्वीकरण
D. उपरोक्त में से इनमें से कोई नहीं

332. निम्न में से कौन तने वाला तन्तु नहीं है?
A. लिनन B. जूट
C. हेम्प D. कापोक

333. लेथिरिज्म नामक खतरनाक बीमारी होती है
A. खेसारी दाल से B. अरहर दाल से
C. चने की दाल से D. इनमें से कोई नहीं

334. कैल्शियम, आक्सलेट और प्यूरिन से परिपूर्ण आहार नहीं देना चाहिए
A. पथरी के रोगी को
B. रिकेट्स के रोगी को
C. पीलिया के रोगी को
D. आस्टिओमलेशिया के रोगी को

335. सुमेलित कीजिए।

सूची-I	सूची-II
(*a*) लैक्टिक अम्ल	1. नींबू
(*b*) एसीटिक अम्ल	2. दुर्गन्ध युक्त मक्खन
(*c*) साइट्रिक अम्ल	3. दूध
(*d*) ब्यूटाइरिक अम्ल	4. सिरका

कूटः

	(*a*)	(*b*)	(*c*)	(*d*)
A.	1	2	3	4
B.	4	1	3	2
C.	4	3	1	2
D.	3	4	1	2

336. पारिवारिक जीवन चक्र का प्रथम सोपान है
A. संकुचित परिवार B. विस्तृत परिवार
C. प्रारम्भिक परिवार D. इनमें से कोई नहीं

337. निम्न में से कौन-सा कपास का रासायनिक नाम है?
A. फाइब्रोइन B. केरेटिन
C. सूल्यूलोजी D. पॉलिमर्स

338. निम्नलिखित में से कौन मानव निर्मित तन्तु है?
A. लिनन B. रेयॉन
C. सिल्क D. हेम्प

339. चढ़ाव व उतार का क्रम उत्पन्न करते हैं
A. एकता B. बल
C. लय D. अनुपात

340. क्वाशियोरकर रोग किसकी कमी से होता है?
A. कार्बोहाइड्रेट B. खनिज लवण
C. वसा D. प्रोटीन

341. वस्त्रों को डमी पर पहनाकर देखते हैं?
A. ड्रेपिंग विधि में B. फ्लैट पैटर्न विधि में
C. ड्राफ्टिंग विधि में D. उपरोक्त सभी

342. पकाने से नष्ट हो जाता है?
A. विटामिन 'ए' B. विटामिन 'बी'
C. विटामिन 'डी' D. इनमें से कोई नहीं

343. प्रजनन शक्ति की कमी किस विटामिन के अभाव से होती है?
A. विटामिन 'ए' B. विटामिन 'सी'
C. विटामिन 'की' D. इनमें से कोई नहीं

344. शल्य क्रिया में आर्थोप्लास्टी क्या है?
A. ओपन हार्ट सर्जरी B. गुर्दा प्रत्यारोपण
C. रुधिर आदान D. इनमें से कोई नहीं

345. मनुष्य के अस्थिपंजर में मेरुदण्ड की हड्डियों की संख्या है
A. 14 B. 26
C. 62 D. 64

346. शहर जो 'जरी' कढ़ाई के लिए प्रसिद्ध है, है
A. लखनऊ B. ग्वालियर
C. बनारस D. पटना

347. उस विटामिन की पहचान करें जो प्रकाश एवं क्षार के द्वारा नष्ट हो जाता है
A. विटामिन 'डी' B. विटामिन 'ई'
C. विटामिन '$बी_{12}$' D. विटामिन 'के'

348. वाक्य किससे पूर्ण होगा?
निकोल डॉर्सी के अनुसार, सरल ढंग से अभिव्यक्त लक्ष्य वह अन्तिम बिन्दु है जहाँ तक
A. समाज द्वारा कार्य करने की इच्छा रखी जाती है
B. गृहिणी द्वारा कार्य करने की इच्छा रखी जाती है
C. व्यक्ति या परिवार द्वारा कार्य करने की इच्छा रखी जाती है
D. अभिभावक द्वारा कार्य करने की इच्छा रखी जाती है

349. कार्य सरलीकरण का अर्थ, ''कार्य करने की सबसे आसान और शीघ्र विधि की सचेतता खोज करना'' है। यह परिभाषा निम्न में से किससे सम्बन्धित है?
A. ग्रॉस और क्रैन्डल B. आर.सी. देवदास
C. निकोल डॉर्सी D. ओपेन हामस

350. गृह में सज्जा अभिव्यक्ति है
A. पति की रुचि का
B. गृहिणी की रुचि का
C. समाज की रुचि का
D. वैयक्तिक एवं परिवार की रुचि का

351. सैन्फोराइजिंग का तात्पर्य है कि वस्त्र धुलने के बाद
A. रंग नहीं छोड़ेगा B. फेलेगा नहीं
C. सिकुड़ेगा नहीं D. खिंचेगा नहीं

352. निकोल डॉर्सी के अनुसार अमानवीय साधन है
A. समय B. शक्ति
C. भावनाएँ D. योग्यताएँ

353. मर्सराइजिंग परिसज्जा मुख्य रूप से की जाती है
A. ऊनी वस्त्रों पर B. सूती वस्त्रों पर
C. रेशमी वस्त्रों पर D. कृत्रिम वस्त्रों पर

354. एण्डोमार्फिक व्यक्तित्व होते हैं
A. दुबले और लम्बे B. चिड़चिड़े
C. प्रसन्नचित्त D. छोटे और मोटे

355. बालकों में किस अवस्था में ईर्ष्या भाव उत्पन्न होता है?
A. 1 से $1\frac{1}{2}$ वर्ष B. $1\frac{1}{2}$ से 2 वर्ष
C. 2 से 3 वर्ष D. 3 से 4 वर्ष

356. चिकनाई के धब्बे छुड़ाने के लिए प्रयुक्त विधि है
A. रासायनिक विधि B. अवशोषक विधि
C. घोलक विधि D. इनमें से कोई नहीं

357. मनुष्य के उत्तम स्वास्थ्य के लिए आवश्यक खनिज लवणों की संख्या है
A. 18 B. 20
C. 22 D. 24

358. वसा पर पाचन क्रिया करने वाले एन्जाइम को कहते हैं
A. अमियालॉटिक एन्जाइम
B. प्रोटयोलाइटिक एन्जाइम
C. लाइपोलिटिक एन्जाइम
D. एमायलज

359. शिशुओं को पूरक आहार देना प्रारम्भ करना चाहिए
A. 3 माह की आयु से B. 5 माह की आयु से
C. 4 माह की आयु से D. 6 माह की आयु से

360. वाष्प के दबाव से भोजन बनाना किस विधि के अन्तर्गत आता है?
A. प्रेशर कुकिंग B. स्टूइंग
C. उबालना D. बेकिंग

361. एक व्यक्ति के लिए सबसे असुरक्षित चेक होता है
A. यात्री चेक B. एकाउण्ट पेयी चेक
C. वाहक चेक D. इनमें से कोई नहीं

362. निम्न में से किसके द्वारा शरीर की गति सम्भव होती है?
A. हड्डी B. मांसपेशियाँ
C. जोड़ D. इनमें से कोई नहीं

363. एसबेस्टस के तन्तु होते हैं
A. कृत्रिम तन्तु B. जंतु तन्तु
C. वनस्पति तन्तु D. खनिज तन्तु

364. तीन दीवार वाले रसोईघर को कहते हैं
A. L-आकार का रसोईघर
B. D-आकार का रसोईघर
C. तीन दीवार वाला रसोईघर
D. U-आकार का रसोईघर

365. खेलकूद के मैदान व पार्क हैं
A. भौतिक सुविधाएँ B. व्यक्तिगत सुविधाएँ
C. सार्वजनिक सुविधाएँ D. मानवीय सुविधाएँ

366. निम्नांकित जोड़े में से किसका सुमेल नहीं है?
A. फेफड़े–निमोनिया B. आँख–किरेटोमलेशिया
C. यकृत–पीलिया D. हृदय–मधुमेह

367. योजना बनाना एक प्रक्रिया है
A. शारीरिक B. मानसिक
C. 'A' और 'B' दोनों D. इनमें से कोई नहीं

368. रेशम का कीड़ा अपने जीवन चक्र में किस चरण में तन्तु पैदा करता है?
A. अण्डा B. डिम्बक
C. प्यूपा D. पूर्ण कीट

369. निम्नलिखित में से कौन-सी सूचना प्रौद्योगिकी शब्दावली नहीं है?
A. अपलोड B. साइबर स्पेस
C. प्रकाशीय भण्डारण D. मोडेम

370. व्यक्तियों को कर राहत के दृष्टिकोण से निम्न में कौन अन्य से भिन्न है?
A. राष्ट्रीय बचत पत्र B. सार्वजनिक भविष्य निधि
C. इंदिरा विकास पत्र D. इनमें से कोई नहीं

371. गृह-विज्ञान विषय उत्तर प्रदेश के 'हाई स्कूल परीक्षा' हेतु निम्नांकित में से किस वर्ष में अनिवार्य विषय बन गया?
A. 1945 B. 1955
C. 1960 D. 1965

372. उस मनोविज्ञानी को पहचानें जिसने कहा कि "किशोरावस्था की समुचित विशेषता को प्रकट करने वाला एक शब्द है 'परिवर्तन'। यह परिवर्तन शारीरिक, सामाजिक और मनोवैज्ञानिक होता है"।
A. रॉस B. जरशील्ड
C. बिगे और हन्ट D. क्रो और क्रो

373. शरीर को ऊर्जा न देने वाला भोजन तत्त्व है
A. कार्बोहाइड्रेट B. प्रोटीन
C. खनिज लवण D. वसा

374. कौन-सा कथन असत्य है?
A. विकास केवल परिपक्वता का परिणाम है
B. विकास एक अविराम प्रक्रिया है
C. विकास की प्रत्येक अवस्था की अपनी कुछ विशेषताएँ होती हैं
D. विकास सामान्य से विशेष की ओर होता है

375. गर्भकालीन विकास की द्वितीय अवस्था है
A. डिम्ब अवस्था
B. गर्भस्थ शिशु की अवस्था
C. भ्रूणावस्था
D. बीजावस्था

376. गृहिणी-द्वारा बचत करने का उद्देश्य है
A. महँगी वस्तुओं को खरीदना
B. अपनी शान को सुरक्षित बनाने के लिए
C. भविष्य को सुरक्षित बनाने के लिए
D. उपरोक्त सभी के लिए

377. पायरिया रोग होता है
A. कानों में B. दाँतों में
C. आँखों में D. नाक में

378. प्लास्टिक की वस्तुएँ साफ करनी चाहिए
A. चूने से B. राख से
C. सर्फ तथा साबुन से D. नींबू से

379. प्राकृतिक संवातन के अन्तर्गत आता है
A. वातानुकूलन B. एग्जॉस्ट फेन
C. संवहन धाराएँ D. उपरोक्त सभी

380. नाइट्रोजन गैस का प्रमुख कार्य है
A. ऑक्सीजन की ज्वलनशीलता को कम करना
B. ऑक्सीजन की ज्वलनशीलता को बढ़ाना
C. कार्बन डाई-ऑक्साइड को शुद्ध करना
D. ओजोन के प्रभाव को कम करना

381. परिवार की कुशल अर्थव्यवस्था निर्भर करती है।
A. आवश्यक बचत पर
B. आवश्यकताओं के समन्वय पर
C. विवेकपूर्ण बचत पर
D. आवश्यक खर्चे में कटौती पर

382. घर का सारा कूड़ा-करकट जमा होना चाहिए
A. कूड़ेदान में
B. रसोई के एक कोने में
C. घर के बाहर
D. इनमें से कोई नहीं

383. आधुनिक समय में परदों, कालीन, फर्श इत्यादि को साफ करने का सर्वोत्तम यन्त्र है
A. झाड़ू B. ब्रुश
C. वैक्यूम क्लीनर D. झाड़न

384. निम्नलिखित में किस प्रकार के बर्तनों को साफ करने के लिए नींबू तथा नमक का प्रयोग होता है?
A. चाँदी B. ताँबे के हरी जंग लगे
C. फर्नीचर D. पत्थर

385. सूर्य की किरणों से निम्नलिखित कौन-सा विटामिन प्राप्त होता है?
A. विटामिन K B. विटामिन A
C. विटामिन E D. विटामिन D

386. कपड़ों को काटने वाला कीट होता है
A. क्लीपमोथ B. सिल्वर फिश
C. क्यूफेल्कस D. इनमें से कोई नहीं

387. क्षार से निम्नलिखित में से किन वस्त्रों को हानि नहीं पहुँचती?

A. रेशमी B. सूती
C. नायलॉन D. टेरीकॉट

388. निम्न में से कठोर जल की विशेषता है

A. पानी में झाग कम उठते हैं
B. भोजन सरलता से बनता है
C. पीने में स्वादिष्ट होता है
D. रंगहीन, गन्धहीन तथा पारदर्शी होता है

389. घर पर जल शुद्ध करने की उपयुक्त विधि है

A. ब्लीचिंग पाउडर द्वारा B. उबालकर
C. क्लोरीनीकरण D. अवक्षेपण

390. जल की अशुद्धियाँ होती है

A. जीवाणु B. घुलित
C. तैरने वाली D. उपरोक्त सभी

391. निम्न में से किस यन्त्र द्वारा घर में सबसे ज्यादा श्रम की बचत होती है?

A. अलमारी B. गीजर
C. मिक्सर ग्राइण्डर D. वैक्यूम क्लीनर

392. वसा में घुलित विटामिन है

A. विटामिन E B. विटामिन A
C. विटामिन B D. A और B दोनों

393. सभी प्रकार की शर्करा का सरलतम रूप है

A. फ्रक्टोज B. ग्लेक्टोज
C. ग्लूकोज D. लेक्टोज

394. प्रत्येक वर्ष फसल के समय खरीद लेना चाहिए

A. चावल B. आटा
C. घी D. आलू

395. शरीर में रोगों से लड़ने की क्षमता को कहा जाता है

A. संक्रमण B. उद्‌भवन शक्ति
C. निःसंक्रमण D. रोग प्रतिरोधक क्षमता

396. बच्चों में पाए जाने वाले भाषा सम्बन्धी दोष क्या नहीं हैं?

A. गलत उच्चारण B. अस्पष्ट उच्चारण
C. हकलाना D. धीरे-धीरे बोलना

397. बालक के संवेगों की विशेषता नहीं है

A. संवेगों की उग्रता
B. संवेगों में शीघ्रता
C. संवेगों का बार-बार प्रकटीकरण
D. संवेगों की स्थायी प्रकृति

398. बाल विकास का क्षेत्र नहीं है:

A. शैशवावस्था B. बाल्यावस्था
C. किशोरावस्था D. वृद्धावस्था

399. प्रसार शिक्षा एक .... पद्धति है।

A. अव्यावहारिक शिक्षण B. व्यावहारिक शिक्षण
C. सामूहिक शिक्षण D. विज्ञान शिक्षण

400. गृह सज्जा से तात्पर्य है

A. कम स्थान, कम खर्च और कम समय में घर को सजाना
B. कम स्थान, अधिक खर्च और कम समय में घर को सजाना
C. अधिक स्थान, कम खर्च और अधिक समय में घर को सजाना
D. इनमें से कोई नहीं

401. अनुपात से तात्पर्य है, "मापों एवं क्षेत्रों का एक-दूसरे से सम्पूर्ण रूप से सम्बन्ध।" यह कथन है

A. रट का B. टी. क्रेग का
C. स्टैला सुन्दरराज का D. विल्सर का

402. दबाव डालने से पूर्व क्या सोचना आवश्यक नहीं है?

A. दबाव किस पर डाला जाए
B. दबाव कैसे डाला जाए
C. दबाव क्यों डाला जाए
D. दबाव कहाँ डाला जाए

403. वस्त्रों (रेशों) का राजा किसे कहा जाता है?

A. लिनन B. रेशम
C. कपास D. जूट

404. कपड़ा काटने के लिए कैंची की लम्बाई होनी चाहिए लगभग

A. 20-25 सेमी B. 15-20 सेमी
C. 25-30 सेमी D. 5-10 सेमी

405. सांख्यिकी आँकड़ों का करती है

A. संकलन B. वर्गीकरण
C. सारणीयन D. उपरोक्त सभी

406. पानी में घुलनशील विटामिन है

A. विटामिन E B. विटामिन K
C. विटामिन B D. विटामिन A

407. थॉयराक्सिन हार्मोन का स्राव होता है

A. थॉयराइड ग्रन्थि से B. पैराथॉयराइड ग्रन्थि से
C. यकृत से D. आमाशय से

408. निम्नलिखित में से संयुक्त राष्ट्र संघ की कौन-सी संस्था बच्चों तथा माताओं को रोग से बचाने तथा उनका कल्याण करने के लिए बनाई गई है?

A. यूनिसेफ B. केयर (CARE)
C. रेडक्रॉस सोसायटी D. उपरोक्त सभी

409. पर्यावरण प्रदूषण की समस्या एक

A. विकासशील देशों की समस्या
B. विकसित देशों की समस्या
C. भारत की समस्या है
D. सम्पूर्ण विश्व की समस्या है

410. गर्भ धारण करने का निश्चित पता चलता है

A. उल्टी होना B. पेट का बढ़ना
C. मूत्र में हार्मोन्स का मिलना D. रक्तचाप बढ़ना

411. प्रसव के बाद स्त्री को निम्नलिखित में से क्या करना चाहिए?

A. ठण्डा पानी नहीं पीना चाहिए

B. ज्यादा काम नहीं करना चाहिए
C. मालिश करवानी चाहिए
D. आराम करना चाहिए

412. नवजात शिशु का प्रथम आहार होता है
A. शहद B. जल
C. माँ का दूध D. गाय का दूध

413. बाल-मृत्यु का कारण है
A. अधिक सन्तानें B. पोषण में कमी
C. गर्भावस्था में असावधानी D. उपरोक्त सभी

414. परिवार नियोजन से लाभ है
A. रोजगार में वृद्धि B. निर्धनता में कमी
C. जीवन स्तर में सुधार D. उपरोक्त सभी

415. आवश्यकता पूर्ति के लिए आवश्यक है
A. साधन B. योग्यता
C. भोजन D. उपरोक्त सभी

416. प्रोटीन का पाचन होने के पश्चात् वह परिवर्तित हो जाता है:
A. एमिनो अम्ल में B. शर्करा में
C. पेप्टोना में D. लेकटोज में

417. आदर्श रसोईघर में
A. 'L' आकृति वाली योजना होती है
B. 'U' आकृति वाली योजना होती है
C. कवर्ड रसोई
D. उपरोक्त सभी

418. एक अच्छी गृहिणी वही है
A. जो एक सन्तुलित बजट का निर्माण करे
B. परिवार के सभी सदस्यों की आवश्यकताओं को महत्त्व दे
C. घर में स्वच्छता, क्रमबद्धता तथा सुन्दरता का ध्यान रखें
D. उपरोक्त सभी

419. मनुष्य 10 केलोरी ऊर्जा प्राप्त करता है
A. एक ग्राम कार्बोहाइड्रेट से B. 2 ग्राम कार्बोहाइड्रेट से
C. ढाई ग्राम कार्बोहाइड्रेट से D. 5 ग्राम कार्बोहाइड्रेट से

420. जन्म के समय बच्चे के मस्तिष्क का भार होता है
A. 100 ग्राम B. 350 ग्राम
C. 800 ग्राम D. 500 ग्राम

421. बीयर में सुरासार (Alcohol) की मात्रा कितनी पाई जाती है?
A. 22% B. 3%
C. 40.50% D. 55%

422. शरीर के किस अंग में त्वचा सर्वाधिक पतली पाई जाती है?
A. हथेली B. तलुए
C. चेहरे D. इनमें से कोई नहीं

423. ग्लोब्यूमिन शरीर के लिए आवश्यक है, क्योंकि
A. यह प्लाज्मा में जल की मात्रा नियन्त्रित करती है
B. यह रक्त का थक्का बनने में सहायता प्रदान करती है
C. इनमें अनेक बीमारियों से शरीर को बचाने के लिए Antibodies पाए जाते हैं।
D. उपरोक्त सभी

424. हमें सदैव श्वास लेनी चाहिए
A. मुँह से
B. नाक से
C. कभी मुँह से कभी नाक से
D. चाहे जैसे

425. मस्तिष्क के भाग हैं
A. वृहत् मस्तिष्क B. लघु मस्तिष्क
C. मध्य मस्तिष्क D. ये सभी

426. पारम्परिक भारतीय परिवार की विशेषता है
A. संयुक्त परिवार प्रणाली
B. पितृ सत्तात्मक परिवार
C. संस्कारों एवं आदर्शों की प्राथमिकता
D. उपरोक्त सभी

427. बालक की कौन-सी अवस्था मनोवैज्ञानिक अवस्था कहलाती है?
A. शैशवावस्था B. किशोरावस्था
C. बाल्यावस्था D. प्रौढ़ावस्था

428. बच्चों को यौन अंगों के प्रति जिज्ञासाओं को बढ़ने से केसे रोका जा सकता है?
A. उनकी रुचि, संगीत कला, नृत्य या किसी रचनात्मक कार्य में लगाकर
B. बाजार से यौन अंगों से सम्बन्धित जानकारी देकर
C. विचार विमर्श द्वारा
D. उपरोक्त सभी

429. बुद्धि के विकास को प्रभावित करने वाला तत्त्व नहीं है
A. वंशानुक्रम B. धार्मिक मान्यताएँ
C. व्यवसाय D. प्रजातीय विभिन्नता

430. बाल विवाह समाप्त करने का उपाय है
A. शिक्षा का प्रचार व प्रसार
B. दहेज पर प्रतिबन्ध कानून लगाया जाए
C. सही निर्णय लेने में सक्षम हो
D. उपरोक्त सभी

431. पारिवारिक बजट बनाने से अर्थशास्त्रियों को लाभ है
A. जनता की आय की जानकारी होती है
B. जनता की कर देने की क्षमता की जानकारी होती है
C. सरकार को प्रत्यक्ष अथवा अप्रत्यक्ष कर लगाने के सम्बन्ध में जानकारी होती है
D. उपरोक्त सभी

432. डायफ्राम क्या है?
A. यह एक प्रकार की झागदार गोलियाँ हैं
B. यह एक प्रकार की गर्भनिरोधक दवाई है
C. यह एक प्लास्टिक का बना छल्ला है
D. फेफड़ों एवं पेट के बीच की मांसपेशी

433. सौदायिक क्या है?
A. पुरूष-धन B. स्त्री-धन
C. पत्र-धन D. इनमें से कोई नहीं

434. कुपोषण तथा .... में गहरा सम्बन्ध है।
A. चिन्ता B. प्रसन्नता
C. कर्मठता D. सुन्दरता

435. .... तथा रिकेट्स रोगों में कैल्सियम की अधिक मात्रा दी जाती है।
A. स्कर्वी B. ज्वर
C. बेरी-बेरी D. ऑस्टोमलेशिया

436. नवजात शिशु की नाड़ी की गति प्रति मिनट होती है
A. 80 बार B. 150 बार
C. 100 बार D. 120 बार

437. मानसिक कार्य करने वाले व्यक्ति की शारीरिक कार्य करने वाले व्यक्ति की अपेक्षा ऊर्जा की
A. कम आवश्यकता होती है
B. अधिक आवश्यकता होती है
C. बराबर आवश्यकता होती है
D. इनमें से कोई नहीं

438. एक गर्भवती स्त्री को निम्नलिखित में से कितनी कैलोरी ऊर्जा की आवश्यकता होती है?
A. 3600 कैलोरी B. 2700 कैलोरी
C. 3500 कैलोरी D. 2300 कैलोरी

439. संक्रामक रोग फैलता है
A. वायु द्वारा B. जल द्वारा
C. जीव-जन्तुओं द्वारा D. उपरोक्त सभी

440. प्राथमिक चिकित्सा क्या है?
A. डॉक्टर द्वारा दी गई विशेष चिकित्सा
B. पानी में डूबने पर दी गई चिकित्सा
C. डॉक्टर के पहुँचने से पहले रोगी को दी गई चिकित्सा
D. बिच्छू के काटने पर दी गई चिकित्सा

441. पसीना सोखने की सबसे अधिक क्षमता होती है
A. टेरीकॉट वस्त्र में B. सूती वस्त्र में
C. नायलॉन वस्त्र में D. रेशमी वस्त्र में

442. खाद्य पदार्थों के संरक्षण के लिए कौन-सी विधि अधिक वैज्ञानिक है?
A. रासायनिक विधि B. भौतिक विधि
C. विकिरण विधि D. इनमें से कोई नहीं

443. बच्चों के दूध के दाँत होते हैं
A. 15 B. 18
C. 20 D. 24

444. निम्न में से प्राकृतिक स्रोत से कौन-सा तन्तु प्राप्त किया जाता है?
A. नायलॉन B. सूत
C. पॉलिस्टर D. (A) और (B) दोनों

445. बन्ध्यता के लिए जिम्मेदार हो सकता है
A. केवल पुरुष
B. केवल स्त्री
C. (A) और (B) दोनों
D. स्त्री तथा पुरुष में से कोई एक

446. गर्भावस्था में अरक्तता से बचने का उपाय है
A. पर्याप्त विश्राम करना
B. दूध पीना
C. प्रतिदिन विश्राम करना
D. पर्याप्त मात्रा में पौष्टिक एवं सन्तुलित आहार ग्रहण करना

447. दाँतों के स्वास्थ्य के लिए गर्भकाल में कौन-से पदार्थों का उपयोग करना चाहिए?
A. आम B. सन्तरा
C. अमरूद D. चीकू

448. प्रसव का प्रकार नहीं है
A. सम्भाव्य प्रसव B. प्राकृतिक प्रसव
C. इन्स्ट्रूमेन्टल D. जटिलता पूर्ण प्रसव

449. गर्भ में शिशु के शरीर पर कैसा रक्षार्थ पदार्थ रहता है?
A. पतला, चिकना B. मोम सदृश चिकना पदार्थ
C. पानी जैसा ठण्डा पतला D. कोई भी नहीं

450. ठोस पूरक भोज्य पदार्थ नहीं है
A. मसली हुई सब्जी B. मसले हुए फल
C. उबला हुआ अण्डा D. जल

451. प्रत्येक गर्भवती स्त्री को प्रथम सात माह में स्वास्थ्य केन्द्र में, परीक्षण करवाना चाहिए
A. प्रति सप्ताह B. माह में दो बार
C. माह में एक बार D. माह में तीन बार

452. प्रथम चार सप्ताह में होने वाली शिशु मृत्यु का कारण है
A. श्वासावरोध B. जन्मजात असामान्यताएँ
C. पूर्ण कालिकता D. उपरोक्त सभी

453. सर्वप्रथम समाजशास्त्र शब्द का प्रयोग किस वर्ष में किया गया है?
A. वर्ष 1832 B. वर्ष 1835
C. वर्ष 1838 D. वर्ष 1840

454. आवश्यकता मनुष्य की ऐसी इच्छा है जिसकी पूर्ति के लिए उसके पास पर्याप्त होना चाहिए
A. साधन B. धन
C. प्रतिष्ठा D. बचत

455. परिवार क्या है?
A. एक समूह B. एक समुदाय
C. एक सामाजिक संस्था D. एक भीड़

456. भारतीय परिवारों की विशेषता है
A. संयुक्त परिवार B. पितृसत्तात्मक परिवार
C. रक्त सम्बन्ध D. उपरोक्त सभी

457. बाल-विवाह एक

A. व्यक्तिगत समस्या है B. सामाजिक समस्या है
C. पारिवारिक समस्या है D. कानूनी समस्या है

458. प्रोटीन प्राप्त करने का सर्वोत्तम स्रोत है

A. दूध B. दही
C. सोयाबीन D. हरी सब्जियाँ

459. निम्नलिखित में से खनिज लवण स्रोत है

A. हरी पत्तेदार सब्जियाँ B. दूध
C. सन्तरा D. सोयाबीन

460. प्रेशर कुकर में खाना पकाने से

A. पोषक तत्त्व नष्ट नहीं होते B. खाना जल्दी बनता है
C. श्रम कम लगता है D. उपरोक्त सभी

461. अच्छी जैली की पहचान है

A. पारदर्शी होना
B. चाकू से काटने पर नहीं कटती
C. खट्टी होना
D. इनमें से कोई नहीं

462. कपड़ा सिलने से पूर्व ड्राफ्टिंग क्यों करनी चाहिए?

A. कपड़ा व्यर्थ नहीं जाता
B. कपड़ा गलत कटने की सम्भावना नहीं होती
C. फिटिंग अच्छी आती है
D. (A) और (B) दोनों

463. मशीन में तेल क्यों डालते हैं?

A. मशीन हल्की चलती है
B. चिकनी रहती है
C. कपड़े की सिलाई अच्छी होती है
D. इनमें से कोई नहीं

464. साधारण वस्त्रों को सिलने के लिए मशीन में कौन-से नम्बर की सूई लगानी चाहिए?

A. 12 नं. की B. 16 नं. की
C. 9 नं. की D. 18 नं. की

465. कपड़े धोने का सोडा पानी को

A. कठोर बनाता है B. स्वादिष्ट बनाता है
C. मृदु बनाता है D. गन्धहीन बनाता है

466. प्राणी के शरीर के विभिन्न अंगों को बाँधे रखने का कार्य है

A. पेशी कोशिकाओं का B. आच्छादक कोशिकाओं का
C. संयोजी कोशिकाओं का D. तन्त्रिका कोशिकाओं का

467. गृह विज्ञान की प्रकृति है

A. विज्ञान B. कला
C. कला तथा विज्ञान D. इनमें से कोई नहीं

468. मानव शरीर में पसलियों की संख्या होती है

A. 10 B. 28
C. 12 D. 48

469. माँसपेशियाँ जल, प्रोटीन, खनिज लवण तथा वसा आदि

A. 70% B. 35%
C. 50% D. 25%

470. माँसपेशियाँ शरीर के कुल भाग के लगभग कितने प्रतिशत होती है?

A. 60% B. 80%
C. 90% D. 50%

471. मुँह से आरम्भ होकर मलद्वार तक जो मार्ग जाता है, उसे कहते हैं

A. छोटी आँत B. बड़ी आँत
C. पाचन तन्त्र D. आहार नाल

472. विटामिन 'ए' की कमी से कौन-सा रोग हो जाता है?

A. बेरी-बेरी B. स्कर्वी
C. रतौंधी D. रिकेट्स

473. हमारा शरीर निम्नलिखित में से कितने प्रतिशत जल से निर्मित होता है?

A. 80% B. 90%
C. 65 से 70% D. 80 से 90%

474. मोटे व्यक्ति को खाने में कम प्रयोग करना चाहिए

A. वसा B. कार्बोहाइड्रेट
C. प्रोटीन D. विटामिन

475. रेटिना किस अंग का भाग है?

A. नाक का B. आँख का
C. कान का D. सिर का

476. स्त्री के अण्डाशय में कौन-से हार्मोन्स निर्मित होते हैं?

A. प्रोजेस्ट्रोन B. ऐस्ट्रोन
C. रिलेक्सिन D. उपरोक्त सभी

477. थकान दूर करने का उपाय है

A. कमरे का तापमान मौसम के अनुरूप होना
B. आसपास का वातावरण शान्त होना
C. कोई भी कार्य लम्बे समय तक नहीं करना
D. कोई कार्य न करना

478. संवातन क्या है?

A. शुद्ध वायु का प्रवेश व अशुद्ध वायु का निष्कासन
B. हल्की वायु का ऊपर उठना एवं भारी वायु का नीचे आना
C. कोई भी कार्य लम्बे समय तक नहीं करना
D. कोई कार्य न करना

479. कूड़े-करकट के विसर्जन की उत्तम विधि है

A. जलाकर B. जल प्रवाह में डालकर
C. खाद बनाना D. भराव करने के लिए

480. भोज्य पदार्थों को कौन-सा जीवाणु नष्ट करता है?

A. यीस्ट B. मोल्ड
C. बैक्टीरिया D. उपरोक्त सभी

उत्तरमाला

1	**2**	**3**	**4**	**5**	**6**	**7**	**8**	**9**	**10**
B	D	A	D	D	B	A	C	D	C
11	**12**	**13**	**14**	**15**	**16**	**17**	**18**	**19**	**20**
C	A	A	D	A	D	B	D	B	A
21	**22**	**23**	**24**	**25**	**26**	**27**	**28**	**29**	**30**
C	D	B	B	B	D	C	A	A	A
31	**32**	**33**	**34**	**35**	**36**	**37**	**38**	**39**	**40**
B	C	A	C	D	C	A	D	B	A
41	**42**	**43**	**44**	**45**	**46**	**47**	**48**	**49**	**50**
A	C	C	B	B	A	A	C	B	C
51	**52**	**53**	**54**	**55**	**56**	**57**	**58**	**59**	**60**
D	B	D	A	D	A	A	A	D	A
61	**62**	**63**	**64**	**65**	**66**	**67**	**68**	**69**	**70**
C	D	A	C	A	B	A	A	A	D
71	**72**	**73**	**74**	**75**	**76**	**77**	**78**	**79**	**80**
A	B	B	D	B	B	A	C	C	A
81	**82**	**83**	**84**	**85**	**86**	**87**	**88**	**89**	**90**
A	B	B	B	A	B	D	C	B	D
91	**92**	**93**	**94**	**95**	**96**	**97**	**98**	**99**	**100**
D	D	C	D	B	A	B	B	C	D
101	**102**	**103**	**104**	**105**	**106**	**107**	**108**	**109**	**110**
B	A	B	B	B	A	A	D	C	A
111	**112**	**113**	**114**	**115**	**116**	**117**	**118**	**119**	**120**
A	C	A	B	A	B	A	B	A	D
121	**122**	**123**	**124**	**125**	**126**	**127**	**128**	**129**	**130**
B	C	B	A	D	C	B	D	B	B
131	**132**	**133**	**134**	**135**	**136**	**137**	**138**	**139**	**140**
B	A	C	D	A	C	D	C	D	C
141	**142**	**143**	**144**	**145**	**146**	**147**	**148**	**149**	**150**
C	A	A	C	C	A	D	B	D	D
151	**152**	**153**	**154**	**155**	**156**	**157**	**158**	**159**	**160**
C	D	C	B	C	D	A	D	A	A
161	**162**	**163**	**164**	**165**	**166**	**167**	**168**	**169**	**170**
A	A	A	D	B	B	B	A	A	A
171	**172**	**173**	**174**	**175**	**176**	**177**	**178**	**179**	**180**
A	C	A	C	A	A	C	D	B	A
181	**182**	**183**	**184**	**185**	**186**	**187**	**188**	**189**	**190**
A	A	C	D	D	A	B	A	B	C
191	**192**	**193**	**194**	**195**	**196**	**197**	**198**	**199**	**200**
D	D	A	C	B	A	D	C	A	B
201	**202**	**203**	**204**	**205**	**206**	**207**	**208**	**209**	**210**
D	A	B	C	A	D	B	B	B	C
211	**212**	**213**	**214**	**215**	**216**	**217**	**218**	**219**	**220**
A	C	A	B	C	C	D	B	A	C
221	**222**	**223**	**224**	**225**	**226**	**227**	**228**	**229**	**230**
B	A	B	D	C	A	B	D	B	C
231	**232**	**233**	**234**	**235**	**236**	**237**	**238**	**239**	**240**
C	D	C	A	B	D	D	C	A	B

241	242	243	244	245	246	247	248	249	250
B	D	C	A	D	B	D	C	C	B
251	**252**	**253**	**254**	**255**	**256**	**257**	**258**	**259**	**260**
A	B	A	C	D	A	D	B	C	B
261	**262**	**263**	**264**	**265**	**266**	**267**	**268**	**269**	**270**
D	C	C	C	C	D	C	D	C	D
271	**272**	**273**	**274**	**275**	**276**	**277**	**278**	**279**	**280**
D	D	B	C	A	C	C	A	D	C
281	**282**	**283**	**284**	**285**	**286**	**287**	**288**	**289**	**290**
A	A	A	C	C	B	B	C	B	A
291	**292**	**293**	**294**	**295**	**296**	**297**	**298**	**299**	**300**
B	A	C	B	B	A	D	A	C	B
301	**302**	**303**	**304**	**305**	**306**	**307**	**308**	**309**	**310**
A	B	B	C	A	C	B	C	C	D
311	**312**	**313**	**314**	**315**	**316**	**317**	**318**	**319**	**320**
D	B	C	C	D	C	D	A	D	C
321	**322**	**323**	**324**	**325**	**326**	**327**	**328**	**329**	**330**
C	C	C	D	D	B	C	A	C	C
331	**332**	**333**	**334**	**335**	**336**	**337**	**338**	**339**	**340**
B	D	A	A	D	C	C	B	C	D
341	**342**	**343**	**344**	**345**	**346**	**347**	**348**	**349**	**350**
A	B	D	D	B	C	C	C	C	D
351	**352**	**353**	**354**	**355**	**356**	**357**	**358**	**359**	**360**
C	A	C	D	D	B	D	C	C	A
361	**362**	**363**	**364**	**365**	**366**	**367**	**368**	**369**	**370**
B	B	D	D	C	D	B	D	C	C
371	**372**	**373**	**374**	**375**	**376**	**377**	**378**	**379**	**380**
C	C	C	A	C	C	B	C	C	A
381	**382**	**383**	**384**	**385**	**386**	**387**	**388**	**389**	**390**
C	A	C	C	D	A	B	A	B	D
391	**392**	**393**	**394**	**395**	**396**	**397**	**398**	**399**	**400**
C	D	C	A	D	D	D	D	B	A
401	**402**	**403**	**404**	**405**	**406**	**407**	**408**	**409**	**410**
C	C	B	A	D	C	A	A	D	C
411	**412**	**413**	**414**	**415**	**416**	**417**	**418**	**419**	**420**
A	C	D	D	A	A	B	D	C	B
421	**422**	**423**	**424**	**425**	**426**	**427**	**428**	**429**	**430**
B	C	C	B	D	C	B	A	B	D
431	**432**	**433**	**434**	**435**	**436**	**437**	**438**	**439**	**440**
D	D	B	A	D	B	A	D	D	C
441	**442**	**443**	**444**	**445**	**446**	**447**	**448**	**449**	**450**
B	C	C	B	D	D	B	A	B	D
451	**452**	**453**	**454**	**455**	**456**	**457**	**458**	**459**	**460**
C	D	C	A	C	D	B	C	A	D
461	**462**	**463**	**464**	**465**	**466**	**467**	**468**	**469**	**470**
A	D	A	B	C	C	C	C	A	D
471	**472**	**473**	**474**	**475**	**476**	**477**	**478**	**479**	**480**
C	C	C	A	B	D	C	D	C	C

कम्प्यूटर ज्ञान
(Elementary Knowledge of Computers)

कम्प्यूटर : सामान्य परिचय (Computer : General Introduction)

'कम्प्यूटर' शब्द की उत्पत्ति अंग्रेजी भाषा के शब्द 'कम्प्यूट' से हुई है, जिसका अर्थ है 'गणना करना'। यद्यपि प्रारंभ में कम्प्यूटर का उपयोग विशेषतः गणनात्मक कार्यों के लिए किया जाता था, परन्तु अब इसका कार्यक्षेत्र बहुत बढ़ गया है। अतः कम्प्यूटर एक ऐसी इलेक्ट्रॉनिक युक्ति (device) है, जो दिए गए निर्देशन-समूह के आधार पर सूचना को संसाधित (process) करती है। इस निर्देशन-समूह को प्रोग्राम (Program) कहते हैं। 'Computer' में प्रयुक्त आठ अक्षरों का अर्थ इस प्रकार है–

C	—	Commonly (समरूपता)
O	—	Operator (चालक)
M	—	Machine (यंत्र)
P	—	Particular (मुख्य)
U	—	User (प्रयोग)
T	—	Trade (व्यवसाय)
E	—	Education (शिक्षा)
R	—	Research (अनुसंधान)

इस प्रकार कम्प्यूटर केवल एक गणक (कैलकुलेटर) ही नहीं है बल्कि यह गणितीय तथा अगणितीय, सभी प्रकार की सूचना को संसाधित करने वाला उपकरण है।

कम्प्यूटर एक इलेक्ट्रॉनिक डिवाइस है, जो इनपुट के माध्यम से आंकड़ों को ग्रहण करता है उन्हें प्रोसेस करता है एवं सूचनाओं को निर्धारित स्थान पर स्टोर करता है। कम्प्यूटर एक क्रमादेश्य मशीन है।

वर्तमान काल के कम्प्यूटर इलेक्ट्रॉनिक और डिजिटल हैं। इनमें मुख्य रूप से तार ट्रांजिस्टर एवं सर्किट का उपयोग किया जाता है जिसे हार्डवेयर कहा जाता है। निर्देश एवं डाटा को सॉफ्टवेयर कहा जाता है। कम्प्यूटर अपने कामकाज, प्रयोजन या उद्देश्य तथा रूप-आकार के आधार पर विभिन्न प्रकार के होते हैं। वस्तुतः इनका सीधे-सीधे अर्थात् प्रत्यक्षतः (Direct) वर्गीकरण करना कठिन है, इसलिए इन्हें हम निम्नलिखित तीन आधारों पर वर्गीकृत करते हैं :

1. अनुप्रयोग (Application)
2. उद्देश्य (Purpose)
3. आकार (Size)

1. अनुप्रयोग के आधार पर कम्प्यूटरों के प्रकार (Types of Computers based on Application) : यद्यपि कम्प्यूटर के अनेक अनुप्रयोग हैं जिनमें से तीन अनुप्रयोगों के आधार पर कम्प्यूटरों के तीन प्रकार होते हैं :

(*a*) एनालॉग कम्प्यूटर (Analog Computer)
(*b*) डिजिटल कम्प्यूटर (Digital Computer)
(*c*) हाइब्रिड कम्प्यूटर (Hybrid Computer)

2. उद्देश्य के आधार पर कम्प्यूटरों के प्रकार (Types of Computers based on Purpose) : कम्प्यूटर को दो उद्देश्यों के लिए हम स्थापित कर सकते हैं–सामान्य और विशिष्ट। इस प्रकार कम्प्यूटर उद्देश्य के आधार पर निम्न दो प्रकार के होते हैं :

(*a*) सामान्य-उद्देशीय कम्प्यूटर (General Purpose Computer)
(*b*) विशिष्ट-उद्देशीय कम्प्यूटर (Special Purpose Computer)

3. आकार के आधार पर कम्प्यूटरों के प्रकार (Types of Computers based on Size) : आकार के आधार पर हम कम्प्यूटरों को निम्न श्रेणियाँ प्रदान कर सकते हैं–

1. माइक्रो कम्प्यूटर (Micro Computer)
2. वर्कस्टेशन (Work Station)
3. मिनी कम्प्यूटर (Mini Computer)
4. मेनफ्रेम कम्प्यूटर (Mainframe Computer)
5. सुपर कम्प्यूटर (Super Computer)

कम्प्यूटर संबंधी प्रारंभिक शब्द (Computer related word)

1. डाटा (Data) : यह अव्यवस्थित आँकड़ा या तथ्य है। यह प्रोसेस के पहले की अवस्था है। साधारणतः डाटा को दो भागों में विभाजित करते हैं–

(*a*) संख्यात्मक डाटा (Numerical Data)–इस तरह के डाटा में 0 से 9 तक के अंकों का प्रयोग होता है; जैसे–कर्मचारियों का वेतन, परीक्षा में प्राप्त अंक, जनगणना, रोल नं., अंकगणितीय संख्याएँ आदि।

(*b*) अल्फान्यूमेरिक डाटा (Alphanumeric Data)– इस तरह के डाटा में अंकों, अक्षरों तथा चिह्नों का प्रयोग किया जाता है; जैसे–पता (Address) आदि।

2. सूचना (Information)–यह अव्यवस्थित डाटा का प्रोसेस करने के बाद प्राप्त परिणाम है जो व्यवस्थित होता है।

कम्प्यूटर की विशेषताएँ (Properties of Computer)

- **उच्च गति (High Speed)**–कम्प्यूटर में मनुष्यों की अपेक्षा अधिक गति से दैनंदिन के कार्य पूरा करने की क्षमता है। वे जटिल गणनाओं को क्षणभर में कर सकते हैं।
- **परिशुद्धता (Accuracy)**–जब कोई कार्य मैन्युअल रूप से किया जाता है, तो हमेशा मानवीय त्रुटि की सम्भावना होती है। यदि डाटा इनपुट सही है तो कम्प्यूटर का उपयोग उस तरीके से कार्य करने के लिए किया जा सकता है जो परिशुद्धता सुनिश्चित करता है।
- **संग्रहण (Storage)**–कम्प्यूटर बड़ी मात्रा में जानकारी संग्रह कर सकता है। जानकारी का संग्रह करने के बाद, जैसी आवश्यकता हो उसे वापस लाया जा सकता है।
- **स्वचलन (Auto-calculation)**–कम्प्यूटर को जटिल कार्य स्वचालित रूप से करने के लिए कहा जा सकता है।
- **एकरूपता (Uniformality)**–कम्प्यूटर एक ही कार्य को बिना थके बार-बार उसी परिशुद्धता के साथ कर सकता है।
- **बहुविज्ञता (Versatility)**–कम्प्यूटर का उपयोग आसान और जटिल दोनों ही कार्यों को करने के लिए किया जाता है।
- **लागत–प्रभाविता**–कम्प्यूटर्स कागजी कार्यवाही और मानवीय प्रयास की मात्रा को घटाते हैं, इस तरह वे लागत में कटौती कर रहे हैं।

कम्प्यूटर की सीमाएँ (Limitations of the Computer)

1. **विद्युत पर निर्भरता (Depends on Electricity)** –कम्प्यूटर अपने कार्य के लिए विद्युत पर निर्भर करता है तथा इसके अभाव में कोई भी कार्य सम्पन्न कर पाने में सक्षम नहीं है।
2. **वायरस का खतरा (Immune to virus)**–कम्प्यूटर में वायरस का खतरा बना रहता है जो सूचना और निर्देशों को दूषित या समाप्त कर सकता है। ये वायरस कम्प्यूटर की भंडारण क्षमता को भी प्रभावित करते हैं। हालांकि एंटीवायरस सॉफ्टवेयर (Antivirus Software) का प्रयोग कर इससे बचा जा सकता है।
3. **खर्चीला (Expensive)**–कम्प्यूटर के हार्डवेयर तथा सॉफ्टवेयर काफी महंगे होते हैं तथा इन्हें समय-समय पर आवश्यकता अनुसार परिवर्तित भी करना पड़ता है।
4. **बुद्धिहीन (No mind)**–कम्प्यूटर में स्वयं की सोचने और निर्णय लेने की क्षमता नहीं होती। यह केवल दिए गए दिशा-निर्देशों के अंदर ही कार्य कर सकता है।

डेटा प्रोसेसिंग और इलेक्ट्रॉनिक डेटा प्रोसेसिंग (Data Processing & Electronic Data Processing)

कम्प्यूटर के निर्माण से पहले निश्चित लक्ष्य को प्राप्त करने के लिए डाटा का संकलन, संचयन संसाधन और निर्गमन हस्तचालित विधि (manual method) से होता था, जिसे डाटा प्रोसेसिंग कहते थे। जैसे-जैसे टेक्नॉलोजी का विकास हुआ इन सभी कार्यों के लिए कम्प्यूटर का उपयोग होने लगा। इसे इलेक्ट्रॉनिक डाटा प्रोसेसिंग (E.D.P.) कहते हैं।

डाटा प्रोसेसिंग का मुख्य लक्ष्य अव्यवस्थित डाटा (Raw Data) से व्यवस्थित डाटा (Information) प्राप्त करना है। जिसका उपयोग निर्णय लेने के लिए होता है।

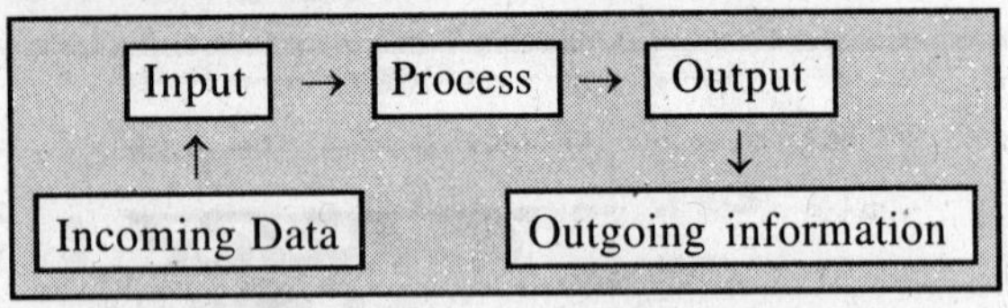

कम्प्यूटर सिस्टम (Computer System)

यह उपकरणों का एक समूह है जो एक साथ मिलकर डाटा प्रोसेस करते हैं। कम्प्यूटर सिस्टम में अनेक इकाइयाँ होती हैं जिनका उपयोग इलेक्ट्रॉनिक डाटा प्रोसेसिंग में होता है–

1. **इनपुट यूनिट (Input unit)**–वैसी इकाई जो यूजर (User) से डाटा प्राप्त कर सेन्ट्रल प्रोसेसिंग यूनिट को इलेक्ट्रॉनिक पल्स के रूप में प्रवाहित (transmit) करता है। जैसा कि ऑटोमेटिक टेलर मशीन (Automatic Teller Machine—ATM) में जब हम निकासी (Withdraw) के लिए जाते हैं तो हमें पिन नम्बर (Personal Identification Number) डालना होता है। उसके लिए इनपुट इकाई के रूप में कीपैड का उपयोग किया जाता है।
2. **सेन्ट्रल प्रोसेसिंग यूनिट (CPU)**–इसे प्रोसेसर भी कहते हैं। यह एक इलेक्ट्रॉनिक माइक्रोचिप है जो डाटा को इनफॉर्मेशन में बदलते हुए प्रोसेस करता है। इसे 'कम्प्यूटर का ब्रेन' कहा जाता है। यह कम्प्यूटर सिस्टम के सारे कार्यों को नियंत्रित करता है तथा यह इनपुट को आउटपुट में रूपान्तरित करता है। यह इनपुट यूनिट तथा आउटपुट यूनिट से मिलकर पूरा कम्प्यूटर सिस्टम बनाता है। इसके अग्रलिखित भाग होते हैं–

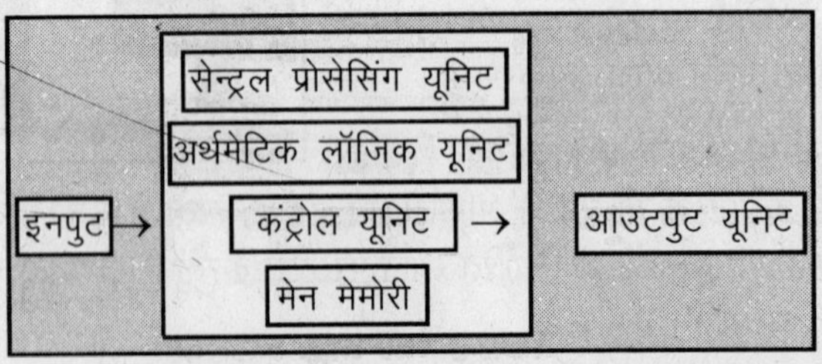

(*a*) **अर्थमेटिक लॉजिक यूनिट (Arithmetic Logic Unit या ALU)**–इसका उपयोग अंकगणितीय तथा तार्किक गणना में होता है। अंकगणितीय गणना के अन्तर्गत जोड़, घटाव, गुणा और भाग इत्यादि तथा तार्किक गणना के अन्तर्गत तुलनात्मक गणना जैसे, (<, > या =), हाँ या ना (Yes या No) इत्यादि आते हैं।

(*b*) **कंट्रोल यूनिट (Control Unit)**–यह कम्प्यूटर के सारे कार्यों को नियंत्रित करता है तथा कम्प्यूटर के सारे भागों जैसे; इनपुट, आउटपुट डिवाइसेज, प्रोसेसर इत्यादि की सारी गतिविधियों के बीच तालमेल बैठाता है।

(*c*) **मेमोरी यूनिट (Memory Unit)**—यह डाटा तथा निर्देशों के संग्रह करने में प्रयुक्त होता है। इसे मुख्यतः दो वर्गों प्राइमरी तथा सेकेंडरी मेमोरी में विभाजित करते हैं। जब कम्प्यूटर कार्यशील रहता है, अर्थात् वर्तमान में उपयोग हो रहे डाटा तथा निर्देशों का संग्रह प्राइमरी मेमोरी में होता है। सेकेंडरी मेमोरी का उपयोग बाद (later) में उपयोग होने वाले डाटा तथा निर्देशों को संग्रहीत करने में होता है।

3. **आउटपुट यूनिट (Output Unit)**—वैसी इकाई जो सेन्ट्रल प्रोसेसिंग यूनिट से डाटा लेकर उसे यूजर को समझने योग्य बनाता है। जैसा कि, जब हम सुपर मार्केट में बिल अदा करते हैं तो हमें रसीद प्राप्त होता है, जो आउटपुट का रूप है। यह आउटपुट उपकरण (output device) प्रिन्टर से प्राप्त होता है।

पर्सनल कम्प्यूटर (Personal Computer)

पर्सनल कम्प्यूटर माइक्रो कम्प्यूटर समानार्थक से जाने वाले वैसे कम्प्यूटर प्रणाली हैं जो विशेष रूप से व्यक्तिगत अथवा छोटे समूह के द्वारा प्रयोग में लाए जाते हैं। इन कम्प्यूटरों को बनाने में माइक्रोप्रोसेसर मुख्य रूप से सहायक होते हैं। पर्सनल कम्प्यूटर निर्माण विशेष क्षेत्र तथा कार्य को ध्यान में रखकर किया जाता है। उदाहरणार्थ—घरेलू कम्प्यूटर तथा कार्यालय में प्रयोग किए जाने वाले कम्प्यूटर। बाजार में, छोटे स्तर की कम्पनियाँ अपने कार्यालयों के कार्य के लिए पर्सनल कम्प्यूटर को प्राथमिकता देती हैं। पर्सनल कम्प्यूटर के मुख्य कार्यों में क्रीड़ा-करना, इंटरनेट का प्रयोग, शब्द-प्रक्रिया इत्यादि शामिल हैं। पर्सनल कम्प्यूटर के कुछ व्यावसायिक कार्य निम्नलिखित हैं—

1. कम्प्यूटर सहायक रूपरेखा तथा निर्माण
2. इन्वेन्ट्री तथा प्रोडक्शन कन्ट्रोल
3. स्प्रेडशीट कार्य
4. अकाउन्टिंग
5. सॉफ्टवेयर निर्माण
6. वेबसाइट डिजाइनिंग तथा निर्माण
7. सांख्यिकी गणना

पर्सनल कम्प्यूटर का मुख्य भाग (Important Parts of Personal Computer)

माइक्रोप्रोसेसर वह चिप होती है जिस पर कंट्रोल यूनिट और ए.एल.ए. एक परिपथ होता है। माइक्रोप्रोसेसर चिप तथा अन्य डिवाइस एक इकाई में लगे रहते हैं, जिसे सिस्टम यूनिट कहते हैं। पी.सी. में एक सिस्टम यूनिट, एक मॉनीटर या स्क्रीन, एक की-बोर्ड, एक माउस और अन्य आवश्यक डिवाइसेज, जैसे–प्रिंटर, मॉडेम, स्पीकर, स्कैनर, प्लॉटर, ग्राफिक टेबलेट, लाइच पेन आदि होते हैं।

पर्सनल कम्प्यूटर का मूल सिद्धान्त (Fundamental Principle of P.C.)

पी.सी. एक प्रणाली है जिसमें डाटा और निर्देशों को इनपुट डिवाइस के माध्यम से स्वीकार किया जाता है। इस इनपुट किए गए डाटा व निर्देशों को आगे सिस्टम यूनिट में पहुँचाया जाता है, जहाँ निर्देशों के अनुसार सी.पी.यू. डाटा पर क्रिया या प्रोसेसिंग का कार्य करता है और परिचय को आउटपुट यूनिट मॉनीटर या स्क्रीन पर भेज देता है। यह प्राप्त परिणाम आउटपुट कहलाता है।

पी.सी. में इनपुट यूनिट में प्रायः की-बोर्ड और माउस काम आते हैं जबकि आउटपुट यूनिट के रूप में मॉनीटर और प्रिंटर काम आते हैं।

कम्प्यूटर का इतिहास (History of Computer)

विकास	वर्ष	मुख्य तथ्य
अबैकस	3000-2000 ई. पूर्व	प्रथम मशीनी कैलकुलेटर
पासकल्स कैलकुलेटर	1642 ए.डी.	प्रथम मशीन जो जोड़, घटाव और गिनती करने में सक्षम था।
जैक्वार्ड विविंग लूम	1801	बुनाई के पैटर्न को कंट्रोल करने के लिए धातु प्लेट पंच होल के साथ उपयोग किया गया था।
बैबेज एनालिटिकल इंजन	1834-1871	प्रथम जनरल परपस कम्प्यूटर बनाने की कोशिश की; परन्तु बैबेज के जीवनकाल में ये संभव न हो सका।
हरमन टैबुलेटिंग	1887-1896	डाटा को कार्ड में पंच करने तथा संग्रहीत डाटा को सारणीकृत (tabulate) करने हेतु कूट (code) और यंत्र (device) का निर्माण किया गया।
हावर्ड आइकेन मार्क 1	1937-1944	इलेक्ट्रोमैकेनिकल कम्प्यूटर का निर्माण हुआ, जिनमें डाटा संग्रह के लिए पंच पेपर टेप का प्रयोग हुआ।
इनियक (ENIAC)	1943-1950	प्रथम सम्पूर्ण इलेक्ट्रॉनिक गणना यंत्र जिसमें प्रोग्राम (Program) स्थायी रूप से समाहित था।
वॉन न्यूमेन स्टोर्ड प्रोग्राम कॉन्सेप्ट	1945-1942	कम्प्यूटर के मेमोरी में निर्देश और डाटा (Instruction and Data) स्टोर करने की अवधारणा (concept) का विकास हुआ। डाटा और निर्देश को बाइनरी में कूटबद्ध (Coding) करने की शुरूआत हुई।

विकास	वर्ष	मुख्य तथ्य
एडजैक (EDSAC)	1946-1952	प्रथम कम्प्यूटर जो सूचनाओं (Data) और निर्देशों (Instructions) को अपने मेमोरी में संग्रहीत करने में सक्षम था।
यूनिवैक-1 (UNIVAC-I)	1951-1954	प्रथम कम्प्यूटर जो व्यवसायिक रूप से उपलब्ध था।

कम्प्यूटर की पीढ़ियाँ (Computer's Generations)

पीढ़ी	हार्डवेयर	सॉफ्टवेयर	उदाहरण	विशेषताएँ
प्रथम (1942-1955)	निर्वात, ट्यूब, पंचकार्ड, विद्युत और यांत्रिक मशीन	मशीनी भाषा, असेम्बली भाषा, स्टोर प्रोग्राम	एनियक; इडवैक; यूनीवैक-1	बड़ा आकार, खर्चीला, केवल वैज्ञानिक अनुप्रयोग
द्वितीय (1955-1964)	ट्रांजिस्टर, चुम्बकीय मेमोरी	उच्च स्तरीय भाषा; बैच ऑपरेटिंग सिस्टम	आईबीएम; यूनीवैक	अपेक्षाकृत छोटा, तीव्र, खर्चीला, वैज्ञानिक और व्यावसायिक उपयोग
तृतीय (1964-1975)	इंटीग्रेटेड चिप, SSI व MSI; चुम्बकीय भंडारण क्षमता में वृद्धि	उच्च स्तरीय भाषा का मानकीकरण; टाइम शेयरिंग ऑपरेटिंग सिस्टम' हार्डवेयर व सॉफ्टवेयर की अलग अलग बिक्री	आईबीएम-360; पीडीपी-8	तीव्र, छोटे, सस्ते, विश्वसनीय, उपयोग में आसान
चतुर्थ (1975-1989)	VLSI, माइक्रोप्रोसेसर सेमीकंडक्टर मेमोरी; पीसी; उच्च क्षमता वाले नेटवर्क	पीसी के लिए ऑपरेटिंग सिस्टम, ग्राफिकल यूजर, इंटरफेस, यूनिक्स, 'C' प्रोग्राम भाषा; एक साथ कई कार्य करने की क्षमता	आईबीएम-पीसी एप्पल-II	सस्ते, उच्च क्षमतायुक्त उपयोग में आसान, व्यावसायिक उत्पादन तथा व्यक्तिगत उपयोग
पंचम (1989-अब तक)	ULSI; ऑप्टीकल डिस्क; कम जगह में अधिक भंडारण, नोटबुक, कम्प्यूटर, इंटरनेट, मल्टीमीडिया	इंटरनेट तथा मल्टीमीडिया सॉफ्टवेयर www	आईबीएम नोटबुक पेंटियम पीसी, सुपर कम्प्यूटर	अति छोटे, अति तीव्र उपयोग में आसान; प्लग और प्ले

कम्प्यूटर की कार्यप्रणाली (Working of Computer)

कम्प्यूटर की अपनी कोई बुद्धिमता नहीं होती है, न ही इसमें कोई सोचने-विचारने की समझ या निर्णय लेने या तर्क करने की शक्ति होती है। यह शक्ति तो उसे मानव द्वारा ही प्रोग्राम के रूप में प्रदान की जाती है। यद्यपि कम्प्यूटर की तुलना मस्तिष्क से की जाती है परन्तु कम्प्यूटर मानव की ही कृति है, इसलिए यह मानव से श्रेष्ठ कार्य करने के लिए अभिकल्पित तो किया ही जा सकता है क्योंकि उसमें समस्त मानव सभ्यता की सबसे अधिक श्रेष्ठ एवं परिष्कृत तथा आधुनिकतम अभियान्त्रिकी एवं प्रतिभा का उपयोग किया जा रहा है।

कम्प्यूटर की कार्य प्रणाली के चार मुख्य अवयव होते हैं। इन्हें कम्प्यूटर का रचना-शिल्प भी कहते हैं। इनके नाम हैं–

1. निवेश (Input)
2. केन्द्रीय संसाधन एकक (CPU)
3. बाह्य स्मृति (External Memory)
4. निर्गम (Output)

निवेश एवं निर्गम एककों (Input and output units) के द्वारा कम्प्यूटर एवं मानव के बीच सम्पर्क स्थापित होता है। चूँकि ये एकक कम्प्यूटर को चारों तरफ घेरे हुए होती हैं, इसलिए इन्हें परिधीय युक्तियाँ (Peripheral devices) भी कहा जाता है।

इनपुट डिवाइसेज (Input Devices)

एक कम्प्यूटर में इनपुट तथा आउटपुट दोनों उपकरण होते हैं। जिन यंत्रों के द्वारा डाटा इनपुट किया जाता है अर्थात् जिन यंत्रों से आँकड़ें, शब्द या निर्देश मेमोरी में डाले जाते हैं, इनपुट डिवाइसेस कहलाते हैं। दूसरे शब्दों में ये ऐसे यंत्र हैं जिनके द्वारा हम कम्प्यूटर को निर्देश देते हैं और कम्प्यूटर उन पर प्रोग्राम के अनुरूप कार्य करता है। जैसे कि की-बोर्ड, माउस आदि।

कुछ प्रमुख इनपुट डिवाइसेस निम्नलिखित हैं :

1. की-बोर्ड (Key-Board)
2. माउस (Mouse)
3. ट्रैकबॉल (Trackball)
4. जॉयस्टिक (Joystick)
5. स्कैनर (Scanner)
6. माइक्रोफोन (Microphone)
7. वेब कैम (Web Cam)
8. बार कोड रीडर (Bar Code Reader)
9. ओ.सी.आर. (OCR–Optical Character Reader)
10. एम.आई.सी.आर. (MICR–Magnetic Ink Character Reader)
11. ओ.एम.आर. (OMR–Optical Mark Reader)
12. किमबॉल टैग रीडर (Kimball Tag Reader)
13. स्पीच रेकग्निशन सिस्टम (Speech Recognition System)
14. लाइट पेन (Light Pen)
15. टच स्क्रीन (Touch Screen)

आउटपुट डिवाइस (Output Devices)

ये ऐसे उपकरण हैं जो प्रोसेस के उपरांत रिजल्ट देते या प्रदर्शित करते हैं। इसके द्वारा कम्प्यूटर द्वारा प्रोसेस्ड जानकारी को देखते या ग्रहण करते हैं।

कुछ आउटपुट डिवाइस निम्नलिखित हैं–

1. मॉनीटर (Monitor)
2. प्रिन्टर (Printer)
3. स्पीकर (Speaker)
4. प्लॉटर (Plotter)
5. स्क्रीन इमेज प्रोजेक्टर (Screen Image Projector)

मेमोरी यूनिट (Memory Unit)

मेमोरी कम्प्यूटर का बुनियादी घटक है। यह कम्प्यूटर का आंतरिक भंडारण (Internal storage) क्षेत्र है। केन्द्रीय प्रोसेसिंग इकाई (CPU) को प्रोसेस करने के लिए इनपुट डाटा एवं निर्देश (Instruction) चाहिए, जो कि मेमोरी में संग्रहीत रहता है।

मेमोरी में ही संग्रहीत डाटा तथा निर्देश का प्रोसेस होता है, तथा आउटपुट प्राप्त होता है। अतः मेमोरी कम्प्यूटर का एक आवश्यक अंग है।

मेमोरी के प्रकार (Types of Memory)

- मेमोरी
  - सेमीकंडक्टर (Semiconductor) या प्राथमिक (Primary) या मुख्य (Main) मेमोरी
    - स्थायी (Non Volatile)
      - रॉम (Rom)
      - प्रॉम
      - ई–प्रॉम
      - ई–ई प्रॉम
    - कैश (Cache)
    - अस्थायी (Volatile)
      - रैम (RAM)
  - द्वितीयक (Secondary) या सहायक (Auxiliary) या बैकिंग स्टोर (Backing Store) मेमोरी
    - हार्ड डिस्क
    - मैग्नेटिक टेप
    - सीडी रोम
    - फ्लॉपी डिस्क
    - पेन ड्राइव
    - फ्लैश मेमोरी
    - डीवीडी

प्रोग्रामिंग भाषाएँ (Programming Languages)

परिचय (Introduction)

प्रोग्रामिंग भाषा कम्प्यूटर को निर्देश देने तथा इच्छानुसार कार्य करवाने का एक माध्यम है। यह एक कृत्रिम भाषा है जिसे कम्प्यूटर को एक निश्चित क्रमानुसार चलाने या काम करने के लिए प्रयोग में लाया जाता है। यह की-बोर्ड, सिंवाल्स का एक सेट और स्टेटमेंट कन्स्ट्रक्ट करने के लिए नियमों का एक सेट है, जिसके द्वारा मानव कम्प्यूटर द्वारा निष्पादित किए जाने वाले अनुदेशों को संप्रेषित कर सकता है।

मुख्यतः प्रोग्रामिंग भाषा दो प्रकार के होते हैं–

(*a*) निम्न स्तरीय भाषा (Low Level Language)

(*b*) उच्च स्तरीय भाषा (High Level Language)

- मशीन भाषा (Machine Language) (निम्न स्तरीय भाषा)
- असेम्बली भाषा (Assembly Language)
- उच्च स्तरीय भाषा
  - कोबोल (COBOL)
  - बेसिक (BASIC)
  - अल्गॉल (ALGOL)
  - PL1
  - पास्कल (PASCAL)
  - लिस्प (LISP)
  - प्रोलॉग (PROLOG)
- 4th पीढ़ी भाषा

माइक्रोसॉफ्ट ऑफिस (Microsoft Office)

Microsoft Office, 2007, Office से जुड़ी हुई तमाम तरह के कामों में आने वाली एप्लीकेशन और औजारों का एक पैकेज है, इसमें आपको Microsoft Word 2007, Microsoft Excel 2007, Microsoft Outlook 2007, Microsoft Power Point 2007, Microsoft Publisher 2007 आदि एप्लीकेशन प्राप्त होती है, जो आपके ऑफिस और घर के साधारण और विशिष्ट कार्यों को करने के काम आते हैं।

कौन-सी एप्लीकेशन किस काम आती है-

Microsoft Word 2007—यह कोई भी Letter, School Project आदि बनाने के लिए डिजाइन किया गया है।

Microsoft Excel 2007—किसी भी प्रकार के कठिन हिसाब–किताब Book keeping को करने के लिए, टेबल आदि बनाने के लिए Excel से बेहतर एप्लीकेशन नहीं है।

Microsoft Access 2007—इसका प्रयोग Database applications बनाने के लिए किया जाता है, अगर आप Access जानते हैं, तो आप प्रतिदिन के एक जैसे कार्यों के लिए अपना खुद का Program बना सकते हैं।

Microsoft Outlook 2007—आउटलुक के प्रयोग से आप अपने कई सारे E-mail account को एक ही जगह अपने कम्प्यूटर में बिना Browser को खोले प्रयोग कर सकते हैं। इसके अलावा Phonebook, Diary आदि का Office Maintenance कर सकते हैं।

Microsoft PowerPoint 2007—अगर आपको अपने किसी Project का Projector की सहायता से Presentation देना है, तो Power Point इसमें आपकी पूरी–पूरी मदद करता है, इसकी help से आप बड़ी ही आसानी से Slideshow तैयार कर सकते हैं।

माइक्रोसॉफ्ट ऑफिस की विशेषताएँ

माइक्रोसॉफ्ट ऑफिस के 2007 वर्जन से पहले मार्केट में Office 1.0 से Office 2003 आ चुके हैं। Office 1.0 नवम्बर 19, 1990 को लांच किया गया था और Office 2007 इसके 16 वर्ष बाद जनवरी 30, 2007 को लांच किया गया। लेकिन पिछले 16 वर्षों में Microsoft Office ने पूरी दुनियाभर के कम्प्यूटरों पर अपना राज कर लिया। वैसे तो Microsoft Office पहले से सुविधाओं से युक्त था, किन्तु इसके 2007 वर्जन में इसके मूलभूत लुक और सुविधाओं में क्रान्तिकारी बदलाव किया गया, जिससे यह पहले से भी ज्यादा सरल और तेज बन गया। इसमें पहली बार मेन्यू को समाप्त कर रिबन को जोड़ा गया, मेन्यू के अन्दर छिपे हुए सारे महत्वपूर्ण टूल अब Office 2007 में रिबन पर ही यूजर के सामने दिखने लगे। जिससे काम करने में और भी आसानी हो गई।

माइक्रोसाफ्ट वर्ड

Microsoft word, Microsoft office का एक part है और यह माइक्रोसॉफ्ट ऑफिस का सबसे बड़े पैमाने पर इस्तेमाल होने वाले Computer के एक अनुप्रयोगों में से एक है।

यह माइक्रोसॉफ्ट कम्पनी द्वारा बनाया गया। यह सबसे पहले सन् 1983 में पहली बार Multi-Word tool के नाम से xenix system से जारी किया गया था। बाद में DOS (1983) व Apple Macintosh (1984) के सहित कई अन्य प्लेटफार्म के लिए इसे लिखा गया था। Windows Operating System के लिए MS-Word का first version 1989 में आया।

Microsoft word को शॉर्ट रूप में MS-Word कहा जाता है। इसके जरिए हम कम्प्यूटर में एक टेक्स्ट फाइल बना सकते हैं जिसमें हम राइटिंग का, एडिटिंग का और ड्राइंग का काम कर सकते हैं। MS-Word के Document को हम आसानी से शेयर कर सकते हैं। इसके डॉक्यूमेंट को सिस्टम से दूसरे सिस्टम में आसानी से ले जाया जा सकता है।

MS-Word के लाभ

- MS-Word में टेक्स्ट को आसानी से लिखा जा सकता है।
- यह आसान और लगभग तत्काल शाब्दिक (alphabets, numbers) को इनपुट कर सकता है।
- MS-Word में बहुत ही बड़ी संख्या में फॉर्मेटिंग टूल्स हैं। जैसे–Fonts weight (regular/bold) से टेक्स्ट को रेगूलर या बोल्ड में बदलने की क्षमता टेक्स्ट के नीचे अंडरलाइन खींचना आदि सहित स्वरूप विकल्पों की एक विशाल रेंज इसमें है।
- MS–Word में images को मेन्युअली डाला जा सकता है या फिर इसको वर्ड आर्ट गैलरी से आयात भी किया जा सकता है।
- इसमें सूचियों को आसानी से बनाया और प्रारूपित किया जा सकता है।
- MS-Word में सामग्री (content), Standard मानक HTML में होते हैं जिनको हम आसानी से नियंत्रित कर सकते हैं।
- इसमें Self-Explanatory dialogue boxes और Menu option हैं।
- MS-Word में हम आसानी से ग्राफिक वर्क भी कर सकते हैं।
- इसमें टेबल बना सकते हैं और डाटा को टेबल फॉर्म में रख सकते हैं।

सारणी–1 : स्टैंडर्ड टूलबार

टूल्स का नाम	की-बोर्ड ऑपरेशन	विवरण
New Blank Document	Ctrl + N	एक नई फाइल या टेम्पलेट आधारित फाइल बनाता है।
Open (File menu)	Ctrl + O	चयनित (selected) फाइल को खोलता है।
Save (File menu)	Ctrl + S	सक्रिय फाइल को इसके वर्तमान फाइल नाम, स्थान तथा स्वरूप (Format) के साथ सेव (Save) है।
Mail Recipient		दस्तावेज को (Content of Document) को ई–मेल संदेश के ढाँचे (Body) के रूप में भेजता है।
Print (File menu)	Ctrl + P	सक्रिय फाइल या चयन करने के लिए फाइल मेन्यू में प्रिंट करता है। प्रिंट विकल्प का चयन करने के लिए फाइल मेन्यू में प्रिंट विकल्प पर क्लिक करते हैं।
Print Preview (File Menu)	Ctrl + F2	जब हम फाइल प्रिंट करने में हों तो यह कैसा दिखेगा यह बताता है।
Spelling and Grammar (Tools menu)	F7	सक्रिय दस्तावेज में वर्तनी तथा व्याकरण जाँच तथा लेखन शैली त्रुटियाँ बताता है। उन्हें ठीक करने के लिए सुझाव देता है।
Cut (Edit Menu)	Ctrl + X	सक्रिय दस्तावेज से चयनित चित्र या टेक्स्ट को हटाकर क्लिपबोर्ड में रखता है।
Copy (Edit Menu)	Ctrl + C	क्लिपबोर्ड में चयनित चित्र या टेक्स्ट की प्रतिलिपि (Copy) बनाकर रखता है।
Paste (Edit Menu)	Ctrl + V	क्लिपबोर्ड के सामग्री को प्रविष्टि बिन्दु (Insertion Point) पर पेस्ट करता है।
Undo (Edit Menu)	Ctrl + Z	अंतिम आदेश को विफल करता है तथा अंतिम में टाइप किए गए टेक्स्ट को हटा देता है।
Redo (Edit menu)	Ctrl + Y	Undo आदेश के क्रिया (action) को विफल करता है।
Hyperlink	Ctrl + K	नए हाइपरलिंक को डालता है या चयनित हाइपरलिंक को एडिट (Edit) करता है।
Tables and Borders		टेबल और बॉर्डर (Tables and Borders) टूलबार प्रदर्शित करता है।
Insert Table		टेबल बनाता है।
Insert Excel Worksheet		दस्तावेज में एक्सल स्प्रेडशीट जोड़ता है।
Zoom		सक्रिय दस्तावेज के प्रदर्शन (Display) को 10% से 400% तक बढ़ा–घटा सकता है।
Office Assistant	F1	यह हेल्प टॉपिक और युक्तियाँ (Help Topic and Tips) प्रदान करता है जिसकी सहायता से हम अपने कार्य को पूरा करते हैं।

सारणी–2 : फार्मेटिंग टूलबार

टूल्स का नाम	की-बोर्ड ऑपरेशन	विवरण
Style	Ctrl + Shift + S	चयनित टेक्स्ट की शैली (Style) में परिवर्तन कर उसे अपने अनुरूप शैली में ढालना संभव करता है।
Font	Ctrl + Shift + F	चयनित टेक्स्ट के लिखावट (Font) में परिवर्तन करता है।
Font size	Ctrl + Shift + P	चयनित टेक्स्ट के फॉन्ट के आकार में परिवर्तन करना संभव करता है।
Bold	Ctrl + B	चयनित टेक्स्ट को बोल्ड अर्थात् थोड़ा मोटे अक्षरों में परिवर्तित करता है।
Italic	Ctrl + I	चयनित टेक्स्ट को तिरछे टाइप (Italics) में परिवर्तित करता है।
Underline	Ctrl + U	चयनित टेक्स्ट को लगातार अंडरलाइन करता है।

टूल्स का नाम	की-बोर्ड ऑपरेशन	विवरण
Align Left	Ctrl + L	टेक्स्ट या पैराग्राफ को बाएं हाशिये (Margin) से भरता है या लिखना शुरू करता है।
Centre	Ctrl + E	टेक्स्ट या पैराग्राफ को दायें तथा बायें हाशिये के बीच रखता है।
Align Right	Ctrl + R	टेक्स्ट या पैराग्राफ को दायें हाशिये से भरता है या लिखना शुरू करता है।
Justify	Ctrl + J	टेक्स्ट को बायें तथा दाहिने हाशिये के बीच हर शब्दों के बीच की जगह को बढ़ा या घटाकर समान रूप से फैलाता है।
Numbering		वर्तमान डिफाल्ट के आधार पर संख्यात्मक लिस्ट बनाता है अर्थात् हर पंक्ति या पैराग्राफ को श्रेणीबद्ध संख्या देता है। जैसे–1, 2, 3 आदि।
Bullets		वर्तमान डिफाल्ट बुलेट के आधार पर बुलेटेड सूची बनाता है।
Decrease Indents		यह बायें हाशिये (Left Margin) को घटाता है।
Increase Indents		यह बायें हाशिये को बढ़ाता है।
Outside Borders		चयनित टेक्स्ट, पैराग्राफ, चित्र या दूसरे वस्तु के चारों ओर बॉर्डर बनाता या हटाता है।
Highlight		चयनित टेक्स्ट के टुकड़े को अपने अनुरूप चुने हुए रंग से हाइलाइट करता है।
Font Colour		टेक्स्ट के लिखावट के रंग को परिवर्तित करना संभव करता है।

सारणी–3 : टेबल्स एंड बॉर्डर्स टूलबार

टूल्स का नाम	विवरण
Draw Table	दस्तावेज में जहाँ भी चाहें टेबल बना सकते हैं, उसके बाद रो तथा कॉलम माउस ड्रैग कर बना सकते हैं।
Eraser	टेबल के खानों के लाइन को हटाता है तथा उन खानों की सारी सामग्री को मिला (Merge) देता है।
Line Weight	टेबल के रेखाओं को मोटा या पतला (Thick or Thin) करना संभव करता है।
Line Style	भिन्न–भिन्न तरह की रेखा खींचना (Draw Line) संभव करता है।
Border Colour	टेबल के बॉर्डर के रंग को परिवर्तन करने में सक्षम बनाता है।
Outside Border	चयनित टेक्स्ट, पैराग्राफ या चित्र इत्यादि के चारों ओर बॉर्डर बनाता तथा हटाता है।
Fill Colour	चयनित वस्तु पर रंग भरता है तथा पहले से भरे हुए रंग को हटाना, बदलना संभव करता है।
Insert Table	दस्तावेज में रो तथा कॉलम की संख्या पूछकर टेबल बनाता है।
Merge Cells	दो लगातार चयनित खानों के सामग्री को संयुक्त कर देता है।
Split Cells	चयनित टेबल के खानों को रो तथा कॉलम में विभक्त कर देता है।
Align Top Left	टेबल के खानों की सामग्री बायें ऊपर से लिखना शुरू करता है।
Distribute Rows Evently	चयनित रो तथा खानों को समान ऊँचाई में परिवर्तित करता है।
Distribute Columns Evently	चयनित सारे कॉलम या खानों को सामान चौड़ाई में बदल देता है।
Table Auto	पूर्व निर्धारित बॉर्डर फार्मेट तथा शेडिंग का उपयोग कर टेबल बनाता है। टेबल के खाने सामग्री (Content) के अनुसार स्वतः परिवर्तित हो जाते हैं।
Change Text Direction	टेक्स्ट की दिशा में परिवर्तन करने में सक्षम बनाता है।
Sort Ascending	चयनित चीजों (Selected items) को बढ़ते हुए क्रम में या A से Z के रूप में श्रेणीबद्ध करता है।
Sort Descending	चयनित चीजों को घटते हुए क्रम में या Z to A के रूप में श्रेणीबद्ध करता है।
Auto Sum	एक सूत्र क्षेत्र बनाता है जो टेबल के खानों के मान को जोड़कर प्रदर्शित करता है।

सारणी–4 : ड्राइंग टूलबार

टूल्स का नाम	विवरण
Draw	ड्राइंग में कोई परिवर्तन करने में सक्षम बनाता है। जैसे–फ्लिप (Flip), घुमाना (Rotate), टेक्स्ट रैपिंग (Text wrapping) etc.
Select Objects	किसी विशेष ड्राइंग वस्तु को चयन करने में सक्षम बनाता है।
Free Rotate Auto Shapes	Autoshapes बटन पर Click करने पर कई आकारों की सूची प्राप्त होती है। सूची से एक सेट का चयन कर माउस Drag कर प्राप्त सूची से एक आकार का चयन करते हैं।
Line	यह रेखा खींचने (Draw) के लिए उपयोग होता है।
Arrow	यह भी रेखा खींचने में प्रयुक्त होता है परन्तु खींची गई रेखा के एक ओर तीर का निशान बन जाता है। (Arrow head Line)
Rectangle	आयत (Rectangle) बनाने में प्रयुक्त होता है।
Oval	अंडाकार वृत्त (Oval) या वृत्त (Circle) बनाने में प्रयुक्त होता है।
Text Box	एक टेक्स्ट बॉक्स बनाने में प्रयोग होता है, जिनके अंदर हम कोई टेक्स्ट लिख सकते हैं।
Word Art	Word Art डालने में प्रयुक्त होता है।
Fill Colour	ड्राइंग किए गए चित्र या आकार में रंग भरने में प्रयुक्त होता है।
Clip Art	क्लिप आर्ट डालने में प्रयुक्त होता है।
Font Colour	चयनित (Selected) टेक्स्ट को हमारे द्वारा चुने गए रंग में परिवर्तित करता है।
Line Colour	बनाए गए वस्तु (Draw Object) के लाइन का रंग में परिवर्तन करने में प्रयुक्त होता है।
Line Style	इसके द्वारा ड्राइंग में प्रयोग किए गए रेखा (Line) के रूप, (जैसे–रेखा की मोटाई, डबल रेखा आदि) में परिवर्तन किया जा सकता है।
Dash Style	इसके प्रयोग से रेखा को भिन्न–भिन्न बिन्दु (Dotted) स्टाइल में परिवर्तित किया जा सकता है।
Arrow Style	Arrow युक्त लाइन के स्टाइल में परिवर्तन करने में प्रयुक्त होता है।
Shadow	चयनित (Selected) वस्तु को छाया शैली (Shadow Style) में परिवर्तन करने में प्रयुक्त होता है।
3-D	चयनित वस्तु (Selected Object) को 3-D शैली में परिवर्तन करने में प्रयुक्त होता है।

एम.एस. एक्सल (M.S. Excel)

माइक्रोसॉफ्ट एक्सल एक इलेक्ट्रॉनिक स्प्रेडशीट है, जो सांख्यिक गणना करने तथा चार्ट बनाने में सहायता करता है। स्प्रेडशीट सांख्यिकी विश्लेषण के लिए एक युक्ति (Tool) है तथा विश्लेषण क्या कहता है, यह बताने के लिए रिपोर्ट और प्रेजेन्टेशन तैयार करता है। जिन लोगों को संख्या का विश्लेषण, रिकॉर्ड तथा व्यवस्थित करने की आवश्यकता होती है, वे लोग स्प्रेडशीट का प्रयोग करते हैं।

स्प्रेडशीट रो तथा कॉलम के हर वर्ग या खाने (cell) को एक सेल एड्रेस (address) देता है तथा प्रयोक्ता को सूचना डालने की अनुमति देता है। कॉलम में टेक्स्ट प्रायः लेफ्ट अलाइन होता है। यह सेल एड्रेस का कॉलम तथा रो लेबल है। यह जल्द सांख्यिक गणना करने, वार्षिक या मासिक आँकड़े संग्रहीत करने, वित्तीय विवरण (statement) तैयार करने के लिए तथा कर (Tax) वर्कशीट तैयार करने इत्यादि के लिए उपयोग होता है।

इलेक्ट्रॉनिक स्प्रेडशीट कम्प्यूटर मेमोरी में तार्किक वर्कशीट है जो कॉलम तथा रो में बँटा है। यह यूटिलिटी सॉफ्टवेयर पैकेज है। एक बार सूत्र (Formula) का निर्धारण करने के बाद गणना स्वतः होती रहती है तथा परिणाम उपयोगकर्ता को दिखता रहता है। एम.एस. एक्सल वर्क बुक (Work book) चार्टों का संग्रह है।

एम.एस. पॉवर प्वाइंट (MS-Power Point)

यह माइक्रोसॉफ्ट द्वारा विकसित, एम.एस. ऑफिस (MS-Office) का एक भाग है। यह प्रस्तुतीकरण तथा स्लाइड शो (Presentation and slide show) को तैयार करने के लिए शक्तिशाली उपकरण है।

पॉवर प्वाइंट के उपयोग (Use of Power Point)

1. व्यवसाय अनुप्रयोग प्रस्तुतीकरण (Business Appl tion Presentation) का स्लाइड तैयार करना।
2. एनिमेशन के द्वारा ग्राफिकल चीजों (Graphical ect) को तैयार करना।

3. सामान्य उपयोग के लिए आर्ट गैलरी के द्वारा कलात्मक स्लाइड तैयार करना।
4. व्यवसाय जगत में ट्रेनिंग देने के लिए।

एम.एस. एक्सेस (MS-Access)

माइक्रोसॉफ्ट एक्सेस डाटाबेस बनाने तथा प्रबंधन के लिए शक्तिशाली प्रोग्राम है। इनमें डाटा को देखने तथा निर्माण में सहायता करने के लिए कई सुविधाएँ हैं।

सर्वप्रथम हमें यह पता होना चाहिए कि MS-एक्सेस का डाटाबेस को तोड़ने में कैसे उपयोग होता है।

डाटाबेस फाइल–यह मुख्य फाइल है जो संपूर्ण डाटाबेस है तथा हार्ड ड्राइव या फ्लॉपी डिस्क में सुरक्षित है। जैसे–Student database.mdb.

टेबल–रिलेशनल डाटाबेस में टेबल एक डाटा स्ट्रक्चर है जो सूचनाओं को कॉलम तथा रो में व्यवस्थित करता है। यह एक विशिष्ट विषय (Specific Topic) के डाटा का संग्रह है। एक डाटाबेस में कई टेबल हो सकते हैं। टेबल डाटा को रो (Rows) तथा कॉलम (Fields) में व्यवस्थित करता है। जैसे–1. छात्र, 2. शिक्षक।

फील्ड–एक टेबल में फील्ड की विभिन्न श्रेणियाँ हैं। जैसे–1. छात्र Last Name, 2. छात्र First Name।

डाटा टाइप–यह हर फील्ड का गुण है। एक फील्ड एक ही डाटा टाइप के हो सकते हैं। जैसे–फील्ड–छात्र (Last Name), डाटा टाइप–टेक्स्ट।

डाटा संचार एवं नेटवर्किंग (Data Communication and Networking)

डाटा संचार (Data Communication)

डाटा संचार दो या दो से अधिक कम्प्यूटर केन्द्रों के बीच डिजिटल (ऐसी प्रणाली जिसमें मुख्यता से डाटा आदान–प्रदान के लिए अंक का उपयोग किया जाता है) या एनालॉग (ऐसी प्रणाली जिसमें विद्युत संकेतों का प्रयोग डाटा आदान–प्रदान के लिए किया जाता है) डाटा का स्थानान्तरण है, जो आपस में संचार चैनल से जुड़ा होता है।

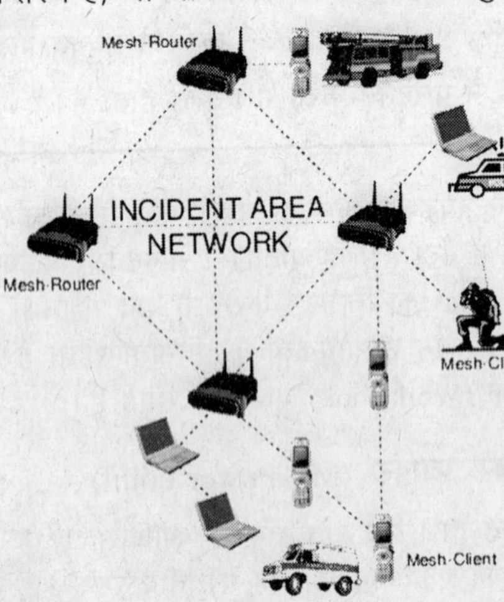

ाटा संचार के लाभ

- डाटा को भौतिक रूप से भेजने में तथा सेट तैयार करने में लगने वाले समय की बचत।
- आधुनिक कम्प्यूटर के प्रोसेसिंग शक्ति तथा संग्रहण क्षमता का र्ण उपयोग।
- प[illegible]ल से सूचनाओं की तीव्र प्राप्ति।
- फा[illegible] के नकल से बचाव।
- कम[illegible] में डाटा का आदान–प्रदान।

संचार चैनल के प्रकार

1. सिम्पलेक्स चैनल (Simplex Channel)–

A ⟶ B

इसमें डाटा का प्रवाह बस एक ही दिशा में होता है। जैसे–रेडियो स्टेशन से रेडियो सिग्नल श्रोताओं के पास पहुँचता है, पर श्रोता वापस उस सिग्नल को रेडियो स्टेशन नहीं भेज सकता। इसमें सिग्नल बस A से B की दिशा में ही जाता है।

2. अर्द्ध डुप्लेक्स चैनल (Half Duplex Channel)–

⟶
A B
⟵

इस चैनल में डाटा का प्रवाह दोनों दिशाओं में होता है। परन्तु एक समय में किसी एक ही दिशा में डाटा का प्रवाह होता है। अर्थात् A से B की ओर या फिर B से A की ओर। जैसा टेलीफोन में होता है।

3. पूर्ण डुप्लेक्स चैनल (Full Duplex Channel)–

⟶
A ⟵ B
⟶
B ⟵ A

इस चैनल में डाटा का प्रवाह दोनों दिशाओं में एक साथ होता है। एक ही समय में डाटा A या B की ओर या B से A की ओर भेजा जाता है। जैसा कि कम्प्यूटर इन्टरनेट सेवा में होता है।

डाटा कम्युनिकेशन माध्यम

डाटा कम्युनिकेशन माध्यम (Data Communication Medium)–एक कम्प्यूटर से टर्मिनल या टर्मिनल से कम्प्यूटर तक डाटा के प्रवाह के

लिए किसी माध्यम की आवश्यकता होती हैं जिसे कम्युनिकेशन लाइन या डाटा लिंक कहते हैं। ये निम्न प्रकार के होते हैं–

- स्टैंडर्ड टेलीफोन लाइन (Standard Telephone Line)
- को–एक्सेल केबल (Coaxial-Cable)
- माइक्रोवेव ट्रांसमिशन (Microwave Transmission)
- उपग्रह संचार (Satellite Communication)
- प्रकाशीय तंतु (Optical Fiber)

कम्प्यूटर नेटवर्क

आज के युग में उपयोगकर्ता को इलेक्ट्रॉनिक संचार की आवश्यकता है। लोगों के परस्पर सूचना के संचार के लिए तकनीक की आवश्यकता है। एक अच्छी सूचना संचार पद्धति प्रत्येक संस्थानों के लिए आवश्यक है। संस्थाएँ सूचना की प्रक्रिया के लिए परस्पर जुड़े हुए कम्प्यूटर पर निर्भर रहती हैं। इलेक्ट्रॉनिकी की सहायता से एक स्थान से दूसरे स्थान पर सूचना प्रेषित करने की क्रिया को दूरसंचार कहते हैं। एक या एक से अधिक कम्प्यूटर और विविध प्रकार के टर्मिनलों के बीच आंकड़ों को भेजना या प्राप्त करना डाटा संचार कहलाता है।

कम्प्यूटर नेटवर्क के प्रकार

कम्प्यूटर नेटवर्क आपस में जुड़े कम्प्यूटरों का समूह है जो एक–दूसरे से संचार स्थापित करने तथा सूचनाओं, संसाधनों को साझा इस्तेमाल करने में सक्षम होते हैं।

नेटवर्क के निम्नलिखित प्रकार होते हैं–

लोकल एरिया नेटवर्क (LAN–Local Area Network)–यह एक कम्प्यूटर नेटवर्क है जिसके अंदर भौगोलिक परिधि सीमित होती है। जैसे–घर, ऑफिस, भवनों का छोटा समूह आदि का कम्प्यूटर नेटवर्क। वर्तमान लेन इथर्नेट तकनीक पर आधारित होता है। इस नेटवर्क का आकार छोटा परन्तु डाटा संचारण की तीव्र गति होती है।

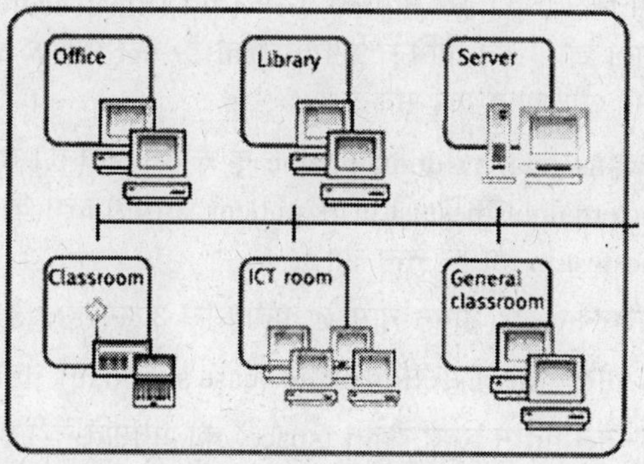

वाइड एरिया नेटवर्क (WAN–Wide Area Network)–इस नेटवर्क में कम्प्यूटर आपस में लीज्ड लाइन या स्विच सर्किट के द्वारा जुड़े रहते हैं। इस नेटवर्क की भौगोलिक परिधि बड़ी होती है जैसे पूरा शहर, देश या महादेश में फैला नेटवर्क का जाल। इंटरनेट इसका एक अच्छा उदाहरण है। बैंकों की ATM सुविधा वाइड एरिया नेटवर्क का उदाहरण है।

मेट्रोपोलिटन एरिया नेटवर्क (MAN–Metropolitan Area Network)–इसके अंतर्गत दो या दो से अधिक लोकल एरिया नेटवर्क एक साथ जुड़े होते हैं। यह एक शहर की सीमाओं के भीतर स्थित कम्प्यूटर नेटवर्क होता है। राउटर, स्विच और हब्स मिलकर एक मेट्रोपोलिटन एरिया नेटवर्क का निर्माण करता है।

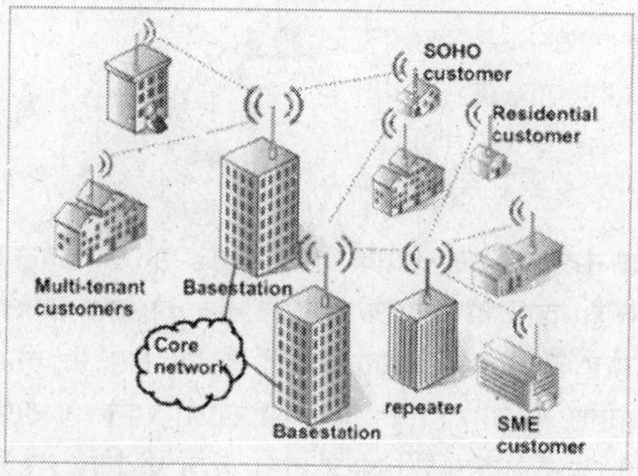

नेटवर्क टोपोलॉजी

नेटवर्क टोपोलॉजी विभिन्न नोड्स या टर्मिनल (कम्प्यूटर) को आपस में जोड़ने का तरीका है। यह विभिन्न नोड्स के बीच भौतिक संरचना को दर्शाता है।

नेटवर्क टोपोलॉजी निम्नलिखित प्रकार के होते हैं–

1. **मेस नेटवर्क**–यह नेटवर्क उच्च ट्रैफिक स्थिति में मार्ग को ध्यान में रखकर उपयोग किया जाता है। इसमें किसी भी स्रोत से कई मार्गों से संदेश भेजा जा सकता है। पूर्णतः इंटरकनेक्टेड मेस नेटवर्क खर्चीला है, क्योंकि इसमें ज्यादा केबल और हर नोड पर इंटेलीजेंस की आवश्यकता होती है। इस नेटवर्क में उच्च सुरक्षा अनुप्रयोग में डाटा प्रेषित किया जाता है।

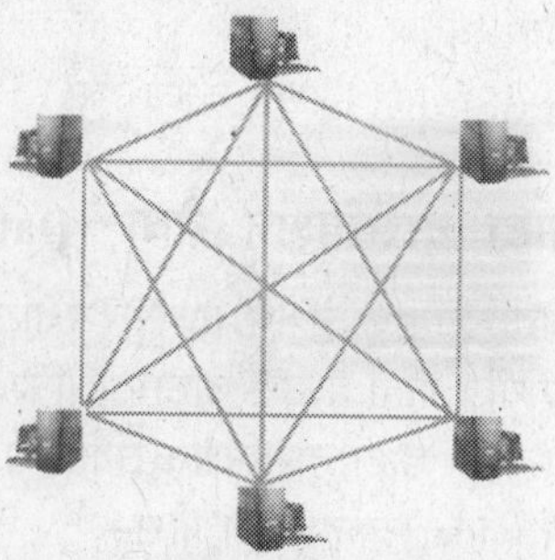

2. **स्टार नेटवर्क**–इस नेटवर्क में एक केन्द्रीय नोड होता है जो इंटेलीजेंस से युक्त होता है। बाकी नोड्स इससे जुड़ा होता है। इस केन्द्रीय नोड को हब कहा जाता है। कोई एक केबल में कोई समस्या आने पर नोड विफल होता है। परन्तु हब में कोई समस्या आने पर सारा नेटवर्क विफल हो जाता है। इसका स्वरूप तारे के समान होने के कारण इसे स्टार नेटवर्क के नाम से जाना जाता है।

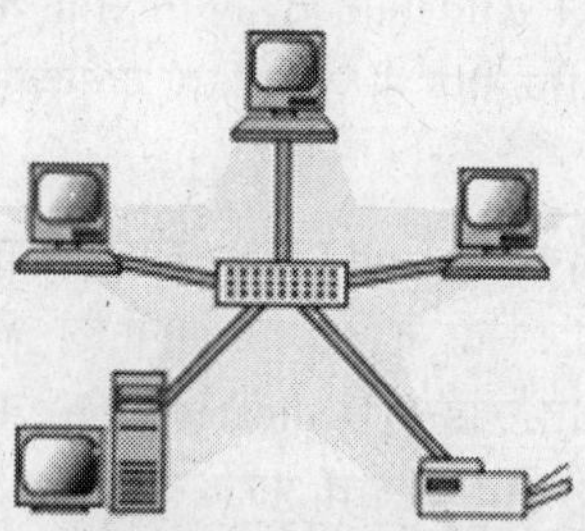

3. **रिंग नेटवर्क**–इस नेटवर्क में सभी नोड्स में इंटेलीजेंस होता है। डाटा का प्रवाह हमेशा एक ही दिशा में होता है परन्तु किसी भी एक केबल या नोड में समस्या आने पर दूसरी दिशा में डाटा का प्रवाह संभव है। इसका स्वरूप रिंग (गोले) के समान होने के कारण इसे रिंग नेटवर्क के नाम से जाना जाता है।

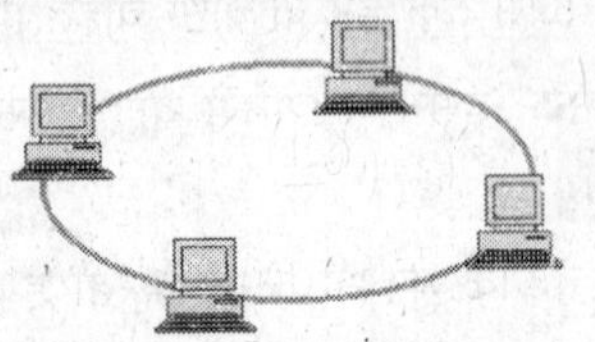

4. **बस नेटवर्क**–इस नेटवर्क के सभी नोड एक ही केबल से जुड़े होते हैं। कोई भी नोड किसी दूसरे नोड को डाटा प्रेषित करना चाहता है तो उसे देखना होता है कि बस में कोई डाटा प्रवाहित तो नहीं हो रहा है। बस खाली रहने पर नोड डाटा प्रेषित कर सकता है। डाटा प्राप्त करने के लिए हर नोड के पास इतनी इंटेलीजेंस होनी चाहिए कि बस से अपने पता ज्ञात कर डाटा प्राप्त कर सके। इसमें कम केबल की आवश्यकता होती है तथा कोई नया नोड जोड़ना आसान होता है।

डाटा ट्रांसमिशन सेवा (Data Transmission Service)

डाटा को एक स्थान से दूसरे स्थान पर भेजने के लिए जिस सेवा का उपयोग होता है उसे डाटा ट्रांसमिशन सेवा कहते हैं। इस सेवा को देने वाले को डाटा ट्रांसमिशन सेवा प्रदाता (Data Transmission Service Provider) कहते हैं। जैसे–

1. VSNL–विदेश संचार निगम लिमिटेड
2. BSNL–भारत संचार निगम लिमिटेड
3. MTNL–महानगर टेलीफोन निगम लिमिटेड

डाटा ट्रांसमिशन सेवा निम्नलिखित हैं–

1. **डायल अप लाइन** (Dialup Line)–डायल अप लाइन टेलीफोन कनेक्शन से सम्बन्धित हैं जो एक सिस्टम में बहुत सारे लाइनों तथा यूज़र्स से जुड़ा होता है। इसका उपयोग टेलीफोन की तरह नंबर डायल कर संचार स्थापित करने में किया जाता है। इसे कभी–कभी स्विच लाइन भी कहा जाता है। यह पहले से विद्यमान टेलीफोन सेवा का उपयोग करता है। ब्रॉडबैंड तकनीक भी डायल उप कनेक्शन का ही उपयोग करता है।
2. **ेज्ड लाइन** (Leased Line)–लीज्ड लाइन आवाज और ड दूरसंचार सेवा के लिए दो स्थानों को जोड़ती हैं। यह एक सि समर्पित लाइन (Dedicated Line) नहीं हैं, बल्कि यह वास्त दो बिंदु के बीच आरक्षित सर्किट है। इसका सबसे ज्यादा उपयोग उद्योगों द्वारा अपनी शाखाओं को जोड़ने के लिए किया जाता है क्योंकि यह नेटवर्क ट्रैफिक के लिए बैंडविड्थ की गारंटी देता है।
3. **एकत्रित सेवा डिजिटल नेटवर्क** (ISDN–Integrated Services Digital Network)–एकत्रित सेवा डिजिटल नेटवर्क सर्किट स्विच टेलीफोन नेटवर्क के माध्यम से आवाज, डाटा और इमेज का स्थानान्तरण है। इस सेवा के अंतर्गत आवाज, डाटा और इमेज को डिजिटल रूप में भेजा जाता है और जरूरत के अनुरूप इस्तेमाल किया जाता है। इस सेवा में मोडेम की जरूरत नहीं होती क्योंकि डाटा का आदान–प्रदान केवल डिजिटल रूप में होता है।

इलेक्ट्रॉनिक मेल (Email)

ई–मेल एक सेवा है, जो हमें इंटरनेट पर इलेक्ट्रॉनिक मोड में संदेश भेजने के लिए अनुमति देता है। यह एक ऐसा इलेक्ट्रॉनिक संदेश होता है, जो किसी नेटवर्क से जुड़े विभिन्न कंप्यूटरों के बीच भेजा व प्राप्त किया जाता है, जो कि भौगोलिक रूप से हजारों मील दूर भी हो सकते हैं। ई–मेल का मेल सर्वर के माध्यम से भेजा जाता और प्राप्त किया जाता है। मेल सर्वर ऐसा कंप्यूटर होता है, जिसका कार्य ई–मेल का प्रोसेस करके उचित क्लाइंट कंप्यूटर तक भेजना होता है।

वेब पते की तरह हमारे ई–मेल पते भी होते हैं, जिस पर ई–मेल भेजी जाती है। ब्राउज़र प्रोग्राम की तरह ई–मेल भेजने और प्राप्त करने के लिए विशेष ई–मेल प्रोग्राम या सॉफ्टवेयर होते हैं, जैसे–माइक्रोसॉफ्ट आउटलुक तथा आउटलुक एक्सप्रेस, आदि। हम कुछ वेबसाइट की सहायता से भी अपना ई–मेल भेज तथा प्राप्त कर सकते हैं।

ई-मेल की संरचना (Email Structure)

ई-मेल पता (Email Address)

ई–मेल के प्रत्येक उपयोगकर्त्ता को अपने ई–मेल खाते के लिए एक अनूठा नाम मिलता है। इस नाम को ई–मेल पते (Email address) के रूप में जाना जाता है। विभिन्न उपयोगकर्त्ता ई–मेल पते के अनुसार संदेश भेजने और प्राप्त कर सकते हैं।

ई–मेल username@domainname के रूप में होता है। उदाहरण के लिए, username@bestest.in में student उपयोगकर्त्ता के रूप में है तथा bestest.in डोमेन नाम है।

1. यूज़रनेम और डोमेन नाम @ प्रतीक से अलग होते हैं।
2. ई–मेल पता केस संवेदनशील (case sensitive) नहीं है।
3. ई–मेल पते में रिक्त स्थान (space) की अनुमति नहीं होती है।

ई-मेल संदेश अवयव

इन घटकों को निम्न आरेख में वर्णित किया गया है:

ई-मेल हैडर (Email Header)

ई–मेल संदेश की पहली पाँच या छः पंक्तियों को ई–मेल हैडर कहा जाता है। इसमें निम्नलिखित फील्ड होते हैं:

- From: प्रेषक का पता
- Date: तिथि / दिनांक

- To: संदेश प्राप्तकर्त्ता
- Subject: विषय, यह ई–मेल के सटीक उद्देश्य को इंगित करता है
- CC: इसका अर्थ है– Carbon Copy, इसमें वे प्राप्तकर्त्ता होते हैं जिनको भी हम जानकारी देना चाहते हैं, लेकिन वह लक्षित प्राप्तकर्त्ता नहीं है।
- BCC: Black Carbon Copy— वे लोग जो संदेश प्राप्त कर पाते हैं, लेकिन इसकी जानकारी संदेश प्रेषक दूसरों को नहीं देना चाहता।
- Greeting—अभिवादन
- Text—पत्र संदेश
- Signature—हस्ताक्षर, यह एक ई–मेल संदेश का अंतिम भाग है। इसमें प्रेषक का नाम, पदवी, भौतिक पता और संपर्क नंबर, आदि हैं।

ई-मेल के लाभ (Benefits of Email)

ई–मेल संचार का एक शक्तिशाली और विश्वसनीय माध्यम प्रमाणित हुआ है। ई–मेल के निम्नलिखित लाभ हैं:

1. **विश्वसनीयः** यह सुरक्षित है। इसमें संदेश उसी व्यक्ति तक पहुँचता है, जिस तक हम पहुँचाना चाहते हैं।
2. **सुविधाजनकः** इसमें, स्टेशनरी या स्टैम्प्स की आवश्यकता नहीं होती।
3. **गतिः** यह नेटवर्क पर भी निर्भर करती है।
4. **सस्ताः** इसके लिए सिर्फ नेटवर्क कनेक्शन की आवश्यकता होती है।
5. **छापने योग्यः** संदेश का प्रिंट भी लिया जा सकता है।
6. **व्यापकताः** इससे विश्व के किसी भी भाग में बैठे व्यक्ति को कुछ भी सेकंडों में संदेश भेजा जा सकता है।

इंटरनेट एवं वेब ब्राउजर (Internet and Web Browser)

इंटरनेट शब्द को अगर दो भागों में बाँट दिया जाए तो इंटरनेशनल + नेटवर्क दो शब्द बनते हैं और दोनों शब्दों का मतलब निकाला जाए तो इसका अर्थ आता है अन्तर्राष्ट्रीय जाल अर्थात् ऐसा जाल जिसमें सम्पूर्ण संसार शामिल हो। इंटरनेट दुनियाभर में सार्वजनिक रूप से सुलभ कम्प्यूटर के सुपर नेटवर्क है। इंटरनेट नेटवर्क में हजारों की संख्या में पूरी दुनिया के कम्प्यूटर जुड़े हुए हैं।

इंटरनेट का सफर, 1970 के दशक में, विंट सर्फ (Vint Cerf) और बाब काहन् (Bob Kanh) ने शुरू किया। उन्होंने एक ऐसे तरीके का आविष्कार किया, जिसके द्वारा कम्प्यूटर पर किसी सूचना को छोटे–छोटे पैकेट में तोड़ा जा सकता था और दूसरे कम्प्यूटर में इस प्रकार से भेजा जा सकता था कि वे पैकेट दूसरे कम्प्यूटर पर पहुँच कर पुनः उस सूचना की प्रतिलिपि बना सकें–अर्थात् कम्प्यूटरों के बीच संवाद करने का तरीका निकाला। इस तरीके को ट्रांसमिशन कंट्रोल प्रोटोकॉल {Transmission Control Protocol (TCP)} कहा गया।

सूचना का इस तरह से आदान–प्रदान करना तब भी दुहराया जा सकता है जब किसी भी नेटवर्क में दो से अधिक कम्प्यूटर हों। क्योंकि किसी भी नेटवर्क में हर कम्प्यूटर का खास पता होता है। इस पते को इंटरनेट प्रोटोकॉल पता [Internet Protocol (I.P.) Address] कहा जाता है। इंटरनेट प्रोटोकॉल (I.P.) पता वास्तव में कुछ नम्बर होते हैं जो एक–दूसरे से एक बिंदु के द्वारा अलग–अलग किए गए हैं।

सूचना को जब छोटे–छोटे पैकेटों में तोड़कर दूसरे कम्प्यूटर में भेजा जाता है तो यह पैकेट एक तरह से एक चिट्ठी होती है जिसमें भेजने वाले कम्प्यूटर का पता और पाने वाले कम्प्यूटर का पता लिखा होता है। जब वह पैकेट किसी भी नेटवर्क कम्प्यूटर के पास पहुँचता है तो कम्प्यूटर देखता है कि वह पैकेट उसके लिए भेजा गया है या नहीं। यदि वह पैकेट उसके लिए नहीं भेजा गया है तो वह उसे आगे उस दिशा में बढ़ा देता है जिस दिशा में वह कम्प्यूटर है जिसके लिए वह पैकेट भेजा गया है। इस तरह से पैकेट को एक जगह से दूसरी जगह भेजने को इंटरनेट प्रोटोकॉल [Internet Protocol (I.P.)] कहा जाता है।

अक्सर कार्यालयों के सारे कम्प्यूटर आपस में एक–दूसरे से जुड़े रहते हैं और वे एक–दूसरे से संवाद कर सकते हैं। इसको Local Area Network (LAN) लेन कहते हैं। लेन में जुड़ा कोई कम्प्यूटर या कोई अकेला कम्प्यूटर, दूसरे कम्प्यूटरों के साथ टेलीफोन लाइन या सेटेलाइट से जुड़ा रहता है। अर्थात् दुनियाभर के कम्प्यूटर एक–दूसरे से जुड़े हैं। इंटरनेट, दुनियाभर के कम्प्यूटर का ऐसा नेटवर्क है जो एक–दूसरे से संवाद कर सकता है।

मोडेम (MODEM–Modulator Demodulator)

जब इंटरनेट को टेलीफोन लाइन के माध्यम से कनेक्ट करते हैं तो मोडेम की आवश्यकता होती है। यह कम्प्यूटर में चल रहे इंटरनेट ब्रोजर और इंटरनेट सर्विस प्रदाता के बीच आवश्यक लिंक हैं। टेलीफोन लाइन पर एनालोग सिग्नल भेजा जा सकता है, जबकि कम्प्यूटर डिजिटल सिग्नल देता है। अतः इन दोनों के बीच सामंजस्य

स्थापित करने के लिए मोडेम की आवश्यकता होती है, जो डिजिटल सिग्नल को एनालॉग में और एनालॉग सिग्नल को डिजिटल सिग्नल में रूपांतरित करता है। मोडेम के दोनों ओर कम्प्यूटर और टेलीफोन लाइन से जुड़ा होना आवश्यक होता है। मोडेम से स्पीड को Bit Per Second (BPS), Kilobyte Per Second (KBPS), Megabyte Per Second (MBPS) में मापा जाता है।

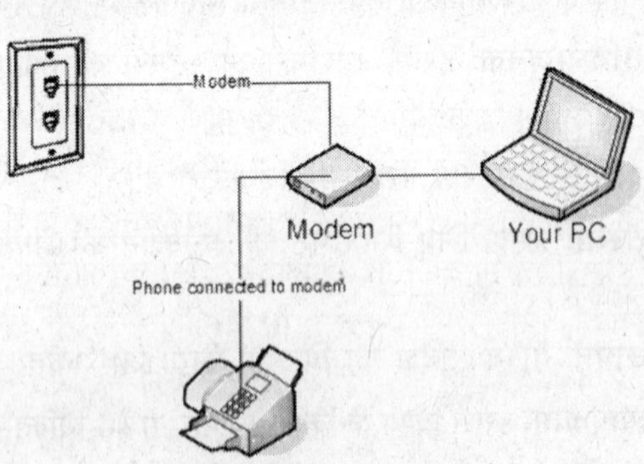

मोडेम मुख्यतः दो प्रकार के होते हैं–

(*a*) **इंटरनल (आंतरिक) मोडेम**–ऐसा मोडेम जो डेस्कटॉप या लैपटॉप में अंदर से ही लगा होता है। ऐसा मोबाइल जिसमें हम इंटरनेट का प्रयोग करते हैं, उसमें इसी प्रकार के मोडेम का इस्तेमाल किया जाता है।

(*b*) **एक्स्टर्नल (बाह्य) मोडेम**–ऐसा मोडेम जिसे डेस्कटॉप या लैपटॉप में बाहर से लगाना पड़ता है। डाटा कार्ड (Photon, IDIA etc) या PCMCI में इस प्रकार के मोडेम का उपयोग किया जाता है।

अतः मोडेम एक ऐसा डिवाइस है जो डाटा को पल्स में परिवर्तित करत है तथा उन्हें टेलीफोन लाइन पर संप्रेषित करता है।

इंटरने सॉफ्टवेयर या वेब ब्राउजर

वेब एक पाल पुस्तक की तरह है तथा वेब ब्राउजर एक सॉफ्टवेयर है जो कम्प्यू को इंटरनेट से जोड़ता है। कुछ वेब ब्राउजर निम्नलिखित हैं–

1. नेटस्केप नेविगेटर
2. माइक्रोसॉफ्ट इंटरनेट एक्सप्लोरर
3. मोजिला फायरफोक्स
4. गूगल क्रोम
5. ओपेरा आदि

इन सॉफ्टवेयर का उपयोग कर हम लोग इंटरनेट से जुड़ सकते हैं तथा वेब से अपनी पसंद की जानकारियाँ प्राप्त कर सकते हैं। वेब ब्राउजर का प्रयोग कर हम लोग किसी विशेष पेज या लोकेशन पर उसके पता (Address) को टाइप कर जा सकते हैं। URL (Universal Resources Locater) में प्रयुक्त हो रहे टूल्स और इंटरनेट पता दोनों रहते हैं। जैसे–URL http://www.samidhafoundation.co.cc में टूल्स http (hypertext transfer protocol यह एक प्रोटोकॉल अर्थात् एक पूर्व से निर्धारित नियम है जिसका काम संकेत को दिए गए इंटरनेट पता पर भेजना है) है और इंटरनेट पता www.samidha foundation.co.cc है।

इंटरनेट के लिए आवश्यक उपकरण

हम देखेंगे कि कम्प्यूटर पर इंटरनेट शुरू करने से पहले हमें किन–किन चीजों की आवश्यकता होती हैं–

- कम्प्यूटर या मोबाइल (जो G.P.R.S. सपोर्ट करता हो)
- टेलीफोन या मोबाइल सिम कार्ड
- मोडेम
- सॉफ्टवेयर जिसकी मदद से इंटरनेट पर काम किया जाता है।

कम्प्यूटर या मोबाइल (जो G.P.R.S. सपोर्ट करता हो)–बाजार में मिलने वाले घरेलू उपयोग वाले सभी कम्प्यूटर को इंटरनेट से जोड़ा जा सकता है। अगर आप अपने मोबाइल में इंटरनेट का उपयोग करना चाहते हैं तो मोबाइल लेने से पहले यह सुनिश्चित कर लेना जरूरी है कि वह मोबाइल फोन G.P.R.S. सपोर्ट करता है या नहीं। जो फोन G.P.R.S. सपोर्ट कर सकता है उसी में इंटरनेट का उपयोग किया जा सकता है।

टेलीफोन या मोबाइल सिम कार्ड–कम्प्यूटर द्वारा बनने वाले डिजिटल सिग्नल को टेलीफोन लाइन वाले एनालॉग सिग्नल के माध्यम से ही एक जगह से दूसरी जगह भेजा जाता है। इस कारण इंटरनेट के इस्तेमाल के लिए एक फोन लाइन का होना अति आवश्यक होता है। नया फोन लेते वक्त कुछ खास बातों पर ध्यान देना होता है।

- हम जिस कंपनी का फोन लेने जा रहे हैं वह इंटरनेट सेवा प्रदान करता है या नहीं।
- कंपनी स्वयं मोडेम प्रदान करता है या नहीं।
- कंपनी किस प्रकार की सेवा मुहैया करवाता है, जैसे ब्रॉडबैंड, डायलअप, लीज्ड लाइन आदि।

- फोन प्रदाता कम्पनी किस प्रकार अपना बिल लेता है। मसलन मासिक चार्ज कितना लेती है, उसमें कितना डाउनलोड्स मुफ्त मिलता है। अतिरिक्त डाउनलोड होने पर चार्ज कितना लिया जाता है आदि।

मोबाइल में डिजिटल सिग्नल को टेलीफोन लाइन वाले एनालॉग सिग्नल के माध्यम से एक जगह से दूसरी जगह भेजने के लिए सिम कार्ड का उपयोग किया जाता है। मोबाइल में सिम कार्ड लेते वक्त ये जानकारी प्राप्त करना जरूरी होता है कि सिम कार्ड वाली कंपनी इंटरनेट सेवा देती है या नहीं और देती है तो उसके चार्ज कितने होते हैं।

मोडेम–अगर फोन प्रदाता कंपनी आपको मोडेम प्रदान नहीं कर रही हैं तो आपको बाजार से मोडेम खरीदना होगा। यहाँ आपको इस बात पर ध्यान देना होगा कि फोन सेवा देने वाली कंपनी अधिकतम कितने स्पीड़ का इंटरनेट सेवा प्रदान करती है। उसी के आधार पर आपको मोडेम लेना पड़ता है।

मोबाइल फोन जिसमें G.P.R.S. सुविधा होती है मोडेम आंतरिक तौर पर ही लगा होता है। इस कारण हम मोबाइल में तो इंटरनेट उपयोग कर ही सकते हैं इसके साथ ही हम मोबाइल को कम्प्यूटर से जोड़कर फोन और मोडेम जैसा भी उपयोग कर सकते हैं।

इसके साथ ही बाजार में बहुत डाटा कार्ड भी उपलब्ध है जिसका उपयोग हम सीधे तौर पर मोडेम और टेलीफोन जैसा कर सकते हैं। इसमें भी मोबाइल जैसे टेलीफोन और मोडेम दोनों का एक साथ उपयोग करने के लिए सिम कार्ड की जरूरत होती है। डाटा कार्ड भी मोबाइल जैसा मुख्यतः दो प्रकार का होता है।

(*a*) GSM (ग्रुप स्पेशल मोबाइल)

(*b*) CDMA (कोड डिवीजन मल्टीपल एक्सेस)

सॉफ्टवेयर जिसकी मदद से इंटरनेट पर काम किया जाता है–

इंटरनेट पर काम करने के लिए एक विशेष प्रकार के एप्लीकेशन सॉफ्टवेयर की आवश्यकता होती है। जिसके उपयोग से ही हम इंटरनेट पर काम कर सकते हैं। जब उपरोक्त सभी सामग्री उपलब्ध हो जाए तब ही इंटरनेट प्रारम्भ करना सम्भव हो सकता है।

इंटरनेट का उपयोग (Use of Internet)

1. वर्ल्ड वाइट वेव (World Wide Web)
2. ई–कॉमर्स (E-Commerce)
3. ऑनलाइन शॉपिंग (Online Shopping)
4. इलेक्ट्रॉनिक मेल (Electronic mail)
5. बातचीत करना (Chatting)
6. यूजनेट (Usenet)
7. फाइल ट्रांसफर प्रोटोकॉल (FTP–File Transfer Protocol)
8. वीडियो कॉन्फरेंसिंग (Video Conferencing)
9. टेलीनेट (Telenet)
10. मनोरंजन (Entertainment)

इंटरनेट संबंधित प्रोटोकॉल (Internet Related Proto

किसी नेटवर्क पर सूचनाओं का आदान–प्रदान करने के लिए निश्चित नियम होते हैं, जिन्हें प्रोटोकॉल (Protocol) कहा जाता इंटरनेट भी इसका अपवाद नहीं है, क्योंकि यह संसार का सबसे बड़ नेटवर्क है। इसका भी अपना एक प्रोटोकॉल है, जिसको TCP/IP कहा जाता है, जिसका पूरा नाम Transmission Control Protocol/Internet Protocol है।

TCP/IP एक डाक विभाग की तरह कार्य करता है। कंप्यूटरों का परस्पर त्रुटिहीन संचार सुनिश्चित करने के लिए दो प्रकार की आवश्यकताएँ होती हैः (1) पता, (2) सूचना पहुँचाने या प्राप्त करने के लिए एक सुरक्षित माध्यम। TCP मूलतः सूचना के आदान–प्रदान के लिए उसको छोटे–छोटे पैकेट्स में विभाजित करने, उनके पुनः संयोजन (reassemble) और सुरक्षित पहुँचाने के लिए नियम है।

IP उस पर गंतव्य स्थान का पता लिखने की औपचारिकता को पूरा करता है। पते को हम मानकीकृत रूप में use@host.domain के रूप में लिखते हैं। इसमें इन्टरनेट से जुड़े सभी कंप्यूटर्स अथवा websites का एक Main Adress दिया जाता है, जिसकों IP address कहते हैं। यह कंप्यूटर की पहचान है।

इसके चार भाग होते हैं, तथा ये दशमलव से अलग होते हैं, जिसमें सभी भाग में 0 से 255 तक की एक संख्या होती है। उदाहरण के लिए, 192.168.210.15. किसी भी दो कंप्यूटर्स या वेबसाइटों का IP पता एक जैसा नहीं हो सकता है। यह सभी प्रकार के हार्डवेयर एवं सॉफ्टवेयर पर लागू होता है। प्रत्येक डिवाइस (जैसे, कंप्यूटर, सर्वर, प्रिंटर, स्मार्टफोन) का एक यूनिक एड्रेस होता है और कम्युनिकेशन के लिए वे इंटरनेट प्रोटोकॉल का उपयोग करते हैं।

TCP/IP के डिजाइनर ने IP ऐड्रेस को एक 32 बिट नम्बर के रूप में परिभाषित किया और इंटरनेट प्रोटोकॉल वर्जन 4 या IPv4 के नाम से जानी जाने वाली यह प्रणाली, आज भी उपयोग में है। बाद में इंटरनेट के व्यापक विकास और इसके परिणामस्वरूप उपलब्ध पतों की कमी के कारण, 1995 में एड्रेस के लिए 128 बिट का उपयोग करके एक नया परिचयन सिस्टम (IPv6) विकसित किया गया।

TCP के स्थान पर User Datagram Protocol (UDP) का भी प्रयोग किया जा सकता है। IP एवं UDP को कनेक्शनलेस प्रोटोकॉल्स भी कहा जाता है।

अन्य महत्त्वपूर्ण प्रोटोकॉल्स

- **HTTP (HyperText Transfer Protocol):** वेब ब्राउजर और वेबसर्वर के मध्य संचार को स्थापित करने हेतु।
- **IMAP (Internet Message Access Protocol):** ई–मेल सर्वर और उपभोगकर्त्ता के मध्य संचार हेतु। इसके स्थान पर कई जगह Post Office प्रोटोकॉल का भी प्रयोग किया जाता है।
- **SSL (Secure Sockets Layer):** इंटरनेट के द्वारा निजी दस्तावेजों को सम्प्रेषित करने हेतु।

TP (File Transfer Protocol): डेटा फाइलों को एक कंप्यूटर से दूसरे कंप्यूटर पर भेजने हेतु।

- **TFTP (Trivial File Transfer Protocol):** नेटवर्क यंत्रों के बीच डेटा फाइलों को स्थानान्तरित करने हेतु।
- **SMTP (Simple Mail Transfer Protocol):** नेटवर्क आधारित ई–मेल को पहले APRANET पर FTP की सहायता से प्रेषित किया जाता था, अब यही कार्य SMTP के द्वारा किया जाता है।
- **SGML (Standardised General Markup Language):** इसकी एक भाषा कहना ठीक नहीं है। वस्तुतः एक मेटा भाषा है, जो कि एक दस्तावेज के आयोजन और टैगिंग के लिए दिशा निर्देश के बारे में है। SGML को वर्ष 1986 में International Organization for Standards (ISO) ने विकसित किया था। यह किसी विशेष फॉर्मेटिंग को परिभाषित नहीं करता। यह टैगिंग तत्वों के लिए नियमों को निर्दिष्ट करता है।

टेलनेट (TelNet): इस सुविधा से कोई व्यक्ति इंटरनेट से जुड़े दूरस्थ दूसरे कंप्यूटर से डेटा प्राप्त कर सकता है। इसको 'रिमोट लोग इन' भी कहा जाता है।

यूजनेट (UseNet): इस सेवा का प्रयोग लोगों के सूमह द्वारा अपनी पसन्द के किसी विषय पर अपनी राय या सूचना देने के लिए किया जा सकता है। इस सम्बद्ध में हम न्यूज ग्रुप तथा न्यूज सर्वर शब्दों का प्रयोग करते हैं।

पुश नेट (Push Net): इससे संदेश इलेक्ट्रॉनिक बुलेटिन बोर्ड पर भेजा जा सकता है, जहाँ पर वह सबके लिए उपलब्ध रहता है।

सर्च इंजन (Search Engine)

सर्च इंजन एक ऐसा प्रोग्राम है, जो इंटरनेट पर उपलब्ध सूचनाओं में से किसी विशेष सूचना को ढूँढकर कंप्यूटर स्क्रीन पर प्रदर्शित करता है। हमें किसी संस्थान, वस्तु, व्यक्ति, विषय आदि किसी के बारे में कुछ भी सूचना प्राप्त करनी है, तो हम इस सर्च टूल का प्रयोग करते हैं। गूगल, याहू, अल्टाविस्टा, लाइकोस, होटबोट, आदि अनेक उदाहरण हैं।

मेटासर्च इंजन (Metasearch engine) या जिसको एग्रीगेटर (aggregator) एक ऐसा सर्च उपकरण है जो अपने स्वयं के परिणाम दर्शाने के लिए दूसरे सर्च इंजन के डेटा का उपयोग करता है। मेटक्रॉलेर, हॉटबोट, डॉगपाइल, आदि मेटा सर्च इंजन के उदाहरण हैं।

वेबसाइट (Website)

यह वेब पेज और अन्य जानकारी (चित्र, ध्वनि और वीडियो फाइल, आदि) का समूह है, जो कि एकल वेब सर्वर के माध्यम से हमें उपलब्ध होती हुई प्रतीत होती है। दूसरी तरफ यूआरएल, इंटरनेट पर किसी संसाधन का पता है। वर्ल्ड वाइड वेब URL की शुरुआत http:// से होती है।

पोर्टल (Portal)

इसका अर्थ Gateway होता है, जो कि एक वेब ब्राउजिंग का प्रारम्भिक चरण है। प्रायः ऐसे सर्च इंजन या वेबसाइटों की बड़ी डायरेक्टरियाँ होती हैं।

पोर्टल का मुख्य कार्य यूजर को उसकी रुचि अनुसार कुछ वेबसाइटों की सूची प्रदान करना है, परन्तु आजकल ये बहुत सारी सूचनाएँ एवं सेवाएँ भी उपलब्ध कराते हैं।

पोर्टल्स के प्रकार

1. Web Searching Portals
2. E-Commerce Portals
3. E-Learning Portals
4. Government Portals, आदि

ब्लॉग (Blog)

ब्लॉग शब्द का उद्गम लाग अर्थात डायरी है। ब्लॉग एक तरह की वेबसाइट होती है, हम अपने विचार, अनुभव और सुझाव दूसरों के समक्ष ब्लॉग के माध्यम से क्रमिक रूप से रख सकते हैं।

आप अगर ब्लॉग में काम करते हैं, तो उसे ब्लॉगिंग (blogging) कहते हैं और जो ब्लॉग लिखता है उसे ब्लॉगर (blogger) कहते हैं। ब्लॉगस्पॉट (blogspot) गूगल के द्वारा ही जारी किया गया एक प्लेटफार्म है। गूगल आपको फ्री में ब्लॉग डालने की अनुमति देता है।

ब्लॉग के माध्यम से तत्काल प्रतिपुष्टि एवं सहभागिता सुनिश्चित की जा सकती है।

एक शिक्षक एडुबलोग्स के माध्यम से शिक्षण अधिगम प्रक्रिया को और प्रभावी बना सकता है, इसमें शिक्षा के नीति निर्धारकों का भी योगदान हो सकता है। इससे विद्यार्थी परस्पर चर्चा कर सकते हैं जिसमें शिक्षक की भूमिका एक सुगमकर्त्ता की बन जाती है। कुछ ब्लॉग सबके लिए मुक्त (open) है, कुछ को पासवर्ड से सुरक्षित किया जा सकता है।

फ्री ब्लॉग होस्टिंग (Free Blog Hosting): wordpress selva, blogger, tumblr

ब्लॉग होस्ट्स विद फीस (Blog Hosting with Fees): GoDaddy, Bluehost, Hostgator, hostmonster

आरएसएस (RSS): इस वेब उपकरण की सहायता से आप सूचना को दूसरी कुछ वेबसाइटों से एकत्रित कर अपनी वेबसाइट पर दिखा सकते हैं। इससे शिक्षक और विद्यार्थी के पास कई विषय–वस्तुओं के बारे में विस्तृत जानकारी इकट्ठी हो जाती है, विशेषतया समसामयिक घटनाओं के बारे में।

यह एक प्रकार से किसी विषय–वस्तु पर अनुसन्धान जैसा बन जाता है, जिसमें कई पहलू कवर किए जा सकते हैं। आप इसके बारे में और अधिक जानकारी प्राप्त करने हेतु rssfeedreader.com पर जा सकते हैं।

इंटरनेट चैटिंग (Internet Chatting)

चैटिंग इंटरनेट पर की जाने वाली एक रोचक क्रिया है। यह टेलीफोन पर बात करने के समान है। अंतर केवल यह है कि बोलने की जगह हम अपनी बात या संदेश की बोर्ड पर टाइप करते हैं, तो तत्काल ही प्राप्तकर्ता के मॉनीटर की स्क्रीन पर तुरंत ही दिया जाता है। तब प्राप्तकर्त्ता अपने कीबोर्ड पर उसका उत्तर टाइप करता है, जो हमारे मॉनीटर की स्क्रीन पर तुरंत ही दिखा दिया जाता है। इस प्रकार बातचीत तब तक चलती रहती है जब तक आप चाहते हैं। इस तरह चैटिंग को टेक्स्ट चैट कहा जाता है।

चैटिंग चैट समूहों में की जाती है। किसी चैट समूह को चैनल भी कहा जाता है। चैनल सामान्यतः विशेष विषयों पर केन्द्रित होते हैं जैसे– राजनीति, खेल, संगीत, फिल्म आदि। प्रत्येक चैनल का नाम '#' चिन्ह से प्रारंभ होता है। उदाहरण के लिये #politics एक चैनल भी हो सकता है, जो राजनीति पर केन्द्रित हो। यदि कोई उपनाम '@' चिन्ह से प्रारंभ हो रहा हो, जैसे– @robotman, तो वह किसी व्यक्ति के बजाय उस प्रोग्राम का नाम होता है, जो उस चैट समूह को संचालित या व्यवस्थित करता है।

वीडियो कॉन्फ्रेंसिंग (Video Conferencing)

वीडियो कॉन्फ्रेंसिंग के द्वारा दो या दो से अधिक व्यक्ति विश्व के किसी भी भाग में बैठकर audio-video रूप में आपस में Interaction कर सकते हैं, अर्थात् आसानी से एक–दूसरे से बातचीत कर सकते हैं। वीडियो कॉन्फ्रेंसिंग कम्युनिकेशन की एक आधुनिक एवं नई टेक्नोलोजी है। इसमें कई दूर सम्प्रेषण (Remote communication) तकनीकियों का उपयोग किया जाता है। वीडियो कॉन्फ्रेंसिंग अन्य दूर सम्प्रेषण विधियों से अलग है क्योंकि जहाँ दूर सम्प्रेषण तकनीकों में केवल ध्वनि को ही एक स्थान से दूसरे स्थान पर संचारित किया जाता है वहीं वीडियो कॉन्फ्रेंसिंग से आवाज के साथ चित्र भी दिखाई देते हैं। वीडियो कॉन्फ्रेंसिंग में ऐसा लगता है कि जैसे दो व्यक्ति आमने–सामने बैठकर ही बातें कर रहे हैं।

वीडियो कॉन्फ्रेंसिंग के लाभ (Advantages of Video Conferencing):

वीडियो कॉन्फ्रेंसिंग के मुख्य लाभ निम्न हैं:

1. Teleseminars
2. Teacher's Conference
3. E-Learning
4. Help From Experts
5. Guest Lectures
6. Study during Vacations
7. E-Tutor
8. Helpful in Research
9. Directing and consulting

वीडियो कॉन्फ्रेंसिंग के दोष (Disadvantages of Video Conferencing):

वीडियो कॉन्फ्रेंसिंग के उपर्युक्त कई लाभ हैं लेकिन फिर भी तकनीक के कुछ दोष हैं जो निम्न हैं–

1. Costly technique
2. Complex process
3. Use of Internet
4. Proper training requirement

ई-बैंकिंग (e-Banking)

ई–बैंकिंग एक अदृश्य है जो किसी को नजर नहीं आता है। परंतु यह बहुत काम की चीज है। जिस प्रकार भूत किसी को नजर नहीं आता है। जब भी किसी को भी डरा देता है। बिल्कुल ई–बैंकिंग भी ठीक वैसा ही है। किसी को नजर नहीं आता है, जब भी यह पूरा काम कर देता है। किसी भी बैंक द्वारा प्रदान की जा रही सेवाओं को किसी भी स्थान से कंप्यूटर, मोबाइल के द्वारा इन्टरनेट के माध्यम से प्रयोग करना ई–बैंकिंग कहलाता है। इस ई–बैंकिग को कई नामों से जानते हैं जैसे ई–बैंकिंग, इंटरनेट बैंकिंग, मोबाइल बैंकिंग।

बैंकिंग के प्रकार

बैंकिंग के निम्नलिखित प्रकार होते हैं–

- **इंटरनेट बैंकिंग:** यह बैंकिंग इंटरनेट के माध्यम से होती है इसलिए इसे इंटरनेट बैंकिंग कहते हैं। इसे ई–बैंकिंग के नाम से भी जानते हैं।
- **मोबाइल बैंकिंग:** बैंकिंग कार्य को किसी मोबाइल एप्प पर करते हैं तो इस बैंकिंग को मोबाइल बैंकिंग कहते हैं। मोबाइल बैंकिंग को बढ़ावा देने के लिये सभी बैंक अपना–अपना एप्प निकालते हैं। जिससे मोबाइल बैंकिग बहुत तेजी से आगे बढ़ रहा है।
- **टेलीफोन बैंकिंग:** यह भी बैंकिंग का एक रूप है। परंतु यह एक पुराना तरीका है। इसका इस्तेमाल बहुत कम होता है। यह बैंकिंग टेलीफोन पर होता था।
- **एसएमएस बैंकिंग:** जिस बैंकिंग कार्य को एसएमएस के द्वारा किया जाता है, उसे एसएमएस बैंकिंग कहते हैं।

ई–बैंकिग के कार्य:

- ई–बैंकिंग से एक खाते से किसी अन्य के खाते में पैसे भेज सकते हैं।
- ई–बैंकिंग से अपने खाते की शेष राशि की जानकारी प्राप्त कर सकते हैं।
- ई–बैंकिंग की मदद से आप अपने बैंक खाते के लेन–देन के स्टेटमेंट देख सकते हैं।
- शेयर बाजार और अन्य विभिन्न निवेश ऑनलाइन कर सकतेहैं।
- बस, रेल व अन्य टिकट इंटरनेट से बुक करवा सकते हैं।
- ऑनलाइन DD डिमांड ड्राफ्ट के लिये फॉर्म भर सकते हैं।
- अपने लोन और अन्य खातों का विवरण देख सकते हैं।

वस्तुनिष्ठ प्रश्नोत्तर

1. कम्प्यूटर क्या है?
A. इलेक्ट्रॉनिक मशीन B. पावर मशीन
C. मानव मशीन D. विद्युत् मशीन

2. कम्प्यूटर की विशेषताएँ या कार्य निम्नलिखित में से एक नहीं है–
A. डाटा-संकलन B. डाटा संचयन
C. डाटा संसाधन D. डाटा-निर्गमन

3. A.L.U. का पूरा नाम क्या है?
A. अरिथमैटिक लॉजिक यूनिट (Arithmetic Logic Unit)
B. अरिथमैटिक लार्ज यूनिट (Arithmetic large unit)
C. अरिथमैटिक लांग यूनिट (Arithmetic long unit)
D. उपर्युक्त सभी

4. कम्प्यूटर का दिमाग कहलाता है–
A. सीपीयू B. मॉनिटर
C. मोडेम D. सॉफ्टवेयर

5. माइक्रोप्रोसेसर जो कम्प्यूटर का मस्तिष्क होता है, उसे .... भी कहा जाता है।
A. माइक्रोचिप B. मैक्रोचिप
C. माइक्रोप्रोसेसर D. कैलक्युलेटर

6. सीपीयू (CPU) का प्रमुख कार्य है.........
A. प्रोग्राम अनुदेशों पर अमल करना
B. डाटा/जानकारी भावी प्रयोग हेतु स्टोर करना
C. डाटा और जानकारी प्रोसेस करना
D. इनमें से कोई नहीं

7. माइक्रोप्रोसेसर के लिए निम्नलिखित सही है–
A. वह चिप होती है जिस पर कंट्रोल यूनिट और ए.एल.यू. व एक परिपथ होता है
B. माइक्रोप्रोसेसर चिप तथा अन्य उपकरण एक इकाई में लगे रहते हैं, जिसे सिस्टम यूनिट कहते हैं
C. उपर्युक्त दोनों सही हैं
D. कोई सही नहीं है

8. कम्प्यूटर–
1. आँकड़ों के भंडारण करनेवाली एक सक्षम युक्ति है।
2. आँकड़ों के विश्लेषण करने के लिए सक्षम है।
3. पूर्ण गोपनीयता बनाए रखने में सक्षम है।
4. कभी-कभी वायरस द्वारा संक्रमित होता है।

नीचे दिए गए कूट में से सही उत्तर का चयन कीजिए–
A. 1 और 2 B. 1, 2 और 3
C. 1, 2 और 4 D. सभी चारों

9. ATM क्या होते हैं?
A. बैंकों की शाखाएँ
B. बैंकों के स्टाफ-युक्त काउंटर
C. बिना स्टाफ के, नकदी देने वाला
D. ये सभी

10. सी.पी.यू. के कार्य हैं–
A. इनपुट तथा आउटपुट डिवाइस को नियंत्रित करना
B. डाटा को तात्कालिक रूप से स्टोर करना
C. निर्देशों को पढ़ना और आदेश देना
D. ये सभी

11. इनपुट का आउटपुट में रूपान्तरण किया जाता है–
A. मेमोरी द्वारा B. पेरिफेरल्स द्वारा
C. सी.पी.यू. द्वारा D. इनपुट तथा आउटपुट द्वारा

12. निम्नलिखित में से कम्प्यूटर का जनक किसे कहा जाता है?
A. मारकोनी B. एडीसन
C. चार्ल्स बैबेज D. हरमन होलेरिथ

13. भारत में निर्मित प्रथम कम्प्यूटर का क्या नाम है?
A. आर्यभट्ट B. सिद्धार्थ
C. बुद्ध D. अशोक

14. माइक्रोप्रोसेसर किस पीढ़ी का कम्प्यूटर है?
A. प्रथम B. द्वितीय
C. तृतीय D. चतुर्थ

15. तृतीय पीढ़ी के कम्प्यूटर में मुख्य घटक है–
A. इलेक्ट्रॉन ट्यूब B. ट्रांजिस्टर
C. इंटिग्रेटेड सर्किट D. एल.आई.सी.

16. आधुनिक डिजिटल कम्प्यूटर में किस पद्धति का उपयोग किया जाता है?
A. द्विआधारी अंक पद्धति B. दशमलव अंक पद्धति
C. अनुरूप गणना पद्धति D. उपर्युक्त तीनों

17. ऑपरेटिंग सिस्टम का प्रयोग हुआ–
A. प्रथम पीढ़ी कम्प्यूटर B. द्वितीय पीढ़ी कम्प्यूटर
C. तृतीय पीढ़ी कम्प्यूटर D. चतुर्थ पीढ़ी कम्प्यूटर

18. सुपर कम्प्यूटर–
A. एक साथ बहुत सारे प्रयोक्ता के डाटा प्रोसेस करता है
B. यह तीव्र तथा महंगी कम्प्यूटर सिस्टम है
C. बड़े संगठनों में उपयोग होता है
D. ये सभी

19. CRAY क्या है?
A. मिनी कम्प्यूटर B. माइक्रो कम्प्यूटर
C. मेनफ्रेम कम्प्यूटर D. सुपर कम्प्यूटर

20. प्रथम पीढ़ी के कम्प्यूटर में मुख्य इलेक्ट्रॉनिक घटक .... है।
A. ट्रांजिस्टर B. वृहद् एकीकृत सर्किट
C. बॉल (निर्वात ट्यूब) D. इण्टिग्रेटेड सर्किट

21. सबसे पहला संग्रहित प्रोग्राम कम्प्यूटर था–
A. EDSAC B. ENIAC
C. MARK – I D. EDRAC

22. आस्की (ASCII) कोड क्या है?
A. कम्प्यूटर का कंट्रोल कोड
B. स्पीड मेजरमेंट कोड
C. सूचनाओं का आदान-प्रदान करने का मानक कोड
D. ए.एल.यू. (ALU) कोड

23. .... संपूर्ण कम्प्यूटर प्रणाली के लिए संप्रेषण नियंत्रण करता है।
A. अंकगणित तार्किक यूनिट
B. सेमी कंडक्टर
C. मदरबोर्ड
D. कोप्रोसेसर

24. बाइट है–
A. यह कम्प्यूटर की स्मृति की मानक इकाई है
B. 8 बिट मिलकर 1 बाइट बनती है
C. उपर्युक्त दोनों गलत हैं
D. A तथा B दोनों सही हैं

25. द्वि-अंकीय प्रणाली–
A. इस प्रणाली के अन्तर्गत आँकड़ों को मुख्य रूप से केवल दो अंकों के संयोजन द्वारा दर्शाया जाता है
B. ये दो अंक उपर्युक्त '0' तथा '1' होते हैं
C. उपर्युक्त दोनों गलत हैं
D. A तथा B दोनों सही हैं

26. मदरबोर्ड के कंपोनेन्ट्स के बीच इन्फार्मेशन.......... के माध्यम से ट्रेवल करता है।
A. फ्लैश मेमोरी B. CMOS
C. बेज D. बसेज (Bus)

27. MICR में C का पूरा रूप क्या है?
A. कोड B. कलर
C. कम्प्यूटर D. कैरेक्टर

28. कम्प्यूटर प्रिंटर किस प्रकार का डिवाइस है?
A. इनपुट B. आउटपुट
C. सॉफ्टवेयर D. स्टोरेज

29. OCR का पूर्ण रूप क्या है?
A. Optical Character Recognition
B. Optical CPU Recognition
C. Optimal Character Rendering
D. Other Character Restoration

30. .... और .... सर्वाधिक सामान्य इनपुट डिवाइस हैं।
A. माइक्रोफोन, प्रिन्टर
B. स्कैनर, मॉनीटर
C. डिजिटल कैमरा, स्पीकर्स
D. की-बोर्ड, माउस

31. बाई डिफॉल्ट डॉक्यूमेंट................मोड में प्रिंट होता है।
A. लैंडस्केप B. पोर्ट्रेट
C. पेज सेटअप D. प्रिंट व्यू

32. वर्ड प्रोसेसिंग प्रोग्रामों से किस प्रकार की फाइल बनाई जा सकती है?
A. डाटाबेस फाइल B. स्टोरेज फाइल
C. वर्कशीट फाइल D. डॉक्यूमेंट फाइल

33. प्रयोक्ता डॉक्यूमेंट को जो नाम देता है उसे क्या कहते हैं?
A. फाइलनेम B. प्रोग्राम
C. रिकॉर्ड D. डाटा

34. मौजूदा डॉक्यूमेंट को भिन्न नाम से सेव करना हो तो क्या करना होगा?
A. डॉक्यूमेंट को फिर से टाइप करें और भिन्न नाम दें
B. सेव ऐज कमांड का प्रयोग करें
C. मूल डॉक्यूमेंट को नए डॉक्यूमेंट में कॉपी व पेस्ट करें और फिर सेव करें
D. डॉक्यूमेंट को भिन्न लोकेशन पर कॉपी करने के लिए विंडोज एक्सप्लोरर का प्रयोग करें और फिर इसे रीनेम करें

35. जब आपको कोई पाठ (Text) एक पृष्ठ से अलग पृष्ठ पर ले जाना हो, तब सबसे अच्छा तरीका है.............
A. ड्रैग और ड्रॉप करें
B. कट और पेस्ट करें
C. डिलीट और री टाइप करें
D. फाइंड और रिप्लेस करें

36. सेविंग यह .... की प्रक्रिया है।
A. मेमोरी से स्टोरेज माध्यम तक दस्तावेज कॉपी करना
B. दस्तावेज की वर्तमान स्थिति में बदलाव लाना
C. दस्तावेज का चेहरा अथवा समग्र स्वरूप को बदल देना
D. कुंजी पटल के प्रयोग से पाठ/टेक्स्ट को दर्ज करके दस्तावेज विकसित करना

37. डायरेक्टरी में डायरेक्टरी को .... कहा जाता है।
A. मिनि डायरेक्टरी B. जूनियर डायरेक्टरी
C. पार्ट डायरेक्टरी D. सब डायरेक्टरी

38. जूम आज्ञा/कमांड चयनित किए जाने से............
A. अलग दर्शन (व्यू) में दस्तावेज की कॉपी खोलता है
B. प्रदर्शित दस्तावेज की कॉपी प्रिंट करता है
C. प्रदर्शित दस्तावेज को विस्तारण में बदलाव लाता है
D. प्रदर्शित दस्तावेज की कापी सेव करता है

39. यदि पहले सेव किया गया फाइल एडिट किया जाए, तब :
A. परिवर्तन को स्टोर करने हेतु फाइल फिर से सेव करना जरूरी है
B. परिवर्तन अपने आप फाइल में सेव किए जाएंगे
C. एक पेज से ज्यादा लंबाई हो जाने पर ही फाइल सेव करनी होगी
D. इसका नाम बदलना होगा

40. बजट सृजित किए जाने हेतु इस्तेमाल किए जानेवाले सॉफ्टवेयर को .... कहा जाता है।
A. वर्ड प्रोसेसिंग सॉफ्टवेयर B. ग्राफिक सॉफ्टवेयर
C. यूटिलिटी सॉफ्टवेयर D. स्प्रेडशीट सॉफ्टवेयर

41. सेल में दर्ज किए गए अंकों और सूत्रों/फार्मूलों को .... कहा जाता है।
A. लेबल्स
B. आंकिक प्रविष्टियां/न्यूमरिक एंट्रीज
C. इंटरसेक्शन/छेदन
D. टेक्स्ट/पाठ

42. माइक्रोसॉफ्ट ऑफिस यह .... का उदाहरण है।
A. क्लोज–सोर्स सॉफ्टवेयर
B. ओपन–सोर्स सॉफ्टवेयर
C. क्षितिज समानांतर मार्केट सॉफ्टवेयर
D. वर्टिकल मार्केट सॉफ्टवेयर

43. आप..............का प्रयोग चयनित पाठ/टैक्स्ट को कापी करने और ....दस्तावेज में पेस्ट करने हेतु होता है।
A. Ctrl + C, Ctrl + V B. Ctrl + C, Ctrl + P
C. Ctrl + S, Ctrl + S D. Ctrl + D, Ctrl + A

44. माइक्रोसॉफ्ट ऑफिस है–
A. डेस्कटॉप अनुप्रयोग B. ऑपरेटिंग सिस्टम
C. विंडो कमांड D. इनमें से कोई नहीं

45. माइक्रोसॉफ्ट ऑफिस बनाया गया है–
A. माइक्रोसॉफ्ट Windows ऑपरेटिंग सिस्टम
B. मैक ओएस एक्स ऑपरेटिंग सिस्टम
C. A और B दोनों सही हैं
D. कोई भी सत्य नहीं है

46. माइक्रोसॉफ्ट Word, माइक्रोसॉफ्ट Excel और माइक्रोसॉफ्ट Power Point हिस्सा हैं–
A. माइक्रोसॉफ्ट ऑफिस सूट B. माइक्रोसॉफ्ट Windows
C. मैक ओएस एक्स D. इनमें से कोई नहीं

47. इस संस्करण के लिए पहले माइक्रोसॉफ्ट ऑफिस जारी किया गया था–
A. विंडोज ऑपरेटिंग सिस्टम B. Apple Macintosh OS
C. Unix D. इनमें से कोई नहीं

48. MS ऑफिस का पहला संस्करण किस माइक्रोसॉफ्ट Windows ऑपरेटिंग सिस्टम के लिए है।
A. माइक्रोसॉफ्ट ऑफिस 3.0
B. माइक्रोसॉफ्ट ऑफिस 2003
C. माइक्रोसॉफ्ट ऑफिस 2007
D. माइक्रोसॉफ्ट XP

49. यह MS ऑफिस का हिस्सा है–
A. माइक्रोसॉफ्ट Word
B. माइक्रोसॉफ्ट Excel
C. माइक्रोसॉफ्ट Power Point
D. इनमें से कोई नहीं

50. माइक्रोसॉफ्ट वर्ड में शब्द संसाधक का प्रारूप है–
A. .doc B. .pdf
C. .txt D. इनमें से कोई नहीं

51. माइक्रोसॉफ्ट ऑफिस सूट का स्प्रैडशीट प्रोग्राम है–
A. माइक्रोसॉफ्ट Excel
B. माइक्रोसॉफ्ट Word
C. माइक्रोसॉफ्ट Power Point
D. इनमें से कोई नहीं

52. एक प्रमुख प्रतिस्पर्धी लोटस 1–2–3 का है–
A. माइक्रोसॉफ्ट Excel
B. माइक्रोसॉफ्ट Word
C. माइक्रोसॉफ्ट Power Point
D. इनमें से कोई नहीं

53. एक व्यक्तिगत जानकारी प्रबन्धक और ई–मेल से संचार में MS ऑफिस सॉफ्टवेयर है–
A. माइक्रोसॉफ्ट Outlook B. माइक्रोसॉफ्ट Word
C. MS-Power Point D. इनमें से कोई नहीं

54. स्लाइड–शो चलाने के बनाने के लिए पाठ, ग्राफिक्स, फिल्मों और अन्य वस्तुओं, जो दिखाया जा सकता है और Navigated के माध्यम से परदे पर प्रस्तुतकर्ता द्वारा या मुद्रित या trans-parencies स्लाइड पर एक का उपयोग करता है–
A. माइक्रोसॉफ्ट Word B. माइक्रोसॉफ्ट Power Point
C. माइक्रोसॉफ्ट Access D. इनमें से कोई नहीं

55. डाटाबेस के प्रबन्धन के लिए उपयोग करते हैं–
A. माइक्रोसॉफ्ट Access B. माइक्रोसॉफ्ट Power point
C. माइक्रोसॉफ्ट Word D. इनमें से कोई नहीं

56. यह सॉफ्टवेयर समाचार–पत्र, व्यवसाय कार्डस, flyers ग्रीटिंग कार्ड या पोस्टकार्डों को बनाने के लिए काम आता है–
A. माइक्रोसॉफ्ट प्रकाशक B. माइक्रोसॉफ्ट Power Point
C. माइक्रोसॉफ्ट Access D. इनमें से कोई नहीं

57. प्राइमरी-की है–
A. यूनिक-की B. कॉमन-की
C. Tuples D. उपरोक्त सभी

58. MS-Access किस language को integrate करता है?
A. Java B. Visual Basic
C. C++ D. C

59. MS-Access में टेबल तैयार करने के लिये कौन-कौन सी पद्धतियां हैं?
A. Data table
B. Create table by design view
C. Wizard
D. उपरोक्त सभी

60. MS-Access निम्न में किस सुविधा को नहीं देता है?
A. Report B. Firm
C. Table D. Programme

61. व्यापक क्षेत्र नेटवर्किंग निम्नांकित किसके लिए उपयोगी नहीं है?

A. विदेश मंत्रालय B. नगर विमानन विभाग
C. विदेशी बैंक D. नगर निगम

62. ....एक सेन्ट्रल कम्प्यूटर है जो बहुत से PCs, वर्क–स्टेशन और अन्य कम्प्यूटरों के लिए डाटा और प्रोग्रामों के संग्रह को होल्ड करता है।

A. सुपर कम्प्यूटर B. मिनी कम्प्यूटर
C. लैपटॉप D. सर्वर

63. ....एक बहुत ही सीमित भौगोलिक क्षेत्र, सामान्यतः एक ही बिल्डिंग में पर्सनल कम्प्यूटरों को टिपिकली कनेक्ट करता है।

A. LAN B. BAN
C. TAN D. NAN

64. प्रथम नेटवर्क जिससे इंटरनेट की नींव पड़ी–

A. ARPA NET B. NSF NET
C. V NET D. I NET

65. जब कई कम्प्यूटरों को एक ही जगह पर जोड़ना होता है, तो उसे क्या कहा जाता है?

A. LAN B. WAN
C. INFINET D. WON

66. डम्ब टर्मिनल क्या है?

A. माइक्रो कम्प्यूटर
B. नगण्य इंटेलिजेंस वाला टर्मिनल
C. सेंट्रल कम्प्यूटर
D. CPU के साथ टर्मिनल

67. बैंकों द्वारा उपलब्ध कराई गई एटीएम की सुविधा किस नेटवर्किंग का उदाहरण है?

A. स्थानीय नेटवर्किंग B. व्यापक क्षेत्रीय नेटवर्किंग
C. मिश्रित नेटवर्किंग D. बहुउद्देशीय नेटवर्किंग

68. कम्प्यूटर नेटवर्क में कौन–से प्रकार का संसाधन सामान्यतः शेयर किया जाता है?

A. प्रिंटर्स B. स्पिकर्स
C. फ्लॉपी डिस्क ड्राइव D. कुंजीपटल

69. निम्नांकित में से कौन समान समूह का नहीं है?

A. इंटरनेट B. एप्पल टॉक
C. बस D. रिंग

70. ....नियमों का एक सैट है।

A. संसाधन/रिसोर्स लोकेटर
B. डोमेन
C. हाइपरटेक्स्ट
D. प्रोटोकॉल

71. मेनफ्रेम या सुपर कम्प्यूटर में एक्सेस के लिए यूजर्स अक्सर .... का उपयोग करते हैं।

A. टर्मिनल B. नोड
C. डेस्कटॉप D. हैंडहेल्ड

72. पर्सनल कम्प्यूटर.............बनाने के लिए साथ कनेक्ट किए जा सकते हैं।

A. सर्वर B. सुपर कम्प्यूटर
C. इंटरप्राइज D. नेटवर्क

73. टिपिकल नेटवर्क में सबसे महत्वपूर्ण या शक्तिशाली कम्प्यूटर कौन–सा है?

A. डेस्कटॉप B. नेटवर्क क्लाइंट
C. नेटवर्क सर्वर D. नेटवर्क स्टेशन

74. ....हार्डवेयर और सॉफ्टवेयर का एक कांबिनेशन है जो कम्प्यूटिंग डिवाइसों के बीच सूचना के आदान–प्रदान की सुविधा प्रदान करता है।

A. नेटवर्क B. पेरिफरल
C. एक्सपैंशन बोर्ड D. डिजिटल डिवाइस

75. सर्वर्स वे कम्प्यूटर हैं जो .... से कनेक्टेड दूसरे कम्प्यूटरों को रिसोर्सेस प्रोवाइड करते हैं।

A. नेटवर्क B. मेनफ्रेम
C. सुपरकम्प्यूटर D. क्लाइंट

76. डायल–अप इंटरनेट एक्सेस का एक लाभ निम्नलिखित है–

A. यह ब्रॉडबैंड टेक्नोलॉजी का उपयोग करता है
B. यह विद्यमान टेलीफोन सेवा का उपयोग करता है
C. यह सुरक्षा के लिए राऊटर का उपयोग करता है
D. मॉडेम स्पीड बहुत तेज होती है

77. ....टोपोलोजी में नेटवर्क कम्पोनेन्ट एक ही केबल से कनेक्ट किए जाते हैं।

A. स्टार B. रिंग
C. बस D. मेश

78. सूचना शेयर करने के लिए एक–दूसरे से कनेक्टेड दो या अधिक कम्प्यूटर से ....बनता है।

A. नेटवर्क B. राऊटर
C. सर्वर D. टनल

79. बड़े पैमाने पर भौगोलिक रूप से अलग–अलग फैले हुए ऑफिस LANs एक कॉर्पोरेट ....के उपयोग से कनेक्ट किए जा सकते हैं।

A. CAN B. LAN
C. DAN D. WAN

80. निम्नलिखित में से कौन–सा एक छोटा सिंगल–साइट नेटवर्क है?

A. LAN B. DSL
C. RAM D. USB

81. टर्मिनल क्या है?

A. कम्प्यूटर को पावर सप्लाई देने वाला उपकरण
B. वह बिंदु जिस पर डाटा कम्प्यूटर में प्रवेश करता है या निकलता है
C. किसी प्रोग्राम का अंतिम अनुदेश
D. कोई भी इनपुट/आउटपुट उपकरण

82. उस डिवाइस को क्या कहते हैं जो केबल के प्रयोग के बिना नेटवर्क से कनेक्ट कर देती है?
A. डिस्ट्रीब्यूटिड B. वायरलेस
C. सेंट्रलाइज्ड D. ओपन सोर्स

83. कम्प्यूटर...............में दो या अधिक कम्प्यूटर और अन्य डिवाइसेस होते हैं जो डाटा और प्रोग्राम शेयर करने के लिए कनेक्टेड होते हैं।
A. नेटवर्क B. सिस्टम
C. वर्क स्टेशन D. डिवाइस

84. इलेक्ट्रॉनिक्स की सहायता से एक स्थान से दूसरे स्थान पर सूचना प्रेषित करने की क्रिया को.........कहते हैं।
A. दूरसंचार B. डाटा संचार
C. सुगम संचार D. कोई भी नहीं

85. एक या एक से अधिक कम्प्यूटर और विविध प्रकार के टर्मिनलों के बीच आँकड़ों को भेजना या प्राप्त करना ....कहलाता है।
A. दूरसंचार B. डाटा संचार
C. सुगम संचार D. कोई भी नहीं

86. किसी भी नेटवर्क के मूल अंग हैं–
A. टर्मिनल
B. दूरसंचार प्रोसेसर
C. दूरसंचार चैनल एवं माध्यम
D. उपर्युक्त तीनों

87. निम्नलिखित कथन सही है–
A. टर्मिनल मुख्य रूप से वीडियो टर्मिनल एवं वर्क–स्टेशन का समावेश होता है
B. इनपुट एवं आउटपुट उपकरण नेटवर्क में डाटा भेजने एवं प्राप्त करने का कार्य करते हैं
C. उपर्युक्त दोनों गलत
D. A तथा B दोनों सही

88. निम्नलिखित में से कौन–सा कथन दूरसंचार प्रोसेसर के लिए सही है–
A. यह टर्मिनल और कम्प्यूटर के बीच रहते हैं
B. ये डाटा भेजने एवं प्राप्त करने में सहायता करते हैं
C. उपर्युक्त दोनों गलत
D. A तथा B दोनों सही

89. दूरसंचार प्रोसेसर है–
A. मोडेम मल्टीप्लेक्सर B. फ्रन्ट एंड प्रोसेसर
C. उपर्युक्त दोनों D. कोई भी नहीं

90. दूरसंचार चैनल एवं माध्यम के लिए सही है–
A. वे माध्यम जिनके ऊपर डाटा प्रेषित एवं प्राप्त किया जाता है
B. दूरसंचार नेटवर्क के विभिन्न अंगों को जोड़ने के लिए इनका उपयोग करते हैं
C. उपर्युक्त दोनों गलत
D. A तथा B दोनों सही

91. w.w.w. से शुरू होने वाला पता किससे सम्बन्ध रखता है?
A. मोडेम से B. इंटरनेट से
C. टेलीफोन से D. वेबसाइट से

92. दूर बैठे व्यक्ति इंटरनेट के द्वारा सम्पर्क कर वस्तुओं एवं सेवाओं की खरीद–बिक्री तथा लेन–देन का कार्य किस तरह से करते हैं?
A. ई–कॉमर्स के माध्यम से B. इंटरनेट के माध्यम से
C. ई–मेल के माध्यम से D. वेबसाइट के माध्यम से

93. वेबसाइट का address निम्नलिखित में से कहलाता है–
A. User ID B. URL
C. Time Stamp D. उपर्युक्त सभी

94. एक कम्प्यूटर का डाटा दूर स्थित किसी अन्य कम्प्यूटर पर इंटरनेट से भेजने के लिए निम्न में किसका प्रयोग किया जाता है?
A. टैलेक्स B. मॉडेम
C. फैक्स D. टेलीग्राफ

95. भारत में इंटरनेट की सेवाएँ किसके द्वारा उपलब्ध हो रही हैं?
A. BSNL के द्वारा B. MTNL के द्वारा
C. उपर्युक्त दोनों के द्वारा D. WLL के द्वारा

96. मोडेम का पूरा नाम क्या है?
A. मोडूलेटर डिमोडूलेटर B. मोडूलेटर डिमोडूलेशन
C. मोडूलेटर डिस्कशन D. उपर्युक्त सभी

97. ई–मेल का पूरा नाम क्या है?
A. इंग्लिश मेल B. इलेक्ट्रिक मेल
C. इलेक्ट्रॉनिक मेल D. इसेन्सियल मेल

98. इंटरनेट का पूरा नाम है–
A. इंटरकांटिनेंटल नेटवर्क B. इंटरनेशनल नेटवर्क
C. इंटरनल नेटवर्क D. इंटरकॉम नेटवर्क

99. वह युक्ति जिसके द्वारा आंकड़ों को टेलिफोन के माध्यम से बाइनरी सिग्नलों की सहायता से भेजा जाता है, कहलाता है–
A. मोडेम B. मॉनीटर
C. माउस D. O.C.R.

100. 'सूचना राजपथ' किसे कहते हैं?
A. ई–मेल को B. पेजर को
C. सेल्यूलर फोन को D. इंटरनेट को

101. ई–मेल (E-Mail) का जन्मदाता किसे माना जाता है?
A. बिल गेट्स B. टिमोथी बिल
C. लिंकन गोलिटसबर्ग D. रे टॉमलिंसन

102. www. का पूर्ण रूप है–
A. वेब वर्किंग विंडो B. विंडो वर्ल्ड वाइड
C. वर्ल्ड वाइड वेब D. वर्ल्ड वर्किंग वेब

103. www. के आविष्कारक तथा प्रवर्तक हैं–
A. बिल गेट्स B. ली.एन. फियोंग
C. एन रसेल D. टिमबर्नर्स ली

104. याहू, गूगल एवं MSN हैं–
A. इंटरनेट साइट्स
B. कम्प्यूटर ब्राण्ड
C. स्विट्जरलैंड निर्मित घड़ियाँ
D. शनि ग्रह के छल्ले

105. निम्नलिखित में कौन–सी सूचना प्रौद्योगिकी शब्दावली नहीं है?
A. साइबर स्पेस B. अपलोड
C. प्रकाश भण्डारण D. मोडेम

106. वेब पेज/पृष्ठ को रीलोड करने हेतु.........बटन दबाएं।
A. रीडू B. रीलोड
C. रिस्टोर D. सीटीआरएल (Ctrl)

107. इंटरनेट के जरिये लिंकों के संग्रहण से एक इंटर कनेक्टेड नेटवर्क सृजित हो जाता है, उसे .... कहा जाता है।
A. डब्ल्यू डब्ल्यू डब्ल्यू B. वेब
C. वर्ल्डवाइड वेब D. उपर्युक्त सभी

108. ....में कई कम्प्यूटर्स का समावेश है जो संसाधन और डाटा शेयर करने हेतु एकत्रित जोड़े जाते हैं।
A. इंटरनेट B. नेटवर्क
C. बैंकबोन D. हाइपरलिंक

109. क्लासरूम में न जाते हुए कम्प्यूटरों के विषय में अध्ययन के लोकप्रिय तरीके को .... कहा जाता है।
A. आइ–लर्निंग B. आइसोलेटेड लर्निंग
C. ई–लर्निंग D. क्लोज लर्निंग

110. एक व्यक्ति जिसकी विशेषज्ञता अन्य व्यक्तियों के कम्प्यूटर्स से जानकारी गैरकानूनी तरीके से या उसे डैमेज करने हेतु.............से एक्सेस प्राप्त किया जाता है।
A. स्पैमर B. हैकर
C. तत्काल संदेशवाहक D. प्रोग्रामर

111. ....फोल्डर संदेशों की कापियाँ रखता है जिन्हें आपने आरंभ किया है तथापि भेजने हेतु तैयार नहीं है–
A. इन बॉक्स B. आउट बॉक्स
C. ड्रॉफ्ट्स D. सेंट/भेजे गए आइटम्स

112. उनकी पहचान/आइडेंटिटी को गलत दिखलाने/ झुठलाने के जरिए व्यक्तियों द्वारा ....प्रयास है, ताकि आपसे गोपनीय सूचनाएं प्राप्त की जा सकें।
A. फिशिंग ट्रिप्स B. कम्प्यूटर वायरस्पेस
C. स्पायवेयर स्कैम्स D. फिशिंग स्कैन्स

113. निम्न में से कौन–सा सत्य नहीं है?
A. चैटिंग ई–मेल के समान है
B. चैटिंग केवल एक व्यक्ति के साथ की जा सकती है
C. चैटिंग में बहुत से लोग शामिल हो सकते हैं
D. चैटिंग इलेक्ट्रॉनिक संवाद है

114. ई–मेल पते के दो भाग कौन–से हैं?
A. यूजर नाम और गली का नाम
B. विधिक नाम और फोन नंबर
C. इनीशियल और पासवर्ड
D. यूजर नाम और डोमेन नाम

115. ई–मेल भेजना किसके समान है?
A. पत्र लिखना B. तस्वीर बनाना
C. फोन पर बात करना D. पैकेज भेजना

116. ब्राउजर क्या करता है?
A. पुस्तकालय में पत्रिकाओं और किताबों में ढूँढता है
B. सामग्री को वास्तव में तेजी से पढ़ता है
C. आपका समय बबाद करता है
D. यह वेब पेज देखने के लिए प्रयुक्त एक सॉफ्टवेयर है

117. अधिकांश वेबसाइट में मेन पेज, ... होता है जो शेष वेब साइट पेजेज के डोरवे का काम करता है।
A. सर्च इंजन B. होम पेज
C. ब्राउजर D. URL

118. ई–मेल अकाउंट में एक स्टोरेज एरिया होता है जिसे अक्सर ....कहते हैं।
A. अटैचमेंट B. हाइपरलिंक
C. मेल–बॉक्स D. IP एड्रेस

119. मॉडेम किससे जुड़ा होता है?
A. प्रोसेसर B. मदर बोर्ड
C. प्रिंटर D. फोन लाइन

120. आप इंटरनेट से ....
A. इलेक्ट्रॉनिक मेल भेज सकते हैं
B. वेब पेज देख सकते हैं
C. पूरे विश्व में सर्वर से जुड़ जाते हैं
D. उपरोक्त सभी

121. 'स्पैम' (Spam) किस विषय से सम्बन्धित शब्द है?
A. कम्प्यूटर B. कला
C. संगीत D. खेल

122. निम्नांकित में से कौन–सी सूचना प्रौद्योगिकी पारिभाषिकीय नहीं है?
A. लॉग इन B. मोडेम
C. पासवर्ड D. पिनाका

123. भारत में सर्वप्रथम दिखाई देने वाला कम्प्यूटर वायरस है–
A. सी–ब्रेन B. कोलम्बस
C. मैक बग D. इनमें से कोई नहीं

124. जब इंटरनेट का उपयोग संदेश प्रेषित करने में किया जाता है तो यह सुविधा कहलाती है–
A. साइबर स्पेस B. निकनेट
C. ई–मेल D. आईनेट

125. इनमें से कौन–से कम्प्यूटर में वायरस नहीं है?
A. बनहाफ B. मंकी
C. चंगू–मंगू D. मनोज

126. ....में माइकेल एंजेलो नामक वायरस विश्व में चिन्ता का कारण बना हुआ था।

A. 1999 B. 1992

C. 1994 D. 1993

127. ई–मेल क्या है?

A. एक इंटरनेट स्टैण्डर्ड जो यूजर को फाइल्स अपलोड और डाउनलोड करने देता है

B. एक ऑनलाइन एरिया जिसमें यूजर किसी खास विषय के बारे में लिखित रूप से चर्चा करता है

C. कम्प्यूटर नेटवर्क के माध्यम से संदेशों तथा फाइलों का ट्रांसमिशन

D. एक रियल टाइम टाइप्ड कनवर्सेसन

128. चैट क्या है?

A. एक इंटरनेट स्टैण्डर्ड जो यूजर को फाइल्स अपलोड और डाउनलोड करने देता है

B. एक ऑनलाइन एरिया जिसमें यूजर किसी खास विषय के बारे में लिखित रूप से चर्चा करता है

C. कम्प्यूटर नेटवर्क के माध्यम से संदेशों तथा फाइलों का ट्रांसमिशन

D. एक रियल टाइम टाइप्ड कनवर्सेसन

129. गोपनीय कोड जो कुछ प्रोग्रामों में प्रविष्टि प्रतिबंधित करता है. ....

A. पासवर्ड

B. पासपोर्ट

C. एन्ट्रीकोड

D. एक्सेस कोड

130. इंटरनेट पर सर्वर से सूचना पाने के कम्प्यूटर के प्रोसेस को .... कहते हैं।

A. पुलिंग B. पुशिंग

C. डाउनलोडिंग D. ट्रांसफरिंग

उत्तरमाला

1	2	3	4	5	6	7	8	9	10
A	D	A	A	A	D	C	D	C	D
11	**12**	**13**	**14**	**15**	**16**	**17**	**18**	**19**	**20**
C	C	B	D	C	A	C	D	D	C
21	**22**	**23**	**24**	**25**	**26**	**27**	**28**	**29**	**30**
A	B	C	D	D	D	D	B	A	D
31	**32**	**33**	**34**	**35**	**36**	**37**	**38**	**39**	**40**
B	D	A	B	B	A	D	C	A	D
41	**42**	**43**	**44**	**45**	**46**	**47**	**48**	**49**	**50**
B	C	A	A	C	A	B	A	D	A
51	**52**	**53**	**54**	**55**	**56**	**57**	**58**	**59**	**60**
A	A	A	B	A	A	A	B	D	D
61	**62**	**63**	**64**	**65**	**66**	**67**	**68**	**69**	**70**
D	B	A	A	A	B	B	A	B	D
71	**72**	**73**	**74**	**75**	**76**	**77**	**78**	**79**	**80**
A	D	C	A	A	A	C	A	D	A
81	**82**	**83**	**84**	**85**	**86**	**87**	**88**	**89**	**90**
B	B	A	A	B	D	D	D	C	D
91	**92**	**93**	**94**	**95**	**96**	**97**	**98**	**99**	**100**
D	A	B	B	C	A	C	B	A	D
101	**102**	**103**	**104**	**105**	**106**	**107**	**108**	**109**	**110**
D	C	D	A	C	B	D	A	C	B
111	**112**	**113**	**114**	**115**	**116**	**117**	**118**	**119**	**120**
C	D	B	D	A	D	B	C	D	D
121	**122**	**123**	**124**	**125**	**126**	**127**	**128**	**129**	**130**
A	D	D	C	D	D	C	B	A	C

❋❋❋